NÚREMBERG

Fernando Paz

NÚREMBERG

Juicio al nazismo

la esfera @ de los libros

Primera edición: octubre de 2016

Cualquier forma de reproducción, distribución, comunicación pública o transformación de esta obra sólo puede ser realizada con la autorización de sus titulares, salvo excepción prevista por la ley. Diríjase a CEDRO (Centro Español de Derechos Reprográficos, *www.cedro.org*) si necesita fotocopiar o escanear algún fragmento de esta obra.

© Fernando Paz Cristóbal, 2016
© La Esfera de los Libros, S. L., 2016
Avenida de Alfonso XIII, 1, bajos
28002 Madrid
Tel.: 91 296 02 00 • Fax: 91 296 02 06
www.esferalibros.com

ISBN: 978-84-9060-810-4
Depósito legal: M. 27.029-2016
Composición: Versal CD, S. L.
Impresión: Huertas
Encuadernación: Huertas
Impreso en España-*Printed in Spain*

Índice

Prólogo. La última victoria del Reichsmarschall 11

PRIMERA PARTE. ANTES DEL JUICIO

Capítulo 1. El origen de la idea 31
Capítulo 2. La formación del tribunal y la acusación 61
Capítulo 3. Los cargos 69
Capítulo 4. Los criminales de guerra 97
Capítulo 5. El contexto de los juicios 157

SEGUNDA PARTE. EL JUICIO

Capítulo 6. Hacia Núremberg 209
Capítulo 7. La acusación presenta los cargos 239
Capítulo 8. La vida en la cárcel 289
Capítulo 9. Las estrellas del proceso: Speer y Göring 297
Capítulo 10. La acusación contra las organizaciones 337
Capítulo 11. Crímenes contra la humanidad y crímenes
    de guerra 361
Capítulo 12. La causa contra los militares 431
Capítulo 13. Secundarios 483

TERCERA PARTE. LA SENTENCIA

Capítulo 14. Los alegatos 551
Capítulo 15. El veredicto y las sentencias 577

Epílogo. Once hombres que colgar 605
Bibliografía 611

Ad patrem meum.

Prólogo
LA ÚLTIMA VICTORIA DEL REICHSMARSCHALL

Una persistente lluvia golpeaba los cristales del Palacio de Justicia de Núremberg. En el exterior, el termómetro apenas alcanzaba los cero grados. El inusual frío se filtraba hasta las celdas de los condenados, casi todos los cuales leían la Biblia sobre el camastro. De algún modo, sabían que sería su última noche en esta tierra.

Hacía quince días que se había dictado su sentencia de muerte, pero, alegando razones de seguridad, nadie les había comunicado la fecha ni el lugar de su ejecución. Los jueces apenas tardaron cuarenta y siete minutos en pronunciar la sentencia. Al veredicto le siguió un denso silencio. Luego desalojaron la sala, los bajaron en un ascensor hacia las celdas, y eso fue todo. Los jueces y los fiscales llevaban allí un año, y tenían prisa por abandonar aquella ciudad destruida casi en su totalidad.

También esa noche del martes 15 de octubre las luces se apagaron a la hora de costumbre. Ninguno de los condenados dormía. Completamente despiertos, permanecían hieráticos bajo la mirada atenta del guardián de turno, relevado cada dos horas. Desde el pasillo un reflector iluminaba la celda, enfocando la parte superior del prisionero, una verdadera tortura. La norma decía que los reclusos debían tumbarse del lado derecho para mostrar su rostro de frente, siempre con las manos por fuera de la manta. Cuando, dormidos, giraban su cuerpo, el brazo del soldado les devolvía a la posición correcta. A veces les gritaban, interrumpiendo su sueño, para que lo hiciesen por ellos mismos. Además, los relevos, varios a lo largo de la noche, eran muy ruidosos, y solían despertarlos. El resultado era invariable: por la mañana estaban muy cansados, y les costaba concentrarse en las sesiones del juicio. Pero aquella noche todo eso importaba poco. Ya no había juicio, y ni siquiera habría mañana.

En el gimnasio del Palacio de Justicia, donde iba a tener lugar la ceremonia de ejecución, el brigada John Woods ejercitaba una y otra vez los mecanismos de funcionamiento de la horca. Utilizando sacos de noventa kilos de peso y uno setenta y cinco metros de altura, rellenos de arena, practicaba una y otra vez, casi obsesivamente, la ejecución. Llevaba varios días haciéndolo. Había mentido al Ejército para obtener el trabajo, haciéndose pasar por un fogueado verdugo, aunque antes de 1944 no había tenido la más mínima experiencia. De hecho, con dieciocho años había ingresado en la US Navy, pero lo habían licenciado declarándolo inepto y con diagnóstico de «inferioridad psicopática». Reingresó muchos años después en el Ejército, silenciando su pasado.

Ahorcó a unos treinta y cuatro soldados estadounidenses durante 1944-1945, y actuó en otros once ahorcamientos, por todo el sur y el oeste del antiguo territorio del Reich; ese era su currículum cuando afrontó las ejecuciones de Núremberg.

Woods fue elegido como verdugo principal en detrimento de Albert Pierrepoint, su famoso colega británico. Pierrepoint procedía de una familia de verdugos —su padre y su tío habían desempeñado la misma profesión— y su eficiencia era proverbial. Sin embargo, sin siquiera haber comprobado la veracidad de su hoja de servicios, el coronel Burton C. Andrus —encargado de la prisión de Núremberg— prefirió a Woods.

El verdugo tenía sus propias preocupaciones: bajito, aunque fornido, no había podido medir la altura de los condenados, ni conocer su peso, ni valorar su constitución. Con la excepción de Göring, ninguno era particularmente grueso, e incluso el Reichsmarschall había perdido mucho peso desde que estaba en cautiverio. Así que se había tenido que conformar con las fotografías que le habían entregado y una fugaz visita a la sala del tribunal.

Woods confiaba en las cuerdas de cáñamo italiano de la firma Edgington —proveedores oficiales de las ejecuciones para el Reino Unido— que le llegaron desde Inglaterra. Eran resistentes, de tres metros de longitud. La piel de becerro de la que estaban recubiertas favorecía el deslizamiento del nudo; artesanales, la elaboración de cada una de ellas exigía casi una semana de trabajo. Esto, al menos, le tranquilizaba.

Cada noche, era devuelto a su cuartel del aeródromo de Fürth, en donde se alojaba en medio de discretas, pero efectivas, medidas de seguridad. El oficial al mando de la unidad desconocía cuál era la importancia del sujeto, aunque comprobaba cómo era trasladado de un modo impropio de su graduación de suboficial. Se cree que en dos ocasiones estuvieron a punto de matarle; una por envenenamiento tras unas ejecuciones en Dachau y otra mediante un tiroteo en París. En ambos casos se supuso que habían sido miembros del Werewolf, el movimiento de resistencia nazi contra la ocupación de Alemania.

Woods estaba nervioso. Casi maniáticamente, ajustaba una y otra vez las tres horcas pintadas de un lúgubre negro. De hecho, los Aliados habían discutido hasta casi un mes antes acerca del mejor modo de ejecutar las sentencias. Dudaban entre la horca y la guillotina, y en principio daban por sentado que todos los acusados serían condenados a muerte. Se habían decantado por la horca, aunque eso representaba un esfuerzo mayor; había que levantar un andamiaje más complicado, y los reos estarían advertidos por los ruidos.

Los sonidos metálicos de los clavos, las sierras y los martillos llegaban desde el patio hasta las celdas de los condenados. En la de Julius Streicher era en la que se oían con más intensidad.

«¿Terminarán pronto de construir nuestras horcas? —Solía preguntar Streicher al peluquero Hermann Wittkamp—. Escuche: subiré valiente los peldaños. Ya tengo pensado cuáles serán mis últimas palabras: "A todos vosotros os colgarán los bolcheviques… ¡Heil, Hitler!"».

• • •

Los Aliados también habían disentido largamente sobre cuándo proceder a las ejecuciones. Si bien los británicos consideraban que el derecho de apelación debía disponer de un tiempo razonable, por lo que estimaban que treinta días sería el plazo adecuado, los norteamericanos y los soviéticos se negaron. Particularmente estos últimos, no estaban dispuestos a dilatar tanto el cumplimiento de la sentencia; en los juicios contra criminales de guerra que se celebraban en la URSS desde 1943, los prisioneros condenados eran ejecutados apenas minutos después de leída la sentencia, por lo general en la horca y ante una amplia audiencia de varios miles de personas.

El tira y afloja entre unos y otros duró meses, durante los cuales las posturas se modificaron hasta terminar en un compromiso entre los treinta días desde la sentencia y su cumplimiento defendida por los anglosajones, y una semana, que es lo máximo que admitía Moscú. Pero ese no fue el único motivo de conflicto. La propia apelación, que resultaba innegociable para los angloamericanos, era vista con desconfianza por los soviéticos y los franceses, que estimaban que conceder más de veinticuatro horas a los acusados era perder el tiempo. Así que a comienzos de septiembre de 1946 se llegó a la decisión de que se permitiera un lapso de cuatro días para presentar la apelación.

Woods creía que las apelaciones representaban una importante incógnita. Pero, aunque él no lo sabía, Gran Bretaña había dado orden de que no se facilitase la reducción de las condenas o la sustitución de las penas de muerte por otras más leves. Dicha orden procedía del *premier* laborista Clement Attlee, y naturalmente se cumplió. El que el organismo que debía estudiar las peticiones de revisión fuese el Consejo de Control Aliado facilitaba las cosas, puesto que no era un organismo judicial, sino político.

El Consejo de Control había autorizado la presencia de cuarenta y cinco personas en la ejecución. A los delegados de las cuatro potencias (el soviético Molotov y tres generales occidentales: el inglés Walsh, el norteamericano Richard y el francés Morel), había que sumarles ocho periodistas de entre los cuatrocientos cincuenta acreditados más fotógrafos, médicos y funcionarios aliados, además de dos políticos alemanes al servicio de las potencias ocupantes.

Estos dos hombres, el fiscal de Núremberg, Friedrich Leistner, y el presidente de Baviera, Wilhelm Hoegner, acompañaron al coronel Andrus a informar a los condenados de que sus peticiones de clemencia habían sido rechazadas. Los visitaron uno a uno, y les notificaron que su sentencia había sido revisada por el Consejo de Control sin resultado positivo. El primero en recibirlos fue un malhumorado Streicher, que se limitó a mascullar, visiblemente molesto, «ya lo sabía»; llevaba inquieto un largo rato, y había pedido a sus guardianes que le dejasen en paz. Todos escucharon de sus labios que sus apelaciones habían sido rechazadas. Casi con seguridad, ninguno esperaba otra cosa. Terminado el formalismo, se retiraron al gimnasio a la espera de las ejecuciones.

Allí aguardaban los cuatro generales que representaban a la Comisión de Control, además de toda una cohorte de médicos, sepultureros, periodistas y militares. Sobre unas mesas situadas a unos cuatro metros de las horcas, se habían dispuesto unas máquinas de escribir especiales. Por alguna razón, en medio de un silencio casi sepulcral, los soviéticos parecían omnipresentes. Médicos y periodistas de *Tass* y *Pravda* se movían nerviosos de un lado a otro en torno al primer patíbulo, en el que se encontraba dispuesto un paño negro y una capucha del mismo color.

Aunque las autoridades habían determinado que los condenados ignorasen la fecha de su ejecución, de algún modo estos la conocían. Las actividades a que consagraron su último día, 15 de octubre de 1946, alterando su rutina, no dejaban lugar a la duda.

En sus últimas horas, muchos de ellos prefirieron permanecer leyendo. Göring se abstuvo de dar sus habituales paseos por el patio, y se quedó, en cambio, echado sobre su camastro con una célebre novela de Fontane; Ribbentrop estuvo escribiendo cartas y leyendo a Gustav Freytag; Rosenberg prefería a Rudolf G. Binding, un autor que había apoyado a Hitler en los años treinta.

Jodl se enfrascó en la lectura de Knut Hamsun, el nobel noruego simpatizante del nazismo y seguidor también de Hitler. Keitel leía unos relatos de Paul Alverdes, el poeta y novelista patriota alemán, y Streicher *Der Soldat*, de Mirko Jelusich. Frick leía *Hannibal*, también de Jelusich; Sauckel se entretenía con una lectura más general, *La juventud de grandes alemanes de la historia*, y Seyss-Inquart con *Las Conversaciones con Goethe*, de J. P. Eckermann.

Hans Frank reunió a una parte del personal alemán de la cárcel y les habló de las maravillas de la catedral de San Pedro, en Roma, leyó la poesía de Ludwig Thoma *Heilige Nacht* y pasó el resto del día escribiendo cartas. Además, junto a Kaltenbrunner y Seyss-Inquart acudió a misa, confesó y comulgó.

El coronel Andrus, temiendo un ataque de última hora de nazis fanáticos, había dado orden de blindar el Palacio de Justicia con carros de combate y antiaéreos. Hasta el último día de su vida, Andrus estuvo obsesionado con aquellas últimas horas de los reos que, en la prisión de Núremberg, aguardaban su ejecución. Uno de aquellos hombres a los que tenía que colgar estaba, sin embargo, empeñado en estropearle la función.

• • •

Göring era, sin duda alguna, el más importante de todos aquellos que iban a ser ahorcados. En primer lugar, por su rango en el Tercer Reich como lugarteniente del Führer, lo que le convertía en el segundo hombre del Estado alemán: y además, porque de todas las grandes figuras de la Alemania nazi, era el único que había sobrevivido, pues Göbbels, Himmler, Bormann y, por supuesto, Hitler se habían suicidado.

Su actuación ante el tribunal que le juzgaba había sido seguida por toda la prensa mundial. Consciente de que el foco de la opinión pública estaba sobre él, no defraudó. Al morfinómano Reichsmarschall los norteamericanos le habían retirado las drogas —cuando se entregó al enemigo en mayo de 1945 llevaba una maleta llena de píldoras y sustancias de todo tipo—, y aquello le había revitalizado de forma inesperada. El Göring que resurgió en Núremberg recordaba a aquel soldado que se sumase, entusiasta, a las filas del agitador Adolf Hitler para asaltar el poder pasando por encima de sus enemigos: un hombre lleno de energía y determinación.

Su aparición en el estrado no pudo ser más espectacular. Engominado y peinado hacia atrás, con la cabeza altiva y la mirada desafiante, Göring había hecho añicos los planes del fiscal norteamericano Robert H. Jackson, figura principal de la acusación estadounidense. Honrado y ambicioso, a Jackson le venía grande el Tribunal de Núremberg: enfrentarse a Göring fue lo peor que le pudo pasar.

El acusado llevó las sesiones por donde a él le convenía, y no pocas veces dejó en evidencia al equipo fiscal señalando una mala traducción; Göring sabía inglés pero Jackson no entendía una palabra de alemán, de modo que mientras se hacía traducir, en realidad Göring meditaba su respuesta, lo que le hacía parecer ágil y veraz. Jackson, en cambio, tenía que esperar pacientemente, algo a lo que no le había acostumbrado una vida profesional que se desarrollaba en los tribunales de primera instancia de su país.

En una escena que se hizo célebre, Göring consiguió, incluso, que Jackson perdiera la paciencia y arrojara los cascos sobre la mesa con una cierta violencia. Sin duda alguna levantó la admiración de no pocos de entre sus enemigos. En vísperas de su condena, uno de sus jueces, el francés Donnedieu, había mostrado una significativa condescendencia hacia él al reconocer que estaba dotado de una cierta «distinción». Con anterioridad, el juez sustituto de los Estados Unidos, John J. Parker, había sido visto haciendo ciertos gestos amables a Göring. En más de una ocasión, los jueces permitieron que Göring hablase cuanto quisiera, contraviniendo una petición del fiscal estadounidense. Desesperado, Jackson llegó a pensar en retirarse, aunque la fiscalía inglesa le instó a que no lo hiciera de ninguna manera.

Algunos de quienes se le opusieron desde sus propias filas también se rindieron al Reichsmarschall. Baldur von Schirach, el antiguo jefe de la Hitlerjugend, que en Núremberg se arrepintió de su pasado nazi, admitió: «Ahora comprendo por qué era tan popular», y el abogado de su mortal enemigo Albert Speer no pudo evitar exclamar: «Ese Göring es todo un hombre: ¡un verdadero matador!».

Incluso antes de que comenzase el juicio, para todos, incluido, por supuesto, el coronel Andrus, estaba claro que Göring era la pieza principal.

• • •

Desde que se le encomendó la tarea de dirigir la cárcel de Núremberg en la que iban a ser alojados los principales criminales de guerra nazis, Andrus estaba obsesionado con la seguridad. Para conseguir sus objetivos, no reparó a la hora de tomar las medidas que le parecieron más apropiadas, llegando a ordenar la supervisión del sueño de los acusados sin perderles de vista un instante. Antes de empezar el juicio ya había causado baja Robert Ley, quien logró suicidarse ante las narices mismas de los carceleros. Desde entonces, extremó las medidas de seguridad.

Como es comprensible, su angustia se acentuó al acercarse el día de las ejecuciones. No quería que ninguno de ellos le estropeara el espectáculo.

Göring estaba seguro de que nunca saldría del Palacio de Justicia de Núremberg con vida. Su defensa se vio muy favorecida por ese hecho: no tenía nada que perder. Y aunque sabía que moriría, había decidido que él no formaría parte del espectáculo que otros habían preparado; otros que, además, eran sus enemigos. Tenía previsto un final diferente, que él —y no ellos— habría de escribir, y estaba decidido a salirse con la suya.

A las tres y media de la tarde del 15 de octubre, Hermann Göring estaba redactando una carta que, con toda probabilidad, no es otra sino la que se encontró sin fecha entre sus pertenencias:

> Encuentro de un extremo mal gusto exhibir nuestras muertes como si fuese un espectáculo para los periodistas, fotógrafos y curiosos hambrientos de sensacionalismo. Este es un gran final típico de las profundidades abismales sondeadas por el tribunal y el proceso. ¡Puro teatro, desde el principio hasta el final! ¡Todo comedia podrida!
>
> Entiendo perfectamente que nuestros enemigos quieran librarse de nosotros, ya sea por miedo o por odio. Pero sería mejor para su reputación que lo hicieran de una manera más soldadesca.
>
> Yo moriré sin toda esa sensación y publicidad.
>
> Déjenme repetir una vez más que no siento la más mínima obligación moral o de otro tipo a someterme a la sentencia de muerte o ejecución de mis enemigos y de los de Alemania.
>
> Lo que voy a hacer lo haré con alegría, y considero la muerte una liberación.

¡Confío en la misericordia de Dios! Lamento profundamente que no pueda ayudar a mis camaradas, en especial al mariscal Keitel y al general Jodl, a escapar del espectáculo de una muerte pública.

Todos los esfuerzos que se hicieron por impedir que nos hiciéramos daño a nosotros mismos nunca fueron motivados por la preocupación por nuestro bienestar, sino simplemente para asegurar que todo estaría a punto para el gran espectáculo.

¡Pero que no cuenten conmigo!

Hermann Göring

Por la tarde pasó a visitarle el médico, el doctor Pflücker, con quien mantenía una buena relación. Pflücker ya sabía que se despertaría a los presos a las 23.45 horas para prepararles de cara a la ejecución, aunque a esas alturas —y dado que desde las siete de la tarde todas las luces de la prisión estaban encendidas, algo completamente inusual—, hasta el menos avispado de los reos se daba cuenta de lo que estaba a punto de suceder.

Göring estuvo hablando con el capellán sobre la posibilidad de comulgar, pero el antiguo Reichsmarschall había insistido con cierta inconsecuencia en que, aunque se consideraba cristiano, no creía en las Escrituras por lo que le fue negada la comunión. Aunque el capellán Gerecke trató de que aceptase unos mínimos que justificasen administrársela, Göring insistió en su rechazo, y con notable tristeza el pastor hubo de abandonar la celda.

A las ocho y media se produjo el previsto cambio de guardia. El soldado Gordon Bingham observó que todo estaba en su sitio, incluso que Göring había ordenado la celda. Y una hora más tarde, a las nueve y media, el doctor Pflücker, acompañado del teniente del Ejército de los Estados Unidos Arthur J. McLinden, volvió de nuevo para administrarle un sedante, como solía hacer también con Sauckel. Estuvieron hablando unos tres minutos, en voz baja. Pflücker le entregó algo, que Göring introdujo en su boca, después de lo cual prácticamente terminaron la conversación. El médico le tomó entonces el pulso, luego le estrechó la mano; de acuerdo a la versión que Pflücker dio más tarde, lo hizo porque el propio Göring fue quien le dijo que esa era la última vez que se veían.

Después, Göring se echó en el camastro. Permaneció en completa quietud durante un cuarto de hora, de cara a la pared, e incluso durante unos minutos se tapó los ojos con las manos. Estaba a solas con sus pensamientos.

A las 22.30 Göring apenas se había movido, mientras del patio ascendían inquietantes sonidos: el equipo de verdugos acababa de llegar. En ese mismo momento se producía el siguiente relevo a la puerta de su celda. Bingham dejaba su puesto al soldado Harold F. Johnson, quien comprobó que todo seguía igual. Göring cruzó las manos sobre el pecho entrelazando los dedos y girándose de nuevo hacia la pared. Un par de minutos más tarde, extendió ambos brazos a los dos lados del cuerpo; eran las 22.44 horas del 15 de octubre.

Seguramente acuciado por la inminencia de los acontecimientos que anunciaban los sonidos provenientes del patio de la prisión —por donde escapaban los ruidos del gimnasio hasta llegar a las galerías—, Göring apretó fuertemente los dientes produciendo un chasquido de cristales, al que sucedió una especie de bufido ahogado y una convulsión que sacudió todo su cuerpo.

Los esfuerzos que se hicieron a continuación no sirvieron de nada. El soldado de guardia dio la voz de alarma. Se oyeron gritos e imprecaciones, que recorrieron la galería de los condenados; los oficiales se precipitaron en la celda de Göring maldiciendo su suerte. Cuando llegaron allí, el médico y el capellán ya habían certificado su muerte, y con ellos el coronel Burton C. Andrus. El capellán susurró a su oído unos versículos de la Biblia, pero el reo ya no estaba en el mundo de los vivos.

Hermann Göring, la estrella principal del espectáculo programado para la noche del 15 al 16 de octubre de 1946 en el Palacio de Justicia de Núremberg, se había salido con la suya.

•••

La noticia del suicidio de Göring se extendió con gran rapidez por todo el Palacio de Justicia. Puede que a las autoridades no les hubiera complacido, pero los miembros de la prensa ya tenían una historia; uno de ellos, incluso, había enviado la crónica de su ahorcamiento al periódico en Nueva York, para asegurarse de ser el primero en publicar la noticia. El suicidio del Reichsmarschall costó al rotativo muchos miles de dólares.

Desde entonces, la desaparición de Hermann Göring se ha convertido en un cierto misterio que muchos se resisten a dar por cerrado. Parecía inconcebible que hubiera podido tener con él una cápsula de cianuro durante todo el tiempo o bien que alguien se la hubiera proporcionado. Aunque esta segunda hipótesis resulta mucho más plausible, Göring pretendió lo contrario en una carta que dejó, seguramente con el ánimo de despistar a los investigadores. Lo más probable, claro, es que la cápsula se la proporcionase el doctor Pflücker y que el misterio lo sea menos, aunque a lo largo de los años ha aparecido al menos una docena de aspirantes a cómplices de suicidio que reclaman su protagonismo en esta historia.

Las hipótesis que parten de la improbabilidad del suicidio no tienen en cuenta que, tras las ejecuciones, el coronel Andrus ordenó revisar a fondo las celdas, y encontró en ellas todo un arsenal que nadie había detectado. Un tornillo de acero en la de Konstantin von Neurath, en la de Von Ribbentrop una botella de cristal, en la de Wilhelm Keitel un imperdible, cuatro tuercas de metal, dos pedacitos de hierro y una cinta de acero afilada. En la celda de Hjalmar Schacht, una cuerda de un metro de largo, y unos clips de acero; Alfred Jodl escondía un alambre de treinta centímetros de largo, y Karl Dönitz había anudado cinco cordones de zapatos. Incluso Sauckel disponía de una cuchara con los bordes afilados.

No es, pues, tan extraño que Göring hubiera logrado esconder el veneno o que alguien se lo hubiese entregado sin que nadie se apercibiera.

El suicidio de Hermann Göring había estropeado el programa previsto, pero no iba a detener el resto de ejecuciones. Andrus ordenó que todos los demás reos fueran inmediatamente esposados y vigilados con especial atención. Los pasillos se convirtieron en un ir y venir de oficiales y soldados y, desde ese momento, una especie de tensión eléctrica recorrió la prisión.

Algo antes de la una de la mañana, los policías militares se dirigieron a las celdas de los condenados. Había sonado la hora.

∴

«Confío en la sangre del Cordero que quita el pecado del mundo».

Von Ribbentrop había ocupado el lugar de Göring. Sería el primero en subir a la horca. Con expresión estoica entró en el gimnasio, una sala de diez por veinticinco metros, de paredes enyesadas recorridas por numerosas grietas. Apenas movió la cabeza para ver los tres patíbulos de madera pintada de negro; dos de ellos se usarían de manera alterna mientras el tercero quedaba en reserva por si fuese necesario. La plataforma en la que serían ahorcados estaba a dos metros y medio de altura, y medía también dos metros y medio de lado.

El gimnasio olía a café, a whisky y a tabaco rubio americano. Los testigos de la ejecución, semiocultos en la oscuridad, apenas resultaban visibles para los reos. Se trataba, entre otros, de cuatro generales aliados, ocho representantes de la prensa, el coronel Andrus y el presidente socialdemócrata del Consejo de Ministros Bávaro, Wilhelm Hoegner.

Los condenados serían ejecutados de uno en uno, pero las autoridades no querían que la ceremonia se alargase demasiado, así que los policías militares llamaban a un preso cuando el anterior aún pendía de la soga. Cada soga, que colgaba de una viga travesera, se empleaba solo una vez; para el siguiente ahorcamiento se sustituía por otra. Los reos desaparecían de la vista cuando se abría la trampilla, y allí abajo era donde se producía el forcejeo inútil del hombre con la muerte.

Cuando Ribbentrop entró era la una y once minutos. Le sustituyeron las esposas por una cinta de cuero, para evitar que se echase las manos a la garganta mientras la soga le partía el cuello. En el camino al patíbulo mantuvo la misma seguridad con la que había entrado en el gimnasio.

Hubo que preguntarle dos veces por su nombre antes de que contestase de modo audible. Subió con determinación a la plataforma y dijo, en alemán: «¡Dios proteja a Alemania!». Luego se le permitió añadir: «Mi último deseo es que Alemania encuentre su ser y que se alcance un entendimiento entre el Este y el Oeste. Deseo la paz en el mundo».

Con rapidez, el verdugo cerró la soga sobre la cerviz y le colocó la capucha negra. Ribbentrop mantuvo la cabeza erguida y la vista al frente hasta que su rostro desapareció de la vista de los presentes. Su cuerpo cayó con rapidez en la trampilla sin emitir un quejido.

Ribbentrop aún colgaba de la cuerda —habían trascurrido solo dos minutos desde la ejecución del antiguo ministro de Exteriores— cuando el mariscal Wilhelm Keitel era introducido en la sala. Parecía menos tenso que Ribbentrop, aunque mantuvo la característica cabeza erguida en el camino al cadalso.

Desde lo alto de la plataforma observó a los presentes con mirada inexpresiva, pero casi con una caricaturesca arrogancia prusiana. En voz alta y clara, recordó a los caídos, a sus hijos muertos en combate, y citó la primera estrofa del himno alemán: «Ruego a Dios Todopoderoso que tenga misericordia del pueblo alemán. Más de dos millones de soldados alemanes han encontrado la muerte luchando por la patria antes que yo. Ahora sigo a mis hijos. Todo por Alemania, Alemania sobre todo».

Las ejecuciones sufrieron una pequeña demora porque Keitel y Ribbentrop aún colgaban, y se permitió a los presentes fumar. Dos médicos, uno norteamericano y otro soviético, certificaron la muerte del primero de los ejecutados, que fue colocado detrás de una cortina negra, aún con la capucha tapándole el rostro. La operación llevó casi quince minutos.

La entrada de Kaltenbrunner fue tan decidida como la de quienes le habían precedido, pero delataba su nerviosismo humedeciéndose los labios una y otra vez. Caminó, sin embargo, con determinación hacia la horca. En la plataforma quedó de frente a un capellán católico del Ejército norteamericano. «He amado a mi pueblo alemán y a mi patria con todo mi corazón —dijo—. He cumplido con mi deber de acuerdo a las leyes de mi pueblo y lamento que en estos tiempos mi pueblo haya estado dirigido por personas que no eran soldados y que se cometieran crímenes de los que no tenía conocimiento». Tras ajustársele la soga y la capucha pudo oírsele decir: «Buena suerte para Alemania».

Era la una y treinta y nueve minutos cuando se abrió la trampilla.

El patíbulo de Keitel ya estaba preparado para recibir a Alfred Rosenberg. El filósofo de origen báltico se hallaba completamente sereno; parecía incluso aburrido. No quiso decir nada cuando se le preguntó. Aunque le acompañaba un pastor protestante, contestó negativamente a este cuando le preguntó si quería que rezase con él. Instantes antes de que el verdugo le colocara la capucha miró inexpresivamente al pastor, sin añadir nada. Apenas un minuto más tarde había muerto. Fue la ejecución más rápida de todas las que se efectuaron aquella noche.

Aunque sonriente, Hans Frank tragaba saliva con frecuencia. Miró con afabilidad a los presentes, aparentemente conforme con su destino. Convertido al catolicismo en la prisión, consideraba su ejecución como un acto de expiación de sus culpas y crímenes. En voz muy baja, se despidió: «Agradezco el trato amable que se me ha dispensado durante mi cautiverio y ruego a Dios que me acoja en Su misericordia».

De nuevo, al colocársele la capucha sobre la cabeza, se le vio tragando saliva.

Cuando Wilhelm Frick entró en la sala, eran ya las dos y cinco minutos. El antiguo ministro de Interior despertaba pocas simpatías. Estaba inquieto, aunque no temeroso; tropezó con el último peldaño de los que conducían a la horca. Cuando le pusieron la capucha, se militó a decir: «Larga vida a la Alemania eterna».

Julius Streicher no dudó en encararse a sus verdugos. Antisemita furibundo, en la cárcel seguía detectando apellidos judíos entre todos los fiscales, jueces y testigos. Retirado en 1940 por turbios asuntos dinerarios, el proceso parecía haberle revitalizado.

Entró en la sala con porte desafiante y, cuando lo llevaron ante el cadalso, y tras mirar fijamente al grupo de testigos, prorrumpió en un estentóreo: «¡¡Heil, Hitler!!».

Cuando le preguntaron su nombre, contestó despreciativo: «Sabe muy bien mi nombre».

El intérprete volvió a repetir la pregunta, y Streicher contestó de nuevo con un fuerte grito: «¡¡Julius Streicher!!».

Mientras subía los escalones, murmuró: «Ahora voy con Dios». Entonces lo empujó uno de los soldados, ya sobre la plataforma, volviéndose hacia los testigos, dio su último grito: «¡Purim Fest 1946!».

Streicher se despedía de este mundo con la profesión de fe antisemita que había sostenido a lo largo de toda su carrera. El Purim es una fiesta hebrea en la que se celebra la matanza que Ester llevó a cabo contra los persas en el siglo V a. C., anticipándose a la matanza que estos querían perpetrar con los judíos.

Cuando se le colocó la capucha negra apenas se oyó su voz: «Adela, esposa mía».

Al abrirse la trampilla, el reo comenzó a patalear con toda su energía y, pese a que llevaba ya un tiempo balanceándose, pudieron oírse los estertores de su agonía aún durante un rato, hasta que el verdugo descendió a la parte de abajo.

Hasta el último momento Sauckel pretendió que su sentencia se debía a un error de traducción; tanto Göring como Seyss-Inquart trataron de que aceptara su destino con una mayor resignación, pero no parece que tuvieran éxito.

«Muero inocente. La sentencia es errónea —afirmó, y añadió—: Quiero expresar mi respeto a los oficiales y soldados americanos, pero no lo hago extensivo a la justicia americana».

Algo más calmado, sus últimas palabras fueron: «Dios proteja a Alemania y la haga grande de nuevo. ¡Viva Alemania! Dios proteja a mi familia».

También Sauckel, como Streicher, forcejeó durante largo rato: el nudo no se había ajustado bien y durante unos instantes pudo oírse con claridad un gemido ahogado, aunque esta vez no hizo falta la intervención del verdugo, porque cesó antes.

El general Jodl estaba visiblemente nervioso. Tenía la boca seca y aparecía con rostro demacrado. Sus pasos eran inciertos y ascendió con alguna dificultad los peldaños que conducían a la horca. Una vez allí, sin embargo, pronunció sus últimas palabras con voz segura: «Te saludo, mi Alemania».

Ayudado por los guardias a causa de las dificultades para andar provocadas por su pie deforme, el último en subir los escalones fue

Arthur von Seyss-Inquart. Había afrontado el juicio con entereza, y animado a los otros a hacerlo. No había abjurado de Hitler ni por un instante, aunque se había dado cuenta de que las cosas no habían trascurrido, durante el Tercer Reich, exactamente como él había creído. Hombre de gran inteligencia, no dudaba de que sería condenado a muerte, y prefirió afrontar el proceso con lealtad a la causa por la que había luchado toda su vida.

Con voz decidida, aunque en un tono bajo, pronunció sus últimas palabras: «Espero que esta ejecución sea el último acto de la tragedia de la Segunda Guerra Mundial, y que la lección aprendida en esta guerra sea que debe haber paz y entendimiento entre los pueblos».

Eran las 02.45 horas del 16 de octubre de 1946.

• • •

El coronel Andrus odiaba y despreciaba a los internos de la cárcel que dirigía, quizá con la excepción de Speer, pero ese rechazo era especialmente intenso en el caso de Göring. El sentimiento era recíproco. Durante todo el tiempo de su estancia en prisión, Andrus había evitado que los internos tuvieran más contacto con el exterior que el imprescindible, y en el caso de Göring había dispuesto que no le llegara una sola carta de las muchas procedentes del exterior que le animaban a continuar. Göring, por su parte, llamaba al coronel despectivamente «el capitán de bomberos» por su algo ridícula apariencia, siempre tocado con un casco impoluto y brillante.

Cuando en mayo de 1945 Andrus aceptó el encargo de dirigir la prisión del Palacio de Justicia de Núremberg, sabía que tenía muy poco que ganar y mucho que perder. Una de las cosas con las que podía perder era, precisamente, con los suicidios. Y tuvo que sufrir tres. Los del doctor Robert Ley —el antiguo dirigente de los sindicatos nazis, el Frente Alemán del Trabajo— y el doctor Leonardo Conti —médico jefe del Reich— no fueron poco trascendentes, pero nada se podía comparar al de Göring a unas horas de su ejecución.

Con su suicidio Göring, además de arrojar una marca indeleble sobre el expediente militar del coronel Andrus, había robado los titulares de la prensa internacional, en un último gesto de desafío tan propio de la egocéntrica vanidad del Reichsmarschall. Las ejecuciones pasaron a un segundo plano, ante la noticia de la muerte por su propia mano de la principal estrella del proceso. El impacto que tuvo ese hecho en la vida de Andrus nunca será exagerado.

Muchos años después, en las últimas horas del 31 de enero de 1977, un viejo coronel del Ejército norteamericano se incorporaba repentinamente en su lecho mortuorio y, con los ojos muy abiertos y la mirada perdida en la lejanía, exclamaba angustiado: «Tengo que llegar a la celda de Göring… ¡se ha matado!».

Primera parte
ANTES DEL JUICIO

Capítulo 1
EL ORIGEN DE LA IDEA

El enjuiciamiento de los responsables alemanes de crímenes de guerra o crímenes contra la humanidad no fue una decisión que los Aliados adoptasen de modo repentino. La idea fue tomando forma con el trascurrir de la guerra, por lo que no hay un momento que pueda señalarse como el determinante, aunque sí existen unos hitos a lo largo del conflicto que fueron anunciando lo que finamente culminaría en el Tribunal Militar Internacional de Núremberg.

En cualquier caso, hasta muy avanzada la guerra, las iniciativas de los occidentales y las de los soviéticos fueron elaboradas de modo separado y no confluyeron sino a finales de 1943, cuando pudieron emitir una declaración conjunta a este respecto.

La primera vez que los soviéticos habían manifestado su intención de enjuiciar a los responsables políticos y criminales de guerra alemanes fue en octubre de 1942, cuando Viacheslav Molotov, el comisario (ministro) soviético de Asuntos Exteriores, envió una carta a distintos Gobiernos de Europa Oriental exilados en Londres anunciándoles tal propósito.

Molotov les informaba de que el Gobierno de la URSS estaba considerando la posibilidad de llevar ante un tribunal internacional al «criminal Gobierno hitleriano», aunque detrás de esa propuesta no se escondía solo una finalidad justiciera.[1] En esos momentos, el VI Ejército alemán tenía arrinconadas contra el Volga a las tropas soviéticas que aún resistían en Stalingrado, y la situación del Ejército Rojo parecía tan preocupante como la del año anterior, si no peor.

---

[1] A. J. Kochavi, *Prelude to Nuremberg: Allied War Crimes Policy and the Question of the Punishment*, Chapel Hill, 1998, p. 36.

Desde el comienzo mismo de la Revolución bolchevique, la pesadilla recurrente de los líderes comunistas consistía en imaginar a su país cercado por las potencias capitalistas. Tras el estallido de la Segunda Guerra Mundial, y en especial desde el ataque alemán a la URSS, ese temor lo ocupó la posibilidad de que Londres y Berlín llegasen a un acuerdo a espaldas de Moscú. El que tal cosa sucediese llegó a angustiar a los líderes soviéticos, en especial entre 1941 y 1943, pues era tanto más peligroso cuanto peor se encontrase la Unión Soviética.

Además estaba el asunto de Rudolf Hess, el extraño vuelo a Gran Bretaña de uno de los más altos representantes del Reich —lugarteniente del Führer para el Partido Nazi—, en una aparente misión de paz y que llevaba desde mayo de 1941 celosamente encerrado en una prisión inglesa: los soviéticos temían que Londres estuviera ocultando información de trascendencia. Estaba claro que lo que Moscú quería era que se celebrase un juicio público a Hess lo antes posible; Stalin se encontraba verdaderamente molesto con la actitud del Gobierno de Churchill. A modo de público ejemplo, los soviéticos oficiaron numerosos juicios en el territorio de la URSS desde 1943, en los que se colgó a los acusados alemanes ante ingentes masas de espectadores, apenas unos minutos después de pronunciada la sentencia.

Los occidentales también habían manifestado —incluso con anterioridad a los soviéticos— una cierta predisposición a la celebración de juicios contra los criminales de guerra alemanes. De hecho, el primer documento que de modo inequívoco manifiesta la voluntad de juzgar a los responsables alemanes puede considerarse la declaración de la III Conferencia Interaliada celebrada en Saint James Palace, en Londres, en enero de 1942, en la que nueve Gobiernos occidentales anunciaban que un objetivo bélico irrenunciable era el de llevar a los responsables de los actos de barbarie ante un tribunal.

Pero entre los Aliados occidentales las posturas diferían enormemente. Y no solo por nacionalidades. Ya en 1940 se habían producido las primeras protestas por el comportamiento de los ocupantes germanos en Polonia y Checoslovaquia, y luego también en Francia, que se unió al Gobierno de Gran Bretaña en una protesta conjunta. Pero aún no se había acordado que se fuera a juzgar a los dirigentes nazis. Ni siquiera insinuado. Aunque había precedentes.

Antes de la Primera Guerra Mundial se habían establecido algunas normas para aminorar el daño que pudieran producir las guerras. La regulación parecía necesaria en la medida en la que los conflictos estaban haciéndose más sangrientos. En el campo de batalla ya no contendían ejércitos profesionales constituidos por un reducido número de soldados, sino enormes masas de civiles uniformados. Y la sociedad, en su conjunto, se empleaba con todas sus fuerzas en la producción bélica.

En abril de 1856 se había firmado la Declaración de París, en la que se regulaba lo relativo a la guerra marítima. A esta le siguió una serie de acuerdos, desde la Convención de Ginebra hasta la de Bruselas, entre 1864 y 1874. El proceso culminó con las Conferencias de La Haya de 1899 y 1907, en las que se reglamentaba de modo detallado la conducta de los beligerantes en un conflicto. Sin embargo, ninguna de ellas tenía un carácter penal; marcaban los límites de las acciones y determinaba lo que era una infracción, pero sin estipular los castigos que habían de aplicarse en caso de cometerla.

A fines del verano de 1914, recién estallada la Gran Guerra, los franceses y los rusos crearon sendas comisiones para seguir los desmanes que el enemigo pudiera perpetrar en su territorio. Terminada la guerra, en enero de 1919 se formó la Conferencia Preliminar de la Paz para esclarecer la responsabilidad de los vencidos en el estallido de la conflagración, pero aunque su estudio arrojó conclusiones claras en cuanto a la violación de las neutralidades belga y luxemburguesa, no pudo castigar a los culpables: los miembros japoneses y estadounidenses de la comisión hicieron notar que la guerra de agresión no estaba tipificada como delito, así que solo cabía una sanción moral.

Sin embargo, se acordó que se formase un Tribunal Supremo compuesto por miembros de todas las naciones aliadas que examinara los crímenes cometidos durante el conflicto. Se llegó a elaborar un listado de infracciones considerablemente exhaustivo, ante el que los alemanes presentes en la Conferencia de Paz de Versalles solo objetaron que dicho tribunal debía entender de todos los crímenes cometidos sin mirar la nacionalidad, pues, sin duda, los perpetradores de dichos delitos deberían hallarse en ambos bandos.

Los países aliados comenzaron a titubear. Los ingleses, que en las semanas finales de 1918 querían colgar al káiser a todo trance, seis meses después tenían dudas. Los franceses no sabían si debilitar a Alemania para restarle poder o mantenerla para que pudiese pagar. Los norteamericanos detestaban el militarismo teutón, pero querían conceder una oportunidad a la democracia. Aunque Wilson odiaba a Guillermo II, admitía que había que considerar la posibilidad de que el emperador hubiera sido empujado a la guerra por su Estado Mayor. Además, Robert Lansing, secretario de Estado, sostenía que no había base jurídica para procesar a los alemanes. Hubo fuertes disensiones entre los estadounidenses, que terminaron negándose a que los derrotados fueran juzgados por crímenes contra la humanidad, aunque tuvieron que acceder a que se formase una comisión que estudiase las responsabilidades en el estallido de la guerra.

Finalmente fueron incluidas en el Tratado de Versalles algunas cláusulas que hacían referencia a la cuestión de los crímenes alemanes. Están concretamente en los artículos que van del 227 al 230. En ellos se expresaba la acusación pública que imputaba a Guillermo II en nombre de las potencias aliadas y se preveía la institución de un tribunal formado por jueces de los Estados Unidos, Francia, Gran Bretaña, Italia y Japón, así como la petición al Gobierno de los Países Bajos para que accediera a la extradición del exemperador, pese a que los norteamericanos estaban convencidos de que había que evitar que el káiser se convirtiese en un mártir. El que se le incriminara por ser autor de «una gravísima trasgresión de la moral internacional y de la santidad de los tratados»[2] incomodaba visiblemente a algunos de los países signatarios.

De todos modos, los holandeses se negaron a entregarlo, sabedores del cansancio y las divisiones de los Aliados, lo que permitió que el emperador germano pasara el resto de sus días en Doorn sin ser molestado, hasta su muerte en 1941. Alegaron dos razones esenciales: en primer lugar, que el Tratado de Versalles no obligaba más que a las

---

[2] M. MacMillan, *París, 1919. Seis meses que cambiaron el mundo*, Tusquets, Barcelona, 2005, p. 215.

partes contratantes; y en segundo, que las violaciones legales que se achacaban al Hohenzollern eran de carácter político y no jurídico, y que la naturaleza de tales acusaciones no estaba contemplada en la legislación holandesa como causa de extradición.

Finalmente, los Aliados elaboraron una lista en torno a unas 900 personas (se desconoce el número exacto, pues nunca se hizo pública), que enviaron a las autoridades germanas, lista en la que se incluía a los mariscales Hindenburg, Ludendorff y Mackensen. La respuesta alemana fue entregar apenas un pequeño número de acusados, todos ellos de escasa relevancia, que fueron juzgados por el Tribunal de Lille en septiembre de 1919.

Aunque en un principio se había establecido que el resto de incriminados, después de entregados por los alemanes, habrían de ser juzgados por un tribunal militar aliado, los vencedores pronto cambiaron de planes. Tras la creación de la República de Weimar, determinaron que fuesen los propios alemanes los encargados de enjuiciar a sus compatriotas, algo que las autoridades teutonas reclamaban. En diciembre de 1919, se formó el Tribunal de Leipzig, que instruyó catorce procesos de los que ocho terminaron en condena, la mayoría de carácter muy leve; la práctica totalidad de los miembros de la lista aliada fue inmediatamente puesta en libertad y tan solo resultaron firmemente condenados dos comandantes de submarino (los tenientes Boldt y Dithmar) que habían hundido botes con heridos. Sentenciados a cuatro años, a los pocos días se fugaron de la cárcel y no volvió a saberse de ellos. Pese al más que tibio proceder de la justicia alemana, los sectores militares germanos protestaron fuertemente. Se oponían en tanto los juicios por crímenes de guerra no abarcasen igualmente a los Aliados culpables de su comisión.

El Gobierno alemán terminó por hacerse eco de los argumentos de los oficiales de su país, por otro lado no exentos de razón. De modo que, cuando los Aliados se quejaron del comportamiento de los tribunales alemanes, estos solicitaron de París que enjuiciara a sus propios criminales de guerra. La reacción de los Aliados fue la de requerir de Berlín la entrega de los acusados, basándose en que los procesos que tenían lugar en Alemania eran una burla a la justicia.

El intento de juzgar a los alemanes tras la guerra, pues, no cuajó. Ni los alemanes ni los Aliados se lo tomaron muy en serio, y durante los años de entreguerras no hubo ninguna iniciativa en previsión de que fuese necesario. Algo parecido sucedió con el Tratado de Sèvres impuesto a Turquía en 1920, que trató de proteger a las minorías que habían sido atropelladas por el poder otomano durante la guerra, sin demasiada suerte.

En el verano de 1920, se produjo el único intento digno de tal nombre para constituir un tribunal que entendiese de estos delitos con carácter internacional. Fue a iniciativa del Consejo de la recién creada Sociedad de Naciones, que impulsó la formación de un Tribunal Permanente de Justicia Internacional. Sin embargo, una vez constituido, la Asamblea de la Sociedad de Naciones negó a dicho tribunal la capacidad de aplicar la ley penal, con lo que devolvía a los tribunales ordinarios la competencia para juzgar este tipo de delitos, aplicándose la justicia nacional a cada uno de los casos que se presentasen. De este modo, la jurisdicción del tribunal quedó restringida al ámbito de lo civil.

Como parecía que por ese lado era poco lo que iba a obtenerse, el esfuerzo principal se dirigió a constreñir el uso de ciertas armas en los conflictos. Los Aliados se reunieron en Washington durante febrero de 1922 para concluir un tratado que limitase el empleo de algunas armas, como los gases tóxicos, y también abordaron lo referente a la guerra naval de superficie y submarina; sin embargo, Francia se negó a firmarlo, seguramente a causa de la prohibición del empleo de gases. En cualquier caso, representó un verdadero esfuerzo para limitar el alcance de la destrucción bélica, con un espíritu muy realista. Fue, además, importante por cuanto sirvió de marco para posteriores desarrollos jurídicos, como el Protocolo de Ginebra de 1925, que prohibía el uso de gases, y como la Convención de la Cruz Roja de 1929, que regulaba el trato a los prisioneros de guerra.

Al mismo tiempo, se consagraba el principio de que el castigo de los actos que contravinieran las leyes aprobadas sería aplicado en función de la ley de cada país, por lo que no se preveía la constitución de ningún tribunal internacional.

Lo cierto es que, a partir de entonces, se buscó reglamentar no tanto la guerra cuanto el recurso a la guerra. Se consideraba que era más lógico evitar que pudiera producirse otro conflicto como el que había concluido en 1918 que limitar la actuación de los beligerantes una vez terminadas las hostilidades. La V Asamblea de la Sociedad de Naciones elaboró el Protocolo de Ginebra en 1924 para condenar la guerra de agresión, aunque Gran Bretaña no quiso firmar. La posterior reunión de la VIII Asamblea tampoco sirvió sino para efectuar una condena de la guerra puramente moral.

Parecía claro que no era posible construir un sistema que obligase a todos los Estados. La única alternativa no podía ser sino la diplomacia bilateral o multilateral de carácter regional. Quienes primero habían establecido ese tipo de relación eran Alemania y la Rusia soviética, que habían firmado el Tratado de Rapallo, en 1922, pero se trataba de dos naciones parias en el escenario internacional.

De entre los varios tratados que se elaboraron contando con los Aliados, dos son de destacar: el Tratado de Locarno y el pacto Briand-Kellog. El primero, firmado el 16 de octubre de 1925, comprometía a alemanes, belgas y franceses en el mantenimiento de la paz en Europa Occidental, y fue articulado con mayor precisión de lo que se solía hasta esa fecha, quizá por no confiar en exceso en las disposiciones de la Sociedad de Naciones. Se suponía que era la base sobre la que edificar las relaciones entre dos Estados cuyos intereses eran tan manifiestamente contrarios como los de Alemania y Francia.

El pacto de Briand-Kellog fue rubricado el 27 de agosto de 1928, y lo firmaron en París veinticinco países que renunciaban al uso de la guerra para la solución de sus diferencias. Pero, además de que no pocos países manifestaron reservas acerca del carácter del pacto —entre ellos Estados Unidos, el Reino Unido y Francia—, dicho pacto no obligaba en lo relativo a las sanciones. Siempre sucedía lo mismo: una vez establecidas las normas, ningún tratado contemplaba el castigo a aplicar en caso de que alguien violase los acuerdos. Como es fácil colegir, aquello invalidaba virtualmente el tratado, al privarle de medios coercitivos. Por otro lado, se dejaba al criterio de cada Estado la interpretación de qué era legítima defensa, una de las causas que justificaban la guerra según el pacto.

Por lo tanto, todo lo que se hizo durante la época de entreguerras para construir un orden jurídico que no solo compilase las normas, sino que previese los castigos a aplicar en caso de violación de las mismas, había fracasado. Nadie puso el empeño suficiente como para que eso no fuese así. Probablemente porque nadie creía que pudiera llegar un momento en el que las circunstancias demandasen algo semejante.

Ese era el escenario cuando estalló la Segunda Guerra Mundial.

Durante la Segunda Guerra Mundial

Habría que esperar al comienzo de la Segunda Guerra Mundial para que renacieran los intentos de crear un tribunal internacional que se ocupase de los crímenes que se cometiesen en tiempo de guerra.

Desde casi el mismo comienzo de la lucha, a principios de 1940, los polacos en el exilio reclamaron que se castigaran los actos criminales que se estaban cometiendo en Polonia. Tales pretensiones, sin embargo, fueron ignoradas hasta que se produjo la invasión de la Unión Soviética en junio de 1941; entonces, tanto los checos como los polacos encontraron alguna mayor audiencia, si bien los norteamericanos y los británicos tampoco quisieron comprometerse en exceso.

Durante los primeros meses de la guerra, los británicos titubearon. Tenían sus razones. Las denuncias de las persecuciones nazis contra los alemanes que se oponían al régimen habían sido desechadas por considerarlas propaganda. Y, además, consideraban que las informaciones procedentes de los Gobiernos en el exilio podían no ser todo lo fiables que sería de desear. Antes de precipitarse en una denuncia que pudiera ser desenmascarada como falsa, resultaba mejor pecar de prudencia. Pero también contaba el hecho de que los británicos, en aquel invierno de 1940, aún trataban de no provocar a los alemanes en exceso, como si esperasen llegar a un acuerdo que hiciese posible un retorno a la paz.

A partir de junio de 1942, tras la brutal represalia alemana en Lídice a causa del asesinato de Reinhardt Heydrich, el Gobierno checo en el exilio —que había planeado el atentado— se sumó decidido a la presión polaca. Los disparos que finalmente acabarían con su vida se produjeron el 27 de mayo, pero el Reichsprotektor no moriría hasta el 4 de junio, en medio de atroces dolores. Entretanto, el Gobierno en Londres presentaba la acción como una respuesta a la administración que el «monstruo» había impuesto a Bohemia y Moravia. El ministro checo de Estado, el doctor Hubert Ripka, señaló que «no habrá paz ni justicia en el mundo a menos que los alemanes sean severamente castigados y a menos que los Aliados garanticen que los alemanes no emprenderán ninguna nueva aventura contra el mundo».[3]

Por aquellas fechas, arreciaban los bombardeos británicos a las ciudades alemanas. Gran Bretaña, en 1942, aún no tenía la capacidad de dañar seriamente de modo frontal al Reich; en el mar, los submarinos se cobraban sus víctimas con regular facilidad —y más ahora que los bisoños norteamericanos habían entrado en guerra—, mientras en tierra una mínima fracción de la Wehrmacht ponía en enormes apuros a lo más granado de las tropas de la Commonwealth en el norte de África.

De modo que los ataques aéreos eran vistos como una necesidad militar y propagandística. Junto a los convoyes que se enviaban a la URSS, eran la única forma de hacerse presentes y de aliviar en algo —por poco que fuese— el peso del Ejército alemán en el frente oriental.

Desde la primavera de 1942, la Real Fuerza Aérea había emprendido una decidida campaña de bombardeos que incluyeron Rostock y Lübeck —situadas en una región relativamente cercana del mapa del Reich—, además del Ruhr y, sobre todo, Colonia, sobre la que envió una inmensa flota de mil aparatos la noche del 30 de mayo. El objetivo fundamental era la población civil, y solo ocasionalmente las industrias armamentísticas alemanas.

Por esta razón, los checos, de la misma manera que los polacos anteriormente, trataron de que los ataques de la RAF fueran no solo explicados como una contestación a la barbarie nazi, sino que además se centrasen en el bombardeo de pequeñas ciudades, del tamaño de

---
[3] A. J. Kochavi, *Prelude...*, *op. cit.*, p. 23.

aquellas en las que los alemanes perpetraban sus represalias. Los británicos, sin embargo, persistieron en señalar que el bombardeo de las ciudades del Reich estaba destinado a dañar el potencial militar germano, y no a la venganza. Por supuesto, no era verdad, tal y como los propios responsables del Mando de Bombardeo admitían, pero en modo alguno querían aparecer como los ejecutores de la política de otros. El bombardeo obedecía a su propia lógica y tenía su propia política.

Fue a comienzos de 1942, en la III Conferencia Interaliada celebrada en Saint James Palace, en Londres, cuando se produjo el primer pronunciamiento inequívoco acerca de la voluntad de llevar ante la justicia a los culpables de crímenes de guerra en las zonas ocupadas, la llamada «Propuesta de creación de una Comisión de las Naciones Unidas para la Investigación de Crímenes de Guerra». El documento finalmente redactado a consecuencia de los acuerdos que se alcanzaron fue firmado por los representantes de Bélgica, de la Francia Libre, de Grecia, Luxemburgo, Polonia, Noruega, Holanda, Checoslovaquia y Yugoslavia. Además asistieron en calidad de observadores representantes del Reino Unido, de la URSS, de China, de India y de los Dominios. Los chinos manifestaron que, pese a no haber suscrito el acuerdo de forma expresa, pensaban aplicarlo a la ocupación japonesa de su país.[4]

Los nueve Gobiernos signatarios tomaron la iniciativa de anunciar que «entre los objetivos bélicos principales de los Aliados figura el castigo de los responsables de estos crímenes, sin tener en cuenta si los acusados dieron la orden, la ejecutaron ellos mismos o participaron de un modo u otro en estos crímenes. Estamos decididos a procurar que los culpables y los responsables, cualquiera que sea su nacionalidad, sean detenidos, juzgados y condenados y que las condenas sean cumplidas». El basamento legal era la Convención de La Haya, que especificaba que los Ejércitos ocupantes no podían cometer «actos de violencia contra la población civil en los países ocupados, despreciar las leyes del país y derrocar las leyes y las instituciones nacionales», así

---

[4] *FRUS* 1942, vol. I, p. 1.

como la imposibilidad de imponer «ninguna pena colectiva (…) contra los pueblos por razón de hechos individuales».[5]

En cuanto al deseo de juzgar al enemigo, esta es la primera vez que se formula de modo abierto y, sin duda, es el documento que abrió el camino al desarrollo posterior que, en definitiva, se articuló como un objetivo político. Por tanto, la expresión de dicha intención política es altamente significativa.

A mediados de 1942, también los polacos requirieron de Londres el anuncio de que los bombardeos que llevaban a cabo sobre el Reich eran la represalia por el fusilamiento de rehenes que los alemanes habían ejecutado tras el asesinato de dos policías en Varsovia. Pero de nuevo el Foreign Office se negó a hacer tal cosa y reiteró que los ataques se debían a razones puramente militares. De igual modo, fracasaron cuando intentaron algo semejante con Roosevelt, aunque, lejos de resignarse, siguieron presionando para que los Aliados se comprometiesen al anuncio de que, tras la guerra, serían ejecutados cinco alemanes de igual condición por cada inocente polaco, checo o yugoslavo asesinado por los invasores.[6] Wladyslaw Sikorski, el líder polaco, continuaría presionando durante los siguientes meses, pero no encontraría mejor acogida.

Por esas mismas fechas, en junio de 1942, Churchill sugirió a Roosevelt que se debía formar una comisión que estudiara lo referente a las atrocidades que cometieran los alemanes. No cabe duda de que era una consecuencia directa de la presión a la que se veía sometido por los Gobiernos polaco y checo en el exilio. Pronto encontró el apoyo de Harry Hopkins, el consejero de Roosevelt, quien se dio cuenta de la oportunidad de propaganda que brindaba una iniciativa como esa, siempre que entre los trabajos de dicha comisión se incluyese el de suministrar información de los crímenes del enemigo de forma continua a la población, provocando de este modo la movilización propia. Hopkins propuso, además, que los miembros de dicha comisión fueran elegidos de entre personas de reputación intachable,

---

[5] *Manual de Convenios de Ginebra y La Haya*, Ministerio del Ejército, Estado Mayor Central, Madrid, 1973, p. 246, artículo 50.
[6] A. J. Kochavi, *Prelude…*, op. cit., pp. 20-21.

e independientes de los Gobiernos, aunque obviamente estuvieran de acuerdo con ellos.

El 1 de julio de 1942, el *premier* inglés llevó al Gabinete de Guerra la propuesta de constitución de la comisión, con el apoyo del Foreign Office. En su presentación Churchill incidió en el carácter «espoleador» de la comisión al hacer públicos los crímenes alemanes, lo que funcionalmente tendría el efecto de renovar los ánimos de los Aliados. Ese carácter propagandístico fue muy importante en el periodo de gestación de la idea que desembocaría en la formación de la comisión y aun en los comienzos de esta, pues, en efecto, los Aliados estaban por aquellas fechas de la primavera y el verano de 1942 muy necesitados de inyecciones de optimismo.

Churchill había pasado por su momento más delicado a principios de aquel año, tras la caída de Singapur; en el mar, las victorias alemanas se sucedían, engordando las cifras de hundimientos hasta casi hacerlas coincidir con las de la producción; para mayor escarnio, en febrero, los cruceros *Scharnhorst*, *Gneisenau* y *Prinz Eugen* habían atravesado el Canal de la Mancha ante las mismas narices de la RAF y de la Royal Navy, sin que estas pudieran hacer nada por detenerlos; en África, Rommel se había convertido en una especie de leyenda viva que atemorizada a las tropas aliadas, y que el mismo Churchill había contribuido a crear con su imprudente locuacidad al calificarle de «gran general»; los japoneses extendían su poder como una mancha de aceite por el Asia Sudoriental, por China y las islas del Pacífico; y los alemanes retomaban en primavera la ofensiva en la Unión Soviética con un ímpetu arrollador. La propaganda resultaba, en esos sombríos meses de 1942, más necesaria que nunca.

La comisión debería desarrollar un trabajo de recogida de testimonios a través de deposiciones e interrogatorios, así como informar a las autoridades aliadas de las atrocidades que se cometiesen, personalizando, en la medida de lo posible, la autoría de los crímenes.[7] Pero todavía no estaba claro que el proyectado organismo fuese a tener un

---

[7] *Cabinet Office Archives* (CAB), 1 de julio de 1942. *A United Nations Commission on Atrocities*, pp. 28-29.

carácter propiamente judicial; lo que asomaba hasta ese instante era la conveniencia por razones psicológicas y propagandísticas. Anthony Eden, secretario del Foreign Office, así lo entendía y, de hecho, lo que defendía era que no se hiciese comparecer a quienes debían ser los principales acusados, tales como Hitler, Mussolini, Göbbels, Göring o Himmler, sino a aquellos cuya autoría criminal pudiera ser discutida o hubiera de ser establecida: los casos de los responsables máximos habían de ser tratados como una cuestión política, y no judicial.

Además, no debía crearse un tribunal internacional especial, sino que cada Estado tenía que enjuiciar aquellos delitos que le afectasen o que se hubieran cometido en su territorio. Los criminales debían ser juzgados por cortes penales militares o civiles pero que aplicasen la ley militar, en orden a acelerar las causas y a que no se eternizasen, algo que temía especialmente Eden. Las condenas debían dictarse con la máxima brevedad, evitando que los juicios mantuviesen por mucho tiempo la atmósfera propia de un tiempo de guerra.

Las propuestas de Eden no fueron universalmente aceptadas. Churchill nunca suscribió sus puntos de vista —lo que fue recíproco— y lord Simon —lord canciller y consejero del primer ministro— manifestó su desacuerdo con un plan que ni satisfacía a la opinión pública ni a la justicia, en particular la idea de que las principales personalidades escaparan a todo enjuiciamiento. El público británico jamás aceptaría que pudiera ahorcarse a los subordinados mientras que los jefes escapaban a dicho castigo. Desde entonces, Simon se convirtió en un crítico acervo del Foreign Office en este asunto.

Y, sin embargo, el 6 de julio de 1942 el propio Simon fue designado para dirigir la formulación de la política de crímenes de guerra británica. Se reunió con John Winant, el embajador norteamericano en Londres, y le participó su oposición a crear un tribunal internacional dadas las diferencias entre las distintas jurisprudencias de los países aliados. Además, el Reino Unido se oponía a la elaboración de un nuevo código legal para enjuiciar los crímenes de guerra; era mejor adherirse, simplemente, a la ley existente. Simon expuso la posición de Eden como si fuese la suya propia, sin desvelar las diferencias que les separaban, y también el que los crímenes que debían perseguir se eran aquellos cometidos contra los Aliados y no crímenes en general (lo que causaría un profundo desencuentro con el Departamento de Estado norteamericano).

Se tomaron algunas decisiones más, como que el objetivo era recoger los testimonios y el material referente a las peores atrocidades, señalando que no existía una decisión acerca del establecimiento de un tribunal internacional. Además, el propósito era invitar a Bélgica, Grecia, Luxemburgo, Checoslovaquia, Holanda Noruega, Polonia, Yugoslavia y a la Francia Libre a unirse a la comisión a la que pertenecerían los cuatro grandes: Estados Unidos, la Unión Soviética, Gran Bretaña y China. Simon adelantó, además, la pretensión británica de que los Dominios tuvieran una representación propia, algo que sería motivo de fricción con Moscú más adelante.

A finales de julio, los Gobiernos en el exilio de Luxemburgo, Holanda y Yugoslavia enviaron un memorándum al presidente norteamericano Franklin Delano Roosevelt en el que detallaban los crímenes perpetrados por los alemanes en los nueve países ocupados de Europa. Instaban a los Estados Unidos a que anunciasen de nuevo la determinación de los Aliados de conseguir sus objetivos y de que los crímenes no quedaran impunes. Tres semanas más tarde, el 21 de agosto, Roosevelt anunciaba que los asesinos pagarían, aunque expresaba que tendrían que comparecer ante tribunales establecidos en los mismos países que ahora sojuzgaban. Tal declaración molestó sobremanera a los británicos, quienes no habían sido informados en una materia que requería la consulta entre los Aliados; no era la primera, ni sería la última vez, que los norteamericanos situaban a Londres ante un hecho consumado.

Y es que poco antes, a comienzos del mes de agosto, Eden había reunido a los representantes de ocho Gobiernos en el exilio y de los franceses libres para anunciarles la política aliada al respecto de los criminales, lo que había de constituir uno de los principales objetivos de guerra, tal y como Churchill había expresado en octubre de 1941. Para entonces, aún no se había decidido la política concreta a seguir, de modo que Eden no podía hablar más que de intenciones con un carácter general, como admitió. Lo único que pidió a los representantes de los países ocupados era que mantuviesen el secreto de lo allí tratado y que no dieran ningún paso legal en ese orden de cosas.

Eden reconocía abiertamente la indecisión de su Gobierno en dicho asunto. Roosevelt, sin embargo, al actuar como lo hacía buscaba, sobre todo, disminuir la presión de los exilados. No había considerado la cuestión desde el punto de vista de la necesidad de castigar a los culpables por medios legales ni le interesaba gran cosa.

Avisado, sin embargo, de la mala impresión que había causado su declaración unilateral sobre el asunto, decidió que era el momento de efectuar un pronunciamiento conjunto con Londres en el que se señalase la diferencia entre la cúpula nazi y el pueblo alemán, y en el que también se recordase públicamente la intención de castigar a los culpables tras la contienda, pero dejando claro que el castigo se aplicaría sobre los individuos que hubiesen cometido los crímenes, que necesariamente serían un pequeño número de alemanes.

A comienzos de octubre, lord Frederick H. Maugham —prestigioso jurista británico y antiguo lord canciller— compareció ante el Parlamento para anunciar que el castigo de los crímenes de guerra estaba entre los objetivos principales de los Aliados en la guerra; incluso defendía que el castigo de dichos crímenes comenzara sin necesidad de que terminase la guerra. Lord Maugham señaló que debía dotarse a los tribunales ingleses de la posibilidad de juzgar a todo alemán que hubiese asesinado a un inglés, aunque el crimen se hubiese cometido fuera de la jurisdicción de los tribunales británicos; de otro modo «un alemán podría haber asesinado a un británico en un campo alemán y luego pasearse y vivir a todo trapo en el Mayfair sin que nadie tuviera el menor derecho a ponerle la mano encima».[8]

Le contestó lord Simon, quien refutó algunos de los argumentos de Maugham asegurando que Gran Bretaña había aprendido de la Primera Guerra Mundial y que no repetiría los mismos errores; ahora, el propósito de establecer la comisión que habría de ocuparse de los crímenes contaría con el respaldo de los Estados Unidos y de los aliados continentales del Reino Unido, si bien no dejaba de admitir una

---

[8] A. J. Kochavi, *Prelude...*, *op. cit.*, p. 35.

sombría perspectiva dado el retraso de las respuestas de la URSS, India, China y los Dominios. La respuesta de Simon resultó satisfactoria para ambas cámaras del Parlamento y para los Gobiernos europeos en el exilio, que deseaban un compromiso serio por parte de Londres y Washington, y así veían este más cerca. Sin embargo, la Unión Soviética mantenía su mutismo, lo que no presagiaba nada bueno.

La complicación al respecto de la URSS había sido prevista por Eden. Pero no en la forma que tomó. Porque los soviéticos no se limitaron a guardar silencio o dar una respuesta diplomática a la propuesta que Londres les había formulado el 3 de octubre para que se adhiriesen a la prevista comisión de crímenes de guerra. Al contrario, ante la iniciativa occidental y muy posiblemente molestos, en particular con los británicos, acusaron a estos de proceder en complicidad con los alemanes, al dar asilo a destacados líderes nazis. Evidentemente, se referían a Rudolf Hess. El 3 de noviembre hubo una contestación formal de Moscú.

Aunque no en cuanto a su virulencia, la respuesta podían suponerla por cuanto el 14 de octubre Viacheslav Molotov —el comisario soviético de Exteriores— había hecho referencia a la voluntad de enjuiciar a la camarilla hitleriana; los nazis estaban exterminando, decía Molotov, a los pueblos amantes de la libertad, y en consecuencia a una porción nada despreciable de quienes vivían en los territorios ocupados. La Unión Soviética esperaba que los líderes alemanes compareciesen ante un tribunal según fuesen capturados, sin mayor dilación —entre esos líderes se contaban Hitler, Göring, Himmler, Göbbels, Hess, Ribbentrop y Rosenberg—, y que fuesen castigados con especial dureza de acuerdo a la ley penal.

No contentos con eso, los soviéticos insistieron en su campaña en la prensa nacional. El periódico oficial, *Pravda*, cargó contra Gran Bretaña acusándola de no llevar ante los tribunales a Hess, lo que suponía que Londres hacía causa común con un criminal al retrasar su comparecencia ante la justicia hasta el final de la guerra. Londres se reservaba así una baza de cara a la negociación con el Reich a la espera de que la guerra concluyese. Como el embajador británico en Moscú sugirió, esta actitud mostraba el miedo a que Londres y Berlín pudieran entenderse. Los soviéticos también intentaron abrir una brecha entre los

Aliados occidentales al indicar que, en contraste con la actitud británica, el presidente Roosevelt había obrado con gran sabiduría. La verdad es que Roosevelt no había indicado nada al respecto de que hubiera que iniciar los juicios antes del final de la guerra.

La cuestión de Hess levantó muchas suspicacias en Moscú. Stalin disponía de informes acerca de los intentos alemanes de atacar la Unión Soviética que, durante meses, no quiso creer, incluyendo una notificación de Churchill en la que le advertía de lo que se le venía encima; pero creyó, o prefirió creer, que tal advertencia obedecía a un desesperado intento de los ingleses de provocar una guerra entre ellos y los alemanes, así que la ignoró. Temía que Londres llegase a un acuerdo con los nazis, ya que según su embajador, Iván Maiski, existía una lucha interna en el gabinete británico entre quienes deseaban alcanzar la paz con Hitler y quienes querían seguir con la guerra. La posible confirmación de que los segundos se habían impuesto no logró tranquilizarle lo más mínimo.

Para el verano de 1942, los soviéticos se encontraban en enormes apuros militares, y su irritación por el hecho de que los occidentales no abrieran el segundo frente iba en aumento. Por supuesto, no estaban en condiciones de hacerlo, y a fin de demostrar a Stalin cuál era su realidad militar emprendieron el desembarco en Dieppe en agosto, un desastre militar cuya razón básica fue política.

Sería en octubre de ese año 1942 cuando se fundara en Londres la Comisión Interaliada de Crímenes de Guerra, cuya finalidad era la de recoger pruebas y testimonios para elaborar las listas de criminales de guerra. Diecisiete Estados anunciaron su adhesión a lo que posteriormente se conocería como UNWCC (United Nations War Crimes Commission), incluyendo Estados Unidos y Gran Bretaña, además de China y Francia y el resto de Gobiernos en el exilio de la Europa ocupada por el Tercer Reich.

A partir del 18 de diciembre de 1942 —en que se hizo referencia explícita al exterminio judío—, dicha comisión anunciaría repetidas veces que se castigarían los crímenes de guerra cometidos por el Eje; los documentos y testimonios que iban acumulando al respecto resultaban abrumadores, y motivaron un endurecimiento del lenguaje aliado.

La decisión

Cuando los ministros de Exteriores aliados se encontraron en Moscú, en octubre de 1943, acordaron concretar los primeros pasos en lo referente a los juicios: los responsables alemanes serían juzgados en el lugar en el que hubieran cometido los delitos y según la ley de dicho país. En el caso de que los crímenes hubieran tenido por escenario distintos países, el castigo correspondería a los Aliados de modo conjunto. Lo que no estaba claro era cómo se articularía ese formato mancomunado. Cordell Hull encontró un amplio eco al decir que era partidario de la ejecución sumaria en el campo de batalla, entre las risas de los soviéticos, mientras los británicos insistían en que se observaran las garantías formales.[9]

La inauguración del United Nations War Crimes Commission (UNWCC) tuvo lugar con carácter oficial el 20 de octubre de 1943. Ese día se reunieron en Londres representantes de diecisiete naciones aliadas presididos por lord Simon, por cuanto Eden estaba en la cumbre de ministros de Exteriores en Moscú. Estuvo ausente la Unión Soviética, ya que había un par de puntos en los que no estaba de acuerdo, al decir de Simon, aunque dio a entender que no habrían de ser obstáculo en el futuro.

Desde la presidencia se definieron las metas de la comisión: por un lado, investigar y archivar los crímenes de guerra cometidos de los que se tuviera noticia e identificar, en la medida de lo posible, a los autores individuales de los mismos; por otro lado, informar la comisión de los crímenes a los Gobiernos a los que atañesen. Simon remarcó que su tarea habría de ser en el futuro la de registrar los delitos, pero no la de prepararse para su enjuiciamiento. Se daba por hecho que los principales criminales constituían un caso político antes que jurídico.

A los Gobiernos en el exilio no les parecía mal que se pudiera deducir de las palabras del presidente que serían los propios Estados en los que se hubieran cometido los crímenes quienes juzgarían a los acusados; el trabajo de la comisión, entonces, quedaba reducido a la

---

[9] C. Hull, *The memoirs of Cordell Hull*, Nueva York, 1948, tomo II, pp. 1289-1291.

conformación de las listas de criminales y a la decisión de quiénes serían entregados y a qué países (ya que habría algunos reclamados por varios). El representante holandés quedó complacido con el planteamiento, mientras que el chino, Wellington Koo, se mostró contrariado por el periodo que iba a cubrir la comisión, ya que China se encontraba en guerra con Japón desde una década atrás, y trató de que se considerase la posibilidad de enjuiciar a todos los japoneses que hubieran tenido responsabilidades desde septiembre 1931, fecha en que Tokio inició la ocupación de Manchuria. Los británicos no eran favorables a esta solución por cuanto sabían deseosos a los checos de solicitar una medida semejante, lo que les situaba a ellos ante la incómoda perspectiva de tener que revivir el episodio de la Conferencia de Múnich, de modo que la sesión inaugural concluyó sin adoptar una respuesta concreta a la propuesta china.

En sustancia, en esa primera reunión se aprobaron tres cosas; la primera, el establecimiento de la propia organización; la segunda, que su sede se fijase en Londres; y la tercera, el periodo de tiempo que habrían de abarcar las investigaciones de los crímenes.

Esa fue una de las razones de las discusiones que tuvieron lugar a continuación en Teherán. Reunidos en la capital iraní entre el 28 de noviembre y el 1 de diciembre de 1943, los jefes de Estado aliados discutieron por primera vez de manera abierta el asunto de las sanciones a los alemanes. Lo que significara el que el castigo correspondiese a los Aliados no se hallaba en absoluto definido, y no estaba claro que las ideas de cada uno de ellos no difiriesen de modo muy acusado.

Era el primer encuentro entre Churchill, Roosevelt y Stalin. La situación militar era mucho mejor de lo que había sido hasta entonces. Los soviéticos estaban derrotando a la Wehrmacht desde el verano en Rusia y Ucrania, tras la victoria de Stalingrado, mientras que los occidentales habían expulsado al Eje del Norte de África en mayo y desembarcado, primero en julio en Sicilia, y luego, en septiembre, en la Italia meridional. Aunque los ejércitos alemanes resistían con fortaleza, ante la suma de las enormes fuerzas estadounidenses, británicas y soviéticas, el final del Tercer Reich era cuestión de tiempo. El ambiente de la cumbre era inmejorable.

La elección del lugar convenía más que a nadie a Stalin. Un impedido Roosevelt tuvo que atravesar medio mundo para llegar hasta Persia, en compañía de Churchill tras haberse reunido con él en El Cairo. Eran muchos los asuntos de importancia sobre la mesa: la cuestión de Polonia y sus fronteras, el desembarco aliado en Europa, que Churchill quería en el Mediterráneo oriental —lo que amenazaba la prevista expansión soviética por Europa del Este— y la Operación Overlord o desembarco en Normandía. Pero si el premier inglés tenía la intención de hacer frente común contra Stalin, lo que de verdad deseaba Roosevelt era desmantelar el Imperio británico, para lo cual necesitaba precisamente a Stalin. Había, además, otra serie de cuestiones menores, pero de relativa importancia, que enturbiaron algo la atmósfera.

Sin embargo, nada fue tan perturbador como la cena del día 29, en la que se trató la cuestión de los criminales de guerra. La cena, al estilo soviético, consistió en una ininterrumpida sucesión de brindis, en la que se combinó con el vodka toda suerte de bebidas alcohólicas, continuada a lo largo de varias horas.

Culminando los brindis, Stalin levantó su vaso invitando a los presentes a celebrar la justicia que habrían de imponer tras la guerra:

—Propongo un saludo a la justicia más expedita posible para todos los criminales nazis de Alemania... justicia ante un pelotón de fusilamiento. Bebo por nuestra unidad en despacharlos tan pronto como los capturemos a todos y que pueda ser, por lo menos, a cincuenta mil de ellos.

El efecto que tales palabras produjeron en la sala fue instantáneo. Apenas comenzó a recorrer las delegaciones de los países aliados un ominoso silencio cuando Churchill ya había saltado de su silla. Visiblemente bebido —pese a su alcoholismo, el premier británico había ingerido una a todas luces excesiva dosis de brandi— y con el rostro congestionado, prorrumpió en alta voz:

—Esa actitud es contraria al sentido británico de la justicia. El pueblo inglés no tolerará nunca semejante asesinato en masa. Aprovecho esta oportunidad para decir que me siento muy partidario de que a nadie, sea nazi o no, se le juzgue sumariamente, delante del pelotón de fusilamiento, sin un proceso legal, ¡aunque los hechos conocidos resulten evidentes en su contra!

Con una expresión de cierta satisfacción por haber enojado al líder británico, Stalin se volvió para pedir parecer a el presidente Roosevelt. El norteamericano se sintió obligado a decir algo ingenioso, pero no hizo más que empeorar las cosas:

—Como de costumbre, parece ser que mi función consiste en mediar en la disputa. Está claro que debe haber alguna especie de transacción entre vuestra posición, señor Stalin, y la de mi buen amigo el primer ministro. Acaso sea bueno decir que, en vez de ejecutar sumariamente a cincuenta mil criminales de guerra, deberíamos fijar un número menor... ¿No podríamos decir cuarenta y nueve mil quinientos?

Los norteamericanos y soviéticos rieron con ganas, pero los británicos permanecieron hieráticos. Churchill estaba furioso, así que dijeron que la cuestión requería un estudio pormenorizado. Sin embargo, Stalin prosiguió, insistente, preguntando a los presentes qué opinaban. La cuestión se prolongó aún durante un buen rato.[10]

Es lo más probable que Stalin estuviera sondeando el terreno entre los Aliados, y hasta disfrutando al provocar las diferencias entre los británicos y los norteamericanos. Pero estaba claro que creía verdaderamente lo que defendía. Su propósito era el de fusilar al Estado Mayor General, para empezar. De hecho, este constaba de unos cincuenta mil oficiales, la cifra que había propuesto liquidar; la asombrosa efectividad de la Wehrmacht dependía de ellos. El objetivo, concluyó Churchill, era el de destruir para siempre el poder militar alemán. La preocupación acerca de una recuperación alemana después de la guerra, tal y como había sucedido después de 1918, parecía lógica.[11]

Cuando el premier británico manifestó su oposición rotunda al exterminio de la casta militar germana, Stalin comprendió que había ido demasiado lejos, y aseguró a Churchill que la propuesta no era más

---

[10] E. Roosevelt, *Así lo quería mi padre*, M. Aguilar Editor, Madrid, 1946, pp. 262-266.

[11] W. Churchill, *La Segunda Guerra Mundial*, La Esfera de los Libros, Madrid, 2004 (vol. II), p. 466.

que una broma, una exageración, y que en realidad jamás había considerado tal cosa. Por supuesto, Churchill no lo creyó. Pero una cosa sí quedó clara: ante el problema de qué hacer con los vencidos, existían dos posibilidades: se los podía fusilar, sin más miramientos, o bien se los podía conducir ante un tribunal.

Y esa doble perspectiva era la que existía cuando los Aliados volvieron a reunirse en Yalta, en febrero de 1945. Pero, en realidad, las posiciones no eran firmes, y los propios líderes políticos mudaban sus puntos de vista con rapidez. Así, en Yalta Churchill se manifestó partidario de liquidar por la vía rápida a los alemanes, mientras que Stalin prefirió mantener las apariencias juzgando a quienes consideraba criminales de guerra antes de fusilarlos, como había empezado a hacer en Járkov en diciembre de 1943 con unos oficiales alemanes acusados oficialmente de «crímenes de guerra».

La posición del primer ministro inglés contemplaba el fusilamiento sin juicio de los principales nazis, en una lista que abarcase más de cincuenta pero menos de cien responsables. Hitler constituía una excepción, por cuanto no se le podía fusilar: había que enviarlo a la silla eléctrica.[12] Por lo demás, el tribunal, caso de formarse, debía examinar la cuestión del listado y concluir si los hombres que se encontraban en él debían ser considerados fugitivos, en cuyo caso cualquiera que se encontrase con ellos estaba autorizado a matarlos. Si, en todo caso, eran apresados, la labor del tribunal consistiría en verificar su identidad antes de ser fusilados.[13]

Hasta bastante avanzada la guerra los norteamericanos no se definieron al respecto. Su punto de vista era necesariamente distinto, por cuanto no habían sufrido la ocupación alemana ni habían sido testigos de crímenes contra la humanidad por parte de la Wehrmacht en las campañas africanas e italiana. La sociedad estadounidense tuvo que acostumbrarse a la guerra tras pasar por un periodo de agudo aislacionismo. La entrada en guerra, debida a Pearl Harbor, tuvo como consecuencia que sintieran hacia los japoneses mucho más odio que hacia los alemanes.

---

[12] J. Owen, *Núremberg. El mayor juicio de la historia*, Crítica, Barcelona, 2007, p. 11.

[13] L. Goldensohn, *Las entrevistas de Núremberg*, Taurus, Madrid, 2004, p. 11.

El Gobierno estadounidense estaba dividido por este asunto. No era solo una cuestión de experiencia en cuanto a las atrocidades: era, fundamentalmente, una cuestión moral. El secretario de Estado Henry Morgenthau etendia el ajuste de cuentas con los criminales nazis en el marco de una política más amplia. En septiembre de 1944 propuso la eliminación de Alemania como sociedad organizada, reduciéndola a una simple estructura agraria y aplicando una política de exterminio étnico mediante esterilizaciones masivas de la población: «Tenemos que ser duros con el pueblo alemán, no solo con los nazis. Tenemos que castrar a los alemanes o tratarlos de manera que no puedan reproducir gente como lo han hecho en el pasado». Las palabras son particularmente importantes por cuanto Morgenthau era «la conciencia moral de Franklin (Roosevelt)» de acuerdo a la definición de su esposa Eleanor.[14]

El planteamiento de Morgenthau tuvo un notable impacto en sus aliados. Aunque en un principio Churchill se opuso enfáticamente al trato que pretendía dar se a Alemania en su conjunto (el plan Morgenthau era «antinatural, anticristiano e innecesario»), el premier vio desvanecerse sus escrúpulos morales cuando el secretario del Tesoro estadounidense le hizo ver las ventajas que tendría para Gran Bretaña la desaparición de la potencia industrial germana. Aquello provocó la disputa con su ministro de Exteriores, Anthony Eden, quien consideraba que Churchill había expuesto en público la opinión contraria en demasiadas ocasiones. Pese a la incomodidad que este pudiera sentir, se negó a cambiar de opinión.[15] El plan del norteamericano incluía el fusilamiento de una cifra de oficiales alemanes semejante a la que Stalin había propuesto en Teherán.

En el seno del Gobierno norteamericano también había quien sostenía un punto de vista diferente. El secretario de Guerra, Henry L. Stimson, era un firme opositor a la política de destrucción de Alemania y su conversión en un erial desindustrializado que hiciera inviable la vida civilizada; asimismo, se mostraba contrario a dispensar un trato

---

[14] F. Paz, *Europa bajo los escombros*, Áltera, Barcelona, 2008, p. 320.
[15] J. Bacque, *Other Losses*, Nueva York, 1991, pp. 9-10.

arbitrario a los criminales de guerra. Stimson elaboró un memorándum, apenas cuatro días después del de Morgenthau, en el que sostenía que la solución no consistía en exterminar de un modo u otro a los alemanes, sino en encontrar el modo en que tratar a los criminales de guerra. Para Stimson, los alemanes no eran un pueblo asesino.

La propuesta de Stimson pasaba por ser mucho más razonable: Estados Unidos debería participar en un tribunal internacional en el que se enjuiciase a los acusados de haber participado en crueldades que no pudiese justificar la situación de guerra. Stimson alegaba que este punto de vista estaba de acuerdo con las sentencias aplicadas por el Tribunal Supremo de los Estados Unidos, por lo que debían constituir la base de la persecución de los crímenes nazis.

La posición de Stimson era, en verdad, valiente por cuanto sabía que Morgenthau era amigo personal de Roosevelt, pero sobre todo porque este y Churchill habían acordado en Quebec, apenas un mes antes, que para los mayores criminales de guerra —tales como Hitler, Göbbels, Himmler y Göring— resultaba inapropiado el juicio. Los grandes nazis debían ser fusilados sin ningún tipo de contemplaciones, tan enorme era la evidencia de su culpabilidad. «El destino de los dirigentes nazis es un asunto político, no judicial; la resolución que se adopte al respecto debe ser decisión conjunta de los Gobiernos aliados. Esto, en realidad, ya quedó expresado en la Declaración de Moscú».[16]

Resultaba, sin embargo, que para entonces Stalin había cambiado de parecer. La opinión generalizada de los historiadores es que el dictador georgiano habría llegado a la conclusión de que no habría manera de convencer a Churchill de la conveniencia de mudar de opinión, por la que esta sería la causa de que los soviéticos se aviniesen a la celebración de un juicio internacional, ya que Londres no admitiría nunca los fusilamientos masivos. Pero ellos sabían cómo transformar un juicio en un espectáculo propagandístico. A las pocas semanas, en todos los cines de la Unión Soviética se proyectaban las imágenes de las condenas y los ahorcamientos de los criminales nazis, en medio

---

[16] A. J. Kochavi, *Prelude…*, *op. cit.*, p. 88.

de ingentes muchedumbres que clamaban venganza por los crímenes cometidos.

Stimson seguía con su política de disuasión del presidente. Sabía que debía ser más contundente si quería contrarrestar la influencia de Morgenthau. Le encargó al subsecretario de Guerra, John Jay McCloy, buscar una argumentación que resultase demoledora en cuanto a la conveniencia de que se celebrasen los juicios. McCloy había sido responsable de la deportación de los estadounidenses de ascendencia japonesa durante los primeros meses de la guerra, algo de lo que se había tenido que convencer al presidente, reacio en principio. Hábil abogado de Wall Street, lo había conseguido sin muchas dificultades. Para Stimson, McCloy —relacionado con la élite de la sociedad americana— era una persona de enorme valor por cuanto conocía a las personas adecuadas para cada cometido. Descargó la tarea en el coronel Murray C. Bernays —judío de origen lituano—, quien también procedía del mundo del Derecho y al que volvería tras la guerra.

Bernays fue el verdadero creador, desde el punto de vista del derecho, de la concepción jurídica que desembocaría en Núremberg. Compiló una serie de ideas que tomaron forma en un documento titulado «Proceso a los criminales de guerra europeos», en el que defendía la posibilidad no solo de enjuiciar a los más importantes criminales alemanes, sino también a las asociaciones a las que pertenecían, por haber conspirado en la preparación de actos criminales. Sin embargo, para no hacer excesivamente larga la lista de incriminados, proponía que solo a los más altos responsables se les hiciera comparecer ante un alto tribunal. Aunque las organizaciones fuesen declaradas criminales —lo que, en todo caso, habría que probar en el juicio—, eso no significaba que todos sus miembros hubieran de ser necesariamente criminales.

La idea de acusar a las organizaciones, mientras que los individuos que las componían no serían automáticamente considerados culpables, agradó a una parte del Gobierno norteamericano. Stimson encontró firmes aliados en el secretario de Estado, Cordell Hull, y en el secretario de la Marina, James Forrestal, pero fueron incapaces de atraer a Roosevelt, que, si bien estaba convencido de que Morgenthau quizá iba demasiado lejos, secundaba la propuesta de este de ejecutar de forma sumaria a los principales nazis. Elevaron un documento al presidente, que probablemente le hizo dudar. De hecho, cuando se llegó a Yalta, mientras la postura de Churchill seguía siendo la de los fusilamientos sin juicio, la de Roosevelt era menos definida.

Pero los miembros del Gobierno de Estados Unidos no dejaron de intentarlo. En enero de 1945, el Departamento de Estado, junto con el fiscal general el Estado y el Departamento de Exteriores, presentaron un documento al presidente en el que le expresaban la decisión de articular un tribunal internacional que se basara en principios que los norteamericanos pudieran compartir. Stimson había recibido el libro de un profesor soviético, el doctor Trainin (presidente de la Comisión Extraordinaria de Estado para la Investigación de Crímenes de Guerra Alemanes) que abogaba por la celebración de un juicio, y que le sirvió de inspiración para defender su causa ante sus colegas de gabinete. La presión llevó a que hasta Morgenthau, a regañadientes, terminara aceptando la propuesta de Stimson.

La cumbre en Crimea no había aclarado nada al respecto, pues los líderes, apremiados por temas más urgentes, casi no tocaron el asunto del castigo a los responsables de crímenes de guerra. En febrero de 1945 los motivos de fricción no faltaban entre los Tres Grandes, y no solo entre los occidentales de un lado y del otro los soviéticos. El presidente norteamericano creyó que podría manejar con facilidad a aquel campesino georgiano. Mientras que Stalin y Roosevelt, por un lado, coincidían en lo referente a Francia, Gran Bretaña y la URSS, por el otro, lo hacían con respecto a la ONU. En todo caso, el verdadero vencedor de la cumbre sería Stalin, y este no tenía especial interés en sacar el asunto a colación.[17] Cuando Churchill lo intentó, tanto el soviético como el estadounidense lo postergaron para mejor ocasión.

La evolución de la guerra, en sus etapas finales, favoreció la celebración del proceso frente a otras posibilidades más expeditivas. Sobre todo, por la presión estadounidense, que consiguió arrastrar a los británicos a sus posiciones. La situación era confusa porque el tipo de juicio en el que pensaban los soviéticos, acorde a sus procedimientos,

---

[17] D. Reynolds, *Cumbres*, Ariel, Barcelona, 2008, p. 130.

era muy distinto del occidental; pero en definitiva, el que no se llevaran a cabo los fusilamientos masivos y el que la URSS se comprometiera a la celebración del juicio, representaba una cierta garantía por cuanto resultaría muy complicado a los soviéticos imponer su peculiar concepto jurídico ante los ojos de todo el mundo.

Mientras vivió, Roosevelt jamás aceptó del todo la necesidad o la conveniencia de un juicio, y solo la presidencia de Truman cambiaría la disposición del Gobierno norteamericano. Pero es cierto que Roosevelt trató de que Churchill cambiase de opinión. El último intento fue el que tuvo lugar a comienzos de abril de 1945, apenas unos pocos días antes de que el presidente muriese de un derrame cerebral. A esas alturas parece que aceptaba la necesidad de celebrar algún tipo de juicio, cuando hasta Morgenthau había comprendido que era lo mejor que podía hacerse.

Para convencer a los británicos, el presidente envió a Londres a su propio consejero para Crímenes de Guerra, el juez Samuel Rosenman, quien no fue muy bien acogido en la capital inglesa. Es significativo que Rosenman se hubiera mostrado de acuerdo con Stimson y el fiscal general de los Estados Unidos, Francis Biddle, en que había que celebrar un juicio.[18]

El 8 de abril, Rosenman visitó a lord Simon, alto cargo del gabinete de Churchill, en su despacho de la Cámara de los Lores. El británico le informó de la oposición del Gobierno de Londres a la constitución de un tribunal internacional. Mantenía, sin embargo, que se había encontrado una fórmula que podía satisfacer a todos, según la cual los Aliados emplazarían a los responsables de la Alemania nazi a comparecer ante una comisión de personalidades de las potencias vencedoras, que determinarían si las acusaciones eran procedentes. Después, esas mismas personalidades acordarían la medida política que les pareciese más oportuna, aunque era previsible en qué consistiría. Sir David Maxwell-Fyfe, quien asistía a la reunión en su condición de fiscal general del Reino Unidos, recordó que la postura británica ori-

---

[18] H. Stimson y M. Bundy, *On Active Service on Peace and War*, Nueva York, 1948, pp. 584-586.

ginaria era la de los fusilamientos. Presionado así Rosenman, se limitó a enunciar en términos genéricos la decisión americana de celebrar un proceso. Resultaba evidente que el acuerdo no era posible.

Dos semanas más tarde, lord Simon enviaba una carta a Rosenman en la que le reiteraba la idea de que la culpabilidad de Hitler y de Mussolini estaba más allá de toda duda y que, por lo tanto, era una pérdida de tiempo someterlos a juicio. Estimaba que el juicio daría la oportunidad a Hitler de hacer propaganda, algo que había que evitar a toda costa. Dado que el resultado final iba a ser el mismo, es decir, el fusilamiento, bien podían ahorrarse la celebración de un juicio que, en definitiva, poco iba a aportar. El procedimiento británico, en efecto, habría dado a Hitler una auténtica posibilidad de defender exitosamente su causa y, además, la vista se podía haber prolongado durante mucho tiempo, dado lo garantista de su sistema judicial.

Los norteamericanos hicieron caso omiso de lo que, estaban seguros, habría de ser el último intento de Churchill de evitar el proceso. Así que, en un proceder típicamente americano, el día 22 de abril, McCloy pedía a Rosenman que le ayudase a encontrar un fiscal que se encargase por parte estadounidense de la acusación, y, cuatro días más tarde, el propio Stimson insistía ante McCloy para que este formase un grupo de expertos que diesen forma a la causa en términos jurídicos. Los norteamericanos, decididamente impulsados por Truman, ya habían determinado sin la menor duda lo que debían hacer.

El 2 de mayo de 1945, Robert H. Jackson era nombrado fiscal jefe de la acusación de los Estados Unidos. En ese momento era miembro del Tribunal Supremo y había sido fiscal general de Roosevelt de 1938 hasta 1940. Truman hizo público un comunicado ese mismo día en el que manifestaba que los Estados Unidos eran favorables a la vía judicial para tratar la causa de los criminales de guerra, lo que sentó mal a los británicos. Estos habían recibido una comunicación de Truman apenas una semana antes, en la que les conminaba a aceptar la celebración de un proceso judicial; los británicos, por supuesto, rehusaron, y cuando se conoció la noticia de la ejecución de Mussolini, primero, y luego el suicidio de Hitler, alegaron que la idea del juicio ya estaba de más, al faltar los dos principales encausados. Se podía enjuiciar a los demás, desde luego, pero se debería seguir el procedimiento de enviarlos a los lugares que los reclamaran por los crímenes cometidos. Un tribunal militar internacional resultaba improcedente y poco práctico, además de dudoso desde el punto de vista jurídico.

Entretanto, Truman ya había enviado a Rosenman a la conferencia de apertura de las Naciones Unidas en San Francisco, para que pusiera de acuerdo a los representantes soviéticos y británicos con sus propias posturas. Esta vez la maniobra dio resultado. En Londres, el gabinete británico rechazó las propuestas de lord Simon, que continuaba sosteniendo la conveniencia de evitar todo juicio. Sin embargo, el que en San Francisco soviéticos y norteamericanos se hubieran manifestado en sentido contrario fue decisivo. La reunión ministerial del 3 de mayo aprobó que se enviara a Eden —que estaba en San Francisco— la notificación del cambio de postura del Gobierno de Su Majestad.[19]

En aquellos días, las tropas de Montgomery corrían contra los soviéticos por la posesión de Lübeck, donde se jugaba el destino de Dinamarca: en las afueras de Copenhague ya habían desembarcado paracaidistas soviéticos, y el país parecía a punto de caer en manos del Ejército Rojo. Los británicos ganaron la carrera por doce horas. Stalin se encontraba muy molesto, aunque los estadounidenses lo quisieron achacar al hecho de que las tropas alemanas que se rendían cada día por decenas o cientos de miles lo hacían a los Aliados en lugar de a los soviéticos, así que Eisenhower prometió a estos que se los entregarían.[20]

Durante los tres días siguientes, las delegaciones de las potencias aliadas en San Francisco hicieron los suficientes progresos como para llegar a un acuerdo provisional el 6 de mayo. Consiguieron el acuerdo francés y propusieron que cada uno de los Estados aportase un juez y un fiscal a lo que había de ser un tribunal militar internacional. Sin embargo, ya no se podía avanzar tan rápido como para que los acuerdos estuviesen dispuestos para la rendición alemana, que se produjo el 8 de mayo.

---

[19] *CAB* (The Cabinet Papers) - Documentos 130-140, 3 de mayo de 1945.
[20] J. Walker, *Operación Impensable*, Crítica, Barcelona, 2015, p. 124.

Capítulo 2
LA FORMACIÓN DEL TRIBUNAL Y LA ACUSACIÓN

Cuando el general Jodl estampó su firma en Reims el 7 de mayo de 1945, los Aliados no habían decidido aún qué hacer con los principales prisioneros alemanes que cayesen en sus manos. En realidad, no había ninguna lista conjunta de criminales de guerra. Incluso el concepto estaba por definir, y no estaba nada claro hasta dónde quería llegar cada uno en dicha definición o a qué número de alemanes querían aplicárselo.

En un principio, entre los criminales de guerra se encontraban un cierto número de italianos, encabezados por Mussolini. La muerte de este hizo innecesario, y hasta contraproducente, por razones políticas, mantener a los italianos en la lista. En cuanto a los demás, Hitler estaba muerto y Göbbels también. La ausencia de los máximos encausados dificultaba la concreción de las acusaciones.

Además, cada uno de los Estados aportaba una visión del Derecho diferente, aunque los británicos y norteamericanos compartían procedimientos muy similares; pero el contraste con los franceses y los soviéticos no podía ser más grande. La tradición consuetudinaria anglosajona chocaba frontalmente con la del Derecho Civil de los otros. Los cuatro trabajaron para aunar ambos derechos y crear un sistema mixto, algo que se consiguió con una cierta brillantez.[1]

Uno de los temas de discusión era el papel del juez, que desempeñaba funciones muy distintas según los sistemas, lo que hacía que la labor de los abogados también fuera diferente. La consecuencia fue que los procedimientos que afectaban a los acusados eran casi opuestos.

---

[1] R. Overy, *Interrogatorios. El Tercer Reich en el banquillo*, Tusquets, Barcelona, 2003, p. 37.

Paradójicamente, no les costó menos adaptarse al nuevo uso a los abogados defensores que a jueces y fiscales.

El escollo principal no procedía, sin embargo, de las distintas concepciones del Derecho, sino de los diversos objetivos que cada uno quería alcanzar con la celebración del juicio. Para Moscú, el tribunal militar debía poner de relieve la maldad esencial de los acusados y el inmenso daño que habían causado a la humanidad. La URSS padeció más de veintiséis millones de víctimas, la mayor parte de las cuales eran civiles; la guerra que se había librado en el frente germano-ruso había sido de una crueldad inaudita (bien cierto es que por los dos bandos), de modo que los soviéticos querían resarcirse. Por cada norteamericano muerto durante la guerra habían caído más de cincuenta soviéticos. La proporción era incluso mayor con respecto al Reino Unido.

Los Aliados occidentales concebían el juicio de un modo muy diferente. En la tradición occidental, un juicio representaba la oportunidad de que el acusado se defendiese, y para ello se le otorgaban unas garantías. Se trataba de mostrar una superioridad moral sobre los juzgados y no, al menos teóricamente, de satisfacer unos anhelos de venganza ni de utilizar el tribunal en sentido propagandístico.

No resultaba fácil entusiasmarse con la instrucción del proceso. Los Gobiernos que finalmente se habían decidido a llevarlo a cabo sabían que las sentencias habían de ser a muerte, así que los profesionales de la justicia que participaban en dicha instrucción carecían del empuje necesario. Los británicos habían manifestado en varias ocasiones que todo aquello era una pérdida de tiempo, por cuanto ya se sabía cómo terminaría, así que lo mejor sería abreviar los trámites. Para los norteamericanos estaba claro que tendrían que tirar de sus primos del otro lado del océano. Sir Thomas Barnes, letrado del Tesoro, había manifestado sin ambages que «no cabe duda de que esos hombres serán ejecutados», y esa postura no era en absoluto la excepción. Los soviéticos, por su parte, no hacían ningún misterio de su pretensión de liquidar a los responsables nazis, cuantos más mejor.

Entre los norteamericanos, el juez Jackson se quejó de que a veces parecía como si el tribunal militar internacional fuera una excusa para ejecutar unas condenas fijadas de antemano. Robert H. Jackson, nombrado por Truman como el representante norteamericano ante el tribunal, tenía una pronunciada noción de la justicia, y su indignación ante el nazismo era sincera. Su actividad no estaba exenta de idealismo: cuando se suscitó la cuestión de enviar millones de prisioneros alemanes a trabajar para los Aliados y, sobre todo, a los campos de concentración soviéticos, se negó a secundar tal postura alegando que no se trataba de sacar a un montón de gente de los campos de concentración para rellenar estos con otro montón de gente, sino que el objetivo era acabar con la idea misma de los campos de concentración.

Pero también había desarrollado el instinto justiciero de quien se considera llamado a una misión que ningún otro puede desempeñar. Quizá eso fue lo que le granjeó una reputación de vanidoso cuya ambición era presidir el Supremo de su país, y quién sabe si incluso convertirse en presidente de Estados Unidos. Fuera lo que fuese, lo cierto es que el equipo de Jackson mostraría grandes deficiencias profesionales en el ejercicio de su función durante el juicio; prestó poca atención a los procedimientos de una causa criminal, que en definitiva consistía en la demostración de la culpabilidad de los acusados. Los británicos, más prácticos pese a ser menos entusiastas, trataron ante todo de ajustar la acusación para asegurar las condenas.[2]

Los norteamericanos terminaron desempeñando el papel principal: sabían que los soviéticos y británicos eran más remisos a participar y, de hecho, enviaron menos profesionales que los estadounidenses. El Departamento de Defensa envió a Europa un nutrido equipo de treinta funcionarios de Justicia y veinticinco estenógrafos en avión, y la misma cantidad de funcionarios y estenógrafos por barco, además de seis expertos en pruebas legales. Siguieron enviando personal hasta casi las vísperas del juicio y, para septiembre de 1945, Washington había completado un equipo de más de doscientos profesionales al servicio de Jackson. Los británicos sumaban treinta y cuatro, pese a las continuas quejas de la delegación, que solicitó hasta otros sesenta y siete miembros, entre ellos cincuenta y cinco intérpretes, sin suerte. Los

---

[2] J. Owen, *Núremberg...*, *op. cit.*, p. 13.

franceses, por su parte, prestaron aún menos atención al juicio, absorbidos por los enormes problemas que les aquejaban.

Los norteamericanos se entendieron aún peor con los soviéticos. La actitud de estos fue enormemente reservada durante todo el tiempo que duró el juicio; en realidad lo era desde el principio de la relación con los Aliados, aunque habían tratado de mostrar su mejor cara mientras los necesitaron. En las últimas etapas de la guerra y una vez terminada esta, se volvieron en exceso reservados y los miembros de la delegación soviética ni siquiera compartían las actividades fuera del horario laboral. Cada decisión debían consultarla con Moscú, lo que hacía muy pesado el trato con ellos. Los norteamericanos juzgaron muy duramente el comportamiento de los soviéticos a nivel personal, pero lo que no sabían era que confraternizar con los occidentales les podía costar la vida.

El encargado de la delegación era el general Iona T. Nikitchenko. Vicepresidente del Tribunal Supremo de su país, Nikitchenko había dirigido los juicios de Kámenev y Zinóviev, los dos grandes líderes bolcheviques purgados por Stalin en agosto de 1936. Tenía claros los objetivos del juicio a los derrotados alemanes, y así lo expresó abiertamente, considerando que la imparcialidad de los jueces solo conduciría a retrasos innecesarios: «Nos las tenemos que ver con los principales criminales de guerra que ya han sido condenados, y cuya condena ha quedado establecida por las declaraciones de Moscú y Crimea efectuadas por los dirigentes de los Gobiernos aliados... así que todo esto consiste en asegurarnos un rápido y justo castigo para sus crímenes».[3]

El clásico dinamismo estadounidense chocaba con las dilaciones de británicos y soviéticos, y Jackson llegó a proponer que fueran los norteamericanos quienes se encargaran de todo el proceso. Convocados en Londres para el 26 de junio, los miembros de las delegaciones volvían una y otra vez sobre los mismos asuntos, sin que se pusieran de acuerdo siquiera sobre dónde habría de celebrarse el juicio.

Los soviéticos daban por descontado que tendría lugar en Berlín, pero para los occidentales esto resultaba inaceptable por cuanto la an-

---

[3] W. R. Harris, *Tyranny on Trial: The Evidence at Nuremberg*, Dallas, 1954, pp. 16-17.

tigua capital del Reich constituía un enclave en territorio ocupado por la URSS. La propia ciudad estaba dividida en cuatro sectores, lo que lo hacía más difícil aún. Los soviéticos no insistieron demasiado en ese punto, pues tampoco les interesaba que los occidentales anduvieran husmeando por allí. Cuando los norteamericanos llegaron a Berlín para hacerse cargo de su sector en la ciudad, en julio de 1945, ya se habían llevado el 85 por ciento de todo el equipo de fábrica que aún continuaba intacto. A finales del año siguiente, casi la mitad de la capacidad industrial existente en la Zona Soviética de Ocupación había sido desmantelada y transportada a la URSS.[4] Por otro lado, a los efectos del juicio era conveniente que la cada vez más abierta hostilidad entre los antiguos aliados no trascendiese en la medida de lo posible, pues las disensiones favorecían a los acusados.

Los occidentales consideraban como mejores emplazamientos Múnich, Leipzig y Luxemburgo (de hecho, este último desempeñaría un cierto papel por esas fechas), pero no se pusieron de acuerdo hasta que el general Lucius Dubignon Clay, el jefe del Gobierno de ocupación militar norteamericano en Alemania, propuso Núremberg. La ciudad concitaba algunas características que la hacían propicia: en primer lugar, Núremberg había estado muy ligada al nazismo por cuanto en ella se promulgaron las leyes raciales contra los judíos en 1935; en segundo lugar, fue el escenario de las grandes concentraciones nacionalsocialistas, ya desde antes de que el NSDAP se hiciera con el poder; y en tercer lugar, y sobre todo, porque se trataba de la única ciudad en toda Alemania en la que aún se mantenía en pie un Palacio de Justicia que sirviera a los fines de celebrar un juicio de grandes dimensiones y una prisión aneja al edificio en buenas condiciones. No menos importante era la milagrosa pervivencia de un gran hotel que podía acoger a las nutridas delegaciones aliadas y a los periodistas. Esa fue la razón esencial por la que se pensó en Núremberg, aunque no sería sino hasta el 2 de agosto cuando se aceptaría su designación como sede del tribunal, si bien nominalmente esta residía en Berlín (la sesión preli-

---

[4] R. Bessel, *Alemania 1945. De la guerra a la paz*, Ediciones B, Barcelona, 2009, p. 441.

minar, antes de trasladarse a Núremberg, tuvo lugar el 18 de octubre en la antigua capital del Reich).

Núremberg estaba destruida, como la inmensa mayoría de las ciudades alemanas, hasta el punto de que no se podía hablar de la existencia de infraestructuras de ningún tipo. El casco histórico había sido pulverizado por los bombardeos. La arquitectura original —aunque se reconstruyó tras la guerra— desapareció para siempre; la ciudad de los maestros cantores y de Alberto Durero, sencillamente, se volatilizó. Que sobrevivieran tres edificios de tales características resultaba impensable en el conjunto de Alemania. Incluso en las etapas finales de la guerra, Churchill había hecho una reflexión al respecto del cese de los bombardeos aliados, por cuanto ya no quedaba nada práctico por destruir, y los angloamericanos tendrían que cargar con el peso de la misma destrucción que estaban causando.[5]

Para acceder al Palacio se necesitaba una acreditación expedida por la Comisión de Control Aliada. La sala principal del Palacio habilitada para hacer las funciones de tribunal era un espacio amplio, en forma de T, con el suelo ligeramente inclinado hacia abajo desde la entrada hacia el fondo. Innumerables corrientes de aire frío recorrían la sala, pero en su conjunto esta resultaba más o menos cómoda, con capacidad para unas quinientas personas. La parte más ancha estaba decorada con paneles con motivos bíblicos extraídos del Génesis: Adán y Eva, el pecado original, la serpiente, Caín y Abel. Los asientos dispuestos a lo largo de la sala resultaban confortables, con excepción de los banquillos para los acusados, que apenas eran sino dos largas bancadas de madera, una situada en un nivel más alto que la otra. Los bancos donde se debían sentar los líderes nazis se hallaban dispuestos en la pared de la izquierda. Las mesas de los abogados se encontraban enfrente de los banquillos, y junto a esta mesa, la de los fiscales y el estrado ante el que comparecerían los testigos.

El estrado de los jueces se situaba a una altura considerablemente superior. En el centro, los magistrados norteamericanos y británicos; en el extremo derecho, desde el punto de vista del espectador, los jue-

---

[5] R. D. Müller, *La muerte caía del cielo*, Destino, Barcelona, 2008, p. 260.

ces franceses, y en el extremo izquierdo, los soviéticos. Cada juez se encontraba apoyado por un juez suplente, situado junto a él, y detrás de cada pareja de jueces, la bandera de su país. En la bancada inmediatamente inferior, los estenógrafos. En cada una de las esquinas se habían habilitado las cabinas de cristal para la traducción simultánea, en las que había una luz roja para interrumpir la traducción y otra amarilla para indicar que se hablase más despacio. La traducción simultánea se realizaba en los cuatro idiomas: inglés, francés, ruso y alemán.

Una barandilla de madera separaba esta zona de la parte más estrecha de la sala, en donde se disponían tres filas de sillas para dar cabida a los periodistas y al público. Sobre esta parte había una zona alta para el público, un «gallinero», en el que se arracimarían también políticos y militares. Del techo se descolgaban enormes lámparas fluorescentes que proporcionaban la luz adecuada para que los fotógrafos y noticieros cinematográficos pudieran hacer su trabajo.

Así pues, el Tribunal Militar Internacional constaba de ocho jueces, dos por cada Estado: por los Estados Unidos de América, Francis Biddle como juez titular y John J. Parker como sustituto; por el Reino Unido, sir Geoffrey Lawrence (nombrado presidente del tribunal) y sir Norman Birkett como juez sustituto; representando a Francia, el profesor Donnedieu de Vabres como titular y el consejero Robert Falco en calidad de sustituto; y por la Unión Soviética, el general y juez Iona T. Nikitchenko, auxiliado por el teniente coronel A. F. Volchkov. La elección de sir Geoffrey Lawrence fue evidentemente política, pero sin duda también pesaron las buenas relaciones que el británico fue capaz de establecer con todos los miembros del tribunal, y que le hicieron el candidato más obvio desde el principio, al que todos aceptaron sin demasiadas protestas, incluyendo a los soviéticos.

Por la acusación, un jefe del consejo fiscal, nombramiento que recayó en Robert Jackson, quien se encontraba al frente de la acusación por los Estados Unidos, y quien contó con veintidós consejeros de su nacionalidad. Entre ellos destacan los dos consejeros ejecutivos, el coronel Robert G. Storey y Thomas J. Dodd, quienes desempeñarían —sobre todo este último— un importante papel en el transcurso de los juicios.

Los británicos contaron con el procurador general del Rey (fiscal general), sir Hartley Shawcross, auxiliado por sir David Maxwell-Fyfe, quien precisamente le había precedido en el cargo de la fiscalía general. Ambos constituían la procuraduría general. Les secundaban cinco consejeros, Roberts en el consejo directivo y cuatro consejeros subalternos. La estructura de la acusación francesa era muy semejante, con un procurador general, François de Menthon, dos procuradores generales sustitutos y seis ayudantes.

Por su parte, los soviéticos destinaron a un procurador general, el ucraniano general Román Andríyovych Rudenko, auxiliado por el coronel Y. V. Pokrovsky y siete ayudantes. Rudenko era un hombre expeditivo, acostumbrado a ejecutar sin titubear las misiones que se le confiaban.

Estos hombres debían desarrollar la acusación y enjuiciar a los procesados. Los problemas a los que hicieron frente eran de una naturaleza muy particular y exigieron un esfuerzo considerable. Con independencia de cómo se juzguen los resultados, desde el punto de vista del Derecho su labor debe ser estimada en su justa medida.

Por su parte, los acusados contaron con un notable equipo de abogados, el más destacado de los cuales —Otto Stahmer, abogado de Göring— lo fue, entre otras cosas, por la importancia de su defendido. Algunos otros, como Seidl, que era originariamente el defensor de Hans Frank, desde febrero de 1946 se encargó asimismo de la defensa de Rudolf Hess; también Ribbentrop cambió de abogado, en enero, al sustituir a Fritz Sauter por Martin Horn y, sobre todo, destacó la intervención del magistrado naval Otto Kranzbühler, que representó con gran habilidad al almirante Dönitz. Alguno, como Robert Servatius, se ocupó de la defensa de Sauckel y de la del Cuerpo de Líderes Nacional socialistas con notable brillantez.

Sus defendidos manifestaron pocas quejas de ellos.

Capítulo 3
LOS CARGOS

Conspiración, crímenes contra la paz, de guerra y contra la humanidad. Retroactividad, territorialidad e imparcialidad

Fueron muchos los inconvenientes para compilar las razones y los argumentos de derecho que condujeron a la formulación de las acusaciones. Los obstáculos eran ciertamente grandes y de todo tipo, pero pueden agruparse con una cierta lógica legal y moral.

En primer lugar, un principio general de derecho afirma que no puede haber castigo alguno si antes el delito cometido no se encuentra tipificado legalmente de modo que no dé lugar a confusión alguna. *Nulla poena sine lege*, ningún castigo si no hay ley. En el caso de los juicios de Núremberg, este principio suscitó unos enormes problemas por la habilitación del principio de retroactividad, que es lo que en realidad significaba: la acuñación de una normativa jurídica novedosa que aplicar a hechos sucedidos con anterioridad. Por supuesto, la retroactividad no está contemplada contra el reo y menos en cuestiones referentes al Derecho Penal, algo admitido generalmente, con la excepción precisamente de la Alemania nacionalsocialista a la que se juzgaba... y de la Unión Soviética. Pero no se trataba solo de las legislaciones de cada Estado: la propia Declaración de los Derechos del Hombre excluye el principio de la retroactividad en su punto octavo.

Los Aliados hicieron un verdadero esfuerzo para desvanecer la idea de que estaban conculcando principios legales y morales intangibles. Los ingleses, a quienes más parecía preocupar este aspecto, desarrollaron por boca del fiscal británico sir Hartley Shawcross la idea de que en realidad no se estaba aplicando un derecho con carácter retroactivo, por cuanto la proscripción de la guerra ya existía antes de septiembre de 1939:

> El Derecho Internacional, antes de que fuese promulgada el acta constitutiva, ya había proclamado la guerra de agresión como acto criminal. No hay pues ninguna retroactividad efectiva en las disposiciones del acta constitutiva. No hace más que asignar la responsabilidad, por un crimen declarado como tal por el derecho positivo, a sus autores reales. Llena una laguna en el procedimiento criminal internacional. Hay una gran diferencia en el hecho de que decirle a alguien: usted será ahora condenado por un acto que no constituía delito en el momento en que lo cometió y el hecho de declarar: usted va a sufrir ahora un castigo por una conducta que era contraria a la ley y que era un crimen cuando la observó aunque, consecuencia del sistema internacional, no existía en aquel momento un tribunal competente para emitir un juicio contra usted... En esencia, esta legislación considerando toda guerra ofensiva como un crimen internacional, ya existía cuando el acta constitutiva fue promulgada. Solamente mediante una interpretación forzada puede presentársela como una legislación ofensiva.[1]

Las palabras de sir Hartley Shawcross representan un loable esfuerzo, sin mucha continuidad, para justificar la aplicación de ese principio de retroactividad. Pero la verdad es que, pese a que en efecto se habían firmado los tratados de los que hemos hablado con anterioridad, que ciertamente condenaban la guerra de agresión, ninguno de ellos había previsto penas para el caso de que alguien incumpliese lo acordado: ninguno de ellos consideraba que una guerra de agresión fuese un «crimen contra la paz».

Con posterioridad se esgrimió el argumento de que se estaba elaborando derecho, por lo que correspondía la aplicación de un principio revolucionario a fin de salvaguardar el derecho natural, previo a

---

[1] J. A. Llorens Borrás, *Crímenes de guerra*, Acervo, Barcelona, 1973, p. 43.

todo derecho positivo. Pero la elaboración de ese derecho se efectuaba en función de unos intereses muy concretos, como expresaría en julio de 1946 el propio Jackson, al admitir que los juicios que se estaban celebrando no eran más que la continuación del esfuerzo de guerra aliado, lo que sin duda se prestaba a ser malinterpretado con facilidad. Lo cierto es que las palabras de Jackson abundaron en la sospecha de que el tribunal era juez y parte, y de que aquello no era sino la venganza con ropajes de justicia que los vencedores ejercían contra los vencidos.

Esa idea de la elaboración de derecho fue subrayada por el fiscal francés en el Tribunal de Núremberg, quien sin embargo negaba que se tratase de nada nuevo:

> El principio de la aplicación territorial de leyes penales da a cada estado el derecho a castigar los crímenes cometidos en su territorio. La aplicación de los principios territoriales cubre las violaciones de la Ley Internacional en territorio sujeto a ocupación militar; estas violaciones son la fuente principal de crímenes de guerra. Pero los crímenes cometidos por los acusados no fueron dirigidos contra ningún Estado concreto en ningún territorio ocupado. Los conspiradores nacionalsocialistas, contra los que pedimos que se haga justicia, dirigieron la política del Tercer Reich. Todos los estados que fueron ocupados y esclavizados temporalmente por sus fuerzas armadas han sido víctimas por igual tanto de la guerra ilegal que provocaron como de los métodos empleados por ellos en la ejecución de esta guerra.
>
> No hay por tanto ningún Estado individual que pueda legítimamente reclamar el privilegio de juzgar a estos criminales. Solo un Tribunal Internacional creado por las Naciones Unidas, que hasta ayer estaban en guerra con Alemania, puede reclamar este derecho con justicia. Es por esto por lo que la declaración sobre las atrocidades enemigas hecha al final de la Conferencia de Moscú de octubre de 1943 decía que los líderes de la Alemania nazi, tras la victoria unida de los Aliados, serían llevados ante un Tribunal Internacional. Así, no hay nada nuevo desde un punto de vista jurídico en el principio de justicia que se les pide que apliquen. Lejos de ser simplemente una

afirmación de poder por parte de los vencedores, sus competencias se basan en el reconocimiento por parte de la Ley Internacional de la jurisdicción territorial de los Estados soberanos.

La transferencia por parte de estos Estados de su Poder Judicial a un Tribunal Internacional es un progreso notable hacia la creación de un procedimiento penal interestatal. No es ninguna innovación en la base legal de la justicia que se pide que administren.

La calificación penal de los hechos puede verse más sujeta a objeciones jurídicas. Esta horrible acumulación de crímenes, este laberinto de crímenes contra la humanidad abarca, y va más allá, de los dos más precisos conceptos jurídicos de crímenes contra la paz y crímenes de guerra. Pero creo, y volveré más adelante por separado a los crímenes contra la paz y los crímenes de guerra, que este bloque de crímenes contra la humanidad constituye, en el análisis final, nada menos que la perpetración, con fines políticos y de una manera sistemática, de delitos comunes como el robo, el saqueo, el maltrato, la esclavización, homicidios y asesinatos, crímenes descritos y castigados según los códigos penales de todos los Estados civilizados.

No hay por tanto ninguna objeción de carácter jurídico que bloquee la acción de su justicia.[2]

Además de la cuestión de la retroactividad, estaban también las de la territorialidad y la imparcialidad. La primera no era fácil de abordar, puesto que a primera vista parecía que, si alguien había de enjuiciar a los acusados, ese debía ser un tribunal alemán, tal y como el prestigioso Hermann Jahreiss sostenía. La aplicación de la ley alemana resultaba pertinente porque se trataba de un elemental principio territorial, por un lado, y por otro por cuanto los acusados eran de esa nacionalidad. Pero, si por un lado la cuestión no era tan sencilla, por otro, desde luego los Aliados no iban a permitir tal cosa.

En primer lugar, la ley nacionalsocialista estaba en el banquillo, y tampoco era posible que norma jurídica alguna que hubiera tenido vigencia durante los años del Tercer Reich fuese a ser aplicada por el

---

[2] *IMT*, vol. V, pp. 368-370.

tribunal. La ley nazi había facultado los delitos de los que ahora se acusaba a los dirigentes alemanes, y, lo más probable, es que bajo esa legislación sus actos tuvieran acomodo más o menos legal. Derogada la legislación nazi por el hecho mismo de la derrota y la ocupación, los Aliados ejercían ahora las atribuciones que antes tuviese la ley en Alemania. En todo caso, la inexistencia de un Estado alemán hacía inviable la aplicación de normas de esa legislación incluso anteriores al periodo nacionalsocialista. El principio de *lex loci*, de aplicar las normas del lugar donde el delito había tenido lugar, no era válido en este caso por cuanto quedaba anulado por la forma de la rendición alemana ante los Aliados. La autoridad había sido tomada por las fuerzas de ocupación tal y como recoge la Declaración de Berlín del 5 de junio de 1945 por la que asumen todos los poderes sin excepción en el conjunto del país, tal y como estaba previsto por la Convención de La Haya en su artículo 43.[3]

Por otro lado, los delitos de los que eran acusados los dirigentes alemanes no estaban circunscritos geográficamente, y, por tanto, la ley alemana no era competente para aquellos delitos que se hubiesen cometido más allá de sus fronteras.

Sin duda alguna, el mayor quebradero de cabeza al que tuvieron que enfrentarse el tribunal y la acusación fue el de los cargos que imputaban a los acusados. No era fácil elaborar una acusación conforme a derecho de acuerdo a los instrumentos legales de los que se disponía. Y ello por varias razones, todas ellas de un enorme peso (tanto, que los abogados defensores recurrirían a estos principios para cuestionar todo el proceso).

Por eso, fueron necesarios varios meses para poner de acuerdo a las potencias vencedoras acerca de cómo perfilar la acusación; es decir, cómo se iba a articular la gran cantidad de material que habían recopilado los Aliados durante la guerra para acusar a los alemanes de actividades criminales. Hubo que llegar a agosto de 1945 para poner orden en ese aspecto: finalmente, los derrotados serían acusados de

---

[3] *Manual de Convenios de Ginebra y La Haya*, Ministerio del Ejército, Estado Mayor Central, Madrid, 1973, pp. 245-246.

cuatro delitos principales. El primero de ellos era el de conspiración contra la paz y planeamiento de guerra de agresión, el segundo, crímenes contra la paz, el tercero, el de crímenes de guerra y el cuarto el de crímenes contra la humanidad.

La aplicación de algunos principios legales no contemplados en la legislación internacional presentaba ciertas dificultades, aunque, aun cuando ya existían las figuras jurídicas correspondientes en los códigos nacionales, se trataba de delitos comúnmente admitidos y regulados con sus penas. Los crímenes de guerra y los crímenes contra la humanidad, tal y como están recogidos en casi todos sus términos en el artículo 6 del Estatuto, ya estaban incluidos, como hemos dicho, en los códigos penales de los distintos Estados. Lo que no se había previsto era la jurisdicción internacional de los mismos.

Pero, en cuanto al crimen contra la paz, en ese artículo 6 se establecía la jurisdicción y los principios generales de la causa. Allí se define el delito de guerra de agresión como «el planeamiento, preparación, iniciación o el procurar una guerra de agresión, o una guerra que contravenga los tratados internacionales, acuerdos o garantías, o la participación en un plan común de conspiración para el cumplimiento de algunos de los supuestos anteriores».[4] El problema que se suscitaba era que, en efecto, la legislación anterior a la que hace referencia dicho artículo no preveía la imposición de penas para quien desencadenase una guerra, sino que todo se limitaba a una condena moral. Exactamente eso fue lo que arguyó el defensor del general Jodl, citando los casos de la invasión de Abisinia y de Manchuria. Podría haber incluido las de Polonia por la Unión Soviética, o las de Estonia, Letonia, Lituania, Rumanía, Finlandia y Persia también perpetradas por este mismo país, lo que, en todo caso, no hubiese sido permitido por el tribunal. Algo parecido sucedería en el caso de la invasión de Noruega por la Wehrmacht, que tendremos ocasión de ver. La contestación por parte del tribunal vino de la mano del juez titular francés, Donnedieu de Vabres: «Admitir que

---

[4] *IMT*, Actas del Tribunal Internacional de Núremberg: International Military Tribunal (IMT) Nuremberg, vol. I, p. 11.

infracciones repetidas a la ley penal entrañan la abrogación tácita de esa ley, equivale a excluir cualquier represión organizada y, falta de represión, cualquier sociedad viable».[5]

Pero la respuesta soslayaba el verdadero argumento de la defensa, puesto que las penas por la infracción no estaban especificadas en código alguno ni se había establecido ningún tribunal al que le fuesen otorgadas las prerrogativas para castigarla.

Otro punto que resultaba esencial para sostener la acusación era el planeamiento de una guerra de agresión por parte de los líderes políticos y militares del Tercer Reich, la demostración de que había existido una conspiración. De otro modo, la acusación se venía abajo. La idea de establecer que había existido una conspiración contra la paz era norteamericana. Este era un concepto que los abogados estadounidenses manejaban con soltura, y lo incluyeron como una parte básica de la acusación. Acostumbrados a las conjuras bursátiles y a la existencia del crimen organizado, no tuvieron problema en aplicarlo al funcionamiento de un Estado moderno. La conspiración facilitaba la acusación de aquellos que no hubieran cometido personalmente un crimen, por cuanto actos que, en sí mismos, pueden ser inocuos, en el contexto de una conspiración adquieren un sentido completamente distinto. Además, la conspiración servía también para hacer responsable a un dirigente de los actos que un subordinado hubiera cometido sin haber recibido una orden directa del superior.

Puesto que se trataba de probar que desde el principio el nazismo era una empresa criminal que dispuso sus objetivos con la finalidad de cometer actos criminales, la acusación de conspirar contra la paz para desencadenar una guerra de agresión era enormemente útil, porque, además, permitía extender las responsabilidades derivadas de dicha acusación, incluyendo en ellas los crímenes que se hubieran cometido en dicha guerra o los delitos perpetrados antes de la propia guerra, a todos los acusados.

---

[5] A. Fernández y J. L. Rodríguez, *El juicio de Núremberg, cincuenta años después*, Arco Libros, Madrid, 1996, p. 15.

De este modo, las organizaciones que constituyeron el Tercer Reich perseguían unos fines ilícitos que compartían todos los que formaron parte de él, según la doctrina acuñada por el coronel Murray Bernays. Dicha idea presuponía la existencia de una culpabilidad colectiva. Pero Bernays fue más allá: desarrolló el concepto de que cualquier persona que fuese representativa de una organización y estuviese acusada de un crimen o delito, implicaba en su delito a toda la organización. Esto, que carecía de antecedentes en el ordenamiento jurídico internacional y en el de los propios Estados Unidos, fue incorporado a la acusación contra las organizaciones que articularon el régimen nacionalsocialista y permitió enjuiciar no solo a las personas de la cúpula, sino a todas las que formasen parte de esas organizaciones.

Los británicos manifestaron sus reticencias al respecto, por cuanto consideraron a Hitler como un oportunista, y no como un líder político cuyo programa estuviera trazado de antemano. Sí, admitían, existía una estrategia de carácter global, pero el Gobierno nazi no era realmente mancomunado, sino que más bien era el gobierno de un solo hombre. Los franceses tampoco consideraban la idea de conspiración y no concebían que se pudiera acusar de un delito a alguien que no hubiera participado activamente en él.

Con todo, la reunión del 8 de agosto de 1945, en la que se firmó la Carta de Londres, recogía de manera eventual la idea de la conspiración, exclusivamente referida a la primera acusación de crímenes contra la paz. Pero el protagonismo norteamericano la fue situando en el centro del debate de modo acelerado y, para cuando se abrieron las sesiones del juicio en noviembre, se había convertido en el eje de la acusación y englobaba los otros dos cargos (crímenes de guerra y crímenes contra la humanidad), aplicándose de este modo a todos los acusados. Su propósito era, nada menos, que el de acusar a todos ellos de todos y cada uno de los delitos, invasiones y asesinatos.[6]

La consecuencia más previsible fue que, durante el juicio, los fiscales tratarían de demostrar que la conspiración era una realidad que

---

[6] J. Owen, *Núremberg...*, op. cit., p. 16.

les implicaba a todos ellos, quienes habrían tenido una voluntad manifiesta de conjurarse para producir los resultados conocidos; mientras que los defensores argüirían que sus defendidos, por el contrario, no tenían una responsabilidad en esos hechos y que Alemania funcionaba de modo caótico y desorganizado, con una sola voluntad al frente, que era la de Hitler.

La verdad es que, entre los supuestos que hoy debaten los historiadores, se está muy lejos de haber alcanzado ningún consenso al respecto. En general, tiende a considerarse que tanto la defensa como la acusación reúnen elementos dignos de ser tenidos en cuenta. Sin duda, la figura de Hitler no resulta intercambiable con ninguna otra, lo que le otorga un papel determinante en la política del Tercer Reich; pero, aunque no se pueda aceptar un determinismo mecanicista, tampoco la exclusividad de lo sucedido en ese régimen puede atribuirse a Hitler. La idea de que todo había respondido a una conspiración se confundió con el hecho de que todo estuviese perfectamente planeado desde sus inicios, lo que no parece compadecerse bien con los hechos. Sin duda, muchas de las decisiones principales fueron tomadas sobre la marcha, aunque hubiese un propósito de fondo. Pero, tal y como sucedieron los acontecimientos, es difícil sostener que todas y cada de las acciones que emprendiera Alemania estuviesen minuciosamente planeadas desde el principio.

Esta cuestión es, desde luego, primordial, por lo que conviene detenerse en ella. Algunos historiadores han considerado que la política exterior nazi carecía de verdaderos objetivos. Es el caso de Martin Broszat, para quien Hitler necesitaba imprimir un dinamismo constante a su política exterior, lo que explicaría sus decisiones. Por lo tanto, no habría habido un planeamiento propiamente dicho, sino solo unas líneas maestras que serían la manifestación ideológica de una dinámica social.

Otros historiadores han sostenido, por el contrario, la existencia de una intencionalidad en el marco de una clara autonomía de la política exterior; el objetivo de Hitler jamás habría sido el de proteger o siquiera perpetuar el orden existente, sino el de transformarlo, y la política exterior jugaba un papel notable en este proyecto. Importantes historiadores como Hildebrand, Bracher y Hillgruber lo sostienen.[7]

Pero la primera de las obras que se ocupó de esta cuestión fue la de A. J. P. Taylor, la célebre *Origins of the Second World War*, publicada en 1961 y que inauguró la polémica que continúa hasta el día de hoy. En lo esencial, Taylor defendía lo que había sido el punto de vista británico en 1945: frente a lo que se había sostenido en Núremberg, ni Hitler había preparado la guerra ni el pueblo alemán la había querido. Los alemanes tan solo habían secundado con entusiasmo al Führer en cuanto este terminó con el orden de Versalles y sus objetivos eran de carácter revisionista, pretendiendo el Anschluss con Austria y la ocupación de las zonas alemanas de Checoslovaquia. Pero jamás quiso una guerra mundial, como tampoco la había querido Hitler. Los factores ideológicos, económicos y sociales no jugaron ningún papel determinante; fueron más bien razones de política exterior. Además, las metas de Hitler no eran en lo esencial distintas de lo que habían sido las de Stresemann y, por tanto, las decisiones de Hitler fueron básicamente oportunistas y no obedecían a ningún plan preestablecido.

Las reacciones a la obra de A. J. P. Taylor en Gran Bretaña, primero, y luego en los Estados Unidos y en el resto del mundo, no se hicieron esperar. No faltó quien se manifestase a favor, como fue el caso de Sebastian Haffner, probablemente seducido por la exculpación —al menos, parcial— que Taylor hacía de los alemanes. También David Marquand secundó la tesis de Taylor, pero otros muchos se pronunciaron despiadadamente contra él. Entre ellos se contaban Trevor-Roper y Timothy Mason, quienes certeramente señalaron los puntos en los que Taylor, cuando menos, se excedía.

Hoy no cabe duda de que algunos de los argumentos, e incluso de las tesis centrales de este, resultan excesivos. Por ejemplo, es imposible disociar la política exterior nazi de la política económica y, en cierto modo, incluso del antisemitismo, pues no pocas de las decisiones en ese terreno contaban con el botín que se habría de tomar en las regiones ocupadas; y, en ese sentido, era sin duda un elemento que impulsaba

---

[7] K. Hildebrand, *El Tercer Reich*, Cátedra, Madrid, 1988, p. 240.

aquella. Pero pese a algunos abusos que, en general, hay un cierto acuerdo en rechazar, la idea central de Taylor sigue siendo plausible. De todos modos, aunque pocos historiadores admiten hoy la teoría de la conspiración, eso no significa que compartan la tesis de A. J. P. Taylor.

Sea como fuere, lo que se juzga es la intencionalidad, que debiera haber tenido su reflejo en el devenir de la política exterior germana. E indudablemente, no resulta fácil establecer esto más allá de cualquier vacilación. Hermann Göring arguyó de modo convincente a este respecto en Núremberg: «Jamás fue el caso que desde el principio, como a menudo se ha presentado aquí, nos reuniéramos en secreto y estableciéramos cada punto de nuestros planes para las décadas venideras. Todo surgió más bien a partir del juego de fuerzas e intereses políticos, como siempre ha ocurrido en todas partes, en el mundo entero, en cuestiones de política de Estado».[8]

Un enemigo declarado de Hitler, Hermann Rauschning, fue requerido por los norteamericanos para que avalase su tesis sobre la conspiración, pero rehusó hacerlo, despreciando tal posibilidad, porque «no más de media docena de alemanes pensaban en conquistar el mundo (…) personalmente, dudaba de que Hitler hubiera pensado en ello».[9] Los británicos eran del mismo parecer: no había habido un plan preconcebido, pues, aunque los nazis habían tenido indudables intenciones agresivas y objetivos bélicos bastante claros, era absurdo creer que a tal efecto habían elaborado planes desde el principio y que se habían atenido a ellos. En realidad, sostenían, fueron considerablemente oportunistas, y más bien reaccionaron a las circunstancias que se iban sucediendo.

El doctor Paul Schmidt, intérprete del Ministerio de Exteriores y que trabajó muchos años al servicio de Hitler y Ribbentrop, conoció muy de cerca los entresijos de la política exterior alemana. Su propósito estaba muy lejos de exonerar a los nazis, a los que detestaba desde el principio, pero resumió el sentido de la política exterior alemana durante la época nazi en apenas unas líneas ante el psiquiatra de la

---

[8] M. Burleigh, *Combate moral*, Taurus, Madrid, 2010, p. 663.
[9] R. Overy, *Interrogatorios…*, op. cit., p. 73.

prisión de Núremberg, en la que aguardaba como testigo: «Nuestra política exterior era improvisada (...) carecía de visión de futuro. Los nazis no paraban de hablar de un Reich de mil años ¡pero no podían planificar los cinco minutos siguientes!».[10]

Para la acusación era, sin embargo, crucial establecer ese carácter conspirativo que, de un modo abusivo, los Aliados achacaban a sus enemigos. Resultaba evidente que si del carácter conspirativo se desprendía que todos los pasos en el desencadenamiento de la guerra habían sido cuidadosamente planeados, entonces, tal y como argumentaba el abogado defensor de Ribbentrop, había que acusar a la URSS de complicidad entre 1939 y 1941. Era indudable que los soviéticos sentían pánico ante esta perspectiva. Para evitar tal cosa enviaron a Nikolai Zoria, un reputado abogado militar que fracasaría en su objetivo, después de que alguien desde la acusación estadounidense filtrase a la defensa de Ribbentrop el acuerdo de agosto de 1939 entre el Reich y la Unión Soviética. Zoria apareció muerto, unas horas más tarde, en su habitación de hotel de Núremberg.

Una de las críticas más difíciles de obviar, y que los abogados defensores esgrimieron una y otra vez, sembrando la sospecha sobre la parcialidad del tribunal hasta el día de hoy, fue la de que aceptar la celebración del juicio en los términos en los que los Aliados lo habían formulado, equivalía a admitir que estos no habían conspirado contra la paz ni habían invadido país alguno, no habían cometido un solo crimen de guerra y tampoco crímenes contra la humanidad de ningún género. Este tipo de argumentación tuvo particular incidencia en lo referente a los crímenes contra la paz.

De dicho delito quedaba excluido todo aquel que no estuviera al servicio de los intereses del Eje, tal y como queda explicitado en repetidas ocasiones en el propio artículo 6 de la Carta de Constitución del Tribunal Militar Internacional. La defensa se apoyó en esto para argumentar que resultaba, por tanto, claro que todo aquello no era más que una muestra de la justicia de los vencedores, de una justicia con apellidos que excluía el concepto mismo de justicia. Es cierto que en la

---

[10] L. Goldensohn, *Las entrevistas...*, *op. cit.*, p. 547.

redacción de la Carta intervinieron tan solo miembros de los países vencedores, por lo que parecía cobrar veracidad la idea de los acusados de que no podía mantenerse la pretensión de neutralidad. Por supuesto, ninguno de los jueces era alemán, y no estaba permitido hacer alusión a los crímenes cometidos por los países a los que pertenecían los jueces aliados.

La defensa debía recordar que no podía hacer valer hechos históricos como las repetidas invasiones soviéticas de numerosos países, incluyendo en ellas el reparto que protagonizó con Alemania de la indefensa Polonia, causa en definitiva de la Segunda Guerra Mundial. O el que, apenas seis semanas más tarde, la URSS invadiera Finlandia, lo que motivó la condena de los países aliados y les llevó a expulsarla de la Sociedad de Naciones en diciembre de 1939. Ambas agresiones estuvieron motivadas por el pacto que suscribieron Hitler y Stalin en agosto de 1939 y que permitió el desencadenamiento de la guerra. Algo que el Tribunal no estaba dispuesto a aceptar.

Igualmente, los abogados de la defensa consideraron el lanzamiento de las bombas atómicas como materia dudosamente moral, pero, sobre todo, el que Gran Bretaña también hubiera invadido otros países como Islandia y Persia (este último en agosto de 1941 junto con la URSS) les parecía absolutamente intolerable en un Estado que pretendía juzgar a otros.

Otro caso complicado fue el de Noruega, que los acusadores utilizaron para asentar el principio de que solo sería examinado aquello que implicase a los alemanes, pero en ningún caso lo que afectase a los Aliados. Examinando la invasión del país escandinavo los fiscales supieron que Ribbentrop y, posiblemente, Raeder estaban en condiciones de afirmar que lo único que hicieron en ese caso fue adelantarse a una invasión aliada. Los defensores alemanes eran conocedores de que durante la ocupación de Francia la Wehrmacht había encontrado documentos que demostraban que Gran Bretaña había diseñado un plan de invasión de Noruega, por lo que Berlín lo único que había hecho era adelantarse a un plan de Londres. Un miembro del gabinete británico, sir Maurice Hankey, escribió algo más tarde que «tanto Gran Bretaña como Alemania llevaban sus planes al mismo ritmo. Realmente, Gran Bretaña comenzó a planearlos un poco antes (...) ambos planes fueron ejecutados casi simultáneamente, Gran Bretaña con unas veinticuatro horas de ventaja».[11]

Por esta razón, para los Aliados resultaba muy complicado referirse a Noruega, pero más aún no hacerlo. Si acusaban a los alemanes de una serie de agresiones, que incluirían a todos los países que habían sido invadidos por la Wehrmacht, ¿cómo justificarían el no hacerlo con Noruega? ¿No sería tanto más llamativo el silencio que la acusación?

La cuestión la puso sobre el tapete sir David Maxwell-Fyfe, preocupado porque los alemanes podían utilizar este asunto para invalidar todo el proceso. «Tenemos informes que dicen que los alemanes consideraron la ocupación de Noruega como un acto de defensa. Temo que nos vamos a enfrentar con grandes dificultades. Este es uno de los puntos que más me inquieta».[12] El que el caso noruego demostrase que los Aliados habían desarrollado también una política agresiva que contemplaba la violación de la neutralidad de otros países, no solo los situaba en un nivel parecido al alemán sino que además, lo que era peor, alimentaba la sospecha que esgrimía la defensa de que la idea de que la política alemana estaba diseñada con ese carácter agresivo desde el principio era falsa y, por el contrario, muchas de las principales decisiones se tomaron sobre la marcha. Lo cual hacía más difícil probar que los acusados estaban implicados en el planeamiento de dicha guerra.

El fiscal soviético, Nikitchenko, expresó su convicción de que, sin duda, muchos otros hechos durante la guerra se podían entender como de carácter defensivo, lo que añadía más preocupación. La defensa lo ignoraba en ese momento, pero los Aliados no solo habían intervenido en países neutrales como Persia e Islandia, y planeado hacerlo en Noruega; en diciembre de 1944, el SHAEF (el Alto Mando aliado, Supreme Headquarters Allied Expeditionary Force) había estudiado la invasión del territorio del Reich por Suiza, aunque Eisenhower finalmente rechazó el proyecto. Sin embargo, en varias ocasiones habían

---

[11] M. Hankey, *Politics, Trials and Errors*, Chicago, 1950, pp. 78-79.
[12] J. J. Heydecker y J. Leeb, *El proceso de Núremberg*, Bruguera, Barcelona, 1978, p. 92.

bombardeado el territorio helvético con perfecta conciencia de lo que hacían.[13]

La única solución era no permitir que salieran a relucir estas cosas durante el juicio: no se estaba juzgando a los Aliados, y, por tanto, estos quedaban más allá de toda imputación, de modo que los hechos que se sacaran a la luz solo se examinarían en la medida en la que implicasen a los alemanes o tuvieran que ver con ellos.

Ciertamente, una parte de la documentación incautada a los vencidos les acusaba de modo indudable. Y, entre esos documentos, algunos que apuntalaban la idea de que Alemania había comenzado una guerra de agresión de forma premeditada. El propio Jackson celebraba que hubieran podido hacerse con estos papeles, aparentemente decisivos: las llamadas Actas de Hossbach de noviembre de 1937 y las de Schmundt, de mayo de 1939. Ambas mostraban las intenciones de Hitler y el conocimiento que muchos de los altos mandos tenían de esas intenciones y cómo las secundaron. La primera dejaba bien claro que, en una fecha tan temprana, ya se consideraba la conveniencia de que una guerra estallase en un lapso corto. Sin embargo, presentaba algunas cuestiones incómodas: Hitler daba por hecho que los británicos no participarían de un conflicto contra Alemania y, privados del apoyo de Londres, los franceses tampoco se atreverían contra el Reich. En todo caso, las actas revelan lo que la expansión alemana esperaba conseguir en Austria y en Checoslovaquia.[14]

En cuanto a la minuta de Schmundt, se trata de una previsión de conflicto con Polonia, a la que había que liquidar, entre otras cuestiones, porque se dudaba de su poder de resistencia frente al bolchevismo y no se podía contar con ella para el enfrentamiento previsto con la URSS. Pero, sobre todo, se afirmaba que la solución a la situación económica de Alemania pasaba necesariamente por apoderarse de las riquezas de otras naciones. Como es natural, esto permitió respirar a la acusación, que al menos disponía de una base sobre la que soportar la suposición de que había existido una conspiración nazi para emprender una guerra de agresión.

---

[13] A. Beevor, *Ardenas 1944. La última apuesta de Hitler*, Crítica, Barcelona, 2015, p. 117.
[14] *Documents on German Foreign Policy* (DGFP), Series D, vol. I., pp. 29-39.

La consecuencia fue expresada en la forma prevista en los cargos formulados de la pieza acusatoria: todos los dirigentes alemanes fueron acusados de participar en la conspiración, como «individualmente responsables de sus propios actos y de todos los actos cometidos por cualesquiera personas en la ejecución de dicho plan o conspiración».[15] Se definieron las organizaciones acusadas de cometer los crímenes empezando, naturalmente, por el NSDAP (el Partido Nazi), como «corazón de la conspiración» con unos objetivos y métodos comunes y unas creencias que explicaban la prosecución de crímenes colectivos. Además, el Partido Nazi, se especificaba a continuación, adquirió un control totalitario de la política en Alemania, control que obtuvo el 30 de enero de 1933 y que consolidó a través de los mecanismos represivos que culminaron en los campos de concentración de esa primera época. Suprimieron los sindicatos y la enseñanza cristiana, entre otros motivos para destruir o controlar sus instituciones, o el funcionamiento autónomo de las mismas, a fin de someterlas. Y, por supuesto, la política racial: se especificaban los nombres de aquellos líderes que habían hecho declaraciones de tipo racista de un modo más pronunciado, como Streicher, Rosenberg o Ley. Se calculaba el número de judíos exterminados como de unos 5.700.000 para el conjunto de Europa, lo que fue posible gracias a la reeducación que los nazis introdujeron en los distintos niveles de enseñanza en el Reich.

También la responsabilidad económica era analizada desde el punto de vista de la guerra de agresión, en la que se inculpaba a los industriales y a Göring, Schacht y Funk, particularmente. El control nazi en materia económica y política era la fase necesaria para emprender el ataque contra otros Estados, verdadero objetivo de toda la política de Hitler, que culminó antes de la guerra en las agresiones a Austria y Checoslovaquia y finalmente en la de Polonia, que desencadenaría el conflicto mundial.

Las actas dividen la época de la guerra en un primer periodo que abarca desde su comienzo hasta la primavera de 1941, en que Alemania invadió a una larga serie de países europeos, conquistando a todos ellos:

---

[15] *IMT*, vol. I, p. 27.

Polonia, Dinamarca, Noruega, Luxemburgo, Bélgica, Holanda, Francia, Yugoslavia y Grecia. Todos esos ataques, se continuaba, fueron planeados de antemano, incumpliendo de este modo los acuerdos Briand-Kellog de 1928.

Una segunda etapa la constituía el ataque alemán a la URSS en junio de 1941, violando el acuerdo de no agresión del 23 de agosto de 1939. La descripción de la acusación no abarcaba solo los aspectos militares, sino la más variada panoplia de crímenes perpetrados durante ese conflicto por los invasores, incluyendo la reducción de prisioneros de guerra y civiles a la condición de esclavos. Se acusaba en este caso al Gobierno alemán, al Estado Mayor y al alto mando de la Wehrmacht.

El siguiente aspecto se refería a la guerra de Alemania contra los Estados Unidos, de la mano de Japón e Italia, entre 1936 y 1941, comenzando por el Pacto Tripartito signado en septiembre de 1940 por las tres potencias. El Reich había firmado el pacto con Japón fundamentalmente porque creía así debilitar a los Aliados en Asia. El ataque a Pearl Harbor protagonizado por los nipones en diciembre de 1941 se debía a las lecciones tomadas de los nazis.

Los crímenes de guerra que se cometieron a continuación fueron posibles debido a la existencia de una guerra que los propios criminales habían planeado y desencadenado. Por tanto, este cargo era esencial a la hora de establecer las responsabilidades. La acusación que se efectuó a todos los imputados volvió a reiterarse para el cargo segundo, crímenes contra la paz, con la consiguiente imputación de traicionar los tratados y garantías internacionales que se habían comprometido a respetar.

Los cargos tercero y cuarto, los de crímenes de guerra y crímenes contra la humanidad, implicaban igualmente a todos los acusados, a los que se responsabilizaba por los crímenes cometidos entre el 1 de septiembre de 1939 y el 8 de mayo de 1945 en alta mar y todos los países ocupados más Alemania, Austria, Checoslovaquia e Italia. La clave para acusar a todos ellos era, claro, la conspiración, plan que implicaba la «guerra total» y la práctica de métodos de combate y ocupación militar en directo conflicto con las leyes y costumbres de guerra, así como la comisión de delitos en el campo de batalla, contra prisioneros de guerra y contra la población civil de los territorios ocupados. En la comisión de los crímenes perpetrados los acusados eran culpables por haber sido los instigadores, organizadores y dirigentes de los mismos.

Estaban acusados de asesinar, torturar y maltratar a civiles con el fin de aterrorizar a esas poblaciones, todo ello sin proceso legal alguno. La acusación enumeraba la utilización de los más diversos métodos para obtener sus fines: fusilamiento, ahorcamiento, gaseamiento, hacinamiento, robo y destrucción de obras de arte, hambrunas, desnutrición, destrucción de propiedad, trabajos forzados, omisión de atención médica, toma de rehenes y fusilamiento de los mismos, aplicación de penas colectivas, destrucción de regiones y ciudades sin objetivo militar alguno que lo justificase, brutalidad generalizada en la administración de todo tipo de tortura... Se les acusaba, además, de intervenir en cuestiones de tipo religioso, en la persecución por razones de tipo racial, sobre todo hacia los judíos, polacos y gitanos. Las condiciones de los arrestos eran inhumanas, y se producían en condiciones de absoluta insalubridad. La aplicación del Decreto Nacht und Nebel (Noche y Niebla, decreto que había hecho aprobar el Gobierno del Reich en diciembre de 1941 para reprimir la oposición a los alemanes en los territorios ocupados, que dio lugar a las desapariciones de miembros de la resistencia o de todos aquellos que se oponían a dicho dominio) llenó los campos de concentración. La acusación también recoge la comisión de experimentos humanos, cámaras de gas y crematorios.[16]

Nace entonces el concepto de genocidio, al calor de la idea de conspiración que impulsa la fiscalía estadounidense. En un principio, la UNWCC era contraria a considerar que este concepto pudiera aplicarse a los crímenes cometidos contra los judíos, porque «el trato dado a los judíos dentro de Alemania está fuera del alcance de sus investigaciones». Argumentaba que el antisemitismo alemán era una cuestión puramente interna que, dado que había tenido consecuencias fuera del territorio del Reich, debía ser juzgada en cada uno de

---

[16] *Ibid.*, pp. 42-65.

los países afectados, y no formar parte de ninguna cuestión relacionada con el derecho internacional. Factualmente, el genocidio no estaba reconocido en modo alguno por el derecho internacional. Pero los grupos de judíos norteamericanos presionaron al Departamento de Guerra para que la persecución antisemita se concretara en un delito.[17]

Raphael Lemkin, jurista polaco de origen judío emigrado a los Estados Unidos, había acuñado el término «genocidio» en 1944, en su obra *El poder del Eje en la Europa ocupada*. Curiosamente, su porfía por incluir el genocidio como una nueva figura en el derecho internacional comenzó en 1933 y lo refirió a lo que estaba ocurriendo en el interior de la URSS con los ucranianos, a los que Stalin estaba masacrando por millones, matándolos de hambre para obligarles a la colectivización. Lemkin trató de que se reconociese su tesis en la Conferencia de Unificación del Derecho Penal, celebrada en Madrid en 1933, pero fracasó, al negarle su Gobierno el imprescindible apoyo.

Finalmente, Lemkin fue concretando el concepto de genocidio, hasta englobar la idea de que la muerte no era un medio, sino un fin en sí misma. El desarrollo de esta idea conducía a considerar que el ataque contra un grupo humano equivalía a un ataque contra toda la humanidad. La ONU retomó esta idea a fines de 1946 e hizo que por vez primera el término genocidio apareciese en un documento público. En lo sucesivo, el crimen contra la humanidad definido en Núremberg equivaldría al de «genocidio», no sin que antes de esta definición desapareciese, por la presión de la Unión Soviética, la referencia a «grupos políticos y de otras clases».

Pese a todo, la acusación de Lemkin no afectaba a los judíos, por cuanto estos no constituían una nación tal y como esta se entiende en términos convencionales. El propio Lemkin la aplicaba a algunas minorías deportadas por los alemanes, pero no al exterminio de un grupo étnico. Por eso se constituyó una nueva categoría de delito, el de «crimen contra la humanidad».

---

[17] R. Overy, *Interrogatorios...*, op. cit., p. 71.

Los defensores consideraban dudosas algunas de las acusaciones. Por ejemplo, no negaban que se hubiera producido toma de rehenes y fusilamiento de estos, pero sabían que los Aliados tenían previstas medidas similares. La legislación francesa contemplaba la toma de rehenes para asegurar el buen comportamiento del enemigo, y la norteamericana, en su oficial *United States Rules of Land Warfare*, en el artículo 358, incluso preveía el fusilamiento de esos rehenes en caso de que el enemigo cometiese actos ilegales; solo exigía que los rehenes hubiesen sido tomados con el expreso propósito de asegurar un correcto comportamiento de la población ocupada y excluía expresamente el fusilamiento de prisioneros de guerra, de acuerdo a la Convención de Ginebra.[18]

En cuanto a la destrucción de objetivos sin valor militar, los Aliados no parecían los más adecuados para efectuar la acusación. Sin embargo, la enormidad de esta, así como la implicación de todos los acusados en el conjunto de los delitos, no podía escapar por su gravedad a los abogados defensores, consternados ante el conjunto de su tarea.

Además, los defensores no ignoraban que se encontraban en una situación de clara inferioridad con respecto a la acusación. Por ejemplo, no podían acceder más que de forma limitada a los miles de folios que se estaban reuniendo como prueba de la acusación; tampoco disponían ni de las secretarias ni de los equipos de investigadores de los que disponía la acusación. Por supuesto, carecían de toda posibilidad de acceder a los archivos de los Gobiernos extranjeros, lo que podría haberles ayudado sobremanera. Se les vetó incluso la utilización de alguna documentación por incriminar esta a los Aliados. En algunos aspectos actuaban a ciegas, sin posibilidad real de contender en igualdad de condiciones con la acusación.

Esa inferioridad en la que actuaban los defensores se veía acrecentada por la negativa a convocar a algunos testigos; Jodl, por ejemplo, citó a diecinueve y se le concedieron cuatro. En las celdas y el comedor había micrófonos ocultos, que transmitían todo lo que los

---

[18] *United States Rules of Land Warfare*, War Department, 1 October 1940, Washington, 1947, p. 86, cap. 11.

acusados decían, y también grababan las conversaciones entre los abogados y sus clientes, contraviniendo las más mínimas normas éticas al respecto.

Los psiquiatras, que gozaban de la confianza de algunos de los acusados y que eran vistos con alguna confianza por todos los demás, informaban a los fiscales de sus conversaciones con los internos, y los censores de cartas también informaban a la acusación de las cuestiones que pudieran tener algún interés para la fiscalía.

Lo peor de todo era la evidente connivencia de jueces y fiscales, que apenas se molestaban en ocultar. El presidente del tribunal enviaba sus cartas con el membrete de la fiscalía, por ejemplo; unos y otros comían en los mismos sitios, dormían en los mismos hoteles, volaban en los mismos aviones. Con ocasión de la vista de Vishinsky a Núremberg, el presidente del tribunal, lord Lawrence, había brindado para que «los caminos de los acusados conduzcan directamente de la corte a la tumba».[19]

Al terminar el juicio, Lawrence dejó escrito que «ni Inglaterra ni los Estados Unidos pueden desear el mantenimiento de las fuerzas necesarias para prevenir que los alemanes intenten de nuevo en un corto lapso la dominación en la que creen como parte de su destino... ¿Podemos permitirnos una nueva improvisación de fuerzas? Por la Gracia de Dios, por el genio y la decisión de nuestro gran líder Winston Churchill y por el espíritu de nuestro pueblo hemos logrado escapar de la aniquilación por segunda vez en el tiempo de una vida humana. ¿Vamos a jugárnosla de nuevo?».[20]

El modo de proceder con los detenidos era poco usual de acuerdo a los cánones legales de los países acusadores (con excepción de la Unión Soviética). Cuando se les detuvo no se les informó de sus derechos, ni siquiera de que cualquier cosa que dijeran podría utilizarse contra ellos. No se les reconoció el derecho a guardar silencio, sino que se les obligó a contestar a las preguntas que les hicieron sus captores; tampoco se puso a su disposición ningún abogado y ni siquiera se les reconocieron los derechos que tenía cualquier otro prisionero de guerra (una de las prime-

---

[19] T. Taylor, *The Anatomy of the Nuremberg Trials*, Londres, 1993, p. 211.
[20] D. Irving, *Nuremberg. The Last Battle*, Londres, 1996, p. 280.

ras medidas que tomó el juez Jackson en su condición de fiscal fue la de negarles estos derechos a los detenidos). Por supuesto, era absurdo considerar que, pasado algún tiempo sin que existiese acusación formal contra ellos, fuesen a ser puestos en libertad.[21]

En cierto modo, tenían perdida la causa desde el momento en que cabía formular una acusación como aquella. El mismo reconocimiento de la legitimidad del tribunal ya suponía la condena de sus defendidos. Los abogados sabían que podrían obtener quizá algún triunfo, pero que este necesariamente habría de ser parcial. La causa, en su conjunto, estaba condenada, e incluso esos triunfos parciales le deberían mucho a los errores que pudieran cometer los fiscales y jueces.

El prestigioso jurista alemán Hermann Jahreiss —una verdadera eminencia en el Derecho Internacional Público— trató por todos los medios de excluir las responsabilidades individuales, sabedor de que su inclusión conduciría a condenas generalizadas. Los acusados lo eran en función del desempeño de un cargo público, al servicio del Estado, por lo que no cabía hablar estrictamente de responsabilidad individual.

Admitía que, ante la magnitud de los delitos imputados, el viejo Derecho Internacional podía estar superado, pero en el tiempo que mediaba entre la elaboración de otro nuevo, quienquiera que fuese acusado no tenía modo de saber cuáles eran las normas que le serían aplicadas. La imperfección de la ley debía redundar en beneficio del acusado, como era principio general. Por otro lado, el hecho de que, en efecto, la guerra hubiese sido considerada como algo «criminal», no significa que mereciera una condena penal. El calificativo de criminal que había sido adoptado desde los años veinte por la comunidad internacional podía significar tanto la expresión de que se trataba de un hecho delictivo, como ser la expresión de una condena moral, argumentaba Jahreiss. Nadie tenía modo de saberlo, puesto que no se había seguido el establecimiento de pena alguna por la infracción de dicho principio, de modo que en este caso también cabía aplicar el principio de *in dubio pro reo*.[22]

---

[21] R. Overy, *Interrogatorios... op. cit.*, p. 83.
[22] G. Mettraux (ed.), *Perspectives on the Nuremberg Trial*, Nueva York, 2008, pp. 221-226.

Por lo que hacía a los crímenes contra la humanidad y los crímenes de guerra, la legislación al respecto estaba recogida en los códigos penales y en los códigos de justicia militar de los distintos estados. Aunque los acusados no hubieran sido partícipes personales de los crímenes, eran los autores morales, figura recogida por los códigos penales. En todo caso, no era concebible que crímenes cometidos en tiempo de guerra gozasen de un fuero distinto de aquel al que estaban sujetos en tiempo de paz. Así lo admitían todas las convenciones casi universalmente reconocidas, al situar a las poblaciones bajo el imperio del derecho de gentes.

Había también que consensuar un procedimiento que estableciese los derechos y obligaciones de quienes formasen parte del tribunal, que reglamentase los procedimientos y los principios que regirían, lo que se firmó el 8 de agosto de 1945 mediante el Acuerdo de Londres.

En el artículo 24 de sus estatutos se establecía el procedimiento:

1. Será leída la acusación.
2. El tribunal preguntará a cada uno de los acusados si se considera culpable o inocente.
3. El fiscal expondrá su interpretación de la acusación.
4. El tribunal preguntará a la acusación y a la defensa sobre pruebas que desean presentar al tribunal y decidirá sobre la conveniencia de la presentación de las mismas.
5. Serán oídos los testigos de la acusación. A continuación, los testigos de la defensa.
6. En todo momento el tribunal podrá dirigir preguntas a los testigos o acusados.
7. La acusación y la defensa interrogarán a todos testigos y acusados que presenten una prueba y están autorizados a efectuar un contrainterrogatorio.
8. La defensa tomará a continuación la palabra.
9. A continuación lo hará la acusación.
10. El acusado tiene la última palabra.
11. El Tribunal anunciará la sentencia.

Pero por debajo de todo, el problema moral que se suscitaba era indudable. El principio bajo el que se actuaba en Alemania durante el Tercer Reich era conocido como Führerprinzip, o principio de caudillaje, por el que la responsabilidad recaía en quien ostentaba la jefatura, lo cual tendía a eximir de culpa a quienes ejecutaban las órdenes. La combinación de la obediencia debida y de la inmunidad que hasta ese momento habían disfrutado los individuos en lo que hace referencia a su función pública —sobre todo en los altos cargos políticos—, situaba en una complicada perspectiva la posibilidad de enjuiciar y encontrar culpables, por lo que podía llegarse a la conclusión de que nadie era culpable de nada.

Lógicamente, las cosas no eran tan simples. Muchos de los individuos que integraban algunas organizaciones, por ejemplo las SS (aunque no en todos los casos), lo hacían de manera voluntaria, con lo que la responsabilidad indudable radicaba en la pertenencia misma a esa organización. Igualmente, los que habían hecho carrera en la Gestapo, pero la cosa se complicaba con respecto a la Wehrmacht.

La tradición jurídica anglosajona se avenía bien con esta idea, porque parte de la base de la responsabilidad personal por encima de todo, pero no así la tradición continental europea. Las alegaciones de los alemanes que se sentaban en los banquillos en el sentido de que ellos se habían limitado a cumplir órdenes, no eran simples recursos de abogados defensores tratando de salvar la vida de sus clientes: eran convicciones profundamente arraigadas en el Derecho europeo, que además entroncaban con la idea moral kantiana del cumplimiento del deber en la que habían sido educados todos los acusados y sus abogados. En ese sentido, se negarían a admitir su culpabilidad, puesto que no estaban realizando sino actos virtuosos al obedecer las órdenes que se les impartían.

Por lo demás, estaba claro que aquella línea argumental que les relevaba de toda responsabilidad personal resultaba muy conveniente para sus intereses, y la explotaron en la medida de lo posible. Göring, por ejemplo, aceptó paladinamente su papel en el régimen y se defendió con presteza sin evacuar culpas a otros (que no podía ser sino Hitler, claro está). Albert Speer —como parte de su línea defensiva tendente a ganarse a la fiscalía mostrando su arrepentimiento y admitiendo su culpa— también asumió su responsabilidad. Y, en esa línea de arrepentimiento, aunque probablemente mucho más sincero que el de Speer, Hans Frank reconoció sus crímenes y pidió perdón por ello. La honestidad de su arrepentimiento vino avalada por una conversión al catolicismo que le acompañó hasta el postrer instante.

Otros se negaron tozudamente a considerarse culpables, y es seguro que los militares —a quienes más se ajusta el patrón antes descrito— murieron sin entender por qué se les ejecutaba y en la convicción de que el juicio era una pantomima destinada a justificar una venganza apenas disimulada. Sostuvieron hasta el final que las tres armas del Ejército alemán combatieron como cualquier otro ejército, y que no llevó a cabo una política sistemática de asesinatos y mucho menos de exterminio.

La mayoría rechazó ser algo más que simples funcionarios que habían ejecutado políticas decididas por otros, en las que ellos no habían tenido parte. Algunos, como los conservadores que abrieron la puerta a Hitler o colaboraron con su régimen, tenían buenas razones para sostener su causa. En el fondo, siempre habían deplorado el nazismo, y difícilmente se les podía asociar a las peores ferocidades cometidas por el Tercer Reich; además de que, para condenarles, habría que exigirles una presciencia que hubiera resultado insólita, ya que era imposible prever el rumbo que tomarían los acontecimientos o la radicalidad de la política nacionalsocialista.

Ciertamente, no todos los casos eran iguales. Las responsabilidades de Von Neurath, Von Papen y Schacht eran bien distintas. El primero encajaba mejor en la idea de que sirvió a un Gobierno que aún desarrollaba objetivos de política exterior plausibles mientras él estuvo al frente de ese ministerio, hasta febrero de 1938, y por tanto no era responsable del expansionismo que condujo a la guerra. El problema aquí radicaba en que la acusación de Jackson le hacía igualmente responsable de conspirar contra la paz, por cuanto, de acuerdo con su doctrina, desde el principio existía una conjura para desencadenar la guerra. Además, había seguido ejerciendo ciertas funciones políticas tras su dimisión.

Schacht, en cambio, llegó a conspirar contra Hitler después de dejar el cargo, por lo que los Aliados le encontraron en un campo de concentración al terminar la guerra, pero, por la misma razón que Neurath, fue también procesado. La falsa premisa de que había existido una conspiración desde el principio lo contaminaba todo; de ella se desprendía que cualquiera que hubiera detentado la más mínima responsabilidad era culpable. Lo mismo le sucedió a Papen, desde luego, quien pasó sus años durante el Tercer Reich de embajador en Viena y Ankara, pero que había sido el que abrió la puerta para que Hitler accediese a la Cancillería.

Ribbentrop y Funk sufrieron lapsos de memoria probablemente verdaderos. Funk se vio superado por los acontecimientos, y el antiguo ministro de Exteriores fue modificando su postura con el paso del tiempo, mostrándose a veces como un hombre dueño de sí y otras como una persona desorientada; pero su pérdida de memoria con seguridad la fingía, y conseguía sacar de quicio a sus interrogadores con alguna frecuencia. Se movió con frecuencia entre el reconocimiento de su importancia y la negación de su responsabilidad, que no admitía.

La verdad es que algo de eso había. Ribbentrop no era un hombre capaz de tomar una iniciativa, sino que actuaba de acuerdo a las instrucciones de Hitler, quien en alguna ocasión había explicitado que jamás haría ministro de Exteriores a alguien como él. Pese a lo cual, la acusación mantuvo todo lo contrario: Ribbentrop tenía poco menos que una competencia completa en su área, en la que tomaba las decisiones esenciales. En realidad, como aseveraba Göring, era poco más que «el papagayo número uno del Reich».[23]

Años después de los juicios, y tras haber resultado absuelto —dato nada baladí—, Hans Fritzsche reflexionaba largamente acerca de los procedimientos utilizados en Núremberg:

> Algunos de nosotros intentamos entender el procedimiento acusatorio a partir de ejemplos y comparaciones. A mi entender, el símil más cercano era el de un duelo entre dos contrincantes que no están en igualdad de condiciones: uno, el acusado, tiene los pies y una mano

---
[23] R. Overy, *Interrogatorios…*, op. cit., p. 187.

atados, mientras que el otro, el fiscal, se puede mover y emplear sus armas a su antojo. Progresivamente, fuimos advirtiendo que el fin del procedimiento acusatorio norteamericano y británico no era demostrar un hecho de manera objetiva, sino destruir la confianza en el testigo y en su testimonio, y poco importaban los medios que se emplearan para ello. Las reglas eran de lo más flexible, porque también estaba permitido, con cualquier pretexto, sacar a colación un tema que no guardara la menor relación con la acusación.

A todo eso hay que añadir que se nos obligaba a responder a todas las preguntas autorizadas por el tribunal, incluso a aquellas que, según la ley alemana, habríamos podido negarnos a responder. Esta obligación garantiza el derecho a negarse a testificar. La obligación de dar una respuesta implicaba que una pregunta engañosa podía provocar una impresión totalmente equivocada, que no se ajustara en absoluto a los deseos del testigo, porque no siempre era lo suficientemente inteligente para sortear los recovecos de los recuerdos que su oponente intentaba sonsacarle.

Con todo, teníamos la posibilidad de corregir estos errores en la dúplica posterior a las preguntas de la acusación. De este segundo interrogatorio se encargaba el consejo de la defensa, que podía brindar a su cliente la ocasión de aprovechar cualquier oportunidad que previamente hubiera desaprovechado. Aun así, en la dúplica debía ceñirse a los puntos que hubiera planteado la acusación durante sus preguntas.

En este método de interrogatorio, los británicos demostraron ser muy superiores a franceses y rusos, y mucho más, por descontado, que los alemanes. Nuestra experiencia en estas lides era nula y, además, nos atenazaban los nervios, lo menos indicado para este tipo de procesos. Asimismo, nuestros abogados alemanes a menudo tenían la sensación de que atacar al fiscal suponía atacar al banquillo; no supieron ver que esos ataques eran perfectamente legítimos, pues no eran una afrenta contra el proceso en conjunto, sino contra el oponente en aquella suerte de duelo legal. Algunos compensaron su falta de experiencia poniendo todo su empeño en la tarea, tanto que fueron un buen apoyo para sus clientes.

La acusación, por su parte, tampoco tenía el camino expedito cuando le llegaba el turno de repreguntar. Tenía que ceñirse al contenido de las respuestas que se habían dado bajo juramento, y solamente cuando el fiscal había logrado refutar con éxito el testimonio se le permitía sacar las conclusiones que quisiera.

Durante la primavera y el verano de 1946, asistí al interrogatorio público de dieciocho de mis compañeros, y me pareció, al oírlos, que muchos episodios no solo no quedaban más claros, sino que se complicaban más. Aunque pocos segundos antes aquellos prisioneros tenían un buen número de argumentos, se bloqueaban al subir al estrado; no les venía nada a la cabeza. Fuimos espectadores de los peores ejemplos de ineptitud mental a la hora de enfrentarse a una situación como aquella, y tuvimos que ver cómo aquellos hombres eludían dar una respuesta en su intento por defenderse. Otros, sin embargo, se negaban a dejarse humillar cuando les conducían a la esquina más apartada de un callejón sin salida lógico.

Por inadecuados que fueran los resultados de estos interrogatorios desde un punto de vista objetivo, servían sin lugar a dudas para poner de manifiesto el comportamiento de un prisionero, y lo hacían de un modo asombroso. Aunque una cuestión determinada podía aparecer bajo distintos prismas durante este juego de preguntas y respuestas, cada uno de los hombres que estaban detrás de aquellas palabras quedaba perfectamente retratado.[24]

Nada de esto hizo la menor mella en la acusación.

---

[24] J. Owen, *Núremberg...*, op. cit., pp. 198-199.

Capítulo 4
LOS CRIMINALES DE GUERRA

La categoría de criminal de guerra no resultó fácil de concretar, hasta el punto de que jamás hubo una definición nítida de esa figura. Durante la guerra, los Aliados no se molestaron en exceso en precisarla, y apenas se tomaron excesivas molestias en listar a quienes consideraban que pudieran ser acusados de dicho delito.

Por supuesto, nadie albergaba ninguna duda acerca de que Hitler, Göbbels, Himmler o Göring fuesen incluidos en tal categoría. Su ausencia dejó una especie de gran vacío en aquellos que habían proyectado la idea de los juicios. Otros jerarcas de alto nivel, como Reinhard Heydrich o Fritz Todt, también habían muerto hacía varios años. Los italianos, al principio incluidos en las listas de criminales de guerra, fueron pronto sacados de ellas. De los verdaderamente importantes solo quedaban Göring, Ribbentrop y Hess. Ciertamente había muchos otros con enormes responsabilidades, como eran los casos de Speer, Keitel o Kaltenbrunner, menos conocidos del gran público.

Precisamente estos eran los más complicados. Se sabía muy poco de sus responsabilidades, de sus actuaciones reales, de cómo contribuyeron a todo aquello de lo que se les acusaba; no había habido mucho tiempo para preparar la acusación. La documentación estuvo disponible solo desde las últimas semanas de la guerra y, sobre todo, tras la rendición alemana. En consecuencia, la visión que se tenía de muchos de los acusados estaba considerablemente distorsionada. Había algunos a los que, como Streicher o Rosenberg, se les atribuían ciertas responsabilidades que no tenían, o bien se les conceptuaba de modo que no se correspondía con la realidad de su desempeño político. Se sabía muy poco sobre ellos. Por eso, del mismo modo que algunos fueron perjudicados, con toda seguridad otros resultaron beneficiados en esa atribución de culpas.

El error es achacable a esa situación de apremio, ciertamente; pero también, y sobre todo, al deseo norteamericano de sentar en el banquillo a todo el Tercer Reich, necesario para sostener la acusación de conspiración en la que incluir a todos los inculpados. Al tratar de abarcar el conjunto de los aspectos de la vida política y hasta social de la Alemania de Hitler para condenarlos, alguien debía personificar cada uno de esos aspectos. Así que, como Göbbels, por ejemplo, no estaba vivo, se decidió acusar a alguien en su lugar, y el dudoso honor recayó en Hans Fritzsche, un funcionario de menor categoría al que resultaba muy complicado conceptuar como criminal de guerra en ningún sentido. Algo parecido, aunque con resultado muy distinto, sucedió con Julius Streicher, que personificaba para muchos el antisemitismo característico de la Alemania nazi, pero que poco o nada tuvo que ver con el exterminio de los judíos de modo directo. De hecho, había sido apartado de toda responsabilidad política desde que en 1940 fuera acusado de un escándalo de apropiación de bienes arrebatados a los judíos, mucho antes de que se pusiera en marcha el programa de exterminio. También merece mención aparte el caso de Hjalmar Schacht, al que se sentó en el banquillo en representación del capitalismo alemán, y que llegó a estar implicado en los movimientos de resistencia contra Hitler.

Existían otros casos destacados, como el de Von Neurath, ministro de Exteriores sustituido en 1938 por Ribbentrop, precisamente por no ser instrumento adecuado de la política exterior nazi y, más tarde, reemplazado por Heydrich al frente del Protectorado de Bohemia y Moravia por falta de dureza. A Albert Speer y a Jodl les habían incluido en la lista después de solicitarles consejo relacionado con su esfera profesional, mientras que las causas contra Von Papen y Dönitz eran endebles. A Martin Bormann se le juzgaría *in absentia*, puesto que nada se sabía de él en ese momento y se le suponía vivo. Con todo, el peor de los casos fue el de Krupp, incluido en el grupo a petición de los británicos.

De las listas de criminales de guerra, en cambio, estaban ausentes algunos destacados miembros del nazismo, como el jefe de la Gestapo,

Heinrich Müller, o el director del programa de exterminio, Adolf Eichmann, en ese momento poco conocidos. Y de forma tan sorprendentemente, o más, faltaba Walter Darré.

Todo ello porque se exigía un juicio representativo, donde la responsabilidad individual no parecía ser lo más importante. A la idea de conspiración como eje central de la acusación había que sumarle la de responsabilidad colectiva, que exigía una correspondencia entre la persona y la organización. Al declarar criminal a una organización, cualquier individuo perteneciente a ella podía convertirse en acusado.

Así, la imputación criminal de la Gestapo, las SS, las SA, el Estado Mayor y el Alto Mando de la Wehrmacht, como colectivos criminales, situaba a millones de alemanes ante la perspectiva de ser declarados ellos mismos delincuentes, aunque cuando militasen en dichas organizaciones estas fuesen perfectamente legales. La enormidad de la acusación era tal que el propio tribunal tuvo que poner coto, limitándola a los grados más altos de las dichas instituciones.

Así que la cuestión básica a determinar era en qué consistía un crimen de guerra. Los Aliados mantuvieron una indefinición voluntaria del concepto durante toda la guerra, aceptando los términos en que venía siendo definido hasta el momento: como ofensas contra las leyes de guerra en el curso de operaciones militares, atrocidades en territorios ocupados y maltrato de prisioneros de guerra. Por supuesto, eso creó problemas a quienes se encargaban de construir las causas de aquellos que pudieran estar implicados en este tipo de acusaciones, tal y como admitieron los responsables británicos y estadounidenses de la Comisión de las Naciones Unidas para los Crímenes de Guerra (UNWCC).[1]

Fue precisamente la Comisión la que puso más énfasis en que los términos fuesen definidos. El problema era evidente para la acusación: si se sometía la justicia aliada a la jurisprudencia existente, muchos de los delitos, que eran novedosos desde el punto de vista penal y factual, no podrían ser juzgados o, en todo caso, castigados.

Se entendió que la legislación anterior era solo una referencia y que no sería la que se aplicaría, sino que había que construir las nuevas

---

[1] A. J. Kochavi, *Prelude...*, *op. cit.*, p. 96.

categorías de delito que se correspondieran con las imputaciones. En mayo de 1944, por primera vez, se elaboró lo que más tarde serían los cuatro puntos de la acusación contra los criminales de guerra. El tipo de delito del que se les acusaba contenía en cierto sentido la propia definición de criminal de guerra.

Estos eran: primero, delitos cometidos con el propósito de preparar o precipitar la guerra, con independencia del lugar donde estos delitos hubieran sido cometidos; segundo, crímenes perpetrados en países aliados y contra miembros de sus fuerzas armadas o contra civiles de las Naciones Unidas en todo el mundo, en el aire o en el mar; tercero, crímenes contra cualquier persona al margen de su nacionalidad, o aun no teniéndola, por causa de su raza, creencias religiosas o políticas, dondequiera que hubieran sido cometidos; y cuarto, crímenes cometidos para evitar que la paz fuera restaurada.

Sin embargo, la Comisión evitó la definición clara de «crimen de guerra» y tampoco elaboró una lista de criminales, por las mismas razones de que limitarían la acción de la justicia, tal y como reconoció lord Robert Wright. Este, presidente de la Comisión, admitió que resultaba muy problemático por la complejidad de la situación.[2]

La lista que terminó por ser la que compareciera ante el tribunal, compuesta por veinticuatro personas, tuvo un inevitable regusto a extraña componenda. Los personajes que se sentaron en el banquillo lo fueron por muy diversos motivos; no era posible encontrar un verdadero nexo entre ellos —salvo el de haber servido al Estado nazi—, por más que ese fuese el propósito americano.

Quienes la compusieron fueron los siguientes líderes alemanes:

Hermann Göring
Hans Frank
Wilhelm Frick

---

[2] *History of the United Nations War Crimes Commission and the Development of the Laws of War*, Londres, 1948.

Alfred Jodl
Ernst Kaltenbrunner
Wilhelm Keitel
Joachim von Ribbentrop
Alfred Rosenberg
Fritz Sauckel
Arthur Seyss-Inquart
Julius Streicher
Walter Funk
Rudolf Hess
Erich Raeder
Albert Speer
Baldur von Schirach
Konstantin von Neurath
Karl Dönitz
Hans Fritzsche
Franz von Papen
Hjalmar Schacht
Gustav Krupp
Robert Ley
Martin Bormann

No fue fácil lograr que todos ellos compareciesen y, de hecho, algunos de ellos no lo hicieron, por diversos motivos. En todo caso, para ponerlos bajo la jurisdicción militar aliada se emprendió la mayor caza del hombre de la historia.

Hermann Göring

El principal de los acusados nazis al que los Aliados querían dar caza era Hermann Göring. Tardaron tiempo en aceptar que Hitler, efectivamente, había muerto y que Göbbels también se había suicidado, pero Göring era el número dos del régimen en cualquier caso y, sin duda, el hombre más popular entre los alemanes después de Hitler.

Acaparador de una interminable serie de distinciones, Göring detentó una titulación creada expresamente para él, la de Reichsmarschall además de otras muchas, desde guardabosques mayor del Reich hasta jefe de la Luftwaffe, la aviación militar alemana.

Hermann Göring fue un héroe de la Primera Guerra Mundial. Último comandante del Escuadrón Richthofen —tras la muerte de su titular en 1918—, recibió la más alta condecoración alemana al valor, la medalla Pour le Mérite, codiciada por todos los oficiales alemanes durante la contienda. Tras la guerra residió durante un tiempo en Suecia antes de volver a Alemania y militar en el NSDAP. Participó en el *putsch* de Múnich de noviembre de 1923 junto a Hitler, en el que resultó herido. Ese episodio de su vida sería crucial: desde entonces Göring se hizo adicto a la morfina, que necesitaba para calmar los dolores.

Durante los siguientes años, Göring participó activamente en lo que se conocería como el Kampfzeit, la época de lucha entre 1919 y 1933 que llevó a los nacionalsocialistas al poder. Fue jefe de la SA (la milicia nazi) durante un tiempo, pero, sobre todo, fue muy útil al movimiento gracias a sus contactos con personas bien situadas en la sociedad alemana y con ciertos millonarios. Göring, con su conocimiento de la alta sociedad y la tarjeta de presentación que le facilitaba su papel de héroe de guerra, abrió a los nazis el acceso a la respetabilidad social.

Tras la toma del poder, desempeñó un papel clave en la represión de los opositores al Tercer Reich, al inaugurar algunos de los primeros campos de concentración de Alemania. También detentó el cargo de presidente de la Dieta prusiana, pero su principal desempeño fue, sobre todo, el de jefe de la Luftwaffe, que presentó al mundo en 1935. La Luftwaffe desempeñaría un papel fundamental en el rearme, primero, y luego en el desarrollo de la guerra relámpago alemana. A partir de 1936 fue una de las principales figuras de la economía alemana, ya que Hitler le eligió para ponerlo al frente del Plan Cuadrienal, que habría de desarrollar la economía de cara a afrontar los retos y crisis que estaban por venir.

Aunque en los primeros meses de la guerra la Fuerza Aérea alemana fue clave para lograr las fulgurantes victorias que caracterizaron a este periodo (1939-1942), con el declive de la Wehrmacht la Luftwaffe se mostró incapaz de mantener el espectacular nivel que había mostrado hasta entonces. Su primer fracaso —relativo— se lo anotó en la batalla de Inglaterra en 1940, ya que carecía de bombarderos estratégicos y de cazas con el suficiente radio de acción como para acompañar a los bombardeos o para mantenerse mucho tiempo en el aire, de modo que no se consiguieron los objetivos propuestos.

Las campañas que siguieron a esta fueron más sencillas. Los Balcanes, el Norte de África y Rusia resultaron exitosas, y aún en 1942 la aviación germana lograría mantener su superioridad táctica y técnica. Pero en 1943 comenzó el declive, que ocurrió de modo muy pronunciado ya en 1944.

Durante el cerco soviético a Stalingrado se planteó a Hitler la posibilidad de ordenar la evacuación del VI Ejército —algo a lo que el Führer era remiso—, única posibilidad de salvarlo. Finalmente Hitler no autorizó la retirada de las tropas, en buena medida debido a la promesa de Göring de que la Luftwaffe sería capaz de abastecer la ciudad por aire durante largos meses si era necesario; aunque la cantidad necesaria ascendiese a unas 500 toneladas diarias, ello no arredró al Reichsmarschall, lo que selló el destino de los hombres de Von Paulus. Jamás logró hacerles llegar más que una pequeña parte de ese monto. Probablemente, Hitler nunca se lo perdonó.

Desde ese momento, Göring vivió virtualmente recluido en Carinhall, su residencia prusiana. Rodeado de lujos cada día más ostentosos, entre valiosísimas obras de arte saqueadas por toda Europa o expoliadas a propietarios judíos, y en mitad de bosques abundantes en caza, perdió el contacto con la realidad bélica de Alemania.

Todo empeoraron cuando los bombardeos aliados comenzaron a arrasar el Reich, lo que sucedió desde mediado 1942, pero, sobre todo, después del bombardeo de Hamburgo en julio de 1943, que se cobró unas 50.000 víctimas mortales. A partir de ese momento, su prestigio cayó en picado. Con todo, pese a su fama de comilón y de vividor, sorprendentemente, preservó su inmensa popularidad entre el pueblo alemán.

El consumo de morfina le mantenía en un estado de abulia que se prolongó durante buena parte de la guerra, aunque no de modo continuado. Desacreditado a los ojos de Hitler —que, sin embargo, lo mantenía como número dos del régimen por razones elementales de moral nacional, más aún tras el vuelo de Rudolf Hess a Escocia en mayo de 1941—, trató de recuperar su posición hacia el final de la guerra, una guerra que seguramente nunca quiso.

En los postreros días del Tercer Reich, Göring creyó recuperar parte de su pasada posición. Abandonó Berlín ante la indiferencia de Hitler el mismo día del cincuenta y seis cumpleaños de este, el 20 de abril de 1945; jamás volverían a verse. Antes de irse, mantuvo una larga conversación con Himmler acerca de la mejor manera de contactar con los Aliados, sorprendiéndose del alto grado de conocimiento que tenía el Reichsführer SS de la situación en ese aspecto. Esa misma noche visitó algunos refugios en Berlín, donde obtuvo la misma acogida calurosa de siempre. Después, emprendió rumbo al Obersalzberg, esperando desarrollar sus contactos con los norteamericanos para poner fin a la guerra y emerger como hombre fuerte de la Alemania posbélica.

Desde allí pensó que Hitler, aislado en un Berlín cercado por el Ejército Rojo, podría estar privado de libertad de acción. Algunas informaciones así parecían apuntarlo, y le envió un telegrama en el que emplazaba al Führer a manifestarse en cuanto a si podía considerar que, en las condiciones entonces imperantes, le correspondía a él asumir la jefatura del Estado. Le daba un plazo de siete horas para contestar, pasado el cual entendía que, efectivamente estaba privado de libertad de acción, con lo que pondría en acción las cláusulas sucesorias previstas de acuerdo a las que él se haría cargo del poder en el Reich.

El telegrama, convenientemente manipulado por Bormann —quien se había convertido en la sombra de Hitler desde 1943—, fue interpretado como un ultimátum de Göring. Por supuesto que esa no era la intención del Reichsmarschall, pero Hitler ordenó que las SS le detuviesen; al día siguiente Göring fue en efecto arrestado en su propiedad por un Obersturmbannführer (teniente coronel) de las SS, quien le notificó que podía conservar la vida a cambio de su dimisión, lo que Göring aceptó de inmediato.

Las SS mantuvieron a Göring bajo arresto hasta el 6 de mayo, en cumplimiento de una orden de Hitler que nadie se atrevía a desafiar una semana después de muerto el Führer. En esa fecha, víspera de la rendición alemana, Kesselring ordenó su liberación, pero a Göring eso solo le sugirió que debía ponerse en contacto con Dönitz para hacerse cargo de las negociaciones con los Aliados. Informado de que los americanos querían encontrarse con él, redactó una carta para Eisenhower que llevó en su bolsillo.

Al día siguiente, a cincuenta kilómetros de Salzburgo se cruzó con una columna americana, según estaba previsto, al frente de la cual estaba el general Stack, un tejano canoso y fornido que le saludó cortésmente, al estilo militar. Göring entró en un coche con su mujer, Emmy, y su hija, Edda, y desapareció de la vista de sus hombres.

Comenzaba para él un cautiverio que desembocaría en las celdas de Núremberg.

Rudolf Hess

De entre todos los acusados, sin duda alguna, el más enigmático era Rudolf Hess. Había sido uno de los primeros hombres de confianza de Hitler, marchando junto a él cuando se produjo el *putsch* de Múnich, y permaneciendo a su lado en la celda de Landsberg, cuando Hitler cumplió condena por su rebelión contra el Estado en 1923.

Su lealtad a Hitler estaba más allá de toda duda. Hess influyó enormemente en Hitler en los primeros tiempos, y fue quizá la persona del partido que más contribuyó a forjar la ideología del Führer e incluso el culto a él. Fue Hess quien le introdujo en las ideas de Karl Haushofer, el padre de la geopolítica alemana, quien le inculcó —o, al menos, reforzó— la tendencia probritánica que siempre tuvo Hitler. Prendió entonces en él el concepto de *Lebensraum*, esto es, la relación entre el espacio y la población, y la idea de que el Reich tenía el deber de liderar un bloque euroasiático que unificase ese espacio y se repartiese el mundo con el Imperio británico. Esos conceptos le acompañarían toda la vida, hasta el final.

La personalidad de Hess era compleja y muchas veces tenía reacciones inesperadas. Algunos aspectos de su vida siguen sin estar claros, como su dependencia de los horóscopos y su esoterismo y, sobre todo, su estabilidad mental, muchas veces puesta en cuestión antes y después de la guerra.

Poco dotado para las intrigas, Hess fue escogido por Hitler para sucederle en el partido, del mismo modo que Göring lo había sido para el Estado. Podía considerarse como el tercero en la jerarquía del Reich, aunque eso era más nominal que otra cosa, ya que había sido nombrado lugarteniente del Führer. Durante los primeros años tras la subida al poder, Hess mantuvo su posición, pero con el paso de los años fue perdiendo importancia. Al estallar la guerra fue preterido, en parte por la necesidad militar y en parte por su propia merma política.

Fue probablemente eso, la necesidad de recuperar relevancia política junto con una inestabilidad mental quién sabe si transitoria, lo que le condujo el 10 de mayo de 1941 a volar a Gran Bretaña, mes y medio antes del ataque sobre la Unión Soviética. Hess había conocido a importantes personalidades británicas durante la celebración de los Juegos Olímpicos de Berlín en agosto de 1936, y estableció con ellas lazos que pretendió firmes. Por lo que se sabe hasta hoy, no parece que lo fueran tanto, aunque es cierto que este es un asunto que incluso tantos años después de los hechos sigue resultando muy incómodo en el Reino Unido.

Aviador con larga experiencia —había sido piloto al final de la Gran Guerra, en 1918— el 10 de mayo de 1941 tomó un Messerschmitt Bf 109 en Augsburgo y emprendió vuelo a Escocia, donde esperaba entablar contacto con el duque de Hamilton. Al respecto de este suceso las versiones son muy contradictorias en numerosos aspectos, hasta el punto de que hoy sigue resultando casi imposible de reconstruir la veracidad de los hechos. Pero algo sí es cierto: Rudolf Hess voló a Gran Bretaña para entablar conversaciones a fin de conseguir la paz. Es muy probable que para él fuese particularmente importante tanto por su aguda inclinación hacia Inglaterra como porque Alemania iba a invadir la URSS en seis semanas, y necesitaba las manos libres en el oeste a fin de concentrarse contra los soviéticos.

La reacción de Hitler ante la noticia de que Hess había aterrizado en Escocia fue furibunda. En primer lugar por lo que representaba políticamente, pero además porque temió que Hess revelase secretos políticos, en especial el inminente ataque en el este. Dicha reacción parece genuina, y no una interpretación, como a veces se ha pretendido. Nadie estaba al corriente de lo que sucedió: el último miembro del partido que habló con Hess, Alfred Rosenberg, anotó en su diario que parecía pálido y enfermo, pero no más de lo que venía pareciéndolo en los últimos meses, y que aunque se mostró algo nervioso e informó que tenía un asunto muy importante que resolver, no especificó nada.[3]

Las razones por las que Hess voló a Escocia seguramente sean exclusivamente propias, como hemos dicho. Cuando se abran los archivos británicos relativos a este asunto, quizá pueda establecerse alguna relación con la aristocracia británica, que en el pasado se había mostrado inclinada hacia Alemania, pero no es probable que Hitler le encomendase la tarea de volar hasta Gran Bretaña.

Desde 1941 y durante los siguientes cuarenta y seis años hasta su muerte, Rudolf Hess permaneció encarcelado, en manos de sus guardianes estadounidenses, británicos, franceses y soviéticos. Pese a que periódicamente —desde los años setenta— se suscitó la cuestión de su puesta en libertad, esta fue desestimada casi siempre por el Gobierno de Londres. Su muerte, en agosto de 1987, también sería materia polémica, ya que la familia negó que se hubiera suicidado, en contra de la versión oficial.

Durante el juicio, Hess se comportaría de forma muy voluble. En ocasiones mostraba una innegable lucidez, pero otras veces su comportamiento no podía ser calificado, con una cierta benevolencia, más que de excéntrico; a veces sostenía haber perdido la memoria por completo, pero no faltaban las ocasiones en que era perfectamente capaz de articular un discurso coherente, y, en cierto momento, incluso llegó a afirmar que todos sus problemas mentales no habían sido más que fingimientos puramente tácticos. Esto, sin embargo, es poco probable. Mientras le

---

[3] J. Matthäus y F. Bajohr, *Alfred Rosenberg. Diarios 1934-1944*, Crítica, Barcelona, 2015, pp. 453-456.

dictaron la sentencia, en la que se estaba literalmente jugando la vida, Hess permanecía ausente, y no fue capaz de decirle a otro acusado cuál había sido su condena (creía que había sido a muerte).[4]

El vuelo de Hess fue un acontecimiento sensacional dentro de esa guerra mundial repleta de acontecimientos sensacionales. En su día desconcertó tanto a los Aliados como a los propios alemanes. En el Reich resultó muy difícil de explicar cómo era posible que se hubiera producido una situación tal. Cuando Göring afeó al industrial Willy Messerschmitt haberle proporcionado a Hess un avión para volar sin control alguno, este le contestó desabridamente que cómo iba a saber que una jerarquía tan alta no estaba en sus cabales. Göring estalló en una carcajada, pero sabía que esa era la sensación prevaleciente en el pueblo alemán.

Por su parte, Stalin, con su característica suspicacia, siempre sospechó de ese vuelo. Excepcionalmente informado, sabía de las conexiones entre los servicios de espionaje alemanes y británicos durante la guerra. El extraño episodio de Hess disparó su desconfianza hasta límites paranoides. Durante toda la guerra receló de que los Aliados, sobre todo los británicos, mantuvieran contactos bajo cuerda con Berlín, y que Hess fuese una especie de rehén.[5]

Pero Hess no lo era, y por no serlo pasó en la cárcel cuarenta y seis años. En Núremberg le esperaba un calvario, pero para él solo sería una etapa más de uno de los encierros más largos de la historia.

Albert Speer

Si alguien mereció ser considerado en Núremberg como el bueno o el arrepentido, ese sin duda fue Albert Speer. Con toda probabilidad,

---

[4] A. Speer, *Diario de Spandau*, Plaza y Janés, Barcelona, 1977, pp. 11-12.

[5] Y. Modin, *Mis camaradas de Cambridge*, Planeta, Barcelona, 1993, pp. 49-50. Informados por su espía en el MI6 británico, Kim Philby, los soviéticos supieron de un plan británico para asesinar a Canaris con motivo de una visita del alemán a España. El plan era increíblemente sencillo y las posibilidades de éxito muchas. Sin embargo, el jefe del MI6, Menzies, prohibió expresamente actuar contra Canaris. Philby sacó la acertada conclusión de que existían vínculos esenciales entre ambos.

su personalidad atractiva, la escenificación de su arrepentimiento y el relativo desconocimiento de la verdad por ausencia de documentación, le permitieron sobrevivir. Otros, con una culpa mucho menor, acabaron en la horca. Es más que posible que, con la información de la que hoy disponemos, Speer no hubiera podido evitar al verdugo, al menos de acuerdo a los criterios que entonces se manejaron.

Pero Speer hizo valer la sinceridad, aparente o real, de su arrepentimiento. Además, la confesión de que había intentado matar a Hitler sin duda fue un cierto aval en el mismo sentido.

Albert Speer fue un notable arquitecto de la Alemania de entreguerras. Su valía profesional estaba de sobra acreditada, pero fue sin duda su asociación con Adolf Hitler la que le valió el relieve que adquirió en Alemania durante los años treinta. Hombre relativamente apolítico (se unió al NSDAP en 1931), tuvo en el Führer nazi un valedor fascinado por su talento. Hitler había tratado de ser arquitecto, y el no haberlo conseguido constituía la gran frustración de su vida: en Speer encontró al hombre en el que satisfacer tal fracaso.

Perteneció al círculo personal de Hitler, mas su cercanía a este no era tanto política como personal. Diseñó los más importantes recintos públicos en los que se oficiaba la liturgia del Tercer Reich, como el campo Zeppelin de Núremberg, donde tenían lugar los congresos del Partido Nazi cada mes de septiembre durante la época de paz, y la emblemática nueva Cancillería de Berlín, inaugurada en 1939. También fue suyo el pabellón alemán para la Exposición Internacional celebrada en París en 1937, erigida exactamente enfrente de la soviética, a la que desafió (y que motivó que Stalin, impresionado por la exhibición alemana, invitase a Speer a Moscú).

Pero aunque su papel fue relevante durante este tiempo en que trabajó como principal arquitecto de Alemania, su labor principal —y por lo que se encontraba en el banquillo— se desarrolló durante la guerra. Speer llegó en febrero de 1942 a ministro de Armamento por una concatenación de casualidades, empezando por la muerte en accidente de aviación de quien resultaría su predecesor, el doctor Todt.

Speer se encontraba en Rastenburg, de donde despegó Todt, y de hecho iba a acompañar al ministro de Armamento aquel 8 de febrero de 1942 en el vuelo de vuelta a Berlín. Declinó la invitación, sin embargo, por su cansancio tras el vuelo de ida y una larga reunión con Hitler, lo que le salvó la vida. Hitler entonces resolvió nombrarle ministro, pese a las reticencias del propio Speer, lo que frustró las expectativas de Göring, que aspiraba a heredar el cargo de Todt.

Speer obtuvo el pleno respaldo de Hitler para la producción, y centralizó todos los poderes en su persona, a la vez que responsabilizaba a las fábricas del cumplimiento de las tareas encomendadas. Nombró para los cargos a personas de juventud notable y se deshizo de todos los que carecían del dinamismo apropiado a su función. Poco a poco fue extendiendo su dominio al conjunto de la economía nacional, a la que puso al servicio de la producción bélica.

Lo que Speer consiguió en la industria de guerra fue verdaderamente prodigioso, máxime teniendo en cuenta las condiciones bajo las que hubo de lograrlo, con continuos bombardeos aliados sobre Alemania, que no hicieron más que incrementarse con el tiempo. Dos años después de ser nombrado, el Reich producía tanques, aviones, cañones y equipamiento casi para el doble de divisiones de las que en realidad disponía la Wehrmacht, aunque persistía el talón de Aquiles que suponía el petróleo para Alemania. El milagro de la producción alemana tuvo un elevado coste en vidas humanas, por cuanto la mano de obra que proporcionó Sauckel, sacada de los prisioneros enemigos, trabajaba en condiciones en ocasiones verdaderamente terribles.

El final de la guerra se precipitó desde el verano de 1944, tras las ofensivas de los soviéticos contra el Grupo de Ejércitos Centro y el desembarco en Normandía, ambos en junio. Sin embargo, con sus métodos organizativos, la producción alemana alcanzó su cénit durante el otoño, aunque una parte del material fuera inutilizable por carencia de combustible. A lo largo de la guerra, Hitler fue estrechando su relación con Speer, al que admiraba, y seguramente este terminó convirtiéndose en lo más parecido a un amigo que el Führer tuvo nunca, al menos durante sus años de poder.

En las semanas finales de la guerra, Speer concibió la idea de oponerse a Hitler para evitar la destrucción de Alemania, que este había decretado en su política de tierra quemada. Tuvo discrepancias serias con él e incluso pensó asesinarlo mediante la introducción de gas en el búnker. El 23 de abril de 1945 visitó la Cancillería por última vez y se despidió de Hitler; después voló a Hamburgo. Cuando Hitler redactó su testamento, no incluyó a Speer entre quienes habrían de ocupar cargos de responsabilidad.

Terminada la guerra, Speer se refugió en Flensburgo, en el norte de Alemania, donde Dönitz había situado el Gobierno que habría de suceder al de Hitler al frente de lo que quedaba de Alemania tras la capitulación. Allí le fue encomendada la dirección de la economía y el armamento, aunque era algo más nominal que otra cosa. Era uno de los hombres fuertes del Gobierno, y pretendió que, de cara a los Aliados, el gobierno de Flensburgo pareciese imprescindible. Así pareció apuntarlo el que el 15 de mayo se le pidiera a Speer su parecer acerca de los efectos que habían tenido los bombardeos sobre la producción, algo que por entonces les preocupaba sobremanera. Porque aunque lo cierto es que quien había firmado la rendición era la Wehrmacht, eso no significaba que hubiera dejado de existir el Estado alemán. Aquello dio esperanzas a los componentes del último Gobierno del Tercer Reich, que llegaron a considerar incluso la convocatoria de unas elecciones.[6]

El 22 de mayo los Aliados pusieron fin al efímero Gobierno de Flensburgo y encerraron a sus miembros, a los que pronto acusarían de crímenes de guerra. Desde el día anterior, Speer se hallaba detenido por los británicos y ya no volvería a salir libre hasta que pasaran dos décadas.

Von Ribbentrop

El que fuera ministro de Exteriores alemán se dedicaba profesionalmente a representar a una casa de vinos espumosos antes de la llegada

---

[6] K. Dönitz, *Diez años y veinte días*, La Esfera de los Libros, Madrid, 2005, p. 475.

del NSDAP al poder, al que solo se afilió en vísperas del gran éxito de 1932, por lo que siempre fue considerado como un arribista y advenedizo que se había acercado al partido tratando de sacar ventaja.

Ciertamente, Ribbentrop era un hombre interesado que sacó todo cuanto pudo a su situación, pero también rindió un notable servicio a los nazis poniéndolos en contacto con algunos círculos internacionales a los que difícilmente hubieran tenido acceso de otro modo. Este hecho, sin embargo, conduciría a que Hitler creyese que Ribbentrop tenía un conocimiento de los círculos diplomáticos y de la política exterior mucho más amplio de lo que en realidad tenía. En 1933 le encargó la constitución de una oficina dirigida por él que actuaba en paralelo al Ministerio de Exteriores (un modo de actuar típicamente nazi), y desde la que desarrolló un importante papel en el diseño de la política internacional de Alemania, hasta el punto de que desde allí se gestionaron las principales decisiones del Reich en materia internacional durante los años treinta.

Alcanzaría éxitos notables en la relación con Gran Bretaña, lo que le granjearía un aumento en la consideración de Hitler, como conseguir firmar con Londres el acuerdo naval en junio de 1935 y, un año después, el pacto Anti-Komintern. Comoquiera que para Hitler la política referente al Reich Unido era vital, nombró a Ribbentrop embajador en ese país en 1936. Sin embargo, la decisión no pudo ser más desafortunada. Apegados a los viejos usos de la diplomacia más clásica, los ingleses consideraron casi un insulto que Berlín les enviase a un hombre poco avezado, de una procedencia social no muy lucida y que pronto adquiriría una injusta fama de poco inteligente (en realidad, más bien era poco flexible).

Ello no obstó para que, en febrero de 1938, en el marco de una crisis militar que Hitler aprovechó para atacar una remodelación ministerial más amplia, Ribbentrop fuese nombrado ministro de Exteriores, sustituyendo a Von Neurath, hombre de la vieja escuela. Lo que había sido un obstáculo para los británicos (su procedencia social y su ideologización), para el Führer era una ventaja. El ministerio sufrió enormes cambios, siendo nazificado de un modo decidido. Ribbentrop comenzó entonces a desarrollar una política amenazadora, sobre todo con los pequeños países centroeuropeos que estaban en la agenda de Hitler.

Su momento más brillante llegó con la firma del pacto con Molotov en agosto de 1939, que permitía al Tercer Reich afrontar un conflicto con mejores perspectivas, al evitar una guerra en dos frentes. Siempre lo consideró como su obra maestra, aunque vino seguido de un fracaso sonoro al no conseguir que Italia entrase en guerra en septiembre de 1939.

Durante los primeros años del conflicto bélico la actividad diplomática que desplegó fue también grande, alternando éxitos con fracasos, aunque poco a poco fueron prevaleciendo los segundos. Si bien en Centroeuropa impuso su política sin excesivas dificultades, en las zonas más periféricas no obtuvo el éxito deseado; ni a España ni a Turquía pudo arrastrarlas a la contienda, como era su deseo, y tampoco logró una colaboración francesa en los términos más convenientes.

El estallido de la guerra con la URSS contrarió las esperanzas de Ribbentrop, que, para 1940, soñaba con un bloque continental euroasiático que incluyera posiblemente a la Unión Soviética para enfrentarse con los anglosajones. Alianza a la que sumaría Japón, potencia con la que el Reich mantenía excelentes relaciones desde 1936, cuando Ribbentrop optó por ella en lugar de China.

Con el desarrollo del conflicto, Ribbentrop perdió influencia sobre Hitler y, ya en la segunda parte de la contienda, su acceso a Hitler era limitado. La investigación del atentado del 20 de julio de 1944 arrojó un saldo muy negativo para él, por cuanto que hubo un gran número de diplomáticos implicados en el mismo, lo que aprovechó Bormann para acusarle ante Hitler de no haber limpiado con eficacia el ministerio. La purga de los efectivos aún por nazificar en el ministerio puso una parte del poder de Exteriores en manos de las SS.

En dos ocasiones durante la guerra intentó llegar a un acuerdo con los soviéticos para poner fin a las hostilidades. En la primavera de 1943, y luego año y medio más tarde, pero en ambas ocasiones Hitler no quiso saber nada del asunto.

Cuando la guerra se acercaba a su inevitable final, Ribbentrop apenas contaba. En la recepción del 20 de abril de 1945, el último cumpleaños del Führer, que tuvo lugar en el búnker de Berlín, cercados bajo las bombas soviéticas, ni siquiera fue recibido por Hitler. Marchó entonces a Hamburgo, donde aguardó el fin de la guerra, después de lo cual se ofreció a formar parte del Gobierno de Dönitz en calidad de ministro de Exteriores, algo que el gran almirante rechazó de forma tajante, prefiriendo a Schwerin von Krosigk.

Ribbentrop alquiló un piso discreto en Hamburgo frente al Gobierno Militar y comenzó a actuar como un ciudadano corriente. Reanudó sus contactos de la época anterior en el sector comercial de los vinos, buscando la complicidad de sus antiguos compañeros al revelarles una pretendida misión que le habría encomendado el Führer con un carácter más o menos secreto. Durante un tiempo le sirvió, pero el hijo de uno de sus compañeros terminó por denunciarle a la policía. En muchas de las comisarías su retrato estaba colgado como uno de los hombres más buscados.

A una hora temprana de la mañana del jueves 14 de junio tres soldados ingleses y uno belga llamaron a la puerta del piso en el que Ribbentrop dormitaba. Nadie respondió, por lo que se dispusieron a forzar la entrada. Una atractiva y joven morena les abrió antes de que la derribaran, y en una de las habitaciones encontraron a un hombre dormitando, aparentemente ajeno a todo lo que sucedía en el piso.

No intentó resistirse de ningún modo, ni tampoco ocultar su identidad. Si aquellos soldados estaban allí, era porque no tenían dudas de a quién iban a detener. Cambió el pijama por un traje y metió sus enseres personales en una mochila de tamaño pequeño; luego, se peinó con cuidado, aunque no se le permitió afeitarse, quizá por miedo a que utilizara la cuchilla para suicidarse.

Una vez detenido fue pormenorizadamente registrado ante el temor de que portase alguna de esas cápsulas de cianuro que se habían encontrado a muchos líderes nazis. No pocos se habían suicidado antes que caer en manos de los Aliados, incluso de los occidentales, no solo de los soviéticos. Y, en efecto, Von Ribbentrop llevaba una de esas. El antiguo ministro confesó que pretendía permanecer oculto hasta que la intensidad de aquellos días se hubiese calmado, para reaparecer más tarde. No parecía tener mucha conciencia de la realidad política del momento, aunque sí se mostró muy realista en cuanto a que su inclusión en las listas de criminales de guerra le conduciría al patíbulo.

Durante unas semanas fue enviado de un lugar a otro, ataviado con un traje a rayas y un sombrero que indefectiblemente se iban deteriorando, componiendo una figura un tanto patética, y cada vez más aislado del mundo. En un bolsillo de su traje encontraron una carta dirigida a «Vincent» Churchill.

Von Schirach

Baldur von Schirach nació en Berlín y era hijo de un oficial alemán y una norteamericana. Durante el Tercer Reich fue el dirigente de la Hitlerjugend (Juventud Hitleriana) entre 1933 y 1940, aunque dirigía la juventud nazi desde 1929, pues había ingresado en el partido en 1925, el mismo día que cumplía dieciocho años.

Hasta agosto de 1940 había dirigido a los jóvenes de Alemania, contribuyendo de modo muy destacado a consolidar el culto a la personalidad de Hitler. A partir de ese momento y hasta el final de la guerra, fue Gauleiter (dirigente) de Viena. Casado con Henriette Hoffman —hija mayor de Heinrich Hoffman, el fotógrafo de Hitler y amigo personal de este desde los primeros tiempos del Kampfzeit—, tuvo algunas dificultades por su culpa, ya que esta se atrevió en una ocasión a cuestionar la política hacia los judíos delante del propio Hitler, algo que creyó estar en disposición de hacer dada su familiaridad con el Führer.

Su estancia en Viena no fue excesivamente satisfactoria para Hitler, quien creía que la capital austriaca corrompía a los que vivían en ella, y hubo de recordarle que no era el hombre de Viena en el Reich, sino el hombre del Reich en Viena. Permaneció allí hasta la caída de la ciudad en manos del Ejército Rojo, mediado abril de 1945. No veía a Hitler desde febrero, y tampoco lamentó su muerte por cuanto significaba el final de la pesadilla que asolaba el Reich.

Sepp Dietrich, al mando de la fuerza militar en la zona, le envió al Tirol para que se ocupara de los heridos y refugiados. Eran los primeros días de mayo de 1945. El Gobierno provisional creado en Viena había transformado a los hombres movilizados como Volksturm en soldados de una pretendida resistencia que, por supuesto, jamás había existido. Schirach trataba de evitar ser capturado por estos a toda costa, así que se deshizo del uniforme y vistió ropas civiles, adoptando la identidad de Richard Falk, escritor.

Durante unos días logró hacerse pasar por norteamericano: hablaba inglés mejor que alemán, pues no en vano había sido su lengua materna. Pudo oír en la BBC que Von Schirach había muerto. En la radio repetían una vez tras otra la lista de criminales de guerra apresados y las alusiones al juicio que se les preparaba. Hasta que el día 4 de junio la BBC emitió la información de que la Hitlerjugend estaba considerada como «organización criminal» y, por tanto, todos sus dirigentes estaban incursos en la acusación como criminales. Schirach decidió entonces entregarse a los norteamericanos.

De allí fue trasladado al campo de concentración de Rum, en las cercanías de Innsbruck.[7]

Julius Streicher

Cuando el psiquiatra de la cárcel de Núremberg hizo unos test de inteligencia a los prisioneros nazis, Julius Streicher fue el que obtuvo una puntuación más baja (solo algo superior a la media humana).

Streicher no era un hombre brillante. Su desempeño profesional fue el de maestro de primaria, como su padre, y se alistó en el Ejército al estallar la guerra, en 1914, en la que ascendería a teniente y obtendría la Cruz de Hierro. Ya por entonces se mostraba como un furibundo antisemita, lo que en lo sucesivo constituiría el impulso esencial de su profesión de fe ideológica, junto al nacionalismo.

Su extremo antisemitismo le llevó a fundar en 1923 el periódico *Der Stürmer* (*El Asaltante*), que se convirtió en la publicación nazi más específicamente dedicada a alentar las doctrinas raciales y que no du-

---

[7] B. von Schirach, *Yo creí en Hitler*, Luis de Caralt, Barcelona, 1968, p. 122.

daba en utilizar dibujos y argumentos de gran carga erótica en sus páginas, lo que hacía que fuese considerada de mal gusto incluso entre los nazis, aunque Hitler tuviese buena opinión de ella.

Streicher militaba en un grupo autodenominado socialista y nacionalista, si bien su socialismo explicara el mundo en forma de lucha de razas en lugar de lucha de clases y su nacionalismo tuviese poco que ver con el imperial. Se unió al partido de Hitler en la zona del norte de Baviera, apuntalando al naciente movimiento nazi en el momento en que más necesario le resultaba al futuro Führer. Hitler jamás lo olvidaría, y protegería a Streicher frente a sus enemigos hasta el final, lo que fue correspondido por este, que se mantendría leal a su Führer literalmente hasta el último momento.

Streicher, Gauleiter de Franconia, hizo de aquella zona su feudo hasta que en 1940 fue acusado de apropiarse de bienes *arianizados* de judíos. Entre sus acusadores estaba nada menos que Hermann Göring, quien logró que fuera retirado de sus responsabilidades políticas. Salvó las responsabilidades penales que le pudieran haber correspondido gracias al apoyo de Hitler. Desde entonces y hasta el final de la guerra, Streicher no tuvo más responsabilidad que la derivada de la publicación de *Der Stürmer*.

Cuando los Aliados invadieron el Reich, Streicher trató de pasar desapercibido. Se retiró a una pequeña población alpina cercana a Berchtesgaden, donde trató de hacerse pasar por pintor, treta que le funcionó durante algunas semanas. Y podía haberle servido más tiempo, de no haber sido por una desafortunada circunstancia.

El 23 de mayo, una patrulla estadounidense de la 101 División aerotransportada que rondaba por la zona se detuvo ante una típica casa bávara. Por los prados resonaban los cencerros y los mugidos de las vacas. Los cuatro soldados observaron a un canoso anciano barbado en una terraza tomando el sol, junto a un caballete. Llevaban calor y se detuvieron para pedirle un vaso de leche fresca.

El oficial al mando, el comandante Blitt, era judío. Se dirigió al anciano en yidis, lo que le sirvió para comunicarse con el alemán.

—¿Cómo va eso, abuelo?
—Bien, bien.

—¿Es usted campesino?

—No —contestó el barbudo—, yo solo vivo aquí. Soy artista, pintor...

—¿Qué opinión le merecen a usted los nazis? —preguntó Blitt, sonriendo.

El anciano se disculpó por no contestar, alegando que él no entendía de política.

—Pues se parece usted de un modo extraordinario a Julius Streicher —comentó el oficial norteamericano.

El anciano no pudo reprimir un gesto de sorpresa, en el que expresó miedo:

—¿De qué me conoce usted?

Streicher no había entendido el matiz en la pregunta del comandante americano. Creyó que se trataba de una pregunta en serio y, al caer en la cuenta, trató de rectificar enseguida.

—Me llamo Sailar —dijo, atropellándose.

Pero el oficial Henry Blitt dio a sus soldados la orden de que detuvieran al pintor.

—Quiero cambiarme los zapatos.

—Está bien.

Sentaron a Streicher entre un capitán y un soldado. Blitt se sentó junto al chófer y puso rumbo al acuartelamiento en Berchtesgaden. Aquel error en la interpretación de unas palabras en yidis, año y medio más tarde, le costaría a Streicher la vida.[8]

Hans Frank

Nacido en el seno de una familia católica, Hans Frank se alistó con diecisiete años en el Ejército para combatir durante la Primera Guerra Mundial. Al término de la misma, se mantuvo en las filas de los Freikorps luchando contra los comunistas, que protagonizaron varias insurrecciones durante aquellos años. Su participación como miembro

---

[8] J. J. Heydecker y J. Leeb, *El proceso de Núremberg...*, op. cit., pp. 75-76.

de esas unidades es muy significativa, por cuanto muchos nazis pasaron por ellas y estaban empapadas de un nacionalismo muchas veces abiertamente antisemita. Frank se alistó en el Freikorp de Von Epp, en Turingia, pero combatió en la zona de Baviera.[9]

Su afiliación al Deutsche Arbeiterpartei, núcleo del futuro NSDAP, data de entonces, 1919. Como un número significativo de excombatientes, desarrollará ahí su carrera política. Los jóvenes que retornan del fango y el alambre tienen por enemigos mayores a los comunistas, a quienes creen culpables de la derrota, junto a los judíos, y pronto dejan de limitarse a defender el poder del asalto de la extrema izquierda para reclamarlo para ellos mismos.

Calmada algo la situación —tras un derrumbe económico causado por la inflación y la ocupación del Ruhr— a mitad de los años veinte Frank se había convertido en abogado. Con el ascenso nazi, Frank pasó a ser un destacado miembro del equipo judicial del partido, muy próximo a Hitler, lo que le facultaría para ser nombrado ministro de Justicia de Baviera en 1933, además de presidir la Asociación Nacional Socialista de Abogados y la Academia de Leyes. Desde 1934 tenía el cargo de ministro sin cartera.

La tarea principal de Hans Frank durante el Tercer Reich comenzó a partir del desencadenamiento de la guerra. En octubre de 1939, Polonia había sido derrotada y repartida entre la Unión Soviética y el Tercer Reich. De la zona occidental, la que le había correspondido a Alemania, buena parte fue anexionada al Estado de Hitler, pero la mayor extensión permaneció en forma de lo que se llamó Gobierno General. Al frente del mismo, como gobernador, se situó Hans Frank.

En Polonia la política alemana fue particularmente dura. Habitada por una gran cantidad de judíos —que, además, poca o ninguna ayuda esperaban recibir de una población notoria y extendidamente antisemita como era la polaca— y destinados los polacos mismos a labores subalternas en el mejor de los casos, el trato que recibieron fue de los más brutales de toda la Europa ocupada.

---

[9] J. Semprún, *Cuerpos Francos, el camino al Tercer Reich*, Actas, Madrid, 2010, pp. 116-117.

El responsable último de ello fue Frank, autor de la segregación en guetos de los judíos en todas las poblaciones del Gobierno General, así como de la utilización de la población nativa para trabajos forzados. En ambos casos, la mortandad fue muy alta. Por lo demás, los principales campos de exterminio alemanes se hallaban ubicados en el Generalgonverment. Para reforzar su autoridad, pero al mismo tiempo su sentido de pertenencia, fue nombrado Obergruppenführer SS.

Durante los primeros años de la guerra, Frank gozaba del favor de Hitler y estaba situado muy alto en la cúspide jerárquica nazi. Fue su época dorada. Pero en 1942, pese a su propia radicalización, comenzó a perder influencia en todo lo que no fuese su tarea al frente del Gobierno General. En 1944, el frente se acercaba peligrosamente a su reino polaco, y a fines de agosto los soviéticos ya amenazaban Varsovia. En unos meses, a comienzos de 1945, Frank perdió lo que quedaba de Polonia y abandonó la capital, Cracovia, para retirarse a Baviera, junto a su familia y a un considerable monto de obras de arte que había hecho transportar desde Polonia. Allí le encontraría el final de la guerra.

El 6 de mayo, en las últimas horas de la guerra, la 36.ª División de Infantería del Ejército de los Estados Unidos se hacía cargo de un informe masa de 2.000 hombres de la Wehrmacht. Esa misma noche, uno de ellos trató de suicidarse cortándose las venas —para lo que utilizó una cuchilla de afeitar— y al hacerlo se dañó de forma irremisible los tendones, pero sin conseguir su objetivo de morir. Inevitablemente, aquello llamó la atención de sus captores, que enseguida lo identificaron.

El antiguo gobernador reveló la ubicación de los tesoros que había escondido, por valor de varios millones de dólares de 1945. Con dicha entrega Frank puso en manos de sus acusadores sus diarios personales en treinta y ocho tomos, que constituyen una muy valiosa documentación en lo referente a la persecución de los judíos y polacos y, en lo que al propio Frank hacía, base esencial de la sentencia que lo condenó a muerte. Es posible que ya en ese momento, y a causa del tremendo impacto de la derrota, Frank sintiera un verdadero arrepentimiento. Durante los meses que habría de pasar en Núremberg, regresó a la fe católica de su infancia y manifestó lamentar en lo más profundo muchas de las peores cosas que había hecho. Que no se trataba de una estratagema para despertar la misericordia de los jueces, sino que su arrepentimiento era genuino, quedó patente por la forma en que afrontó la muerte.

Franz von Papen

Considerado como el responsable de que Hitler llegase a la Cancillería, Franz von Papen representaba los intereses de los sectores conservadores y era cierto que intrigó para que Hitler formase gobierno, si bien estaba lejos de ser un verdadero partidario de los nazis.

En realidad, si Hitler llegó al poder fue debido al relativo fracaso que representó la pérdida de treinta y cuatro diputados, en noviembre de 1932, tras el sensacional éxito del mes de julio anterior. Privados de financiación para sufragar una nueva campaña electoral y errando en la estrategia política, los nazis retrocedieron visiblemente también porque el rechazo de Hitler de formar parte del gobierno en calidad de vicecanciller había mostrado que su ambición era mayor que su patriotismo. Gran cantidad de parados se pasaron entonces a las filas del KPD (Partido Comunista de Alemania) y el desánimo cundió entre los votantes de clase media y en las propias filas nacionalsocialistas.

De modo que ese retroceso, en lugar de fortalecer a opciones moderadas alimentó a la otra corriente radical, al KPD. Los comunistas alcanzaron así los 100 diputados, algo más de la mitad que los nazis. Aquello, que podía haber sido una desgracia para los de Hitler, se convirtió en una bendición. Las alarmas saltaron en la clase dirigente alemana: había que incluir a los nazis en el reparto del poder antes de que el voto de protesta se desviase por entero al KPD. Más valía que la oposición al sistema fuese nacional que comunista.

Los conservadores creyeron que, en las condiciones surgidas por las urnas en noviembre de 1932, Hitler se conformaría con una vicepresidencia. Pero este, convencido de la situación de apuro de sus interlocutores —de otro modo no habrían contado con él—, se la jugó a una política de todo o nada, exigiendo la Cancillería. En principio, los conservadores, secundados por un indignado Hindenburg, se negaron siquiera a considerar el asunto. Pero, tras un mes de negociaciones en el que Hitler se mantuvo en sus trece de pedir la presidencia, terminaron por ceder.

En último término, pensaban, Herr Hitler apenas podría actuar, condicionado por el hecho de estar en minoría en el gabinete. Quien así argumentaba era Papen. Su gran error fue subestimar a Hitler. Creyó que podría comprarlo, que lo utilizaría y luego lo despediría cuando hubiese dejado de ser útil.

Más tarde, cuando los nazis emprendieron su asalto al poder absoluto, Papen lo pasó francamente mal, hasta el punto de que durante la Noche de los Cuchillos Largos, en junio de 1934, temió por su vida; en aquella circunstancia, además de su secretario, uno de sus colaboradores más próximos la perdió. Después fue nombrado embajador en Austria, sobre todo porque había pertenecido al Zentrum, el Partido del Centro, católico, y Austria era abrumadoramente católica. Al término de su misión en Viena —que concluyó con el Anschluss por el que Alemania se anexionaba el país en marzo de 1938—, pasó a ser embajador en Ankara, donde permaneció hasta 1944 y en donde obtuvo algunos notables éxitos en su quehacer, al mantener a Turquía apartada de la guerra, y también al obtener información de una enorme importancia gracias a un agente que se la suministraba desde la embajada británica en ese país.[10]

Papen, natural de la pequeña y católica Werl, volvió a Westfalia al final de la guerra. Refugiado en Stockhausen, donde vivía una hija suya, fue encontrado en una cabaña cercana el 10 de abril de 1945 por una unidad del Ejército norteamericano. Pese a sus protestas de que no tenía responsabilidades políticas ni mando militar y que era mayor de sesenta y cinco años, fue detenido igualmente y enviado al cautiverio.

En esa situación transcurrirían los siguientes cuatro años, entre los que hay que contar los que pasara en Núremberg.

---

[10] F. von Papen, *Memorias*, Espasa-Calpe, Madrid, 1953, pp. 558 y ss.

Robert Ley

Uno de los nazis que no pudieron ser ahorcados en Núremberg fue Robert Ley. En realidad, ni siquiera llegó a ser juzgado, porque se suicidó en su celda poco antes de que comenzara el proceso. Su pérdida no fue excesivamente lamentada por ninguno de sus compañeros de infortunio: hacía mucho tiempo que Ley era alcohólico, y a su pérdida de memoria había que añadirle una cierta desconexión de la realidad que, en alguna ocasión, les había hecho sentir vergüenza ajena.

Ley procedía de una familia del oeste de Alemania, de buena posición aunque arruinada por los malos cálculos financieros del padre. Era el séptimo de once hermanos, y eso le hizo ver en los estudios una oportunidad de salir adelante, porque aquella familia venida a menos no podía ocuparse de todos ellos, por lo que se empeñó en convertirse en doctor en Filosofía, lo que logró. En la Gran Guerra, Ley sería derribado por los franceses y pasaría dos años como prisionero de guerra.

Durante el Tercer Reich fue el dirigente del DAF (Deutsche Arbeitsfront, Frente Alemán del Trabajo). En su organización encuadró a todos los trabajadores de Alemania, y durante años pudo ufanarse de que el nivel de vida de la clase trabajadora había aumentado y el paro desaparecido de la sociedad alemana. Creó también la KdF o Kraft durch Freude (A La Fuerza por la Alegría), que proporcionaba a los obreros vacaciones a bajo precio y que les permitía conocer muchos rincones del Reich o de Europa que hasta entonces habían permanecido inaccesibles para ellos. Los trabajadores alemanes tenían motivos para sentirse agradecidos: el que los sindicatos hubieran sido suprimidos por los nazis no les preocupó mucho, por cuanto esos mismos nazis parecían haber conseguido para ellos muchas más cosas... ¿A quién le importaba que no hubiera pluralidad sindical o derecho de huelga cuando Ley había conseguido asegurar las pensiones para los ancianos que, de otro modo, habrían quedado desvalidos?

Fue el impulsor de esa sensación de bienestar necesaria para hacer realidad el concepto de «Comunidad Popular» o Volksgemeinschaft, que debía asegurar a los alemanes una nivelación social en el seno de la nación. La idea de Comunidad Popular era una de las más queridas del régimen de Hitler y una de sus bases más pregonadas, porque integraba en la nación (el *volk* como comunidad étnico-cultural) a todas las clases sin distinción, trabajando en pos del bienestar general del pueblo. En la Comunidad Popular se entrelazaban el socialismo y el nacionalismo de una forma inextricable, en la que lo esencial era ser alemán y no la clase a la que se perteneciese.

La vida personal de Robert Ley fue harina de otro costal. Fue cayendo con el paso de los años en una acentuada dipsomanía, y mediados los años treinta ya era un alcohólico consumado. No faltaron sus apariciones públicas en estado de embriaguez, lo que inevitablemente lo fue relegando a un segundo plano en el universo nazi.

Se casó con Inga, una escultural rubia —actriz y bailarina— probablemente enamorada de Hitler, con el que trataba de pasar todo el tiempo que le era posible. Este ayudó a que la pareja se mantuviese, pese a las dificultades. Al Führer no le gustaba que sus ministros o responsables tuvieran aventuras extramatrimoniales, al menos no de cara al público y en todo caso siempre que no pusiesen en peligro el matrimonio. Ley, profundamente enamorado de su esposa, encargó un cuadro que reproducía exactamente el cuerpo de Inga a tamaño natural, que mantenía oculto tras un paño que descubría a modo de sorpresa en cada fiesta que celebraba en su casa. En alguna ocasión, ahíto de alcohol, incluso trató de desnudar a la modelo ante sus invitados.[11] Muy desanimada por el alcoholismo de su marido y con una fuerte depresión tras el difícil parto de su tercer hijo, Inga se convirtió en adicta a las drogas y al alcohol, y se suicidó en diciembre de 1942.

Los últimos años de la guerra los pasó en parte planeando las actividades del movimiento Werewolf, la supuesta resistencia nazi a la ocupación aliada del Reich. Trató de articular un Werewolf femenino,

---

[11] R. Grunberger, *Historia social del Tercer Reich*, Ediciones Destino, Barcelona, 1976, p. 75.

pero entre Bormann y Göbbels lo apartaron de toda influencia en dicho asunto, si bien no se resignó y continuó agitando por su propia cuenta hasta el último momento. Las últimas órdenes cursadas a los resistentes nazis eran despiadadas: «El enemigo debe ser aniquilado sin compasión y sin más formalidades».[12] Göbbels, sin embargo, anduvo detrás de él para que no se saliera con la suya: Ley estaba demasiado desacreditado a esas alturas como para comandar nada.

Sin embargo, y un tanto sorprendentemente, aún conservaba cierta influencia en algunos sectores del Partido Nazi, por lo que marchó a la zona de Berchtesgaden a organizar la resistencia con algunos núcleos residuales, aunque ya poco se podía hacer. Fue encontrado en una choza de pastores por soldados de la 101 Aerotransportada. Allí, sentado sobre la cama, detuvieron a un hombre vestido con un pijama azul que, tartamudeando, aseguró llamarse Ernst Distelmeyer. Le permitieron calzarse, echarse un loden gris sobre los hombros y tocarse con un gorro tirolés, y de esa guisa lo llevaron al puesto de mando divisionario.

Pese a que lo habían identificado, siguió fingiendo ser otra persona. Sus documentos decían que era Distelmeyer, y él, cada vez más nervioso, se aferraba a eso. Un oficial se dirigió a Ley tratando de que no les hiciera perder más el tiempo:

—Oiga usted —le dijo en un perfecto alemán—; soy miembro del Servicio Secreto y mi misión durante los últimos trece años ha consistido, única y exclusivamente, en seguir los pasos del doctor Robert Ley. Le reconozco.

Pero Ley seguía en sus trece. Pacientemente, el oficial hizo una señal a uno de los soldados, que salió por la puerta para regresar pocos instantes más tarde acompañado de Franz Xaver Schwarz, el eficaz tesorero del NSDAP, de setenta años. Schwarz había sido detenido dirigiendo un batallón del Volkssturm en Grünwald, y ya no saldría en libertad, pues moriría durante su internamiento año y medio más tarde.

—Buenos días, doctor Ley —exclamó contento de ver su viejo amigo—. ¿Qué hace usted aquí?

---

[12] P. Biddiscombe, *Los últimos nazis*, Inédita editores, Barcelona, 2005, pp. 61-65.

Nada más terminar la frase, Schwarz comprendió su error. La farsa había terminado. Después entró uno de los hijos de Schwarz, quien reconoció sin titubeos a Ley. Este solo pudo exclamar, derrotado:

—Usted ha ganado.

En un jeep le condujeron a Salzburgo, donde aseguró a sus captores que «nosotros, los nacionalsocialistas, continuaremos la lucha; mi destino no tiene la menor importancia».13

Alfred Rosenberg

El papel de Rosenberg en el Tercer Reich ha ido poniéndose en claro con el paso de los años, pero en 1945 muchos le creían el filósofo oficial del nazismo. La verdad es que no lo era, en absoluto, entre otras cosas porque el NSDAP no tenía nada parecido a una filosofía oficial. El propio Hitler rechazó con frecuencia la idea de que Rosenberg fuese el filósofo de un partido en el que convivían las más diversas tendencias, desde las socializantes hasta las esotérico-racistas. Rosenberg estaba lejos de ser aceptado como quien marcaba la línea ideológica en exclusiva.

Nacido en el seno de una familia de germanos bálticos, procedía de los territorios bálticos del Imperio ruso. Había huido a Alemania con la revolución bolchevique. Se estableció en Múnich y comenzó a editar junto con Eckart el *Völkischer Beobachter*, que se convertiría en el diario oficial del NSDAP hasta 1945. Fue uno de los primeros afiliados al DAP, núcleo originario del Partido Nazi. Influido por su experiencia rusa —había estudiado en Moscú y participado en la lucha contra los rojos durante la revolución—, desarrolló un hondo antisemitismo, en la creencia de que los judíos dominaban al mundo a través de las finanzas y aspiraban a debilitar Europa mediante el bolchevismo.

Fundó el Frente de Lucha para la Cultura Alemana en 1929, inspirándose en las ideas racistas de Gobineau y de H. S. Chamberlain,

---

[13] J. J. Heydecker y J. Leeb, *El proceso de Núremberg...*, *op. cit.*, pp. 42-44.

que le condujeran a escribir *El mito del siglo XX*, libro que ha sido presentado en numerosas ocasiones como la Biblia del nazismo. Pero la obra de Rosenberg quedó como una iniciativa personal, rechazada por las figuras más representativas del nazismo, y en modo alguno considerada como representativa de la ideología del partido. Los principales dirigentes nazis, incluyendo a Hitler, reconocían que no lo habían leído más allá del capítulo primero; la lectura era difícil de entender. Su inclinación por las ciencias ocultas fue agudizándose con el paso del tiempo y acerando sus aristas más anticristianas.

Desde la llegada de Hitler al poder ocupó cargos relacionados con el exterior, pero cuando en 1941 Alemania invadió la URSS, fue nombrado ministro de los Territorios Ocupados del Este, y desde allí apoyó a los ucranianos, bálticos y caucásicos contra los rusos, en una política de división que nunca fue bien vista por las autoridades nazis. La tendencia general de su desempeño fue moderada, frente a la brutalidad de los comisarios del Reich en las zonas ocupadas. Siempre sostuvo que los medios políticos eran esenciales para conseguir la victoria en el Este, algo que por increíble que parezca fue rechazado por la cúpula nazi, empezando por Hitler.

Rosenberg se esforzó en recabar voluntarios de los territorios del Este, pero de nuevo Hitler y Himmler hicieron fracasar su política. Desde mediados de 1943 fue cayendo en desgracia y, al año siguiente, la realidad militar en el Este hacía superfluo su ministerio.

Cuando la guerra llegaba a su fin, Rosenberg se dirigió a Flensburgo, para ponerse a las órdenes de Dönitz. Hombre muy ideologizado, el gran almirante lo rechazó por esa razón y por su nula relevancia política, y le recomendó que se entregase a los británicos. Rosenberg no le hizo caso o no pudo hacérselo, porque se torció un tobillo, al parecer después de haber estado bebiendo profusamente, y no podía moverse. Se hizo ingresar en el hospital en que se había transformado la Academia de la Marina de Guerra de Flensburgo.

Desplegando tanques y tropas de infantería, el 19 de mayo los ingleses rodearon el hospital en el que creían que encontrarían a Himmler. En lugar del Reichsführer SS tuvieron que conformarse con Rosenberg. No era mala presa.

Erich Raeder

Raeder fue encausado en Núremberg en su calidad de jefe de la Kriegsmarine y también por desarrollar una guerra de agresión. Algunas de sus decisiones contribuyeron a extenderla, manifestando un acuerdo esencial con las directrices expresadas por el Führer, y aunque es claro que se trataba de uno de los principales acusados, una de las razones de su procesamiento, la campaña de Noruega, constituía una seria preocupación para los Aliados por cuanto los británicos habían planeado igualmente la invasión de ese país.

Desde 1935, Hitler lo había elegido como jefe supremo de la Kriegsmarine, y el 1 de abril de 1939, Erich Raeder había sido nombrado Grossadmiral (gran almirante), algo que no había sucedido desde la Primera Guerra Mundial, cuando el káiser designó para el mismo puesto a Von Tirpitz. En esa condición, Hitler confió en que podría desarrollar el vasto plan naval que había de culminar en 1946.

Consciente de que el Führer se sentía mucho menos seguro en lo referente a cuestiones marítimas que en las terrestres, Raeder pudo mantener una independencia de criterio antes y durante la guerra. Habitualmente Hitler le escuchaba incluso en las cuestiones estratégicas. Suya fue la idea de neutralizar Noruega y Dinamarca antes de que lo hicieran los británicos, así como renunciar a la Operación Seelöwe (León Marino, la invasión de Gran Bretaña). Raeder quiso también que la Marina de Guerra alemana dispusiera de portaaviones, como hacían los Aliados, pero Berlín apenas se tomó en serio este asunto, y solo se dispuso la construcción de uno, el *Graf von Zeppelin*, que nunca entró en servicio.

En general, siempre fue escaso el respeto que Hitler sintió por Raeder, así que con el tiempo fue considerando la posibilidad de prescindir de él. En 1942 la situación de la flota de superficie alemana se había deteriorado, con el poderoso *Bismarck* hundido el año anterior y su gemelo *Tirpitz* fondeado en Noruega, sin intervenir en la guerra. Aunque la Kriegsmarine se había anotado un éxito espectacular a comienzos de ese año con el paso del canal de la Mancha de los cruceros pesados *Scharnhorst*, *Prinz Eugen* y *Gneisenau* —en lo que constituyó una sonora humillación para la Royal Navy—, se había convertido en un arma poco menos que inútil. Contrastando con este hecho, los submarinos de Dönitz cosechaban un éxito tras otro, lo que hizo que se encontrara en mejor sintonía con el Führer que el más tradicional Raeder.

El 6 de enero de 1943, en plena crisis de Stalingrado, se produjo una discusión muy enconada entre Reader y Hitler, en la que este recriminó al gran almirante la falta de decisión de la Marina alemana desde la Primera Guerra Mundial. La gota que había hecho rebosar el vaso de la paciencia de Hitler había sido la ineficacia que habían mostrado dos cruceros alemanes —el *Hipper* y el *Lützow*— ante un convoy británico que cruzaba aguas del Ártico para transportar hasta la URSS material de guerra. Hitler señaló la escasa disposición a sacrificarse como la causa de los repetidos fracasos de la Marina y decidió que lo mejor que podía hacerse era desguazar los grandes buques de superficie de la Armada y derivar su armamento a cuestiones más urgentes y sus hombres a otras ramas del Ejército, así como desviar los esfuerzos de producción a favor de los tanques.

Después de la dura recriminación del canciller, Reader manifestó su determinación de dimitir, aunque convino no hacerlo público hasta unas semanas después, sobre todo porque el día 30 de enero de 1943 se conmemoraban los diez años de la llegada de Hitler al poder. Fue nombrado para el honorífico cargo de inspector general de la Kriegsmarine, del que dimitiría en mayo.

El resto de la guerra lo pasó en su residencia de Babelsberg, en Berlín. Las primeras semanas tras la rendición de Alemania no fue molestado por los soviéticos, que ignoraban quién era; pero el 23 de junio detuvieron al gran almirante y a su esposa. Les permitieron permanecer unos días en su domicilio hasta que Raeder se repusiera de sus dolencias y les alimentaron razonablemente bien —algo que mantendrían en el cautiverio en la URSS—; luego condujeron a ambos a una isla del Moskvá, en donde aguardarían el traslado a Núremberg el 18 de noviembre. Durante su estancia en Moscú estuvieron encerrados en una más o menos confortable dacha, en la que podía escribir y en la que recibió medicación adecuada para sus problemas cardiacos.

Hans Fritzsche

En otra prisión de Moscú, a no mucha distancia de la de Raeder, fue encerrado Hans Fritzsche, un prisionero alemán mucho menos distinguido que el gran almirante. Fritzsche era, en realidad, un oscuro funcionario del Ministerio de Propaganda, y había sido internado nada menos que en la bella y temible Lubianka, la prisión central de la NKVD —la policía política soviética— en Moscú.

Fritzsche había comenzado a trabajar en la radio en 1932, al tiempo que se afiliaba al Partido Nazi. Había sido uno de los más ardientes defensores de la importancia de la radio, y ayudado a los nazis a aprovechar las posibilidades que les brindaba el nuevo medio.

Casi todo el tiempo estuvo ligado al Departamento de Prensa del Ministerio de Propaganda, y se convirtió en un hombre relativamente cercano a Göbbels. La primera mitad de la guerra la pasó dirigiendo las informaciones de prensa que se ofrecían a los alemanes, hasta que en 1942 pasó a la radio.

Durante los últimos momentos de Berlín, Fritzsche trató de que la ciudad se rindiera para evitar destrucciones y una inútil pérdida de vidas humanas. La guerra estaba perdida. El propio Göbbels ya les había revelado que no había esperanza, y que todos aquellos que habían colaborado con él estaban igualmente condenados por los vencedores (como también lo estaba el pueblo alemán, añadió).

—Cuando nos retiremos del escenario, ¡el mundo entero temblará! —les dijo el ministro de Propaganda.

No era difícil de creer. De momento, lo que temblaba era el suelo de Berlín bajo los bombardeos del Ejército Rojo, que asaltaba con furia la capital alemana. Cuando le informaron de que el ministro y su familia se habían encerrado en el búnker, con el Führer, no tuvo dudas. Los soviéticos estaban en la Alexanderplatz. Apenas podían recorrerse las calles de Berlín, llenas de cráteres, con los pocos muros que sobrevivían amenazando con derrumbarse. Había que caminar con la espalda pegada a las paredes, para limitar el alcance de las explosiones, pero eso también tenía su riesgo. En el ministerio, su jefe de oficina, Kurt Hamel, le propuso escapar juntos hasta Hamburgo. Fritzsche, desconcertado, rechazó el ofrecimiento.

Mientras el núcleo de la ciudad aún resistía, oyó por la emisora de Hamburgo que el Führer había muerto. Decidió entonces ir en compañía de Werner Naumann, secretario de Estado del Ministerio de Propaganda, a ver a Bormann para convencerle de que había que capitular. Parece que ejercieron alguna influencia sobre él, pero no está claro en qué medida. Lo cierto es que Bormann también renunció a continuar con aquello y se aprestó a escapar de Berlín.

Fritzsche tuvo aún que luchar contra el empecinamiento de algunos mandos militares de prolongar la resistencia. El general Burgdorf, que había permanecido junto a Hitler hasta el final, trató de que el combate se alargara hasta que no quedase un solo hombre, y parece que tuvo un enfrentamiento con Fritzsche. Poco más tarde, habiendo fracasado en su cometido de cumplir el testamento del Führer, se llevó el arma reglamentaria a la boca y apretó el gatillo.

Fritzsche, que se había puesto en comunicación con el mando soviético en Berlín, recibió en el Ministerio de Propaganda a los emisarios del Ejército Rojo, un teniente coronel y varios oficiales. Era la noche del 1 al 2 de mayo de 1945. Junto a ellos apareció también un coronel de la Wehrmacht que había sido enviado para guiarles. A continuación, los soviéticos le invitaron a pasar a sus líneas para parlamentar: le dijeron que el mariscal Zhúkov quería verle.

Subió a un vehículo militar soviético y traspasó las líneas. Al otro lado, tuvo ocasión de contemplar el panorama de la zona que ya ocupaba el enemigo:

> En dos guerras mundiales he sido testigo de muchas escenas bélicas; pero nada puede compararse con el cuadro que se me ofreció en el corto trayecto entre la Wilhelmplatz y Tempelhof (el aeropuerto de Berlín), que tardamos en recorrer algunas horas. No puedo describir las escenas que se sucedieron cada vez que los rusos entraban en unos sótanos o en un búnker o en una casa. Y tampoco la desesperación que empujaba a aquellas mujeres a arrojarse con sus hijos por las ventanas de sus casas para escapar de las manos que se tendían ya hacia ellas. Las ruinas y los incendios, los cadáveres y los rostros de los muertos daban

una idea exacta de lo que había ocurrido allí. Yo no tenía más que un deseo, que una de aquellas granadas que no había explotado estallara en aquel preciso instante y me ahorrara el terrible espectáculo que estaban viendo mis ojos...[14]

A la entrada de Tempelhof los soviéticos habían instalado un puesto de mando. Le comunicaron que ya había llegado el general Weidling (que estaba al frente de la defensa de Berlín) para capitular la ciudad —lo que en efecto sucedería pocas horas más tarde—; pero lo retuvieron allí, y un par de días después —el 4 de mayo— le metieron en un coche y le condujeron hasta unos húmedos sótanos de las afueras, donde yacía un cadáver semidesnudo con el cráneo carbonizado; en el uniforme, prendida, la insignia de oro del NSDAP. Junto a ese cuerpo, el de cinco criaturas de corta edad embutidos en pijamas infantiles, que a Fritzsche le parecieron estar tranquilamente durmiendo. No tuvo dudas a la hora de identificar los restos del adulto: se trataba del doctor Göbbels. Al instante comprendió que su antiguo jefe había dado muerte a sus hijos; en su conmoción no reparó en otro cuerpo —femenino— tendido junto a ellos, el de Magda Göbbels.

De allí lo trasladaron a otro sótano junto con un buen número de prisioneros alemanes. Cuatro o cinco días más tarde, y quizá en atención a su posición anterior, un oficial ruso se molestó en dirigirse a él, sacando un arrugado papel del bolsillo de la guerrera y le leyó en un torpe alemán:

—Está usted detenido.

Lo llevaron a la Lubianka, en Moscú, donde aguardó que lo trasladaran seis meses más tarde a Núremberg. Ante la imposibilidad de sentar en el banquillo a Göbbels, sería acusado en el lugar del ministerio de Propaganda.

---

[14] J. J. Heydecker y J. Leeb, *El proceso de Núremberg...*, op. cit., p. 15.

Wilhelm Frick

Uno de los primeros dirigentes nacionalsocialistas atrapados fue Wilhelm Frick. Ministro del Interior desde el nombramiento de Hitler como canciller el 30 de enero de 1933 hasta agosto de 1943 fue nombrado Reichsprotektor de Bohemia y Moravia, en sustitución de Von Neurath, considerado un débil sucesor de Reinhard Heydrich. A comienzos de mayo de 1945, Frick había huido de la Praga amenazada por el Ejército Rojo a la zona americana. Creía estar allí a salvo, pero los estadounidenses le descubrieron y le hicieron prisionero.

La acusación contra Frick era una de las más contundentes. De sesenta y ocho años de edad, había trabajado para la policía desde antes de la Primera Guerra Mundial, y luego se había identificado con los nazis hasta el punto de participar del *putsch* de noviembre de 1923. A consecuencia de ello fue expulsado del cuerpo, lo que le permitió afiliarse al partido en mayo de 1924.

Desde entonces fue diputado del NSDAP, y en 1930 ministro de Turingia, uno de los primeros lugares en el que los nazis accedieron al poder. Su ministerio era el de Interior. Desde allí desarrolló una labor de oposición a las órdenes de Berlín tremendamente efectiva, purgó el cuerpo policial de simpatizantes de los socialdemócratas y republicanos en general y lo rellenó de policías nazis. Sus enfrentamientos con la dirección general de la república fueron frecuentes, sobre todo con Carl Severing, el ministro de Interior del SPD (Partido Socialdemócrata Alemán), un hombre perteneciente al ala más moderada del partido; Frick le hizo perder los nervios más de una vez, llegando a amenazarle con dejar sin fuerzas policiales a Turingia y constituir una especie de milicia en su lugar. Severing, por su lado, pretendía dejarle sin parte en el presupuesto por su adscripción nazi. El asunto terminó en los tribunales de Leipzig, que determinaron dar la razón a Frick, lo que constituyó otra victoria propagandística nazi.[15]

Los nazis publicitaron todo lo posible la labor de Frick al frente del Ministerio del Interior, pues hasta entonces constituían una for-

---

[15] L. L. Snyder, *The Encyclopedia of the Third Reich*, Londres, 1976, pp. 100-101.

mación de denuncia del régimen de Weimar, pero de la que se tenían dudas acerca de su responsabilidad. Su desempeño en esa tarea ganó una respetabilidad para el NSDAP que le sería muy útil en el futuro próximo.

Cuando le fue entregada la Cancillería a Hitler, resultó una de las dos personas elegidas junto con Hermann Göring —además del Führer— para formar parte del Gobierno, precisamente en calidad de ministro del Interior. En su condición como tal, las leyes que se elaboraron para discriminar y perseguir a los judíos, así como las de eutanasia, llevaron todas su preceptiva firma.

Aunque Frick tenía el mando de todas las fuerzas de policía, con el ascenso de las SS fue perdiendo poder. Jamás se resignó a ello, lo que le enfrentó a Himmler, algo que al final le costó perder todo el favor de Hitler. La consecuencia fue que este se deshizo de él y lo envió a sustituir a Neurath en Praga, un puesto poco agradecido y políticamente inocuo.

El final de la guerra llegó a Chequia muy tarde, cuando otras partes de Europa ya habían sido conquistadas por los Ejércitos aliados o soviéticos. Frick pudo continuar al frente del país sin apenas complicaciones hasta casi el mismo final. La situación geográfica del Protectorado permitió que, comparativamente, esa región de Europa no sufriera grandes daños. De hecho, las últimas tropas alemanas no se rindieron en Bohemia y Moravia hasta el mismo 9 de mayo de 1945.

Frick fue siempre un nacionalsocialista convencido. Tuvo cinco hijos, de los que perdió los dos de su primer matrimonio; el mayor, oficial del Ejército, cayó mortalmente herido en Rusia en 1941; el segundo, Hans, juez en Baviera, se suicidó el 3 de mayo de 1945 ante la entrada de los Aliados. Con él se llevó a su esposa e hijos.[16]

---

[16] Ll. Goldensohn, *Las entrevistas...*, op. cit., p. 88.

Alfred Jodl

Bávaro de cincuenta y seis años en 1945, Alfred Jodl gozaba de una bien ganada reputación como militar, labrada durante toda su carrera, en la que había alcanzado los puestos más altos del escalafón, hasta ser nombrado jefe del Departamento de Mando y Operaciones en el Alto Mando de la Wehrmacht (OKW).

Uno de los más destacados militares alemanes durante la Segunda Guerra Mundial, fue el asesor militar más cercano a Hitler en materia estratégica y, desde luego, al que Hitler tuvo en mayor estima. Había sido herido en dos ocasiones durante la Primera Guerra Mundial, lo que le granjeó la simpatía del Führer, que detestaba a los oficiales de Estado Mayor que no habían padecido nunca en el frente.

Por su parte, es innegable que Jodl siempre manifestó una notable admiración por la capacidad militar de Hitler.[17] Y, sin duda, fue uno de quienes mejor supieron tratarle. Buena muestra de ello, y del aprecio que el Führer tuvo por él, es que cuando, con motivo de la crisis de Stalingrado a fines de 1942, Hitler decidió cambiar al Estado Mayor finalmente quiso mantener a Jodl. Antes había prescindido de Halder, toda una institución del Ejército. Pero Jodl estaría presente en todas las conferencias militares que celebrase Hitler durante la guerra.

Cuando el gran almirante Dönitz, en su calidad de sucesor de Hitler, decidió firmar la rendición con los Aliados occidentales, envió a Jodl a Reims. Tenía la misión de ganar tiempo para que el mayor número posible de alemanes pasaran a la zona angloamericana y pudiera escapar de los rusos. Los norteamericanos se dieron cuenta de la jugada y conminaron a los alemanes a que firmaran de inmediato; de lo contrario cerrarían los frentes por completo y no permitirían ni siquiera las rendiciones individuales. Jodl, tras enviar la preceptiva comunicación a Flensburgo, accedió a lo que pedían los estadounidenses.

El 6 de mayo, entre las sombras de la noche, la delegación alemana hizo su entrada en la ciudad francesa. Una niña de corta edad, junto a

---

[17] R. Overy, *Interrogatorios...*, *op. cit.*, p. 301.

la Escuela de Artes Manuales donde tendría lugar la ceremonia de rendición, lo anunció al mundo:

—*Les allemands, les allemands!!!*

Esa noche, junto a la mesa vacia de un colegio en Reims en el que se hallaba el cuartel general del Alto Mando Aliado (unos 90 kilómetros al noreste de París), correctamente uniformado como general de la Wehrmacht y con la Cruz de Caballero colgando del cuello, compareció Jodl. A su derecha el mayor Oxenius —su ayudante—, y el almirante Von Friedeburg a su izquierda. Jodl sostuvo la mirada de los presentes sin temor, hasta mostrarse arrogante.

En torno a la mesa, los representantes militares de los Aliados occidentales: el teniente general Bedell Smith en representación de Eisenhower, con sir Harold Burrough, comandante de las fuerzas navales aliadas, a su derecha; a su izquierda un intérprete ruso, Cherniaeff; por parte francesa, el mayor general François Seves, en nombre del general Juin; y el soviético Susloparov por la URSS, flanqueado por el norteamericano Spaatz. Estaba presente también Frederick Morgan, por el Ejército británico. El general Kenneth Strong, que dirigía la inteligencia de Eisenhower, extendió el documento de rendición ante la delegación germana.

—Mi general —se dirigió Jodl a Smith en posición de firmes—; deseo decir unas palabras.

Smith no contestó y se le quedó mirando fijamente con la expresión fija.

—Con esta firma, el pueblo alemán y la Wehrmacht alemana se entregan por entero al vencedor. En esta guerra, que ha durado más de cinco años, las dos partes han sufrido más que nadie en el mundo. En esta hora solo me cabe expresar la confianza de que el vencedor sabrá tratarlos con generosidad.

Pasaron sin más prolegómenos a firmar el documento de rendición, de modo mecánico, casi cansino. Eran las 02.41 horas del 7 de mayo de 1945. Luego, Jodl fue llamado por Bedell Smith al despacho de Eisenhower:

—¿Están claros para usted todos los puntos del documento? —le preguntó *Ike*.

—Sí —se limitó a contestar Jodl.

—Bien. Le hago responsable, oficial y personalmente, si se infringe alguno de estos puntos del documento de capitulación. Incluso aquellos que hacen referencia a la rendición oficial frente a Rusia. Eso es todo.

Jodl no dijo nada. Saludó militarmente y salió.[18]

Regresó entonces a las líneas alemanas y se dirigió al norte, donde se encontraba el Gobierno de Flensburgo. Allí residió en calidad de jefe del Estado Mayor de la Wehrmacht hasta que los británicos decidieron acabar con aquel resto del Tercer Reich sin mayores contemplaciones la mañana del 23 de mayo.

Jodl sería incluido en la lista de acusados en representación del militarismo alemán. En un principio los Aliados solo habían pensado en Keitel, pero luego decidieron ampliarla a Dönitz, Raeder y Jodl.

Wilhelm Keitel

La rendición alemana firmada en Reims el 7 de mayo en la zona dominada por los occidentales no fue aceptada por los soviéticos como válida para lo que hacía a la guerra en el Este. Stalin, que deseaba hacer valer la sangre de 27 millones de muertos en el conflicto, no estaba dispuesto a dar por buena la ceremonia, sin más, como si fuesen los británicos y los norteamericanos los destinados a jugar el papel principal en la rendición alemana.

El dictador georgiano montó en cólera y pensó incluso en fusilar a Susloparov, quien había estado presente en el cuartel general del SHAEF en Reims cuando se produjo la ceremonia de rendición alemana el 7 de mayo, de lo que se le pudo disuadir asegurándole que este había comprometido a los alemanes para celebrar su propia ceremonia de rendición cuando Moscú lo ordenase.

En efecto, al día siguiente, 8 de mayo, el mariscal Wilhelm Keitel firmaría la rendición alemana en Karlshorst, un suburbio de Berlín,

---

[18] *New York Times*, 5 de mayo de 1985, «The Surrender at Rheims, a remembrance», por Drew Middleton.

ante el también mariscal Zhúkov. Acompañado del capitán general Paul Stumpff por la Luftwaffe y de Von Friedeburg por la Kriegsmarine, voló desde Flensburgo hasta Berlín, donde se presentó al Ejército Rojo.

En esta ocasión, los soviéticos eran los maestros de ceremonias, y los Aliados hacían de invitados. Presidía la sala Zhúkov, y le acompañaba Vyshinski, ministro de Exteriores soviético. Junto a ellos, sir Arthur Tedder, Spaatz y De Lattre. La presencia de los franceses molestó particularmente a Keitel, ante quienes, como es lógico, tenía una escasa disposición a rendirse.

—Lo que nos faltaba —murmuró mientras miraba de soslayo a De Lattre.

La actitud de Keitel fue fría y distante. Le costaba fijar la mirada y parecía ausente. No se privó de hacer ostentación de los atributos de poder de su posición; entró blandiendo el bastón de mariscal y, tras hacer con él un breve saludo, lo depositó sobre la mesa. Pero, aunque parecía muy seguro de sí, en realidad estaba nervioso; los labios los tenía secos, y el cuello del uniforme no dejaba de molestarle.

Keitel se destocó, primero, y luego se quitó los guantes, con estudiados movimientos; extrajo entonces el monóculo, que colocó en el ojo izquierdo, y firmó despacio en el acta que le extendían los soviéticos.

Tan solo se dirigió en una ocasión a los presentes. Fue para comunicar que, dado el estado de las comunicaciones, las órdenes de rendición no llegarían a todos los frentes antes de veinticuatro horas. Los enemigos creyeron que trataba de ganar tiempo, como había hecho Jodl, para que la mayor cantidad de tropas posible llegase a la zona occidental, pero la verdad era que Keitel estaba avisando de algo muy real. Había unidades alemanas de considerable tamaño en Austria, en Eslovenia, en Croacia, en Noruega, en Chequia y en Curlandia; y además, en cantidades menores, en numerosos puertos de Francia, en las islas del canal de la Mancha, en Creta y en el Dodecaneso.

Wilhelm Keitel procedía de una familia terrateniente de la Baja Sajonia, cuna de muchos oficiales alemanes. Capitán al estallar la Primera Guerra Mundial, ya era general al llegar al poder Adolf Hitler, por el que manifestó una abierta simpatía. En 1937 era teniente general y, un año después, se había convertido en el ayudante directo más cercano al Führer. Le nombró entonces —tras la expulsión de Blomberg y Fritsch en febrero de 1938— para la dirección del OKW (Oberkommando der Wehrmacht), que había convertido en el Mando Supremo de las Fuerzas Armadas. Su carrera culminó en julio de 1940, cuando fue nombrado mariscal de campo tras la victoria sobre Francia.

Keitel fue siempre un hombre de Hitler, al que sirvió con lealtad y jamás llevó la contraria. Solo en una ocasión, en diciembre de 1941, cuando arreciaba la ofensiva soviética, se atrevió a decirle a Hitler que quizá debía escuchar los ruegos de los militares en el frente que le pedían la retirada. En una circunstancia tan grave, eso era lo último que el Führer quería oír. Le espetó en su cara: «Es usted un imbécil». El tiempo dejaría claro que en esa ocasión, Hitler tenía razón.

Keitel marchó entonces a su despacho a redactar una carta de dimisión. Jodl (su ayudante) le encontró con el arma reglamentaria sobre la mesa. Aunque le convenció con facilidad de que no hiciera una cosa ni la otra, comprendió que estaba visiblemente alterado. La idea de que Hitler le hubiera gritado le atormentaba. El almirante Dönitz reconoció después de la guerra que Keitel estaba «bajo la absoluta influencia de Hitler», y sin duda eso fue así hasta el punto de que, en un juego de palabras, era conocido como *Lakeitel*, palabra alemana que significa «lacayo».

La fidelidad de Keitel estaba más allá de toda duda. En Núremberg él mismo reclamó su condición de servidor del gobierno alemán:

—Soy un soldado y durante cuarenta y cuatro años me he esforzado con el mismo afán por el káiser y por Ebert, por Hindenburg y por Hitler.[19]

Durante la guerra, Keitel adoptó una serie de medidas represivas que iban contra los prisioneros de guerra, y también firmó el decreto de *Nacht und Nebel* por el que desaparecían los enemigos de la ocupación alemana sin juicio en los países ocupados. Asimismo avaló la llamada *orden de los comisarios* por la que Hitler disponía que fueran

---

[19] Ll. Goldensohn, *Las entrevistas…, op. cit.*, p. 214.

ejecutados los comisarios políticos soviéticos que fuesen atrapados por las tropas alemanas. Keitel alegaría que era su deber como jefe de las Fuerzas Armadas la de refrendar las decisiones de Hitler, pero, además de que no le sirvió la explicación de que cumplía órdenes.

Esa condición quedó acreditada cuando tuvo noticia de la muerte de un hijo en el frente oriental, que aceptó con impasibilidad: «Es poco germánico mostrar duelo por un hijo caído en combate».

El 13 de mayo de 1945, tras regresar de la firma de la rendición alemana, fue detenido en Flensburgo. De allí salió para las prisiones aliadas, de las que nunca saldría.

Fritz Sauckel

Hijo de un cartero, Sauckel abandonó los estudios para enrolarse como marino y navegar durante años en buques noruegos, suecos y alemanes. Su decisión tuvo que ver con la necesidad de conseguir dinero para la familia, pues su padre ganaba muy poco y su madre estaba en una situación de invalidez. Recorrió el mundo en distintos buques y en enero de 1912 vivió un naufragio en las costas de Escocia. Fue hecho prisionero de los franceses en 1914, cuando estalló la Primera Guerra Mundial, y permaneció encerrado cinco años. A su vuelta a Alemania retomó la relación con quien sería su mujer, con la que tuvo ocho hijos y dos hijas.

Nunca completó una educación más que elemental, por lo que se empeñó como obrero fabril y se afilió al NSDAP en 1923. Pronto, ascendió en el partido. Para 1927 era Gauleiter de Turingia —puesto que mantuvo hasta 1945— y en ese *land* llegó a presidente en 1932.

Pero la responsabilidad por la que se le cobró la vida en Núremberg no fue por su carrera en el Partido Nazi, sino por su actividad al frente de la recluta de trabajadores para la industria de guerra alemana. En 1942 Hitler le nombró Plenipotenciario para la Mano de Obra, con el fin de obtener los mayores recursos posibles. Sauckel se aplicó a su tarea con verdadero afán, consiguiendo sumar unos cinco millones de trabajadores extranjeros. En ocasiones, las condiciones en las que trabajaron estos obreros reclutados a la fuerza por toda Europa fueron realmente espantosas, produciéndose la muerte de muchos de ellos.[20]

En realidad, Sauckel sirvió a los propósitos de Speer, que era el demandante de la mano de obra para la producción. Sin duda, su labor fue enormemente eficaz, pero para obtener los resultados que se le demandaban tuvo que poner en pie una enorme máquina organizativa. Eso no podía ocultar el que los alemanes se veían atrapados en las consecuencias de su brutalidad; cientos de miles de prisioneros soviéticos habían muerto en los campos alemanes durante 1941 y 1942, y ahora las autoridades nazis se veían obligadas a reclutar trabajadores del Este, a los que se obligaba de modo coercitivo a viajar hasta el Reich, y a los que se trataba como a esclavos.[21]

Para la recluta de esos trabajadores se utilizaron los medios más expeditivos. Se pedía en las poblaciones del Este un determinado número de obreros, que debía presentarse en la comandancia alemana. Frecuentemente, nadie lo hacía. Entonces prendían fuego a la población, particularmente a las casas de aquellos que habían huido para evitar ser alistados. Y luego obtenían de todos modos sus trabajadores de entre la población restante, aunque tuvieran que enrolar a tullidos y ancianos ciegos.[22]

Todo esto produjo un agravamiento de la resistencia, sobre todo en Rusia, por lo que Rosenberg estaba muy molesto. Muchos de entre quienes estaban llamados a servir de obreros en Alemania pasaban a la clandestinidad, donde no tardaban en nutrir el movimiento partisano. La Europa Occidental escapó en buena parte a su depredación a causa del acuerdo que Speer logró con las autoridades locales para que los trabajadores locales produjesen en sus países. La mano de obra extranjera se había convertido en imprescindible para el Reich, pues en 1944 constituía el 30 por ciento de quienes trabajaban en la industria de guerra.

---

[20] M. Mazower, *El imperio de Hitler*, Crítica, Barcelona, 2008, p. 354.
[21] *ND* 294-PS/USA 185.
[22] *ND* 018-PS en TWCI.Vol. III, Nuremberg 1947, 21 de diciembre de 1942, pp. 304-5.

En septiembre de 1944 fue nombrado jefe del Volkssturm en Turingia, donde permaneció hasta abril de 1945. Fue entonces a ver a Kesselring para saber cómo proceder, pero el jovial mariscal nada le pudo concretar. El 9 de mayo se encontraba en Berchtesgaden y decidió entregarse a los norteamericanos a través del párroco católico del lugar; aseguraba que, para entonces, había vuelto a la religión que abandonara muchos años antes.

Arthur Seyss-Inquart

De origen germano-moravo, Arthur Seyss-Inquart fue el último canciller de la Austria de la época de entreguerras, justo antes del Anschluss. Originariamente, Seyss-Inquart no era exactamente un nacionalsocialista, sino más bien un austriaco pangermanista de un antisemitismo no excesivamente virulento, pero fue el hombre que abrió las puertas a la anexión de su país por el Tercer Reich y luego fue gobernador nazi en Holanda.

Después de combatir en la Primera Guerra Mundial en el frente italiano, estuvo cercano al Frente Patriótico e incluso fue propuesto como ministro en el gobierno de Dollfuss y, tras su asesinato a manos de nazis austriacos en junio de 1934, pasó al gabinete de Kurt Schuschnigg en calidad de miembro del Consejo de Estado en 1937. Por entonces, aunque se le relacionaba con el nacionalsocialismo, no era ni mucho menos una figura radical dentro del movimiento (al que, por otro lado, no estaba afiliado); incluso pretendía que Austria preservase su independencia de Alemania, aunque sus políticas estuviesen coordinadas (también Hitler consideraba la situación de modo semejante).

En febrero de 1938 fue incluido, en condición de ministro de Interior, en el gobierno de Schuschnigg, tras las presiones de Hitler. Un mes más tarde, por el mismo medio, era nombrado canciller, aunque al principio el propio Seyss rechazó su nombramiento; pero, una vez canciller, invitó a los alemanes a entrar en el país, que en lo sucesivo pasó a llamarse Ostmark.

Seyss desempeñó la función de gobernador del Reich en Austria hasta abril de 1939, y algo más tarde, en mayo de 1940, pasó a ocuparse del gobierno de los Países Bajos. Allí utilizó a los nazis locales. Al principio su administración fue relativamente generosa, pues los nazis deseaban ganarse el apoyo de la germánica población del país, y en parte lo lograron: Holanda proporcionó a los alemanes una enorme cantidad de voluntarios, hasta 50.000. Sin embargo, con el paso del tiempo la política alemana fue endureciéndose hasta que en julio de 1944 el desembarco en Normandía situó a los Países Bajos bajo administración militar.

A pesar de ese endurecimiento, si comparamos la política de Seyss con otras ocupaciones alemanas, sin duda puede ser considerada benigna, como lo demuestra el hecho de que bajo el gobierno de Seyss fueron ejecutadas unas mil personas. Su postura ante los requerimientos de que reclutara mano de obra esclava para la industria de guerra en Alemania fue ambivalente, pues si es cierto por un lado que unos quinientos mil civiles fueron enviados como trabajadores forzados al Reich, también lo es que se negó a que lo fueran otros doscientos cincuenta mil. Sin embargo, algo más de unos cien mil judíos fueron enviados al Reich para ser cursados más tarde a los campos del Este.

Al final de la guerra se negó a destruir el país en virtud de la política de tierra quemada que Hitler pretendía que acompañara a la retirada de la Wehrmacht, por considerarlo inútil. Sin embargo, sí adoptó algunas medidas militares que resultaron enormemente perjudiciales para la población: la inundación de las tierras holandesas, tras la ruptura de los diques, produjo la pérdida de toda la producción agrícola. Cuando el resultado más previsible fue la terrible hambruna que asoló el país durante el terrible invierno de 1944-1945, los Aliados se ofrecieron a arrojar comida desde el aire, pero Seyss-Inquart se negó.

En su testamento, Hitler le nombró ministro de Exteriores, cargo que no pudo desempeñar dadas las circunstancias. Seyss se mantuvo al frente del Comisariado en los Países Bajos hasta la misma fecha de la rendición del Reich, el 7 de mayo, aunque él se encontraba visitando a Dönitz en el norte de Alemania para hablar acerca de su cometido al frente de la diplomacia del nuevo gobierno. La verdad es que todo ello carecía de sentido, por cuanto el ejecutivo de Flensburgo apenas duraría dos semanas más.

Seyss-Inquart fue detenido por dos soldados canadienses en Hamburgo al regresar de la entrevista con Dönitz. Este había convocado a todos los comandantes civiles y militares de las regiones aún ocupadas, entre las que figuraba Holanda. Seyss no había llegado a tiempo a la reunión, pero en todo caso lo que Dönitz pretendía era coordinar la rendición de las distintas fuerzas alemanas. Regresó hacia su destino tras permanecer unos días en Flensburgo retenido por las tormentas primaverales de la región; la única vía para alcanzar Holanda el 7 de mayo era el mar. Fue atrapado a bordo de una barcaza, conducido a un campo de prisioneros levantado en un estadio de fútbol, y alojado en una tienda de campaña militar.

Ernst Kaltenbrunner

Los principales líderes de las SS, Himmler y Heydrich, habían desaparecido de la circulación antes de poder comparecer en Núremberg, de modo que el principal acusado por esa organización fue Ernst Kaltenbrunner.

Hombre de convicciones firmes, muy dinámico y tenaz, su físico imponente, con su 1,94 de estatura y sus anchas espaldas, con una cicatriz surcando un rostro picado de viruelas, hacían de él —quizá junto con Otto Skorzeny— la viva imagen de lo que las siglas de las SS evocaban en la opinión pública.

Kaltenbrunner heredó la posición de Heydrich cuando este fue asesinado por los resistentes checos en 1942, aunque Himmler nunca le permitió la libertad ni la acumulación de poder que había conseguido su predecesor, al que el mismo Reichsführer temía. Los Servicios de Información, el SD, la dirección de la Interpol y la Gestapo recayeron en él en el momento en que el poder de las SS fue mayor sobre el conjunto de la sociedad alemana, pues conforme la guerra se iba perdiendo, aumentaba el control de los alemanes por los nazis.

Kaltenbrunner había comenzado en los grupos nacionalistas de su Austria natal. En 1932 se había alistado en las SS, y dos años más tarde fue encarcelado por hacer propaganda nazi. Cuando, unos meses más tarde, se produjo el asesinato del canciller Dollfuss a manos de Holzweber y Planetta, en junio de 1934, fue recluido junto a muchos otros nacionalsocialistas austriacos en un campo de concentración, del que salió tras organizar una exitosa huelga de hambre.

Hacía tiempo que estaba considerado como una de las cabezas visibles del movimiento nazi en su país natal, y antes de que se produjese el Anschluss, ya era un importante miembro de las SS. Participó en el golpe contra Schuschnigg de 1938. Luego sería nombrado secretario de Estado de Seguridad del nuevo gobierno nazi de Viena.

Al año siguiente ascendería al frente de las SS austriacas y en la práctica, fue jefe de la policía allí. Hasta la muerte de Heydrich se ocupó de la seguridad en Austria y de los campos de concentración en Ostmark, creando incluso una Oficina Central para la Emigración Judía.

Los últimos meses de la guerra vieron su ascenso al grado de general de las Waffen SS, por entonces un vastísimo ejército de varios centenares de miles de hombres, aunque con la guerra ya perdida y, lo que jamás hubiera imaginado: comandante en jefe de los Ejércitos en el Sur de Europa en abril de 1945. Si bien tal puesto era una verdadera vacuidad a esas alturas, mostraba el poder acumulado por las SS durante los últimos meses de la guerra. El mismo Himmler había sido durante algunas semanas jefe de una importante fuerza militar en el frente oriental, lo que mostraba que en esos días había terminado por ser más importante la lealtad que los conocimientos militares.

Kaltenbrunner, como algunos otros líderes nazis, tenía dos familias; a la reconocida, había que añadirle la de su amante. Con su mujer legítima había tenido tres hijos y dos con Gisela von Westarp, su amante. Precisamente fue esta la que labró su ruina, por cuanto, una vez detenido el 15 de mayo, le llamó por su nombre, facilitando así la identificación de la patrulla estadounidense que le dio caza: Kaltenbrunner era hombre poco dado a las fotografías, que evitaba, así como la exposición pública, de modo que su rostro no era tan conocido como el de tantos líderes del Tercer Reich.

Walter Funk

Aunque en modo alguno Walter Funk era uno de los líderes alemanes más populares o reconocibles siquiera, de 1938 a 1945 fue nada menos que el ministro de Economía del Tercer Reich. Hombre culto, de formación jurídica y económica, Walter Funk militó en el NSDAP desde 1931, aunque había sido siempre un feroz anticomunista y nacionalista alemán. Estudió además filosofía, e incluso tocaba el piano con tal pericia que durante un tiempo consideró dedicarse a la música profesionalmente.

Durante la época de la Primera Guerra Mundial escribió en un periódico económico conservador de Berlín, donde llegó a dirigir la sección de comercio, desde la que atrajo la atención de numerosos hombres de negocios; en 1922 fue nombrado director de la publicación hasta que dejó el cargo para dedicarse al partido por entero. Desde sus páginas defendió las tesis del nacionalismo conservador: el control de los salarios pero también la imposición de fuertes cargas fiscales para los beneficios de guerra.

En el desempeño de su cargo conoció a Gregor Strasser, jefe del ala izquierda del NSDAP, quien simpatizaba con el giro que Funk daba a su nacionalismo, haciéndolo más popular. A través de Strasser, quien le apreciaba de verdad, conoció a Hitler en 1931. Este, con su característico olfato para escoger a los hombres, reparó en que las ideas de Funk le ayudarían a equilibrar las posiciones en materia económica de muchos de sus hombres, que asustaban a muchas fortunas.

Tras adoptarle Hitler como consejero privado y ponerle al frente de la oficina económica nazi, sus ideas gozaron de amplia aceptación en el partido. Hasta ese momento los nazis eran el partido que canalizaba la protesta contra el sistema de Weimar, pero sus soluciones parecían más bien irreales, al menos en la medida en que las explicitaban. Pero Funk puso en circulación algunas de las recetas que más tarde se aplicarían por muchos gobiernos: un amplio programa de obras públicas, carreteras, automóviles y el aumento de la productividad de la agricultura alemana mediante la mecanización masiva, al tiempo que el Reichsbank facilitaba generosos créditos. Todos los dirigentes del partido se mostraron exultantes con las recetas de su nuevo responsable de economía, en especial Göring, tan dado a todo lo que fuesen planes dinámicos.[23]

Pero la principal tarea de Funk, en la época final del Kampfzeit, fue su papel de puente entre la gran empresa y el NSDAP. Funk fue la baza de las familias del Ruhr para influir en el Partido Nazi, hasta entonces de radicales ideas sociales. No se trataba solo de ayudar al NSDAP, sino, sobre todo, de influir en él, dado que se estaba convirtiendo en un partido importante en Alemania al que no cabía descartar como alternativa de gobierno. El propio Funk entró en el partido por su convencimiento de que Hitler llegaría al poder antes que después, y reconoció que muchos de sus amigos de la gran empresa pensaban lo mismo. La labor de Funk era, pues, tan vital que cuando los nazis subieron el poder, los empresarios le regalaron una finca por su cumpleaños: Hitler se comprometía a respetar la competencia y la libre empresa.[24]

Funk estuvo presente en las discusiones acerca del expolio a los judíos vía multas que el Gobierno alemán les impuso en 1938, después de la Noche de los Cristales Rotos, y se contó entre los beneficiarios directos del saqueo de los bienes de los judíos sucedido en Alemania.[25] Sin duda, era la persona adecuada para aquello que Hitler deseaba del Ministerio de Economía, al contrario de su predecesor en la cartera. En enero de 1939 fue nombrado presidente del Reichsbank, aunque es cierto que su labor estuvo subordinada a otros intereses y que, por tanto, careció de una autonomía suficiente. El Ministerio de Economía se había convertido en un auxiliar estatal del Plan Cuatrienal de Göring, una típica institución nazi emancipada del control del Estado.

En calidad de ministro de Economía, participó en el planeamiento de la guerra, ya que hubo de establecer el racionamiento de los bienes de consumo y posteriormente la utilización de las capacidades económicas de los países conquistados, así como los bienes de los ju-

---

[23] J. Pool y S. Pool, *Quién financió a Hitler*, Plaza & Janés, Barcelona, 1981, p. 264.
[24] *ND*, Nazi Conspiracy and Aggression, suplemento A, p. 1194, EC-440.
[25] F. D. Almeida, *El pecado de los dioses*, Taurus, Madrid, 2008, p. 159.

díos. Cuando se produjo la invasión de la Unión Soviética, colaboró con Rosenberg para la explotación de aquellas regiones.

Durante el juicio de Núremberg alegó en su defensa que, en realidad, él no había tenido una gran responsabilidad en el desarrollo de la política nacionalsocialista ni hacia dentro de Alemania ni hacia fuera, lo cual era cierto a medias. Hombre bajito y de apariencia anodina, tildado de homosexual y alcohólico, es probable que su aspecto insignificante le salvara la vida. Incluso Göring estuvo de acuerdo en que se trataba de un personaje sin relieve en el seno de la jerarquía nazi.

Karl Dönitz

Para muchos fue una sorpresa que Hitler, en su testamento, dejase como heredero a Karl Dönitz, el antiguo comandante en jefe de los submarinos alemanes, y último gran almirante. Si algún arma había sido marginada en el desarrollo armamentístico alemán esa, sin duda, había sido la Marina de Guerra. Hitler, hombre de tierra adentro y que sentía poca atracción por las cosas del mar, se había visto seducido por el arma aérea, pero jamás por la Marina.

Con la designación de Dönitz, Hitler quería mostrar su postrer disgusto por el Heer (las fuerzas de tierra) y especialmente por sus generales, que sentía que le habían fallado. Tampoco le sustituía nadie del partido, pues sus principales hombres, como Himmler y Göring, le habían traicionado —o eso creía él—, Hess había volado cuatro años antes a Gran Bretaña y Göbbels se había suicidado, mientras que Bormann carecía de altura para dirigir el Estado. En cuanto a la Luftwaffe, quizá su más amarga decepción, para Hitler hacía años que no contaba.

Pero ¿quién era Karl Dönitz para que Hitler le nombrase su sucesor? En primer lugar hay que decir que Hitler, consciente de que aquello era el final para Alemania —o, al menos, para la Alemania que él imaginaba—, trataba de que la persona que le sustituyese fuese alguien con capacidad para negociar y que pudiese ser aceptado por el bando enemigo. Era, además, una persona sin grandes compromisos en el seno del régimen, ni tampoco perteneciente a ningún grupo de poder. Sobre todo ello, Dönitz había desempeñado un brillante papel en el manejo de los submarinos, pese a que la estrategia bélica del Reich no había favorecido el desarrollo de esta arma.

Dönitz había pertenecido a la Kriegsmarine desde 1910. Luchó en la Primera Guerra Mundial en el Mediterráneo y en el mar Negro, y en 1916 pasó a las fuerzas submarinas; fue apresado por los británicos muy poco antes de finalizar la guerra y permaneció prisionero de estos durante dos años, reintegrándose al servicio en 1921. En enero de 1936 sería nombrado jefe del arma submarina en el Reich, cargo en el que empezó la Segunda Guerra Mundial.

Desde su puesto presionó para que Hitler dotase a la Kriegsmarine de una cantidad de submarinos suficiente como para hacer frente a la Royal Navy; seguro de que no habría enfrentamiento con el Reino Unido al menos a corto plazo, Hitler no prestó excesiva atención a sus demandas, y en lugar de los 300 submarinos que solicitaba Dönitz, Alemania solo disponía de 56 unidades en septiembre de 1939.

Durante los cuatro primeros años de la guerra, el arma de Dönitz obtuvo unos éxitos rayanos en lo increíble. El propio Churchill admitió más tarde que lo único que durante la guerra le quitó el sueño fueron los ataques submarinos; llegó un momento en que los alemanes hundían más tonelaje que el que construían los Aliados. Si esa situación se hubiera prolongado muchos meses, la guerra no hubiera podido proseguir.[26] Los Aliados, sin embargo, encontraron el modo de neutralizar tan formidable amenaza y, desde 1943, el peligro decayó de forma muy notable. Para 1945, los submarinos ya no representaban apenas más que un contratiempo que se presentaba de cuando en cuando, si bien los alemanes habían desarrollado los más modernos tipos de naves, los submarinos tipo XXI y XXIII. Bajo la dirección de Dönitz, el arma submarina había adquirido la mayoría de edad; hasta ese momento, los submarinos eran en realidad sumergibles, debían navegar en superficie y solo ocasionalmente se sumergían. Desde entonces, los submarinos eran buques que navegaban bajo las aguas, mucho más difíciles de detectar y capaces de permanecer hasta tres días seguidos sin ascender a la superficie.

---

[26] W. Churchill, *La Segunda Guerra Mundial*, op. cit., p. 688.

El 31 de enero de 1943, Dönitz fue nombrado Grossadmiral, gran almirante de la Kriegsmarine. A esas alturas, la Marina alemana había perdido la batalla del Atlántico, aunque aún se mantendría en pie hasta el final. Hitler era consciente de que resultaba materialmente imposible hacer más de lo que Dönitz hacía, por lo que este permaneció a salvo de las críticas características de los últimos meses de la guerra en el bando alemán.

Cuando llegó la derrota y Hitler se suicidó, dejó como heredero a Dönitz. No nombró sucesor alguno de la condición de Führer —nadie podía serlo—, pero sí presidente del Reich, y ese fue el gran almirante. Dönitz fue quien ordenó la rendición de la Wehrmacht el 7 de mayo en Reims y el 8 en Berlín, y después se estableció en Flensburgo, desde donde pretendió dirigir los últimos movimientos de tropas que aún quedaban desperdigadas por toda Europa, algo en lo que fracasó. Fuera del entorno de la propia ciudad de Flensburgo no tuvo influencia.

El 23 de mayo de 1945 los soldados británicos —que eran quienes habían ocupado la región— detuvieron al último Gobierno del Reich. Dönitz había tratado de conseguir tiempo para convocar unas elecciones y dotar de legitimidad a su gobierno. El propósito era descabellado, pero durante unos días pareció que los ingleses consideraban la posibilidad de que el Gobierno de Flensburgo se convirtiera en un interlocutor válido, por puras razones de practicidad, incluso que Dönitz fuese excluido de la acusación de criminal de guerra. Pero Eisenhower se opuso, al parecer por razones de diplomacia: los soviéticos encontraban insoportable tal situación, y exigían el final de todo lo que tuviera que ver con la Alemania nazi.[27]

Konstantin von Neurath

Cuando Hitler fue nombrado canciller en enero de 1933, heredó un aparato del Estado del régimen de Weimar que, solo en parte, había

---

[27] K. Dönitz, *Diez años...*, op. cit., p. 476.

remozado el de la Alemania imperial. El método característico de obrar del nazismo era el de establecer una estructura paralela a la del Estado, por lo que la autonomía de este quedaba considerablemente relativizada. En consecuencia, Hitler no puso un empeño excesivo en modificar el Estado, puesto que la estructura paralela erigida por el nacionalsocialismo lo hacía inútil.

Muchas personas que no se identificaban con el nazismo, en sentido estricto, aunque eran por lo general nacionalistas, sirvieron al régimen como antes habían servido al káiser y a Weimar. Una de esas personas que fueron empleadas por el régimen de Hitler en su calidad de servidor del Estado fue Konstantin von Neurath.

Militar de profesión y diplomático de formación, Neurath fue ministro de Exteriores durante los primeros años del Tercer Reich. Había sido embajador de Roma y en Londres, durante un total de diez años, y nombrado ministro de Exteriores por Von Papen en junio de 1932, de modo que representaba el continuismo de la tradicional política alemana en el seno del régimen nazi, por lo que sus roces con la jefatura del partido fueron frecuentes.

Sus principales desencuentros los tuvo con Von Ribbentrop, quien actuaba a espaldas del ministerio desarrollando una labor diplomática por encargo directo de Hitler, que se saltaba los conductos del ministerio. El acercamiento a Gran Bretaña y a Japón —en detrimento de China, que había venido siendo la política tradicional alemana desde décadas atrás— truncó sus perspectivas diplomáticas.

Nacionalista alemán convencido, fue partidario de la salida de Alemania de la Sociedad de Naciones en la que Stresemann había logrado entrar en 1927, y más tarde de la remilitarización de Renania —un golpe de Hitler bastante arriesgado, pero destinado a incumplir el Tratado de Versalles—; un año antes, en 1935, había culminado las negociaciones dirigidas también a dejar obsoleto el citado tratado, al sentar a Gran Bretaña en la mesa de negociación que culminó en el tratado naval anglo-germano.

Neurath dimitió en febrero de 1938, en plena crisis política forzada por Hitler para reemplazar a los cargos que había heredado de la situación anterior. Un año más tarde fue nombrado Reichsprotektor de Bohemia y Moravia, que acababan de pasar a la esfera del Reich. En tal condición era responsable de su labor política tan solo ante Hitler. El futuro previsto para la antigua Checoslovaquia era el de incorporarse al Tercer Reich más pronto que tarde.

El régimen que impuso Neurath en Bohemia y Moravia fue bastante indulgente, en especial en comparación con el que regiría otras regiones de Europa, algunas muy cercanas, como Polonia. Las primeras manifestaciones contrarias a la ocupación —que tuvieron lugar a las pocas semanas de estallar la guerra— se saldaron con medidas que raramente salían del marco político, pero que sirvieron para barrer los restos de los partidos políticos, sobre todo de izquierdas, y cerrar las universidades; las medidas para la discriminación de los judíos no habían tenido que esperar al comienzo de la guerra por cuanto se aplicaron desde el mismo día de la ocupación alemana.

Como en muchos otros lugares de Europa, hasta junio de 1941, en que Alemania invadió la URSS, la inexistencia de la resistencia fue casi absoluta. Entonces comenzaron a articularse una serie de protestas que resultaron lesivas para el Reich; así, en septiembre de 1941, se inició una huelga que hizo descender la producción industrial en un 18 por ciento, se cortaron los cables telefónicos del Protectorado y se boicoteó la prensa controlada por los alemanes.[28]

La consecuencia fue que Hitler decidió sustituir al vacilante y moderado Neurath por el duro Reinhard Heydrich y por Karl Hermann Frank al frente de la policía. Se reunieron los cuatro en Rastenburg, y allí se le comunicó a Neurath su «indefinida baja por enfermedad». Desde entonces, Neurath trató de que el Führer aceptara su dimisión, pero este no quiso hacerla pública, pues podía ser interpretada como una debilidad o el reconocimiento de un error cometido. Solo lo permitiría en 1943, una vez muerto Heydrich y habiendo tomado su lugar Wilhelm Frick, quien continuaría la línea dura de su antecesor.

El 6 de mayo de 1945, los franceses le detuvieron en su zona de ocupación.

---

[28] R. Gerwarth, *Heydrich. El verdugo de Hitler*, La Esfera de los Libros, Madrid, 2013, p. 351.

Hjalmar Schacht

De todos los acusados en el juicio de Núremberg, el antiguo ministro de Economía del Reich Hjalmar Horace Schacht fue el que mejor puntuación obtuvo en los test de inteligencia.

Acusado de complicidad en el complot contra Hitler del 20 de julio, los Aliados lo encontraron en Dachau cuando ocuparon Alemania en 1945. No se sabe muy bien por qué no lo ejecutaron los nazis, como hicieron con otros de entre los que participaron de una manera u otra en la resistencia contra Hitler.

Acaso fuese una especie de reconocimiento a su contribución al triunfo del nazismo, pues Schacht fue, indiscutiblemente, uno de los hombres que más acercó el partido al poder. Como en el caso de Neurath, se trataba de un hombre del pasado que había sabido alinearse a tiempo con los nuevos amos. Presentó numerosos industriales a Hitler y gestionó desde 1932 la proximidad del Führer a los círculos de poder políticos, hasta el punto de presionar a Hindenburg para que aceptase a Hitler como canciller.

En su calidad de ministro de Economía —también era presidente del Reichsbank—, puso en marcha un plan de despegue de la economía alemana enormemente exitoso que terminó con el paro a través de las obras públicas, al tiempo que combatía la inflación y reducía el déficit del Estado con excelentes resultados. Aunque su política económica resultó un logro innegable, discrepaba del lugar que comenzaron a ocupar los gastos militares en los presupuestos del régimen nazi y se enfrentó a Hermann Göring, quien orientaba la economía en ese sentido y al que consideraba un entrometido en este terreno.

En noviembre de 1937 dimitió de su puesto como ministro de Economía, aunque permaneció al frente del Reichsbank, cargo que mantuvo hasta 1939. Por deseo de Hitler siguió ocupando un cargo ministerial —aunque ya sin cartera— hasta comienzos de 1943, momento en que colmó su paciencia y fue cesado.

Realmente, Schacht estaba conspirando contra Hitler desde 1938, en compañía de algunos otros insignes conjurados, como Halder y Gisevius, y desde entonces instigó la atracción de los más destacados militares al círculo de la oposición. Conocedor de los objetivos en materia de política exterior de Hitler, fue una pieza importante para atraer a muchos de ellos a las filas de la conjura. Los planes de la oposición fracasaron, como sabemos, pero estuvieron a punto de no hacerlo.

Tras el 20 de julio, fue internado en Dachau, donde lo encontraron los Aliados al tomar Baviera.

Los que faltan

Estos fueron los hombres que se sentaron en el banquillo de Núremberg. Las sentencias que se les aplicaron abarcaron desde la pena de muerte hasta la absolución, pasando por distintas condenas a diez, quince, veinte años y reclusión perpetua.

Alguno de los condenados a la pena capital se adelantaría al verdugo dándose muerte por su propia mano, otros verían su sentencia reducida y algunos no comparecerían al juicio, como Gustav Krupp y Martin Bormann. El primero se libraría de la acusación debido a su avanzada edad y estado de salud, al borde de la muerte; además, la acusación era difícil de mantener, algo que los británicos sostuvieron desde el principio. Gustav Krupp distaba de haber sido un elemento determinante en la política alemana, al contrario de lo que los Aliados creían desde hacía muchos años, pero se consideraba que alguien debía representar al capitalismo alemán en el banquillo.

Empresario del acero, Krupp —en realidad, Von Bohlen— era también uno de esos hombres pertenecientes a otra época, que ya frisaba los cincuenta cuando terminó la Gran Guerra. Se había casado con la heredera de la casa Krupp a comienzos de siglo, después de que ella recibiese los activos de su padre tras suicidarse este. De ahí tomó Bohlen el apellido. En la segunda mitad de los años veinte contribuyó a formar el Frente de Harzburg, que uniría temporalmente a las fuerzas nazis con las de la extrema derecha nacionalista. Debido a su estado de salud, en 1938, abandonó la dirección de las empresas en manos de su hijo Alfred.

El estado de sus negocios empeoró al final de la guerra, cuando el régimen era ya más una amenaza para sus intereses que otra cosa. El temor a la derrota a manos de los Aliados, o a una nacionalización de las industrias o a que estas cayesen en manos de las SS, se vio acompañado del desastre que supuso el medio centenar largo de bombardeos a los que la RAF sometió a sus acerías durante 1944.[29]

Cuando terminó la guerra estaba desligado de los negocios hacía tiempo y se encontraba muy delicado, si bien sobrevivió cinco años más, hasta 1950. Su lugar lo ocupó su hijo Alfred, que libró los juicios razonablemente bien, dadas las circunstancias.

Martin Bormann, por su parte, fue juzgado en Núremberg, pero jamás se sentó en el banquillo. Se le suponía huido, por lo que se consideró el juicio *in absentia*, pero con todos los pronunciamientos, igual que en el caso del resto de acusados. Hasta muchas décadas más tarde no se comprobó que había muerto en el Berlín asediado por los soviéticos, tratando de escapar del cerco (sus restos serían encontrados en 1972).

Detentando una posición subordinada en el NSDAP durante largos años, Bormann ascendió en las etapas finales del Tercer Reich hasta convertirse en uno de los hombres más poderosos de Alemania. Sobre todo tras el vuelo de Hess a Gran Bretaña, supo situarse como un hombre imprescindible en la jerarquía nazi. Consiguió que todas las comunicaciones de índole política pasaran por él, que decidía qué era lo que debía llegarle al Führer y qué no. Esto, lejos de molestar a Hitler, le complació sobremanera, así que le nombró su secretario personal en abril de 1943. Desde entonces, su control del círculo de poder nazi no hizo más que crecer, en ocasiones en detrimento de otros rivales en principio mucho más poderosos.

Bormann fue el nacionalsocialista de alguna importancia más combativamente anticristiano. Era un radical en todo lo referente a los judíos y a las Iglesias, sobre todo a la católica. El propio Hitler hubo de detener algunas de sus más extremadas iniciativas; envalentonado por su éxito a la hora de retirar los crucifijos de las escuelas, proyectó el

---

[29] D. Muchnik, *Negocios son negocios*, Belacqua, Barcelona, 2004, p. 97.

cierre de todos los monasterios en el Reich, algo que estuvo cerca de conseguir. En ambos casos, tanto en la eliminación de la presencia pública de los crucifijos como en el cierre de los monasterios, tuvo que ser Hitler quien pusiera coto a sus iniciativas.

En los últimos días de la guerra, ya muerto Hitler, emprendió la huida de Berlín para evitar caer en manos soviéticas. Formó un grupo junto con el doctor Stumpfegger, de las SS, y Artur Axmann, jefe de las Juventudes Hitlerianas, pero fue muerto tratando de cruzar el Spree; la localización de su cuerpo se produjo en 1972 y su identificación más allá de toda duda en 1998, gracias a las pruebas de ADN que le fueron practicadas a su cráneo.

El 16 de agosto de 1990 sus restos fueron arrojados al mar Báltico tras haber sido previamente incinerados.

Capítulo 5
EL CONTEXTO DE LOS JUICIOS

Para comprender el desarrollo de los juicios de Núremberg es imprescindible tener en cuenta los condicionantes del momento histórico; nunca se insistirá lo suficiente en que el proceso se produjo con inmediatez al fin de una guerra, con toda la carga emocional que eso representa.

La guerra que terminaba había representado el mayor esfuerzo que jamás habían hecho las naciones en combatirse unas a otras. Ninguna guerra librada con anterioridad había producido un número de muertos siquiera lejanamente parecido a la que ahora concluía. Sesenta millones de muertos, decenas de millones de heridos y desaparecidos, y el continente europeo destruido hasta la raíz, desapareciendo en algunas regiones todo rastro de vida civilizada. Sostener un conflicto así durante casi seis años es muy complicado desde todos los puntos de vista, particularmente desde el psicológico.

Como es natural, un conflicto de esta naturaleza exige un esfuerzo propagandístico de primera magnitud. Todos los contendientes utilizaron las armas del odio para agitar a sus nacionales contra el enemigo, algo necesario para espolearlos en el sacrificio y la producción, no pocas veces a través de estímulos que expresan intenciones de aniquilación y exterminio del enemigo, que pronto cobran vida propia.

Los Aliados occidentales no fueron ajenos a esta política y desarrollaron su propia propaganda del odio. Las occidentales eran sociedades democráticas muy civiles, a las que costó grandes esfuerzos militarizar. Sin duda, sintieron una enorme ira al tener que acudir al combate por segunda vez en un cuarto de siglo, y no dudaron en culpar al enemigo por obligarles a ello. Como sucedía en el bando contrario, los Gobiernos adornaban al adversario con los peores vicios y las más negras intenciones, y los Aliados no fueron una excepción: a este efecto, eliminaron toda distinción entre los nazis y los alemanes.

Pero lo cierto es que, cuando estalló la guerra, no lo hizo por ninguna razón moral. Los motivos fueron de tipo nacional, estratégico. El estallido de la Segunda Guerra Mundial, es decir, la declaración de guerra franco-británica a Alemania el 3 de septiembre de 1939, no tuvo nada que ver con la persecución a los judíos o con la ideología de Alemania. Por el contrario, la guerra estalló a causa de la política exterior de esta, en la medida en que conculcaba el orden internacional y trataba de conseguir sus objetivos alterando el equilibrio en el continente, y además lo hacía con un preocupante dinamismo.

Para los norteamericanos, que acaso podrían contemplar la guerra desde una óptica más ideológica, o quizá moral, las cosas no eran muy diferentes. Si estaban metidos en aquello era por el pérfido ataque japonés que habían sufrido y porque los alemanes les habían obligado a pelear contra ellos. El lema de la guerra fue *Remember Pearl Harbor!*, a nadie se le ocurrió jamás aludir a Polonia. Arthur Miller escribió que los soldados estadounidenses tenían «una casi absoluta ignorancia de lo que es el nazismo; estábamos luchando contra Alemania esencialmente porque se había aliado con los japoneses, que nos habían atacado en Pearl Harbor».[1] Por su parte, el poeta Randall Jarrell admitía que «el 99 por ciento de quienes están en el Ejército pelean por una razón nacionalista y por prejuicios raciales: les desagradan los japoneses del mismo modo, aunque no tanto, que les desagradan los negros».[2]

La confusión entre los combatientes era mayúscula, por lo que los Gobiernos, en especial el de Washington, desplegaron una enorme campaña de concienciación entre sus tropas. A lo largo de la guerra, los británicos dieron numerosas muestras de desfallecimiento, como los alemanes sabían por los prisioneros que hacían: para 1942, la guerra se les estaba haciendo muy larga. Los norteamericanos, que a casi todos los efectos entraron en el conflicto ese año, tuvieron que insistir entre

---

[1] *New York Times Book Review*, 14 de octubre de 1984, p. 3. «The Face in the Mirror: Anti-Semitism Then and Now».

[2] M. Jarrell, *Randall Jarrell's Letters*, Nueva York, 1985, p. 103.

sus hombres. Con la ayuda de Frank Capra rodaron noticiarios propagandísticos titulados «¿Por qué peleamos?». El título no era casual, desde luego. Muchos hombres se lo preguntaban. El último rodaje concluía con una sucesión de imágenes de los jerarcas nazis sobre las que se había impreso una orden: «Si encuentra a alguno de estos hombres... ¡mátelo!».[3]

A los soldados se les insistía en esa propaganda incluso en escenarios en los que las cosas discurrieron por cauces más convencionales y donde la guerra no estaba teñida de ideología. Así, en el Norte de África los británicos utilizaban trucos sucios para enardecer a sus hombres, como esparcir sangre procedentes de mataderos militares para simular matanzas del enemigo tras haber dado una charla destinada a exacerbar el odio a los alemanes; los norteamericanos estimulaban a sus oficiales a que motivasen a sus soldados para odiar a los enemigos, a «desear matar como fuese».[4]

Otros soldados aliados también se vieron envueltos en la misma dinámica. Los canadienses, tras el Día D, rara vez hacían prisioneros; los alemanes que se rendían eran asesinados de modo rutinario, para evitar cargar con ellos mientras se esperaba un avance que debía ser más o menos rápido. A su vez, eso produjo las correspondientes represalias alemanas, en forma de fusilamientos masivos de canadienses atrapados por la división SS Hitlerjugend, que ejecutó a ciento treinta y cuatro prisioneros de esa nacionalidad. La idea de que los prisioneros obligaban a aminorar la marcha —lo que, por otro lado, es cierto— no era exclusiva de ellos, y resultaba relativamente común en muchas unidades aliadas.[5]

Aunque para los británicos y estadounidenses que peleaban las razones del combate eran confusas y no pocas veces reflejaban aspectos muy personales, ciertamente la guerra fue ideológica en un sentido profundo. Quienes la dirigían, fuesen alemanes, occidentales o soviéticos, tenían motivos de esa índole para sostener el combate.

---
[3] P. Fussell, *Tiempo de guerra*, Turner, Madrid, 2003, p. 174.
[4] R. Atkinson, *An Army at Dawn. The War in North Africa*, Londres, 2004, p. 461.
[5] A. Beevor, *El Día-D. La batalla de Normandía*, Crítica, Barcelona, 2009, p. 81.

Sin la menor duda, de un modo mucho más acentuado que en conflictos anteriores, la Segunda Guerra Mundial fue una guerra de carácter ideológico, aunque insistamos en su naturaleza de lucha por la hegemonía europea y mundial. Esa naturaleza ideológica, que se manifestó de forma más aguda durante la etapa última de la conflagración, tiñó el enfrentamiento de un odio tan profundo y extenso como unas pocas décadas antes hubiera sido inimaginable. El propio Churchill lo admitió a la vuelta de Yalta: «El único vínculo entre los vencedores es el odio».[6]

Dicho odio tuvo su mejor plasmación en el frente oriental. El cúmulo de actos criminales que allí acaeció deja sin aliento: la guerra ideológica desemboca en exterminio con enorme facilidad. Los llamamientos al odio y a la aniquilación del enemigo fueron frecuentes en los dos bandos, y la propia naturaleza de una guerra en la que unos luchaban en un país hostil, de gigantescas proporciones y que no les ofrecía ningún cobijo, y otros por sus hogares y su propia supervivencia, condujo a que el enfrentamiento fuera en sentido literal despiadado.

A ello hay que sumarle el carácter específicamente ideológico de la contienda. El nacionalsocialismo veía en el comunismo un intento judío de dominar el mundo y ponerlo a su servicio; la supervivencia de Alemania y de Europa dependía de que se alcanzase la victoria contra el judeo-bolchevismo, y a fin de alcanzarla no debía repararse en medios. Además, la conquista del Este representaba la única garantía de futuro para Alemania, por cuanto los excedentes de población del pueblo germano obtendrían de allí su sustento y se asentarían en las feraces tierras ucranianas y rusas. El comunismo, por su parte, consideraba al nazismo la última barrera que el capitalismo monopolístico había establecido para asegurar su supervivencia y garantizar los privilegios de la casta poseedora, la maniobra asesina de una burguesía desesperada que veía peligrar su poder a manos de un proletariado cada día más consciente. Ese capitalismo monopolístico en su versión más criminal aspiraba a sojuzgar a los pueblos del mundo en beneficio

---

[6] M. Gilbert, *Winston Churchill. The Road to Victory 1941-1945*, Boston, p. 1196.

de unos pocos capitalistas y militares asesinos. La derrota del nazismo —y del fascismo, en términos más genéricos— era un paso previo e imprescindible para la extensión de la Revolución soviética por todo el mundo. La consecuencia inevitable fue la conversión del enfrentamiento entre el Tercer Reich y la Unión Soviética en un conflicto ideológico que empapó de odio la guerra en todos sus aspectos.

El odio ideológico no estuvo ausente tampoco en el enfrentamiento entre los occidentales y los alemanes, si bien rara vez se acercó a los niveles propios del frente oriental. En general, los nazis tuvieron poco éxito en exacerbar la animosidad contra los occidentales, y en la parte oeste del Reich la población recibió a los británicos y estadounidenses en 1945 con más indiferencia y cansancio que rechazo. Mientras que en la zona oriental del país no había que espolear gran cosa a la población civil para que se dispusiese a la defensa contra el Ejército Rojo, en el oeste no se produjeron grandes movimientos de refugiados ni hubo tampoco desesperados intentos de resistir o de inmolarse antes que rendirse.[7]

El comportamiento de la Wehrmacht, especialmente en los últimos meses de la guerra, fue también diferente en un frente y en el otro; y, en general, se observaron las convenciones con mucha más frecuencia en la lucha contra los angloamericanos que en el Este, donde, sencillamente, se ignoraban. Tanto la población civil como el propio Ejército, pues, tuvieron un comportamiento desigual en el frente occidental, frente a la decidida voluntad de combatir hasta el fin que manifestaron contra los soviéticos.

Por la parte de los Aliados occidentales, tampoco la situación puede describirse fácilmente de modo uniforme. Aunque, como es natural, durante una gran parte de la guerra los alemanes eran odiados, no lo fueron por igual a lo largo de los casi seis años que duró. Y tampoco lo fueron del mismo modo por británicos y norteamericanos.

Hasta los meses anteriores a la guerra, la postura de la élite británica favoreció unas relaciones estables con el Tercer Reich, confiada

---

[7] D. S. Zumbro, *La batalla del Ruhr. La derrota alemana en los frentes del Oeste*, Crítica, Barcelona, 2007, p. 350.

en que las estridentes reivindicaciones nazis se mantuvieran en los límites de lo razonable y sin perjudicar los intereses básicos de Gran Bretaña. Pese a que terminaran declarando la guerra a Alemania, la firmeza de sus intenciones estaba en entredicho, sobre todo porque no existía un fuerte compromiso entre la clase política con la conducción de una guerra sin cuartel contra el Reich.

Es indudable que durante los años centrales de la década de los treinta, en Londres se veía con una cierta simpatía la idea de que Alemania reviviese como potencia en Europa. Por un lado, servía de contrapeso a Francia, que tras la victoria de 1918 era la única gran potencia militar en Europa; la política británica siempre había sido la de favorecer la causa de aquellos que sirvieran de equilibrio en el continente, dejando al margen otras consideraciones. Además, estaba bastante extendida la creencia de que el Tratado de Versalles había sido muy injusto con Alemania, a la que se había castigado en exceso; un célebre inglés, J. M. Keynes, ya lo había advertido sin titubeos quince años antes. Y, en 1919, con estremecedora clarividencia, el mariscal Foch reflexionó sobre la Europa que se estaba fraguando: «Esto no es la paz; es un armisticio para veinte años».[8] Tal era la conciencia de que el orden de Versalles no había de durar. Así que, cuando Alemania comenzó a resurgir, todo el mundo lo tomó como algo que debía llegar antes o después.

Algunos de los objetivos que Hitler proponía como metas de su política exterior eran vistos con buenos ojos en Londres, sobre todo por el contrapeso que representaba frente a un demasiado poderoso París. Y, por otro lado, estaba presente el temor al comunismo.

Un Reich renacido y poderoso era la mejor garantía frente al creciente poder de Stalin y sus propósitos de extender el comunismo por el mundo entero. El factor anticomunista era de una enorme importancia. Los británicos se daban perfecta cuenta de la debilidad de la Wehrmacht en 1936, pero no consideraban en absoluto, no ya una guerra preventiva contra Alemania, sino ni siquiera la moderación de las apetencias de esta. Cuando se produjo la remilitarización de Rena-

---

[8] A. Horne, *La batalla de Francia*, Bruguera, Barcelona, 1974, p. 45.

nia, en marzo de 1936, el primer ministro Stanley Baldwin comentó ante el gabinete que se podía aplastar a los alemanes con la ayuda de Rusia, pero que la consecuencia sería la bolchevización del país. En consecuencia, Londres apenas protestó por aquella violación unilateral del *statu quo* internacional de Hitler; este era preferible al comunismo. Los franceses tampoco se movieron.[9]

Las muestras de comprensión hacia el rearme alemán se prodigaron. En junio de 1935 Londres y Berlín firmaron un acuerdo naval que limitaba el tonelaje que podía construir el Reich, lo que situaba al Reino Unido en una posición teóricamente ventajosa. La realidad —que, por supuesto, los británicos no ignoraban— es que aquel tratado no solo invalidaba Versalles, sino que hacía a Londres cómplice de su violación. Unos meses antes, un alto cargo del Ministerio del Aire en Londres manifestaba que «en Inglaterra no se desataría ninguna indignación si Alemania hiciese público que se había rearmado en el aire».[10]

La pretensión de Londres, con todo, no era la de satisfacer a un voraz dictador hasta ver si se hartaba y cesaba en sus reivindicaciones. Los políticos conservadores y liberales que apostaban por esa política apoyaban hasta cierto punto los objetivos alemanes, pero solo mientras el Reich fuese débil. El objetivo era integrar a Alemania en el sistema de seguridad colectivo, y eso pasaba por la igualdad de derechos y el resarcimiento de las injusticias. Además, compaginaban esta política con el incremento del presupuesto militar, lo que resulta muy indicativo de las intenciones reales del Gobierno inglés. Si ese rearme se encontró con dificultades no fue debido a la actitud timorata del ejecutivo, sino en parte a las dificultades para que la oposición laborista secundase dicho incremento presupuestario. Los socialistas agitaban contra el gasto militar, asegurando desde 1934 que Hitler estaba «acabado» y que el Gobierno lo único que quería era favorecer a la industria armamentística.[11] La opinión pública fue muy receptiva a este tipo

---

[9] A. R. Peters, *Anthony Eden at the Foreign Office, 1931-1938*, Nueva York, 1986, p. 213.

[10] J. Fest, *Hitler. Una biografía*, Planeta, Barcelona, 2005, p. 684.

[11] I. Kershaw, *Un amigo de Hitler*, Península, Barcelona, 2007, p. 107.

de argumentos, y cuando se manifestó la conveniencia de sancionar a Alemania, las encuestas mostraron cómo una gran mayoría de la población prefería que las sanciones fueran de tipo económico.[12] Hasta 1939, los laboristas se opusieron sistemáticamente al incremento de los gastos militares.

La política del Gobierno inglés nada tenía que ver con ningún género de concomitancias con el nacionalsocialismo, y ni siquiera con Alemania. Pero, por supuesto, algunas figuras públicas y políticas veían con abierta simpatía a la Alemania nazi. No todas, ni mucho menos, eran conservadoras; así lord Allen de Hurtwood, laborista, o los hermanos Roden-Buxton, que pertenecían a un grupo izquierdista germanófilo y que pretendían una alianza con Hitler para mantener la paz mundial.[13]

En los primeros meses de la guerra —y mientras se mantuvo la *drôle de guerre* o *sitzkrieg*, esto es, durante el periodo de tiempo que medió entre la declaración de guerra de septiembre de 1939 y el ataque alemán sobre el frente occidental en mayo de 1940—, el sentimiento que prevalecía en Gran Bretaña era de miedo, más que de odio. La actitud timorata del Gobierno de Londres es buena muestra de que aún entonces no se descartaba del todo llegar a un acuerdo con el Reich.

Lógicamente, a partir de la derrota de Francia y el comienzo de los bombardeos de la Luftwaffe sobre territorio británico, las cosas cambiaron. Durante meses, los británicos tuvieron que soportar la continua presencia de la aviación germana sobre sus cabezas. Las frecuentes incursiones nocturnas les privaban del sueño, y en muchos hogares estaban ausentes los niños, que habían sido evacuados al campo; la actividad de los submarinos restringía la llegada de importaciones, así que tuvieron que acostumbrarse a vivir con algo menos que lo justo. Particularmente duros fueron los ataques de las V-1 y V-2 en 1944, cuando se creían a salvo de cualquier contingencia de este tipo y sus tropas ya habían desembarcado en el continente. Pero quizá el senti-

---

[12] A. J. P. Taylor, *English History 1914-1945*, Harmondsworth, 1970, pp. 467-468.

[13] R. Griffiths, *Fellow Travelers of the Right. British Enthusiasts for Nazi Germany 1933-1939*, Oxford, 1983, p. 111.

miento que prevaleció fue el del cansancio por la guerra, y esa era seguramente la mayor culpa que echaban sobre los teutones.

Los norteamericanos, por su parte, siempre reservaron su mayor odio para los japoneses. Era lógico, por cuanto estos habían sido quienes les habían atacado, pero también había en ello un cierto componente de carácter racial. Hay que tener en cuenta que antes de Pearl Harbor, la mayor parte de la población norteamericana era neutralista o, como se decía entonces, aislacionista; el propio Roosevelt había ganado las elecciones prometiendo que no enviaría a luchar a ningún lejano continente a los hijos de las familias estadounidenses, y muchos de los personajes más destacados del país se manifestaban también partidarios de mantenerse alejados de los problemas europeos. Pero los japoneses habían caído sobre Pearl Harbor a traición y además Hawái era casi territorio nacional (aunque no sería estado de la Unión hasta 1950).

Antes de la guerra, Roosevelt había pasado por diferentes etapas en su política exterior. En principio, había manifestado una actitud bastante complaciente hacia el Reich: en 1933 incluso le había comunicado al ministro alemán de Economía que Hitler era el hombre que su país necesitaba para salir de la terrible situación en la que se hallaba. Mantuvo la política estadounidense de finales de los años veinte y comienzos de los treinta, condicionando la devolución de la deuda franco-británica a la disposición de estos a hacer lo propio con Alemania. Cuando París solicitó a Estados Unidos, que emitiera una condena por la remilitarización de Renania, en 1936, Roosevelt se negó, e incluso depuso al embajador en Berlín por alarmarle con informes que calificaban de peligroso al régimen nazi. Todavía en 1938 animaba a los franceses a firmar los acuerdos de Múnich, cediendo ante Alemania para evitar la guerra. Por supuesto, pronunciaba alocuciones de signo contrario en público, oponiéndose a todo tipo de dictaduras y a las políticas de signo belicista.[14]

Pero desde 1938 la actitud de los Estados Unidos fue cambiando con notable rapidez. Con motivo de la Noche de los Cristales Rotos,

---

[14] A. von Hassell y S. Mac Rae, *Alianza contra Hitler*, Ariel, Barcelona, 2008, pp. 101-102.

Roosevelt atacó al Gobierno alemán de modo frontal, en flagrante contraste con su silencio sobre lo que ocurría en la Unión Soviética. Muchos de sus secretarios y consejeros simpatizaban con el Estado comunista, e incluso algunos habían hecho negocios con la URSS de Stalin, como Averell Harriman.[15] Harry Hopkins —quizá el más cercano de los colaboradores de Roosevelt, que en los últimos años ha sido considerado como un espía de la Unión Soviética—[16] era violentamente antialemán; y no digamos Henry Morgenthau, judío de origen alemán cuya familia había emigrado desde Europa en 1866. Henry L. Stimson también manifestaba un fuerte rechazo por Alemania, por lo que, pese a ser miembro del Partido Republicano, se le encomendaron las altísimas responsabilidades de la Secretaría de Defensa.

Más allá de las palabras, la Administración Roosevelt estaba utilizando la persecución nazi contra los judíos con un carácter puramente político. El presidente norteamericano había manifestado abiertamente que no estaba dispuesto a prestar una ayuda significativa a los emigrados judíos porque «aún no había llegado el momento»; en los Estados Unidos la inmigración se regulaba mediante un sistema de cuotas que no podía modificarse de buenas a primeras. En consecuencia, los judíos no eran bienvenidos en los Estados Unidos, al menos «de momento».

Con el trascurrir de la guerra, los sentimientos fueron exacerbándose. La población fue recibiendo una mayor cantidad de propaganda que, como parece natural, le predisponía contra el enemigo. Se fue

---

[15] S. Butler (ed.), *Querido Mr. Stalin. La correspondencia entre Franklin D. Roosevelt y Josef V. Stalin*, Paidós, Barcelona, 2007, p. 48. Cuando el almirante Standley fue depuesto de su cargo como embajador de Estados Unidos en la URSS, en la primavera de 1943, por unas imprudentes declaraciones, se designó como su sustituto a Averell Harriman, «la única opción» en palabras del secretario de Estado Cordell Hull. En la decisión le secundó un ardoroso Summer Wells, segundo de a bordo en la Secretaría de Estado norteamericana, quien ponía especial cuidado en sus relaciones con los soviéticos.

[16] A. Christopher y O. Gordievsky, *KGB: The Inside Story of Its Foreign Relations From Lenin to Gorbachev*, Londres, 1991, pp. 297-9, 341, 357. En modo alguno es la única obra que señala a Hopkins como espía al servicio de la URSS. Las publicaciones aparecidas desde la caída de la Unión Soviética insisten en este punto.

creando un ambiente emocional muy determinado, lo cual no tiene nada de extraño, dadas las circunstancias. Pero precisamente ese hecho no puede soslayarse a la hora de explicar cuál era el contexto en el que se desarrolló la guerra.

Para cuando esta estalló, en los Estados Unidos la postura de la Administración demócrata era inequívocamente antigermana. Roosevelt ya detestaba a Hitler y a su régimen en lo más profundo. Y sus consejeros se manifestaban más decididos aún que él. Sobre todo Harry Hopkins y Henry Morgenthau pretendieron marchar a la guerra desde el primer momento. Pero Roosevelt, pese a su animosidad contra Alemania, tenía la pretensión de que Gran Bretaña se encargara de hacer ese trabajo.

Esa animosidad estaba en claro contraste con las relaciones con la Unión Soviética. Roosevelt consideraba a Stalin como un aliado de fiar, y creyó que podría implicarle en la edificación del mundo del futuro. Es dudoso que el presidente fuese un ser candoroso, ignorante de lo que la URSS representaba. Desde luego, estaba perfectamente informado de los acontecimientos que habían jalonado los experimentos de ingeniería social en la URSS, y de su coste en términos sociales y humanos, fruto de una filosofía que conocía.

Además de las matanzas acaecidas antes de la guerra, los norteamericanos ignoraron de forma voluntaria los crímenes masivos que cometieron los soviéticos durante la misma, de los que estaban perfectamente informados, como en el caso de los polacos masacrados en Katyn y, sobre todo, los cientos de miles de víctimas de los comunistas soviéticos en territorio de la Polonia oriental durante la etapa en que la URSS y el Tercer Reich eran aliados, entre 1939 y 1941. El resultado había sido de unos 400.000 asesinados.

Por las mismas fechas, en Bielorrusia, Ucrania, los Países Bálticos y el Volga eran deportadas alrededor de 1.200.000 personas, de las que un número muy difícil de precisar, pero con toda seguridad considerablemente alto, murió durante el traslado. Los soviéticos habían perseguido encarnizadamente las señas de identidad polacas y habían reprimido los más elementales derechos de la población indígena, a la que se prohibió, de facto, el empleo de su lengua, la asistencia a los oficios religiosos o siquiera la posibilidad de coger un taxi; tocarse con sombrero o pasearse por los parques públicos también era objeto de encarcelamiento.[17]

Con frecuencia se ha interpretado la actitud provocativa del presidente norteamericano como un intento de acercar la guerra con Alemania. Pero lo que perseguía el presidente no era eso, en absoluto. Presionado por sus colaboradores, sostenía a Gran Bretaña —y a la Unión Soviética—; sin embargo, no estaba a la espera de que se produjesen las circunstancias adecuadas a fin de declarar la guerra a Alemania, como en el caso de sus consejeros, sino que más bien aguardaba una erosión de ambos contendientes, siempre vigilante de la supervivencia británica.

Desde la victoria alemana sobre Francia, la atmósfera en los Estados Unidos comenzó a volverse realmente hostil al Reich. Un sinnúmero de ideas no pocas veces absurdas, y una imagen deformada del poderío alemán —que aparejaba un temor rayano en lo ridículo con respecto a sus intenciones internacionales y a la potencia de su ejército—, conformaron una imagen de los teutones como la de una fuerza malvada hasta la caricatura. Los expertos militares estadounidenses sostenían que la Luftwaffe era cuatro veces más numerosa de lo que en realidad era. La proyección de dicha imagen tuvo por consecuencia que una parte del pueblo norteamericano fuese adoptando el punto de vista propio de un beligerante. Roosevelt podía manifestar que seguiría a la opinión pública en este asunto, en lugar de liderarla; no estaba dispuesto a correr ningún riesgo antes de resultar reelegido en 1940.

En el verano de 1941, cuando aún faltaban meses para que Estados Unidos y Alemania se encontrasen en guerra, el presidente confesaba a Morgenthau: «La manera de barrer a Hitler es la que les he manifestado a los ingleses, pero no me hacen caso. Conozco el sur de Alemania porque de niño lo recorrí palmo a palmo montado en bicicleta, y cada diez millas hay un pueblo. He sugerido a los ingleses una y otra vez

---

[17] J. Bourke, *La Segunda Guerra Mundial. Una historia de las víctimas*, Paidós, Barcelona, 2002, p. 33.

que si enviaran un centenar de aviones a Alemania con objetivos militares, diez de ellos deberían bombardear algunos de estos pueblecitos que hasta ahora jamás han atacado».[18] No cabe duda, a la luz de estas palabras, de cuáles eran los sentimientos de Roosevelt acerca de Alemania.

En agosto de 1939 fue abordado por el financiero Alexander Sachs —lituano de origen judío que había ostentado diversos cargos ligados a negocios públicos y privados, y que sería designado más tarde consejero de la Petroleum Industry War Council— con la misión de entregarle una carta de Einstein acerca de la energía atómica. Roosevelt —poco dispuesto, en principio, a implicarse en el desarrollo de la energía nuclear— pudo ser persuadido de la necesidad de apoyar un programa de desarrollo nuclear mediante el argumento de que, en caso de que los Estados Unidos no construyesen la bomba nuclear, serían los alemanes quienes lo hicieran. El presidente ordenó poner en marcha el proyecto, y le dijo a Sachs: «Lo que usted trata de evitar es que los nazis nos hagan saltar por los aires».[19]

En Gran Bretaña, los más ardorosos partidarios del enfrentamiento con Alemania ganaron las posiciones predominantes en cuanto Churchill se hizo cargo del gobierno. Los miembros de gabinetes anteriores fueron arrinconados paulatinamente, lo que parecía lógico, dada la beligerancia del premier. Halifax salió del Gobierno en diciembre de 1940 para ser reemplazado por Anthony Eden, que había sido cesado por Chamberlain en febrero de 1938 por su evidente reprobación de la política alemana. Nuevos políticos entraron en escena, la mayoría de los cuales eran opositores decididos de los proyectos alemanes. Un caso particular fue el de Vansittart, perso-

---

[18] S. Berthon y J. Potts, *Amos de la Guerra*, Destino, Barcelona, 2007, p. 131.

[19] G. Thomas, *Enola Gay*, Ediciones B, Barcelona, 2005, pp. 26-27. Sachs llevó la carta que Einstein y Szilárd enviaron a Roosevelt. Este se mostró poco receptivo y además Sachs incurrió en el error de leerle la carta en lugar de enseñársela; Roosevelt detestaba que le leyesen, por lo que no prestó mayor atención al asunto. Pero Sachs insistió, y al día siguiente —sin haber pegado ojo en toda la noche— se presentó de nuevo en la Casa Blanca. Entabló conversación con el presidente recordándole la oferta de Fulton a Napoleón, quien había rechazado el buque de guerra que le habría facilitado la invasión de Inglaterra.

naje de gran importancia en el Ministerio de Exteriores británico durante la guerra.

Vansittart proclamó, desde muy pronto, que Hitler iría a la guerra en el momento que le fuera más propicio, lo que sucedería cuando se sintiese lo suficientemente fuerte.[20] Había visitado Alemania en 1936, donde dejó una fuerte impresión en el propio Hitler —quien trató de atraérselo, intuyendo la fundamental enemistad que profesaba a Alemania—, pero se mostró impermeable a los agasajos, volviéndose, por el contrario, más antigermano cada vez. El Führer incluso ofreció una cena especial en su honor, pero es evidente que a Vansittart aquellos agasajos no le conmovieron lo más mínimo.[21] Pese a ello, participó en cierta medida de la política de apaciguamiento, aunque posteriormente se haya querido echar tierra sobre este asunto, lo cual, a su vez, ilumina cómo el torrente de denuestos caído sobre los apaciguadores ha sido en gran parte una creación *a posteriori* ajena a la realidades de la época.[22]

Para Vansittart, Alemania era la causa de la inestabilidad en el continente y, por tanto, había que mantenerla permanentemente vigilada. La sola existencia de Alemania como estado se le figuraba un error; lo ideal para el Reino Unido era que el espacio centroeuropeo estuviese lo más fragmentado posible. Si había dos potencias continentales poderosas como Francia y Rusia, alejadas geográficamente entre ellas, el conflicto era mucho más improbable; una multitud de territorios sin dirección unificada acercaba el objetivo británico del equilibrio de poder en Europa. Lo contrario, lo ponía en serio peligro.

El enfoque de Vansittart no era tanto específicamente antinazi cuanto antialemán. Para él, el nacionalsocialismo era solo una consecuencia lógica de la historia alemana y, en realidad, su mejor expresión.[23] Su actitud antialemana era tal que, nada más acceder Hitler al

---

[20] M. Cowling, *The Impact of Hitler. British Policy and British Politics 1933-1940*, Cambridge, 1977, p. 156.

[21] J. Douglas-Hamilton, *Rudolf Hess. Misión sin retorno*, Grijalbo, Barcelona, 1973, p. 64.

[22] R. Bassett, *El enigma del almirante Canaris*, Crítica, Barcelona, 2006, p. 164.

[23] D. Goldhagen, *Los verdugos voluntarios de Hitler. Los alemanes corrientes y el Holocausto*, Taurus, Madrid, 1998. Esta idea ha vuelto, recientemente, a verse

poder en enero de 1933, consideró la posibilidad de que Gran Bretaña le declarase una guerra preventiva al Reich.[24] El antigermanismo etnicista de Vansittart lo suscribía un Churchill que, ya en 1914, había proclamado su implacable odio a los alemanes: «Hay que matar de hambre a toda la población alemana —mujeres, niños, ancianos, viejos y jóvenes, heridos y sanos—, hasta que obedezcan». Obviamente, la idea del régimen nazi como consecuencia natural del ser alemán la hubiera suscrito, jubiloso, cualquier acólito de Hitler. Pues eso era, precisamente, lo que el nacionalsocialismo pregonaba de sí mismo.

Como propagandista, Vansittart no se privó de mentir, porque resultaba mucho más difícil convencer al pueblo británico de que luchase por nebulosas razones de política exterior, que si se le situaba ante una perspectiva de aniquilación, que los hechos parecerían corroborar, mediante la Luftwaffe. Por supuesto, no podía ignorar las manifestaciones públicas alemanas acerca de la naturaleza de sus ataques sobre Londres, que Berlín justificaba como represalias causadas por los bombardeos británicos sobre el Reich, incluso en fecha tan tardía como mayo de 1941. Mientras, Churchill declaraba el 18 de abril de ese año que las incursiones de la RAF no obedecían a propósito vindicativo alguno, sino que la campaña proseguiría con independencia de que la Luftwaffe persistiese en sus ataques o los abandonara.

Había indicios de que en el verano de 1942 el pueblo británico estaba cansado de la guerra; la expedición a Dieppe había resultado un sonoro fracaso, y los interrogatorios a los prisioneros aliados desataron un cierto optimismo en Berlín. Hitler se preocupó de leer la trascripción de los mismos y le sorprendió la actitud que mostraban muchos

---

expresada por parte de un historiador, Daniel Goldhagen, quien ha hecho responsable a la totalidad del pueblo alemán de la persecución y el asesinato de judíos. La argumentación empleada por este autor ha sido de carácter etnicista, en cuanto a que Goldhagen ha llevado a cabo una culpabilización de «lo» alemán como la culminación de un proceso secular de antisemitismo específico de la cultura alemana. Con posterioridad ha tratado de completar su tesis extendiendo parecida propuesta a la responsabilidad de la Iglesia católica en la génesis del Holocausto. Véase D. Goldhagen, *La Iglesia católica y el Holocausto. Una deuda pendiente*, Taurus, Madrid, 2002.

[24] I. Kershaw, *Un amigo de Hitler...*, *op. cit.*, p. 59.

de los oficiales, quienes manifestaban que, en caso de que Alemania no pretendiera aquello que sus líderes les decían era objetivo básico de los planes bélicos alemanes, bien podía llegarse a una paz negociada; la guerra, dándose tales premisas, no tenía sentido.

Hitler sabía de la existencia en Londres de sectores de opinión favorables a esta salida del conflicto. Uno de los oficiales ingleses apresados en Dieppe, comandante y amigo personal de Anthony Eden, reveló sustanciosas informaciones (por ejemplo, que la propaganda de Göbbels era bastante escuchada en Gran Bretaña y que la gente estaba cansada de la guerra, aunque odiaba a los japoneses; todo lo que debían hacer los alemanes era convencer a los británicos de que su política no iba dirigida expresamente contra ellos). A la espera de que los sectores antigubernamentales hicieran tambalear la posición de Churchill, Hitler se había negado a suscribir la Declaración de la India, mediante la que Japón e Italia trataban de provocar una rebelión en la colonia británica.

En Gran Bretaña necesitaban mantener la moral bien alta. Desde el ámbito del Ministerio de Exteriores, no se privaba de filtrar todo tipo de exageraciones, como afirmar que el verdadero objetivo de los alemanes era eliminar al pueblo inglés, pregonando que las intenciones alemanas eran las de exterminar a veinte millones de ingleses o transportarlos como esclavos a África.[25] La campaña radiofónica que llevó a cabo durante la guerra fue recopilada bajo el nombre de *Black Record* y publicada en 1941. En Alemania, Hitler mostraba su preocupación, sobre todo porque la influencia de Vansittart era enorme en el Ministerio de Exteriores.[26] Sin duda ninguna, Hitler no erraba en cuanto a que la labor de Vansittart fue importante de cara a exacerbar el odio contra el enemigo.

---

[25] D. Irving, *La Guerra de Hitler*, Planeta, Barcelona, 1988, p. 318.

[26] H. Heiber (ed.), *Hitler y sus generales*, Crítica, Barcelona, 2005, p. 380. A finales de agosto de 1944 Hitler reflexionaba sobre la postura de los británicos, echando la vista atrás sobre las posibilidades de llegar a la paz. Calificaba a los dirigentes británicos como personas cuyo principal móvil era el odio: «Churchill y todo ese círculo de odio que hay alrededor de Vansittart se señalaron en la oposición a estas propuestas» (se refiere a las propuestas de alcanzar un entendimiento efectuadas el 1 de septiembre de 1939); «querían la guerra y ahora no se pueden echar atrás. Van dando tumbos camino de la ruina».

Churchill compartía este punto de vista. Sostenía que la guerra entonces en curso no era sino una continuación de la Primera Guerra Mundial, y que el nacionalsocialismo no era más que la expresión propia de los alemanes derrotados en 1918 y sojuzgados por el Tratado de Versalles: la reanudación, en definitiva, del intento alemán de dominar Europa. Con la conocida grandiosidad que gustaba emplear, muchas veces sin tasa, le dijo a Reynaud en mayo de 1940: «Haremos padecer hambre a Alemania. Destruiremos sus ciudades. Incendiaremos sus cosechas y sus bosques».[27] Churchill y los hombres del entorno de Exteriores utilizaban ideas —o tópicos— ampliamente difundidos en Occidente acerca de sus enemigos, que revelaban una profunda incomprensión. Incluso alguien que conocía bien a los alemanes, como el embajador Henderson, manifestaba parecida incapacidad de empatía al respecto de los teutones. Lo mejor que podía decir de estos Henderson es que eran «raros».[28] Henderson pasaba por germanófilo, y seguramente lo era.[29]

Los dirigentes británicos se negaron a efectuar distinción alguna entre el nazismo y Alemania. Cuando, en 1942, el obispo de Chichester emplazó a Anthony Eden a que manifestase públicamente que el régimen nazi y el pueblo alemán no eran una misma cosa, el ministro de Exteriores se negó. El propio Churchill, considerado un belicista en su propio país durante largo tiempo, había traspasado la radicalidad de su antibolchevismo a la resolución con la que ahora se oponía a Alemania.[30]

Hitler nunca comprendió la determinación británica de combatirle. Estuvo seguro, casi hasta las últimas semanas de guerra, de que

---

[27] P. Baudouin, *Neuf mois au gouvernement*, París, 1948, p. 57.

[28] N. Henderson, *Dos años junto a Hitler*, Plaza Janés, Barcelona, 1945, p. 174.

[29] N. Moss, *19 Semanas*, Península, Barcelona, 2005, p. 42. Henderson estaba seguro de que Hitler solo pretendía la expansión por Europa del Este y, por tanto, bien podría Gran Bretaña avenirse a un acuerdo con Alemania, ya que aquello no perjudicaría esencialmente los intereses del país.

[30] E. Nolte, *La guerra civil europea, 1917-1945*, FCE, México, 2001, p. 320. «(Churchill) no se pasó simplemente del antibolchevismo al antitotalitarismo, sino que al mismo tiempo se apropió el antiguo concepto inglés del equilibrio para luchar contra los alemanes con la misma dureza que contra los nazis».

Londres le facilitaría una salida airosa. Tarde o temprano, consideraba, los británicos habrían de darse cuenta del inmenso error que habían cometido y obrarían en consecuencia. Conforme la guerra fue decantándose en contra de Alemania, Gran Bretaña vería más urgente frenar a los norteamericanos y a los soviéticos, quienes aspiraban a heredar su imperio colonial, de modo que el entendimiento se haría inevitable. Obviamente, pese a todo su implacable realismo, Hitler no se daba cuenta de cuál era el espíritu que dominaba a sus enemigos. La resolución de Churchill era absoluta, pero el Führer creía que la postura inglesa se debía a un error de cálculo.

Hitler insistió en numerosas ocasiones a lo largo de la guerra en la idea de que Gran Bretaña saldría del conflicto arruinada y perdería su imperio, con independencia de que figurase en el bando victorioso. En cuanto los británicos tomaran conciencia de esta circunstancia, tendrían que rectificar, por lo que era cuestión de tiempo que depusiesen su obstinada determinación de continuar la lucha. Una emergente Unión Soviética, capaz de dominar el continente y unos Estados Unidos que no permitirían la perpetuación de los privilegios comerciales de los británicos con la Commonwealth, les harían entrar en razón antes de que fuera tarde. Por supuesto, Hitler imaginaba que la preservación del Imperio era el objetivo básico de toda la política de Londres.

Jamás pudo imaginar la profundidad del odio que expresaba la doctrina profesada por Vansittart en el comentario que le hizo a un diplomático extranjero destacado en Londres: «Si es preciso, Gran Bretaña seguirá el ejemplo de Sansón: derribará las columnas que sostienen al Imperio británico y morirá enterrando a Hitler bajo sus escombros».[31] Por eso, Hitler se equivocaba al considerar que la premisa de Londres era la preservación del Imperio británico; no se dio cuenta de que él era quien se había convertido en el objetivo principal de la política británica, un objetivo que debía conseguirse a cualquier precio, aunque este incluyese la destrucción del Imperio. Por lo tanto, nada tenía de extraño aquello que Vansittart proclamó en 1942, cuan-

---

[31] R. Bassett, *El enigma...*, *op. cit.*, p. 171.

do la campaña de bombardeo comenzaba en serio sobre el Reich: «Los únicos alemanes buenos son los alemanes muertos; así pues, ¡que las bombas les lluevan!».

Vansittart, Churchill o Eden querían poner fin al dominio alemán, y no solo al del nacionalsocialismo. La radicalidad de su planteamiento les llevó a desechar cualquier acercamiento real a los conspiradores antinazis en Alemania, ya fueran estos militares o civiles, cercenando, así, la posibilidad de una salida que no supusiera la destrucción total y la ruina de Alemania (o la propia, riesgo que estaban dispuestos a correr).

En el Ministerio de Exteriores existía un núcleo visceralmente antialemán, constituido por Kirkpatrick, Makins y Roberts, subordinados de Vansittart; los tres estaban decididos a conducir a Gran Bretaña a la guerra a cualquier precio. Makins era un izquierdista seguramente al servicio de Moscú —se sospechaban sus contactos con la URSS—; Kirkpatrick era un hombre de la línea de Vansittart (posteriormente secundaría con entusiasmo los planes de Morgenthau acerca de Alemania), y Roberts se hizo célebre por haberle colgado el teléfono a Göring en vísperas de la declaración de guerra en septiembre de 1939, cuando el alemán trataba de llegar a un acuerdo con Londres.[32]

En cierta ocasión, al poco de iniciarse la guerra, el ministerio fue informado de una oportunidad surgida a propuesta de los opositores militares de Hitler en el interior de Alemania, para llegar a un acuerdo con un Reich conservador —lo que implicaba deshacerse de Hitler—. Teniendo al Vaticano como mediador, los alemanes se comprometían a evacuar Checoslovaquia y Polonia (aunque no Austria). Solo se informó al rey, a Chamberlain y a Halifax; fueron dejados de lado, expresamente, Churchill y Vansittart. Sin embargo, por más razonables que fueran las propuestas —y aunque viniesen de una Alemania que no fuese nacionalsocialista—, manifestaron que jamás aceptarían avenirse a nada que no fuera la rendición incondicional. Tres años antes de acuñar la fórmula, esta ya anidaba en el ánimo de muchos responsables

---

[32] *Ibid.*, p. 213.

británicos. Y desde luego, en el del futuro premier y el responsable del Ministerio de Exteriores.

Antes de la guerra, Chamberlain había relegado a Vansittart de sus responsabilidades en Exteriores por considerar que su actitud hacía inviable una política de acuerdos con Alemania, nombrándole consejero diplomático del Gobierno. Algo más tarde, y a causa, en parte, del nombramiento de Henderson para el cargo de embajador en Berlín, Vansittart e Eden romperían con Chamberlain. Pero, entretanto, Alemania ya había contestado a la inflexibilidad del núcleo duro de Exteriores personificado en Vansittart con un estrechamiento de las relaciones con Italia, tal y como expresó Göring a lord Londonderry en 1937.[33]

Pese a los antecedentes, fueron los norteamericanos quienes anunciaron más gráficamente los propósitos de los Aliados con respecto a Alemania, al proclamar en la Conferencia de Casablanca, en enero de 1943, la consabida fórmula de la rendición incondicional. Churchill comprendió de inmediato el error que estaban cometiendo los norteamericanos, aunque no tuvo más remedio que sumarse a la declaración. La publicitación de la exigencia aliada no dejaba a los alemanes otra salida que la de luchar hasta el final, sin esperanzas de que la política pudiera tener alguna oportunidad. La anunciada inflexibilidad de los Aliados —la inmensa torpeza de proclamar sus irreductibles propósitos a los cuatro vientos— era un inapreciable regalo para Göbbels.[34] Los alemanes siempre consideraron que proclamar el some-

---

[33] I. Kershaw, *Un amigo de Hitler...*, op. cit., p. 206. Göring —con quien Henderson tuvo buenas relaciones durante su estancia en Berlín— dijo a este que la visita del Duce a Alemania «se debía exclusivamente a Eden y Vansittart», ya que Alemania no podía permanecer indefinidamente con la mano tendida mientras Gran Bretaña no atendía sus requerimientos, por lo que era necesario establecer nuevas amistades.

[34] C. Riess, *Göbbels*, Grijalbo, Barcelona, 1975, pp. 271-274. La respuesta ante la declaración aliada de Casablanca y el desastre de Stalingrado —acaecido por las mismas fechas— fue el de forma indefinida discurso del ministro de Propaganda en el Palacio de Deportes de Berlín en febrero de 1943. Göbbels, en un espectacular giro de su propaganda, hizo llegar a los alemanes la necesidad de enfrentar la gravedad de la situación producida a raíz de la derrota en el Este y

timiento de Alemania en esos términos de incondicionalidad dejaba poco margen de decisión al Reich y, de hecho, una vez terminada la guerra, el general Jodl aseguró que aceró la voluntad de resistir hasta el final.[35]

Más tarde, Churchill trataría de minimizar las diferencias con Roosevelt en este asunto —como le sucedería otras veces—, asegurando que estuvo informado en todo momento de la iniciativa del presidente norteamericano y que su resistencia a secundar la «rendición incondicional» se debía a que deseaba que Italia quedase al margen de tal exigencia. Esto debía servir para apartarla de la guerra, en la esperanza de que pudiera negociar su salida de la misma con los Aliados; en el mejor de los casos, podría producir una ruptura con sus aliados japoneses y alemanes. En cualquier caso, lo cierto es que esto no se produjo y que, cuatro años después de finalizada la guerra, lord Bevin preguntaba en la Cámara de los Comunes por el coste que había representado para Gran Bretaña la reconstrucción de una Alemania devastada a resultas de la situación derivada de la exigencia de rendición incondicional.[36]

Esto no significa que la política de Londres no hubiera discurrido por los mismos derroteros; todo lo más, se hubiera privado de proclamar esa política en voz alta. Lo que molestó a los británicos, además de la política en sí misma y de las consecuencias que esta iba a tener, es que Roosevelt no había tenido en cuenta a sus aliados británicos para adoptar una decisión de tanta trascendencia.

Pero los norteamericanos tenían un menor conocimiento de los asuntos europeos. Su torpeza manejando los temas políticos y militares resultaba mucho más evidente que en el caso de los experimentados británicos, pero resultó inevitable que Washington impusiera su hegemonía con el transcurrir de la guerra. A ojos europeos, la política norteamericana resultaba una extraña mezcla de pragmatismo, ignorancia y desdén que no dejaba de tener sus efectos nocivos. Un ejem-

---

de los anunciados propósitos de los aliados. Obtuvo un más que notable éxito en su empeño.

[35] I. Kershaw, *El final*, Península, Barcelona, 2013, p. 15.
[36] W. Churchill, *La Segunda Guerra Mundial*, *op. cit.*, (vol. II), p. 328.

plo de esto aconteció en el caso del bombardeo de la abadía de Montecassino, cuando Eisenhower —enfrentado a la destrucción del monasterio— decidió que «si debemos elegir entre destruir un edificio famoso (*sic*) o sacrificar a nuestros propios hombres, entonces las vidas de nuestros hombres valen infinitamente más y los edificios deben desaparecer... Nada debe anteponerse al argumento de la necesidad militar».[37] Las advertencias previas del Vaticano, las precauciones de los defensores alemanes y el nulo valor militar del edificio —en tales condiciones— no tuvieron el menor efecto sobre su decisión de asolar Montecassino. Parecidas consideraciones hizo el general Marshall cuando se planeó el bombardeo de Roma.[38]

Esa letal combinación culminó en el llamado «Plan Morgenthau», presentado en septiembre de 1944 en la Conferencia de Québec, a la que acudirían Churchill, Roosevelt y Mackenzie King, cuando el final de la guerra estaba a la vista. Por más que el plan, como tal, no llegara a ser aplicado en los términos en los que había sido formulado, muchos de sus planteamientos inspiraron la política aliada durante los meses que seguirían.

La singular dureza del documento, elaborado por el secretario de Estado del Tesoro norteamericano a quien debe su nombre, solo sirvió para galvanizar las últimas resistencias del pueblo alemán.[39] Parecía esclarecer el sentido de la Declaración de Casablanca, en la que se había pedido —más de año y medio antes— la rendición incondicio-

---

[37] M. Parker, *La batalla de Montecassino*, Inédita, Barcelona, 2006, p. 295.

[38] R. Atkinson, *El día de la batalla. La guerra en Sicilia y en Italia, 1943-1944*, Crítica, Barcelona, 2008, p. 222. El general Marshall comentó que «sería una tragedia que destruyéramos San Pedro, pero sería una calamidad que no destruyéramos la zona de enganche», en referencia al nudo de ferrocarriles de la capital italiana.

[39] J. Bacque, *Other Losses, op. cit.*, p. 30. Pese a que no cabe duda acerca de que la autoría del plan se debe a Morgenthau, es bastante probable que en la génesis de la idea jugaran un papel significativo sus allegados, los adjuntos al Tesoro Frank Cou, Harry Glasser y Dexter White, quienes levantaban sospechas acerca de sus inclinaciones políticas y, al menos en el caso de uno de ellos, Dexter White, el Departamento de Estado tenía bastantes indicios de que era comunista. De hecho, unos años más tarde sería formalmente acusado de colapsar la economía de la China nacionalista en beneficio del bando de Mao Zedong.

nal del enemigo. Ahora, los Aliados precisaban cuál era el propósito último para el que solicitaban tal tipo de rendición. El mensaje que enviaban a los alemanes era inequívoco: el final del nacionalsocialismo forzosamente había de suponer la destrucción definitiva de la propia Alemania.

El plan Morgenthau, en esencia, trataba de reducir a Alemania a la pobreza a través de un draconiano proceso de desindustrialización, sometiendo a los alemanes a una condición pastoril. Además, y como se arrebataban al Reich las regiones agrícolas más ricas, se produciría una superpoblación de las provincias más densamente habitadas, con los consiguientes y previsibles problemas que ello supondría. Los Aliados sabían perfectamente que incluso la Alemania de 1914 (un 60 por ciento más extensa que la que saldría de la derrota de 1945) solo cubría un 80 por ciento de las necesidades agrarias. Con las amputaciones de 1918, que habían arrebatado al Reich regiones como el norte de Schleswig, partes de la Alta Silesia, Posen, Lorena, Alsacia, Malmedy y Eupen y el corredor polaco, el país solo podía subvenir el 75 por ciento de este tipo de producción. Las propuestas reducciones de territorio, previstas por los Aliados, reducirían al 60 por ciento la capacidad agrícola sobre el total. Quedaba envuelto en el misterio cómo un país sin industria podría conseguir ese 40 por ciento de productos imprescindibles para la supervivencia; ¿qué podría exportar Alemania si no producía otra cosa más que cosechas insuficientes? El secretario de Estado, Cordell Hull, resumía el asunto diciendo que este plan «quitaría todo a los alemanes excepto la tierra sobre la que tendrían que vivir. Esto supondría que el 60 por ciento tendrían que vivir de la tierra y el otro 40 por ciento perecería».[40]

A la inviabilidad económica de Alemania había que sumarle la más completa desmilitarización y prohibición de uniformes, cierre de universidades, el interdicto de volar, etc. Pero, sobre todo, en lugar de obligar a Alemania a pagar reparaciones se le incautarían, directamente, las fuentes de materias primas. Se mutilaba territorialmente el país, entregando diversas partes a Francia, Polonia, la Unión Soviética y a la

---

[40] *Ibid.*, pp. 8-9.

Administración internacional, y se sometería a un control internacional la economía alemana por un periodo de veinte años.[41] Además, cualquier alemán que tratara de traspasar las fronteras del país sería abatido; y una larga lista de personalidades debería ser fusilada sin dilación.[42]

El plan Morgenthau no puede ser contemplado como si se tratase de un hecho aislado. Al poco de estallar las hostilidades entre el Reich y Estados Unidos, en el país americano se manifestó una insospechada oleada de germanofobia. Así, por ejemplo, en la nómina de los «escritores de guerra» —que, oficiosamente, amplificaban las consignas del Gobierno de Washington—, figuraba el editor de la revista *New Yorker*, Clifton Fadiman, quien en 1942 impartió a los escritores la consigna de desencadenar un odio sin precedentes «contra todos los alemanes, y no solo contra los dirigentes nazis». Algo más tarde, redundando en sus anteriores palabras, Fadiman recalcó que «la única forma de hacer razonar a los alemanes es matándolos. Y aun así, seguirán sin comprender» (*sic*).

Las más altas instancias políticas estaban interesadas en que tales opiniones obtuvieran el reconocimiento público. El reverendo Wipp aseguraba en el *Daily Herald* de Chicago que los alemanes eran «una raza diabólica que ha sido la maldición de Europa durante siglos». Y el propio Fadiman, tan solo cuatro meses después de la ruptura de hostilidades entre el Reich y Estados Unidos, aseguraba que «la actual agresión nazi no es obra de un grupo de gánsteres, sino más bien la expresión final de los más hondos instintos del pueblo alemán. Hitler es la expresión de fuerzas mayores que él». No cabía más solución que la de «esterilizar a los nazis, en el sentido quirúrgico del término».

Unos meses antes, ya a comienzos de 1941, se había abierto paso entre el público la idea de la esterilización del pueblo alemán con la publicación de un libro que llevaba por significativo título *Germany Must Perish* («Alemania debe perecer»), en el que se argumentaba a favor de que se aplicara la esterilización masiva a los alemanes, con la finalidad de que el pueblo alemán desapareciera. Theodor Newman

---

[41] H. Huber y A. Müller, *El Tercer Reich en fotografías y documentos*, Plaza & Janés, Barcelona, 1976, p. 763.

[42] D. Irving, *La Guerra...*, *op. cit.*, p. 590.

Kaufmann, el autor del libro, afirmaba que los alemanes eran todos culpables, con independencia de que fuesen comunistas, antinazis o cualquier otra cosa: eran culpables por el hecho de ser alemanes. «Hitler no puede ser culpado por esta guerra más de lo que el káiser pueda serlo por la anterior ni Bismarck antes del káiser. Ellos no causaron las guerras de Alemania contra el mundo. Apenas son los reflejos de siglos de avidez de la nación alemana por conquistar y por el asesinato masivo».

Las decisiones adoptadas por el Gobierno norteamericano al estallar la guerra con Alemania demuestran que la idea de que los alemanes eran culpables por el mero hecho de ser alemanes no era ninguna excentricidad. En diciembre de 1941, el Gobierno de Washington presionó para que se internase a un gran número de alemanes que vivían en Sudamérica, sin distinción de ningún género, hasta el punto de que los judíos alemanes que habían encontrado refugio en los países iberoamericanos sufrieron el mismo destino que los afiliados a la organización nazi. Miles de ellos fueron trasladados a campos de concentración en los Estados Unidos, que, de esta manera, se quitaban de en medio a unos serios competidores por la hegemonía económica en el hemisferio occidental (las razones esgrimidas en cuanto a la seguridad nacional terminaron revelándose como una mera excusa).[43]

---

[43] R. D. Buhite y D. W. Levy (eds.), *FDR's Fireside Chats*, Norman, 1992, pp. 21-25. Resulta llamativo que los norteamericanos internasen a los alemanes residentes en Sudamérica y, por el contrario, apenas mantuviesen un seguimiento de los que vivían en su propio país. Así, no llegó al 1 por ciento la cantidad de alemanes residentes en Estados Unidos internados en los campos, mientras que más de la mitad de los establecidos en Honduras sí lo fueron. El argumento de la seguridad pronto se reveló falso: lo que la situación de guerra brindó a Washington fue la posibilidad de acabar con unos muy molestos competidores en el terreno económico, cuya influencia aumentaba con el paso de los años y que eran generalmente muy apreciados en los países en los que se habían asentado. Los servicios de información nazis en Sudamérica eran escasamente hábiles y, aunque ciertamente habían hecho progresos en las colonias de alemanes en esos países, eran virtualmente inofensivos. Sin embargo, su ascendente económico sobre los Gobiernos, especialmente de los Estados más pequeños, era considerable. Para más inri, la mayor parte de los alemanes residentes en la América ibérica estaban asentados en Chile, Argentina y Brasil, países que no se vieron afectados por las deportaciones norteamericanas.

Consecuentemente, Kaufmann defendía el que «al término de la guerra se movilizará a 20.000 médicos para que cada uno esterilice a 25 alemanes o alemanas por día, de tal manera que en tres meses no quede un solo alemán capaz de reproducirse, y en sesenta años la raza alemana será totalmente eliminada». Su publicación fue utilizada por los nazis para justificar las deportaciones de judíos del Reich —el autor era judío—, aunque es evidente que Kaufmann no hablaba ni podía hacerlo por el conjunto de la comunidad judía —ni de los Estados Unidos—; pero se prestaba a que los nazis le diesen tal interpretación. Con todo, un historiador de la talla de Nolte ha argüido que, de acuerdo a la percepción nacionalsocialista, la publicación del libro —amplificada por los órganos de propaganda del Tercer Reich— condujo a la deportación masiva de los judíos de Hannover, que acaecía por los días en que Göbbels utilizó la obra de Kaufmann para agitar contra los judíos que aún quedaban en Alemania. Lo cierto es que, en julio de 1941, *Der Angriff* publicaba las teorías de Kaufmann y, unos días después, *Das Reich* —ambas revistas, dirigidas por el ministro de Propaganda—, titulaba «Diabólico plan para el exterminio del pueblo alemán».

Es evidente que la respuesta de la deportación no era más que una justificación, una excusa sobrevenida, convenientemente utilizada por las autoridades alemanas, y no la reacción espontánea ante un hecho imprevisto.[44] Pero esto no debe ocultarnos que algunos sectores jalearon el libro de Kaufmann con abierta complacencia. Así, a comienzos de 1943, un antropólogo norteamericano de Harvard, Earnest Hooton, presentó un plan para «destruir el nacionalismo alemán y su agresiva ideología». Pretendía que las mujeres alemanas tuvieran hijos con hombres de otras culturas a fin de engendrar una población genéticamente ajena a la tradición germana, mientras los varones alemanes trabajaban para los Aliados en obras de reconstrucción; entretanto, se potenciaría la inmigración masiva de varones extranjeros hacia Alemania con objeto de completar la obra de fecundación de las mujeres

---

[44] E. Nolte, «Between Myth and Revisionism», pp. 17 y ss., en H. W. Koch (ed.), *Aspects of the Third Reich*, Nueva York, 1985.

alemanas. Se debía suprimir al pueblo alemán mediante su transformación genética.[45]

Aunque muy radicales, este tipo de propuestas no estaban desconectadas de la realidad social o política del país. Muchos medios de prensa se hicieron eco de los objetivos del plan de Kaufmann. Tanto el *Washington Post* como el *New York Times* publicaron reseñas, y la revista semanal *Time* calificó la obra como «un plan sensacional». Más significativas, por obvias razones, son las palabras de Morgenthau al general Eisenhower en el verano de 1944, en las que se encuentra de nuevo esta idea: «Tenemos que ser duros con Alemania, con el pueblo alemán, no solo con los nazis. Tenemos que castrar a los alemanes o tratarlos de manera que no puedan reproducir gente que actúe como lo han hecho en el pasado». Palabras de claridad meridiana que dejan poco margen a la interpretación, con las que uno de los más altos representantes del Gobierno norteamericano —no olvidemos que la mujer del presidente de los Estados Unidos había definido a Morgenthau como «la conciencia de Franklin»— compartía tanto el objetivo de la emasculación masiva como el de la culpabilización colectiva del pueblo alemán.[46]

Ciertamente, cuando se reunieron en Teherán en noviembre de 1943 los Tres Grandes, Churchill se opuso a la idea de poner contra el paredón al cuerpo de Estado Mayor alemán y a la totalidad de la oficialidad, pero no menos real fue su pretensión de liquidar a la cúpula política nacionalsocialista prescindiendo de toda formalidad jurídica. Aunque Moscú venía hablando desde 1942 de la necesidad de establecer tribunales para juzgar a los criminales de guerra nazis, Churchill seguía manteniendo tozudamente su intención de fusilarlos sin más contemplaciones.[47] La diferencia de planteamiento era evidente, en cuanto a que los británicos pensaban en zanjar la cuestión matando a los responsables políticos mientras los soviéticos incluían en sus propósitos también a los militares.

---

[45] B. Colby, *It Was a Famous Victory*, New Rochelle, Nueva York, 1974, p. 131.
[46] J. Bacque, *Other Losses*, op. cit., p. 8.
[47] N. J. V. Goda, *El oscuro mundo de Spandau. Los criminales nazis, los Aliados y la Unión Soviética*, Crítica, Barcelona, 2008, p. 77.

El objetivo de llevar a cabo matanzas masivas de alemanes era compartida por algunos de los altos mandos norteamericanos, como Eisenhower, que informaba al embajador británico en Washington, Halifax, de su propósito de fusilar a 3.500 oficiales del Estado Mayor, además de a los principales líderes del Partido Nazi y los miembros de la Gestapo. En su conjunto, un total de unos 100.000 alemanes. Moralmente, esto no le creaba ningún conflicto por cuanto aseguraba que «el alemán es una bestia» —como había escrito a su mujer en septiembre de 1944—, suficiente motivo para admitir el sentimiento que le producían los alemanes: «No soy hombre al que le cueste odiar al enemigo».[48] La actitud de Eisenhower no era nueva; año y medio atrás, a la vista de los miles de prisioneros atrapados en la bolsa de Túnez de los que debía encargarse, lamentó «no haber matado más alemanes».[49]

Pero no era únicamente Eisenhower quien mantenía esa postura. Otros generales norteamericanos se manifestaron en términos parecidos. Por ejemplo, durante la batalla de Sicilia, en julio de 1943 (Operación Husky), Patton se negó a castigar a los soldados estadounidenses que habían cometido crímenes contra prisioneros del Eje, contribuyendo a urdir una trama de ocultación de los asesinatos. Aunque Patton insistió en que salieran librados con absoluta impunidad, Bradley se negó a acceder al enmascaramiento, y finalmente algunos culpables fueron juzgados. Sin embargo, salieron bien librados, a corto o medio plazo; los acusados coincidieron en excusarse alegando ciertas palabras que Patton había pronunciado en un discurso en Túnez unos meses atrás. Eisenhower medió en el asunto y el principal encausado fue puesto pronto en libertad. Patton reconoció en privado que «algunos niños bonitos me acusan de haber matado a demasiados prisioneros. Cuantos más hubiera matado, menos hombres habría perdido».[50]

---

[48] R. Atkinson, *El día de la batalla…, op. cit.*, p. 76.
[49] J. Bacque, *Other Losses, op. cit.*, pp. 21-23.
[50] R. Atkinson, *El día de la batalla…, op. cit.*, pp. 189 y ss. El tribunal que juzgó al sargento West, uno de los principales acusados, le condenó a cadena perpetua porque había actuado «con premeditación, de forma voluntaria y deliberada y con alevosía, y había matado ilegalmente y a sangre fría a treinta y siete prisioneros de guerra, ninguno de cuyos nombres se conocen, pero todos ellos seres humanos». En el transcurso de la batalla, los soldados aliados daban sepultura

Originariamente, Churchill se opuso al Plan Morgenthau, calificándolo de «antinatural, anticristiano e innecesario». Pero en Québec, a finales del verano de 1944, Morgenthau, para disuadir a Churchill, dejó caer que la destrucción de la industria alemana redundaría en beneficio de Gran Bretaña, y también de Francia y de los Estados Unidos. De pronto, el líder británico vio desvanecerse sus anteriores escrúpulos morales. Cuando Eden se mostró contrariado, alegando que tanto su postura como la de Churchill habían sido expuestas en público en demasiadas ocasiones como para desdecirse ahora ante la opinión internacional, Churchill le silenció, tras una larga discusión, diciendo que «espero que ahora, Anthony, no irás a decir nada de esto en el gabinete de guerra si se te presenta una oportunidad para ello... después de todo, lo que está en juego es el futuro de mi pueblo, y si tengo que elegir entre él y los alemanes, me quedo con él». El argumento dejó mudo al ministro de Exteriores, pasmado ante la impúdica exhibición del primer ministro. Morgenthau salió encantado de la conferencia.[51]

La vehemente beligerancia que sostenía Churchill le llevó a intensificar desde el invierno de 1944 la investigación con gas y con armamento bacteriológico; los angloamericanos habían colaborado en la creación de una bomba de esta clase, diseñada en Gran Bretaña y producida en los Estados Unidos. El propio premier, en marzo de 1944, había considerado la fabricación de medio millón de bombas portadoras de la bacteria del carbunco como «suministro prioritario». Finalmente no sería utilizada debido a que era mucho más segura, desde todos los puntos de vista, la utilización del fósforo.[52]

---

apresuradamente a los enemigos muertos bajo las siglas ED, «Enemy Dead», o «Enemigo Muerto», de ahí la alusión del tribunal.

Con buen sentido, el mando norteamericano no quiso dar publicidad al juicio, ya que podía provocar represalias de los alemanes. Pero esa circunstancia dio pie a que se cometieran numerosas irregularidades en el discurrir del mismo; el fiscal, enfrentado a una defensa que se obstinaba en poner el acento sobre el discurso de Patton que parecía justificar los actos de los soldados, no quiso aprovechar para repreguntar en el segundo interrogatorio.

[51] J. Bacque, *Other Losses*, op. cit., pp. 9-10.

[52] J. Friedrich, *El Incendio. Alemania bajo los bombardeos 1940-1945*, Taurus, Madrid, 2003, pp. 99-100.

En julio de 1944, como respuesta a los lanzamientos de V-1 sobre Londres, Churchill dirigía un documento a su jefe de Estado Mayor en el que, en términos muy cáusticos, le impelía a considerar la posibilidad de bombardear con gas el Reich: «Es absurdo considerar la moralidad de este asunto —escribía refiriéndose al lanzamiento de gases asfixiantes sobre Alemania— cuando todo el mundo lo ha puesto en práctica durante la última guerra sin que haya habido protestas por parte de los moralistas o de la Iglesia (…). Se trata simplemente de una moda, comparable a la evolución del largo de la falda de las mujeres (…) quiero que se examine fríamente cuánto nos costaría (…) no debemos dejar que nos aten las manos por prejuicios tontos (…). Podríamos anegar (Alemania) de tal forma que la mayoría de sus poblaciones tuviera la necesidad de atención médica constante (…). Desearía que esta cuestión fuera examinada por personas sensatas y no por un equipo en uniforme de cantantes de salmos derrotistas con los que uno se cruza por todas partes». Churchill aseguraba que solo emplearía estas armas si se diera un caso de vida o muerte (o, añadía, si se le asegurase que se acortaría la guerra en un año), pero su mera consideración exponía bien a las claras cuál era el ánimo y la disposición de Gran Bretaña.[53]

Churchill nunca dejó de sopesar la posibilidad de emplear estas armas. En diciembre de 1943 la Luftwaffe había bombardeado el puerto de Bari, hundiendo diecisiete buques y dañando seriamente otros seis. Durante el ataque, un carguero aliado saltó por los aires tras ser alcanzado por los bombarderos alemanes; las llamas fruto de la explosión se elevaron hasta 300 metros y los restos del carguero se esparcieron por un radio de doce kilómetros. Por toda la ciudad se extendió el característico olor a ajos del gas mostaza.

Las autoridades tuvieron que verter una tonelada de lejía para desinfectar el muelle y borrar las huellas de la explosión. El número de bajas se elevó sustancialmente debido a que los hospitales no fueron informados de la naturaleza de los fallecimientos. Si los soldados afec-

---

[53] *American Heritage*, agosto-septiembre de 1985, «Why We didn't use gas in World War II». http://www.americanheritage.com/articles/magazine/ah/1985/5/1985_5_40.shtml.

tados sufrieron lo indecible, los civiles italianos salieron peor parados aún, ya que se les privó de toda información y no gozaban de prioridad alguna en la atención de los servicios militares. Se calcula en más de medio millar, como mínimo, las bajas mortales a causa de la explosión del gas. La cifra real probablemente duplique o triplique la estimación inicial. Las muertes a consecuencia de la explosión del carguero fueron atribuidas, hasta 1967, a «la acción del enemigo». Churchill había ordenado que todos los registros británicos eliminaran cualquier alusión al gas mostaza.[54]

Lo significativo del caso es que, aunque los Aliados sabían que los alemanes no disponían de depósitos de gas en el área mediterránea, acumularon reservas en secreto. La opacidad aliada al respecto es indicativa de los propósitos del mando angloamericano y de la conciencia de que había cosas que no debían salir a la luz.

En el marco de esa política de aniquilación hay que inscribir las decisiones de los bombardeos masivos sobre Alemania. En octubre de 1943 el mariscal del aire sir Arthur Harris, al frente del Mando de Bombarderos, escribía con meridiana sinceridad a sir Charles Portal —jefe del Estado Mayor del Aire— insistiendo en que la aniquilación de la población enemiga era el verdadero propósito de las operaciones aéreas: «El objetivo es la destrucción de las ciudades alemanas, la muerte de los trabajadores alemanes y la desarticulación de la vida social civilizada en toda Alemania (…) la destrucción de edificios, instalaciones públicas, medios de transporte y vidas humanas, la creación de un problema de refugiados de unas proporciones hasta ahora desconocidas y el derrumbe de la moral tanto en el frente patrio como en el frente bélico por medio de unos bombardeos todavía más amplios y violentos, constituyen objetivos asumidos y deliberados de nuestra política de bombardeos. En ningún caso son efectos colaterales de los intentos de destruir fábricas».[55]

Los responsables británicos no ignoraban que la población veía con desconfianza la política de bombardeos indiscriminados que im-

---

[54] R. Atkinson, *El día de la batalla…, op. cit.*, p. 435.
[55] R. D. Müller, *La muerte caía del cielo*, Destino, Barcelona, 2008, p. 260.

plicaba la destrucción de las principales urbes alemanas. En abril de 1941, un 53 por ciento se mostraba partidario de atacar objetivos civiles, pero un significativo 38 por ciento era contrario. Un par de años más tarde —y cuando los daños causados por la Luftwaffe eran mucho menores— los porcentajes de apoyo al bombardeo apenas habían aumentado ligeramente hasta el 60 por ciento. Esto sugiere que el pueblo británico no estaba dominado por un deseo de venganza contra los alemanes y que, al contrario de lo que se pudiera presumir, el sufrir las consecuencias directas del bombardeo no hacía que se lo deseasen a sus enemigos. Al mismo tiempo, el 90 por ciento de los británicos afirmaba preferir el desconocimiento de los detalles acerca de lo que sucedía durante los ataques aéreos sobre Alemania; no gustaba la publicitación de este tipo de hechos, que consideraba en alguna medida vergonzosos. Por eso, públicamente, el Gobierno aseguraba que en sus bombardeos sobre el Reich se perseguían únicamente objetivos militares y, sobre todo, después de la *Feuersturm* desencadenada por la RAF sobre Hamburgo, la población no cuestionó este hecho, si bien sabía que no se correspondía con la verdad.[56] En cierto momento, Churchill le había indicado a Stalin que «en la guerra, la verdad es tan importante que debe ir escoltada por mentiras».[57]

En el otro lado del tablero, la guerra en el frente del Este se desarrollaba desde 1941 con una crudeza inimaginable para los soldados que, en uno y otro bando, contendían en el oeste, bien fuera en Italia, anteriormente en África o posteriormente en Francia, pese a esporádicos episodios de crueldad protagonizados por ambas partes. La crueldad presente en el conflicto germano-soviético fue la norma. Como ejemplo, sirvan las matanzas perpetradas por la división Leibstandarte SS en Taganrog, en octubre de 1941, en las que fusilaron sobre la marcha a más de 4.000 prisioneros soviéticos que habían caído en sus manos; era la respuesta al descuartizamiento de sus camaradas de las SS que habían sido hechos pedazos con hachas, aún con vida, por los agentes de la NKVD de Stalin.[58]

---

[56] J. Friedrich, *El Incendio...*, op. cit., pp. 92-93.
[57] W. Churchill, *La Segunda Guerra Mundial*, op. cit., p. 485.
[58] G. Williamson, *Las SS: instrumento de terror de Hitler*, Ágata, Madrid, 1999, p. 240.

Los soviéticos habían desarrollado la costumbre de mutilar al enemigo, lo que enfurecía a los alemanes, ya de por sí predispuestos a dispensar un trato inhumano a los soviéticos.[59] En ocasiones, los rusos cortaban las cabezas de los prisioneros alemanes y las disponían dibujando las runas de las SS o la esvástica. También asaltaban los hospitales, en los que se masacraba a los enfermos que yacían en las camas. El fusilamiento masivo por parte de los alemanes de los habitantes de las localidades en las que sospechaban que se había dado cobijo a partisanos era habitual. Luego, quemaban las casas. Siguiendo a la Wehrmacht, escuadrones de Einsatzgruppen llevaban a cabo matanzas de judíos y comunistas, no pocas veces con la entusiasta colaboración de una población civil que había sufrido a manos de la policía secreta comunista una cruel represión y que identificaba a los judíos con el comunismo, sin distingos de ningún género. Los nazis los alentaban a perpetrar estos actos o, en el mejor de los casos, se abstenían de intervenir, sobre todo en Ucrania y los Países Bálticos.

No solo los nazis albergaban planes de exterminio —en su caso para una parte sustancial de la población del imperio de Stalin—, sino que los soviéticos tampoco se privaron de proyectar su venganza y, en parte, de ejecutarla. La entrada del Ejército soviético en Europa Oriental y Central vino acompañada de un terrible cortejo de brutalidades, asesinatos, robos y violaciones; una auténtica orgía de violencia, alentada por las autoridades comunistas.[60]

Entre los propagandistas del odio destaca uno de los favoritos de Stalin, Iliá Ehrenburg, quien escribió a fines de 1944, en el periódico *Estrella Roja*, que se distribuía a la tropa rusa: «Las ciudades alemanas arden. Soy feliz (…) Alemania, puedes revolverte, y arder, y aullar en tu

---

[59] C. Ailsby, *Waffen-SS: La Guardia Negra de Hitler en la Guerra*, Libsa, Madrid, 2000, p. 57.

[60] M. Hastings, *Armagedón. La derrota de Alemania (1944-1945)*, Crítica, Barcelona, 2005, p. 39. La entrada del Ejército soviético en Bucarest no tuvo nada que envidiar a la que vivieron las ciudades alemanas. El escritor judío Iosif Hetcher escribió: «Los soldados soviéticos violan a las mujeres… Soldados que detienen coches en la calle y ordenan salir a los conductores y pasajeros para desaparecer». Las escenas se sucedieron en todas las ciudades tomadas por los rusos, con independencia del país al que perteneciesen.

mortal agonía ¡la hora de la venganza ha sonado!». Algo antes, en 1943, había afirmado que «los alemanes no son seres humanos... debemos matar... Nada nos es más grato que un montón de cadáveres alemanes». De acuerdo a su célebre definición, Alemania era «la bruja rubia».[61] Los soldados soviéticos colgaron carteles en las regiones orientales del Reich conquistadas en los que se leía: «Ha sonado la hora de la venganza».

La terrible consecuencia fue la violación masiva de la población femenina y el asesinato de los niños y ancianos. Las primeras localidades conquistadas por los soviéticos fueron calcinadas hasta los cimientos, y sus habitantes torturados y asesinados de las más macabras formas. En Prusia Oriental, en Silesia, en Pomerania, en Brandenburgo, en Mecklemburgo, en Sajonia, la tropa no respetaba ni a las ancianas de ochenta años ni a las niñas de apenas diez. Las violaciones se realizaban incluso delante de los hijos pequeños, y consistían en hileras de soldados —no pocas veces completamente borrachos— que utilizaban a la misma mujer hasta que esta moría en los brazos de algún *frontoviki*.

En las granjas de las zonas agrícolas de la Alemania del Este asesinaban a los habitantes masculinos quemándolos vivos, sin excluir a los niños que, en cualquier caso, no se libraban del tiro en la nuca o en la frente, lo que incluía bebés de pocos meses, o semanas, de vida. Cuando alguien, desde las filas rusas, se atrevía a protestar era inmediatamente detenido, como en el caso de Kópelev —escritor y agente político comunista—, quien incurrió, por tal causa, en «propaganda del humanitarismo burgués que fomenta la compasión por el enemigo».[62] Tampoco los prisioneros aliados caídos en manos de los soviéticos, ni las poblaciones polacas «liberadas», ni sus propios soldados huidos de los campos alemanes, ni las mujeres rusas que habían sido evacuadas a la fuerza por las autoridades de ocupación alemanas desde sus localidades hasta el Reich como mano de obra esclava, se libraron de las matanzas, las violaciones y los saqueos.

---

[61] A. Zayas, *Los angloamericanos y la expulsión de los alemanes, 1944-1947*, Historia XXI, Barcelona, 1999, pp. 79-80.
[62] A. Beevor, *Berlín. La caída, 1945*, Crítica, Barcelona, 2002, p. 43.

La brutalidad de la guerra desarrollada en el frente oriental escapaba a la comprensión de quienes no la vivían. No se daba cuartel ni se esperaba del enemigo. Fueron muy raros los momentos en que se pudieron establecer treguas para recoger heridos de la tierra de nadie o en los que se acordó un alto el fuego por cualesquiera motivos. Nadie escondía que su propósito era el de aniquilar al enemigo y, si uno no se rendía junto a una masa lo suficientemente numerosa de camaradas —y a veces ni por esas—, podía contar con ser asesinado sin demora. Los alemanes habían repartido entre sus oficiales y entre sus tropas las directrices acerca del trato a los prisioneros, órdenes de las que emanaba cualquier cosa antes que piedad y humanidad. Por su parte, los soviéticos obraban de igual manera. En algunos casos incluso llegaron a dirigirse al adversario haciéndole saber su intención de exterminarlo, con independencia de toda ley de guerra.[63]

Para los soldados alemanes, la rendición significaba ser fusilado casi con absoluta seguridad o, en el mejor de los casos, la reclusión en Siberia tras una larga marcha que solía desembocar en la muerte por frío, inanición o cansancio. Los soviéticos que se rendían en grandes grupos podían ser empleados en el servicio cerca del frente, junto a las unidades de la Wehrmacht, realizando las tareas más ingratas, pero solo si escapaban a la deportación al Reich en calidad de prisioneros de guerra. En ese caso, eran transportados a Alemania para trabajar a destajo bajo un régimen laboral que no pocas veces fulminaba incluso a los más robustos de entre ellos.

Los bombardeos aéreos indiscriminados continuaron hasta las últimas semanas de guerra. Más de la mitad del tonelaje que los Aliados lanzaron sobre Alemania, lo fue en los últimos siete meses de guerra. La oposición en el cielo era inexistente. A la Luftwaffe le faltaban pilotos con un mínimo de formación, le faltaba combustible, le faltaban

---

[63] P. Carell, *Tierra calcinada*, Inédita, Barcelona, 2007, pp. 535-536. A fines de marzo de 1944, el mariscal Zhúkov ordenó el lanzamiento de octavillas sobre las líneas alemanas embolsadas en la región del Dniéster, en las que anunciaba su intención de fusilar a una tercera parte de los soldados y la totalidad de la oficialidad en caso de que prosiguieran su resistencia. Tal cosa no era excepcional en el frente oriental.

incluso aparatos en condiciones de enfrentarse al enemigo. El panorama era desolador para los alemanes. Si consideramos el último año de guerra, el volumen de bombas arrojadas por la RAF y la USAAF era de 1,18 millones de toneladas del total de 1,42 que lo fue durante la guerra. Un piloto alemán escribía en 1944: «Es un espectáculo en verdad impresionante el que se ofrece ante nosotros. Hay unos 1.000 bombarderos pesados volando hacia el este en un ancho frente, escoltados por numerosos cazas... Contra ellos tenemos 40 cazas».[64] Este fue un paisaje muy común desde mediados de 1944 hasta el final de la guerra; con el paso de los meses comenzó a ser inusual juntar incluso esas cuatro decenas de aviones para enfrentarse a las flotas aliadas y, en 1945, las escuadrillas que les hacían frente estaban compuestas de cinco o seis aparatos con harta frecuencia. Su inferioridad era aplastante.

No todo el mundo en las islas aplaudió la política británica de bombardeo. Para muchos no resultaba aceptable la aniquilación del enemigo a cualquier precio y, en la etapa final de la guerra, las críticas aumentaron de tono; era evidente que Gran Bretaña no se estaba defendiendo y que el nivel de la destrucción que asolaba el Reich rebasaba todo planteamiento razonable.

George Bell, obispo de Chichester, organizó una manifestación para protestar por la brutalidad de los ataques de la RAF, pero la convocatoria fue prohibida, aunque se le permitió comparecer en la Cámara de los Lores y exponer su opinión. Bell era amigo personal del pastor Bonhoeffer, quien le había venido informando de la situación en Alemania desde antes de la guerra. La información de que disponía era mucho más precisa que la de la mayoría de sus contemporáneos. Ya en 1941 había escrito una carta a *The Times* en la que consideraba «bárbaros» los ataques contra civiles desarmados. Apeló a las creencias cristianas como freno ante la devastación indiscriminada sobre civiles, así como al hecho de que dicha estrategia fortalecería los lazos entre la población y el régimen nazi, pero sin resultados. De todas formas, Bell no cejó en su defensa de los principios de la civilización hasta el final, tal y como había venido haciendo durante toda la guerra.

---

[64] R. Overy, *¿Por qué ganaron los aliados?*, Tusquets, Barcelona, 2005, p. 174.

Pero Churchill no estaba dispuesto a ceder en su política. En el Parlamento manifestó que si los alemanes querían salvarse de las bombas, no tenían más que escapar de sus ciudades y salir al campo, desde donde podrían ver la destrucción que se abatía sobre sus urbes. Un puñado de diputados protestó con vehemencia, pero la mayoría se limitó a asentir a la macabra chanza.

Algo similar había acontecido en marzo de 1943, al inquirir el diputado del Partido Laborista Richard Stokes acerca de los métodos de destrucción masiva de la RAF sobre Alemania. La perseverancia y tenacidad que manifestó a la hora de sostener sus puntos de vista le valió el apelativo de «el diputado por Hamburgo, R. Stokes».[65] Su insistencia en oponerse a los ataques aéreos indiscriminados culminó en febrero de 1945, tras el brutal bombardeo de Dresde.

Los Aliados se habían acostumbrado a demonizar al enemigo; habían deshumanizado a la población alemana, negándose a realizar distingos de ningún tipo entre los simples alemanes y los nazis. Alemania, en cuanto tal, era culpable. El nazismo era una consecuencia, por lo demás perfectamente natural y consecuente, de la cultura y el ser alemanes. Estos no solo habían querido hacerse nazis; los alemanes eran nazis, quisieran o no. Siempre lo habían sido. El nacionalsocialismo era la manifestación más depurada del alma alemana. Los alemanes debían pagar, debían sufrir incluso una vez terminada la guerra, lo que, en efecto, sucedió.

Fruto de esta política, millones de alemanes corrientes padecieron un verdadero infierno durante largos meses, en los que vieron sucumbir a muchos seres queridos, sus pertenencias literalmente volatilizadas y sus vidas quebradas para siempre. El fuego que caía del cielo era el resultado de años de esa política de odio que, en tantas ocasiones, presentaba su rostro más cruel e irracional.[66]

---

[65] N. J. V. Goda, *El oscuro mundo de Spandau...*, op. cit., p. 134.
[66] V. Reymann, *Göbbels*, Moguer, Mollet, 2006, p. 295. «Los ataques aéreos, que arrasaron las más hermosas ciudades y construcciones alemanas (...) representaron un acto de evidente barbarie, pero destruyeron casi todo aquello de lo cual Alemania se sentía orgullosa. Constituyeron una humillación, algo así como una fase preliminar del plan Morgenthau».

Después de la guerra

Nunca quedó claro si los Aliados abandonaron el Plan Morgenthau. Es cierto que, al poco de ser aprobado, el documento fue dejado de lado, pero no lo es menos que Roosevelt era un hombre enfermo con graves pérdidas de memoria, lo que no obstó para que asegurase a Morgenthau que «estoy contigo al cien por cien» la noche anterior a su muerte. Cordell Hull había comentado que si las propuestas de Morgenthau se daban a conocer, ello costaría miles de vidas americanas, ya que los alemanes se defenderían con mayor tesón. La prensa americana se mostró muy contraria al plan, y lo hizo público. Roosevelt no se atrevió a mantenerlo contra viento y marea, y lo arrumbó, apartándolo de sus objetivos más inmediatos, pese al apoyo de Stalin al mismo.[67] Hay motivos para pensar que el líder soviético quería inducir a los Aliados a mostrar a los alemanes una faz desagradable a fin de beneficiarse políticamente de ese error.[68]

Fueron razones fundamentalmente políticas las que arrumbaron el plan Morgenthau al olvido tras el fin de la guerra en 1945, aunque no inmediatamente tras la victoria, sino unos meses después. La aplastante dimensión del triunfo sobre Alemania, propiciado por el estremecedor tributo de sangre pagado por la Unión Soviética, había facilitado a la URSS el control de media Europa. Además de la expansión territorial, Stalin había obtenido un enorme prestigio en amplias capas de los países de Europa Occidental. El sucesor de Roosevelt, Harry S. Truman, comprendió bien pronto que no podía dar cumplimiento a los planes de su antecesor en el cargo, quien pretendía repatriar a los

---

[67] F. Musgrove, *Dresde y los bombardeos británicos sobre Alemania*, AF editores, Valladolid, 2005, p. 132. La visión que contempló Roosevelt de las tierras rusas devastadas mientras se dirigía a la Conferencia de Yalta —y que tanto le indignaría— fue semejante a la que, apenas unos meses después, tendría Truman de las regiones alemanas bombardeadas por su fuerza aérea. Al nuevo presidente le informaron del estado de las áreas que sobrevolaba y de las condiciones animales en las que sobrevivía la población de dichas zonas; parece ser que reflexionó seriamente sobre estas cuestiones, pero no lo suficiente como para detener el lanzamiento de las bombas atómicas sobre Japón.

[68] J. Bacque, *Other Losses, op. cit.*, pp. 11-15.

soldados norteamericanos con la máxima celeridad, y que, por el contrario, se precisaba acometer una política activa que ayudase a los países europeos a salir del marasmo de la destrucción causado por la guerra. De otro modo, el comunismo terminaría por imponerse como alternativa política en Europa.

Pero si los objetivos de destrucción total hubieron de ser eliminados del horizonte posbélico, no sucedió lo mismo con los planes que preveían la evacuación de la industria y la apropiación del caudal científico alemán. Desde el mismo día de la victoria —en realidad, desde meses antes de que esta se produjera— los Aliados, especialmente los británicos y americanos, si bien soviéticos y franceses también tenían sus planes al respecto, habían emprendido una caza despiadada en busca de científicos alemanes.

Acorde a las perspectivas de completa aniquilación del Reich, en Londres habían situado la captura de científicos como una prioridad casi absoluta. En el verano de 1944 consideraban que, según se desarrollaban los acontecimientos, poco más sería lo que podrían obtener de Alemania en concepto de reparaciones de guerra. Solo en diseños y planos, los norteamericanos se llevaron a los Estados Unidos varias toneladas de material, sin contar submarinos de los nuevos tipos y toda clase de aviones a reacción; incluso transportaron al otro lado del océano un túnel de pruebas supersónicas completo sito en Baviera. Con estos pertrechos viajaron 120 científicos residentes en la sureña región alemana, seleccionados por Von Braun. De toda Alemania, los estadounidenses evacuarían, para el programa de desarrollo de misiles, a más de quinientos ingenieros del Tercer Reich. Los Aliados enviaron decenas de agentes para localizar y apropiarse de la tecnología alemana dondequiera que se encontrase, empleando, con harta frecuencia, métodos realmente expeditivos. Al respecto, un reciente trabajo no duda en calificar el comportamiento de estos agentes especiales como el de «gánsteres, hasta el punto de que recurrían a las amenazas, al chantaje y al secuestro con el fin de obtener cualquier cosa de valor».[69]

---

[69] J. Cornwell, *Los científicos de Hitler*, Paidós, Barcelona, 2005, p. 411.

Los soviéticos, por su parte, no anduvieron menos resueltos a la hora de saquear el patrimonio científico germano. Aunque trataron de ser más persuasivos (prometieron a los ingenieros presos que se les permitiría trasladarse a la URSS con sus familias, algo a lo que los americanos se negaron en principio, e incluso que podrían trabajar en Alemania más tarde, lo que no cumplieron), hubieron de emplear un alto grado de coacción, de cualquier modo.

Stalin estaba obsesionado con el desarrollo tecnológico alemán, y en especial con el Instituto Kaiser Wilhelm II, emplazado a las afueras de Berlín. Desde 1942, sabía por sus servicios de información que los occidentales estaban bastante avanzados en la obtención de una bomba de uranio; pero Stalin carecía de reservas suficientes de dicho mineral como para crear una réplica. Las más cercanas a la URSS estaban situadas en Checoslovaquia y en Sajonia, por lo que necesitaba alcanzar estas regiones lo antes posible. Los mariscales soviéticos que rodearon Berlín en abril de 1945 con el expreso propósito de aislar la capital alemana de las fuerzas aliadas, ni siquiera sospechaban que el objetivo último de Stalin era el de apropiarse de las reservas alemanas de material atómico. Stalin informaba a Eisenhower de que la verdadera meta del Ejército soviético era la toma de Dresde, y que la batalla de Berlín era tan solo una maniobra de menor calado.

El Instituto se encontraba en Dahlem, en la zona sudoeste de Berlín, de modo que correspondía al área a cargo de los occidentales. Urgía más, por tanto, disponer de algún tiempo antes de que los Aliados se hiciesen cargo de su parte de la ciudad. Lo que los soviéticos encontraron en Berlín colmó sus expectativas sobradamente: unos doscientos cincuenta kilos de metal de uranio, tres toneladas de óxido de uranio y veinte litros de agua pesada, elementos imprescindibles todos ellos para la construcción de una bomba atómica. Incluso el óxido de uranio se encontraba allí por error, pues debería haber sido dirigido a Baviera por las autoridades alemanas. Laboratorios enteros fueron enviados a Moscú desde el territorio ocupado. A mayor abundamiento, tanto Sajonia como Checoslovaquia quedaron del lado soviético.[70]

---

[70] A. Beevor, *Berlín. La caída, op. cit.*, pp. 349-350.

Para los alemanes, 1945 fue la *Stunde Null*, la Hora Cero. La situación en la que se hallaba la mayor parte del país era indescriptible; lo poco que aún seguía en pie, sencillamente no funcionaba. Hordas de niños huérfanos merodeaban sin más que hacer que tratar de sobrevivir de un modo que recordaba al de los animales; las mujeres hacían cualquier cosa por un plato de comida del Ejército. Quienes habían quedado del lado occidental pasaban grandes penalidades, pero podían darse por satisfechos. Los suicidios abundaron durante los últimos días del Tercer Reich, pero en modo alguno se detuvieron ahí. Durante las siguientes semanas y meses continuaron siendo habituales. En algunas zonas fueron especialmente abundantes, como en los Sudetes, donde la venganza checa no conoció límites. Entre la rendición del Reich y la Navidad de 1945 solo en la ciudad de Iglau (Jihlava) se suicidaron unos dos mil alemanes, aterrorizados ante la violencia checa. Los alemanes fueron encerrados en campos de concentración: en Pohrlitz morían más de sesenta personas al día; cada noche los soviéticos visitaban el recinto y violaban a las mujeres a partir de los seis años, incluyendo a las de la Cruz Roja que trataban de proteger a las niñas más jóvenes. En Praga, durante el verano, familias enteras de alemanes eran arrojadas al río con cochecitos de niños incluidos.[71]

En Berlín fueron dados a luz en 1946 entre 150.000 y 200.000 niños producto de violaciones de soldados rusos; hay que tener en cuenta que una cantidad difícil de evaluar pero, en todo caso, enorme de embarazos terminaban en aborto. Y eso que una parte grande de la población había escapado a tiempo, como sus compatriotas de las zonas orientales.[72]

Millones de alemanes vagaban por las carreteras y los campos desde los últimos meses de guerra. En el Báltico habían huido por las playas de los tanques de Rokossovski, que había caído sobre esa zona del Reich y sobre los refugiados asesinando, incendiando y violando, en una orgía de destrucción que nunca parecía encontrar satisfacción. Los blindados soviéticos se complacían en aplastar bajo sus cadenas a

---

[71] G. MacDonogh, *Después del Reich*, Galaxia Gutenberg, Barcelona, 2010, pp. 224-225.

[72] A. Ritchie, *Faust's Metropolis*, Londres, 1998, p. 617.

mujeres, ancianos y niños que buscaban una escapatoria desesperada. Göbbels, el ministro de Propaganda del Tercer Reich, publicitaba las atrocidades soviéticas para infundir en las tropas alemanas la decisión de resistir a cualquier precio. El líder nazi no necesitaba exagerar: la realidad ya era lo suficientemente terrible.

También en el oeste, poco antes de concluir la guerra, la violencia contra la población alemana estaba alcanzando cotas estremecedoras. En Freudenstadt, los franceses se entregaron a una verdadera orgía de crimen, violaciones y asesinatos que no excluyó los hospitales de la localidad. Violaron a todas las mujeres que encontraron entre los quince y los ochenta años, robaron los relojes incluso de los enfermos terminales y quemaron hasta los cimientos unas seiscientas cincuenta casas. Lejos de mostrar arrepentimiento alguno, los franceses utilizaron el episodio para hacerse temer; amenazaron a Tubinga con prescribirle el mismo tratamiento y, de hecho, desde el 19 de abril en que llegaron allí menudearon las violaciones y el pillaje. Entretanto, ocuparon Stuttgart, donde violaron a unas 3.000 mujeres, y a unas 500 más en Vaihingen.[73]

Los norteamericanos no tuvieron un comportamiento mejor; recibieron órdenes de no confraternizar con la población alemana y de evitar incluso hablar con ella. Eisenhower había ordenado que no se bebiera con ningún alemán, ni se celebrase ceremonia religiosa alguna, ni se jugara a las cartas, ni se bailara ni se asistiese a sus teatros o bibliotecas. Trasgredir estas normas conduciría a cualquier soldado ante un tribunal militar. La propaganda del Ejército les había enseñado que los alemanes eran subhumanos —*untermensch*, en la terminología nazi—, y por la época de las Ardenas, los norteamericanos incendiaban una localidad si en ella encontraban resistencia. Hasta octubre de 1945 no fueron derogadas estas normas. Pero, de todos modos, los alemanes siguieron teniendo prohibido entrar en los locales de británicos y americanos.

En los últimos meses de guerra aumentaron las violaciones, que alcanzaron su cénit en abril, pero solo en torno a un 12 por ciento

---

[73] R. F. Keeling, *Gruesome Harvest*, Chicago, 1947, p. 57.

tuvieron alguna condena. Las violaciones disminuyeron sobre todo porque, terminada la guerra, las alemanas mantenían relaciones sexuales con los ocupantes con gran facilidad. Se calcula que nacieron unos noventa y cuatro mil *Besatzungskinder*, o «niños de la ocupación», de los que unos dos mil quinientos eran mestizos, muchos de ellos sin padre oficial debido a las órdenes de Eisenhower que impedían los matrimonios mixtos; los negros encontraban a las mujeres alemanas más dispuestas a mantener relaciones con ellos que las blancas de su país. Cuando se abolió la prohibición, en diciembre de 1946, unas catorce mil mujeres marcharon a Estados Unidos con sus parejas norteamericanas.

En el conjunto de Alemania se calcula que fueron violadas unos dos millones de mujeres después de la guerra. El Ejército estadounidense violó a unas diecisiete mil mujeres a lo largo de la guerra, pero en la zona oriental de Alemania las violaciones continuaron hasta muy entrado 1948. Anualmente se practicaron cerca de dos millones de abortos, y nacieron unos doscientos mil bebés rusos. Lo peor, naturalmente, fue la reducción de las mujeres a la condición de botín de guerra, sin importar su edad (eran forzadas desde los nueve o diez años hasta los ochenta). Era frecuente sufrir la violación de una veintena de soldados, y muchas de ellas fueron violadas incluso más de cuarenta veces seguidas; aquello no tenía ninguna relación con el sexo, sino con el poder (en algunas zonas, el 60 por ciento de la población femenina contrajo una enfermedad venérea). Con frecuencia las golpeaban tras el coito, y en ocasiones las mataban, sobre todo en los primeros tiempos. Los hombres de la familia eran obligados a estar presentes en la violación; cualquier intento de intervenir significaba su muerte instantánea, por lo que se veían sometidos a una experiencia castrante que jamás olvidarían. No solo las violaciones destruían a las mujeres, sino también a los hombres, maridos, hermanos, padres, hijos.

La ocupación aliada fue muy dura. Los soldados alemanes fueron encerrados en campos de concentración donde las condiciones eran extremas. Se calcula que entre 1945 y 1946 murieron unos 500.000 alemanes debido a las condiciones en las que los mantuvieron. Algunos mandos norteamericanos admitían que dichos recintos no eran más que «gigantescos campos de exterminio»,[74] y que las condiciones imperantes en ellos no eran mejores que las que los propios norteamericanos denunciaban en el caso de los campos japoneses. Los estándares generales de trato a los prisioneros de guerra fueron denunciados por los propios oficiales estadounidenses como inferiores a los estipulados por la Convención de Ginebra.[75]

Los malos tratos no eran casuales. Eisenhower estaba aplicando el Plan Morgenthau a los prisioneros. «Los estándares de vida de los prisioneros de la guerra en la Com Z (la retaguardia del Ejército USA) europea son (…) inferiores a las condiciones en los campos alemanes», escribía el teniente coronel Allard. Si bien durante la guerra dichas condiciones habían sido más o menos aceptables, la conclusión de la guerra había empeorado mucho la situación. Los Aliados cerraron las escuelas, las universidades, los medios de comunicación, la Cruz Roja, el servicio postal. El hambre se extendió a la totalidad de campos, tanto en Alemania como en las naciones aliadas. En el otoño de 1945, la industria alemana estaba produciendo a un nivel del 25 por ciento de 1939.

Los prisioneros ascendían a unos doce millones y medio, la mitad de ellos en manos de los norteamericanos, mientras que los soviéticos recluían a una cuarta parte del total. A partir de la rendición alemana, Eisenhower dio órdenes de que la población civil no entregase un solo gramo de comida a los prisioneros. Algunos testimonios aseguran que los oficiales norteamericanos tenían órdenes de matar de hambre a los prisioneros y, de hecho, los soldados vivían en agujeros practicados en el suelo, privados de agua incluso para beber, sin techo y expuestos a las inclemencias del tiempo, y solían alimentarse de hierbas (donde las había). Cuando los civiles se acercaban a entregar algún alimento a los prisioneros, en muchas ocasiones recibían disparos y, a veces, eran asesinados. En la zona francesa la situación era muy similar.[76]

Los presos que peor lo pasaban eran los de las SS. Con mucha frecuencia los mataban en el campo de batalla, al entregarse, pero a

---

[74] J. Bacque, *Crimen y perdón*, Machado Libros, Madrid, 2013, p. 128.

[75] *Handling of Prisoners of War in the Communications Zone*, «Memorándum del Tte. coronel Henry W. Allard», junio de 1946, p. 31, Archivos de Fort Leavenworth.

[76] J. Bacque, *Crimen y Perdón*, op. cit., pp. 99-100.

muchos de los que capturaban en los campos los asesinaban, en ocasiones tras herirlos y entregarlos a los presos. Los miembros de las SS que formaban el contingente destinado en Dachau fueron salvajemente asesinados entre los soldados norteamericanos y los prisioneros recién liberados; algunos de ellos resultaron decapitados allí mismo, entre la indiferencia y la colaboración de los GI. Otros, fueron encerrados en un vagón y masacrados, y docena y media ametrallados contra el muro. La investigación que se abrió a continuación no produjo ningún resultado en forma de consejo de guerra.[77]

Por su parte, la población civil se encontraba en una situación límite. La hambruna se extendía por todo el país, en una reedición de lo que los nazis habían hecho padecer a Holanda durante el invierno de 1944 a 1945, pero corregida y aumentada. Además de carecer de pan y otros alimentos, no tenían apenas gas ni carbón. La mortalidad infantil se disparó hasta cifras desconocidas: de los niños menores de tres años iban a morir al menos un millón; la cantidad de huérfanos era enorme, y los que no lo eran carecían de padre en el hogar. La UNESCO calculó que un tercio de los niños alemanes no tenían padre.[78]

La suerte de los adultos tampoco era mucho mejor. El mariscal Bernard L. Montgomery recoge cómo, recibiendo poco más de mil calorías diarias, «estamos dejando que se mueran poco a poco».[79] Los Aliados, sobre todo los norteamericanos, sacaron de sus camas a miles de enfermos en los hospitales alemanes y los enviaron a los campos de concentración en que se hacinaban los restos de la Wehrmacht. Las tasas de fallecimiento fueron muy elevadas, y miles de hombres perecieron durante aquellas semanas y meses.

Aunque la cantidad no ha sido establecida más allá de toda duda y es además objeto de controversia, podemos dar por seguro que muchos miles de prisioneros alemanes murieron a manos de los Aliados durante esos meses. Los franceses, que habían hecho muy pocos prisioneros de la Wehrmacht por sus propios medios, solicitaron a los estadounidenses y británicos que les cedieran parte de los suyos a fin de que emplearlos en trabajos

---

[77] K. Lowe, *Continente salvaje*, Galaxia Gutenberg, Madrid, 2012, pp. 111-112.
[78] *Ibid.*, p. 46.
[79] B. Montgomery, *Memoirs*, Londres, 1958, p. 415.

forzados; los primeros les entregaron unos 800.000, y los segundos unos 55.000. El trato de los franceses fue aún peor, contabilizándose en algunos casos tasas de muerte del 25 por ciento en un solo mes.[80]

Los Aliados habían previsto que los prisioneros alemanes fuesen utilizados como fuerza de trabajo forzosa, según lo acordado en Yalta. Los soviéticos querían cinco millones de hombres, y los franceses se conformaban con dos; los británicos, por su parte, no habían especificado, pero habían hecho saber que solo necesitaban un pequeño número. El juez Jackson quedó consternado, particularmente cuando supo que el propio Roosevelt era quien había llegado a esos acuerdos. El plan suponía enviar a Rusia a millones de hombres por el mero hecho de pertenecer a organizaciones como las SS, las SA, la Gestapo o la propia Wehrmacht. Jackson señaló que, sobre todo, el problema de enviar los prisioneros era que ya jamás volverían; y además, había otro asunto, como el propio Jackson recordó, y es que la Convención de Ginebra prohíbe el trabajo de prisioneros después de concluida la guerra. Aunque el entorno de Morgenthau protestó por tener en cuenta tales legalismos, finalmente la situación hizo inviable seguir adelante con el envío masivo de dichos prisioneros, así que cada cual hubo de conformarse con los que ya poseía.

El maltrato a los prisioneros y el sometimiento por hambre no eran desconocidos para los Aliados. Los habían empleado con profusión durante la guerra. La embajada británica en Washington protestó en diciembre de 1944 por lo escaso de los suministros de alimentos a la población europea, que se veía desasistida mientras se enviaban enormes cantidades a las tropas estadounidenses en el Pacífico. Pero el subsecretario McCloy le replicó que la guerra en esa zona del mundo no podía retrasarse por tal tipo de consideraciones. La gran hambruna que aquejaba a Italia por aquellos días se pudo superar gracias a la costumbre de los sobrealimentados norteamericanos de vender las raciones que les sobraban y de robar otras tantas; además, no pocos italoamericanos presionaron a favor de sus antiguos compatriotas.[81]

---

[80] J. Bacque, *Other Losses*, op. cit., pp. 113 y ss.
[81] M. Hastings, *Se desataron todos los infiernos*, Crítica, Barcelona, 2011, pp. 402-403.

De todos modos, los británicos también tenían una larga experiencia en este terreno. En 1943-1944 sometieron a la India a una brutal hambruna que fue observada desde la distancia con una absoluta indiferencia por el premier Winston Churchill, que la justificó por necesidades bélicas (entre ellas, y muy principalmente, la necesidad de utilizar los buques necesarios para el transporte de los alimentos hasta el Índico para avituallar a la Unión Soviética). Londres solo atendió el 25 por ciento de las necesidades alimentarias de la colonia, con lo que murieron entre uno y tres millones de personas. Churchill asombró a todos sus ministros manifestando sin ironía que la India se había convertido en una carga que con gusto traspasaría al presidente Roosevelt.[82]

El odio a los alemanes se había extendido por toda Europa, y no se limitaba a los nazis. En muchas zonas del continente se expresaba de forma desbordada, tal y como había sucedido con los propios soldados de la Wehrmacht. Las peores brutalidades eran frecuentes en el Este de Europa, pero incluso en las zonas más civilizadas las medidas que se pedía que se aplicaran a los alemanes eran de notable dureza. En los campos de Chequia fueron masacrados por millares, y la cifra de suicidios entre los germanos de Bohemia y Moravia se disparó muy por encima de los cinco mil; en Noruega se exigió la expulsión de los niños engendrados por los alemanes, que no eran pocos, dada la extensión de la colaboración, justificando dicha medida en que de mayores serían infiltrados nazis en su país. Para muchos de entre los Aliados, la muerte de los adolescentes alemanes era una bendición por cuanto —aducían— habían sido educados en el Tercer Reich y eran incapaces de cualquier sentimiento humanitario.[83]

La dureza de la política aliada se hizo palpable desde el principio. Se tomaron medidas extremas, como las que habían adoptado los nazis en los países ocupados, por ejemplo fusilando a los saqueadores, sin tomar en cuenta su situación, en el caso de los británicos en su zona de ocupación; los norteamericanos, por su parte, anunciaron que el

---

[82] J. Barnes y D. Nicholson (eds.), *The Empire at Bay; The Leo Amery Diaries. 1929-45*, Hutchinson, 1988, p. 1026.

[83] K. Lowe, *Continente salvaje, op. cit.*, p. 84.

simple alboroto por razón de la escasez de alimento conllevaba la pena de muerte. Aunque la coyuntura era penosa en extremo debido en buena medida a la situación por la que atravesaba Europa, cabe poca duda de que los norteamericanos hicieron lo que pudieron para empeorarla al no suministrar unos medicamentos y unos alimentos de los que estaban sobrados.[84] El que arguyeran que debían ocuparse de un número desproporcionado de prisioneros —lo que era cierto— no servía como excusa, tal y como el propio Montgomery aseguraba, por cuanto esa gigantesca cantidad se debía, en primera instancia, a la increíble voracidad estadounidense por aumentar la gloria militar de su victoria; además, impedían que los prisioneros alemanes recibiesen ayuda de sus depauperados compatriotas, una decisión plenamente consciente adoptada por las autoridades.[85]

El final de la guerra, pues, no disminuyó con la rapidez que hubiera sido de esperar la lógica animadversión que los Aliados profesaban a los alemanes. En parte se debió a los efectos de la propaganda inculcada durante largos años, pero, sobre todo, fue una decisión consciente de la dirección política y militar de la coalición. La consecuencia es que el ambiente en el que tuvieron lugar los juicios de Núremberg no era el más favorable para que estos pudieran desarrollarse en una atmósfera en la que la obtención de justicia fuese el objetivo prioritario.

La actuación de los Aliados en Alemania había sido muy poco amistosa en las primeras etapas, y solo muy poco a poco fue mejorando. Los años de ocupación y el trato dispensado a los prisioneros y a la población civil dejaron un poso de desconfianza que duró mucho tiempo. Sin duda, las penurias propias de la situación del derrotado y ocupado jugaron un importante papel, pero no lo hizo menos el sentimiento de humillación nacional y la imposición de los tribunales de «desnazificación» que lo reforzaron —percibidos como un deliberado intento de vejar a la población—; durante los primeros años de la posguerra, el nacionalsocialismo era considerado por el 50 por ciento de

---

[84] J. Bacque, *Other Losses*, op. cit., pp. 60-62.
[85] N. Hamilton, *Monty*, Londres, 1986, p. 462

la población como una idea plausible y esencialmente positiva, pese a que había salido mal seguramente por errores en la ejecución.[86] Incluso los aspectos más escabrosos del nazismo, como la persecución de los judíos, eran justificados hasta por un 40 por ciento de los alemanes en octubre de 1945.

Las encuestas que se realizaron recién terminada la guerra sugieren que la principal acusación de la población al Tercer Reich era que había perdido la guerra y les había dejado exangües en manos de sus enemigos. Ciertamente, una parte significativa de la población manifestaba rechazar el nazismo, tras el derrumbe de los primeros meses de 1945, pero quería conservar el Reich. Aunque se hubiera roto el compromiso ideológico con el nazismo mantenido durante años (algo que, de todos modos, no sucedió en todos los casos) la identificación con la patria persistió.[87]

La actitud hacia los Aliados fue de una enorme desconfianza en términos generales. Aunque durante las semanas finales, los alemanes que vivían en las zonas occidentales deseaban una pronta entrada de los Aliados en sus localidades —sobre todo para que no lo hicieran los rusos—, el desencanto de aquellos que habían esperado una especie de «liberación» fue grande. El comportamiento de los soldados en uniforme verde oliva no fue ni amistoso ni respetuoso con la población. Los últimos días de la guerra se entremezclaron con los primeros de la ocupación militar, y el saqueo generalizado, sobre todo de norteamericanos y franceses, no disminuyó inmediatamente con el cese de hostilidades.

La idea de que tales conquistadores fuesen moralmente superiores a ellos resultaba inconcebible para la población conquistada. El que estos les obligaran a contemplar las atrocidades de los campos, mientras los sojuzgaban y les hacían padecer hambre, o no hacían nada por remediarla, al tiempo que les privaban de su identidad colectiva, hizo perder fuerza al aspecto pedagógico de las iniciativas de los Aliados; recordarles su entusiasta adhesión al nazismo en el pasado no era la mejor forma de conseguir hacérsela olvidar.

---

[86] A. J. Merritt y R. L. Merritt, *Public Opinion in Occupied Germany: The OMGUS Surveys, 1945-1949*, Illinois, 1970, pp. 32-33.
[87] I. Kershaw, *El final...*, op. cit., p. 486.

Segunda parte
EL JUICIO

Capítulo 6
HACIA NÚREMBERG

La situación que siguió a la rendición alemana fue considerablemente confusa. No todas las unidades de la Wehrmacht rindieron sus armas con la puntualidad requerida; muchos continuaban peleando casi una semana más tarde, en su desesperación por escapar del cautiverio soviético.

Berlín se había rendido el 2 de mayo, apenas cuarenta y ocho horas después del suicidio de Hitler. Sin duda, la permanencia del Führer al frente de la ciudad había prolongado una lucha inútil, y ahora que faltaba todos reconocieron con inmediatez que continuar combatiendo carecía de sentido. Al día siguiente, las guarniciones de Hamburgo y Bremen, cercadas tiempo atrás por británicos y canadienses, depusieron las armas, y con ellas las de todo el norte de Alemania, en parte urgidas a hacerlo por la proximidad de las tropas soviéticas, que amenazaban con alcanzar la frontera danesa.

Dispuestas a capitular ante los occidentales, pero resistiéndose a hacerlo ante los soviéticos, las tropas de la Wehrmacht se rindieron en Holanda y el noroeste del Reich a Montgomery. El mismo 4 de mayo, Dinamarca se entregó sin efectuar apenas un disparo; al día siguiente Dönitz ordenaba el cese de toda resistencia en Noruega, y a los submarinos, que abandonaran sus operaciones ofensivas.

Tan solo en algunas regiones del Este permanecía la Wehrmacht en pie de guerra. En Praga se había producido una rebelión de los patriotas checos contra los ocupantes, que se hallaban ahora atrapados entre los norteamericanos y los soviéticos, y al día siguiente, 6 de mayo, ocurriría lo propio con la guarnición de Breslau, que resistía sitiada desde febrero, sin ayuda exterior alguna, pero que se negaba a entregarse al Ejército Rojo.

Las ceremonias del 7 y el 8 de mayo, en las que los representantes del Ejército alemán signaban la rendición de sus fuerzas armadas en Reims y Berlín, pusieron fin a la resistencia de los últimos núcleos. Sin embargo, no tuvo un efecto inmediato en todas partes. En occidente, las islas de Guernesey y Alderney —los únicos territorios del Reino Unido que estuvieron bajo jurisdicción alemana durante la Segunda Guerra Mundial—, que llevaban sufriendo meses de persistente bloqueo por parte de la Royal Navy, esperaron hasta el 9 de mayo, igual que otras islas situadas a miles de kilómetros de allí, las del Dodecaneso, que la Wehrmacht había retenido pese a su retirada de los Balcanes meses atrás. En Checoslovaquia, unidades de la Wehrmacht continuaban combatiendo contra los partisanos locales y las tropas soviéticas, y lo harían durante días.

Aún quedaban dos importantes restos de la Wehrmacht por entregarse: la bolsa de Curlandia y la guarnición de Creta. La primera constituía lo que quedaba de lo que originariamente eran las últimas formaciones del Grupo de Ejércitos Norte en Rusia, aislado a comienzos de octubre de 1944, y que Hitler se había negado a evacuar. Durante siete meses retuvo importantes fuerzas soviéticas, muy superiores a las propias, hasta que el 10 de mayo, el coronel general Rendulic rindió casi ciento cuarenta y cinco mil hombres y más de quinientos vehículos blindados. Mientras, en Creta, la guarnición alemana no entregaría las armas hasta el 23 de mayo.[1]

La actitud de los alemanes ante la rendición no había sido uniforme. Sin duda, predominaba una sensación de derrota completa, sin paliativos, tanto entre la población civil como entre los soldados. Pero entre los que luchaban en el Este, dicha sensación estaba matizada por el terror a los comunistas; la mayoría quería seguir combatiendo, y prefería arriesgarse a morir antes que ser hechos prisioneros y enviados a Siberia. Tuvieron, sin embargo, que acatar las órdenes de rendición y se entregaron, aunque dilatando en lo posible el cumplimiento de dichas órdenes.

Durante las últimas etapas de la guerra en el Este, el mando alemán se esforzó por evacuar a la mayor cantidad de población posible de las

---

[1] A. Beevor, *La batalla de Creta*, Crítica, Barcelona, 2003, p. 349.

regiones que iba conquistando el Ejército Rojo. Se vivieron muchos episodios terribles, como los del hundimiento del *Wilhelm Gustloff* y del *Goya*, en los que perecieron ahogadas unas dieciséis mil personas, y decenas de miles de refugiados murieron en la vorágine de las columnas entre el frío y los T-34.

El odio a los soviéticos era uniforme entre los alemanes. Si la actitud durante las primeras etapas de Barbarroja y de los años siguientes había sido hasta cierto punto ambivalente en las filas de la Wehrmacht, a fines de la guerra estaba muy extendido un sentimiento de profundo rechazo; el horror de la contienda había ido incrementándose con el paso del tiempo, y cuando los alemanes se rindieron, en muchos de ellos prevalecía una sensación de completo desaliento.

Ante los Aliados, algunos se habían presentado voluntarios para participar en la guerra contra Japón. El motivo para continuar la pelea no era el de la lucha en sí misma; la venganza y el rechazo a la ocupación del país por parte del Ejército Rojo eran las razones fundamentales, pero también había que contar con que una parte de la Wehrmacht había visto con notable entusiasmo la guerra contra los eslavos, por lo que aspiraba a continuar esta junto a los Aliados occidentales.

Como hoy sabemos, los británicos estaban elaborando por aquellos días sus planes para una tercera guerra mundial, por si se diese la situación de que hubiera que atacar a los soviéticos. Tal circunstancia tenía implicaciones incalculables en todos los órdenes, pues en ese caso la guerra se hubiese librado de nuevo en Polonia, con lo que ¿convendría juzgar a Frank por su desempeño al frente del Gobierno General en Polonia? Y, dado que habrían de ser ellos quienes iniciaran las hostilidades, ¿era lo más oportuno considerar un crimen la guerra de agresión?[2]

Para los Aliados, una guerra contra la URSS no era una guerra de agresión, por cuanto no era ningún secreto que los comunistas aspiraban a extender su revolución por todo el mundo; se trataba de adelantarse a un conflicto que, a medio plazo, había de ser inevitable. Claro que ese era el mismo argumento que los alemanes podían esgrimir para justificar su invasión de Rusia en 1941.

---

[2] J. Walker, *Operación Impensable*, Crítica, Barcelona, 2015, p. 86.

En el otro lado, esas consideraciones de tipo moral no ocupaban lugar alguno. Stalin analizaba la situación en términos de descarnada lucidez bolchevique: «Nos encontramos con que un grupo de burgueses ha salido en contra de nosotros, y que otro está de nuestra parte. Hoy combatimos en alianza con una facción contra la otra, y en un futuro también combatiremos a esa facción capitalista».[3]

Los comunistas se burlaban abiertamente de la ingenuidad occidental. Incluso el más perspicaz de ellos, Churchill, cerraba los ojos a las violaciones de todo lo acordado en Yalta por parte del Ejército Rojo. Media Europa había caído en manos de Moscú y solo cuando quedó perfectamente claro, hasta para el más obtuso, que los soviéticos jamás devolverían un metro cuadrado de la tierra ocupada en la que hubieran construido regímenes de los llamados «democracias populares», comenzaron a tomar medidas políticas significativas. Molotov se burló de ellos: «No eran marxistas como nosotros».[4]

Para los Aliados, sin embargo, la cuestión era que, por más razonable que pudiera parecer, también Hitler había argumentado del mismo modo. Y en su caso tampoco carecía de razón: hoy resulta plausible la idea de que Hitler se había adelantado a la agresión soviética que Stalin venía preparando, seguramente para el verano de 1942.[5] Por lo tanto, no parecía del todo apropiado justificarse de ese modo.

En todo caso, la permisividad para que continuase existiendo el Gobierno de Dönitz quizá tuviera algo que ver, no solo con la necesidad de contar con algún interlocutor identificable, sino también con que ese interlocutor sirviese a ciertos fines inconfesables. Aunque hoy parezca algo descabellado, en aquellos días confusos que siguieron a la muerte de Hitler y al final de la guerra, se percibía que, a fin de cuentas, dicho gobierno había sido útil para firmar el armisticio y ordenar el cese del fuego a todos los ejércitos alemanes en los distintos frentes.

El último Gobierno alemán radicaba en Flensburgo, al norte del país, cerca de la frontera danesa, y el que estuviera presidido por el gran

---

[3] G. Dimitrov, *The Diary of Georgi Dimitrov, 1933-1949*, New Haven, 2003, pp. 357-358.

[4] V. M. Zubok, *Un imperio fallido*, Crítica, Barcelona, 2008, p. 48.

[5] C. Pleshakov, *La locura de Stalin*, Paidós, Barcelona, 2007, p. 31.

almirante Dönitz obedecía al testamento de Hitler. Dönitz había recibido dos telegramas de Hitler, el primero nombrándole presidente del Reich y el segundo completando el anterior, detallaba otros nombramientos; pero el gran almirante solo hizo caso del primero, y aceptó el segundo en función de su propio criterio; nombró canciller a Schwerin von Krosigk, quien se había afiliado al NSDAP en 1937, pero cuya familia había participado en la oposición a Hitler; en realidad era un conservador que jamás había sido nacionalsocialista, si bien tuvo parte en la arianización de las propiedades judías.

También decidió prescindir de aquellos que hubieran tenido una significación ideológica o criminal muy estrecha durante el Tercer Reich. Algunos, como Göbbels, le habían facilitado la decisión, pero otros como Himmler —persuadidos de su irreemplazable importancia— pretendían seguir jugando un papel activo en el nuevo Gobierno.

El Reichsführer SS Heinrich Himmler anduvo por Flensburgo hasta el 6 de mayo. Se entrevistó con algunas de las principales figuras que se habían desplazado hasta allí, pero no logró recabar apoyo alguno; nadie le tenía la menor consideración, y ahora que podían librarse de su asfixiante presencia no iban a perder la ocasión. Dönitz hizo saber con prontitud al jefe de las SS que las cosas habían cambiado y que, de todos modos, Hitler le había destituido.

Pese a todo, aún era lo suficientemente temible y no era de descartar que algún fanático se aprestara a ejecutar sus órdenes. El mariscal Keitel mantuvo una larga conversación con él; Himmler había querido jugar un papel en la rendición de Alemania, condicionando un armisticio con los occidentales a que estos le permitiesen continuar la guerra contra la URSS, pero en esta ocasión le falló su sentido de la realidad. Al menos desde febrero de 1945, había mantenido contactos con el extranjero a fin de negociar un armisticio con una intención política personal; pero lo que acaso había tenido algún sentido en los días que precedieron al final del Reich, resultaba absurdo una vez que Alemania se había rendido. No obstante, entregó una carta a Keitel en la que se dirigía a Eisenhower ofreciéndole sus servicios. Una vez que se hubo marchado, el mariscal la rompió en mil pedazos.

El propio Keitel sería arrestado el día 13 de mayo, y le sustituiría al mando del OKW el general Jodl. Un par de días antes, la Comisión de Control Aliada había establecido un titubeante contacto con el Gobierno de Flensburgo. Dönitz captó enseguida la dubitativa política que seguían los angloamericanos: propuso, a instancias de Von Krosigk, que se instruyera un tribunal para juzgar los crímenes cometidos en los campos de concentración, y envió copia del decreto al general Eisenhower. Igualmente, pidió a este que admitiese la legalidad de dicha acción para permitir que se reparase la justicia en el nombre del pueblo alemán; podía estar seguro de que se actuaría con todo el rigor que la situación demandase. Eisenhower, probablemente interpretando que el Gobierno de Dönitz buscaba legitimarse de este modo, nunca contestó.

El 17 de mayo, Eisenhower envió a Flensburgo a su ayudante, el mayor general Lowell Rooks y a su consejero político Robert Murphy, un experto diplomático que había servido a los Estados Unidos en Europa, para que conversasen con el gran almirante y averiguasen hasta qué punto se podía considerar legítimo al Gobierno alemán. Dönitz casi se disculpó ante ellos por haber sucedido a Hitler, manifestando que dicha decisión había sido una completa sorpresa para él —lo que sin duda era cierto—, y que solo se esforzaba en cumplir con su deber como buen soldado. Su temor al bolchevismo era genuino, pero resultaba evidente que utilizaba este argumento para ser admitido por los vencedores. A Murphy le pareció, de todos modos, que junto a cierto realismo político, el gran almirante ignoraba la verdadera situación del conjunto del continente, en el que el odio y el temor a los alemanes era mayor que a los rusos. Así que, en el plano práctico, todo lo que trajeron de Flensburgo fueron una serie de insinuaciones del presidente del Reich relativas a la organización de una cruzada antibolchevique germano-aliada.

Eisenhower se molestó mucho con la propuesta de Dönitz, y determinó que lo mejor sería acabar lo antes posible con tal situación. El 23 de mayo, envió de nuevo a Murphy a Flensburgo acompañando a las tropas británicas que, en pesados camiones, llegaron hasta la sede del Gobierno y arrestaron a los miembros del último gabinete del Reich.

Se llevaron a unos trescientos detenidos.⁶ Tras los arrestos, tal y como recogió el propio Murphy, los soldados británicos liberaron numerosos artículos a modo de recuerdos, sobre todo el dinero y los relojes de muñeca.⁷

Ese mismo día murió Heinrich Himmler, aunque las circunstancias de su fallecimiento siempre han sido un tanto oscuras. Incrustado en una columna de refugiados, modificó su aspecto afeitándose el bigote, colocándose un parche negro sobre el ojo derecho y vistiendo un uniforme de sargento de la Geheime Feldpolizei; caminaba con dos acompañantes que vestían el mismo uniforme con la más modesta graduación de soldados rasos. El disfraz resultó ser su perdición, por cuanto la Geheime Feldpolizei figuraba en la lista de organizaciones criminales, de modo que el 21 de mayo fueron detenidos los tres en un punto de control británico a medio camino entre Hamburgo y Bremen.

Dada su baja graduación, podrían haber sido puestos en libertad con relativa prontitud, ya que no estaba previsto que retuvieran a nadie por debajo del rango de sargento que ostentaba Himmler; pero la mala suerte vino a perseguirles de nuevo, al haber conservado los billetes que habían utilizado para desplazarse desde Flensburgo, pues los británicos detenían a todos los que pudieran tener alguna relación con responsabilidades políticas. Proceder de allí podía tener una significación de ese tipo, así que en lugar de soltarlos, los enviaron a un campo de interrogatorios en Barfeld, cerca de Luneburgo, donde llegaron a mediodía del 23 de mayo.

Al poco de llegar, quizá cansado de esconderse después de tantos años de ser una celebridad, reveló su identidad con toda calma. El oficial a cargo se puso en contacto con el jefe de los Servicios Secretos de Montgomery y se dedicó a observarle mientras el prisionero comía, después de desnudarle y registrarle, consciente de que podía tener en la boca una ampolla de veneno; ya había pasado con anterioridad, cuando el Obergruppenführer SS Hans Prützmann se había suicidado

---

⁶ *FRUS*, vol. III, document 558. The Ambassador in France (Caffery) to the Secretary of State, 23 May 1945.

⁷ R. Murphy, *Diplomat Among the Warriors*, Nueva York, 1964, p. 244.

mordiendo una cápsula de cianuro ante sus narices, apenas dos días antes, en el mismo lugar.

El coronel Murphy había dado órdenes de que no se le interrogara hasta que él llegase, pero uno de los oficiales de la unidad no había podido resistir la tentación de mostrarle las fotografías de los esqueletos vivientes de Buchenwald que habían encontrado y preguntarle qué pensaba de aquello. Todo lo que recibió fue una desdeñosa contestación por parte del Reichsführer SS:

—¿Es que soy responsable acaso de los excesos de mis subordinados?

Aunque se negó a aceptar un uniforme británico, sí cogió una muda y unas botas militares. Se envolvió luego en una sencilla manta del Ejército y aguardó a que llegase Murphy. Durante algunos momentos parecía hasta afable, hablando de la necesidad de poner lo que quedase de la Wehrmacht al servicio de una alianza entre los alemanes y los anglosajones. Pero esa atmósfera relajada concluyó cuando Murphy llegó. Lo primero que hizo fue arrancarle la manta e insultarle.

—Vamos, cabrón, nosotros te enseñaremos.

No era necesario conocer el *slang* inglés para entender los epítetos que le estaban dedicando. Sabía que, a partir de entonces, solo cabía esperar lo peor; nadie le llevaría con Eisenhower o Montgomery y a nadie le importaba lo más mínimo lo que tuviera que proponer. Su tiempo se había acabado, y sus esperanzas de jugar algún papel político se desvanecían entre los empujones y golpes de sus captores. Fue entregado al sargento Austin, bajo cuya custodia se había suicidado Prützmann; sin duda, sabía que Himmler también llevaría una ampolla en la boca, por lo que había que proceder con el máximo cuidado.

El médico le sometió a un nuevo examen y le pidió que abriese la boca. Entre los dientes, pudo advertir un pequeño reflejo de vidrio. Un instante antes de que le metiese los dedos en la boca, Himmler la cerró con fuerza; se escuchó entonces un crujido. El médico, Wells, y el propio Murphy se lanzaron a por el suicida, pero no pudieron evitar su muerte.

Mantuvieron el cadáver envuelto en una manta durante treinta y seis horas y luego lo llevaron a enterrar, envuelto en unas redes de camuflaje atadas con cable telefónico del Ejército inglés. Lo echaron en la parte trasera de un camión, y condujeron hasta el corazón del bosque de la zona de Lüneburgo: «Nadie sabrá nunca dónde está enterrado», aseguró el sargento Austin; y hasta el día de hoy, así es.[8]

Encerrados

Una vez en manos de los Aliados, los prisioneros fueron enviados a dos campos de concentración distintos. Uno de ellos era Kransberg —junto a Usingen, en Hesse—, un castillo que en 1939 Albert Speer había adecuado para albergar el cuartel general de Hitler en el oeste (sería conocido como el Adlerhorst, el Nido del Águila), que después sería cuartel general de la Luftwaffe para las operaciones contra Gran Bretaña y más tarde centro de recuperación de soldados, y que finalmente serviría para alojar a la dirección militar de la Wehrmacht y al propio Hitler durante las últimas ofensivas alemanas, la de las Ardenas y Viento del Norte.

Allí serían enviados precisamente Speer y también Schacht, junto a los detenidos con responsabilidades empresariales. Los prisioneros habían sido alojados en habitaciones limpias y eran alimentados suficientemente, con raciones militares norteamericanas. Hablaban entre ellos sin cortapisas apenas, y podían pasear y escribir cartas. Además, se les permitía el acceso a las informaciones de radio. Incluso había un espectáculo semanal de variedades, en el que se ofrecían también recitales de poesía —en una ocasión, uno organizado por el propio Schacht—. Para los detenidos, la situación resultaba singular por lo desconcertante; pero los británicos, que eran quienes dirigían el campo, lo llamaban en clave, *Dustbin*, «cubo de basura», lo que sugiere algo mucho más siniestro.

El otro campo de concentración era el de Mondorf-les-Bains, un balneario en el extremo sureste de Luxemburgo en el que se hallaba el Gran Hotel, donde pasarían unos tres meses. Allí se alojó a medio

---

[8] P. Padfield, *Himmler*, La Esfera de los Libros, Madrid, 2003, p. 772.

centenar de prisioneros en condiciones bien distintas a las de Kransberg. Estaba rodeado por dos cercas de alambre de espino de cuatro metros de altura, una de las cuales estaba electrificada. Las torres de vigilancia dominaban el complejo, asomando unos nidos de ametralladora disuasorios de cualquier aventura, entendiendo por tal siquiera acercarse a la primera valla. Los caminos al hotel estaban bloqueados por un par de blindados ligeros y una batería antiaérea. La vida trascurría espartana y monótona, mucho más parecida a lo que sería su estancia en la cárcel de Núremberg; solo los enfermos tenían derecho a disponer de una almohada, y todos dormían sobre colchones de paja que no pocas veces impedían conciliar el sueño, manteniendo a los prisioneros en un estado de debilidad permanente. Además, al contrario que los recluidos por los británicos, los presos de Mondorf consumían apenas 1.550 calorías por día, lo mismo que la población civil. Resultaba notorio cómo la totalidad de ellos perdía peso con enorme rapidez. Los norteamericanos bautizaron Mondorf como *Ashcan*, la versión en inglés norteamericano de *Dustbin*, «cubo de basura».

En Mondorf se encontró la práctica totalidad de quienes se sentarían en el banquillo de Núremberg; el régimen que se impuso a los prisioneros era muy similar al que encontrarían allí, y la persona al frente de la organización sería la misma: el coronel Burton C. Andrus. Impecablemente uniformado, Andrus no había pedido el puesto, entre otras cosas porque sabía que era una tarea de la que no podía salir airoso en ningún caso. Estaría bajo la lupa del escrutinio público y del Ejército, y cualquier error sería cargado en su debe mientras que por los aciertos nadie le daría las gracias. Y en una situación como aquella y con el elemento humano que tendría que manejar, lo más probable es que las cosas no fueran sencillas.

Andrus paseaba frecuentemente a la vista de los prisioneros con su reluciente casco y portando una fusta, componiendo una figura altiva e inaccesible. No les tenía mucho respeto, sobre todo porque creía que todos ellos estaban «pirados». No cabía duda de que disfrutaba con su trabajo, imponiendo unas normas muy estrictas y haciendo que se cumplieran a rajatabla. Un interrogador que estuvo en Mondorf lo describió como un hombre simple y de escasa inteligencia, un duro y mezquino carcelero que hacía uso frecuente del poder absoluto que tenía sobre los internos.⁹

El fiscal Robert Jackson había pedido que se mantuviese a los prisioneros bajo un estricto control y con vida, y eso Andrus creía estar en condiciones de garantizarlo. Algunos visitantes de Mondorf, sin embargo, no estaban tan seguros de que eso fuese deseable, y no tenían reparos en expresar lo que esperaban de todo aquello. El diplomático Ivonne Kirkpatrick escribió a Anthony Eden que «nos ahorraríamos muchísimos problemas si todos los reclusos de Ashcan se suicidaran en masa»; Kirkpatrick trabajaba en el Ministerio de Exteriores, para Vansittart, y este había dicho que «la única cuestión realmente pendiente es el emplazamiento de la horca y la longitud de la cuerda». La impaciencia y las dudas atenazaban a muchos de los más altos representantes de los Aliados, que incluso encontraban excesiva la idea misma del juicio.[10]

El trato que se dispensó a los prisioneros en Mondorf fue muy duro. Parece que, desde la detención hasta el traslado a Núremberg, fueron frecuentes los malos tratos. No eran raros los guardas que odiaban a los internos, y ya hemos visto que el coronel Andrus sentía por ellos algo semejante. Su comportamiento fue habitualmente despreciativo, y en ocasiones brutal. Creyendo hacer un elogio de Andrus, Kirkpatrick comunicó a los norteamericanos que el coronel «sabía cómo meter en cintura a esos cabrones, se encargaba de que nos dieran las respuestas que buscábamos».[11] Speer, pese a que trató en todo momento de congraciarse con los Aliados para salvar la vida, por lo que fue un complaciente colaborador de estos, recoge cómo, estando en Oberursel, vio pasar delante de él a un general alemán con el rostro tumefacto tras una noche de interrogatorio que incluyó golpes y gritos.[12]

Algunos de los acusados alemanes estuvieron bajo la custodia soviética, como Hans Fritzsche. El trato que estos le dispensaron le pa-

---

[9] R. Overy, *Interrogatorios…*, op. cit., p. 84.
[10] *FO 371/46778*, 21 de junio de 1945, Kirkpatrick a Eden.
[11] R. Overy, *Interrogatorios…*, op. cit., p. 86.
[12] A. Speer, *Memorias*, Plaza & Janés, Barcelona, 1969, p. 596.

reció tolerable, pese a que consistía en agotadores interrogatorios a manos de expertos en el arte de obtener confesiones mediante la privación de sueño y de alimento. Además, internado en la Lubianka, ocasionalmente sufrió completo aislamiento, lo que resultaba particularmente duro. Pero esperaba algo peor, porque lo cierto es que no se le infligieron malos tratos físicos.

En cambio, algunos prisioneros relataron abusos mientras estuvieron bajo la custodia militar británica o norteamericana. Uno de ellos, Hans Frank, había intentado abrirse las venas, aterrorizado después de recibir una auténtica paliza a manos de sus captores del Ejército de los Estados Unidos.[13] Peor aún fue lo que relató Julius Streicher: estuvo cinco días seguidos esposado en la prisión de Salzburgo, desde donde le enviaron a Freising, penitenciaría en la que sería golpeado interminablemente en su zona genital y azotado con un látigo. Fue recluido en una celda sin ventanas que carecía de camastro y de aseos. Según escribió, reducido a un juguete de los soldados norteamericanos, dos o tres veces al día estos entraban en su celda y le obligaban a abrir la boca para escupir dentro de ella; de comida le servían restos putrefactos de días atrás, y en alguna ocasión le obligaron a beber orines. Los oficiales le arrancaban los pelos de las pestañas y del pecho, y alguna vez le forzaron a besar los pies de un guarda negro, tratando de humillar a quien sabían un empedernido racista.[14] Un año después, en pleno proceso en junio de 1946, aún protestaba acerca de los malos tratos que había sufrido en Frisinga.[15] Es posible que, de cuando en cuando, fuese maltratado también por los guardias en Núremberg; uno de los internos recuerda cómo Streicher gritaba en su celda, en mitad de la noche, aunque no sabe si atribuirlo a esta circunstancia o al estado mental del reo.[16]

---

[13] R. Butler, *Legions of Death*, Londres, 1983, pp. 238 y ss.

[14] D. Irving, *Nuremberg...*, *op. cit.*, pp. 84-85. El autor posee un manuscrito que Streicher escribió durante su cautiverio y en el que relata las sevicias a las que fue sometido. La credibilidad de su relato, lógicamente, puede ser puesta en cuestión, pero lo cierto es que se compadece bien con lo que otros presos también relataron.

[15] L. Goldensohn, *Las entrevistas...*, *op. cit.*, p. 325.

[16] F. von Papen, *Memorias*, *op. cit.*, p. 605.

Otros presos, por el contrario, aseguraron que jamás se les golpeó y que no hubo malos tratos físicos. Algunos de ellos colaboraron de buena gana, como el general Jodl, al que se pidió consejo sobre la defensa de Europa frente a los soviéticos; como es natural, la presión de los interrogadores era lo suficientemente persuasiva como para forzar las confesiones que se buscaban. Ese fue el caso de Fritz Sauckel, al que amenazaron con entregarlo a los rusos si no cooperaba en los interrogatorios.

En todo caso, la disposición a tratarles con miramientos no fue un sentimiento prevaleciente. Muchos de los internos fueron privados de toda ayuda médica. A Keitel, que sufría de problemas de espalda, se le negó una silla con respaldo, lo que le mortificaba. Los guardas pagaban no pocas veces con los presos su frustración por verse destinados a aquella prisión en lugar de ser enviados a casa. No se consentía que los internos estuviesen a menos de diez metros unos de otros, y Andrus no solo rechazó permitir a la Cruz Roja hacer acto de presencia en su recinto, sino que confiscó los paquetes que, por Navidad, habían llegado a los presos a través de esta. Al mariscal Von Blomberg se le negó atención médica aunque se moría de cáncer, y falleció en marzo de 1946 a causa de dicho abandono; durante las últimas semanas no fue apenas alimentado.

Ocasionalmente, los prisioneros escribían protestando por su situación, pero dichas protestas jamás se cursaron, evitando de este modo que llegaran a los superiores de Andrus. Este, por su parte, decidió que todo el saludo que en lo sucesivo podrían dirigir los presos a los guardas y miembros del personal y trabajadores consistiría en una reverente inclinación de la espina dorsal.

Göring había sido enviado también a Luxemburgo, donde permanecería durante tres meses. En principio, los norteamericanos quedaron estupefactos ante el equipaje de Göring, más propio de un artista de variedades que otra cosa, lleno de útiles de aseo y maquillaje y, sobre todo, de píldoras; las dos maletas que transportaba rebosaban de medicamentos.

Lo primero que hicieron nada más tomarle prisionero fue retirarle el botiquín con la morfina, lo que tuvo el inmediato efecto de revitalizar a aquel indolente paladín de Hitler reducido con los años a una persona obesa y sin apenas voluntad. Pero para eso, antes tuvo que pasar por un periodo difícil. Hasta entonces se había sometido a un par de intentos de desintoxicarse, que había abandonado a medio tratamiento. Su llegada al campo de internamiento supuso el descubrimiento de la verdadera personalidad de aquel hombre, un verdadero héroe de guerra devenido en morfinómano.

«Descubrimos que Göring tomaba cada noche una dosis de Paracodin, que se había traído en grandes cantidades —recuerda el doctor Ludwig Pflücker, prestigioso médico que se ocupó del Reichsmarschall durante el proceso—. Discutí el caso con el propio Göring, le invité a que me expusiera su historia clínica (…) fue para mí un amargo descubrimiento que el segundo hombre del Reich fuera un morfinómano. Comprendí entonces muchas cosas, y sus alardes de cómo haría frente a la aviación enemiga. Era un morfinómano y por esa razón lo veía todo bajo una luz rosada y se negaba a sí mismo la realidad de las cosas».

Pflücker apelaba a la vanidad de Göring para animarle a enfrentarse con su dependencia de los narcóticos, y obtuvo pleno éxito. Sabiendo que no podría seguir consumiendo sus medicamentos, se enfrentó a la necesidad de prescindir de ellos con gran entereza. Le fue retirada entonces la medicación, aunque aún lo demoraron unas semanas porque no sabían cómo iba a reaccionar a la privación de fármacos. Los norteamericanos decidieron esperar hasta que hubiera sido convenientemente interrogado; su suerte, luego, les resultaba indiferente.[17]

Pero lo cierto es que, en pocas semanas, su aspecto, voluntad e inteligencia reverdecieron; el cambio de régimen de vida le hizo descender de unos 125 kilos a 85, peso más adecuado a sus ciento setenta y ocho centímetros de altura. Su capacidad de concentración mejoró enormemente y pareció recobrar el ímpetu de la época del *Kampfzeit*. La recuperación sería tan efectiva que Göring terminaría convirtiéndose en la indiscutible estrella del Palacio de Justicia de Núremberg.

---

[17] D. Irving, *Göring*, Planeta, Barcelona, 1989, p. 501.

Se autorizó que hubiese hasta cuatro médicos alemanes, encabezados por el notable urólogo, y comandante de la Wehrmacht, Pflücker—; un dentista, el doctor Heinz Hoch, y otros dos médicos, Philip Hambach y el fisioterapeuta Walter Haar.

En Mondorf no se impedía que los detenidos hablasen entre ellos. Al contrario, los carceleros disponían de servicios de escucha que grababan las conversaciones entre los jerarcas presos. Algo parecido llevaban haciendo desde el comienzo de la guerra con los generales internados en las prisiones británicas; aunque lo mismo se hacía en todos los demás países, Londres fue quien más perfeccionó este tipo de escuchas. A finales de la guerra, los británicos espiaban sistemáticamente a más de trescientos generales alemanes. La información era muy útil, más que la de los interrogatorios, porque los prisioneros ignoraban que estuvieran siendo escuchados y se mostraban francos en las conversaciones con sus colegas.[18]

Al margen de las escuchas, los internos eran sometidos a periódicos interrogatorios. La mayor parte de ellos nada tenían que ver con la causa que se estaba instruyendo, o bien sirvieron de poco para este propósito; eran interrogatorios militares y no jurídicos. El nombramiento del coronel John Harlan Amen para encargarse de coordinar los interrogatorios con la acusación de Núremberg mejoró las cosas y dio coherencia a los propósitos aliados.

El 5 de agosto, el general Eisenhower dio la orden de traslado de todos los presos a Núremberg, que se verificó una semana más tarde. El primer grupo abandonó Mondorf en dos ambulancias, guardando un estricto silencio durante los veinte minutos que duró el transporte hasta el aeropuerto de Luxemburgo, sin cinturones ni cordones de los zapatos siquiera, semejando mendigos. Subieron a dos transportes en medio de severas medidas de seguridad, escoltados por nutridos grupos de hombres armados; nadie les dijo a dónde se dirigían. Con ellos volaba el coronel Andrus.

Con respecto a los de Ashcan —Speer y Schacht—, ambos fueron tratados de modo diferente. Al segundo se le destinó al campo inter-

---

[18] S. Neitzel, *Los generales de Hitler*, Tempus, Madrid, 2008, pp. 23 y ss.

medio de Oberursel, un auténtico vertedero en el que pasó unas semanas terribles en las que no se podía ni pasear, ni dormir, ni comer, hacia donde salió mediado septiembre.

Tres semanas más tarde fue enviado definitivamente a Núremberg. Speer salió quince días después que Schacht para Oberursel y pronto fue enviado a Núremberg. La noticia de que iban a ser juzgados como criminales les dejó consternados, como es natural, y el mismo traslado había causado en Speer una sensación desagradable.

Sin embargo, con toda probabilidad se había ganado a sus carceleros con su afabilidad y don de gentes, algo que durante el juicio le salvaría la vida. Al contrario que sus compañeros de Mondorf, los días de Kransberg los recordaría como un tiempo feliz.[19]

Aún quedaban algunos prisioneros, que no estaban en manos norteamericanas, y que no serían enviados a Núremberg hasta comienzos de octubre e incluso más tarde. Así Von Neurath, el antiguo ministro de Exteriores, cuyo paradero exacto los franceses no habían querido comunicar ni a sus aliados; o Rudolf Hess, que no voló hasta el 8 de octubre; o Raeder y Fritzsche, bajo jurisdicción soviética, que fueron enviados el 18 de noviembre, dos días antes de que dieran comienzo las sesiones del juicio. Evidentemente, apenas hubo tiempo de someterlos a interrogatorio.

La llegada al Palacio de Justicia fue lúgubre. Los detenidos no habían sido notificados sobre por qué les destinaban allí y, nada más llegar, los recluyeron en celdas individuales. Cada una de ellas medía tres metros por cuatro, entre la pesada puerta de madera y el estrecho ventanal con barrotes. En la puerta había una rejilla de alambre que hacía de mirilla y por la que deslizaban la comida en los preceptivos platos de estaño. Junto a cada celda, pero en la parte de fuera, había una bombilla eléctrica. En el interior, un mobiliario espartano: una silla, una mesa de madera y un catre militar por lecho. Y una Biblia.

Una de las preocupaciones básicas del coronel Andrus era la de evitar los suicidios. Había tomado todas las medidas al efecto, pero se demostraría la extrema dificultad que tiene siempre este propósito.

---

[19] A. Speer, *Memorias, op. cit.*, p. 594.

Unas amplias redes se habían extendido bajo las galerías superiores a fin de evitar que los presos se arrojaran al vacío; los cristales de las ventanas se habían sustituido por plásticos. También se eliminó la más pequeña protuberancia que pudiera servir para tomar impulso y ahorcarse, así como todo lo que fuese metálico.

El coronel Andrus sometió a los prisioneros al más estricto silencio. Solo podían hablar con el personal de la prisión sobre asuntos relacionados con su estancia allí, pero no entre ellos, ni con los trabajadores —la mayor parte eran soldados alemanes— ni con los guardias, encargados de imponer silencio si este se quebraba y de informar de su quebrantamiento. La idea del sometimiento al silencio tenía un lado práctico: los hombres que iban a ser interrogados se volverían más locuaces tras unas cuantas semanas sin hablar.

Todas las cartas se inspeccionaban, pero podían escribir cuanto quisiesen, y tenían el derecho de dirigirse a las autoridades de la prisión por escrito. Tomaban una ducha a la semana, aunque también en las duchas debían observar el estricto código de silencio impuesto. El agua era escasa, porque a causa de los bombardeos estaba contaminada en toda la ciudad, y se obtenía con procedimientos onerosos. La ropa, también lo era; los internos no podían tener más ropa que la que llevaban encima (cuando tuviesen que comparecer ante el tribunal se les facilitaría un traje, que tendrían que entregar al final de cada jornada), las mudas solo eran para la ropa interior, y no podían disponer de cordones ni cinturones o cualquier cosa que sirviese para formar una cuerda; solo a los más ancianos se les permitió algo más tarde disponer de unos cordeles de alrededor de 10 centímetros para atarse los zapatos y que no tuvieran que arrastrar penosamente los pies.

Un aspecto muy importante era el psicológico. Buena parte de las medidas que se tomaban perseguían una finalidad de este tipo. Los presos tenían la sensación —bien real— de que estaban vigilados día y noche. Los guardas pasaban por la celda cada minuto, incluso durante las horas nocturnas; los internos debían dormir con las manos por fuera de la manta. Cuando iban al inodoro, los pies eran visibles para los guardas, de modo que nunca los perdían de vista. Por si acaso, las autoridades penitenciarias habían pasado una nota a los presos en la que les notificaban que cualquier intento de fuga sería frustrado con la más que probable muerte del fugado. Pero lo que trataban de evitar no eran las imposibles fugas; lo que de veras les preocupaban eran los suicidios. Lo resultante de todas estas medidas fue, no pocas veces, la depresión de los prisioneros; uno de los que más llamó la atención por su reacción al régimen carcelario fue Von Ribbentrop, que abandonó todos los hábitos higiénicos, perdió visión y adelgazó a ojos vista.

Pero, de entre todos los internos, quien peor se adaptó en términos generales fue Walter Funk. Los carceleros apenas daban crédito al hecho de que ese hombre hubiese tenido las responsabilidades políticas que tuvo durante el Tercer Reich. Su imagen era cualquier cosa antes que la de un Übermensch, o superhombre, pero si hubieran conocido los entresijos de las relaciones políticas durante la guerra en el seno del régimen alemán no se hubieran extrañado tanto. Funk había terminado siendo la víctima de las luchas de poder entre Göring, Himmler y Speer, convirtiéndose en un personaje irrelevante. De hecho, había sido su liviandad política la razón por la que había sido elegido en su momento por Göring para sustituir a Schacht al frente de la economía nazi.

En Núremberg se vino abajo. Tenía constantes problemas de salud, particularmente de próstata, pero lo que más le mortificaba era el ostracismo al que le sometían sus compañeros de cautiverio por su irrelevancia y su condición de homosexual y alcohólico. Se convirtió en un depresivo crónico, y con frecuencia se echaba a llorar en pleno interrogatorio tras negar las evidencias más palmarias de su culpabilidad.[20] Las sesiones de preguntas a Funk se convirtieron en las más desagradables para los fiscales, quizá tras las de Rudolf Hess.

Hess padecía una pérdida de memoria, un recurso que había intentado Ribbentrop, pero que en el caso de Hess no parece que fuese una estratagema, logrando irritar a los interrogadores, que terminaron dejándolo por imposible.

---

[20] *Ibid.*, p. 597.

El lugarteniente de Hitler fue enviado a Núremberg desde Gran Bretaña embutido en un traje, un viejo abrigo y botas de aviador. Estaba delgado, y las pobladas cejas negras parecían destacar sobre sus ojos, más poderosas que nunca. Venía sin afeitar y sus ojos asomaban aterrados. Lo condujeron a la sala de registro, donde fue inspeccionado en profundidad, lo que no tenía demasiado sentido, pues llevaba cuatro años bajo su custodia. Cuando iba camino de la sala se cruzó con Hermann Göring, al que nada más reconocer saludó brazo en alto, al estilo nazi. El guarda le dijo que estaba prohibido, pero Göring sonrió abiertamente.[21]

Estaba establecido que cada día los internos pasaran un examen físico y otro psicológico. La salud mental dependía de los doctores Douglas Kelley y Gustav Gilbert, quienes realizaron distintas pruebas con los internos. Entre otras, les distribuyeron test de Rorschach y dibujaron sus distintas personalidades: la conclusión a la que llegaron fue que los detenidos no solo compartían ideología, sino una semejante estructura de la personalidad.[22] Esa conclusión ha sido, con todo, largamente rebatida en posteriores trabajos, negando toda especificidad de la «personalidad nazi». Además, Gilbert les distribuyó pruebas de inteligencia del tipo Wechsler-Bellevue, entonces una novedad, para medir su capacidad.

Los resultados más notables fueron de dos tipos: por un lado, la inteligencia media del grupo era más que notable, ascendiendo a 128. Teniendo en cuenta que la práctica totalidad de los seres humanos está entre 90 y 110, supone un índice muy elevado. Quien recibió la puntuación más baja fue Julius Streicher, que obtuvo 106, es decir, claramente por encima de la media. A él le siguió Ernst Kaltenbrunner, ya fuera de los parámetros habituales, con 113. Quienes arrojaron mejores resultados fueron Schacht, Seyss-Inquart y Göring, con 143, 141 y 138, respectivamente (Schacht se vio favorecido por una corrección introducida en el test que tenía en cuenta la edad). Así pues, la práctica totalidad de ellos estaban considerablemente por encima incluso del límite superior de la media de inteligencia humana.[23]

---

[21] E. Bird, *El prisionero de Spandau*, Dopesa, Barcelona, 1974, p. 40.
[22] F. R. Miale y M. Seltzer, *The Nuremberg Mind. The psychology of the Nazi Leaders*, Nueva York, 1975, p. 286.
[23] J. J. Heydecker y J. Leeb, *El proceso de Núremberg...*, *op. cit.*, p. 96.

Por otro lado, resultaba notable que la mayoría no se considerasen responsables de los hechos que se les achacaban. Su personalidad carecía de ciertos matices críticos y era bastante clásica dentro de lo que se considera una personalidad autoritaria.

Llamó también la atención de los psiquiatras la facilidad con la que los presos se prestaron a la prueba, aunque en realidad no era tan extraño. Por un lado el silencio al que estaban sometidos, y por otro, el aburrimiento del encierro, les empujaban a acoger casi con alborozo cualquier actividad que les propusieran y que les sacara del rutinario tedio en el que trascurrían los días. Pero, además, estaba la oportunidad de demostrar que conformaban una especie de grupo superior, que no por casualidad habían llegado tan alto. Ambos psiquiatras se ganaron una cierta familiaridad con los presos y lograron que se sintieran más confiados en las celdas cuando hablaban con ellos que durante los interrogatorios y en la sala de sesiones.

Esa confianza sería importante a la hora de los interrogatorios. Como es lógico, los presos sintieron una especie de desorientación hasta que se acostumbraron a su nueva condición y, después de atravesar unas semanas en las que apenas percibían algo que no les fuese completamente hostil, estaban bien dispuestos a mostrarse agradecidos a quien les dispensase un trato amable.

Los interrogatorios habían comenzado de un modo inopinado, como consecuencia de la detención, pero no habían sido sistemáticos ni tenido función alguna en la conformación de la acusación. Las conversaciones con los psiquiatras tampoco. Así que hubo que esperar a la llegada del coronel Amen para que el sistema empezase a mostrar signos de una cierta coherencia.

Los interrogatorios los dirigieron cuatro funcionarios, tres de ellos militares. El único civil era Thomas J. Dodd, que a su vez sería miembro de la acusación estadounidense durante el juicio; por la Asesoría Jurídica General del Ejército, los coroneles Howard A. Brundage y Thomas S. Hinkel; y el comandante John J. Monigan. A ellos se sumarían dos tenientes coroneles, Smith Broohart y Murray I. Gurfein. Este último hablaba fluidamente el alemán, pero esta sería una de las carencias más notables del equipo. El jefe de aquel dispositivo, Amen, tan solo se tomó la molestia de interrogar a Göring y en una ocasión a Ribbentrop. Por su parte, los soviéticos simplificaron el procedimiento, designando al general Alexandrov como responsable y el coronel S. Rosenblit como director de interrogatorio y también como intérprete.

El habitáculo destinado a sala de interrogatorios era muy modesto. Nada debía trasladar al detenido la más mínima idea de su importancia. Situada en la tercera planta de los juzgados, apenas había una mesa y una docena de sillas. Los interrogatorios se desarrollaban, además de ante el oficial, ante un estenógrafo y un intérprete; el preso entraba, introducido por un policía militar, después de que los interrogadores hubieran tomado asiento.

Tras tomar juramento al intérprete, se le tomaba al detenido, ante el que se invocaba a Dios. Generalmente, solo la primera vez, recordándole en cada sesión que seguía sometido al juramento inicial. Aunque cada sesión duraba unas dos horas, el tiempo real se reducía a la mitad entre la traducción, las reconvenciones del interrogador y la toma de declaración; había días en los que se celebraban hasta tres sesiones, mientras que en otras ocasiones estas se repartían a lo largo de varias semanas.

En general, los interrogatorios estaban mal enfocados. La mayoría de los interrogadores creían que las actitudes extremas funcionaban, sobre todo las negativas, pero lo que solían conseguir era que el preso se encerrara en sí mismo y se mostrase poco dispuesto a colaborar. Solo Kenneth Hechler encontró una vía para acceder a ellos, a raíz de sus experiencias con Walter Warlimont. Logró establecer una relación cordial con algunos presos, que le suministraron información importante. Algunos otros también lograron establecer un cierto vínculo con ellos, pero la actitud general fue visiblemente hostil, aunque pocas veces agresiva. El desconocimiento de la historia que en ese momento se tenía jugaba a favor de los internos, que cuando detectaban errores en los interrogadores los aprovechaban.

Amen era uno de los que mejor conocía el terreno que pisaba, y eso le permitía una seguridad mucho mayor que a los otros. No solía intervenir más que en los casos más notables, como fue el de Göring y en algunos momentos en que el de Ribbentrop se puso peor, pues por más que a este se le presionaba no había modo de obtener más información.

Los soviéticos se organizaban de modo diferente. El interrogador estaba acompañado de un grupo de funcionarios y un traductor; además, se registraban en inglés las declaraciones de los presos. Al traductor se le informaba de las consecuencias que podía entrañar cualquier error, lo que sin duda era una ominosa advertencia. De todos los presentes, solo juraba el funcionario estadounidense presente. La duración de la sesión era corta, solo una hora. Casi todas las preguntas se centraban en aclarar si el acusado conocía los planes expuestos en *Mi lucha*, porque eso representaba una confesión de que el reo estaba al tanto de los propósitos de conquistar la Unión Soviética. La mayoría contestó con evasivas que, no en todos los casos, eran falsas. Es más que probable que una cantidad sustancial de los acusados en efecto no lo hubieran leído, al menos de manera sistemática, pues aunque el libro era de lectura obligatoria en las escuelas alemanas y tenía un carácter oficial, resultaba bastante indigesto en términos generales.

Para los soviéticos, los interrogatorios eran más complicados. Obviamente, no podían emplear los métodos habituales, de modo que aquellos procedimientos les resultaban bastante forzados. Dentro de la propia delegación soviética, Alexandrov fue acusado de no amonestar a los presos cuando hacían lo que podía entenderse como manifestaciones antisoviéticas.

Curiosamente, mientras que en Mondorf los interrogatorios los desarrollaban personas con conocimientos del idioma de los detenidos, en Núremberg el procedimiento se volvió mucho más denso. Prácticamente ningún interrogador sabía alemán, lo que ralentizó el proceso enormemente. Desde el punto de vista psicológico fue un error, porque impedía la creación de un vínculo de confianza con el acusado. Aunque casi todos los detenidos sabían algo de inglés, solo unos pocos tenían el nivel como para contestar a las preguntas con una cierta fluidez.

En el cautiverio de Mondorf, el jefe de Operaciones de Jodl, Walter Warlimont, les había dado clases de inglés; de hecho, Warlimont preferiría declarar directamente en inglés antes que en alemán. Göring hablaba inglés y, sobre todo, lo entendía pero, con toda probabilidad, prefería aguardar la traducción para preparar sus respuestas con más tiempo; a veces se traicionaba reaccionando a las preguntas que se le formulaban antes de que fueran traducidas. Quizá por la misma razón, Speer también optó siempre por declarar en alemán y que le tradujeran preguntas y respuestas, aunque su nivel de inglés era mejor que el del Reichsmarschall.

Von Papen declaró siempre en inglés porque se impacientaba ante la lentitud de la traducción, aunque surgieron algunos problemas entre él y el interrogador; los dos ministros de Exteriores, Ribbentrop y Neurath, sí declararon en inglés, si bien Ribbentrop recurrió en alguna ocasión a la traducción. Neurath era, a todos los efectos, bilingüe.

La traducción tenía más problemas que los meramente lingüísticos. El desconocimiento de la cultura alemana era generalizado, por no hablar de la ignorancia acerca de la situación de Alemania en las últimas décadas y, concretamente, durante el Tercer Reich, y eso afectaba también a los traductores. Además, se acumulaban los inconvenientes de carácter técnico. Faltaba personal para tomar notas, traducir documentos, pasar a máquina los interrogatorios y declaraciones, y las medidas que se tomaron para atraer nuevos candidatos —ofertando puestos de trabajo mediante anuncios en los Estados Unidos y en Gran Bretaña— no dieron resultado; nadie quería pasar un año más movilizado, tras varios en el Ejército, particularmente aquellos que tenían alguna experiencia y, por tanto, eran mayores y tenían hijos. Tuvieron que aceptar a aquellos a quienes habían tratado de evitar: los de origen alemán. Y los soviéticos tenían el mismo problema. Por lo demás, aunque Eisenhower había prometido fotocopiadoras —todo un lujo desconocido en la época— no fue posible hacerlas llegar a Núremberg, y hubo que establecer un puente aéreo con Francfort.

Los prisioneros, en general, cooperaban en los interrogatorios más de lo que se había considerado. En algunos casos, incluso había que recordarles que tenían derecho a no declarar, porque no hacían uso de ese derecho. Solían mostrarse locuaces con más frecuencia que silenciosos.

Aprovechando esa circunstancia, Gilbert pidió opinión a los presos acerca de la acusación. En sus contestaciones reflejaron algo más que una opinión. Mientras Papen manifestaba no entender qué tenía que ver todo aquello con él, lo mismo que Schacht, Fritzsche quedó conmocionado; si todo lo que se contenía en la acusación era cierto, las cosas habían ido mucho más lejos de lo que había imaginado. Frank admitió el grueso de la acusación y solo se preocupó por los problemas de conciencia. Kaltenbrunner rechazó tener alguna relación con los crímenes que se le imputaban y se negó a ser juzgado en lugar de Himmler; él solo había cumplido con su deber.

Los militares, tanto Jodl como Keitel, Raeder o Dönitz se acogieron al cumplimiento de las órdenes recibidas y, mientras Hess afirmaba no recordar nada de lo que se le imputaba, Ribbentrop aseguraba que los verdaderos responsables no estaban presentes. Speer comenzó a dar las muestras de arrepentimiento que más tarde prodigaría y Göring recapituló: «El vencedor siempre será el juez y el vencido siempre el acusado»; tal juicio reflejaba no solo una actitud omnicomprensiva de lo que sucedía en Núremberg, sino también la resignación de su posición personal, pues se convirtió en uno de los presos más dóciles desde el punto de vista penitenciario.[24]

Las acusaciones tuvieron un fuerte impacto en los internos. En el plazo de escasas semanas habían averiguado quiénes eran los acusados y de qué se les acusaba. Las reacciones, imprevisibles, fueron tantas como los propios acusados. Ninguno las esperaban en toda su extensión, pero algunos las aceptaron mejor que otros, como hemos visto. Cuatro de ellos acudían regularmente a la misa que se celebraba en la prisión: Papen, Kaltenbrunner, Seyss-Inquart y Frank. Este último había reencontrado la fe de su infancia, y tuvo una sincera conversión al catolicismo, que mantuvo hasta su muerte. Seyss había sido siempre católico, aunque de cumplimiento irregular, que superó gracias a la reglamentación penitenciaria. En Kaltenbrunner resultó, acaso, más chocante, aunque siendo austriaco parecía, hasta cierto punto, natural.

---

[24] R. Manvell y H. Fraenkel, *Göring*, Grijalbo, Barcelona, 1969, p. 285.

De entre todos, el que peor aceptó las acusaciones fue Robert Ley. Ley mostraba evidentes signos de alteración mental desde que había sido detenido; a su conocida inestabilidad había que sumarle la situación en la que se hallaba. Fue acentuando su excentricidad hasta que su comportamiento terminó llamando la atención del equipo psiquiátrico. El día que se les entregaron las acusaciones anduvo caminando titubeante de un lado para otro, tartamudeando y gesticulando sin aparente razón.

Una vez en la celda, se dirigió a Gilbert, componiendo la figura de un crucificado contra la pared y, en voz alta, dijo:

—¡Ponednos de cara a la pared y fusiladnos de una vez!

Gilbert abandonó la celda, dejándole solo con sus pensamientos.

Durante la noche, Ley paseaba de un lado al otro de la habitación con frenesí. El guarda le oyó musitar de cuando en cuando y hasta hablar en voz alta. Le preguntó que por qué no dormía.

—Dormir... ¿dormir?... no me dejan dormir... millones de trabajadores extranjeros... Dios mío... millones de judíos... *millions of jews... all killed...* todos muertos... *all murdered...* cómo dormir... cómo dormir...

El policía militar continuó recorriendo el pasillo, mientras meneaba la cabeza. Cuando volvió a pasar por delante de la celda de Ley miró preceptivamente por la mirilla, y vio sus piernas por debajo de la puerta del retrete. Aquella era una vista muy frecuente, por lo que no le dio importancia alguna; pero cuando unos minutos después pasó de nuevo por delante y Ley seguía allí sin mover su posición ni hacer ruido alguno, el guarda se alarmó.

Llamó al reo, pero este no contestó. Gritó entonces para que acudiera el suboficial de guardia, que irrumpió junto con dos soldados en la celda, precipitándose como un torrente en el pequeño cuarto del inodoro. Allí estaba Ley, con el rostro azulado, sobre el retrete, con las piernas recogidas; con el cierre de la guerrera se había fabricado un lazo, que había enganchado del grifo del lavabo. Había logrado amordazarse y se había introducido trozos de sus calzoncillos en la boca y en la nariz para no llamar la atención con sus estertores.

Acudieron presurosos los médicos, que le inyectaron un centímetro cúbico de Cardiazol, al denotar que el cuerpo estaba aún caliente, y otro centímetro de Lobulin, y entre el doctor Hoch y Pflücker trataron de reanimarlo. Pero nada sirvió para evitar el previsible desenlace mortal. Ley, ya cadáver, fue transportado hasta el hospital de Núremberg, donde se certificó su fallecimiento. El examen de su cerebro determinó el deterioro mental que le aquejaba. Su cuerpo fue enterrado en una tumba anónima envuelto en papel de embalar.

El coronel Andrus, que temía una especie de contagio, ordenó mantener el más estricto silencio acerca del suceso, pero este se supo de todos modos muy poco después. Nadie lamentó demasiado la suerte de Ley, con la excepción de Streicher, el único con quien mantenía una cierta relación. Göring, sin embargo, no se recató en manifestar su contento por el suceso. A Gilbert le dijo:

—Me alegro, es mejor que haya muerto; lo único que hubiera conseguido es que todos nosotros hubiéramos hecho el ridículo. Es mejor que haya muerto. Temía por su comportamiento ante el tribunal. Siempre fue un hombre muy confuso y distraído y pronunciaba unos discursos llenos de fantasías y exageraciones. Creo que hubiera dado, delante del tribunal, un penoso espectáculo. En fin, no me sorprende, en circunstancias normales hubiera muerto alcoholizado.

Su fallecimiento no mereció el recuerdo de nadie. En la sesión de apertura del juicio, el fiscal general Robert Jackson aludió a él en términos despectivos:

—Robert Ley, el mariscal de campo en la batalla contra los obreros, ha contestado con el suicidio a nuestra acusación. Al parecer no conocía otra respuesta.[25]

Aún quedaban un par de cuestiones antes de comenzar el juicio: la primera de ellas era la imposible comparecencia de Gustav Krupp von Bohlen, acusado en nombre de la industria de armamento alemana, a la que se consideraba culpable de favorecer y beneficiarse de los planes de expansión y agresión de Hitler. A Krupp le llevaron el Acta de Acusación a su lecho de Blünhnbach, en Austria, aunque era incapaz de percibir lo que sucedía a su alrededor. Jackson quería que compareciese, pero los exámenes médicos lo impedían.

---

[25] J. J. Heydecker y J. Leeb, *El proceso de Nuremberg...*, op. cit., p. 101.

En la sesión preliminar del 14 de noviembre, su abogado arguyó las circunstancias de su situación física y mental para justificar su ausencia. A su deterioro de salud —que venía produciéndose desde antes de la guerra— había que añadirle un accidente de coche sufrido en diciembre de 1944. Krupp no era capaz de reconocer a sus amigos y parientes y tampoco podía pronunciar más que unas palabras inconexas. Hasta hacía dos meses al menos había podido mantenerse sentado en una silla, pero ahora eso ya era imposible.[26]

Jackson trató por todos los medios de que Krupp fuese juzgado. Incluso el presidente hubo de llamarle la atención ante su empecinamiento, debido a que los Estados Unidos eran los únicos que así lo consideraban de entre las cuatro potencias. Además, le arrinconó al preguntarle si en las condiciones del acusado se llevaría adelante el juicio en su país.[27]

El fiscal francés se opuso a la idea de Jackson, conviniendo que el proceso era completamente inadecuado porque «no es capaz de defenderse, ni de dar cuenta de sus actos». Pero Dubois propuso que, en lugar del padre, compareciese el hijo ante el tribunal. Si antes el presidente había negado la posibilidad de que Gustav Krupp sénior compareciese por su estado de salud, ahora consideró pertinente cuestionar la decisión de que, sencillamente, el hijo se sentase en el mismo banquillo que estaba destinado al padre. ¿Cómo decirle a un hombre que está sentado ante un tribunal porque su padre no está capacitado para hacerlo?

La comisión médica que se había nombrado para establecer la capacitación de Krupp —que incluía profesionales de las cuatro potencias— emitió su informe ante el tribunal. El informe fue contundente, y eliminó las últimas insistencias a favor de que Krupp fuese convocado en Núremberg.

Una segunda cuestión quedaba por tratar: la ausencia de Bormann, al que no se había podido localizar hasta la fecha. Durante décadas, se ignoró la suerte de quien fuera secretario de Hitler para el NSDAP, y

---

[26] *IMT*, vol. II, pp. 1 y ss.
[27] *Ibid.*, p. 9.

se le creyó huido. La persecución de Bormann se mantuvo muchos años, en ocasiones con un carácter casi frenético. Cuando en 1964 el Gobierno de Bonn ofreció 100.000 marcos por cualquier información conducente a la detención de Bormann, se produjeron cientos de denuncias que pretendían haberlo visto, desde Sudáfrica hasta Escandinavia. Incluso Simon Wiesenthal aseguró que estaba escondido en Sudamérica.

La verdad es que, a esas alturas, ya se conocía la auténtica pista de la suerte de Bormann, gracias a un funcionario de Correos que informó a la policía de que los soviéticos le habían hecho enterrar unos cuerpos el 8 de mayo de 1945, uno de ellos uniformado como militar y el otro en ropa interior; alguien que compartió esa tarea con él recordaba que uno de ellos era Stumpfegger. Entregaron la cartilla médica identificativa a los soviéticos, quienes se deshicieron de ella.

Aquello encajaba con el testimonio de Arthur Axmann, último jefe de las Juventudes Hitlerianas, quien aseguraba que Bormann había muerto tratando de huir de Berlín, así que en el verano de 1965 se emprendieron labores de búsqueda de los cuerpos en la zona de la Invalidenstrasse, que no obtuvieron resultado. Sin embargo, siete años más tarde, en diciembre de 1972, se encontraron por casualidad restos humanos —a una docena de metros del lugar que se había señalado en 1963— de dos hombres. En la dentadura de ambos había pequeños cristales que sugerían que se habían suicidado mediante veneno. El trabajo forense posterior despejó toda duda acerca de su identidad: uno de ellos era Martin Bormann, sin la menor duda. Incluso la clavícula mostraba la lesión que Bormann había sufrido montando a caballo en 1939. El final del proceso tuvo lugar en 1998, cuando a partir del ADN de uno de sus hijos se pudo determinar la pertenencia del cráneo a Bormann sin duda alguna.

Pero todo eso estaba aún lejos en 1945. Las dudas acerca del destino de Bormann eran razonables. El fiscal británico Maxwell-Fyfe resumió la cuestión diciendo que de quienes iban con él en el carro blindado que protegía su huida, dos le creían muerto y un tercero con heridas. Por tanto, lo que procedía era llamar públicamente a Bormann para que compareciese —trámite legal imprescindible— y, caso de no presentarse, juzgarle *in absentia*. El tribunal estuvo de acuerdo.[28]

La realidad es que Bormann intentó escapar de Berlín tras la muerte de Hitler. El 1 de mayo todavía se combatía con enorme dureza en la capital. Desde todos los edificios y ruinas, los soviéticos disparaban mientras los alemanes trataban de ganar tiempo para permitir la huida de una gran multitud que se agolpaba junto al puente de Wiedendamm. Un Tiger y una sección de cañones autopropulsados se abrieron paso con un fuego aterrador, disparando sin pausa contra el enemigo, y provocando que la masa buscase protección detrás de ellos. Cuando finalmente el Tiger estalló, pereció un gran número de personas que se había refugiado tras él. Parece que Bormann sobrevivió a esa explosión, pero, de algún modo, minutos después había muerto junto a Stumpfegger.

Aunque los testimonios a este respecto antes del juicio no fueron escasos, durante el mismo fue tomada declaración a Erich Kempka, chófer de Hitler y buen conocedor de Bormann. Kempka ratificó la versión de la muerte de este, siendo incluso testigo de la explosión que acabó con su vida. Describió la forma en que iba vestido el Reichsleiter: abrigo de cuero, gorra de las SS e insignias de Obergruppenführer. Añadió que, además de Stumpfegger, acompañaba a Bormann el secretario de Estado del Ministerio de Propaganda, doctor Werner Naumann, del que tampoco se había vuelto a saber. Bormann estaba pegado a un tanque —presumiblemente el Tiger— e incluso en probable contacto con él. La explosión le mató sin lugar a la duda.[29]

La falta de completa seguridad, sin embargo, hizo que se mantuviera la pretensión de juzgarlo *in absentia*, y el caso de Bormann fue también incluido en el sumario de Núremberg.

---

[28] *Ibid.*, pp. 26-27.
[29] *IMT*, vol. XVII, pp. 447 y ss. Declaración de Erich Kempka, 3 de julio de 1946.

Capítulo 7
LA ACUSACIÓN PRESENTA LOS CARGOS

La mañana del martes 20 de noviembre de 1945 comenzó muy pronto en los aledaños del Palacio de Justicia de Núremberg. El cielo, cubierto de nubes, amenazaba con desplomarse. Hacía mucho frío, y parecía que nada impediría que nevara. Toda la ciudad estaba tomada por las tropas del Ejército de los Estados Unidos, más alerta que nunca ante la posibilidad de que pudiera producirse un atentado nazi.

A la entrada, las unidades de la Policía Militar norteamericana montaban guardia. De imponente aspecto castrense, solo traicionaban su nerviosismo por la frecuencia con la que se llevaban los cigarrillos a los labios. Resultaba obvio que habían sido imbuidos de la trascendencia del momento. Permanecían hieráticos junto a la valla que rodeaba el edificio, custodiado desde carros blindados ligeros de infantería que montaban ametralladoras y cañones de bajo calibre. Apuntaban a la Furtherstrasse, en realidad un montón de escombros que les sugerían negras perspectivas.

Al otro lado de la valla, se agolpaban en el vestíbulo los corresponsales y periodistas desde las siete y media de la mañana. Eran unos doscientos cincuenta. Aún no se les había facilitado el acceso al interior, y no se haría hasta dos horas más tarde. En su mayoría procedían de Gran Bretaña, Estados Unidos, Francia y la Unión Soviética, pero los había de los cinco continentes. Algunos de ellos, como John Dos Passos, Erich Kästner y Erika Mann eran universalmente conocidos. Alemanes apenas había cinco, era todo lo que se había permitido.

A esas mismas horas, las siete y media de la mañana, los acusados eran sacados de sus celdas y llevados a la sala donde habrían de ser juzgados durante doscientos dieciocho días. El proceso, uno de los más largos de la historia, comprenderá unas 16.000 páginas y más de cuatro millones de palabras. Se presentaron unas 5.350 pruebas, repartidas a partes más o menos iguales entre la acusación y la defensa; se comprobaron unas 300.000 declaraciones y se convocó a 240 testigos. Se copiaron en cuatro idiomas (inglés, ruso, francés y alemán) todos los documentos escritos, se revelaron 780.000 fotografías, 13.000 rollos de película, 27.000 metros de cinta magnetofónica, se grabaron 7.000 discos con las declaraciones y los teletipos escupieron 14 millones de palabras a los cuatro puntos cardinales.

Un mes antes había tenido lugar la inauguración del juicio; había sido en Berlín, el 18 de octubre, y consistió en una presentación meramente formal en la que el general y juez soviético Nikitchenko leyó el acta principal de la conformación del tribunal, se citó a los acusados y se les comunicaron los plazos establecidos para el comienzo de las sesiones en Núremberg. También se leyó el listado de organizaciones que se sentarían en el banquillo: el Gabinete del Reich, el cuerpo de líderes del Partido Nazi, las SS, la Gestapo, las SA, el Estado Mayor y el Alto Mando de la Wehrmacht.

La sala donde se efectuó la lectura era la del antiguo Tribunal Popular, la misma en la que apenas un año antes se habían celebrado los juicios contra los procesados por el intento de asesinato de Hitler, el 20 de julio de 1944, juicios que había dirigido de forma ignominiosa Roland Freisler.

Una vez cumplimentado lo que se había estipulado procedimentalmente, algo más de treinta días después de esta sesión, se iniciaban en Núremberg las sesiones del juicio propiamente dicho. Los acusados, abrumados por la enormidad de la acusación, sabían lo que les esperaba.

Pasaban tres minutos de las diez de la mañana del 20 de noviembre de 1945. El rumor en la sala se fue apagando, hasta que se hizo audible el débil zumbido de los aparatos eléctricos. Una voz, la del coronel norteamericano Charles W. Mays, secretario del tribunal, retumbó sonora en la sala:

—*Attention!!! The Court!*

Los presentes se levantaron casi al unísono. Aparecieron los cuatro jueces y sus respectivos adjuntos, embutidos en sus togas, con excepción de los soviéticos, que iban de uniforme. Tras una ligera inclinación de cabeza hacia el público presente y el ministerio público, tomaron asiento. Los soviéticos se dispusieron en el extremo izquierdo, los franceses en el derecho, y los británicos y estadounidenses en el centro, los primeros junto a los soviéticos y los segundos junto a los galos.

Se leyeron los cargos. Se leyó la lista de acusados y la de las organizaciones imputadas. Se leyó el nombre de los jueces y fiscales y se citó a quiénes representaban. Se pasó entonces al Acta de Acusación, conforme al procedimiento, pese a que los acusados la conocían ya, en lo que se ocupó la mayor parte de la sesión. Los acusados mostraron una notable calma, con actitudes que iban desde la indiferencia absoluta de Hess hasta la tranquilidad de Göring. Algunos jugaban con la traducción en distintos idiomas, pasando de uno a otro con curiosidad casi infantil. Fritzsche y Frick, en cambio, prestaron enorme atención al texto en alemán, mientras Keitel miraba fijamente, hierático.

Pero no estaban todos. En las filas de los acusados había tres bajas. Kaltenbrunner sufría una hemorragia cerebral y había sido ingresado; Hess prorrumpió en una sonora carcajada durante la vista (al parecer le hizo mucha gracias algo que leyó en el libro que tenía entre las manos) y luego comenzó a protestar porque le dolía el estómago, así que fue devuelto a su celda, y Ribbentrop se mareó cuando comenzaron a leerse las acusaciones de crímenes contra la humanidad.

La sesión se cerró hasta las 14.00 horas, momento en que se continuó la lectura de la acusación contra las organizaciones nazis.

Fue el segundo día cuando comenzaron las sesiones del juicio propiamente dicho. Habiendo leído la acusación el día anterior, los imputados fueron emplazados a responder cómo se declaraban. Todos ellos contestaron negativamente a la acusación en los términos lacónicos que demandaba el tribunal, aunque cada uno lo hizo a su modo. Göring trató de hacer un discurso, pero no se le permitió. Cuando todos terminaron de pronunciarse sobre su inocencia, el antiguo Reichsmarschall intentó de nuevo dirigirse al tribunal, pero de nuevo este se lo impidió.

El turno le correspondía al fiscal jefe de los Estados Unidos. Jackson había escrito una pieza destinada a perdurar, en la que exponía las razones del juicio. La atmósfera se había relajado tras la intervención de Hess, que había contestado con un cortante *nein* a la pregunta sobre su culpabilidad. Una risa nerviosa había recorrido los bancos del público. Pero ahora Jackson invocaba, con solemnidad:

> El privilegio de iniciar el primer juicio de la historia por crímenes contra la paz en el mundo implica una grave responsabilidad. Las ofensas que pretendemos condenar y castigar han sido tan calculadas, tan perversas y tan devastadoras que la civilización no puede tolerar que se las ignore, puesto que no podría sobrevivir si se volvieran a repetir. El hecho de que cuatro grandes naciones, sonrojadas por la victoria y sumidas en el dolor, ejerzan de mano vengadora y sometan voluntariamente a sus enemigos cautivos al juicio de la ley es uno de los mayores tributos que el poder ha rendido jamás a la razón.
>
> Este tribunal, aunque nuevo y experimental, no es el producto de abstractas especulaciones, ni nació para reivindicar teorías legalistas. Esta vista resume el esfuerzo práctico de cuatro de las más poderosas naciones, con el apoyo de otras diecisiete, por utilizar el derecho internacional para enfrentarse a la mayor amenaza de nuestro tiempo: la guerra de agresión. El sentido común de la humanidad requiere que la ley no se limite a castigar los delitos menores de la gente corriente. También debe aplicarse a los hombres que ostentan un gran poder y que lo utilizan de manera premeditada y deliberada para ejecutar maldades que afectan a cualquier ciudadano del mundo. Una causa de tal magnitud es la que las Naciones Unidas presentarán ante sus señorías.
>
> En el banquillo de los acusados se sientan veintitantos hombres abatidos. Reprobados tanto por la humillación de aquellos a quienes dirigieron como por la desolación de aquellos a los que atacaron, su capacidad personal para ejercer daño alguno hace tiempo que quedó atrás. Ahora resulta difícil intuir en estos prisioneros el poder que como líderes nazis les permitió dominar parte del mundo y aterrorizar a millones y millones de personas. Su destino como individuos resulta irrelevante para el mundo.

> Lo significativo de este proceso es que estos reos son la personificación de unas influencias siniestras que pervivirán en el mundo mucho después de que sus cuerpos se hayan convertido en polvo. Demostraremos que son símbolos vivientes del odio racial, del terrorismo y la violencia y de la arrogancia y la crueldad del poder. Son símbolos del nacionalismo arrogante y del militarismo y de las intrigas y de las guerras que han conmovida a Europa generación tras generación, aplastando su humanidad, destruyendo sus hogares y empobreciendo su vida...

Jackson recordó algunos aspectos muy generales acerca del poder nazi, de su consideración de ser una «raza superior», de su proceder en contra de sus vecinos y de la comunidad internacional. Toda la pieza oratoria desembocó en las conclusiones, no por esperables menos efectistas:

> Nuestra acusación revelará que todos estos acusados se unieron antes o después al Partido Nazi en una conjura que sabían bien solo podía culminar en la declaración de guerra en Europa. La apropiación del Estado alemán, la sumisión del pueblo alemán, el terrorismo y el exterminio de los elementos disidentes, el proyecto y la declaración de guerra, la crueldad calculada y planificada exhibida en el transcurso de la guerra, la crueldad deliberada y planificada hacia los pueblos conquistados... estos son los fines por los que actuaron todos a una y las fases de la conspiración, una conspiración que solo buscaba cumplir un objetivo para poder lograr otro más ambicioso.
> La acusación que presentarán los Estados Unidos se basará en la autoría y en la autoridad de todos los crímenes. Los acusados eran hombres de categoría y rango que no se mancharon las manos de sangre. Eran hombres que sabían utilizar a los inferiores como instrumentos. Queremos descubrir a los planificadores y diseñadores, a los incitadores y a los líderes cuyas perversas intenciones llevaron al mundo a sufrir la violencia, la anarquía, la agonía y las convulsiones de esta guerra terrible.[1]

---
[1] *IMT*, vol. II, pp. 98-105.

Jackson continuó recorriendo la historia del nazismo, con la creación de los campos de concentración, la abolición de los derechos individuales, la ilegalización de los partidos y sindicatos, los delitos contra las iglesias y los judíos y las guerras de agresión. El impacto del discurso sobre los presentes fue innegable, tanto sobre el público como sobre los acusados. En la pieza de Jackson se condensaba, con sus aciertos y sus errores, el sentido de la acusación.

Pero lo que siguió fue mucho más desafortunado. Los abogados de la acusación esperaban unos cargos perfectamente trabajados, que resultaran aplastantes para la defensa. El proceso estaba concebido básicamente de acuerdo a los procedimientos norteamericanos, y sin duda lo que vendría a continuación sería una abrumadora muestra de poderío jurídico.

La realidad fue muy diferente. Al contrario, con inmediatez se pudo percibir un alto grado de desorganización entre los norteamericanos, una incoherencia en la exposición de la causa. En su afán de demostrar la existencia de la conspiración sobre la que habían basado su teoría, se precipitaron en una prolija descripción de sus tesis; pero lo hicieron sin orden, exponiendo un material documental que no habían logrado integrar en un relato consistente. En lo sucesivo, la fiscalía estadounidense alternaría confusamente unas acusaciones con otras, en una sucesión desordenada que en nada contribuiría a perfilar con claridad la acusación en su conjunto.

Media docena de abogados subieron al estrado para explicar el caso, pero solo consiguieron embrollarlo todo. Presentando las pruebas, el coronel Storey fue dando paso a las sucesivas exposiciones, la primera de las cuales fue la de Ralph Albrecht, quien explicó la jerarquización de la Alemania nazi de forma confusa, sirviéndose de unos gráficos que nadie entendió, hasta el punto de provocar ostensibles bostezos.

Pero aún peor fueron las explicaciones del comandante Frank B. Wallis, que giraron en torno a las ideas principales del nazismo, a los conceptos como *Lebensraum* y a recordar que la conspiración nazi era una certeza por cuanto Hitler había anunciado en numerosas ocasiones cuáles eran sus propósitos. Wallis hizo especial hincapié en esto, sin reparar en que de una cosa no se colige la otra. Pero, sobre todo, mostró una cierta falta de profesionalidad por parte de la acusación: el juez hubo de reconvenirle por cuanto los documentos en los que se apoyaba no le habían sido facilitados a la defensa. Wallis se excusó torpemente, asegurando que se los proporcionaría a la mayor brevedad.[2] Después de él, Thomas Dodd no estuvo mucho mejor, en su explicación de los preparativos económicos para desencadenar la guerra.

De modo que la impresión que dio la acusación fue más bien pobre. Incluso Sidney Alderman tuvo que reconocer que no sabía lo que significaban unas determinadas siglas, pues ignoraba el alemán. El ambiente en la sala se deterioró con rapidez, tras los dos primeros días de exposición de la acusación; la atención decayó pronto y el público dormitaba. Con la sesión del 23 de noviembre terminó la semana; el juicio se reanudaba el lunes 26, y esta vez, sí, la acusación tenía previsto presentar algo verdaderamente contundente que justificase sus esperanzas de demostrar la conjura nazi contra la paz del mundo.

El Memorándum Hossbach

Lo que se traía entre manos Alderman era lo que se conoce desde entonces como Protocolo Hossbach. Dicho memorándum son las actas de una reunión que tuvo lugar el 5 de noviembre de 1937 en Berlín, a la que asistieron, además del Führer, el mariscal Von Blomberg, ministro de la Guerra; el jefe del Estado Mayor del Ejército, el general Von Fritsch; el gran almirante Raeder, por la Kriegsmarine; el Reichsmarschall Göring, por la Luftwaffe; el ministro de Exteriores, Von Neurath y el coronel Hossbach, en ese momento adjunto militar de Hitler para el Estado Mayor, y quien tomó las notas del encuentro.

El protocolo recoge el plan de Hitler con respecto a los meses y años que están por venir. Para la acusación se trataba de un documento de singular valor, demostración de su tesis de que el Tercer Reich había previsto la guerra que un par de años más tarde estalló en Europa. Como tal, lo anunció y leyó el abogado norteamericano ante la corte.

---

[2] *Ibid.*, pp. 184-185.

En principio, el memorándum parecía acusar sin sombra de duda a los nazis en el sentido en que los estadounidenses apuntaban. Lo esencial que tenía que transmitir Hitler era la necesidad de proceder a una aceleración del rearme y a disponer la economía, en consecuencia, en función de dicho objetivo.

Pero con las actas de Hossbach en la mano se ratificaba la idea, que los líderes nazis habían apuntado en más de una ocasión durante el cautiverio, de que Hitler no quería la guerra contra las democracias occidentales. Mientras que, por otro lado, resultaba indudable que se pensaba en términos de expansionismo, sí, pero que sonaba revisionista: contra Versalles.[3] El enfrentamiento contra los británicos —y los occidentales, por extensión— se posponía hasta unas generaciones más tarde, cuando el propio Hitler ya no estuviera en este mundo.

Por ahora, el momento en el que la diferencia militar entre el Reich y sus enemigos sería mayor no tardaría mucho en llegar. Para 1943 era previsible que esa diferencia se hubiera acortado; como durante la Gran Guerra, la ventaja inicial de Alemania debía servirle para triunfar en la guerra a corto plazo; de otro modo, se vería abocada a la derrota segura. El plan, por tanto, era lanzar una serie de conflictos de carácter regional que permitieran la expansión alemana a costa de Austria y Checoslovaquia, conflictos que —Hitler estaba seguro— no provocarían una guerra generalizada. Para 1943-1945 debía estar resuelto este asunto, pero no se descartaba acortar los plazos si podía aprovecharse una crisis de carácter interno en Francia o bien si París entraba en guerra con otro Estado. En ese momento, se aspiraba a que Polonia permaneciese neutral (lo que no dejó de llamar la atención de los fiscales de Núremberg).

Este planteamiento presentaba una serie de inconvenientes de orden económico de primera magnitud. Hitler admitía que, tal y como había sido planteada, la autarquía no daba más de sí y que, por tanto, no podía mantenerse en los límites en los que se hallaba en ese momento. El ministro de Economía, Schacht, había hecho sonar las alarmas sobre la situación, pero aquello no alteró en lo esencial al Führer.

---

[3] *Documents on German Foreign Policy*, serie D, vol. I, pp. 29-39.

El que la inflación se disparase o el que se sufriese una pronunciada escasez de alimentos serían problemas que arreglaría la guerra. La solución de los problemas económicos de Alemania se posponía a la conquista de territorios económicos en el Este.[4]

En consecuencia, la expansión alemana era una obligación en orden a la supervivencia. De acuerdo a la doctrina nazi, la conquista de territorio se veía como una necesidad impuesta a un pueblo que se hacinaba en un espacio demasiado reducido para lo numeroso que era. Ese territorio imprescindible para su supervivencia se conocía como *espacio vital* (*Lebensraum*). Estaba claro que el Führer deseaba una guerra de conquista por el Este de Europa y Europa Central. «El problema de Alemania solo puede resolverse mediante el uso de la fuerza», concluía.

Por otro lado, Hitler hacía referencia al hecho de que otros países se estaban rearmando, lo que era cierto. Pero en las previsiones de Hitler había un indudable componente de oportunismo; sus suposiciones con respecto a lo que podría obtener de la situación en Austria y Checoslovaquia eran mucho menos exigentes, temporalmente hablando, de lo que resultaron en la realidad.

Apenas tres semanas más tarde, Hjalmar Schacht fue reemplazado como ministro de Economía, pues su posición había dejado de tener sentido. Schacht había señalado que el rearme provocaría una espiral incontrolable al disparar el gasto público, y asimismo haría imposible mantener un presupuesto ordenado. A comienzos de 1939, las finanzas del Estado se hallaban en una situación precaria y estaban socavando al Reichsbank. En 1938, el déficit del Reich se elevaba a 9.500 millones de marcos, consecuencia de esa política (que, por otro lado había cosechado espectaculares resultados en su lucha contra el paro); para entonces, los gastos militares alcanzaban el 21 por ciento, en una Alemania cuya renta nacional se había duplicado en cinco años.

Para la nueva política a aplicar, Schacht se había convertido en un estorbo. Hitler le recompensó por sus servicios pasados manteniéndole como ministro sin cartera y, además, aún estuvo más de un año al frente del Reichsbank. Fue sustituido teóricamente por Funk

---

[4] R. Evans, *El Tercer Reich en el poder*, Península, Barcelona, 2007, p. 360.

en la titularidad del ministerio y por la oficina de Göring en la práctica.

Pero las actas de Hossbach que esgrimía la fiscalía presentaban una serie de problemas. En primer lugar, era un documento que había sido elaborado unos cinco días después de que hubiera tenido lugar la reunión, por lo que las impresiones personales del coronel Hossbach jugaban un papel importante; de hecho, Hitler no había querido verlas cuando se le ofrecieron para que les echara un vistazo, así que no existía una corroboración por su parte.

La importancia del memorándum ha sido realzada debido a la posición de los asistentes. Pero la realidad fue algo diferente. Consta que Hitler pretendía, esencialmente, presionar al jefe del Heer, Von Fritsch, quien —al parecer del Führer— no desarrollaba el rearme del Ejército de Tierra con la celeridad requerida. Para ello esperaba que surtiera efecto la presión de Von Blomberg. Además, la presencia de Neurath en la sala se debía, según le confesó a Göring, a que no quería que la reunión tuviese un aspecto tan uniformemente militar.[5]

Un aspecto importante del encuentro fue el de la duración de la vida de Hitler. Hacía tiempo que este estaba preocupado por la cuestión, que ahora el Führer planteaba de modo descarnado: había que conseguir determinados objetivos antes de que él muriese. Si tal cosa sucedía, debían considerar lo que esa tarde se hablase como su testamento y última voluntad.

Además, los enemigos de los que hablaba Hitler en el documento eran Austria y Checoslovaquia, y en todo caso Francia; es indudable que en el memorándum se está refiriendo a una política en esencia regional, y que no hay un diseño global perfectamente planificado. En lo que hace a los franco-británicos, lo que a Hitler le importa es su capacidad de interferir en la resolución del problema en Centroeuropa. En cuanto a la Unión Soviética, había que tenerla en cuenta, desde luego, pero las operaciones relámpago que se emprenderían habrían de dejar a los soviéticos desorientados y, antes de que pudieran hacer algo, el problema estaría liquidado. Se debería arreglar el asunto mientras

---

[5] *IMT*, vol. IX, p. 307.

Hitler estuviese en plenitud de condiciones, por lo que el plazo se situaba en ese lapso temporal de 1943-1945.

Cuando terminó su exposición, invitó a los presentes a hacer los comentarios que creyesen oportunos. Los jefes del Ejército, tanto Fritsch como Blomberg, se opusieron con toda la rotundidad de que eran capaces a los planes expansivos de Hitler. Mostraron una gran preocupación porque esa política conduciría a enemistarse con Francia y Gran Bretaña; estaban seguros de que aunque se pudiera enfrentar a Francia con Italia esto no disuadiría a París de hacer frente a Alemania. Además, el conflicto entre Francia e Italia no se advertía fácil, y ni siquiera la Guerra Civil española —en la que Hitler confesaba su intervención para crear un foco de conflicto en el suroeste que le dejase las manos libres en Centroeuropa— lo había logrado, después de casi año y medio de conflicto. Por otro lado, las defensas checas eran tan poderosas como las de la Línea Maginot, y serían muy difíciles de superar. Un conflicto con los checos no resultaría ni mucho menos fácil.

Al término de la reunión, tras más de cuatro horas, Raeder se mostraba abatido. Göring, que había llevado la voz cantante en defensa del rearme mientras Hitler se mantenía apartado, trataba de que el gran almirante no se tomase todo el asunto tan en serio.[6] Para este, una guerra naval con Gran Bretaña era una completa locura: Alemania tenía muy pocos buques en condiciones, los acorazados de que disponía eran sensiblemente inferiores a los ingleses, aunque técnicamente fueran magníficos, por no hablar de la absoluta carencia de portaaviones. Tampoco se disponía de otros elementos para combatir a los británicos, como una aviación con bombarderos estratégicos o submarinos. La impreparación era absoluta, como la preocupación de Raeder. Por esa razón también Blomberg secundó a Göring, tratando de tranquilizar al alarmado gran almirante: el jefe de la Wehrmacht estaba convencido de que el discurso de Hitler, en esencia, estaba destinado a convencer a Fritsch. Raeder, para quien las verdaderas intenciones del Führer eran inescrutables, salió convencido de que la paz no corría peligro.[7]

---

[6] J. Toland, *Adolf Hitler, una biografía narrativa*, Ediciones B, Barcelona, 2009, p. 627.

[7] *IMT*, vol. XIV, p. 35. Declaración de Raeder, 16 de mayo de 1946.

Peor aún fueron las cosas para Neurath, quien sufrió un par de crisis cardiacas —dolencia crónica que le aquejaba— el regresar al ministerio. Para Neurath, todo el asunto era un disparate. Se reunió con Fritsch y con Beck para ver cómo se podía poner coto a la deriva de Hitler, que podía conducir al país a la guerra contra los franco-británicos, algo que, estaban seguros, sería la ruina de Alemania. Tanto Fritsch como Neurath se comprometieron a hablar con Hitler, pero solo el primero fue recibido por el Führer, el 9 de noviembre, aunque este no le prestó ninguna atención.

El que Hitler hablase en serio —y no como Göring o Blomberg aseguraban— parece bastante claro. No hay dudas acerca de que las líneas de política exterior que expuso constituían el núcleo de su pensamiento en este terreno. Tanto lo que había escrito con antelación como lo que explicitó a continuación, en una conferencia a responsables del partido, avalan que ya había tomado una decisión.

Pero eso no significaba, como la acusación norteamericana quería, que constituyese un plan de guerra y que sus subordinados se sumasen a él de forma incondicional. De hecho, lo que había planteado era una ofensiva diplomática que tensaría inevitablemente la cuerda internacional, y eso era lo que sus jefes militares querían evitar. El despeje de las fronteras y la ocupación del espacio centroeuropeo eran objetivos inexcusables que había que alcanzar, y a tal efecto se correría un cierto riesgo con las potencias occidentales. Hitler esperaba que no se atreviesen a intervenir, pues estaba seguro de que ni por Austria ni por Checoslovaquia habría de ir a la guerra, pero si así no fuese habría que arrostrar la posibilidad de derrotarlos con rapidez. En todo caso, la situación habría de estar madura para que en 1943 el Reich pudiera emprender lo que constituía su verdadero objetivo: la conquista de la Unión Soviética.

Plantear, sin embargo, que las actas de Hossbach conformaban un plan de conquista mediante la guerra era difícil de sostener. Y, por el momento, parecía ser lo mejor que tenían para acusar a Alemania de preparar una guerra de agresión. Además, el propio documento exhibido en Núremberg resultaba considerablemente más corto que el original, lo que ha levantado sospechas con posterioridad.

La polémica se ha mantenido durante las décadas que han seguido a la Segunda Guerra Mundial y hasta el día de hoy. Los historiadores no han alcanzado un acuerdo a la hora de interpretarlo, y las diferencias no han menguado en todo este tiempo. Es innegable que algunos de los más notables historiadores de nuestra época han creído la versión defendida en Núremberg por los norteamericanos, con muchos matices, eso sí: el Memorándum Hossbach es la muestra de que Hitler había decidido ir a la guerra y disponer el escenario para hacer esto posible, con vistas a una expansión por Europa a cualquier precio. Entre ellos se cuentan los intencionalistas como Trevor-Roper, Overy, Weinberg o Hillgruber. La tesis fundamental de estos radicaría en la idea de que la política exterior era autónoma de las otras esferas —en particular de la económica—, a las que habría subordinado al cumplimiento de sus objetivos en materia internacional. Para ello, reinterpretan el Memorándum Hossbach a la luz de esta afirmación.

Pero no es menos cierto que otros muchos, igualmente reputados, como los funcionalistas Mason, Ian Kershaw, Mommsen y A. J. P. Taylor consideran que el documento no es en absoluto la demostración de la existencia de ningún plan. Con respecto al memorándum en sí, valga la conclusión de Ian Kershaw: «Aún no estaba nada decidido, no había planes trazados, ningún programa establecido».[8] Por el contrario, interesados en subrayar la dependencia de la política exterior nazi de los condicionantes económicos, consideran que las actas de Hossbach son la respuesta a la amenaza económica de finales de los años treinta. La infraestructura económica habría, así, determinado el desarrollo del programa nazi en su conjunto, incluso en aquellos aspectos más específicamente ideológicos, como el de la política exterior.

Las posturas, por supuesto, no son en la realidad tan simples, sino que cada uno las expresa con un sinfín de matices, incluso dentro de cada corriente. Una postura en la que se integre la visión del Protocolo como algo menos que la exposición de unos planes de guerra, pero que tampoco reduzca la política exterior alemana a una serie de me-

---

[8] I. Kershaw, *Hitler (II) 1936-1945*, Península, Barcelona, 2002, p. 98.

didas meramente reactivas dictadas por la necesidad económica, quizá se aproxime más a la realidad que ninguna otra cosa.

En esa misma quinta sesión del 26 de noviembre, la acusación estadounidense adujo otro documento, las llamadas actas de Schmundt, por una reunión que tuvo lugar en el estudio de la Nueva Cancillería en Berlín el 23 de mayo de 1939, y cuyas notas fueron tomadas por el teniente coronel de ese nombre, ayudante de Hitler para la Wehrmacht.

Aunque en teoría la reunión estaba convocada para tratar sobre la asignación de materias primas —en enero se había reasignado un importante papel a la Kriegsmarine para el futuro—, en ese encuentro Hitler expuso sus planes con un carácter más inmediato, sobre todo los referentes a Polonia. También en este caso existe una notable ambigüedad en el planteamiento, pero ya hay una clara perspectiva de guerra en el horizonte.

Hitler ha dado un giro a su política acerca de Polonia. Hasta ese momento, esta había desempeñado un papel secundario en la política alemana, y lo que el Reich había intentado hasta ese momento era atraérsela a su esfera de influencia. En los planes de Hitler, Polonia estaba destinada más bien a jugar un papel subordinado, coordinado con la política general alemana para servir a su propósito de expandirse por el Este de Europa, destinada a convertirse más o menos en otra Chequia.

Hitler se quejaba de que, a pesar de las buenas intenciones de Alemania cristalizadas en el tratado de no agresión suscrito con su vecino oriental, Varsovia siempre estaba del lado de los enemigos de Alemania. Había llegado la hora de resolver este asunto, que también habría de proporcionar la llave de la expansión por el Este; las colonias ya no eran viables pues, en caso de guerra, serían fácilmente bloqueadas, así que solo cabía pensar en la conquista de espacios en esa región.

La cuestión era que el asunto polaco no podía disociarse de un conflicto con Occidente. Hitler sabía que esta vez no lo conseguiría de forma pacífica, pero esperaba confinar la lucha a la frontera oriental, evitando la guerra con los franco-británicos, para lo cual primero había que aislar Polonia. No descartaba una ruptura de hostilidades con ellos, pero había que evitarlo a todo trance. Por otro lado, a los soviéticos —de quienes habló de forma más matizada que de costumbre— podía no importarles en exceso que desapareciese Polonia.

Pero la preocupación principal no era la URSS, sino Gran Bretaña. Aunque Londres permaneció al margen mientras Alemania se anexionaba Austria y Chequia, no era seguro que mantuviese la misma actitud con respecto a Polonia. Hitler dudaba, pero, sobre todo, estimaba muy posible que a largo plazo el Reino Unido no permitiese la hegemonía alemana sobre el conjunto de Europa, con lo que la guerra terminaría siendo inevitable. Por eso había impulsado un plan de desarrollo de la Marina de Guerra, a fin de que pudiera hacer frente a la poderosa Royal Navy; pero eso no podría suceder sino hasta en torno a 1945.

Estaba claro que Hitler no preveía la guerra para 1939. Pero ¿qué sucedería si Gran Bretaña iba a la guerra antes, por ejemplo por Polonia? El Führer describió cómo encararía ese supuesto de forma muy semejante a lo que sucedería justo un año más tarde. Se invadirían Bélgica y Holanda para caer sobre Francia, a la que se derrotaría —no dijo cómo, pero lo dio por supuesto— para ocupar la costa del Canal y bloquear las islas británicas. Consciente de su impotencia para asaltarlas, Hitler calculaba en unos diez o quince años la duración de la guerra. Asimismo, dio por hecho que se pondría fuera de combate a Polonia antes de hacer frente a los occidentales.

Sin embargo, Hitler no pudo explicar cómo se atacaría a los británicos ni con qué armamento. Alemania no disponía de los elementos para contender con la Royal Navy, ni siquiera para hacer doblar la rodilla y sentar en la mesa de negociación a los ingleses; carecía de los bombarderos estratégicos y de los submarinos necesarios para lograrlo y, de hecho, nunca los tendría. Esa era, sin duda, la razón principal por la que habían saltado las alarmas entre los altos mandos militares, aunque un suspiro de alivio recorrió la estancia cuando, contestando a una pregunta, dio la fecha de 1943-1944 para la terminación de los programas de rearme.[9]

---

[9] *IMT*, vol. II, pp. 278-284.

Alderman no dio fin a la lectura del documento porque lo consideró innecesario. Subrayó que con lo leído era suficiente para que la tesis de la acusación se diese por probada. Pero la verdad es que en absoluto probaba nada más allá que lo que el Reich sentía como «necesidad» de acabar con Polonia. En ese sentido, no aportaba pruebas más concluyentes que las del Memorándum Hossbach.

El fiscal estadounidense, sin embargo, quiso completar su exposición con una documentación referente a la reunión que tuvo lugar en el Obersalzberg el 22 de agosto de 1939, entre Hitler y los tres jefes de las Fuerzas Armadas. Pero, tras leerla, el doctor Stahmer, abogado de la defensa de Göring, impugnó su credibilidad puesto que se trataba de actas sin firma de ningún tipo, lo que indudablemente las desacreditaba como prueba (no quiere decirse que no fuesen reales, pero la defensa había sembrado dudas razonables acerca de su autenticidad).

En el mismo sentido, esgrimió los documentos de la Operación Barbarroja, la invasión de la Unión Soviética en junio de 1941. El memorándum del 2 de mayo de ese año en el que se detallaban los objetivos de la guerra en el Este y en el que se leía la confesión de que millones de personas morirían a causa del hambre,[10] así como el documento firmado por Schmundt a raíz de la visita de Matsuoka, el ministro de Exteriores japonés. La visita de este había servido para fijar algunas posturas al respecto de la política mundial del Eje, pero tampoco había aclarado gran cosa.[11] Pero, por ahora, la acusación no trataba de probar el carácter criminal de la política alemana hacia la Unión Soviética, sino tan solo que se había producido un planeamiento de la guerra, y que por tanto no cabía duda de que esta era una guerra de agresión.

La irrupción del Holocausto

Aunque no puede considerarse propiamente como un golpe fallido, la exposición del Memorándum Hossbach y sus secuelas no había

---
[10] *Ibid.*, p. 296.
[11] *DGFP*, vol. XII, pp. 453-458.

tenido el resultado que la acusación había previsto. Los acusados, presumiendo que los golpes más duros serían propinados al principio del juicio para lograr un efecto más espectacular, comenzaban a respirar más tranquilos. Tras las gafas negras que muchos utilizaban como protección contra los potentes focos casi permanentemente encendidos que permitían el rodaje, muchos de ellos mostraban una cierta relajación.

El octavo día de juicio, el 29 de noviembre, la fiscalía entró en el asunto del Anschluss; acusó a Von Papen de trabajar para la anexión de Austria al Reich y señaló la mendacidad de que el Gobierno alemán aseguraba no tener ninguna relación con los nazis austriacos, cuando esto era manifiestamente falso. Los acusados apenas podían dar crédito: se transcribieron las conversaciones entre Göring y distintos protagonistas de aquellos días, incluyendo las de Hitler con el príncipe de Hesse, y culminando con las que mantuvieron Göring y Ribbentrop, en las que el primero relataba la entrada del Führer en Viena. Pronto la sesión adquirió un carácter casi de farsa mientras los nazis en el banquillo reían recordando aquellos luminosos días.[12]

En este punto, y dando un giro repentino a la sesión, Alderman anunció su intención de proyectar una película, para lo cual solicitaba la preceptiva autorización del tribunal, que decidió naturalmente admitirlo, aunque después de un breve receso. Entonces, tras unos diez minutos, el abogado norteamericano Dodd retomó la palabra y se dirigió al tribunal para informarle del contenido de la película que se proponía proyectar: se trataba de una cinta sobre los campos de concentración nazis.

Resultaba, sin duda, un poco desconcertante que se interrumpiese la exposición del cargo de conspiración para introducir este asunto, pero, por alguna razón, los estadounidenses así lo habían decidido. Es posible que tratasen de recuperar la iniciativa, diluida entre tanta transcripción de conversaciones que, más que otra cosa, parecía reverdecer los viejos laureles de los nazis presentes. Pero, sea como fuere, lo cierto es que contribuyó a aumentar la sensación de desorden que parecía desbordar a los fiscales del equipo de Jackson.

---

[12] *IMT*, vol. II, pp. 417-426.

Dodd tomó la palabra para explicar cuál era el motivo de la exhibición de la película. Dijo que los campos de concentración no eran un fin en sí mismos, sino que formaban parte del sistema nazi de gobierno y que, en función de eso, todos y cada uno de los acusados estaban en el conocimiento de su existencia: los campos eran instrumentos para la supresión de aquellos que se oponían a sus políticas, incluyendo las políticas conducentes a la guerra de agresión. Esta última alusión, como argumento justificativo de la proyección, era bastante pobre, pero Dodd no encontró otro mejor. Probablemente no lo había, pero de lo que se trataba era de dar un fuerte golpe en su favor ante el tribunal.

En cualquier caso, eso lo consiguieron. Su impacto entre los reos, el tribunal y el público fue innegable. Nadie lo esperaba, y sin duda aquella era la mayor de todas las imputaciones que podían efectuarse contra los acusados, que se removían inquietos en sus asientos. A continuación, comenzó la presentación el comandante James Britt Donovan, y se proyectó la cinta durante una hora.[13]

Las reacciones en el banquillo fueron anotadas por el psiquiatra Gilbert, que no perdió de vista cada una de las reacciones de los acusados. El que todos se vieran imputados en el crimen provocó la indignación de algunos de ellos, que no comprendían qué tenía aquello que ver con ellos; pero todos sacaron en claro que en lo sucesivo no iban a gozar de muchas simpatías públicas, pues la naturaleza de la argumentación sostenida por la fiscalía los acusaba a todos.

Fritzsche y Schacht se negaron a mirar desde el principio, aunque luego fueron incorporándose al visionado. Muchos otros tenían sus ojos enrojecidos ante las imágenes, y todos estaban impresionados. Hess parecía particularmente atónito, y al encenderse las luces de la sala se dirigió a Göring en voz alta:

—No me lo creo.

Göring le agarró ansioso del brazo para que no dijese nada.

Gilbert fue testigo de las reacciones de Keitel, quien se arrancó los auriculares, secándose la frente; luego volvió a colocárselos, mirando de refilón:

---

[13] *Ibid.*, p. 434.

Von Neurath agacha la cabeza, no mira... Funk se cubre la mirada, parece pasarlo mal, sacude la cabeza... Von Ribbentrop cierra los ojos, mira para otro lado... Sauckel se seca la frente... Frank traga saliva, parpadea, intenta contener las lágrimas... Fritzsche observa con atención con el ceño fruncido, clavado en su asiento, y es evidente que lo pasa mal... Göring sigue inclinado sobre la balaustrada, la mayor parte del tiempo se le ve alicaído... Funk masculla algo... Streicher sigue mirando, inmóvil, y en ocasiones parpadea... Funk se echa a llorar, se suena, se limpia los ojos, baja la mirada... Frick sacude la cabeza cuando oye hablar de «muerte violenta». Frank murmura «horrible»... Rosenberg juguetea, mira de reojo la pantalla, baja la cabeza, escruta la reacción de los demás... Seyss-Inquart, estoico de principio a fin... Speer parece muy triste, traga saliva. Los abogados de la defensa murmuran «por Dios, es terrible». Raeder mira sin moverse... Von Papen se sienta con la mano sobre la frente, la cabeza baja, todavía no ha mirado a la pantalla... Hess sigue mirando desconcertado... Aparecen montones de cadáveres en un campo de trabajo de esclavos... Von Schirach mira atentamente, jadea, susurra algo a Sauckel... Funk está llorando... Göring parece triste, apoya el codo... Dönitz ha bajado la cabeza, ya no mira... Sauckel se estremece con la imagen del horno crematorio de Buchenwald... Cuando aparece una pantalla de lámpara hecha con piel humana Streicher dice: «No me lo creo...». Göring tose... los abogados están sorprendidos... Ahora Dachau... Schacht sigue sin mirar... Frank sacude la cabeza amargamente y dice: «Horrible»... Rosenberg todavía juguetea, se inclina hacia delante, mira alrededor, se echa hacia atrás, ladea la cabeza...

Tras la proyección de la película, Hess sigue manteniendo su incredulidad. Göring vuelve a decirle que se calle. Streicher comenta dubitativo: «Quizá al final...», pero Fritzsche, visiblemente impresionado le contesta: «¿Millones? ¿Al final...? ¡No!».[14]

La jornada había comenzado de forma muy prometedora para los acusados, pero ahora estos abandonaban sombríamente la sala. Todos

---

[14] J. Owen, *Núremberg...*, op. cit., pp. 62-64.

ellos se encontraban apesadumbrados y desconcertados. Aparentemente, no cabía duda de que la película les había impresionado, pero la mayoría manifestaba con rotundidad no saber nada de todo lo que allí se había proyectado; ni los planes para eliminar a los judíos y enemigos políticos, ni el trabajo forzado, ni el trato inhumano, ni las montañas de cadáveres...

Dado que la fiscalía les pretendía a todos conocedores de esos hechos, pues tal era la base de la acusación, solo cabía colegir que todos ellos fingían. Pero ¿era esto verdaderamente así? La pregunta nos remite a su vez a la de cuál era el grado de conocimiento que el pueblo alemán tenía de lo que estaba pasando con respecto a los judíos. ¿Supieron los alemanes lo que pasaba, tuvieron conocimiento de los crímenes que se estaban cometiendo?

Mucho se ha escrito al respecto desde el final de la Segunda Guerra Mundial. No parece haber unanimidad entre los historiadores tampoco en este punto crucial. Las posturas abarcan todas las posibilidades, desde la de la absoluta complicidad del pueblo alemán en la comisión del crimen hasta la de la completa ignorancia de lo que estaba pasando. Un buen número de historiadores ha considerado plausible la idea de que los alemanes no sabían demasiado... porque no querían saber. En términos generales, sin embargo, no parece existir evidencia de tal cosa.

Las obras que muestran el que los ejecutores eran alemanes como cualesquiera otros, o incluso que la formación y educación de los responsables estaba por encima de la media, no demuestran gran cosa, pese a ser muy valiosos en otros sentidos. Es el caso del trabajo de Christopher Browning en *Aquellos hombres grises. El batallón 101 y la solución final en Polonia*. Estudios efectuados hace ya más de medio siglo, como el famoso experimento de Milgram, han demostrado que la obediencia incondicional ante la autoridad es una especie de reflejo condicionado para la mayor parte de la población, y no algo específicamente alemán, aunque quizá pudiera estar matizada o hasta acentuada por un determinado tipo de educación y de ética.

Más alejada de la realidad parece estar la tesis que sostiene Daniel Goldhagen en su célebre «Los verdugos voluntarios de Hitler», en donde afirma el sustancial antisemitismo del pueblo alemán, lo que les habría llevado hasta Hitler. Browning ha señalado que, por el contrario, fue más bien el nazismo y la adhesión a Hitler lo que condujo a muchos al antisemitismo, un antisemitismo que era algo exótico antes de la llegada de los nazis al poder. Y, de hecho, los nazis no llegaron al poder levantando ninguna bandera antisemita, que tampoco figuraba entre las razones básicas de su militancia para aquellos que se afiliaban al Partido Nazi.[15]

A ese respecto, las reacciones de los enjuiciados en Núremberg fueron muy significativas; en tanto no hubo una estrategia puesta en común por sus abogados ni mucho menos por ellos mismos, resulta complicado explicar esa cierta uniformidad que se produjo como reacción a la exhibición de la película.

En general, la mayor parte del pueblo alemán permaneció ajena al exterminio judío durante toda la guerra. Las reacciones de los alemanes cuando se los condujo a visitar los campos en los que los cadáveres se hacinaban —incluso el mismo hecho de que los Aliados estimasen oportuno obligarles a ello— revelan el *shock* que para ellos supuso. Los testimonios reiterados de los alemanes corrientes no dejan lugar a la duda: pese a que algunos hayan querido sostener que todos los alemanes mentían en cuanto a sus recuerdos dado su grado de complicidad con el régimen, eso es algo difícil de sostener.

Los diarios privados de esos alemanes corrientes muestran que apenas sabían nada del asunto.[16] Incluso quienes estaban en mejores condiciones para conocer de primera mano los excesos, como sucedía con los soldados, cuando aquellos acaecían ante sus ojos los interpretaban de otro modo. Era algo de lo que no se hablaba y, en general, se relacionaba con la guerra y las necesidades que esta imponía, identificándose con la lucha contra los partisanos. Resultaba algo desagradable y, en consecuencia, no se hablaba de ello.[17]

---

[15] R. G. Reuth, *Hitler. Una biografía política*, La Esfera de los Libros, Madrid, 2012, p. 306.

[16] G. Aly, *¿Por qué los alemanes?, ¿por qué los judíos?*, Crítica, Barcelona, 2012, p. 238.

[17] S. Neitzel, *Soldados del Tercer Reich*, Crítica, Barcelona, 2012, p. 133.

La liquidación de los judíos se pudo abordar porque primero se los eliminó del campo visual de la población.[18] De hecho, cuando se introdujeron medidas de visibilización de los judíos, como la obligación de llevar cosida la estrella de David sobre la ropa, la reacción de la población fue contraria a lo que esperaba el régimen; muy pocos, incluso entre los nazis, justificaron la decisión, y las muestras de simpatía por los hebreos se multiplicaron en público. El rechazo social fue abrumador.[19]

Muchos alemanes que eran decididos antinazis dan fe de la ignorancia de la población al respecto. Incluso una periodista tan opuesta al nazismo como Ursula von Kardorff asegura que no oyó hablar del exterminio judío prácticamente hasta el final de la guerra, en diciembre de 1944.[20]

Otros testimonios apuntan en la misma dirección. Personas que no tienen nada que perder insisten, muchas décadas después del fin de la Segunda Guerra Mundial, en que jamás supieron nada de lo que estaba pasando, y que los pocos indicios que pudieron atisbar no les conducían necesariamente a enfrentarse al hecho de que algo como un exterminio sistemático estaba sucediendo.[21] No hay razón para considerar que otras personas, por más que ocupasen cargos elevados en la Administración o en la política, estuvieran necesariamente al tanto de aquello. En el propio entorno de Hitler jamás se hablaba de ese asunto, pues especialmente durante la época final de la guerra las operaciones bélicas absorbían toda la atención.[22]

Los militares de graduación, que tenían un mayor acceso a esta información y que en algunos casos habían sido testigos de ejecuciones masivas, consideraban que tales cosas sucedían de modo incontrolado o bien por necesidad bélica. No se trataba de medidas políticas o ideológicas: en el frente del Este la situación era extrema, y cualquier medida se consideraba correcta si cumplía su finalidad

---

[18] L. Rees, *El oscuro carisma de Hitler*, Crítica, Barcelona, 2013, p. 225.
[19] R. Evans, *El Tercer Reich en guerra*, Península, Barcelona, 2011, p. 700.
[20] P. Fritzsche, *Vida y muerte en el Tercer Reich*, Crítica, Barcelona, 2009, p. 251.
[21] W. Lübbeck, *A las puertas de Leningrado*, Tempus, Barcelona, 2010, p. 293.
[22] R. Misch, *Yo fui guardaespaldas de Hitler*, Taurus, Barcelona, 2007, p. 254.

militar.²³ Pero, sobre todo eso, como revelan las escuchas que los Aliados practicaron a los altos mandos alemanes en cautividad, estos estaban dispuestos a creer de buena fe que los judíos querían acabar con Alemania, a la que odiaban (según el régimen nacionalsocialista) por lo que las medidas que se adoptaban contra ellos podían estar justificadas (no veían más allá de lo que pudiera ser un internamiento más o menos masivo).²⁴

Tampoco los Aliados creyeron los primeros informes acerca del exterminio de los judíos; cuando tuvieron las primeras noticias al respecto, en el verano de 1942, las consideraron propaganda, y no estaban dispuestos a correr el riesgo de hacer el ridículo asumiendo tales tesis.²⁵

Hay razones, pues, para creer que entre quienes contemplaron la película proyectada en Núremberg había muchos que no sabían lo que había sucedido en los campos de concentración. Todos lo negaron de un modo semejante, aunque no es probable que todos lo ignorasen en la misma medida. Los principales responsables no se encontraban en la sala. Himmler había muerto y sus oficiales subordinados, como Eichmann o Müller, se hallaban en paradero desconocido; Reinhard Heydrich había sido asesinado en 1942 por los resistentes checos, y el único acusado que tenían sentado en el banquillo —además de Kaltenbrunner— era Streicher, que pese a todo el desprecio que pudiera suscitar, no tenía responsabilidad alguna en el exterminio judío. Eichmann había informado a los ministros nazis de que la política al respecto de los judíos era de expulsión y emigración y, como mucho, de esterilización, pero no les habló de exterminio en ningún caso.²⁶

Los fiscales centraron su atención sobre quienes habían detentado responsabilidades en su condición de administradores de territorios ocupados, como Frick, Frank o Rosenberg. Su primera reacción fue la de exagerar su subordinación a las órdenes recibidas, como si en

---

²³ P. von Boeselager, *Queríamos matar a Hitler*, Ariel, Barcelona, 2008, p. 92.
²⁴ Neitzel, *Los generales de Hitler*, *op. cit.*, p. 110.
²⁵ A. von Hassell y S. MacRae, *Alianza contra Hitler*, *op. cit.*, p. 203.
²⁶ R. Overy, *Interrogatorios...*, *op. cit.*, p. 209.

realidad hubieran desempeñado a disgusto su función en los territorios ocupados. Todos admitieron su conocimiento parcial de algunas cuestiones, pero negaron su responsabilidad en los hechos criminales, lo que parece lógico, sobre todo desde el momento en que quedó claro que el crimen contra la humanidad era la acusación más grave a la que se enfrentaban.

Para los Aliados era complicado establecer la acusación, por cuanto desconocían numerosos extremos de lo que había sucedido. No podían creer la persistente negativa de los acusados a admitir su conocimiento de lo que acaecía en los campos. Pero era un hecho que la política racial se elaboraba desde la RSHA (la oficina racial de las SS) y que desde esta oficina se ocultaba a la población alemana todo lo que tenía que ver con el diseño de la pureza racial, lo que incluía a numerosos responsables políticos. Muchos de ellos visitaron los campos y encontraron todo perfectamente en orden.

Particularmente en el caso de los altos mandos militares, la alegación de que desconocían lo que sucedía en los campos de concentración resultaba convincente. Ninguno de ellos tenía lazos con esa esfera de la vida política alemana, y Hitler tenía la costumbre de mantener inconexas las diferentes instancias políticas y militares. De cualquier modo, Himmler cuidaba de que tuvieran una visión lo más benigna posible de aquellos campos de concentración. Como explicaba Jodl: «Nos enseñaba fotografías de todo aquello y nos contaba historias sobre los jardines y sobre los campos de Dachau, o sobre los guetos de Varsovia y Theresienstadt, que nos llevaban a pensar que eran asentamientos sobre todo humanos».[27]

Aunque algunos podían ser acusados de un modo directo —Frank o Kaltenbrunner—, la relación de otros con la persecución a los judíos era más ambigua. Ese era, por ejemplo, el caso de Speer, que solicitaba a los campos mano de obra para las fábricas de armamento; lo que, si bien lo relacionaba con la explotación de los trabajadores esclavos, que laboraban en condiciones inhumanas, no significa que estuviera al tanto del programa de exterminio. O el ya citado caso de Julius Strei-

---

[27] *IMT*, vol. XV, p. 295.

cher, al que se puede considerar hasta cierto punto responsable moral en la gestación del clima de antisemitismo en Alemania, pero no culpable del genocidio.

Quienes manifestarían un conocimiento pormenorizado de todo el proceso eran funcionarios de segunda fila, en modo alguno políticos con un mínimo liderazgo. Pasarían por el estrado de los testigos dos de los principales protagonistas, que ya habían sido interrogados antes del comienzo del proceso y que habían aportado datos esenciales sobre el genocidio; de nuevo volverían al juicio, a comienzos de enero, para comunicar el primer relato acerca del exterminio judío en su conjunto.

Pero antes, de nuevo la acusación daría un giro a su exposición y pasaría, en la sesión del 30 de noviembre, a retomar la guerra de agresión; aunque en lugar de hacerlo desde el punto en que lo había dejado —en el Anschluss— lo haría a partir de la invasión de Polonia.

Comienza la guerra

En la sesión de mañana del viernes 30 de noviembre, la fiscalía anunció que el coronel Amen sería el encargado de llevar a cabo el interrogatorio del testigo, Erwin Lahousen. El general Lahousen, uno de los principales oficiales del Abwehr (los servicios de inteligencia e información de la Wehrmacht) comparecía como testigo de la defensa, ante el estupor de los acusados.

Lahousen fue interrogado acerca de su relación con Canaris, de la que habló durante el comienzo de su interrogatorio. Las preguntas versaron acerca de la personalidad de Canaris, de sus inclinaciones políticas y personales, y del tipo de relación que Lahousen y el almirante mantenían. Enseguida, dirigieron la cuestión hacia la intención alemana de terminar con la nación polaca una vez vencida su resistencia militar.

El 12 de septiembre de 1939 tuvo lugar una conferencia en Polonia acerca del futuro del país. Se celebró en el tren del Führer, y a ella acudieron el ministro de Exteriores, Ribbentrop, y los jefes militares del OKW Keitel, el jefe de Estado Mayor Jodl y el jefe de la Inteligencia, Canaris. Lahousen tomó notas de ese encuentro y de los subsiguientes y aseguró haberlas consultado antes de comparecer ante el tribunal. Estuvieron considerando cuestiones como el destino de Polonia, el papel de Ucrania (no lo especifica, pero seguramente se refiera a la Ucrania polaca) y el bombardeo de Varsovia.

Pero, sobre todo, Lahousen relató su estrecha relación con Canaris, en quien tenía una completa confianza. Y aquí se llegó al punto más comprometido de toda su declaración: Canaris tuvo conocimiento de los propósitos alemanes de aniquilar a la intelectualidad, clero y nobleza polacos, a lo que se opuso ante el mando militar argumentando que «un día el mundo encontrará a la Wehrmacht, bajo cuyos ojos han sucedido todas estas cosas, responsable de ellas». Keitel respondió que eran órdenes del Führer, y que tanto este como el mando militar acordaron que si el Ejército no mostraba voluntad de cumplirlas entonces habría que enviar a las SS y asignar a cada unidad militar un comisario nacionalsocialista. A lo que se emprendía en aquel momento se le dio el nombre de «limpieza política». En parte consistía en atizar las diferencias étnicas y lanzar a los ucranianos contra los polacos, hasta conseguir —según especificó Ribbentrop— que todas las granjas y casas de Polonia fuesen incendiadas.[28]

Lahousen también describió los pormenores de cómo se preparó el incidente de Gleiwitz, un ataque contra la emisora alemana de esa localidad fronteriza, perpetrado por unos polacos que eran, en realidad, parte de un montaje de las SS y que debería proporcionar una excusa plausible para justificar la guerra contra Polonia. Unos días más tarde, en la sesión del 20 de diciembre, comparecería Alfred Naujocks para relatar los pormenores de cómo fue perpetrado dicho ataque.

Al hilo de este relato Lahousen también fue interrogado acerca de las medidas del mismo tenor que se decretaron con motivo del ataque a la Unión Soviética. Los asesinatos de prisioneros de guerra y de comisarios políticos, así como de individuos fuertemente bolchevizados,

---

[28] *IMT*, vol. II, pp. 447-448.

que venían determinados por la consideración de que aquella guerra era un enfrentamiento ideológico, fueron transmitidos por el general Reinecke —encargado de la ideologización de la Wehrmacht— en una reunión que tuvo lugar en Berlín en julio de 1941.

El Servicio de Información Militar alemán manifestó su oposición a estas medidas —continuó Lahousen— por razón de que tendría un efecto negativo sobre los rusos a la hora de entregarse a la Wehrmacht, algo que estaban haciendo en masa en las primeras etapas de Barbarroja; por el contrario, saber lo terrible del trato que les esperaba, acentuaría su voluntad de lucha. Y, además, aquellas medidas tendrían un efecto adverso en las propias tropas alemanas; los informes señalaban que los fusilamientos de prisioneros resultaban devastadores desde el punto de vista de la moral y la disciplina para quienes los ejecutaban.

Por esa razón, quienes actuaron en el frente del Este fueron los Einsatzgruppen. Reinecke enfatizaba que el trato a los soviéticos y a los Aliados occidentales debía ser muy diferenciado y que con los primeros se utilizaría el látigo, y la más mínima señal de rebelión sería castigada con las armas. Muchos de los prisioneros hechos en el Este, sin embargo, jamás llegarían a ser internados en Alemania, a causa de su enorme cantidad; hubo batallas en las que se rindieron por cientos de miles, y su alojamiento, manutención y salubridad fueron la última preocupación del mando alemán. Una gran cantidad de ellos murió sobre el suelo desnudo de Rusia, no sin antes protagonizar escabrosas escenas de canibalismo.[29]

La cuestión era de una enorme importancia por lo que hacía a la cúpula del Ejército, puesto que los campos eran competencia suya mientras los prisioneros aún no habían sido enviados a retaguardia.

El fiscal soviético fue también invitado a interrogar al testigo. Rudenko estaba particularmente interesado en demostrar que los nacionalistas ucranianos habían sido entrenados para cometer actos terroristas en suelo soviético —Lahousen habló de «misiones», pero Rudenko insistió en su carácter terrorista—. A ratos, el intercambio entre ambos

---

[29] *Ibid.*, p. 460.

adquirió un cierto tono desagradable. Pero Lahousen estableció sin la menor duda que las órdenes salieron del alto mando.

Sin embargo, Lahousen tuvo algunos momentos de duda, ya que, tras asegurar algunos extremos, más tarde los matizó; lo que por ejemplo sucedió cuando se le contrainterrogó acerca de si había visto personalmente las órdenes a las que se refería, algo que tuvo que negar más tarde. Lo cierto es que tanto Ribbentrop como Keitel salieron mal librados de aquel testimonio, particularmente en lo que hacía a Polonia y, sobre todo el segundo, en lo que hacía a la URSS.

La presencia de Lahousen ante el tribunal fue recibida con el estupor que es de suponer, sobre todo tratándose de uno de los más altos responsables de la inteligencia militar alemana. Las reacciones de los acusados fueron de rechazo y desprecio. Era previsible, pero, en el caso de Göring, se expresó con verdadera repugnancia. No sin alguna razón consideraba que la desafección de los servicios de inteligencia militar había jugado un papel de primer orden en la derrota: «Traidor... de este nos olvidamos el 20 de julio. ¡Hitler tenía razón: el Abwehr era una organización de traidores! ¡Mira qué bien! ¡No me extraña que perdiéramos la guerra, nuestro propio Servicio de Inteligencia estaba vendido al enemigo! (...) Hablaba a voz en grito, en parte para que yo lo oyera, pero obviamente enunciando la «línea del Partido» sobre el testimonio de Lahousen (...). ¿Cómo puede ser bueno el testimonio de un traidor? Debería haberse ocupado de entregarme informes exactos sobre nuestros bombardeos en lugar de sabotear nuestro esfuerzo de guerra. Ahora sé por qué nunca pude fiarme de él. Espero a que le pregunte solo una cosa: ¿por qué no renunció a su puesto si estaba tan convencido de que una victoria alemana sería una tragedia? Espere a que lo tenga delante...».[30]

Los aludidos, básicamente los jefes militares Jodl y, sobre todo, Keitel, se mostraron ofendidos en su honor de oficiales, y rechazaron el testimonio de Lahousen en función de su falta de respeto a la jerarquía y de lo que juzgaban una deslealtad a su condición castrense.

La sesión del 30 de noviembre fue suspendida hacia las cuatro de la tarde porque un asunto, surgido repentinamente, pero que se juzgaba de

---

[30] J. Owen, *Núremberg...*, op. cit., p. 69.

trascendencia para el desarrollo del proceso, requería la atención del tribunal: el acusado Rudolf Hess iba a hacer una declaración acerca de su estado. Estaba siendo supervisado de cerca por los psiquiatras de la prisión, quienes no terminaban de ponerse de acuerdo sobre su situación, aunque parecía haber un cierto acuerdo acerca de que, si bien no estaba propiamente loco, su estado no le permitía ser juzgado; algo que, también desde otros puntos de vista, parecía lo más conveniente.

El caso Hess

Rudolf Hess llevaba bajo jurisdicción aliada desde mayo de 1941, cuando voló a Gran Bretaña para solicitar un acuerdo entre el Reich y Londres a fin de poner término a la guerra que mantenían ambos países. Su comportamiento desde entonces (en realidad, desde antes) había oscilado considerablemente, pero en conjunto resultaba bastante extraño.

El 9 de octubre de 1945, antes del comienzo del juicio, fue sometido a un interrogatorio en el que aseguró haber perdido la memoria y ser incapaz de recordar periodos enteros de su vida. Incluso Hermann Göring le resultaba desconocido, o eso sostenía, al parecer de un modo convincente. Tampoco reconoció a Von Papen ni a Ernst Bohle —líder del Partido Nazi en el exterior— y ni siquiera a un buen amigo suyo, como era Karl Haushofer, que tuviera en él y en Hitler una influencia decisiva. Cuarenta y cinco minutos duraron el desfile y los interrogatorios, hasta que Amen los dio por terminados dada su inutilidad. El 16 de noviembre, cuatro días antes del comienzo del proceso, de nuevo fue confrontado con quien fuera su secretaria durante ocho años, a la que tampoco reconoció.

Su comportamiento en las primeras jornadas del juicio contribuyó a reforzar no solo la idea de que su pérdida de memoria era real, sino que presentaba un desequilibrio notable. Cuando menos, los médicos estaban seguros de que sufría amnesia.[31] Mientras le leían la acu-

---

[31] G. M. Gilbert, *Nuremberg Diary*, Londres, 1948, p. 11.

sación (que podía llevarle al patíbulo), Hess reía compulsivamente, ignorando la gravedad del momento.

La sesión vespertina del 30 de noviembre se había interrumpido a las cuatro de la tarde para dar paso a una declaración del abogado de Rudolf Hess y del propio acusado. La sala se había desalojado de acusados, solo quedaban Hess y su letrado.

El primero en intervenir fue el doctor Günther Rohrscheidt, quien pidió para su defendido que fuera eximido del juicio, pues no se encontraba en condiciones de afrontarlo dado su estado mental. Aportó para ello los dictámenes de cuatro médicos, y pese a una discusión con el fiscal soviético —quien se negó a asumir el dictamen del doctor ruso, que coincidía con el de sus colegas occidentales— se aceptó dicho documento. Sin embargo, Rohrscheidt tenía algo más que decir: su defendido quería hacer una declaración en la que contradiría las palabras de su abogado y dejaría clara cuál era su postura. Cuando tomó la palabra, Hess dejó pasmados a jueces y fiscales por igual:

> Señor presidente, querría decir lo siguiente: al comienzo del juicio en la sesión de esta tarde, le pasé a mi abogado una nota en la que digo que opino que este proceso podría acortarse si se me permitiera hablar por mí mismo. Quiero decir lo siguiente:
>
> Para evitar la posibilidad de que se me considere incapaz de ser juzgado a pesar de mi deseo de tomar parte en el proceso, y para recibir la sentencia junto a mis camaradas, querría hacer la siguiente declaración ante el Tribunal, aunque, originariamente, pretendí hacer esta declaración en un momento posterior del proceso:
>
> En adelante mi memoria volverá a responder al mundo exterior. Las razones por las que simulé una pérdida de memoria fueron tácticas. El hecho es que solo se ha visto mermada mi capacidad de concentración. Sin embargo, mi capacidad de seguir el proceso, defenderme, plantear preguntas a los testigos o incluso responder a las preguntas, ya no se verá afectada.
>
> Insisto en que asumo toda la responsabilidad por todo lo que he hecho o firmado como firmante o cofirmante. Mi idea de que el

Tribunal no tiene competencias no se ve afectada por la declaración que acabo de hacer. Hasta ahora, en conversaciones con mi abogado defensor también he simulado pérdidas de memoria. Por tanto, me ha representado de buena fe.

La confesión de Hess resultaba sensacional, pero la verdad es que no explicaba todo lo que había sucedido hasta entonces. Y no solo eso: en lo sucesivo, su comportamiento no sería menos llamativo de lo que había venido siendo hasta entonces. Cabe la posibilidad de que, en efecto, hubiera sufrido una amnesia temporal, y como el propio acusado reclamaba, su capacidad de concentración hubiera disminuido; en realidad siempre había mostrado una tendencia excéntrica bastante marcada, y así, por ejemplo, insistiría una y otra vez en que le estaban envenenando la comida.

No estaba claro cuándo había comenzado a deteriorarse su salud mental. Con toda seguridad, cuando voló a Escocia lo hizo bajo una fuerte presión autoimpuesta, probablemente porque consideraba que había perdido el favor del Führer, que para él lo era todo. Tuvo, además, noticia de que Hitler se había disociado de él tras su aventura, y eso le afectó en una medida mayor de lo que estaba dispuesto a admitir.

Para el fiscal Jackson, «Hess no es un enfermo mental, no padece trastornos de la conciencia, entiende perfectamente todo lo que se le dice y, por lo tanto, entiende la naturaleza de la causa contra él». Según él «parte de la amnesia es fingida y es probable que la parte histérica e inconsciente sea más bien superficial (...) su actitud durante las primeras etapas del juicio, su aparente desinterés por el desarrollo de la causa y que se pusiese a leer libros en la sala, incluso novelas, cuando se estaban debatiendo asuntos que se habría dicho que eran de vital interés para él, deben interpretarse como reacciones anormales (...) hay suficientes indicios en la vida de Hess para considerar que ha tenido una personalidad desequilibrada y tiene un carácter neurótico que se ha manifestado ocasionalmente con síntomas histéricos».[32]

---

[32] R. Overy, *Interrogatorios...*, *op. cit.*, pp. 432-433.

En todo caso, el tribunal consideró desde entonces que Hess estaba en condiciones de seguir el juicio y de responder de sus acciones. Quizá hubiera tenido una oportunidad de escapar a la sentencia si no hubiera efectuado la declaración del día 30 de noviembre. Pero, una vez realizada, ya no había marcha atrás.

Entre las cartas que los fiscales y jueces recibieron durante los juicios de Núremberg (y solo Jackson recibió unas cinco mil), una significativa parte de ellas se referían a la injusticia que representaba el encierro y proceso de Rudolf Hess. A fin de cuentas, Hess había volado en mayo de 1941, incluso antes de Barbarroja, y no podía tener ninguna relación con el exterminio de los judíos. Su vuelo, comoquiera que se juzgase desde el punto de vista de la salud mental, había sido causado por el intento de conseguir la paz, aunque no lo hubiera hecho por amor a la paz misma, sino por entender que así servía a los intereses de Alemania y también por razones ideológicas, ya que aspiraba a un entendimiento con los británicos. La singularidad de su acto le valía, a los ojos de la opinión pública mundial de manera mayoritaria, una consideración especial.

Esta opinión, que se consolidaría en Alemania durante las décadas siguientes, sería la prevaleciente hasta la muerte de Hess en agosto de 1987.

Reanudación. El asesinato de los judíos

Cuando se reanudó el juicio el 1 de diciembre, quedó de manifiesto de nuevo el carácter improvisado de la acusación. Tomó la palabra Roberts, el abogado principal británico, quien continuó el interrogatorio de Lahousen con un punto de surrealismo: solicitó del testigo que respondiera a unas preguntas, a lo que el presidente le recordó que era el turno de Rudenko, pero Roberts informó que previamente le había pedido permiso a este. La razón de esta intromisión era la de inquirir acerca del crimen de cincuenta oficiales de la RAF asesinados en marzo de 1944 tras escapar de un campo de concentración militar. Sin embargo, cuando preguntó a Lahousen por el caso, este manifestó no saber absolutamente nada de este episodio, e incluso ni haber oído hablar de él con anterioridad.

Lo que siguió fue un interrogatorio acerca del papel del Alto Mando de la Wehrmacht (OKW), que se prolongó hasta el lunes 3 de diciembre, en que la fiscalía retomó la acusación sobre la conspiración contra la paz centrándose en lo sucedido en Checoslovaquia en 1938. Los principales imputados eran Jodl y Keitel, en su condición de jefes militares, y a partir de ahí los fiscales trataron de desarrollar su estrategia de culpar a los alemanes de violar las leyes internacionales.

En un nuevo bandazo, poco explicable pero cada vez menos sorprendente, la acusación trajo a colación el 14 de diciembre la destrucción del gueto de Varsovia, que introdujo como parte de la exposición de motivos, pero que realmente habría estado más adecuadamente inserto en los cargos contra las organizaciones que estaban a punto de tener lugar.

La fiscalía se basó en el informe que el propio general de las SS Jürgen Stroop, destinado en abril de 1943 a eliminar el gueto de Varsovia, envió a la jefatura de las SS. En él pormenorizaba cómo se produjo dicha destrucción.

Naturalmente, Hans Frank, en su condición de gobernador general de Polonia, tenía una enorme responsabilidad, perfectamente documentada en sus diarios, que había entregado a los norteamericanos y que ahora se habían convertido en la piedra angular de la acusación contra él. El mayor Walsh realizó una exposición de las medidas que condujeron a la destrucción del gueto.

En primer lugar, los nazis había determinado que los judíos debían padecer verdadera hambre, e introdujeron a ese efecto raciones insuficientes desde agosto de 1942. Se les prohibió también desarrollar labores agrícolas para que no tuvieran acceso a alimento alguno, como carne, huevos, leche y productos hechos con harina de trigo, con excepción de los niños y jóvenes; en septiembre se incluyeron más limitaciones, y además se autorizó el decomiso por parte de la Policía del Estado de los envíos de alimentos a judíos desde el extranjero; las cartillas de racionamiento irían marcadas con la palabra «judío».

La situación se había vuelto desesperada para los algo menos de 400.000 judíos establecidos en el gueto desde noviembre de 1940. Para la primavera de 1943 solo quedaban unos 60.000; el resto había sido deportado. La fiscalía comenzó la lectura de la propia documentación nazi, que acusaba a la dirección del Reich de la decisión de aniquilar el gueto. La batalla no fue fácil para los alemanes, que requirieron la ayuda de los polacos colaboracionistas para aplastar una rebelión que se prolongó durante casi un mes, y en la que murieron decenas de miles de judíos. El título del informe que Stroop envió a Himmler —«El Gueto de Varsovia ya no existe»— resumía el significado de la acción:

> La resistencia presentada por los judíos y los bandidos podía ser destruida sin piedad siempre que utilizáramos todas nuestras fuerzas y energías día y noche. El 23 de abril de 1943 el Reichsführer de las SS promulgó a través del jefe superior de las SS y la policía del área este en Cracovia la orden de completar la limpieza del Gueto de Varsovia con la mayor severidad y con tenacidad implacable. Por tanto, decidí destruir toda el área residencial judía incendiando cada bloque, incluidos los bloques de edificios residenciales cercanos a la fábrica de armamento. Se evacuó y destruyó con el fuego sistemáticamente un bloque tras otro. Entonces, los judíos salían de sus escondites y refugios subterráneos en casi todos los casos. Era frecuente que los judíos permanecieran en los edificios en llamas hasta que, debido al calor y el temor a quemarse vivos, prefirieran saltar de los pisos superiores tras arrojar los colchones a la calle desde los edificios. Con los huesos rotos, todavía trataban de arrastrarse por la calle hasta bloques de edificios que aún no habían sido incendiados, o que estaban parcialmente en llamas. Con frecuencia, los judíos cambiaban de escondite durante la noche, entrando en las ruinas de edificios quemados, refugiándose allí hasta que nuestras patrullas los encontraban. Su estancia en las alcantarillas también dejó de ser placentera tras la primera semana. Era habitual que desde la calle oyéramos voces salir de debajo de las tapas de alcantarilla. Entonces los hombres de las Waffen SS, la policía o los ingenieros de la Wehrmacht bajaban valientemente a las alcantarillas

para sacar a los judíos, y muchas veces se encontraban con judíos ya muertos, o recibían disparos. Siempre resultaba necesario utilizar humo para sacar a los judíos. Así, un día abrimos ciento ochenta y tres accesos a las alcantarillas y en un momento dado introdujimos botes de humo por ellos, lo que produjo que los bandidos huyeran de lo que creían que era gas hacia el centro del antiguo gueto, donde se les podía sacar de las alcantarillas. Hubo un gran número de judíos que no se pudieron contabilizar exterminados volando alcantarillas y refugios subterráneos...

Solo por medio del continuo e incansable trabajo de todos los implicados tuvimos éxito en la captura de un total de 56.065 judíos cuya aniquilación es demostrable. A eso se debería añadir un cierto número de judíos que perdieron sus vidas en explosiones o incendios pero cuyo número no se puede determinar.

La lucha fue muy dura. Los alemanes perdieron quince hombres, más un policía polaco, y resultaron heridos unos 90 hombres entre miembros de las Waffen SS y otro personal. Pero ello no da la medida de la dureza de los combates, en los que, naturalmente, los resistentes llevaron la peor parte.

El resultado de nuestro incendio del bloque fue que durante la noche judíos que no habíamos podido encontrar a pesar de todas nuestras operaciones de búsqueda salieron de sus escondites, huecos bajo los tejados, en los sótanos, y otros lugares, y aparecieron en el exterior de los edificios, tratando de escapar de las llamas. Masas de ellos —familias enteras— ya estaban quemándose, y saltaron de las ventanas o trataron de bajar usando cuerdas hechas atando sábanas. Se tomaron medidas para que estos judíos, así como el resto, fueran liquidados de inmediato.

Cuando los bloques de edificios mencionados antes fueron destruidos, se cogió a ciento veinte judíos, y numerosos judíos más murieron cuando saltaron de los áticos a los patios interiores tratando de escapar de las llamas. Muchos más perecieron entre las llamas o murieron cuando se volaron los refugios subterráneos y las entradas de las alcantarillas.

> Hubo un considerable número de judíos que no salió hasta que no estuvieron completamente en llamas los bloques de edificios y a punto de hundirse, algo a lo que se vieron forzados por las llamas y el humo. Una y otra vez los judíos trataban de escapar incluso a través de edificios en llamas. Innumerables judíos a los que vimos en los tejados durante el incendio perecieron en las llamas. Otros salieron de los pisos superiores en el último momento y solo pudieron escapar de morir quemados, saltando. Hoy atrapamos a un total de 2.283 judíos, de los que se fusiló a 204; y un incontable número de judíos murieron en refugios subterráneos y entre las llamas. En esta operación descubrimos que volar un edificio es un proceso largo y que requiere una enorme cantidad de explosivos. El mejor y único método para destruir a los judíos sigue siendo prender fuego.

Una indeterminada cantidad de judíos había sobrevivido en las alcantarillas y entre los escombros, o pasando a otras área de la ciudad. Stroop daba cuenta también de esta circunstancia:

> Algunos testimonios hablan de que quedan entre 3.000 y 4.000 judíos en agujeros subterráneos, alcantarillas y refugios. El abajo firmante está decidido a no detener la operación a gran escala hasta que se haya exterminado hasta el último judío.

El informe concluía con el balance final de la operación en términos de pérdidas humanas del enemigo:

> Del total de 56.065 a los que se ha cogido, se mató a unos 7.000 en el antiguo gueto durante la operación a gran escala. Se asesinó a 6.929 judíos llevándolos a T. II [probablemente Treblinka, Campo n.º 2] por tanto, la suma total de judíos a los que se ha matado es de 13.929. Aparte de la cifra de 56.065, se estima que entre 5.000 y 6.000 judíos murieron en las voladuras o entre las llamas.[33]

---

[33] *IMT*, vol. III, pp. 553-558.

La fiscalía continuó exponiendo distintos métodos utilizados por los nazis en la eliminación de los judíos. En las regiones del Este de Europa no era difícil encontrar colaboración entusiasta agitando el antisemitismo secular hasta conseguir provocar un pogromo; de hecho, en numerosas ocasiones ni siquiera esto era necesario, dadas las circunstancias. La entrada de la Wehrmacht en muchas poblaciones ucranianas y de los Países Bálticos vino prologada por extensas matanzas de desafectos al Estado soviético perpetradas por la NKVD. La identificación popular de los judíos con los comunistas hizo el resto, vengándose las poblaciones locales en ellos.

La aniquilación de los judíos mediante gas salió a relucir cuando el fiscal Walsh leyó un documento fechado en mayo de 1942 en el que las SS informaban de la experiencia del gaseamiento de un contingente de judíos en un furgón. El Untersturmführer SS Doctor Becker señalaba la necesidad de algunas precisiones en el manejo de los furgones, porque había unidades que no sabían utilizarlos:

> Con frecuencia no se realiza correctamente la aplicación del gas. Para concluir lo antes posible, el conductor pisa el acelerador al máximo. Al hacer esto, las personas destinadas a la ejecución mueren por asfixia y no adormiladas, como se planeó. Mis instrucciones han demostrado ahora que un correcto ajuste de las palancas hace que la muerte llegue más rápido, debido a que los prisioneros se duermen pacíficamente. Ya no se han vuelto a ver rostros crispados ni excrementos, como sucedía antes.

Hay también una fuerte reconvención, de la que se informaba al ministro de los Territorios Ocupados, en cuanto a la utilización de ciertos métodos:

> Encerrar a hombres, mujeres y niños en graneros e incendiarlos no parece ser un método adecuado para combatir a la bandas, incluso si se desea exterminar a la población. Este método no sirve a la causa alemana y daña gravemente nuestra reputación.[34]

---

[34] *Ibid.*, p. 562.

En fiscal Walsh siguió aportando documentos, en este caso del archivo de Rosenberg, demostrando que las acciones contra los judíos no obedecían a una lógica militar, sino a una razón ideológica:

> La actitud de la población judía fue excesivamente servicial desde el primer momento. Trataban de evitar todo lo que pudiera desagradar a la Administración alemana. El que odiaban a la Administración y el Ejército alemanes en su fuero interno es algo indudable y difícilmente puede resultar sorprendente. Sin embargo, no hay ninguna prueba de que todos los judíos, o ni siquiera buena parte de ellos, estuvieran implicados en actos de sabotaje. Por supuesto, había entre ellos algunos terroristas y saboteadores, al igual que entre los ucranianos. Pero no puede decirse que los judíos, como tales, representaran una amenaza para la Wehrmacht. La producción de los judíos que, por supuesto, trabajaban impelidos solamente por el miedo, era satisfactoria para las tropas y la Administración alemanas.
>
> La población judía permaneció temporalmente sin ser molestada poco después de los combates. Pasaron semanas, quizá meses, hasta que formaciones especiales de la policía llevaron a cabo un fusilamiento planeado de judíos. Esta acción generalmente avanzaba de este a oeste. Se hizo totalmente en público recurriendo a la milicia ucraniana y, desgraciadamente, en muchos casos, también a miembros de las Fuerzas Armadas que tomaron parte voluntariamente. La forma en la que estas acciones, que incluyeron a ancianos, mujeres y niños de todas las edades, se llevaron a cabo fue horrible. Las grandes masas de personas ejecutadas hicieron esta acción más gigantesca que cualquier otra medida similar tomada hasta entonces en la Unión Soviética. Hasta ahora se ha ejecutado a entre 150.000 y 200.000 judíos en la parte de Ucrania perteneciente al Reichskommissariat; no se tuvo consideración alguna por los intereses de la economía.[35]

La guerra contra los judíos era una guerra puramente ideológica, hasta el punto de que en ella no tenían cabida las consideraciones eco-

---

[35] *Ibid.*, p. 564.

nómicas. La jefatura nazi era perfectamente consciente de este hecho y de que desde el punto de vista económico se estaba desperdiciando una estimable fuerza de trabajo. Mientras se dilucidaba qué hacer con los judíos del Este, que comenzaban a contarse por millones no solo en Polonia, sino en Ucrania y los Países Bálticos, la situación se complicaba; nadie quería hacerse cargo de los judíos. Incluso el Gobierno General de Hans Frank rechazaba su papel de vertedero para el que había sido destinado, y procuraba expulsar a los judíos hacia el Este.

Mientras, en el Este se planteaban qué hacer con esa enorme cantidad de judíos. Aunque habituados a los pogromos, las poblaciones de esas regiones no habían desarrollado jamás una política de exterminio sistemático. La idea prevaleciente es que debían dedicarse a trabajar en la producción industrial, preferentemente en la de armamento. Quienes administraban aquellas regiones conquistadas trataban de encontrar una respuesta racional al problema. En el Reichskommissariat Ostland, que ocupaba Estonia, Letonia, Lituania, el noreste de Polonia y una zona de Bielorrusia, el Gauleiter Hinrich Lohse había planteado la pregunta y se había encontrado con una respuesta un tanto enigmática, que nada resolvía, aunque estaba cargada de significado: «Las consideraciones económicas deberían ser algo que básicamente no se tuviese en cuenta en relación con este problema».[36]

En ese momento, la fiscalía hizo surgir la cuestión de las cámaras de gas y los nombres de Auschwitz y Treblinka. Sin embargo, no se trataba de documentos alemanes, sino del gobierno polaco, recientemente redactados, en los que se establecían algunos detalles de importancia, como la fecha del otoño de 1942 para el comienzo del programa de exterminio usando «vapor» (es el término que se utilizaba en este primer informe) o la cantidad de prisioneros que eran exterminados. Pese a todo, lo que vino a continuación fijó para siempre la imagen de la deportación en el proceso del genocidio judío:

> Tras la descarga en el andén, se reunía a las víctimas en un lugar, en el que se separaba a los hombres de las mujeres y los niños. En los primeros días

---

[36] I. Kershaw, *Hitler (II)...*, *op. cit.*, p. 665.

en el campo, se hacía creer a las víctimas que tras una breve estancia en el campo, necesaria para que se bañaran y desinfectaran, serían enviados a trabajar más al este. Estas explicaciones eran dadas por hombres de las SS que ayudaban a la descarga de los transportes, y se podían leer explicaciones adicionales escritas en los muros de los barracones. Pero después, cuando hubo que hacer frente a más transportes, los alemanes se olvidaron de las apariencias y solo trataron de acelerar el proceso.

Todas las víctimas tenían que quitarse la ropa y los zapatos, que eran recogidos después, para a continuación ir todos, las mujeres y niños primero, a las cámaras de ejecución. Los que eran demasiado lentos o estaban demasiado débiles para moverse rápido eran azuzados a culatazos, latigazos y patadas, con frecuencia dados por el propio Sauer. Muchos se resbalaban y caían; las víctimas que iban detrás empujaban, al tiempo que se tropezaban con ellos. Los niños pequeños eran arrojados directamente al interior. Tras llenarlas, las cámaras se cerraban herméticamente y se dejaba entrar el vapor. En pocos minutos todo había terminado. Los trabajadores auxiliares judíos debían sacar los cuerpos de la plataforma y los enterraban en fosas comunes. Poco a poco, a medida que llegaban nuevos transportes, el cementerio creció, ampliándose hacia el Este.

A partir de los informes recibidos, se puede presumir que se exterminó a varios centenares de miles de judíos en Treblinka.[37]

A continuación, Walsh presentó un informe oficial del Gobierno de los Estados Unidos elaborado por la Oficina Ejecutiva del Presidente de los Estados Unidos, Comité de Refugiados de Guerra, sobre los campos alemanes de Auschwitz y Birkenau, de 1944. En él se hace una estimación de los judíos asesinados allí, en torno a 1.765.000. Walsh relacionó hábilmente esta cifra con algunas consideraciones obtenidas del diario de Frank, en donde el acusado calculaba que, si bien en diciembre de 1941 había unos dos millones y medio (un millón más si contamos a los mestizos) en el Gobierno General, en enero de 1944 quedaban unos 100.000.[38]

---

[37] *IMT*, vol. III, pp. 567-568.
[38] *Ibid.*, pp. 568-569.

El siguiente documento que presentó la fiscalía procedía de doctor Wilhelm Höttl, adjunto al líder de Grupo de la Sección de Exteriores de la Sección de Seguridad, Amt.VI de la RSHA, quien hizo una declaración jurada:

> Se ha eliminado aproximadamente a 4.000.000 de judíos en los diversos campos de concentración, mientras que unos 2.000.000 murieron de otras formas, siendo la mayor parte fusilados por escuadrones operativos de la policía de seguridad durante la campaña contra Rusia.

Las cifras procedían de Adolf Eichmann, el principal experto de la oficina de la Gestapo para asuntos judíos:

> Por lo que sé, Eichmann era en aquel momento el jefe de la Sección Judía de la Gestapo, y además Himmler le había ordenado que se hiciera con los judíos de todos los países europeos y que los llevara a Alemania. Eichmann estaba entonces muy impresionado por el hecho de que Rumanía se hubiera retirado de la guerra. Además, había acudido a mí para obtener información sobre la situación militar que yo recibía diariamente del Ministerio de Guerra húngaro y del comandante de las Waffen SS en Hungría. Expresó su convicción de que Alemania había perdido la guerra y que a él personalmente ya no le quedaban más oportunidades. Sabía que sería considerado por Naciones Unidas uno de los principales criminales de guerra, ya que tenía millones de vidas judías sobre su conciencia. Le pregunté cuántas vidas eran, a lo que respondió que, aunque la cifra era un secreto del Reich, me la diría, ya que yo, como historiador, estaría interesado, y porque probablemente él ya no regresaría de su misión en Rumanía. Poco antes, él había elaborado un informe para Himmler, ya que este quería saber el número exacto de judíos que habían sido asesinados.[39]

La defensa de Kaltenbrunner, el doctor Kurt Kauffmann, rehusó que la declaración jurada del doctor Höttl fuese aceptable desde el

---
[39] *Ibid.*, p. 570.

momento en que no se podía realizar un contrainterrogatorio, lo que en su opinión era vital dado que Hottl hablaba de lo que otros habían dicho o escrito, pero el juez rechazó la alegación.

No era, sin embargo, solo el aspecto cuantitativo lo que quería resaltar la fiscalía, sino lo irreversible de la destrucción de una cultura milenaria en Europa:

> La masacre de los judíos de Europa no puede expresarse simplemente con cifras, ya que el impacto de esta masacre es absolutamente trágico para el futuro del pueblo judío y de la humanidad. Antiguas comunidades judías, con su rica vida espiritual, cultural y económica, ligadas durante siglos a la vida de las naciones en las que florecieron, han sido completamente aniquiladas. No creo que sea necesario explicar ante este tribunal la contribución del pueblo judío a la civilización, las artes, las ciencias, la industria y la cultura. Su destrucción, llevada a cabo continua, deliberada, intencionada y metódicamente por los nazis, es una pérdida para la civilización de unas cualidades y habilidades especiales que quizás no se podrán recuperar.[40]

Germanización

La destrucción de los judíos europeos fue la primera parte de la pieza que siguió: la acusación de haber proyectado la germanización y expolio de los países ocupados por Alemania. La acusación en este caso recaía en el capitán Sam Harris, quien expuso los métodos y los procedimientos de los nazis para obtener el máximo rendimiento de esas regiones. Comenzó con Polonia, como ejemplo aplicable al resto de regiones. En esencia comprendía una decidida política de explotación y de reducción del país al estatus de Estado vasallo, así como la recuperación de aquellos elementos de sangre germánica que pudieran ser útiles para el Reich.

El hallazgo de un documento en los archivos del OKW facilitaba las cosas. Se trataba del informe de una entrevista con Hans Frank

---

[40] *Ibid.*, p. 573.

celebrada el 3 de octubre de 1939, y que resumía los propósitos de la dirección alemana:

> Frank explicó la orden y las responsabilidades económicas y políticas que le había dado el Führer, a fin de administrar Polonia. Según estas órdenes, Polonia solo podía administrarse utilizando el país por medio de una implacable explotación, de la deportación de todos los suministros, materias primas, máquinas, instalaciones fabriles, etc. que fueran importantes para la economía de guerra alemana; el envío de todos los trabajadores para su utilización en Alemania; la reducción de toda la economía polaca al mínimo imprescindible para la subsistencia básica de la población; y la clausura de todas las instituciones educativas, sobre todo las escuelas técnicas y colegios, para evitar el surgimiento de una nueva intelectualidad polaca. Polonia, dijo el acusado Frank, (y es una cita literal), «será tratada como una colonia, los polacos serán esclavos del Gran Imperio Mundial Alemán. Destruir la industria polaca haría su reconstrucción tras la guerra algo más difícil, si no imposible, con lo que Polonia se vería reducida a la posición que le corresponde, la de un país agrario que tendría que depender de Alemania para la importación de productos industriales».[41]

Había, pues, que privar a Polonia de todos sus productos industriales, haciendo que dependiese de Alemania en todo. Pero, en medio de consideraciones económicas, no se supeditaba a estas el objetivo ideológico, al contrario: el Gobierno General se perfilaba como un vertedero en el que volcar la población judía, mientras se enviaban al Reich los elementos «racialmente valiosos»:

> El Reichsführer de las SS desea que se evacúe a todos los judíos de los territorios del Reich recientemente adquiridos. Hasta febrero se ha de traer de esta forma a aproximadamente un millón de personas al Gobierno General. Las familias de buena extracción racial que se encuentren en el territorio polaco ocupado (aproximadamente unos

---

[41] *Ibid.*, p. 577.

cuatro millones de personas) deberían ser transferidas al Reich y alojadas individualmente, siendo así desestructuradas como pueblo.[42]

Después de que Himmler reconociese que habían tenido que fusilar a «miles de polacos eminentes», Hans Frank hizo suya esa política, ratificando: «Debemos aniquilar a los judíos, dondequiera que los encontremos y dondequiera que sea posible».[43]

Ese programa de germanización, consistente tanto en erradicar a los elementos indeseables como en recuperar los asimilables, estaba avalado por el propio Führer mediante un decreto firmado por Hitler, Göring y Keitel a fecha de 7 de octubre de 1939, por el que se confiaba a Himmler la misión de llevar a cabo dicho programa de germanización. El Reichsführer SS sacó las pertinentes consecuencias: «No es nuestra misión germanizar el Este al viejo estilo, es decir, enseñar a la gente de allí el alemán y las leyes alemanas, sino hacer que en el Este viva solo gente de pura sangre alemana, germánica».[44]

La tarea de la dirección nacionalsocialista era la de conseguir la buena sangre donde quiera que se hallase. Había población racialmente sana que había adoptado la cultura polaca y ese proceso había de ser revertido. Himmler tenía claro que era imprescindible apropiarse de esa sangre germana; de lo contrario, había que eliminarla: «En esa mezcla de pueblos siempre habrá algunos tipos racialmente buenos. Por tanto, creo que es nuestra misión traernos a sus hijos para apartarles de su entorno, si es necesario secuestrándolos. O ganaremos alguna sangre buena que podremos utilizar y darle un lugar entre nuestro pueblo, o destruiremos esa sangre».

Himmler continuaba esbozando la utopía racial nazi, de acuerdo a la cual la sangre germana construiría la Europa del futuro en una gigantesca labor, en la que el Reich crecería hasta convertirse en el contenedor de un gigantesco pueblo ario inserto en el centro y este del continente:

---

[42] *Ibid.*, p. 580.
[43] *Ibid.*, p. 583.
[44] *Ibid.*, pp. 583-584.

Para nosotros el fin de esta guerra significará un camino abierto hacia el Este, la creación del Reich Germánico de una forma u otra... el traer a casa a 30.000.000 de seres humanos de nuestra sangre, así que en nuestra vida veremos un pueblo de 120.000.000 de almas germánicas. Lo que quiere decir que seremos el único poder decisivo en Europa. Eso significa que podremos emprender el camino de la paz, durante la que dedicaremos los primeros 20 años a reconstruir nuestros pueblos y ciudades y llevaremos las fronteras de nuestra raza alemana 500 kilómetros más al Este.[45]

Himmler se puso manos a la obra y, en el invierno de 1940-1941, en Polonia se estructuró un registro en el que las personas de ascendencia alemana estaban clasificadas en función de su origen y actitud racial y política. Los elementos racialmente más válidos formarían una clase especial que colonizaría las tierras que habrían de ser unidas al Reich según el deseo del Führer.

Pero Polonia era solo un primer paso; después estaba prevista la colonización de áreas más al este, como Crimea y los Países Bálticos. Cuando tal cosa sucediera, «el valle del Vístula, desde sus fuentes hasta su desembocadura, (sería) tan alemán como el valle del Rin».[46] Todo lo cual se complementaría con la expropiación de los eslavos y judíos.

Un procedimiento semejante tendría lugar en el Protectorado de Bohemia y Moravia —la región checa de la antigua Checoslovaquia—; aproximadamente la mitad de la población habría de ser asimilada mientras la otra mitad (pretendidamente de origen asiático, según la política racial nazi) debía ser expulsada, al igual que la clase intelectual; muchos de ellos irían a trabajar al Reich.

En algunas regiones del oeste estaba teniendo lugar un fenómeno similar. En Alsacia se había expulsado, en la segunda mitad de 1940, a unas 100.000 personas por razones raciales. Se trataba principalmente de judíos, gitanos y otros elementos raciales extranjeros, criminales, personas asociales y con enfermedades mentales incurables. Se aprove-

---

[45] *Ibid.*, p. 585.
[46] *Ibid.*, p. 590.

chó también para expulsar a los elementos más caracterizadamente francófilos.[47]

Es decir, en aquellas regiones del entorno del Reich en las que había población germánica, se desarrolló una política de absorción de dicha población. Tanto al este como al oeste, el Reich expandía sus fronteras y se fortalecía con el aumento de población (desde el punto de vista nazi el fortalecimiento era mayor, por cuanto, además, aquella población era de la mejor sangre).

El objetivo de la política nacionalsocialista era la conquista de la Unión Soviética. El móvil era básicamente de tipo demográfico, económico y geoestratégico; la finalidad ideológica —entendiendo por tal la destrucción de la patria del comunismo— jugaba un papel secundario. La piedra angular de la política hitleriana era el *Lebensraum*, la conquista del espacio vital, imprescindible para la supervivencia de un pueblo de ochenta millones de habitantes que pronto habría de superar los ciento veinte.

La fiscalía expuso entonces el documento EC-472, prueba USA 315, por el que se creaba la Oficina Ejecutiva de Economía Este del acusado Göring para «la gestión de la economía en los territorios orientales recientemente ocupados». Se trataba de la segunda edición y llevaba la fecha de julio de 1941.

A ese informe se le añadía el EC-126, prueba USA 316, un informe del 23 de mayo de 1941 en el que se diseñaba la forma de proceder en el territorio soviético por parte de los ocupantes alemanes y se establecían los objetivos a conseguir. Había una primera delimitación de las distintas zonas: al norte del país, las tierras eran deficitarias, generalmente bosques, y en ellas se hallaban las principales ciudades como Moscú y Leningrado. De acuerdo a la estimación de la oficina de Göring, apenas habría que mantener a sus habitantes con el mínimo necesario para su supervivencia. La industria de esas regiones, así como la de los Urales, no merecían la menor consideración a los planificadores alemanes, que consideraban que consumían demasiado para lo que producían.

---

[47] *Ibid.*, pp. 596-597.

Aunque costosa también, sin embargo, la zona del Cáucaso habría de ser mantenida debido a su producción de petróleo, algodón, manganeso, cobre, seda y té. Los alemanes estaban casi obsesionados con el sur de Rusia, sobre todo con Ucrania, a la que consideraban fuente de riqueza agrícola y en la que pensaban asentar a numerosos campesinos. Para Hitler, Ucrania era el sustitutivo de las colonias: «Nuestro problema no es reemplazar la producción intensiva de alimentos en Europa con la incorporación de espacio nuevo en el Este, sino sustituir las importaciones de ultramar por importaciones del Este».[48]

Pero eso era solo el prólogo. La verdadera faz de la guerra alemana en el Este se reveló paulatinamente; la fiscalía reprodujo un documento que resultaba esencial para comprender cuáles eran los verdaderos objetivos nazis en Rusia. En él se recogía la reunión que Hitler y Lammers mantuvieron con los acusados Göring, Keitel, Rosenberg y Bormann el 16 de julio de 1941 y se especificaba la necesidad de ocultar el propósito último de la política alemana en el Este. El texto no resulta ambiguo:

> Insistiremos de nuevo en que nos vimos forzados a ocupar, administrar y hacer segura una cierta área, en interés de cuyos habitantes proporcionaríamos orden, alimentos, tráfico, etc. y de ahí nuestras medidas. Nadie debería reconocer que se inicia un asentamiento definitivo. Esto no tiene por qué evitar que tomemos todas las medidas necesarias —fusilamientos, reasentamientos, etc.— y las tomaremos.
>
> Pero no queremos convertir a cualquier pueblo en nuestro enemigo prematura e innecesariamente. Por tanto, actuaremos como si quisiéramos ejercer tan solo un mandato. Al mismo tiempo debemos saber claramente que nunca abandonaremos esos países. Nuestra forma de actuar debería ser por tanto la siguiente:
>
> 1. No hacer nada que pudiera obstruir el asentamiento definitivo, y prepararse para ello en secreto.
>
> 2. Destacar nuestra condición de liberadores.
>
> En particular: se ha de evacuar de Crimea a todos los extranjeros y asentar solo a alemanes.

---

[48] *IMT*, vol. IV, p. 8.

> De la misma manera, la parte austriaca de Galitzia se convertirá en territorio del Reich. Aunque nuestras relaciones actuales con Rumanía son buenas, nadie sabe cómo serán en el futuro. Tenemos que tener esto en cuenta y debemos definir nuestras fronteras en función de ello. No se debería depender de la buena voluntad de otro pueblo. Tenemos que planear nuestras relaciones con Rumanía de acuerdo con este principio.
>
> Los rusos han ordenado ahora llevar a cabo una guerra partisana detrás de nuestras líneas. Esta guerra partisana también supone alguna ventaja para nosotros: nos permite erradicar a todo el que se oponga a nosotros.[49]

Pero lo esencial era el propósito alemán de extender sus fronteras más allá de los límites del Reich; nunca mejor que en el caso de los territorios del Este se observaba cómo la idea de la Alemania futura rebasaba con mucho el viejo marco bismarckiano:

> El objetivo de un comisario del Reich para Estonia, Letonia, Lituania y la Rutenia Blanca debe ser luchar para conseguir formar un protectorado alemán, y después transformar esa región en parte del Gran Reich Alemán germanizando a elementos racialmente posibles, colonizando con razas germánicas y desterrando a elementos indeseables. El mar Báltico ha de convertirse en un mar interior germánico, bajo la tutela de la Gran Alemania.[50]

El 17 de julio de 1941, Hitler y Keitel firmaron el decreto por el que se nombraba a Rosenberg ministro para los Territorios Orientales Ocupados. Rosenberg había tenido parte activa en la elaboración de las tesis sobre el destino de la Unión Soviética. Sus puntos de vista eran innegablemente particulares, y muchas veces entraban en colisión con la política oficial, sobre todo en lo referente a Ucrania, hacia la que Rosenberg era muy proclive.[51]

---

[49] *Ibid.*, p. 10.
[50] *Ibid.*, p. 12.
[51] J. Matthäus y F. Bajohr, *Alfred Rosenberg. Diarios, op. cit.*, p. 470.

Pero también para Rosenberg la cuestión se presentaba desde el punto de vista de la supervivencia alemana de forma completamente descarnada:

> Este año, alimentar al pueblo alemán está, sin lugar a dudas, al principio de la lista de los objetivos de Alemania en el Este; y los territorios del sur y el Cáucaso Norte tendrán que servir para equilibrar el suministro de alimentos para el pueblo alemán. No hay ninguna razón que nos obligue a alimentar también al pueblo ruso con los productos de esos territorios productores de excedentes. Sabemos que es una cruda necesidad, privada de todo sentimiento.
> La tarea principal de la administración civil en los territorios orientales ocupados es representar los intereses del Reich. Este principio básico ha de estar por encima de todas las medidas y consideraciones. Por tanto, puede que en el futuro se permita a los territorios ocupados vivir por sí mismos de una forma que aún se ha de decidir. Sin embargo, siguen siendo parte del espacio vital de la Gran Alemania y han de ser gobernados siempre de acuerdo con este principio.
> Las regulaciones de la Convención de La Haya sobre Guerra Terrestre que afectan a la administración de un país ocupado por una potencia extranjera beligerante no son aplicables, ya que se considera disuelta la URSS y por tanto, el Reich tiene la obligación de ejercer todas las funciones gubernamentales y otras funciones relativas a la soberanía en interés de los habitantes del país. Por tanto, está permitida cualquier medida que la administración alemana considere necesaria y adecuada para la ejecución de esta tarea global.[52]

En ese punto, la fiscalía trajo de nuevo a colación un documento de Rosenberg por el que se diseccionaba con claridad cuáles eran los objetivos de Alemania en el Este:

> En el Este Alemania lleva a cabo una guerra en tres frentes: una guerra para la destrucción del bolchevismo, una guerra para la destrucción

---

[52] *IMT*, vol. IV, p. 14.

del Gran Imperio Ruso, y finalmente una guerra para la adquisición de territorio para su colonización y explotación económica.

La exposición de los cargos de la acusación se detuvo en este punto. La labor de la fiscalía había sido ardua, en verdad, pero desordenada y poco sistemática. Había conseguido, mediante algún golpe de efecto, restar simpatías de la opinión pública hacia los acusados, en el caso de Alemania, y generar una notable animadversión contra ellos en el caso de las naciones aliadas, que tampoco estaban muy necesitadas de ello. Pero adolecía de una cierta falta de profesionalidad; los fiscales se sucedían sin demasiado concierto, los documentos aportados no resultaban lo concluyentes que se esperaba —lo que se traducía en una actitud escéptica de los acusados, que pasaron del amedrentamiento inicial a una incipiente animación—, y la exposición era, en generalcaótica.

Los últimos días hábiles del mes de diciembre de 1945 los empleó la fiscalía —en esa misma desconcertante línea— en comenzar la exposición del caso contra las organizaciones. Apenas cuatro días más tarde, el juicio se suspendía por las vacaciones navideñas hasta comienzos de enero.

Los acusados quedaron en sus celdas, a la espera de los días que habrían de venir. La melancolía y la nostalgia se adueñaron de muchos de ellos, dadas las fechas. La vida en la cárcel no era fácil, y no faltaba quien deseaba que todo aquello terminase de la forma que fuese, pero que terminase pronto.

Capítulo 8
LA VIDA EN LA CÁRCEL

La vida en la cárcel había venido siendo monótona y dura para los internos, salpicada con algún que otro interrogatorio, hasta la apertura del proceso. Cuando se produjo el descanso navideño, la monotonía regresó en la peor de sus formas. Los fiscales pusieron tierra de por medio, huyendo del deprimente mundo de Núremberg, de una ciudad en la que apenas había de nada, destruida y en ruinas, y aprovecharon para hacer turismo. El fiscal Jackson marchó a Tierra Santa, pasando por Roma y Atenas, durante una semana escasa, ya que no le resultaba posible volver a los Estados Unidos; Birkett y Biddle fueron a Inglaterra, mucho más accesible que América.

Jackson estaba algo enfadado por el hecho de que él no podía ir a los Estados Unidos, y por lo tanto quería que el receso de diez días se limitase a Nochebuena y Navidad. Pero los equipos franceses y británicos, mucho más cerca de sus hogares, habían presionado para obtener un descanso lo suficientemente amplio como para ir casa, aunque, al contrario que en el caso de los estadounidenses, a ellos se les había permitido traer a sus mujeres a Núremberg.

Para los prisioneros poco había cambiado desde los primeros días. Apenas recibían cartas de sus familiares, y los paquetes navideños fueron confiscados por los norteamericanos. De hecho, aunque ellos casi nunca lo sabían o tardaban tiempo en saberlo, muchos de sus parientes estaban detenidos. A los menores se les separaba de sus familias y se les entregaba a familias de acogida. A Göring, pese a las promesas que se le habían hecho cuando se entregó allá por los lejanos días de mayo de 1945, se le mantuvo en la ignorancia del destino de sus familiares, que habían sido encerrados por el Ejército americano.

A los demás les sucedieron cosas semejantes. A la mujer del doctor Schacht le fueron arrebatados sus hijos; la hermana de Hans Frank, que no tenía ninguna relación con él y que ni siquiera era miembro del partido, fue también enviada a prisión en septiembre. La detención de sus familiares tuvo un efecto desigual sobre los presos, pero en ningún caso favoreció su actitud hacia el tribunal. Von Schirach, que había hablado con dureza contra Hitler incluso antes de empezar el juicio, se alineaba ahora bajo la jefatura de Göring y atacaba acerbamente a los norteamericanos; le resultaba incomprensible que hubieran arrestado a su mujer.

La esposa de Von Schirach había tenido el coraje de discutir con Hitler sobre los judíos, irritando a este hasta tal punto que nunca más había querido verla. Era la hija mayor de Hoffmann, el fotógrafo oficial de Hitler, y tenía una cierta confianza con el Führer, que venía de muy atrás, de cuando era una niña traviesa a la que Hitler gastaba bromas. Eso le permitía tomarse unas ciertas confianzas, pero la visita que realizaron al Berghof en abril de 1943 terminó en una escena muy violenta, cuando Henriette relató delante del propio Hitler una desagradable escena presenciada en Holanda y relacionada con la deportación de los judíos.[1]

Pero estos sucesos incidían sobre una población carcelaria que se encontraba en un estado de ánimo bajo. Las reglas impuestas eran poco comprensibles para muchos de ellos, y además las autoridades carcelarias prestaban poca o ninguna atención a la actitud de los guardias que custodiaban las celdas. Estos, por lo general, estaban poco dispuestos a tomar su trabajo con agrado, y además, habían tenido que quedarse en Europa mientras sus compañeros eran repatriados.

Al otro lado de la obsesiva mirilla que comunicaba la celda con el pasillo, los guardas no perdían de vista al prisionero. Se relevaban cada tres horas, para poder soportar el turno. En la inmensa mayor parte de los casos se trataba de muchachos muy jóvenes, alrededor de los diecinueve años, con una peculiar carencia de modales y educación, al menos a los ojos europeos.

---

[1] J. Toland, *Adolf Hitler, una biografía narrativa, op. cit.*, pp. 1107-1108.

Les resultaba difícil sustraerse a la posibilidad de ser crueles. Fritzsche recordaba cómo, al inicio del proceso, un guarda depositó sobre la mirilla una horca en miniatura, seguramente hecha por él mismo, de la que colgaba una pequeña figura con la cara del preso. Al parecer la broma se generalizó hasta el punto de que la autoridad militar convocó a los presos al patio y les pidió que, en lo sucesivo, denunciaran tales cosas. Es posible que otros no lo considerasen particularmente lacerante, pero a Fritzsche le conmocionó. En adelante, una de las cosas que más le preocuparía, sería a quién destinaban de vigilancia ese día (o noche).

Fritzsche también fue testigo de una escena particularmente violenta protagonizada por un guarda, cuando Göring pidió que le devolvieran la silla que se llevaban cada noche, y el guarda —que se apoyaba sobre ella— abrió violentamente la puerta de la celda y comenzó a propinar duros golpes con la porra al Reichsmarschall.

Pero sin llegar a tales extremos, la vigilancia a la que estaban sometidos resultaba exasperante. El simple hecho de que un soldado pasase toda la tarde silbando sin parar bastaba para desquiciar a cualquiera; por la noche era peor. Las lámparas iluminaban la celda, y el guarda podía enfocar la luz hacia donde estimara más oportuno. A veces lo hacía de forma premeditada al rostro del preso, que trataba de dormir y que, naturalmente, se despertaba.

Los ruidos nocturnos, muy frecuentes, desesperaban a la mayoría. El taconeo de las botas militares sobre las baldosas resultaba muy molesto y terminaba por convertirse en obsesivo. Las peticiones de silencio por parte de los internos no tenían el menor efecto sobre los guardas, en el mejor de los casos; en el peor, provocaba que estos incrementaran los ruidos para fastidio de los presos. A veces, estos lograban conciliar el sueño por puro agotamiento o utilizaban algodones en los oídos. Los más afectados fueron Jodl, Ribbentrop y Streicher, que no podían soportarlo.

Había quien encontraba mucho peores otras cosas. Una de ellas era la obligación de dormir de cara a la puerta, lo que resultaba molesto pero llevadero; el problema era que nadie podía asegurar que no iba a moverse durante la noche, lo que motivaba que el guarda lo despertase, mediante el expeditivo método de zarandear con un palo al preso. La otra alternativa era hacerlo a gritos, lo que además afectaba a los demás internos. En teoría era una norma destinada a prevenir suicidios. Pero era una norma cruel, y no faltaron peticiones de que fuese abolida, sin suerte.[2]

Los suicidios fueron una preocupación de Andrus durante toda su misión en Núremberg. Esa preocupación le llevó a extremar las medidas que adoptó con los presos. No solo Robert Ley, sino también el doctor Conti —que, aunque no estaba acusado, era el responsable del programa de eutanasia— se habían ahorcado. Andrus determinó que nada que pudiera siquiera lejanamente servir de instrumento para darse muerte pudiera introducirse en las celdas; no ya cuchillas de afeitar, sino ni siquiera corbatas o cordones de los zapatos. Incluso las gafas estaban prohibidas por la noche. Los cordones y las corbatas solo estaban permitidos cuando comparecían ante el tribunal.

Andrus había establecido que sus ropas fueran registradas y lavadas durante los baños. Al salir del baño, de nuevo eran cacheados. Y mientras se encontraban en la sala, las celdas eran periódicamente registradas de forma sistemática, hasta los últimos rincones. Ocasionalmente, se encontraban diversos artículos en ciertas celdas, aunque no en todas. Las primeras búsquedas arrojaron resultados desiguales: en las celdas de Göring y Hess no se encontró nada, pero en las de Ribbentrop, Dönitz, Jodl y Keitel se hallaron elementos varios y, curiosamente, en todas ellas artefactos metálicos como clavos, cables, pastillas y tornillos. Sauckel tenía una cuchara afilada, Schacht un cuerda y Von Neurath incluso un destornillador.

Desde el principio, todos se dieron cuenta de que los acusados en modo alguno constituían un grupo mínimamente homogéneo. Las divisiones y los enfrentamientos que ya sostenían en sus momentos de gloria se veían ahora potenciados por la situación en la que se hallaban; naturalmente, sus captores aprovecharon esta circunstancia, y para ello no dudaron en contar con los servicios de Gilbert, el psiquiatra de la cárcel.

---

[2] J. Owen, *Núremberg. El mayor juicio...*, op. cit., p. 75.

No era solo que unos fuesen enemigos de otros o que tuvieran la voluntad de perjudicarlos; es que de su propia defensa se seguía un necesario perjuicio para otros acusados. Por ejemplo, Neurath, Speer, Papen y Schacht podían testimoniar en contra de Ribbentrop y causarle bastante daño. Por otro lado, Göring, Ribbentrop y Rosenberg eran rechazados por Papen y tampoco gozaban del respeto de Schacht, quien los rechazaba por nazis.

Había algunos acuerdos sustanciales, más en lo negativo que en lo positivo. Todos recelaban de Rudolf Hess, al que consideraban perturbado en distinta medida; algo parecido, pero con mayor rechazo, sucedía respecto a Streicher, del que todos rehuían el contacto. Streicher hacía muy incómoda la vida en la prisión con la insistencia en que los jueces y fiscales eran todos judíos (ninguno de ellos lo era; pero insistía en que Jackson, por ejemplo, era Jacobson en realidad), y desde el principio venía manteniendo que todo el juicio era una farsa orquestada por los judíos, verdaderos vencedores de la guerra. El único que hablaba con él era el hermético Frick que, secundando a Göring, seguía justificando las Leyes de Núremberg como una autodefensa alemana ante la «agresión judía».

Algunos de ellos mantenían unas posiciones coherentes, pero otros oscilaban continuamente. Von Schirach se mostraba indeciso, y tan pronto giraba en un sentido como en el otro, ora esperanzado en salir con bien del juicio, ora detestando a los norteamericanos. Keitel tan pronto se disponía a criticar a Hitler como se sentía intimidado por la presencia de Göring y formaba entre los paladines del régimen.

Ribbentrop era uno de los que más padecía en prisión. Tenía un alto coeficiente de inteligencia, pero estaba moralmente derrumbado; si bien había sido un oponente de Göring durante el Tercer Reich, en Núremberg se alineaba con este con frecuencia, y hasta desarrolló una cierta admiración por él. Aunque alegó pérdida de memoria en varias ocasiones, había dos cosas que le mortificaban especialmente: la acusación de ser antisemita y la de que había asegurado a Hitler que los británicos no combatirían.

Estaba claro que Ribbentrop había tenido un papel importante —en el sentido ejecutivo— en la política contra los judíos, y que era perfectamente consciente de que esa acusación entrañaba un particular peligro, aunque rechazara airadamente las imputaciones de los testigos al respecto. En septiembre de 1944 había recibido una copia del *Daily Mail* acerca de las atrocidades que habían tenido lugar en el campo de concentración de Majdanek, cerca de Lublin, en la zona oriental de Polonia. Ribbentrop se dirigió a su hijo (un capitán de las Waffen SS condecorado con la Cruz de Caballero de la Cruz de Hierro por su heroísmo en combate) preguntándole cuánto de verdad contenía esa información; el hijo le aseguró que se trataba de simple propaganda de atrocidades.[3]

Pero, sobre todo, hubo un punto que pareció molestarle de forma particular, porque afectaba a su esfera profesional: la acusación de que sostuvo que Londres no iría a la guerra contra Alemania.

La verdad es que Ribbentrop no había asegurado tal cosa, pero los británicos habían esparcido dicho rumor y todo el mundo lo había creído. Con toda razón, Ribbentrop reivindicaba una y otra vez que él le había asegurado a Hitler exactamente lo contrario, pues en diciembre de 1937 había redactado un memorándum en el que expresaba su convicción de que si estallaba la guerra en Europa el Reino Unido combatiría contra el Reich. La abdicación de Eduardo VII no presagiaba nada bueno, y el embajador alemán —pronto ministro de Exteriores— estaba convencido de que Gran Bretaña era el enemigo más temible de aquellos a los que habría de enfrentarse Alemania. Para Ribbentrop era la consecuencia de una política deliberadamente buscada por aquellos elementos contrarios a todo acuerdo con el Reich; había hablado con Vansittart tratando de atraerlo a un entendimiento con Berlín, pero había sido como «hablar con un muro».[4]

Una relación poco frecuente era la que se había establecido entre Keitel y Jodl. El primero defendía en el segundo el honor de la Wehrmacht con particular énfasis, en parte porque asociarse con Jodl pare-

---

[3] D. Irving, *Nuremberg. The Last...*, op. cit., p. 288. El autor mantuvo una entrevista con el antiguo capitán de las Waffen SS, hijo del ministro de Exteriores, en la que este le confirmó esta información.

[4] P. Seabury, *The Wilhelmstrasse: A Study of German Diplomats Under the Nazi Regime*, Los Ángeles, 1954, pp. 56 y ss.

cía una carta bastante segura. Keitel era uno de los más inteligentes de acuerdo a los test que había efectuado Gilbert, pese a la fama que arrastraba de servil y carente de personalidad. Jodl, por otro lado, no tenía problemas en admitir que había participado en el planeamiento de una guerra de agresión, puesto que la situación de su patria lo demandaba. Como militar, no tenía otra defensa. El problema de Jodl era su participación en algunas decisiones criminales que implicaban la ejecución de comandos y partisanos; en realidad, resultaba difícil para los Aliados justificar una condena por esta razón, por cuanto ellos habían ejecutado generosamente a los comandos e infiltrados así como a aquellos que se habían convertido técnicamente en partisanos, como los comandos de Skorzeny, e incluso a soldados alemanes que habían vestido uniformes enemigos por necesidad y no con la intención de engañar y sacar ventaja.[5]

La presión del internamiento —y, por supuesto, de la acusación— producía reacciones enormemente variadas. Algunos de los acusados resultaban casi irreconocibles. Hans Frank se había convertido al catolicismo de un modo tal que su comportamiento resultaba desconcertante para sus correligionarios y sus acusadores, sobre todo durante las primeras semanas. Razonablemente, los más recalcitrantes de entre los presos contaban con él para plantar cara a la acusación; pero Frank acusó a los líderes nazis de las atrocidades al mismo tiempo que negaba su participación en ellas. Tanto porque estas habían sucedido en muy buena parte en Polonia, como porque sus propios diarios le acusaban de forma indudable, la postura de Frank no resultaba muy creíble; pero, para la acusación, lo preocupante era lo impredecible de su comportamiento ante el tribunal.

Dönitz tenía fama de ser hombre reposado e inteligente y seguro de sí mismo. Su posición era algo atípica, por cuanto había tenido una relación distante con Hitler cuando empezó la guerra, aunque su fiabilidad le llevó al mando de la Marina, primero, y a la jefatura del Estado, después. Se mantenía en calma y estaba bien dispuesto a cumplir con lo que de él se esperaba. Estaba preocupado, eso sí, por la acusación

---

[5] A. Beevor, *Ardenas 1944...*, *op. cit.*, p. 374.

de que había ordenado que los submarinos no recogiesen tripulaciones de los barcos hundidos, aunque sabía perfectamente que los Aliados habían actuado de la misma forma. A él no le competía el planeamiento de guerra alguna ni tampoco los hundimientos de buques neutrales, algo que recaería sobre Raeder. En términos generales, la postura de Dönitz no fue la de un leal seguidor de Hitler, como Göring había esperado, ya que el sucesor del Führer manifestaba sentirse sorprendido por el lado oscuro de este.

El gran almirante Raeder había estado al frente de la Marina de Guerra alemana hasta enero de 1943, en que fue sustituido por Dönitz. Había tenido parte en el desarrollo de la política nazi y la implementación de programas de guerra de agresión. Se comportaba de un modo muy despegado con respecto a sus compañeros, no hablaba con casi nadie y, al contrario que sus compañeros de cautiverio, no comentaba con nadie su estrategia de defensa y sus puntos de vista sobre el juicio. Solo con Jodl intercambió puntos de vista acerca de la invasión de Noruega y de la firma del tratado naval anglo-alemán en junio de 1935, que había implicado a Gran Bretaña en la violación del Tratado de Versalles. Neurath podía respaldar ampliamente tal punto de vista.

Seyss-Inquart resultó ser uno de los más inteligentes de todos ellos según los test de Gilbert, y además lo parecía. Hombre afable y educado, era lo bastante realista como para admitir su administración de los Países Bajos como suficiente argumento para colgarle. Se había resignado a su destino, que sabía era la muerte, y defendió al régimen nazi con coherencia aunque con una cierta independencia de las consignas de Göring. Por el contrario, Sauckel permaneció siempre bajo el amparo del antiguo Reichsmarschall; repetía una y otra vez que él solo cumplió órdenes en la recluta de la población trabajadora. Su posición y menor inteligencia le hacían presa fácil para Speer. Jamás aceptó la gravedad de los hechos que se le imputaban y hasta el último momento creyó que su sentencia a muerte se debía a un error de traducción.

Capítulo 9
LAS ESTRELLAS DEL PROCESO: SPEER Y GÖRING

De entre todos los acusados, dos atrajeron la atención de los fiscales, los psiquiatras, los jueces y el público con mayor intensidad que ninguno otro, aunque por razones muy distintas: Speer y Göring. Con toda probabilidad se trataba de los dos más inteligentes, más allá de los test de Gilbert. Los dos brillaron en Núremberg con luz propia y se elevaron muy por encima de los demás.

Albert Speer era el hombre que había obrado el milagro en la industria de sostener la producción frente a los tres colosales imperios contra los que combatía Alemania. Pese a los intensos bombardeos a que estaba sometido el país, la industria alemana había alcanzado su cénit en el verano de 1944 gracias a las medidas de racionalización que el ministro de Armamentos había introducido.[1]

La situación de Speer era muy peculiar entre quienes se sentaban en el banquillo de Núremberg. Junto con Göring —y, en cierto sentido, incluso más que este— era el único que podía considerarse amigo de Hitler, o lo más parecido que Hitler tuvo nunca a un amigo. Speer había compartido largas horas con él lejos de las preocupaciones militares y políticas, y había podido penetrar en su intimidad en mayor medida que nadie. Para el todopoderoso Führer nazi, Speer era el hombre que él hubiera querido ser: un brillante arquitecto venerado en Alemania, un artista consagrado. Decidió que le protegería como él no había sido amparado.

La relación entre ambos resultó muy beneficiosa para Speer. Aunque este rindió a una gran altura —de eso no hay duda— Hitler puso

---

[1] J. Fest, *Conversaciones con Albert Speer. Preguntas sin respuesta*, Destino, Barcelona, 2005, p. 110.

a su disposición todo aquello que aquel demandaba, tanto como arquitecto como durante su etapa de ministro de Armamento. Su nombre había brillado muy alto en el firmamento del Tercer Reich, incluso más por su relación personal que por su posición política. Sin embargo, Speer desarrolló una cierta arrogancia en el cumplimiento de sus tareas, y llegó hasta a quejarse tímidamente de las intromisiones de Hitler en su trabajo, sobre todo como arquitecto.[2]

En cierto modo, la intimidad con Hitler le daba a Speer una posición única, en cuanto le permitía un enfoque más psicológico de su papel en el Tercer Reich. Objetivamente, y de acuerdo a los criterios que se emplearon en el proceso, Speer podía temerse lo peor. Así que decidió confiarse a su atractivo personal y a la adopción de una postura de colaboración moralizadora que desembocó en un arrepentimiento público, postura que se vio favorecida por la ignorancia que los Aliados tenían recién terminada la contienda de las responsabilidades de cada cual.

El papel que Speer desempeñó no está aún muy claro. Por un lado se presentaba como un artista, y por el otro como un tecnócrata. Siempre quiso dejar en un segundo plano las cuestiones ideológicas, lo que parece natural, porque mostraban su peor cara; a fin de cuentas con Hitler no hablaba solo de arquitectura, y pertenecía al partido desde que tenía veintiséis años, en 1931.

Durante el juicio se preguntó acerca de Speer a Otto Ohlendorf, que había sido llamado como testigo de la acusación para testificar acerca del Holocausto, en su condición de experto en cuestiones de seguridad dentro del Reich. El interrogatorio no dejó en muy buena posición a Speer:

> P. Testigo, ¿sabe usted que el acusado Speer, contra las órdenes de Hitler, tomó medidas para evitar la destrucción de instalaciones industriales y de otro tipo?

---

[2] F. von Papen, *Memorias, op. cit.*, p. 546. En cierta ocasión en la que el célebre director de orquesta Furtwängler comentaba con Speer lo agradable que debía ser disponer en plena juventud de unas posibilidades casi ilimitadas, este le contestó que eso era innegable, pero que en ocasiones se sentía como «si usted hubiese empezado a dirigir una sinfonía de Beethoven y apareciese el empresario exigiéndole tocar el acordeón de la orquesta».

R. Sí.

P. ¿Y que esas medidas, además de aplicarse en el interior de Alemania, llegaron hasta la zona entonces aún ocupada de Silesia, y otras áreas similares?

R. Creo que el periodo de tiempo durante el que yo supe de esto fue tan tardío que, exceptuando unas pocas áreas del Oeste, ya no se aplicó en ninguna área del Este.

P. Una pregunta más, de lo que quizás usted sepa algo. ¿Sabe que el acusado Speer preparó un atentado contra Hitler a mediados de febrero de este año?

R. No.

P. ¿Sabe que Speer planeó entregar a Himmler a los Aliados para así hacerle responder por sus crímenes y limpiar el nombre de otros que eran inocentes?

R. No.

P. Esta pregunta quizás sea respondida afirmativamente por algún otro testigo. ¿Está usted bien informado de los hechos del 20 de julio?

R. Muy bien informado.

P. ¿Sabe usted que el círculo de conspiradores del 20 de julio había planeado mantener al acusado Speer como jefe de su Ministerio?

R. Sí.

P. ¿Conoce algún detalle de este asunto?

R. De los que tomaron parte en el complot del 20 de julio simplemente supe que habían considerado, en un borrador de esquema organizativo, que continuara en su puesto como jefe del Ministerio de Armamento.

P. Testigo, ¿cree que esta intención de los conspiradores del 20 de julio se debió al hecho de que el acusado Speer, a la vista de sus actividades, era considerado no solo en estos círculos simplemente como un experto y no como un político?

R. Es muy difícil contestar a esa pregunta. Es difícil no ser considerado un político cuando se ha estado tan estrechamente relacionado con las autoridades del Reich que tomaban las decisiones políticas finales, y si además se han hecho contribuciones esenciales a las sugerencias y propuestas a partir de las que se tomaron las decisiones.

Es evidente que el ministro Speer no era considerado simplemente un político.[3]

En Núremberg jugó su baza como el nazi arrepentido, pero con el paso del tiempo se ha generado una polémica acerca de la honradez de sus planteamientos, que mantuvo durante el resto de su vida. Los historiadores no se ponen de acuerdo sobre este extremo, y las opiniones se han sucedido sin que se haya llegado a un mínimo consenso al respecto.

La colaboración de Speer en el desarrollo del juicio fue importante, y él se mostraba deseoso de ser útil, aunque jamás mostró ansiedad al respecto. Su testimonio afectaba a una gran parte de los acusados, que terminaron por temerle, porque secundaba la idea de que todos eran responsables de los crímenes cometidos en la medida en que fueron miembros de aquel régimen. Eso, sin duda, era lo peor que podía esperarse de él, porque apoyaba el enfoque norteamericano, que acusaba a todos. De ese todos no se excluyó a sí mismo, todo lo contrario.

Su confesión y arrepentimiento, sin embargo, los mezcló hábilmente con la revelación de que había intentado matar a Hitler y había desobedecido sus órdenes de destrucción de Alemania en el último momento. Una parte de ello, al menos, era cierta, lo que daba mayor aire de verosimilitud a sus protestas de arrepentimiento. Tal y como expresó en 1971, «si no lo vi es porque no quería ver».[4] Durante el desarrollo del proceso puso especial empeño en que no se relacionase su testimonio con la voluntad de salvar la cabeza.

La pretensión de que había considerado matar a Hitler fue genéricamente aceptada en la época. Se daba por supuesto que aquello le indisponía con sus compañeros de cautiverio y le hacía más difícil la convivencia entre los muros de la prisión. Es históricamente cierto que Speer se opuso a la orden de Hitler de arrasar Alemania hasta los cimientos para no dejar nada a los conquistadores, aunque ello representase la ruina para el pueblo alemán, por lo que el relato de Speer se revelaba consistente.

---

[3] *IMT*, vol. IV, pp. 343-344.
[4] J. Fest, *Speer. The final Veredict*, San Diego CA, 1999, p. 329.

Menos seguro es que verdaderamente hubiera considerado atentar contra Hitler. Según contó en Núremberg, durante los últimos días del Tercer Reich concibió la idea de lanzar una granada de gas venenoso por los conductos de gas del búnker de Hitler en Berlín. De acuerdo con su explicación, desistió de su plan al comprobar que el muro que rodeaba la construcción impedía su acceso a la salida del aire de la Cancillería. Hermann Giesler, su rival arquitectónico durante los días de gloria del nazismo, se mostró sarcástico al comentar que resultaba grotesco pretender que el segundo hombre del Estado nazi no hubiera podido culminar sus planes por falta de una escalera.[5] La historia de la preparación del atentado contra Hitler resultaba poco creíble, y más bien sonaba a la necesidad de hacer méritos ante sus jueces; el propio Speer debió de quedar algo abochornado por este asunto porque, en su alegato final de Núremberg, su abogado prácticamente ni lo mencionó. Es claro que de haber sido cierto, habría insistido en ello, pero sin duda, para su defensor, todo tenía un aire un tanto irreal.

En Núremberg su testimonio perjudicaría a Göring y a Keitel, sobre todo, aunque también beneficiaría a Schacht, al revelar que Hitler le detestaba y le consideraba un oponente. La fiscalía llegó a considerarle una de sus principales bazas, ya que en muchos aspectos andaba a ciegas, y Speer iluminaba desde dentro algunas de estas cuestiones. Speer tenía una pobre impresión de Göring durante la guerra, pero el proceso de Núremberg le hizo cambiar de opinión. Él mismo relataba que cuando fue nombrado ministro, el Reichsmarschall le parecía su adversario más formidable, pero que al poco se dio cuenta de que, en realidad, era el más débil; según Speer, Göring se convirtió en un muñeco que bailaba al son que él tocaba.[6]

Sin duda, Speer era un hombre implacablemente realista. Lo había sido para sumarse al NSDAP cuando este comenzó su marea ascendente, y ahora ya no albergaba dudas acerca del futuro: el nazismo había muerto, era universalmente execrado y jamás volvería. Hitler, el hombre al que había servido, se había convertido en el personaje más

---
[5] *Ibid.*, p. 246.
[6] J. Fest, *Conversaciones...*, *op. cit.*, p. 95.

odiado de la historia universal; era evidente que no podía desmarcarse repentinamente del otrora adorado Führer hasta construir una explicación convincente que, en el fondo, le exonerase. Asumir libremente una parte de la culpa era imprescindible para evitar lo peor. Por eso le escribió a Gilbert que «el proceso es necesario. Para crímenes tan horribles debe compartirse la responsabilidad incluso en un Estado autoritario». Esa postura —la misma que la que sostenía la acusación norteamericana— sería su actitud esencial durante todo el proceso.[7]

No se hacía, pues, ilusiones acerca del futuro. Durante un tiempo había creído que existían posibilidades de reconstruir una nueva Alemania, en la que él habría de desempeñar un importante papel, por lo que no había entendido su detención; pero en la cárcel, pese al aislamiento o quizá debido precisamente a él, comprendió lo que estaba pasando.

Sabía que tendría que pagar un precio por el pasado, y que aquel estaba en manos de quienes habían ganado la guerra. Se daba perfecta cuenta de que aquella no era una victoria coyuntural de un grupo de naciones, sino que representaba la imposición de un orden universal que dejaba atrás todo el mundo conocido. Tras una guerra mundial, se inauguraba la era atómica, que dejaba obsoletos muchos de los elementos reconocibles durante décadas y siglos para la humanidad. Ni por un momento creía que pronto se alzarían monumentos en Alemania en memoria de Hitler o del nazismo o, como Göring, que sus restos descansarían en un mausoleo venerado por las nuevas generaciones de alemanes.

Speer era consciente del valor que su testimonio tenía para la acusación, lo que le hacía mirar el futuro con confianza. Se sabía admirado por su inteligencia y honestidad —se tratase de una puesta en escena o no, en todo caso resultó convincente— y aceptaba que pasaría una temporada en la cárcel, pero suponía que tendría aún unos cuantos años por delante. Creía que los americanos le permitirían trabajar en Alaska, tierra a la que consideraba de gran futuro, por su situación entre la URSS y Estados Unidos.[8]

---

[7] A. Speer, *Memorias, op. cit.*, p. 600.
[8] F. von Papen, *Memorias, op. cit.*, p. 606.

Su actitud en el juicio tuvo por primera consecuencia la ruptura del frente unido que había planeado Göring. Conocía perfectamente las diferencias que separaban a unos de otros; en su día las había explotado en su propio beneficio para ascender en la cúpula nazi. De hecho, se había apoyado en Himmler para preterir la influencia de Göring y de Funk en la esfera económica, y a partir de ese momento había desarrollado unas inmejorables relaciones con las SS para aprovechar la mano de obra de los campos de concentración en beneficio de la industria de guerra.[9]

Las relaciones con las SS le podían haber conducido al cadalso. Speer presionó para que en los campos se estableciesen fábricas de armamento, en las que impuso unas condiciones muy duras para todos aquellos que infringieran las normas, y que de hecho llevaron a la muerte a muchos de los internos. Entre otras cosas, conoció las actividades laborales que tenían lugar en Auschwitz.

Y, aunque más tarde lo negara, fue de los últimos en perder la fe en el Führer. Quizá fuera esa la razón por la que sintió una decepción mayor, pero lo cierto es que mantuvo la creencia en las armas milagrosas, particularmente en las V-1 y las V-2.

Pero consideraba que estaba a tiempo de enmendar las cosas lo suficiente como para salvar lo más importante: la vida. A su abogado le dijo que su defensa se basaría exactamente en lo contrario de lo que estaban haciendo los demás: admitiría su culpa. Pero esa admisión de culpa tenía truco, aunque costaba darse cuenta. Speer no solo admitiría, sino que reivindicaría la existencia de una culpa colectiva, tal y como la fiscalía había planteado; en la medida en la que él había formado parte del régimen, era culpable, igual que los demás, pero Speer sabía que eso era insuficiente para una condena a muerte. Mientras se reconocía culpable por haber colaborado con un régimen tal, negaba su participación en los crímenes concretos, por los que sí podía ser condenado.

Al psiquiatra Leon Goldensohn le explicó el sentido preciso de su culpabilidad; aunque indudablemente —según su criterio— era me-

---

[9] M. T. Allen, *The Business of Genocide*, Chapel Hill, 2002, pp. 173-177.

nos culpable que otros, el formar parte del Gobierno nazi le hacía igualmente responsable: «En ese sentido soy culpable. Es un hecho que el gobierno de Hitler era un gobierno criminal. También se me hizo tomar parte en la utilización de la mano de obra forzada, aunque Sauckel era quien la suministraba. Yo era arquitecto, pero después de 1942, cuando Hitler me nombró jefe de producción, me empezó a interesar más la fabricación de armamento que la arquitectura».[10]

La verdad es que resulta sorprendente que Sauckel fuera condenado a muerte y, en cambio, Speer —que era el beneficiario de dicha política y que en absoluto ignoraba las consecuencias de la misma y los medios que se empleaban— solo a veinte años. Ante el tribunal declaró que hizo lo posible para que la economía funcionase y que lo logró, pero que ignoraba cuál era el precio que se estaba pagando por conseguirlo. «No tuve influencia alguna en el método con el que se trajo a los trabajadores extranjeros; no me correspondía a mí determinar si las leyes que se aplicaban tenían o no razón de ser».[11] Según su declaración, de esas cosas se ocupaba Sauckel; él bastante tenía con sacar adelante la producción, dadas las condiciones que sufría Alemania. Aún más: Speer habría salvado una serie de complejos industriales no solo en Alemania, sino también en los Países Bajos, Italia, Yugoslavia, Austria, Polonia, Hungría, Finlandia y Checoslovaquia.[12]

Pero no era cierto y la fiscalía no podía ignorarlo. Speer no solo estaba al tanto de las condiciones en las que trabajaban en los campos, sino que sus hombres acompañaban a los destacamentos de Sauckel a efectuar las reclutas en busca de los hombres y mujeres adecuados. Además, todas esas instalaciones en países extranjeros se habían salvado no porque Speer lo hubiese determinado así, sino porque la Wehrmacht había tenido que retirarse precipitadamente y no había dado tiempo a efectuar las demoliciones previstas. En todo caso, si se había producido alguna oposición a la aplicación de dichas medidas, esta no había procedido de Speer, sino de los mandos del Ejército.[13]

---

[10] L. Goldensohn, *Las entrevistas…, op. cit.*, p. 315.
[11] *IMT*, vol. XVI, p. 457.
[12] *Ibid.*, pp. 483-492 y 498.
[13] N. J. V. Goda, *El oscuro mundo de Spandau…, op. cit.*, p. 288.

Si en el juicio le fue bien a Speer, seguramente se debió a una improbable concatenación de circunstancias. A los fiscales les convenía una figura como la de Speer. Además, el fiscal británico, Maxwell Fyfe, que era el más duro con diferencia, no entró en este asunto debido a que la fiscalía británica se encargaba de los crímenes contra la paz, cargo del que Speer no estaba acusado.

Solo Jackson le interrogó, pero, como de costumbre, no presentó una acusación excesivamente bien hilada, saltando de una cuestión a otra sin demasiado orden. Las preguntas, además, no eran concretas, concisas, sino que le permitían al acusado contestar en forma de discursos que evadían las respuestas y que desviaban las cuestiones hacia donde más le interesaba a Speer. La coyuntura bélica lo justificaba todo, desde el traslado de prisioneros judíos hasta la mano de obra extranjera empleada a destajo y en condiciones infrahumanas.

Lo que el tribunal sacó en claro es que Speer no había tenido que ver con la conspiración contra la paz porque había sido nombrado ministro en 1942, dos años y medio después de estallada la guerra. Otra cosa eran los crímenes contra la humanidad y los crímenes de guerra, de los que no podía escapar, dado que había empleado mano de obra esclava en condiciones de extrema degradación.

Algunos de los fiscales no parecieron conmovidos por la historia de Speer, como lo demuestra no solo la postura de Nikitchenko, pidiendo la pena de muerte según costumbre, sino que también contó con el apoyo inicial del norteamericano Biddle, aunque Lawrence y Donnedieu se mostraron favorables a una condena de veinte años, lo que condujo a Biddle a alterar su opinión y optar por esta última.

Speer, después de haber afirmado su culpabilidad en muchas ocasiones, no apeló la sentencia. En realidad, estaba contento; había salvado la vida, más de lo que podía esperar en el inicio del juicio. Recurrir habría arruinado toda su estrategia, demostrando que no estaba por la labor de asumir su parte de responsabilidad por los crímenes del régimen nazi, exactamente lo contrario de lo que venía proclamando los últimos diez meses.

«¿Por qué me aferré entonces con tanta terquedad a mi culpabilidad? Muchas veces sospecho que ello sea el resultado del envanecimiento y la jactancia. Desde luego, para mis adentros, me considero culpable. Pero ¿qué necesidad tenía de recalcarlo tanto ante el tribunal? En este mundo uno sale siempre mejor parado con el comportamiento acomodaticio y astuto».[14]

Sin embargo, no estaba dispuesto a cumplir una penitencia de veinte años, pese a todo lo que proclamaba: inmediatamente inició los trámites para acortar la condena, aunque no lo hizo de forma pública. Sus amigos, encabezados por Rudolf Wolters, comenzaron a moverse con el objetivo de lograr su libertad después de obtener apoyo para su familia.

De hecho, los que más colaboraron en este esfuerzo fueron aquellos que se habían visto beneficiados por Speer en sus días de ministro, empresarios favorecidos por el aumento de la productividad —se les conocía como el Kindergarten, por su juventud—; tejió una red de apoyo en la que su mujer fue convenientemente aleccionada para que no hablase de nada más que de lo mal que lo estaban pasando sus hijos.

Pero, pese a todo el trabajo que se tomó para salir de la cárcel utilizando las más variadas artimañas, y a la confianza que tenía en que el enfrentamiento entre el Este y el Oeste le facilitaría la labor, tuvo que esperar hasta 1966 para abandonar la prisión de Spandau, una vez cumplida la sentencia.

Cuando lo hizo, no obstante, había desarrollado toda una estrategia para rentabilizar editorialmente su historia.

• • •

Junto a Speer, Hermann Göring fue el otro gran protagonista del proceso. Y lo era desde mucho antes de que comenzase. Su presencia preocupaba sobremanera a fiscales y jueces y, sin duda, se le temía; para la acusación era el gran obstáculo al que tendría que hacer frente, antes o después.

El Reichsmarschall era el más importante de todos los detenidos en Núremberg y hacía de aglutinante de los internos. Muchos de ellos,

---

[14] A. Speer, *Diario de Spandau*, op. cit., p, 13.

de personalidad más frágil o por convicción, se mostraron como seguidores más o menos incondicionales de Göring. Este había conseguido formar un frente bastante sólido, que preocupaba a los fiscales, aunque enfrente tenía a no pocos de quienes se sentaban en el banquillo y que no querían tener nada que ver con los nazis. Todo giraba en torno a él, así que su presencia entre los acusados alteró los planes más de una vez.

Por ejemplo, Andrus había prohibido que los acusados hablasen entre sí a la hora de comer —las sesiones se detenían a mediodía, hacia las dos, durante un par de horas—, pero Gilbert le convenció de que esa era una mala estrategia; obligar al silencio reforzaba la unidad entre ellos, e impedía a los adversarios de Göring establecer una frente sólido, mientras que sus partidarios solo debían limitarse a copiar lo que el Reichsmarschall decía y hacía. En último término, se podía aislar y dividir a los partidarios de Göring y mantener juntos a los otros. Además, Gilbert aconsejó que se proyectara la película de las atrocidades a los testigos de la defensa para influir sobre ellos en el sentido de moderar su apoyo a los acusados. Finalmente, se tomó la decisión de aislar a Göring de los demás reclusos; su influencia sobre el resto era excesiva, y estaba perjudicando el proceso. Aunque durante un tiempo tuvo su efecto condenarle a comer en un frío cuarto, alejado de todos los demás, este no fue muy duradero.

Y así, cuando Von Paulus compareció ante el tribunal, como testigo de la acusación soviética, Göring montó en cólera al ver a un mariscal alemán acusando a su propio país, dejando bien claro ante todo el que quisiera oírle que era un traidor. Paulus confesó que Hitler había planeado la ofensiva contra la URSS en julio de 1940, aunque tenía en cuenta que los Estados Unidos podían entrar en guerra a no mucho tardar; razón de más para atacar lo antes posible.[15] Los acusados de la Wehrmacht se sintieron insultados por aquel testimonio, pues despreciaban a Paulus por su entregada colaboración con Moscú, con lo que las invectivas del Reichsmarschall caían en terreno abonado, y recobró su ascendente sobre ellos.

---

[15] F. von Paulus, *Stalingrado y yo*, Mateu Editor, Barcelona, 1960, pp. 147-149.

Lo que más había llamado la atención de Göring era la condición física que exhibía. Todos estaban de acuerdo en que apenas recordaba al indolente líder nazi que se pavoneaba durante la Segunda Guerra Mundial mientras una menguante Luftwaffe retrocedía en todo el continente ante el empuje de las aviaciones aliadas. La *Fortaleza Europa* carece de techo, se decía mediada la guerra ante los persistentes bombardeos de la USAF y la RAF.

Pero el régimen que le habían impuesto los norteamericanos y la consecuente retirada de la morfina, le devolvieron grandes dosis de energía que hacía tiempo parecían pérdidas. Cuando su viejo enemigo el mariscal Milch se cruzó con él en Núremberg, se quedó sorprendido de su aspecto juvenil. Parecía en perfecta forma.

El mariscal Milch fue convocado por el tribunal para que declarase después de comparecer Bodenschatz, el enlace de Göring con Hitler, al que Jackson había acorralado con sus preguntas. La táctica dilatoria de Bodenschatz no dio resultados; si bien en la parte militar del interrogatorio supo mantenerse a flote, fracasó cuando trató de describir a Göring como alguien esencialmente ajeno a los pogromos contra los judíos. Göring se indignó con Jackson por el trato que había dado a una persona entrada en años y afectada de considerable sordera a consecuencia del atentado del 20 de julio.[16] Y después de Bodenschatz era el turno de Milch.

Ambos habían sido llamados para preparar el terreno en contra de Göring. Se suponía que iban a declarar lo que sabían de las ambiciones de su jefe, de los planes agresivos de la Luftwaffe y de su preparación para desencadenar la guerra. Bodenschatz, pese a no haber salido muy airoso, tampoco había resultado muy perjudicial para el Reichsmarschall. La táctica esencialmente semejante de Jackson a la hora de atacar a Milch tendría un resultado aún peor.

En principio, Göring estaba convencido de que Milch haría cuanto estuviera en su mano para ponerle la soga al cuello, tal era la enemistad de los dos hombres; su sorpresa fue mayúscula cuando, pese a comparecer como testigo de la fiscalía, se enfrentó a Jackson sin com-

---

[16] *IMT*, vol. IX, p. 42.

plejos. Desde el comienzo del interrogatorio Jackson se vio contrariado por las respuestas directas del testigo, que desarmaban una y otra vez el planteamiento del fiscal. Este empezó a perder la paciencia cuando el mariscal aseguró que el estallido de la guerra había supuesto una sorpresa para todos los acusados, y que la impreparación alemana para la guerra era notable.[17]

Incapaz de atraparle, Jackson cambió de táctica. Trató de indisponerle con Göring en lo personal, pero Milch se negó a contestar a ese tipo de preguntas. Decidió entonces retomar el interrogatorio donde lo había dejado antes, pero de nuevo las cosas no le fueron mejor. Las respuestas del mariscal del aire eran cada vez más ágiles y dejaban en evidencia las intenciones del fiscal americano.

Al inquirirle acerca de la violación de la neutralidad noruega, Milch no dudó en responder que estaba seguro de que dicha violación tuvo lugar dos veces (lo que quería decir que los británicos habían hecho lo mismo que los alemanes). Cuando Jackson le preguntó por su actitud hacia los grandes bombardeos sobre civiles, Milch contestó que «no podía concebir nada más cruel: basta con ver lo sucedido en Berlín, Hamburgo, Leipzig y las ciudades del Ruhr para entender lo que quiero decir». Durante largas horas, el fiscal se había encelado con Milch, y aquella contestación fue el colmo para un Jackson que había terminado haciendo del interrogatorio de su testigo algo personal. La reiterada idea de que con Hitler no se podía discrepar abiertamente en público —lo que incluía al Reichsmarschall— molestaba de modo muy visible a la acusación, porque impedía achacarles a los acusados su pasividad.[18] Las amenazas que durante el juicio profirió un irritado Jackson no eran vanas: Milch fue enviado a Dachau y arrojado a una estrecha y oscura celda que hubo de compartir con otros ilustres presos.

Cuando Göring fue llamado a subir al estrado como acusado estaba en su mejor momento, deseando intervenir y ansioso de ejercer de líder defensor de Alemania. La prensa y el público llevaban tiempo deseando asistir al enfrentamiento entre Jackson y el Reichsmarschall,

---

[17] *Ibid.*, p. 77.
[18] *Ibid.*, p. 117.

y el fiscal no ignoraba que se las tendría que ver con un acusado muy complicado de manejar, que tenía muchas ventajas a su favor.

Los fiscales sabían que Göring representaba un gran peligro para ellos. Desde el principio le habían considerado el número uno e incluso Maxwell-Fyfe había pensado en que se celebrase un juicio específico para él. Su personalidad era arrolladora y, después de todo, los americanos habían cometido un error —que tendrían ocasión de lamentar— privándole de la morfina. La primera muestra la tuvieron en julio de 1945, cuando, tras llevar casi tres meses encerrado, visitaron a Göring unos oficiales soviéticos, que entraron ceñudos en su celda; a los pocos minutos, los soldados de guardia podían oír las carcajadas desde fuera de la habitación, y un par de horas más tarde los soviéticos salían sonrientes y palmeando la espalda al Reichsmarschall.[19]

Los psiquiatras que le trataron en Núremberg, como antes en Ashcan, sacaron la conclusión de que era brillante y audaz, si bien despiadado. A todos ellos les pareció un hombre de gran atractivo, encantador, imaginativo e inteligente, aunque le resultaba inevitable mostrar su carencia de escrúpulos morales.[20]

Una de las principales ventajas de Göring en el juicio era que conocía los documentos que la acusación iba a emplear; los conocía mejor que los propios fiscales, por lo que estos deberían haberse empleado más a fondo en su trabajo, lo que no hicieron. Además, sabía inglés lo suficiente como para entender las preguntas que los fiscales le hacían y ganar tiempo mientras le traducían. Un factor nada desdeñable, el psicológico, también estaba de su lado en términos generales, por cuanto, consciente de la expectación generada, aguardaba el momento en que se habría de convertir en la estrella del proceso defendiendo la causa de la que había hecho su vida.

La disposición a jugárselo todo era otra magnífica baza. Göring había interiorizado que iba a terminar siendo ejecutado (aunque siempre pensó que ante un pelotón de fusilamiento) y consideraba que no

---

[19] R. Overy, *Interrogatorios...*, op. cit., p. 172.

[20] D. M. Kelley, *22 Cells in Nuremberg: A Psychiatrist Examines the Nazi Criminals*, Nueva York, 1947, p. 65.

tenía nada que perder. Cuando Speer había relatado ante el tribunal su intento de asesinar a Hitler, Göring había estallado de ira por la vergüenza, tal y como dijo a Gilbert:

—¡Dios bendito! Pensar que un alemán haya podido caer tan bajo solo para prolongar un poco su desgraciada vida, para continuar meando por delante y cagando por detrás un tiempo más, hablando claro... ¡Dios santo! Personalmente me es indiferente que me ejecuten. Pero aún existe algo llamado honor.[21]

Había decidido, por lo tanto, que declararía aquello que estimara más conveniente, pero no para salvarse, sino para pasar a la posteridad como digno del mausoleo que un día —estaba seguro— le sería dedicado por los alemanes. Tiempo atrás había discurseado a sus generales que «permanecer vivo a cualquier precio es la filosofía de los cobardes». Algo parecido a lo que había dicho a su abogado, el doctor Stahmer, al que explicó cuál era su visión del juicio: «Mejor morir como un león que vivir como un conejo asustadizo».[22]

Y esa fue su táctica. Admitía cosas que los fiscales jamás habían considerado que admitiría, lo que resultaba desconcertante, pues la acusación basaba una parte de su estrategia en acorralarle demostrándole, precisamente, ese tipo de cosas. No ocultaba que su plan pasaba por expulsar a los judíos, antes al contrario, pero negaba que fuese un racista, y lo hacía con argumentos a ratos convincentes, y no pocas veces sorprendentes: él no era alguien que hubiera entrado en el NSDAP por razones de esa índole, sino porque era un nacionalista, como muchos de sus militantes, que deseaban sacar a Alemania de la crisis y vengar la derrota de 1918. Los judíos debían marcharse, desde luego, pero no eran el objetivo principal.[23] De hecho, según Göring, el racismo no constituía en absoluto el núcleo de la ideología nazi. Incluso, consideraba el racismo del partido como algo «irrelevante y completamente circunstancial. Solo se convirtió en algo básico, o importante, porque una facción del partido, los nazis exponentes del fanatismo racial, adquirieron gran poder político. Me refiero a hombres como

---

[21] D. Irving, *Göring*, op. cit., p. 514.
[22] D. Irving, *Nuremberg...*, op. cit., p. 310.
[23] R. Overy, *Interrogatorios...*, op. cit., p. 174.

Rosenberg, Streicher, Himmler y Göbbels. El nacionalsocialismo pudo haber seguido un rumbo muy distinto».

Göring no trataba de escurrir el bulto cuando aseguraba que «en el seno del partido muchos nos oponíamos a políticas tan radicales, pero estábamos demasiado ocupados. La fortaleza política y económica es más importante que esa propaganda racial», sino que precisaba cuál era su postura real en el seno del régimen nazi. Era cierto que, ideológicamente, estaba lejos de las ensoñaciones raciales y utópicas de las SS, y que siempre trató de desempeñar el papel de hombre de Estado frente al sectarismo propio del partido.[24]

Aquello desconcertaba a la acusación, que había esperado una actitud y un perfil distintos. Así, cuando trataron de acusarle de haber destruido la República de Weimar, lejos de rehuir su responsabilidad la asumió orgulloso. Jackson creyó descalificarle de este modo como un consumado oponente de la democracia, alguien que había conspirado contra el régimen legítimo, pero para Göring aquello no tenía nada de vergonzoso. La franqueza con la que reconocía cuál era su objetivo desarmaba a sus oponentes.

> JACKSON. Usted desde el primer momento, junto con los que estaban asociados a usted, tenía intención de acabar, y finalmente acabaron, con la República de Weimar.
> GÖRING. Esa era, por lo que a mí respecta, mi intención firme.
> P. Y tras la llegada al poder, abolieron de inmediato el gobierno parlamentario de Alemania.
> R. Consideramos que ya no era necesario. También querría destacar el hecho de que además éramos el partido con mayor representación en el Parlamento, y teníamos la mayoría. Pero está en lo cierto al afirmar que el procedimiento parlamentario fue eliminado, ya que se disolvieron y abolieron los diferentes partidos.

Apenas un par de minutos más tarde, y lejos de rectificar o tratar de congeniar con el fiscal, contestaba con absoluta claridad:

---

[24] L. Goldensohn, *Las entrevistas…, op. cit.*, pp. 155, 156.

P. Si le he entendido bien, los principios del gobierno autoritario que establecieron requerían que no se tolerara la oposición de partidos políticos que pudieran detener u obstruir la política del Partido Nazi.

R. Lo ha entendido muy bien. Por aquel entonces ya habíamos pasado suficiente tiempo con oposición, y estábamos hartos. La oposición nos había llevado a la más completa ruina. Era el momento de deshacerse de ella y empezar a construir.

Jackson era quizá el más consciente de los problemas que Göring iba a causar. Se mostró conforme con el desarrollo del juicio en términos generales hasta la irrupción de Göring, pero los errores que cometería a continuación en el interrogatorio del Reichsmarschall serían responsabilidad fundamentalmente suya. Y no serían pocos.

El juez Biddle le achacaba no haberse preparado siquiera el interrogatorio, algo que, aunque no se atuviera a la estricta realidad, podía mantener con toda razón. Jackson, además, pendiente de atenerse al guion establecido, no escuchaba las respuestas del acusado. La sensación para la fiscalía fue de desastre, al menos durante los primeros días.

Göring parecía divertirse con aquello, mientras jugaba con Jackson. Interrogado acerca de la invasión de la Unión Soviética, el acusado se permitía bromear rozando la humillación:

P. ¿No vio ninguna necesidad militar en ese ataque por aquel entonces, ni siquiera desde el punto de vista de Alemania?

R. Naturalmente, también era plenamente consciente de los movimientos de Rusia y sus despliegues de fuerzas, pero esperaba llevar a cabo primero otras medidas estratégicas para mejorar la situación de Alemania. Pensaba que el tiempo necesario para ello retrasaría el momento crítico. Y por supuesto sabía que ese momento crítico para Alemania podía llegar en cualquier momento después de eso.

P. Repito mi pregunta, ya que considero que no la ha respondido. ¿Vio usted en aquel tiempo alguna necesidad militar que justificara un ataque de Alemania a la Rusia Soviética?

R. Personalmente, consideraba que por aquel entonces este peligro aún no había alcanzado su punto álgido, y que por tanto el ataque podía no ser necesario aún. Pero era mi punto de vista.
P. ¿Y era usted el número dos de Alemania en aquel momento?
R. No tiene nada que ver con ser el segundo en importancia. Había dos puntos de vista en conflicto en la estrategia. El Führer, el hombre número uno, veía un peligro, y yo, el hombre número dos, si quiere decirlo así, quería lanzar otra medida estratégica. Si hubiera impuesto mi voluntad en todo momento, posiblemente me habría convertido en el hombre número uno. Pero dado que el hombre número uno opinaba de manera distinta, y yo solo era el hombre número dos, su opinión fue la que prevaleció.

Jackson sabía que el interrogatorio se radiodifundía y que millones de oyentes estarían pendientes. En los campos de prisioneros de toda Europa, de Gran Bretaña y Norteamérica los soldados alemanes al oír la familiar voz del Reichsmarschall se agolpaban junto a los altavoces que emitían la sesión. Los presos de la Wehrmacht jaleaban la enérgica defensa que Göring desplegaba, saludando con entusiasmo sus intervenciones; mientras los oficiales de la Luftwaffe encerrados recuperaban el afecto que un día habían sentido por él.[25]

Cuando quería, rezumaba sinceridad. Al preguntarle si las palabras de Hitler habían sido tales o cuales en una determinada ocasión, aseguraba no recordarlas con exactitud debido al tiempo transcurrido, pero no le importaba admitir que el sentido general —incriminatorio— era el que, en efecto, la fiscalía pretendía. De modo que cuando fue preguntado por el incendio del Reichstag, del que todo el mundo le creía culpable, y negó su participación, resultó desconcertante; añadió, consiguiendo un efecto de notable comicidad en la sala, que él hubiera incendiado el edificio por razones arquitectónicas, pero no como excusa para perseguir a los comunistas, a los que, de todos modos, iba a encerrar de igual manera una semana más tarde.

---

[25] A. Beevor, *Las Ardenas 1944*, *op. cit.*, p. 407. Hacia el final de la guerra, Göring había acumulado un enorme descrédito tanto ante el Führer como, particularmente, ante sus propios oficiales, que le despreciaban.

Asimismo, no tuvo inconveniente alguno en abordar los temas más complejos, a muchos de los cuales ya había contestado en anteriores interrogatorios, entre ellos el de los judíos o el de la política exterior. Sobre este último, Göring había arrojado una idea que resultaba asombrosa para sus captores, cuando había explicado a los interrogadores que la voluntad de Hitler era la de entenderse con Gran Bretaña; lo que, de forma oblicua, acusaba a Londres de rehuir un entendimiento con Alemania que habría podido quizá evitar la guerra mundial.

La propia biografía de Göring parecía avalar dicha idea. Aunque sus captores lo ignoraban en ese momento, el Reichsmarschall había intentado evitar la guerra por todos los medios; en el último momento, a fines de agosto de 1939 había activado sus contactos internacionales tratando de que la crisis de Polonia no condujese a la ruptura de hostilidades entre Alemania y los occidentales. El episodio era, obviamente, de tal trascendencia que su abogado no dudó en sacarlo a colación durante el juicio.

Lo hizo de forma un tanto intempestiva, con el obvio propósito de llamar la atención sobre ese hecho, que sin duda era capital para la defensa de su cliente. Tras los largos interrogatorios que habían tenido lugar durante los días anteriores, Stahmer —abogado de Göring— estimó oportuno recordar que su defendido había tratado de limitar el conflicto en agosto de 1939.

En el interrogatorio del testigo de la defensa Bodenschatz, el 8 de marzo de 1946, el fiscal Jackson sacó a colación el intento de Göring de impulsar la causa de la paz en vísperas de la guerra. Jackson trató de enfocarlo como si se tratase de una maniobra del acusado para dividir el frente enemigo y que Gran Bretaña se desentendiese de sus compromisos con Polonia, pero el testigo fue inflexible en ese punto. Bodenschatz había recordado igualmente que Göring le había dicho durante la conferencia de Múnich que «tenemos que preservar la paz».[26] Jackson lo dejó estar.

Lo cierto es que Göring mantenía contactos con un hombre de negocios sueco, Birger Dahlerus, el cual, a su vez, estaba bien relacio-

---

[26] *IMT*, vol. IX, p. 12.

nado con la élite británica. El Reichsmarschall lo utilizó como nexo con Londres para tratar de detener la marcha hacia la guerra, y el doctor Stahmer le hizo comparecer en Núremberg. Dahlerus había vivido doce años en Inglaterra y conocía bien la determinación que se había apoderado de los británicos en el verano de 1939 tras las repetidas agresiones nazis en Centroeuropa. Además, había pasado la Primera Guerra Mundial en ambos lados y era buen conocedor de la idiosincrasia alemana.

A comienzos de julio de 1939 se reunió en Carinhall —la residencia de Göring en Prusia— con el Reichsmarschall para transmitirle lo que había observado en su estancia del mes anterior en el Reino Unido: los británicos, enfadados por el rosario de incumplimientos alemanes durante los años anteriores, querían la paz, pero no a cualquier precio. Dahlerus se ofreció para arreglar un encuentro en Suecia entre relevantes ciudadanos británicos y autoridades alemanas, a iniciativa del rey de ese país. Hitler se mostró de acuerdo, según le comunicó Göring. Finalmente, el 7 de agosto tuvo lugar el encuentro, aunque en Schleswig-Holstein, oficiando de anfitrión el propio Dahlerus, entre distinguidos británicos (lord Halifax no quiso que estuviera presente ningún miembro del Parlamento) y Göring y Bodenschatz entre otros.

La conversación fue franca y abierta. Los británicos se quejaron de las repetidas agresiones alemanas que, lejos de cesar tras los acuerdos de Múnich, se habían incrementado. Tal estado de cosas debía cesar de inmediato. Naturalmente, los alemanes no podían sorprenderse de dicho enfoque. Después, cuando se pasó al asunto del corredor y de Danzig, la postura británica no fue menos resuelta. Si el Reich trataba de ocupar territorio polaco, el Imperio británico, haciendo honor a sus compromisos, iría la guerra junto con Polonia. A ese respecto no debía quedar ninguna duda.

La reacción de Göring fue la de asegurar que, aunque era el jefe de la fuerza aérea más poderosa del mundo, haría todo lo posible para evitar la guerra. Quizá algo sorprendidos, los delegados británicos concluyeron que había que convocar una conferencia con representantes de las cuatro potencias de Múnich para tratar el mantenimiento de la paz. De vuelta en Londres, los hombres de negocios ingleses asistentes remitieron un informe al Foreign Office destinado a lord Halifax.

Dahlerus fue convocado a París para conocer la respuesta de los británicos a través de su embajada en la capital francesa, y Göring le rogó que regresase a Berlín lo antes posible; se estaba negociando el tratado de no agresión con la URSS. Göring pidió entonces a Dahlerus que hiciera llegar a Londres la seriedad de la situación, ya que Alemania y Polonia no habían llegado a ningún acuerdo mientras que el Reich se había asegurado la espalda mediante el tratado con la Unión Soviética. El 25 de agosto se reunió con Halifax en Londres, y un par de horas después telefoneó a Göring a través del conducto del Foreign Office para informarle de la situación. Göring le dijo que debía hacer todo lo que estuviera en su mano para conseguir una cumbre con los británicos. El tiempo apremiaba.

Dahlerus informó a Halifax de que Göring era el miembro del Gobierno alemán más proclive a conseguir la paz y, después de que el inglés departiese con Chamberlain, salió de nuevo para Berlín con una carta del ministro de Exteriores británico. Una vez allí, le dijo al Reichsmarschall que no tenía duda alguna de que si Alemania procedía contra Danzig o Polonia en alguna de sus formas, eso significaría la guerra con Londres.

Entonces fueron a Berlín a ver a Hitler. Dahlerus departió con el Führer durante un largo rato. Este se mostró excitado, y hasta llegó a perder el control cuando evocó la capacidad de respuesta del Reich ante la amenaza británica. Evidentemente, la temía.

Hitler le pidió entonces que transmitiese a Londres su punto de vista y le hiciera saber cuáles eran sus condiciones. Se trataba de seis puntos, entre los que estaba la propuesta de una alianza o acuerdo con el Reino Unido, una revisión de la situación en Polonia que habría de incluir la de Danzig, así como la situación de las antiguas colonias alemanas, a cambio de todo lo cual Hitler proponía que la Wehrmacht garantizase el Imperio británico.

Al día siguiente, 27 de agosto, Dahlerus se encontraba en el número 10 de Downing Street con Chamberlain y Halifax, entre otros. Les comunicó lo que Hitler le había transmitido y luego tuvo una larga reunión con el subsecretario de Asuntos Exteriores, Alexander Cadogan, quien le encargó que precisara en Berlín que el Reino Unido no necesitaba ninguna garantía de su Imperio por parte de los alemanes y que no era el momento de tratar el asunto de las colonias; pero que en cuanto a las fronteras y al asunto de Danzig estaban dispuestos a hablar, contando con Polonia, y que los asuntos europeos exigían la participación de las grandes potencias como Gran Bretaña, Italia, Francia, Alemania y la URSS, que debían garantizar las fronteras polacas.

A Göring no le pareció una respuesta muy alentadora, pero dadas las circunstancias la verdad es que reflejaba una voluntad británica de negociar para evitar la guerra, pese a que no pudieran olvidar lo que había sucedido en los últimos meses. Y aunque en las siguientes horas pareció que las cosas podían llegar a un punto de convergencia, la conversación que mantuvieron Hitler y el embajador Henderson el día 29 siguió un curso poco afortunado.

El regreso de Dahlerus a Londres, sin embargo, poco podía aportar. Los británicos habían mostrado su disposición, pero para ellos resultaba difícil confiar en la palabra de quien la había vulnerado tantas veces. Los ingleses habían insistido a los polacos en que trataran de evitar todo incidente fronterizo, a fin de no dar excusas a los alemanes. Por lo demás, no podían afear a los polacos el que no quisieran ir a negociar a Alemania, dados los antecedentes con las delegaciones de otros países que habían acudido a Alemania —países que habían dejado de existir—. Londres insistió en que debían reunirse los representantes de las potencias en territorio neutral, pero Göring manifestó la imposibilidad de tal cosa, según dijo a Dahlerus, porque «Hitler está en Berlín».

La aparición de Ribbentrop a partir de ese momento enturbió las relaciones entre unos y otros. Su torpe proceder con Henderson, al que se había negado a entregar la nota con las exigencias de Alemania después de leérsela a toda velocidad, mostraba a las claras las intenciones reales de una parte sustancial del Gobierno de Hitler: no quería negociar.

Para empeorar más las cosas, los polacos tampoco estaban dispuestos a sentarse a discutir con los alemanes. El embajador Lipski estaba seguro —así se lo dijo a los ingleses— de que si estallaba la guerra entre Polonia y Alemania, en Berlín se rebelaría el pueblo contra el gobierno y ellos marcharían sobre Berlín; Varsovia había prohibido explícitamente toda negociación a su embajador en la capital germana a menos que recibiese permiso para hacerlo.

La situación se había vuelto extremadamente complicada para encontrar una salida que evitase la guerra. En ese contexto, Göring promovió una reunión en el último momento en su casa, que tuvo lugar el mismo 31 de agosto, último día de paz en Europa. Allí se dieron cita, además del anfitrión, Henderson, Dahlerus y Forbes, de la embajada británica. Sin embargo, no dio resultado, ya que Henderson sospechaba —de forma equivocada pero razonable— que se trataba de una maniobra alemana para separar a Gran Bretaña de Polonia. Solo estaban de acuerdo en que debía celebrarse una cumbre en el extranjero, y Dahlerus propuso que fuese en Holanda y que el representante alemán fuese Göring. Aunque Henderson se mostró de acuerdo, con toda probabilidad no ignoraba que la Wehrmacht estaba en marcha hacia la frontera polaca, por lo que se limitó a aseverar que lo propondría a su Gobierno.

El día 1 de septiembre Dahlerus se encontró con Hitler y con Göring, y desde entonces hasta el 3, día en que los Aliados declararon la guerra a Alemania, los esfuerzos de Dahlerus fueron en balde. La preocupación de Göring era genuina, como Rosenberg tuvo ocasión de comprobar; él mismo estaba también intentando tender puentes con los británicos.[27]

Al día siguiente, 4 de septiembre, Göring le dijo a Dahlerus que, pasara lo que pasara, llevaría la guerra del modo más humano posible. Empero, aún habría dos ocasiones más en las que se encontraría con Göring; el 26 de septiembre, en que también se vio de nuevo con un Hitler que se negó a considerar evacuar la Polonia conquistada para conseguir la paz, y en julio de 1940, cuando Göring le instó a que el rey de Suecia emprendiese una iniciativa para poner punto final a la guerra.

---

[27] J. Matthäus y F. Bajohr, *Alfred Rosenberg. Diarios*, op. cit., p. 341.

La comparecencia de Dahlerus, impresionante desde muchos puntos de vista, fue minimizada por Jackson, que trató de señalar que los esfuerzos de Göring iban dirigidos a lograr la paz con Gran Bretaña, pero no con Polonia, que era de lo que se le acusaba. En parte tenía razón, pero los argumentos del doctor Stahmer no dejaron de tener su efecto sobre el tribunal.[28]

Jackson perdió su batalla con Göring de un modo demasiado evidente como para que el orgullo del juez norteamericano no se resintiese. A veces le parecía que el Reichsmarschall había impresionado al tribunal, y que este estaba más de parte del nazi que de la suya. Los jueces no amonestaban ni reconducían al acusado cuando, respondiendo a las preguntas de los fiscales, se permitía construir largas consideraciones que podían tomarse como discursos; instaba al acusado a responder «si» o «no», pero este se veía respaldado por el tribunal, que le permitía explicarse como creyese más oportuno. A veces, podía parecer que el magnetismo de Göring había alcanzado a los miembros del tribunal. Para Jackson resultaba de lo más desconcertante que «nuestros propios jueces» se comportasen de ese modo, porque, además, eso animaría al resto de acusados a hacer lo mismo.[29]

Jackson incluso llegó a perder los nervios, poniéndose en evidencia, con motivo del interrogatorio acerca de la ocupación alemana de Renania en 1936. En primer lugar, el fiscal norteamericano alegó un documento que su equipo había determinado, de forma errónea, como perteneciente a ese hecho acaecido en marzo de 1936; Göring le corrigió, señalando la equivocación que cometía, pero molesto el fiscal ante la evidencia que le señalaba el acusado quiso mantener la acusación en los términos en los que la había formulado, como si el error no lo fuese.

Lo peor vino solo un minuto más tarde. Jackson intentaba remontar el interrogatorio, tratando de que Göring admitiera que la invasión de Renania había sido planificada con mucha antelación; era esencial que así fuese para dotar de credibilidad a la acusación de planeamien-

---

[28] *IMT*, vol. IX, p. 457-474.
[29] *Ibid.*, p. 440.

to de guerra de agresión, un planeamiento temprano y consustancial al régimen nazi.

> P. Bueno, esos preparativos eran preparativos para una ocupación armada de Renania, ¿no?
>
> R. No, eso es completamente falso. Si Alemania se hubiera visto envuelta en una guerra, da igual en qué bando, supongamos que contra el Este, se habrían tenido que llevar a cabo medidas de movilización por razones de seguridad en todo el Reich, en este caso, incluyendo la Renania desmilitarizada. Pero no con el fin de ocupar, de liberar Renania.
>
> P. ¿Quiere decir que los preparativos no eran preparativos militares?
>
> R. Eran preparativos generales para la movilización, como los que hace cualquier país, y no con el fin de ocupar Renania.
>
> P. ¿Pero eran de un carácter que hacía necesario mantenerlos en secreto, sin que se enteraran las demás potencias?
>
> R. No recuerdo haber leído de antemano la publicación de los preparativos de movilización de Estados Unidos.

La respuesta de Göring irritó de un modo tan intenso al fiscal que este no pudo contenerse y se arrancó airadamente los auriculares, arrojándolos sobre la mesa, añadiendo: «Bien, alego respetuosamente al Tribunal que este testigo se niega a responder, lo ha hecho continuamente en su interrogatorio, y es...».[30]

Fue imposible averiguar qué es lo que se dijo a continuación. Las actas no lo recogen, dado el grado de alboroto. Todavía visiblemente alterado, aunque tratando de aparentar una cierta calma, Jackson se dirigió al tribunal: «Este testigo, me parece, ha adoptado, tanto en el estrado de los testigos como en el banquillo, una actitud arrogante y de desprecio hacia el tribunal que le está dando la oportunidad de tener el juicio que él nunca permitió tener a ningún alma viviente, ni a ninguna muerta... Solicito respetuosamente que se indique al testi-

---

[30] *Ibid.*, p. 507.

go que puede tomar notas si lo desea, pero exigiéndole que responda a mis preguntas y que reserve sus explicaciones para su abogado».

El presidente del tribunal estimó que lo mejor era suspender la vista y reanudarla al día siguiente. Sin embargo, Jackson —que no pareció apercibirse de lo que el presidente del tribunal trataba de hacer— volvió a la carga al día siguiente. Trató de que el tribunal obligase al acusado a contestar con monosílabos afirmativos o negativos a sus preguntas, a lo que se negó. Aunque Jackson persistió, el doctor Stahmer terció para pedir comprensión al tribunal acerca del hecho de que su defendido pudiera dar alguna explicación más que un simple «sí» o «no» y que tenía derecho a eso no solo en caso de que el interrogador fuera la defensa. El tribunal estuvo de acuerdo, y Jackson se replegó con una sensación de derrota completa.

A esas alturas era obvio para todos que Jackson había equivocado su táctica. Sin duda, podía hacerse mejor. Maxwell-Fyfe había abordado el interrogatorio de modo bien distinto y si bien admitió que Göring había sido el más formidable acusado que había tenido nunca enfrente, puso a este en graves apuros.

¿Cuál fue, entonces, la equivocación de Jackson? En primer lugar, no haber tenido en cuenta la altura del personaje al que se enfrentaba. Como el juez Biddle dijo, parecía que no se había preparado para su papel. Siempre dio una imagen de improvisación que, en ocasiones, se correspondía con la realidad. Además, Göring, algo que Jackson debía haber tenido en cuenta, conocía los documentos mejor que él, lo que en varias ocasiones aprovechó Göring para dejarle en evidencia ante el tribunal.

Pero la peor decisión de Jackson fue la que tomó con respecto al orden de los temas que presentó al acusado. Göring había sido un hombre notoriamente corrupto, que había aprovechado su posición para hacerse con obras de arte de toda Europa, gracias a lo cual había reunido una sensacional colección. Posiblemente no era sencillo en ese momento haber construido una acusación exhaustiva en ese sentido, pero, con todas las deficiencias que hubieran podido lastrar su trabajo, habría servido para desacreditar al acusado.

Incluso el haber planteado de entrada las cuestiones relativas a la persecución de los judíos habría servido para tal propósito. Podía haber empezado por cualquiera de los dos asuntos, y habría desactivado su pretensión de batirse por un ideal respetable. Al no hacerlo permitió que su figura se acrecentase y terminase por devorar a la fiscalía. En cambio, al enfocar la acusación en el cargo de preparación de guerra de agresión, permitió que luciese su mejor apariencia: Göring no había tenido que ver con la intención de atacar a nadie y, de hecho, era el más destacado miembro del Gobierno alemán, o de la élite nazi, opuesto a la guerra. La guerra pondría en peligro todo lo que habían conseguido en los años anteriores; no había razón para arriesgar tanto. Sin duda, Göring era partidario de la política exterior activa y dinámica que caracterizó al nazismo en la segunda mitad de los años treinta, pero no estaba dispuesto a llegar tan lejos como para desencadenar una guerra generalizada en Europa. Sus intentos de detener la guerra en el último momento, aunque fuese cierto que no incluían renunciar a las reclamaciones sobre Polonia, revelaban que no era el estereotipado belicista nazi de la propaganda aliada.

El interrogatorio de Göring fue un mal trago para Jackson. La irritación que le causaba el acusado se incrementó al comprobar que el tribunal parecía hechizado por el magnetismo del Reichsmarschall y que, por el contrario, se mostraba menos comprensivo con él mismo. En un estallido de cólera delante de sus colegas no dudó en mostrar la indignación que todo el asunto le causaba, acusando al tribunal de permitirle hacer propaganda y admitiendo que Göring se había convertido en un héroe para los nazis que pudieran quedar en Alemania. Él, que había avalado la celebración de los juicios más que nadie, no pudo reprimir un comentario muy significativo: «Casi sentí esta tarde que habría sido mejor fusilarlos».

Una consecuencia de aquel episodio fue que las relaciones con los miembros del tribunal —que no eran las mejores hasta ese momento— se volvieron muy tensas. Jackson se sentía traicionado, y, de forma un tanto injusta, les echaba la culpa de su pobre actuación. En la alegación que había hecho ante el tribunal por el comportamiento de Göring —que era casi más contra el propio tribunal que contra el acusado—, había puesto de manifiesto la esencial identidad de los jueces con los fiscales, lo que había desconcertado a los primeros. El juez Lawrence había confiado en que recapacitara durante la noche, pero su actitud al día siguiente fue la misma, tratando de que el tribunal le respaldara en una serie de cuestiones procedimentales, cuando tal cosa era imposible sin grave escándalo. Como es natural, el tribunal no estaba dispuesto a perder su credibilidad por una cuestión básicamente personal, y prefirió que fuera Jackson el que la perdiera.

Algo parecido sucedió con respecto a la acusación acerca del ataque a la URSS. En este asunto, el equipo de Jackson había hecho una aceptable labor en términos generales, pero no con respecto a Göring, que era a quien se estaba juzgando. Demostrar que habían sido los alemanes quienes habían atacado a los soviéticos no aportaba ninguna novedad, aunque el manejo de la documentación fuese en este caso algo más competente; sin embargo, no era Hitler quien estaba sentado en el banquillo, sino Göring, y no se veía particularmente encausado en este asunto.

Pero de todas formas, y en flagrante contraste con la actitud de Speer, Göring no trató de colgarse ninguna medalla reivindicando una actitud de discrepancia con Hitler, y mucho menos de oposición. Cuando Jackson le apretó para que admitiese en qué momento se dio cuenta de que la guerra estaba perdida, Göring señaló que hacia mediados de enero de 1945 (el 12 de ese mes los soviéticos saltaron la cabeza de puente de Baranow en Varsovia y marcharon sobre el Óder, mientras en el oeste estaba claro que había fracasado la ofensiva de las Ardenas).

Jackson intentó debilitar la lealtad de Göring hacia Hitler evocando las últimas disposiciones del Führer en las que este desposeía al Reichsmarschall de todos sus cargos, y recordando que consideró su ejecución, pero no lo logró. Certeramente, Göring atribuyó dichas decisiones a un malentendido o a la perniciosa influencia de Bormann. No quiso agarrarse a una salida que, de todos modos, difícilmente podía ser prometedora.

> P. Hubo un momento en 1945 en el que Hitler redactó un testamento en Berlín por el que transfería la presidencia del Reich a su coacusado el almirante Dönitz. ¿Lo sabe?
> R. Correcto. He leído algo sobre este testamento aquí.
> P. Y al escribir este testamento y entregar el gobierno de Alemania al almirante Dönitz, le llamo la atención sobre esta frase:

«Göring y Himmler, aparte de su deslealtad a mi persona, han hecho un daño inconmensurable al país y a toda la nación al llevar a cabo negociaciones en secreto con el enemigo, que llevaron a cabo sin mi conocimiento y en contra de mi voluntad, y tratando de hacerse ilegalmente con el poder del Estado». Y con este testamento expulsaba a Himmler y a usted del Partido y de todos sus cargos en el Estado.

R. Solo puedo responder por mí mismo. No sé qué hizo Himmler. Nunca traicioné al Führer y nunca negocié entonces con ningún soldado extranjero. Este testamento, o este acta final del Führer, se fundamenta en un error muy lamentable, que me hiere profundamente, y es que el Führer pudiera creer en sus últimas horas que alguna vez le había sido desleal. Todo se debió a un error en la transmisión de un informe por radio, y quizás a una tergiversación comunicada por Bormann al Führer. Nunca pensé ni por un minuto en hacerme con el poder ilegalmente, ni en actuar contra el Führer de ninguna manera.

P. En cualquier caso, usted fue arrestado y se esperaba que le fusilaran.

R. Correcto.

Göring no estaba dispuesto, desde luego, a traicionar a Hitler ni siquiera de palabra. Cuando Leon Goldensohn le entrevistó a fines de mayo de 1946, no dudó en calificar a Hitler de genio:

Hitler la planeó (la ofensiva de las Ardenas) con gran brillantez, y fueron los generales los que no supieron ejecutarla. No fue tanto culpa de Rundstedt como de Dietrich y de su Sexto Ejército Panzer (SS), que no supo cómo avanzar. Dietrich no era un buen comandante de Ejército y nunca debió mandarlo. El Sexto Ejército Panzer era una unidad blindada completamente motorizada. La ofensiva era obra de un genio. El Führer era un genio. Las ofensivas de Polonia y de Francia también fueron obra suya. El plan contra Rusia era propio de un genio, pero fue mal ejecutado. La campaña rusa podría haber concluido en 1941; y con éxito…

> Ahora resulta que los generales del Ejército son más listos que Hitler; pero cuando él estaba al mando escuchaban cuanto decía y se alegraban de recibir sus consejos (...). Hitler tenía la fuerza de voluntad de un demonio, y la necesitaba. Si no hubiera tenido tanta voluntad no habría conseguido nada...
>
> Para mí hay dos Hitler: uno hasta la campaña de Francia y otro que empieza con la campaña de Rusia. Al principio era genial y agradable. Tenía una fuerza de voluntad extraordinaria y una inusitada influencia sobre la gente. Lo más importante es recordar que el primer Hitler tenía mucho encanto y buena voluntad. Siempre decía la verdad. El segundo Hitler... siempre era suspicaz, se molestaba con facilidad y estaba tenso. Era desconfiado en grado extremo... tenía los nervios deshechos. Le temblaba la mano izquierda y estaba físicamente roto. Solo su enorme fuerza de voluntad evitó que se derrumbase.[31]

El fiscal pasó entonces a la cuestión con la que probablemente debería haber empezado; el saqueo de obras de arte perpetrado por Göring. Con casi total impunidad, el acusado obtuvo todo tipo de ganancias a lo largo y ancho del continente sin encontrar oposición. Las conquistas de la Wehrmacht había puesto a su disposición el mayor mercado de arte del mundo. Göring, un enamorado del arte, pudo dar rienda suelta a sus ansias coleccionistas.

Göring había hablado largamente acerca de sus gustos artísticos cuando Goldensohn le entrevistó en la celda al respecto. Tenía sus propios criterios formados, de los que discrepaba con Hitler, del que habló largo y tendido: al Führer le gustaba el arte neoclásico y antiguo, él prefería el gótico. En sus teatros —de Göring dependían la Ópera del Estado de Berlín y un par de teatros más— se interpretaban compositores rusos y obras de dramaturgos ingleses; en ese sentido, ciertamente, no era sectario. Durante un tiempo, incluso dirigió la Ópera Leo Blech, que era judío.

Göring estaba de acuerdo, añadió, en que los judíos perdieran importancia en la sociedad alemana. Dirigían una gran cantidad de

---

[31] L. Goldensohn, *Las entrevistas...*, op. cit., pp. 163.

cines y teatros antes de la llegada de los nazis al poder, aunque no tantos como el cien por cien que aseguraba Göring.[32] Pero en los casos en los que hubiera talento verdadero —según su criterio— algunos judíos podían conservar su posición; sin embargo —continuaba el Reichsmarschall— la radicalización del partido en la segunda mitad de los años treinta hizo inviable esta perspectiva.

De cualquier modo, ahora tenía que enfrentarse a la acusación que podía desmontar su imagen de guerrero y creyente en la causa. El saqueo de obras de arte le retrataba más bien como un ladrón, un ventajista que sacaba provecho de su posición de poder. Y además, Göring estaba en situación de ser dibujado como alguien que se aprovechaba de la posición de desamparo de los judíos para arrebatarles los bienes.

Pero Jackson volvió de nuevo a embrollar el asunto y, llegado a un determinado punto en el que comenzaba a no entenderse nada, Göring le acusó de haber sido desleal a una promesa que le había hecho el Ejército de los Estados Unidos cuando le interrogó acerca de esta cuestión el mes de diciembre anterior. Los militares le habían asegurado solemnemente en varias ocasiones que su declaración a la Sección de Bienes Externos de la Unidad de Investigación de Cárteles y Bienes Externos de los Estados Unidos no sería utilizada en el proceso, pero resultaba que ahora Jackson estaba aprovechando justamente esa información, contraviniendo el acuerdo. Jackson puso en duda tal extremo, pero el doctor Stahmer lo ratificó.[33]

De nuevo Jackson escogió la peor de las opciones posibles cuando acusó a Göring de haberse llevado una estatua de la abadía de Montecassino, destruida por bombardeos norteamericanos; precisamente una pieza de escaso o nulo valor artístico que el Reichsmarschall nunca sacó de su embalaje. Y de nuevo Jackson tuvo que dar un repentino giro al interrogatorio, cambiando de tercio.[34]

Göring no sufrió un verdadero contratiempo hasta que Maxwell-Fyfe se hizo cargo de la acusación de haber fusilado, tras un intento de

---
[32] *Ibid.*, pp. 157-158.
[33] *IMT*, vol. IX, p. 551.
[34] *Ibid.*, pp. 552-553.

fuga, a cincuenta británicos internados en un campo de Sagan, el Stalag Luft III de la Luftwaffe. El interrogatorio se llevó a cabo a lo largo de dos días, el 20 y 21 de marzo, y en él Maxwell-Fyfe mostró unas condiciones muy superiores a las de su colega americano. Tras el tanteo de la tarde anterior, la mañana del 21 cogió a Göring por vez primera en un movimiento en falso, al negar haber tenido conocimiento del fusilamiento de los aviadores. El fiscal británico aportó una serie de convincentes documentos y declaraciones juradas que afirmaban lo contrario y acusaban explícitamente al Reichsmarschall, que se encontraba visiblemente incómodo. Además, Maxwell-Fyfe había jugado con Göring dejando que se confiase y cambiando de asunto una y otra vez, para volver al tema principal y tomar de improviso al acusado, y lo había hecho de un modo magistral.

Göring, que en un principio había sostenido que se encontraba de vacaciones cuando se produjeron los hechos, había tenido que admitir que en realidad no había sido así y que, por tanto, había tenido noticia de los sucesos; pero que, dado que la Luftwaffe no era responsable de los asesinatos por cuanto los presos fueron entregados a la policía, él no había podido evitarlo.

Sin duda, quedó afectado por este asunto, ya que era la primera vez que había tenido que enfrentarse a algo parecido a una derrota. En realidad, sir David Maxwell-Fyfe no le había obligado a reconocer nada que le comprometiera; con lo que Göring había admitido, poco o nada se podía hacer. Todo lo más, se le podía acusar de cómplice de asesinato, pero en apenas algo más que en el genérico sentido en que se había formulado la acusación general. Y, sin embargo, se había logrado algo importante: aquello le restaba credibilidad, aunque en casi toda su declaración se había ajustado seguramente a la verdad (excepto en el hecho de que en primera instancia, con un obvio propósito exculpatorio, había negado su conocimiento de los hechos).

Maxwell-Fyfe trató de aprovechar el impulso para abordar la guerra de agresión de Alemania y su disposición para invadir países, pero no le dio resultado. El acusado no era responsable de que la guerra se hubiese desatado, aunque el fiscal ahora cuestionase que su interés por la paz —relatado por el testigo Dahlerus— estaba enfocado al bien de

Alemania y no de la paz en sí, cosa que Göring nunca había negado y que volvía a admitir abiertamente. Además, la forma en que discurrió el interrogatorio fue más bien favorable a Göring de nuevo, porque pareció claro que lo que había presidido las acciones alemanas era un descarado oportunismo, lo cual contradecía la suposición de la que partía la fiscalía: el carácter conspiratorio de la política exterior nazi. No parecía, desde luego, que Alemania estuviese interesada en provocar una guerra generalizada en Europa que incluyese a las potencias occidentales, particularmente a Gran Bretaña.

Algo mejor fue el interrogatorio acerca de los judíos. Göring parecía convincente cuando aseguraba que desconocía lo que estaba sucediendo a los judíos en el Reich; sostenía que el propio Hitler ignoraba los pormenores y las cifras de los judíos asesinados y que había sido Himmler quien impulsó todo el asunto, más o menos de espaldas a las autoridades y valiéndose de la situación de guerra en la que se encontraba Alemania. Göring utilizó evasivas e interpretaciones de los documentos que, en su ambigüedad, estos permitían. Pero no obtuvo un resultado muy lucido, si bien Maxwell no logró sacarle el reconocimiento de que estaba al tanto de lo que acaecía en Alemania y en los territorios del Este.

La comparecencia de Hans Bernd Gisevius tampoco le fue bien a Göring. Gisevius era un antiguo agente de la Gestapo destinado en Suiza, y conocía los entresijos de la resistencia y de las altas esferas del Tercer Reich. Su presencia en el estrado de Núremberg fue una de las esperanzas de Jackson, porque a través de él pudo reconstruirse en parte la evolución interna de la Alemania de Hitler; sin embargo, en algunos extremos se equivocó —o mintió— rotundamente, como cuando acusó a Göring del incendio del Reichstag.

Pese a ello, no cabe duda de que para el acusado su declaración representó un contratiempo lo suficientemente notable como para que Stahmer se ocupase en su alegato final de dicha comparecencia, negando que su testimonio fuese veraz en parte alguna que se relacionara con Göring.[35] Keitel le escribió a su hijo que «Gisevius era un tipo

---

[35] *IMT*, vol. XVII, p. 534.

retorcido al que Canaris, que estuvo haciendo un doble juego desde que estalló la guerra, envió a Suiza en misiones de inteligencia relacionadas con Gran Bretaña y con Estados Unidos. Cuando Nelte le preguntó por el dinero que había cobrado de los enemigos de Alemania, Gisevius se negó a contestar». En su actividad suiza comunicó a los norteamericanos que los alemanes habían descifrado sus códigos.[36] Era fácil comprender por qué los acusados le odiaban.

Cuando Rudenko tomó el testigo de Maxwell-Fyfe para preguntar al acusado, tampoco tuvo mucha mejor suerte. La antipatía que se profesaban era bien patente. Göring se mostró indiferente ante la evocación de los sufrimientos de los soviéticos durante la guerra, y estos se enfurecieron. Rudenko se produjo con acometividad, pero el Reichsmarschall no se echó para atrás.

Trató de acosarle para que admitiera la naturaleza agresiva de los planes expansivos germanos a costa de la URSS, en lo que no tuvo mucha dificultad: Göring reconoció que la guerra contra la Unión Soviética estaba justificada, aunque él, personalmente, no fuese partidario de ella, al menos mientras continuase el conflicto en Occidente. Precisó que «en cuanto al ataque contra Rusia, no había diferencias de base, sino diferencias en la fecha», lo que le hizo parecer plenamente sincero. Incluso cuando Rudenko añadió «afortunadamente» al hecho de que los alemanes no habían podido vender la piel de oso ruso porque no habían llegado a cazarle, el Reichsmarschall respondió con desenvoltura: «Afortunadamente para usted».[37]

Rudenko también pareció escoger los peores temas para abordar al acusado. Así lo hizo con el asunto de las represalias, que pudo haber llevado mejor:

> RUDENKO. ¿Y se dio permiso a los oficiales para fusilar a civiles sin llevarlos a juicio?
>
> GÖRING. Un oficial podía celebrar un consejo de guerra en el momento, pero según este párrafo, también podía, si lo consideraba

---

[36] R. Bassett, *El enigma...*, op. cit., p. 290.
[37] *IMT*, vol. IX, p. 628.

adecuado y tenía pruebas de que el resistente estaba llevando a cabo ataques en la retaguardia, ejecutarlo sumariamente. Siempre se ha hecho así.

P. ¿Cree que un oficial puede celebrar un consejo de guerra inmediato?

R. Eso está recogido en las leyes y costumbres de la guerra. Todo oficial al mando de una unidad puede celebrar un consejo de guerra en cualquier momento.

P. Pero estará de acuerdo con que aquí no se habla de un tribunal. Dice que él solo puede decidir qué hacer con el civil.

R. Podía actuar solo o recurrir a un consejo de guerra celebrado al momento. Solo necesitaba reunir a otras dos personas. Podía tomar una decisión en dos o tres minutos si había pruebas del ataque.

P. ¿Dice que en dos o tres minutos, y que entonces podía fusilar a esa persona?

R. Si cojo a un hombre disparando flagrantemente contra mis tropas desde una casa en la retaguardia, el asunto puede resolverse rápidamente con un consejo de guerra. Pero si no hay ninguna prueba, eso no se puede hacer. Aquí, sin embargo, hablamos de un ataque inmediato y de los medios para acabar con él.

P. Acusado Göring, dejemos esta cuestión. Tan solo quería señalar una vez más que esta directriz, promulgada por el Alto Mando de las Fuerzas Armadas el 13 de mayo de 1941, procedía del nivel supremo, y esta orden da derecho a un oficial a ejecutar a un hombre sin juicio. Supongo que no niega esto. Continuemos.

R. Sí, lo niego enérgicamente. Aquí no hay nada que diga que un oficial tenga derecho a fusilar a un hombre porque sí. Dejemos esto claro. Dice aquí, y repito: «Ataques de civiles hostiles contra las Fuerzas Armadas», y después dice que, cuando no sean aplicables medidas de esta clase, que se lleve a los elementos sospechosos, y habla solo de elementos «sospechosos», ante el oficial superior de la unidad allí presente para que este tome una decisión. En otras palabras, no dice que cualquier oficial puede decidir el destino de cualquier civil.

Tras una breve intervención del fiscal francés, el abogado defensor de Göring, el doctor Stahmer, planteó un tema crucial, que serviría como colofón a la intervención de su defendido en el estrado: el de la presentación de pruebas que incriminasen a los Aliados.

Los defensores padecían una gran cantidad de inconvenientes, desde la habituación a la legislación que se estaba aplicando —que era una mixtura de distintas legislaciones— hasta el procedimiento acusatorio de los interrogatorios, que poco tenía que ver con el alemán, en el que se establece como objetivo la obtención de la verdad. Tenían, además, limitado el tiempo del que disponían para hablar con sus clientes, y los documentos les llegaban con unas pocas horas de antelación. Estaban también obligados a notificar a la fiscalía los testigos que iban a llamar a declarar.

Una de sus principales dificultades no era de orden procedimental, pero constituía un impedimento de primer nivel: la naturaleza del juicio les obstaculizaba a la hora de presentarse de forma mancomunada, porque la exoneración de cada uno de los clientes significaba muy frecuentemente trasladar la responsabilidad al compañero de banquillo. Además, los soviéticos habían tratado de que los acusados no testificaran y, aunque los representantes de los demás países no lo habían permitido, prohibieron que los abogados alemanes argumentaran acusando a los Aliados de crímenes de guerra.

Llegados a este punto Stahmer alegó el derecho a presentar ante el tribunal los crímenes de guerra cometidos por los países de los jueces. Inició su intervención con las siguientes palabras:

> La Wehrmacht alemana entró en la guerra respetando plenamente las convenciones internacionales. No se observaron excesos a gran escala por parte de soldados alemanes. Los delitos individuales fueron castigados duramente. Sin embargo, inmediatamente después del comienzo de las hostilidades aparecieron informes y descripciones de atrocidades cometidas contra soldados alemanes. Se investigaron cuidadosamente estos informes. El resultado quedó registrado por el Ministerio de Exteriores alemán en «Libros Blancos» que se enviaron a Ginebra. De esta manera se redactó el «Libro Blanco» que trata los

crímenes contra las leyes humanitarias y de la guerra cometidas por los soldados rusos.

El general Rudenko se opuso a dicha línea argumental. No estaba dispuesto a admitir que Stahmer presentase lo que consideraba propaganda destinada a justificar los crímenes alemanes en la guerra. Dichos datos habían sido recopilados por la Wehrmacht, bajo la denominación de «Libro Blanco»:

> El «Libro Blanco» es una serie de documentos con datos inventados sobre ilegalidades perpetradas no por los fascistas alemanes, sino por otros países. Por tanto, los datos contenidos en el «Libro Blanco» no pueden usarse como prueba en este caso. Esta conclusión está aún más justificada si tenemos en cuenta que el «Libro Blanco» es una publicación elaborada como propaganda fascista y que intentó por medio de invenciones y documentos falsificados justificar u ocultar crímenes perpetrados por los fascistas. Por tanto debería solicitar al Tribunal que rechace la lectura ante el Tribunal o la presentación al Tribunal de fragmentos del llamado «Libro Blanco».

El tribunal reconvino a Stahmer acerca de su pretensión, pero este no se amilanó:

> Se ha discutido repetidas veces si es posible o permisible utilizar estos libros blancos durante este juicio como pruebas. Fue objeto de debate, en particular, cuando tratamos la cuestión de si se me debería permitir usar este «Libro Blanco» como prueba. Que yo sepa, por ahora se ha admitido. Ya se señaló durante el debate causado por este asunto que, por lo que respecta a las evidencias, es relevante para la evaluación de los motivos.
> En su momento señalé que los crímenes cometidos contra prisioneros de guerra alemanes tienen importancia para entender las medidas tomadas por Alemania. No se pueden evaluar los motivos subyacentes de los hombres que cometieron estos crímenes o que ordenaron que se cometieran si no se tiene en cuenta el trasfondo en el que se come-

tieron estos hechos, o si no se investigan los motivos que les llevaron a cometer estos actos. Y debido a la importancia del motivo, para conocer las acusaciones hechas por los alemanes, me parece que utilizar este documento es absolutamente necesario...

Se han presentado aquí cargos contra los acusados según los cuales bajo su liderazgo se cometieron crímenes y delitos contra miembros de fuerzas armadas extranjeras que no respetaron la Convención de Ginebra. Por nuestra parte alegamos que si se dieron excesos y un trato duro por parte del lado alemán, esto vino causado por el hecho de que el otro lado cometió excesos similares, y que por tanto se deben juzgar estos delitos de una forma diferente y considerarlos no tan graves como se debería hacer si la otra parte se hubiera comportado correctamente. Sea como sea, estos hechos son relevantes para evaluar los motivos.

La alegación de Stahmer era certera desde el punto de vista jurídico. El tribunal no podía soslayar este asunto por más tiempo, de modo que tuvo que pronunciarse en público de modo taxativo:

Bien, estamos aquí para juzgar a los principales criminales de guerra. No estamos aquí para juzgar a las potencias firmantes. Por tanto, debe justificar la introducción de pruebas contra las potencias firmantes con algún fundamento legal...

Nos está pidiendo que aceptemos un documento, un documento gubernamental alemán. Según el Estatuto estamos obligados a admitir documentos, documentos gubernamentales, e informes de las Naciones Unidas, pero no dice en ningún sitio que estemos obligados a admitir, o que podamos admitir, documentos elaborados por el gobierno alemán. No podemos saber si esos documentos contienen hechos veraces o no...

La cuestión es cómo puede usted justificar en un juicio a los principales criminales de guerra alemanes la presentación de pruebas contra Gran Bretaña, o contra los Estados Unidos de América, o contra la URSS, o contra Francia. Si va a juzgar los actos de esas cuatro potencias firmantes, aparte de otras cuestiones a considerar, este juicio no tendría fin, y su conducta es irrelevante para determinar la culpabilidad de los principales criminales de guerra alemanes, a no ser que se pueda justificar en base a la doctrina de represalias, y esto no se puede justificar de esa manera.[38]

El doctor Stahmer trató después de justificar la confianza que pudiera haber depositado su defendido Göring en Adolf Hitler, dado el cambio que había experimentado Alemania durante los primeros años del gobierno nacionalsocialista. La argumentación, hasta cierto punto, era razonable —al menos para los intereses de la defensa—, pero el tribunal no la aceptó dado que Stahmer trajo a colación unas palabras de Churchill en las que este estimaba la labor que estaba desarrollando el dirigente alemán: «Se puede condenar el sistema de Herr Hitler y aun así maravillarse ante sus logros patrióticos. Si nuestro país fuera derrotado, desearía que encontráramos un campeón igual de indomable que nos devolviera nuestro coraje».[39]

La reacción del tribunal, primero titubeante, se tornó furibunda, indicándosele con toda energía al abogado que se abstuviera de seguir por ese camino, pues las cuestiones referentes a la personalidad de Hitler ya habían quedado lo suficientemente claras y, en todo caso, lo que interesaba era lo que al respecto pudiera aportar Göring en 1946, y no Churchill en 1937.

El doctor Stahmer renunció, pues, a seguir por esa vía, concluyendo así el juicio a Hermann Göring, uno de los episodios más polémicos de los juicios de Núremberg. Polémica que nos ha llegado hasta el día de hoy.

La actuación de Göring ante el tribunal había sido impactante; unos y otros, amigos y detractores, estaban en verdad impresionados por la facilidad con la que se desenvolvía en el estrado. Para Göring resultó relativamente sencillo, en cuanto a que había resuelto cuál había de ser su papel, seguro del veredicto del tribunal. El abogado de Keitel resumió la actitud de Göring diciendo que «derrotó una y otra vez a Jackson, con gran regocijo de los demás americanos; pero

---

[38] *Ibid.*, pp. 684 y ss.
[39] *Ibid.*, p. 691.

sigue siendo tan egocéntrico, vanidoso y ampuloso como de costumbre».[40]

En todo caso, el juicio de Göring no terminó exactamente como había empezado, pero se hizo cierta aquella aseveración de Oscar Wilde que dice que nunca se tiene una segunda oportunidad de causar una buena primera impresión. La primera impresión que causó Göring fue excelente, tanto más cuanto que todo el mundo comprendía las condiciones de inferioridad en las que había afrontado el juicio. Las cartas llegaron a miles a la cárcel celebrando su actuación frente al enemigo.

Andrus jamás permitió que se le entregara una sola de ellas.

---

[40] D. Irving, *Göring, op. cit.*, p. 522.

Capítulo 10
LA ACUSACIÓN CONTRA LAS ORGANIZACIONES

La acusación contra el NSDAP

El 17 de diciembre, de la habitual manera inopinada en que venía actuando, la fiscalía estadounidense decidió comenzar la acusación contra las organizaciones imputadas como criminales. Por la fiscalía, el coronel Storey, anunció la causa contra el NSDAP, expresada en los términos previstos: la acusación de criminal solo para la cúpula del partido, ya que era inviable, a efectos prácticos, condenar a los ocho millones de afiliados que el Partido Nazi llegó a tener.

Storey resumió la acusación en línea con el sentido general del proceso: «el Partido Nazi era el núcleo central del plan común o conspiración alegado en el primer cargo de la acusación, una conspiración que contemplaba y aceptaba cometer crímenes contra la paz, crímenes de guerra y crímenes contra la humanidad según se definen y denuncian en el Estatuto».[1]

Un poco más adelante, explicaba por qué la acusación contra la cúpula del nazismo y no contra los militantes.

> A la vista de las pruebas que se van a presentar a este Tribunal, se puede describir al Liderazgo del Partido como el cerebro, la columna vertebral, y los brazos directores del Partido Nazi. Sus responsabilidades son más importantes y culposas que las del ejército de seguidores a los que lideró y dirigió en el asalto contra los pueblos del mundo amantes de la paz. Por tanto, según los hechos que se encuentran en

---

[1] *IMT*, vol. IV, p. 17.

el sumario de este caso, que será ampliado a continuación, la acusación solicita al Tribunal que declare al Liderazgo del Partido Nazi como un grupo u organización criminal, según el Artículo 9 del Estatuto.

Pero Storey, tratando posteriormente de aclarar a qué se refería cuando hablaba del Liderazgo del NSDAP, trazó un cuadro complejo y poco claro del mismo.

El Liderazgo del partido constituía el total de los funcionarios del Partido Nazi. Incluía al «Führer» en la cumbre; a los «Reichsleiter» en la línea horizontal; a los titulares de cargos del Reich, justo debajo; a las cinco categorías de líderes que eran comandantes de área, llamados «Hoheitstraeger» o «portadores de la soberanía». Están en los recuadros en letras rojas o con líneas rojas al final. Van desde unos 40 «Gauleiter» a cargo de grandes distritos, pasando por los líderes políticos intermedios, el «Kreisleiter», el «Ortsgruppenleiter», el «Zellenleiter», y finalmente, hasta llegar al «Blockleiter», que estaba a cargo de entre 40 y 60 hogares, y que pueden ser descritos como oficiales de personal, vinculados a cada uno de los cinco niveles de los «Hoheitstraeger».[2]

O sea, todos los funcionarios del partido. Indudablemente, tal planteamiento era esperable desde el momento en que la fiscalía había presentado una acusación de conspiración por el mero hecho de pertenecer a una organización, pero resultaba manifiestamente absurdo pretender que un «jefe de bloque» tuviera una responsabilidad ejecutiva en una conspiración organizada. Dicha conspiración, en resumen, incluía las acciones contra las iglesias, los judíos, los sindicatos y el funcionamiento de la «Einsatzstab Rosenberg» con respecto al saqueo de tesoros artísticos.

Pero el Liderazgo del NSDAP no solo había llevado a cabo dicha conspiración; también había cometido actos ilegales en la prosecución de los fines que ellos mismos habían determinado. Con respecto a esos

---

[2] *Ibid.*, p. 18.

delitos resultaba a la fiscalía difícil determinar la responsabilidad en cuanto a que la estructura política del Reich se basaba en el *Führerprinzip*, es decir, que existía un principio de dirección que invalidaba las iniciativas que pudieran tomarse desde abajo. Los individuos delegaban toda responsabilidad en su inmediato superior, y eran informados de lo estrictamente necesario, por lo que carecían de una panorámica real de conjunto, lo que, desde el punto de vista moral, les privaba de verdadera responsabilidad.

Como uno de los Reichsleiter —máximos dirigentes, después del Führer, en el NSDAP—, se encontraba Alfred Rosenberg. Storey le acusó de estar al frente de una organización conocida como Einsatzstab Rosenberg, dedicada al saqueo de obras de arte por toda Europa, y de la que se benefició particularmente Hermann Göring. Además de lo cual, había llevado a cabo una amplia campaña contra las iglesias cristianas en Alemania a fin de terminar con su influencia en el Reich y reemplazar su culto por el de una religión neopagana que debía culminar en la creación de una Iglesia Nacional Alemana. De entre todos los acusados, Rosenberg era, junto con Bormann, quien con más denuedo había perseguido al cristianismo, que ya impugnase en su obra *El mito del siglo XX*. Tenida por oficiosa Biblia del movimiento nacionalsocialista después de *Mi lucha*, no lo era en modo alguno; ninguno de los líderes nazis había leído en su totalidad aquella obra abstrusa, y la mayoría admitía que se había rendido a las pocas líneas sin comprender una palabra.[3]

También se acusaba en calidad de dirigentes del Reich (Reichsleiter) a Bormann y a Ley, pero ninguno de los dos estaba presente por las causas conocidas, y junto con ellos a Frick, en quien, por estar pre-

---

[3] L. Goldensohn, *Las entrevistas...*, *op. cit.*, p. 159. Göring admitió en Núremberg que no había leído a Rosenberg y que este se había equivocado de medio a medio incluso en el título de su obra. «El primer capítulo de la obra de Rosenberg es tan difícil que me cansé del libro enseguida. No podía concentrarme. Además, no atacaba el problema, daba circunloquios». El psiquiatra le contestó que no conocía a nadie que lo hubiera leído. Es muy posible que el propio Hitler tampoco lo hubiera leído y, por lo que hace a este, siempre aseguró que *El mito del siglo XX* no tenía ningún carácter oficial ni expresaba el punto de vista del partido, sino el particular de Alfred Rosenberg.

sente, se detuvo el fiscal para recordar sus responsabilidades en la persecución contra los judíos.

En la sociedad alemana existían unas barreras como eran las representadas por las iglesias cristianas y por el Ejército, además de la existencia de grandes intereses económicos, que hacían difícil la cooptación del poder de forma completa por parte de una fuerza política. La tradicional división social y territorial por razones religiosas —que reflejaban hondas brechas culturales— se percibía como una dificultad añadida que en el pasado había impedido forjar la unidad nacional y que, de hecho, la había retrasado. Conseguida en 1871, Bismarck había sentido la necesidad de emprender la *Kulturkampf*, la lucha contra la presencia católica en la vida pública, también como un medio de homogeneizar la sociedad.

El NSDAP era percibido como el instrumento para llevar a cabo esa obra de unificación y homogeneización. Uno de los episodios que habían alcanzado la categoría de míticos en la historia alemana fue la proclama del káiser en agosto de 1914: «No reconozco partidos, solo reconozco alemanes». El espíritu de 1914 pasó a ser considerado el símbolo de la unidad nacional, del mismo modo que Bismarck había cubierto la necesidad de un líder poderoso y decidido.[4] A fin de cuentas, los alemanes habían apoyado a Hitler porque este había prometido unidad frente a la crisis; la «coordinación» que desarrolló el Gobierno durante los primeros meses fue un aspecto particularmente aplaudido por una población que esperaba la adopción de medidas contundentes en todos los órdenes desde la dirección política.

Esa dirección política tendría una enorme importancia en la construcción del totalitarismo. Desde 1934, el NSDAP había desarrollado diversos organismos en paralelo a los del Estado según decreto del Ministerio de Justicia del Reich de 17 de febrero de 1934. En ese decreto se especificaba que las oficinas supremas del Directorio del Partido del Reich equivalían en rango a las autoridades supremas del Gobierno del Reich.

---

[4] R. J. Evans, *El Tercer Reich en el poder, op. cit.*, p. 17.

Era una decisión típicamente nazi. La construcción del Estado totalitario en Alemania se efectuó creando organismos políticos del partido junto a los del Estado. Al comienzo entraban en competencia unos con otros, pero pronto quedaba claro cuáles eran los funcionalmente decisivos. Tal estructura daba lugar a feroces luchas de poder, pero también arreglaba algunos problemas de difícil solución desde el punto de vista de la burocracia convencional.[5]

Storey admitía que las tareas principales de los Reichsleiter eran las de desarrollar las directrices que emanaban de la jefatura, bien de Hitler, bien de Bormann como jefe de la Cancillería del Partido. De ahí hacia abajo, las órdenes emanaban de forma piramidal. El número de personas que recibían dichas directrices era ciertamente grande, y se distribuía de la siguiente manera:

41 Gauleiter
808 Kreisleiter
28.376 Ortsgruppenleiter
89.378 Zellenleiter
463.048 Blockleiter[6]

Se trataba de casi seiscientas mil personas implicadas en esta vasta red de control. Los nazis no habían hecho un secreto de sus propósitos de «coordinación» de la población, el Estado y el partido, sino que los habían anunciado a los cuatro vientos, tal y como expresaron a través de la ley de diciembre de 1933 (cuyo enunciado era lo suficientemente gráfico: Ley para la Seguridad y la Unidad del Partido y el Estado).

«Tras la victoria de la Revolución Nacionalsocialista, el Partido Nacionalsocialista de los Trabajadores Alemanes es el portador del concepto del Estado alemán y es inseparable del Estado. Será una parte de la ley. Su organización será decidida por el Führer».[7]

---

[5] J. Ellul, *Autopsy of Revolution*, Nueva York, 1971, p. 288. El autor define el nazismo, entre otras cosas, como una revuelta contra la burocratización en pro del dinamismo y la voluntad de poder.
[6] *IMT*, vol. IV, p. 36.
[7] *Ibid.*, p. 41.

Consecuencia lógica, que citó el fiscal en clave acusatoria, fue la declaración de Hitler en el congreso del Partido en Núremberg de septiembre de 1935, en la que aseveraba que «no es el Estado el que nos da órdenes, sino que somos nosotros los que damos órdenes al Estado».[8]

La lectura por parte del fiscal Storey de aquellos documentos añadía bastante poca cosa a la acusación. Ningún acusado negaría los conceptos y consecuencias que esas frases implicaban; pero tampoco se podía condenar a nadie por una declaración como esa. Es evidente que estamos ante una declaración de totalitarismo, pero eso no constituye ninguna categoría jurídica que pueda llevar a nadie a la cárcel. Eso, sin entrar en que a su lado tenía a los jueces y fiscales de la Unión Soviética, a quienes, sin duda, tales conceptos no habrían de serles extraños.

La fiscalía continuó imputando a los acusados los crímenes de la Noche de los Cuchillos Largos, el 30 de junio de 1934, así como las leyes que consagraban la bandera de la esvástica como la oficial y la amnistía para delitos cometidos por causa de la revolución nacionalsocialista; como remate del proceso totalitario, el nombramiento de Hitler como presidente del Reich, el juramento de fidelidad de la Reichswehr (pronto Wehrmacht) a su persona y la ley de 1 de diciembre de 1936 que obligaba a los jóvenes a la pertenencia las Juventudes Hitlerianas.

El proceso de cooptación del poder y de construcción del Estado totalitario continuó adelante durante los años siguientes. En febrero de 1938, a partir de la crisis de Fritsch y de Blomberg, Hitler asumió el Mando Supremo de las Fuerzas Armadas. Hay que tener en cuenta que el Ejército era apenas el único organismo que aún mantenía una cierta independencia en Alemania (solo la Iglesia católica podía considerarse verdaderamente autónoma). Una serie de acontecimientos acaecidos a comienzos de 1938 había facilitado el control por parte de Hitler del Alto Mando de la Wehrmacht; el general Fritsch había sido acusado de homosexual por la Gestapo, aunque la acusa-

---

[8] *Ibid.*, p. 41.

ción era completamente falsa; y el mariscal Blomberg, viudo, se había casado con una mujer joven que por ningún concepto reunía las condiciones que se exigían para casarse con un miembro de las Fuerzas Armadas (era una prostituta que había posado para fotografías eróticas años atrás).

Que Hitler era ajeno a ambas tramas lo demuestra el hecho de que se prestara a ser padrino de la boda de Blomberg, lo que obligó a evitar el escándalo, pero eso no valió para nada. Sin duda, lo aprovechó para hacerse con el mando del Ejército, aunque con toda probabilidad no había sido ese un objetivo a corto plazo de su política.

La edificación totalitaria se plasmó con rotundidad cuando en enero de 1942 el partido se reservó el derecho al nombramiento de los cargos oficiales; todas las leyes y decretos presentados por las autoridades estatales deberían pasar por la autorización del jefe de la Cancillería del Partido (la oficina de Bormann). Ese 26 de abril, Hitler obtuvo del Reichstag una autorización para ejercer su poder con independencia de cualesquiera otras cuestiones sobre todos los alemanes, lo que no era sino el colofón de lo que él mismo había anunciado el 20 febrero de 1938 ante el Reichstag:

> El nacionalsocialismo le ha dado al pueblo alemán ese liderazgo que como partido no solo moviliza a la nación, sino que también lo organiza, de tal forma que con la base del principio de selección natural, se salvaguarda la continuidad de un liderazgo político estable. El nacionalsocialismo posee a Alemania total y completamente desde el día en el que, hace cinco años, dejé la casa de la Wilhelmsplatz como canciller del Reich. No hay ninguna institución de este Estado que no sea nacionalsocialista. Por encima de todo, sin embargo, el Partido Nacionalsocialista no solo ha hecho en estos cinco años que la nación sea nacionalsocialista, sino que también le ha dado esa estructura organizativa perfecta que garantiza su funcionamiento en el futuro. La mayor garantía de la revolución nacionalsocialista reside en la dominación completa del Reich y de todas sus instituciones y organizaciones, interna y externamente, por el Partido Nacionalsocialista. Su protección frente a países extranjeros, sin embargo, reside en las nuevas

> Fuerzas Armadas Nacionalsocialistas. En este Reich, cualquier persona con un cargo de responsabilidad es un nacionalsocialista. Todas las instituciones de este Reich están bajo las órdenes del liderazgo político supremo. El partido dirige al Reich políticamente, las Fuerzas Armadas lo defienden militarmente. No hay nadie en ningún cargo de responsabilidad en este Estado que dude de que soy el líder con autoridad de este Reich.[9]

Asentado el principio de que el Estado nacionalsocialista era, pues, un Estado totalitario al servicio de un partido como el Nazi, Storey acusó por fin al partido de actos criminales. Uno de los hechos en los que se centró fue en la Noche de los Cristales Rotos, la noche del 9 de noviembre de 1938 en que se persiguió a la comunidad judía alemana, y en la que murió un centenar de hebreos. La acción fue orquestada por el NSDAP, evidentemente, si bien muchos nazis importantes fueron ajenos a ella e incluso se mostraron en contra, como fue el caso de Göring.

Sin embargo, Storey se precipitó al mantener su acusación contra el partido a partir de la decisión de Himmler de 10 de agosto de 1943 de ordenar a la policía abstenerse en los linchamientos que sucedían cuando aviadores aliados eran atrapados en suelo alemán por la población civil. El presidente, que le había llamado la atención con motivo de la culpabilización del partido con motivo del pogromo de la Reichskristallnacht, le reconvino de nuevo, pues no se entendía la relación que podía haber entre el partido y esos hechos:

> PRESIDENTE. ¿Qué tiene que ver esto con el Liderazgo del Partido?
> STOREY. Tiene que ver con órdenes dadas a cargos del partido de tomar parte en estas manifestaciones. En otras palabras, a través de ciertos cargos del Liderazgo del Partido se distribuyó y se dio la orden de esta directiva.
> PRESIDENTE. ¿Está usted seguro de que la Policía del Estado y el SD son secciones del Liderazgo del Partido?

---
[9] *Ibid.*, pp. 45-46.

STOREY. Si Su Señoría mira este diagrama original, este grande, podrá ver que las SA y la SS y varias de las organizaciones están en una lista en la parte izquierda de ese gran diagrama. Creo que está en la carpeta que está en el escritorio de Su Señoría. En otras palabras, el estudio detallado de esa directiva demostrará que debían contactar con diferentes líderes políticos para llevar a cabo esta manifestación del 9 y el 10 de noviembre. Se presenta solo con este fin. Se ha presentado como prueba, pero la razón por la que la menciono en este momento...

PRESIDENTE. No veo que lo demuestre. Para mí, es una carta del jefe de la Policía de Seguridad a todos los cuarteles generales y comisarías de la Policía del Estado...

(...).

STOREY. Presento ahora como prueba una orden original firmada por Himmler, documento R-110, como prueba USA 333. Es del 10 de agosto de 1943, y cito: «No es misión de la policía interferir en enfrentamientos entre alemanes y terroristas aéreos ingleses y americanos que hayan saltado de sus aviones». Esta orden se transmitió por escrito a todos los altos cargos de las SS y oficiales de policía, y verbalmente a los oficiales subordinados y a todos los Gauleiter. Como demuestran el documento 2473-PS y el diagrama, Joseph Göbbels...

PRESIDENTE. Simplemente estaba pensando que la policía no formaba parte del Liderazgo del Partido, ¿no es así?

STOREY. Pero Himmler, con la venia, Señoría, reunía en su persona los cargos de Reichsführer de las SS y líder de la policía alemana. Ejercía un cargo en el Estado, ejercía un cargo en el Partido y dio esta orden a cargos del Liderazgo del Partido.

TRIBUNAL (Sr. Biddle). ¿Y usted afirma que esta orden de Himmler es una prueba en contra de los 600.000 miembros de los que usted ha hablado?

STOREY. No en contra de los miembros. Dije que en contra de la organización como organización criminal, porque desde arriba impartía órdenes de este tipo a través de los canales del Liderazgo del Partido.

PRESIDENTE. Pero esto es lo que yo le estaba diciendo, que no era a través de los canales del Liderazgo del Partido, sino a través de los canales de la policía.

STOREY. Pero la policía, con la venia de Su Señoría, estaba relacionada con el Liderazgo del Partido, y Himmler estaba en la cúspide de ambos. No se ve en ese diagrama, pero sí en el otro diagrama grande, Señoría, con respecto a Göbbels, que era un alto cargo del Liderazgo del Partido Nazi debido a su cargo como líder de propaganda del Partido.

En el número del *Völkischer Beobachter* del 29 de mayo de 1944 aparecía un artículo escrito por Göbbels, el Reichsleiter para la Propaganda del Partido, en el que invitaba abiertamente a la población civil alemana a castigar a los aviadores aliados derribados sobre Alemania. Me refiero al documento 1676-PS, prueba USA 334, que es el número del *Völkischer Beobachter* que contiene este artículo en el que se incita a la gente a cometer crímenes de guerra. Cito: «Solo con la ayuda de las armas es posible proteger las vidas de los pilotos enemigos que fueron derribados durante esos ataques, ya que si no, serían asesinados por la población, que tanto ha sufrido. ¿Quién está en lo cierto en esto? ¿Los asesinos que, tras sus cobardes acciones, esperan un trato humano por parte de sus víctimas, o las víctimas que desean defenderse según el principio: "Ojo por ojo, diente por diente"? No es difícil responder a esta pregunta».[10]

Sin duda, desde el partido se animó a la población al linchamiento de los aviadores extranjeros que caían sobre territorio alemán. No solo se trataba de que los Gauleiter hubieran impartido órdenes más o menos internas o secretas, sino que la prensa recogió llamamientos de los líderes políticos en el mismo sentido. Pero parecía costumbre de la fiscalía liarse con cada acusación. Storey había abusado de una orden de Himmler que, en efecto, tal y como el juez le había sugerido, era perfectamente inútil para incriminar a los 600.000 miembros del Partido Nazi.

También se acusaba al partido de llevar a cabo la lucha contra las iglesias, protestante y católica, dentro de Alemania, persecución que el fiscal consideraba sistemática. El primer documento que presentó lo

---

[10] *Ibid.*, pp. 47-48.

había emitido Bormann, en torno a quien giraba la parte nuclear del asunto. En 1941 había escrito al no menos anticristiano Rosenberg que «el cristianismo y el nacionalsocialismo son fenómenos que se originaron de causas básicas totalmente diferentes. Ambos difieren fundamentalmente de una forma tan fuerte que no será posible construir unas enseñanzas cristianas que sean totalmente compatibles con el punto de vista de la ideología nacionalsocialista; así como las comunidades de fe cristiana nunca podrían apoyar la ideología del nacionalsocialismo en su totalidad».

Le proponía la creación de unos mandamientos nacionalsocialistas que sustituyesen los bíblicos, sustitución que se le presentaba cada día como más necesaria en la lucha contra el cristianismo, por cuanto a este no le iba a doblegar por la vía del compromiso. Solo la filosofía que preconizaba Rosenberg —razón por la que se dirigía a él— sería capaz de reemplazar al cristianismo:

> Los conceptos nacionalsocialistas y los cristianos son irreconciliables... nuestra ideología nacionalsocialista es muy superior a los conceptos del cristianismo, cuyos puntos esenciales fueron tomados del judaísmo. Por esta razón, además, no necesitamos el cristianismo... Si, por lo tanto, en el futuro nuestra juventud deja de aprender este cristianismo cuyas doctrinas son muy inferiores a las nuestras, el cristianismo desaparecerá por sí solo... Se deduce del hecho de que los conceptos nacionalsocialistas y cristianos sean irreconciliables que debemos rechazar cualquier refuerzo de las confesiones existentes y cualquier ayuda a nuevas confesiones cristianas. No se ha de hacer distinción entre las diversas confesiones cristianas. Asimismo, por esta razón, se ha abandonado la idea de la creación de una Iglesia Evangélica Nacional por medio de la fusión de las distintas iglesias evangélicas, ya que la Iglesia evangélica es para nosotros tan hostil como la Iglesia católica. Cualquier refuerzo de la Iglesia evangélica sería contraproducente para nosotros.

Más adelante informaba a Rosenberg que la lucha contra la Iglesia se estaba llevando adelante con perseverancia.

> Estamos induciendo a las escuelas cada vez más a que reduzcan y anulen los servicios religiosos matutinos. Asimismo, las oraciones confesionales y generales han sido ya sustituidas en varias partes del Reich por lemas nacionalsocialistas. Me agradaría conocer su opinión sobre un futuro servicio matutino nacionalsocialista que sustituya a los servicios confesionales matutinos actuales que se suelen celebrar una vez a la semana.[11]

Es indudable que ciertos sectores del partido se mostraron beligerantemente anticristianos. El más activo en la lucha contra el cristianismo fue, sin duda, Bormann. Su posición animó a los Gauleiter más radicales, que comenzaron a tomar medidas en sus distritos, que no pocas veces hubieron de rectificar, en parte por la presión popular y en parte porque las necesidades de la guerra imponían una moderación de la que Hitler, en bastantes ocasiones, fue abanderado, tal y como sucedió en el tema de la eutanasia. Los informes de la Gestapo dejaban bien claro que las acciones contra las iglesias no eran populares y que era el propio NSDAP el que organizaba todos aquellos incidentes:

> El partido, el 23 de julio de 1938, desde las 21 horas, llevó a cabo la tercera manifestación contra el obispo Sproll. Los participantes, entre 2.500 y 3.000, llegaron desde otros lugares en autobús. El pueblo de Rottenburg, nuevamente, no participó en la manifestación. Esta ciudad adoptó una actitud bastante hostil hacia las manifestaciones. La acción escapó totalmente del control del miembro del partido responsable. Los manifestantes atacaron el palacio, golpeando las verjas y las puertas. Entre 150 y 200 personas lograron introducirse en el palacio, buscaron por las habitaciones, arrojaron documentos por las ventanas y revolvieron las camas de las habitaciones del palacio. Se quemó una cama. El obispo estaba con el arzobispo Groeber de Friburgo, y con las mujeres y hombres de su servicio en la capilla, rezando. Entre 25 y 30 personas lograron introducirse en esta capilla y molestaron a los pre-

---

[11] *Ibid.*, pp. 58-59.

sentes. Se confundió al arzobispo Groeber con el obispo Sproll. Le cogieron de las ropas y lo arrastraron por el suelo.[12]

No era el primer incidente de este tipo, desde luego, ni tampoco la primera vez que la población veía con desagrado esta clase de acciones de los nazis. El anticristianismo tenía una cierta tradición en Alemania —sobre todo en los círculos *völkisch*, nacionalistas— desde finales del siglo XIX, y el nacionalsocialismo intentaba compatibilizar el cristianismo con su propia ideología, lo que solo era posible en una relativamente pequeña parte de la población protestante. Hitler, de origen católico, era muy consciente del papel que jugaba la Iglesia católica y del amor que por ella había en regiones como Renania, Baviera y Austria.

El antisemitismo católico y protestante podía confundirse solo en un primer instante con el antisemitismo nazi. El carácter pretendidamente científico de este —que ligaba a la raza y no a la confesión religiosa el carácter judío— hacía inviable la integración de este en la sociedad alemana. De modo que, aunque en las regiones católicas, nazis y católicos podían compartir enemigos (comunistas, República de Weimar, judíos), pronto ambos se enfrentarían irremediablemente.

Con los protestantes las cosas iban mejor: algunas iglesias incluso habían modificado los textos sagrados para alinearse correctamente. En Sajonia se habían suprimido los vocablos hebreos como «amén» y «aleluya», por sus equivalentes expresiones en alemán. Las iglesias evangélicas fueron entrando en la «coordinación» y desde las organizaciones nazis se las empujó sin disimulos a formar una sola disciplina afín al Gobierno. Aunque hubo las naturales discrepancias, el protestantismo fue mucho más manejable.

Pero el catolicismo representaba una dificultad más seria. El obispo de Münster, Von Galen, había publicado una refutación del libro de Rosenberg en 1934, y la Conferencia de Obispos Católicos de Fulda había recordado que «la religión no puede basarse en la sangre, la raza u otros dogmas de creación humana, sino solo en la revelación divina».

---

[12] *Ibid.*, p. 60.

Además, desde los púlpitos de las iglesias católicas se había leído una pastoral que condenaba el neopaganismo.[13]

Mediados los años treinta, el enfrentamiento entre la Iglesia y el Estado era abierto, aunque aún se guardaban las formas. Hitler no se podía permitir atacarla de modo frontal, y el comienzo de la guerra impuso una moderación mayor, sobre todo cuando comenzó la campaña de Rusia. Hubo ataques contra el clero, al que se calificó de homosexual y pederasta, y se encerró a un importante número de religiosos acusados de los más variados delitos, en medio de fingidas muestras de indignación moral por parte de las autoridades. En las Navidades de 1938 ya no se cantaban villancicos en los colegios, y la presión sobre los padres había conseguido algunos frutos nada menguados. Incluso en Baviera habían logrado que los padres se lo pensaran dos veces a la hora de llevar a sus hijos a colegios católicos.

Aunque en un principio mucho más tibia, la actitud de la Iglesia hacia el nacionalsocialismo y el Gobierno alemán se fue volviendo más y más dura. Habían trascendido las palabras del papa Pío XI a un grupo de peregrinos, en las que reclamaba su filiación espiritual judía: «El antisemitismo no es compatible (...) participar del antisemitismo es imposible para los cristianos. Espiritualmente somos semitas». Un par de meses más tarde, en noviembre de 1938, en Múnich, los nazis se manifestaban contra los judíos y los católicos, y condenaban las palabras del papa contra el racismo, llegando a asaltar el palacio cardenalicio de la ciudad. Las cosas llegaron el extremo de que Pío XI tuvo que ser disuadido por el futuro Pío XII de romper relaciones con el Tercer Reich.[14]

Se produjo también una campaña de realojo de alemanes étnicos (*volksdeutsche*) —es decir, de población de origen germánico pero que tenían otra nacionalidad— en monasterios, previamente expropiadas por indicación de la Cancillería del Partido. Además, se indicó a los responsables —sobre todo a Max Amann, director de prensa del NSDAP para el Reich— que no proveyese de papel a las publicaciones

---

[13] B. Vollmer, *Volksopposition in Polizeistaat*, Stuttgart, 1957, p. 205.
[14] G. MacDonogh, *Hitler 1938*, Crítica, Barcelona, 2010, pp. 244 y 281.

religiosas protestantes, y que la propaganda de este tipo fuese eliminada de las Fuerzas Armadas. La batalla contra el cristianismo prosiguió de modo solapado, aunque no poco efectivo, bajo la animación y supervisión del partido. En esta cuestión, como en otras muchas, Bormann representaba la postura más radical mientras Hitler mantenía un cierto equilibrio: si bien compartía los fines de los sectores más anticristianos, no estaba dispuesto a arriesgar la unidad popular que había conseguido para obtener unos frutos aún prematuros.[15]

Los sindicatos, el gobierno del Reich y las SA

En la labor de «coordinación» de la sociedad alemana, los nazis sometieron a los sindicatos, cuyos patrimonios y afiliados pasaron a engrosar las filas de la única organización obrera legal en el Reich a partir de entonces: el Deutsche Arbeitsfront, o Frente Alemán del Trabajo. El 2 de mayo de 1933, después de haberles hecho desfilar de forma conjunta con el DAF y las organizaciones del trabajo en toda Alemania, los sindicatos fueron disueltos. Al frente de la nueva organización estaba Robert Ley.

En palabras de la acusación:

> El 1 y 2 de mayo de 1933, boletines de la Agencia de Prensa del Partido Nacionalsocialista proclamaron que «el nacionalsocialismo, que hoy ha asumido el liderazgo de la clase trabajadora alemana, no puede soportar la responsabilidad de dejar a los hombres y mujeres de la clase trabajadora alemana, los miembros del mayor sindicato del mundo, el Movimiento Sindical Alemán, en manos de personas que no conocen la madre patria llamada Alemania. Debido a esto, la Organización de Células Fabriles Nacionalsocialistas (NSBO) se ha hecho con el liderazgo de los sindicatos. La NSBO ha eliminado el liderazgo anterior de los sindicatos de la Federación General de Sindicatos Alemanes, y de la Federación General de Empleados Independientes».

---

[15] J. Matthäus y F. Bajohr, *Alfred Rosenberg. Diarios, op. cit.*, p. 226.

El 2 de mayo de 1933 la Organización de Células Fabriles Nacionalsocialistas (NSBO) se hizo con el liderazgo de todos los sindicatos; se ocuparon todos los edificios sindicales y se ha ejercido el control más estricto sobre las cuestiones financieras y de personal de las organizaciones.[16]

La acusación continuó con el resto de cuestiones referentes al mundo laboral, pero se perdió de nuevo en aspectos un tanto absurdos. Ciertamente los nazis reemplazaron el sistema de convenios colectivos por una regulación de las condiciones de trabajo efectuada por los llamados «administradores de mano de obra», nombrados por Hitler. Por supuesto, se trataba de una decisión perfectamente legal y que difícilmente puede ser considerada como delictiva o inmoral, pero el fiscal trató de explicarla en el marco de la supresión de los sindicatos, como un medio de dominar a los trabajadores; del mismo modo que el paso siguiente, que consistió en implantar la idea de la comunidad fabril, por la cual se hacía responsables a los empresarios de la dirección ideológica en las empresas. Solo pudo concluir con que «los conspiradores nazis emplearon el Frente de Trabajo Alemán, DAF, como instrumento de difusión de propaganda de ideología nazi entre sus millones de miembros forzosos».[17]

Por supuesto, se trataba de ahondar en la idea de la conspiración, en la que se basaba toda la acusación, pero el hecho de que el NSDAP tuviera un plan con respecto al mundo del trabajo no significaba en absoluto que obedeciera a una conspiración, y menos aún que se tratase de una fase inicial para terminar desencadenando otro tipo de acontecimientos.

De modo escasamente plausible, la acusación continuó desplegando los documentos que acusaban a los nazis del expolio de bienes culturales por toda Europa, y lo hizo de nuevo de un modo incompleto y confuso. Se trataba de la organización de Rosenberg ocupada en apropiarse de los bienes artísticos que fuesen de interés para Alemania, y que desempeñó una actividad frenética en algunos casos a lo largo

---

[16] *IMT,* vol. IV, p. 75.
[17] *Ibid.*, p. 77.

de toda Europa, desde los territorios de la parte de occidental del continente hasta Ucrania y Bielorrusia.

El saqueo achacado a dicha oficina alcanzaba cifras inimaginables. De acuerdo con los propios libros hallados en las cuevas en las que los alemanes guardaron las obras de arte confiscadas, hasta el 15 de julio de 1944 se había inventariado 21.903 obras de arte, entre las que había que contar más de 5.000 cuadros o 259 obras de arte de la Antigüedad.[18]

La cifra, como ciertamente subrayaba el fiscal, con ser impresionante, no da idea del valor de los objetos robados.

La formulación de los cargos contra la dirección política del Reich no mejoró mucho las prestaciones de la fiscalía. De entre quienes se sentaban en el banquillo, la mayoría estaban imputados por este cargo. Cuando Storey continuó con la acusación contra el Gobierno del Reich, la confusión llegó a ser completa. Adujo algunos documentos de muy escasa importancia a los que no se veía cuál era la finalidad de su citación. Llegados a un determinado punto, incluso el presidente mostró su escepticismo:

>   PRESIDENTE. Coronel Storey, no entiendo cuál es la importancia del último documento.
>   STOREY. Con la venia, el último documento es una prueba adicional de la aprobación de leyes por medio de un proceso circulatorio.
>   PRESIDENTE. Ya tenemos el testimonio del doctor Lammers.
>   STOREY. Podría considerarse estrictamente acumulativo, si es eso lo que Su Señoría está pensando.
>   PRESIDENTE. Bien, si es una prueba acumulativa, realmente no queremos oírla.
>   STOREY. Sí, Señoría. Pediré entonces que se elimine del sumario.

Pero Storey no mejoró en su siguiente actuación. La línea que planteó no parecía conducir a parte alguna, y el presidente del tribunal no pudo sino llamarle la atención al respecto:

---

[18] *Ibid.*, p. 89.

Tribunal (Sr. Biddle). Coronel Storey, el último documento tan solo demuestra que ciertos miembros del gabinete estaban en la reunión del gabinete.

Storey. Sí, solo demuestra eso. Voy a avanzar un poco más, para demostrar que el Gruppenführer de las SS también estaba, además de otras personas.

Tribunal (Sr. Biddle). ¿Qué demuestra eso?

Storey. En otras palabras, que convocaban a estos subordinados, como en las reuniones de ministros.

Tribunal (Sr. Biddle). ¿Y qué demostraría eso?

Storey. Bien, simplemente expone la permeabilidad entre el partido y las agencias subordinadas, demostrando que podían usar el gabinete del Reich para cualquier fin que les interesara y para elaborar leyes de la forma que ellos quisieran. Convocaban a estas personas, en cargos subordinados, para que estuvieran presentes cuando aprobaban medidas del gabinete. También pido que Su Señoría preste atención al Consejo Ministerial de Defensa. Se suponía que el gabinete era una reunión de gabinete de rango ministerial y, como iba a demostrar, convocaron a esta reunión al Gruppenführer de las SS Heydrich.

Presidente. No puede quedar ninguna duda de que había un gabinete del Reich, ¿no?

Storey. No, Señoría.

Presidente. Ni de que el gabinete del Reich elaboraba decretos por medio del proceso circulatorio. No hay ninguna duda de eso.

Storey. Correcto, Señoría.

Presidente. ¿Qué tiene que ver este documento con eso?

Storey. Demuestra quién tomaba parte, y su estatus en el escalafón del partido; y omitiré el resto, referido a estas personas.

Presidente. Pero ya se nos han presentado numerosas evidencias de quiénes formaban el gabinete del Reich, ¿no es así?[19]

Storey comenzó entonces la acusación contra las SA, a la que se vio forzado a considerar como la primera organización destinada a

---

[19] *Ibid.*, pp. 106-107.

cumplir los planes conspiratorios de los nazis. Narró la historia de las SA desde sus comienzos hasta su conformación como una organización de millones de miembros y su relación con el NSDAP, así como del NSKK, el cuerpo motorizado del Partido Nazi, dirigido por Adolf Hühnlein.

Cuando Storey mostró fotografías de Hitler y Göring con uniforme de las SA, el presidente del tribunal mostró de nuevo su asombro: «Coronel Storey, ¿hay alguna duda de que Hitler y Göring eran miembros de las SA?».[20]

Prosiguió la fiscalía achacando a las SA su colaboración con la toma del poder de Hitler y la disolución de los sindicatos y persecución de los judíos; nada de eso podía impresionar lo más mínimo ni al tribunal ni al público, desde luego.

Storey continuó su acusación a las SA de un modo algo más certero, ya que las milicias nazis habían servido para burlar la prohibición del Tratado de Versalles en cuanto a efectivos armados en Alemania y para preparar a la juventud a fin de constituir más tarde un ejército. Esa argumentación tenía más sentido.

Además, las SA habían servido al régimen al utilizar este sus locales como centros de detención. En ellos se habían practicado torturas y malos tratos así como asesinatos. Los miembros de las SA se convirtieron en los primeros guardas de los campos de detención de los prisioneros políticos, en la primavera de 1933, y tuvieron un papel esencial en las primeras persecuciones a los judíos.

Sin embargo, la acusación contra las SA resultó en su conjunto bastante inconcreta, pues en gran medida se ignoraba su papel real en el Estado nazi, y también porque desde 1934 dejó de desempeñar un papel importante en el Tercer Reich, mucho antes de que comenzasen los actos abiertamente criminales de los que se acusaba a quienes se sentaban en el banquillo.

---

[20] *Ibid.*, p. 128.

La acusación contra las SS

De entre todas las organizaciones del nazismo, la que peor reputación tuvo siempre fueron las SS. Nacida como una rama de las SA, tras la Noche de los Cuchillos Largos se emancipó de la jefatura de esta y se constituyó de modo independiente; el desencadenamiento de dicho episodio es achacable, al menos en parte, a una auténtica conspiración de los máximos responsables de las SS por sustituir a las SA como la milicia armada del Tercer Reich. Aunque en aquellos hechos coincidieron los más variados intereses, la fuerza desencadenante de la matanza fueron las SS, que mostraron, sin asomo de duda, la determinación a la hora de ejecutar la tarea para la que habían sido requeridas.

El que los miembros de las SS hubiesen sido reclutados entre sectores sociales de posición más elevada que las proletarias SA las hacía, en cierto modo, más culpables que aquellas. Las SA habían sido un arma de enorme importancia en la conquista del poder por Hitler; las SS solo habían constituido una pequeña parte, poco relevante, en esa tarea. Pero, una vez en el poder, las ingobernables SA pasaron a convertirse en un elemento desestabilizador en el territorio del Reich al tiempo un inconveniente para el Gobierno del 30 de enero.

Para colmo, desarrollaron un sentido de su propio poder que las condenó; comenzaron a hablar de la segunda revolución, cuando en realidad no tenían medios para sacar aquel propósito adelante, pero sí hicieron el suficiente ruido como para alarmar a muy amplios sectores de la sociedad alemana, incluyendo a muchos miembros del NSDAP, a quienes perjudicaba su activismo.

El Ejército, uno de los principales poderes afectados por el crecimiento del poder de las SA, urgió a Hitler a poner fin a la situación. Para la Reichswehr era intolerable que alguien más que las Fuerzas Armadas tuviese el derecho de portar armas; pero la liquidación de las SA no solo no cumplió sus expectativas, sino que las SS se erigieron como un poder mucho más temible que el que se acababa de liquidar.

Las SS detentaron una posición única en Alemania, gozando de una impunidad casi absoluta, refrendada por Hitler sin excepciones. El

Tribunal de Núremberg pudo decir, con razón, que las SS eran la esencia del nazismo.

> Durante las pasadas semanas el Tribunal ha visto pruebas del programa criminal de los conspiradores para llevar a cabo una guerra de agresión, crear campos de concentración, exterminar a los judíos, esclavizar a mano de obra extranjera y usar ilegalmente a prisioneros de guerra, deportar y germanizar a los habitantes de territorios conquistados... En todas estas pruebas el nombre de las SS se extiende uniéndolas como un hilo. Una y otra vez se ha mencionado a esta organización y a sus miembros. Mi objetivo es demostrar por qué ocupó un papel de responsabilidad en todas estas actividades criminales, por qué fue, y es más, por qué tenía que ser, una organización criminal.[21]

Después de explicar sus orígenes y la distinción entre las diferentes ramas de las SS, la fiscalía pasó a la parte central de la acusación. El mayor Farr remarcó que las Waffen SS era una rama de la organización y que su condición militar no le eximía del carácter profundamente criminal que compartía con el conjunto.

El fiscal resumió la filosofía de las SS de modo certero y en los términos que las SS empleaban acerca de sí mismas:

> El principio fundamental de selección era el que Himmler llamaba el principio de la sangre y la élite. Las SS tenían que ser la personificación viviente de la doctrina nazi de la superioridad de la sangre nórdica, la puesta en práctica del concepto nazi de la raza de amos. Para expresarlo con las propias palabras de Himmler, las SS tenían que ser «una Orden Militar Nacionalsocialista de Soldados Nórdicos. Por tanto, solo se puede escoger sangre buena, sangre cuya historia ha demostrado que es líder, creativa, y la base de todo Estado y de todas las actividades militares, solo sangre nórdica. Me dije a mí mismo que, si tenía éxito en la selección para esta organización, de entre el pueblo alemán, de tanta gente como fuera posible en la que

---
[21] *Ibid.*, p. 161.

la mayoría tuviera esta sangre deseada, al enseñarles disciplina militar y con el tiempo hacerles entender el valor de la sangre y toda la ideología que emana de ella, entonces sería posible realmente crear una organización de élite que actuaría con éxito en todos los casos de emergencia».[22]

Certero, el fiscal señalaba que en 1939 se habían creado las primeras unidades efectivas de las Waffen SS, a partir de sus modestos orígenes. Hasta ese momento, las SS habían sido esencialmente una fuerza policíaca ideologizada, no excesivamente apta para el combate, y de escasos efectivos, muy lejos de los casi tres millones de hombres de que habían constado las SA.

En origen, las SS se dividían en tres grupos principales. Las Allgemeine SS, que controlaban la policía y las fuerzas de seguridad, además de dirigir la economía del conjunto de la organización. La Totenkopnfverbände SS, custodia de los campos de concentración, creada para asegurar el control de los recintos en donde se concentraban los enemigos del Reich, y las Waffen SS, constituidas en 1933, con un sentido de lealtad personal a Hitler, y cuya formación militar se correspondía con la de las mejores unidades del Ejército.

Las primeras unidades de las Waffen SS estaban construidas a partir de las SS-Verfügungstruppe y de la Leibstandarte. Los hombres de esta última eran algo así como una élite escogida, pues allí iban dirigidos los mejores hombres de entre todos los que aspiraban a formar parte de las SS, ya que de esa unidad salía la guardia personal del Führer. La selección era exhaustiva, y los requerimientos al aspirante se extendían a todo tipo de cuestiones, como los referidos a su altura (nadie era aceptado si no medía un mínimo de 1,80 metros), aunque desde luego no era el único: «Se les examina y chequea exhaustivamente. De cada cien hombres nos sirven una media de diez o quince, no más. Pedimos el historial político de sus padres, hermanos y hermanas, el estudio de sus ancestros desde 1750, y naturalmente, el examen físico y su historial en las Juventudes Hitlerianas. Además, pedi-

---

[22] *Ibid.*, pp. 176-177.

mos un estudio eugenésico que demuestre que no existe ninguna enfermedad hereditaria en sus padres o su familia».[23]

En 1938 existían apenas cuatro regimientos, si bien muy escogidos, de los que se dudaba de su valía en términos militares. Estos eran el Germania, el Der Führer, el Deutschland y el Leibstandarte, constituidos como infantería motorizada. Pero el estallido de la guerra había despertado en Himmler la ambición de contar con una fuerza armada incondicional desde el punto de vista ideológico que ofrecer al Führer. Para este, aunque la base de la defensa militar había de ser la Wehrmacht, resultaba muy atractiva la perspectiva que le ofrecía el fiel Heinrich. Aún en mantillas cuando comenzó la campaña de Polonia, el conjunto de esta fuerza al año siguiente ya era lo suficientemente importante como para recibir una denominación propia: Waffen SS.

Las Waffen SS fueron formadas por oficiales del Ejército, que le proporcionaron un adiestramiento de primer orden; en el campo de batalla estarían también bajo las órdenes del mando de la Wehrmacht, ganándose con rapidez el respeto de los mandos militares. En 1944, sus efectivos se acercarían al millón de hombres, aunque a esas alturas combinaría voluntarios y reclutas, si bien siempre conservando unos estándares elevados para sus divisiones.

La selección racial estuvo en el origen de la creación de las SS, aunque —paradójicamente— el gran triunfo de las SS radicó exactamente en lo contrario: su capacidad para conformar una especie de ejército multinacional en el que se enroló casi medio millón de voluntarios procedentes de los cuatro puntos cardinales de Europa, desde Francia y Holanda hasta Ucrania y Letonia, en el que la pureza racial no jugaba absolutamente ningún papel. En las Waffen SS militaron decenas de miles de jóvenes bosnios, húngaros o rumanos, que meses antes no hubiesen sido aceptados bajo ningún concepto.

El fiscal, sin embargo, fijó su objetivo sobre el racismo genérico de la organización paramilitar. Las SS como una élite racial para el dominio de Europa, y para ello citó un célebre discurso de Himmler en Posen: «Hay un principio básico que debe ser la regla absoluta para el

---

[23] *Ibid.*, p. 177.

hombre de las SS. Debemos ser honestos, decentes, leales y buenos camaradas de miembros de nuestra sangre y de nadie más. Lo que le ocurra a un ruso, a un checo, no me importa lo más mínimo».[24]

La exposición del fiscal consistió en implicar a las SS en la acusación relativa a los crímenes contra la humanidad en función de su tarea al frente de los campos de concentración; en segundo lugar, relacionarlas con la persecución a los judíos y, naturalmente, implicarlas en la conspiración que daba sentido a todo el cuadro.

Era importante estimar el número de miembros de las SS; el juez le solicitó el dato, pero el fiscal no supo precisarlo:

> En 1939 las SS tenían entre 250.000 y 300.000 miembros. Con el estallido de la guerra se crearon las Waffen SS a partir de unos pocos regimientos de la Verfügungstruppe hasta alcanzar las 31 divisiones al final de la guerra. Pienso entonces que se deberían añadir entre 400.000 y 500.000 miembros de las Waffen SS al personal del Allgemeine SS, que estaba sujeto al servicio militar obligatorio en la Wehrmacht. Así que si tuviera que hacer una estimación, diría que unas 750.000 personas serían la cifra más alta de personal que llegaron a tener las SS, pero es solo una estimación.[25]

Las SS protagonizaron los actos más atroces que se atribuyeron al nazismo. Además de la responsabilidad sobre los campos de concentración, de ellas dependía una parte sustancial de la gestión del trabajo esclavo. Y, naturalmente, el programa de exterminio. Las SS, además, protagonizaron el incidente que provocó la invasión de Polonia. La extensión del Reich sobre las regiones de Centroeuropa pudo asentarse gracias a la presencia de las SS, y en buena parte la seguridad del dominio alemán sobre el conjunto del continente estuvo también en sus manos.

---

[24] *Ibid.*, p. 179.
[25] *Ibid.*, pp. 195-196.

Capítulo 11
CRÍMENES CONTRA LA HUMANIDAD Y CRÍMENES DE GUERRA

Crímenes contra la humanidad

De entre todas las acusaciones que se efectuaron en Núremberg, la más grave fue, sin duda, la de haber perpetrado lo que se denominó crímenes contra la humanidad.

Ninguno de los acusados admitió, no ya haber tenido nada que ver con dichos crímenes, sino ni siquiera haber sabido de ellos. En ese aspecto la unanimidad fue completa; aunque, evidentemente, algunos de ellos difícilmente podían alegar tal cosa. Y, desde entonces, la cuestión de las responsabilidades dista de estar clara cuando descendemos al plano particular. En general, los acusados negaron estar al tanto de la persecución de los judíos; todo lo más, estaban dispuestos a admitir que algo habían sabido de modo muy ocasional, lo que, en muchos casos, probablemente fuese cierto.

El nivel de conocimiento de los Aliados en lo referente al genocidio judío en 1945-1946 era bastante bajo; los documentos disponibles no pocas veces añadían confusión y, por otro lado, el que no existiese orden escrita ninguna de Hitler al respecto y que buena parte de las decisiones se hubiesen transmitido oralmente, los desorientaba. Además, los soviéticos negaban la especificidad del crimen cometido contra los judíos, y consideraban que, en lo que hacía a la URSS, los judíos asesinados eran ciudadanos soviéticos. De modo que mientras los occidentales se esforzaban en hallar pruebas en medio de una notable indiferencia de sus aliados orientales, las principales evidencias se encontraban, precisamente, en territorio de estos.

En la historia de la persecución de los judíos había habido varias fases, distintas iniciativas, frentes muy diversos. En un principio, la aniquilación no se contemplaba como alternativa real, y sin embargo en alguna ocasión se empleó la expresión «solución final» en el sentido de deshacerse de la población judía mediante la emigración, antes de que esta significase «exterminio». En ocasiones, los nazis empleaban frases como «la solución más radical», pero no es seguro que en todos los casos eso significase el asesinato de los judíos; porque, ciertamente, en otras muchas ocasiones, el lenguaje empleado no presentaba esa inconcreción.

Por esa razón, la de que el lenguaje que empleaban los nazis fuese ambiguo y pudiera interpretarse tanto en un sentido como en otro, la acusación se encontraba algo aturdida. Ribbentrop había dicho al rey Boris de Bulgaria en 1942 que con los judíos había que tomar «la solución más radical»; y, al año siguiente le insistía en que los judíos deben ser «erradicados o encarcelados».[1] Parecida argumentación utilizaban otros acusados y testigos de la acusación.

Por supuesto, los principales arquitectos de la persecución estaban muertos o no habían sido hallados. Era el caso de Himmler, en la cúspide después de Hitler, y también de Göbbels, aunque no estaba muy clara la participación de este en el genocidio más allá de su aliento intelectual. El jefe de la Gestapo, Heinrich Müller, jamás fue hallado (hoy se le cree muerto durante los últimos días de Berlín), y el caso de Bormann era muy similar. Y todavía no estaba claro el de Eichmann, un hombre desconocido por entonces.

Hans Frank, en su condición de gobernador general de Polonia, había tenido una enorme responsabilidad en todo lo referente a los judíos polacos (y a la misma población polaca), aunque en Núremberg pretendiera haberse limitado a obedecer órdenes emanadas de arriba. Hombre de formación jurídica, era claro que no ignoraba el alcance de sus responsabilidades, por lo que su intento de derivar la culpa hacia Hitler y Himmler era poco consistente. Indudablemente, el que Frank hubiera detentado tal responsabilidad, lejos de exonerarle le acusaba con mayor énfasis.

---

[1] R. Overy, *Interrogatorios...*, *op. cit.*, p. 204.

A menudo se olvida que durante los primeros dieciocho meses de la dominación alemana de Polonia las principales víctimas fueron las élites polacas, asesinadas por los Einsatzgruppen SS en número de unos diez mil: nobles, intelectuales y sacerdotes católicos. Durante esa época —entre 1939 y 1941 los nazis aún no habían decidido sobre el destino final de la población judía—, los polacos eran tratados como un pueblo destinado a la emigración para trabajar en el Reich y, en todo caso, al servicio del *Herrenvolk*, la raza superior.

En esos días (mayo de 1940) en que aún no había un plan de aniquilación, Himmler presentaba un memorándum a Hitler en el que proponía aprovechar la mejor sangre polaca asimilando a la parte de la población que tuviera ascendencia o aspecto germánico y rechazaba por «antialemán e imposible el método bolchevique del exterminio físico de un pueblo», de modo que finalmente se había sumado a la idea de que los judíos debían emigrar a Madagascar.[2]

Curiosamente, la emigración a esa isla africana había sido iniciativa de los polacos, que en 1937 habían consultado a Londres y París para ver si era posible enviar allí a un millón de sus judíos. Tras la derrota de Francia, los alemanes recuperaron la idea y concibieron el proyecto de enviar allí a cuatro millones de judíos europeos. La isla se convertiría en un gran gueto supervisado por los nazis, en donde los judíos podrían construir una administración propia con sus propias normas. Durante un tiempo —corto— el proyecto pareció factible, e incluso fue tomado en serio por las SS, pero la presencia de Gran Bretaña en la guerra lo hizo inviable. Sin embargo, se mantuvo en reserva hasta que en una fecha tan avanzada como febrero de 1942 en el Ministerio de Exteriores se recibió la notificación de que Hitler había decidido enviar a los judíos a los territorios disponibles en el Este gracias a las conquistas en Rusia. «Por lo tanto ya no hay que pensar en Madagascar en relación con la Solución Final».[3]

De modo que, si enviar a los judíos a la emigración se consideraba como la «solución final», eso quiere decir que dicha expresión no sig-

---

[2] C. R. Browning, *Nazi Policy, Jewish Workers, German Killers*, Cambridge, 2000, pp. 13-14.

[3] R. S. Wistrich, *Hitler y el Holocausto*, Mondadori, Barcelona, 2002, p. 157.

nificaba necesariamente «exterminio». Lo cual, es obvio, no simplificaba las cosas. Años más tarde, Eichmann ratificaría que la expresión cambió de sentido hacia 1941 para significar «aniquilación» y, aunque no es seguro que la fecha sea enteramente correcta, lo significativo es que para 1940 hacía referencia a la expulsión y emigración.[4]

Durante el proceso de Núremberg, un testigo de la acusación lo resumiría con notable precisión, aunque, como más adelante veremos, haya un cierto problema de fechas: «Hasta 1940, la política general dentro de la sección fue resolver la cuestión judía en Alemania y en áreas ocupadas por Alemania por medio de una emigración planificada; la segunda fase, a partir de entonces, fue la concentración de todos los judíos en Polonia y otros territorios ocupados por Alemania en el Este por medio de la concentración en guetos. Este periodo continuó hasta principios de 1942. El tercer periodo fue la llamada "Solución Final" de la cuestión judía, es decir, el exterminio y destrucción planificados de la raza judía; este periodo duró hasta octubre de 1944, cuando Himmler dio la orden de detener su destrucción».[5]

La conquista de los inmensos espacios de la URSS, y la no menos ingente cantidad de judíos que los poblaban, condujo a una situación que alteraba los propósitos iniciales. Los judíos y los eslavos pasaron a ser objetivo de la política étnica de los nazis; las increíbles victorias de 1941 y 1942 proporcionaron casi seis millones de prisioneros a los alemanes, de los que unos tres millones murieron en sus campos de prisioneros a consecuencia de los tratos recibidos y del hambre. Además, fue incontable el número de los ejecutados por ser oficiales soviéticos durante los primeros meses de la campaña, de acuerdo a las directrices emanadas del Alto Mando de la Wehrmacht. Partisanos, judíos y comunistas resultaban identificados como enemigos y, por tanto, destinados a la aniquilación.

En ese contexto se produjo la acción de los Einsatzgruppen en el frente ruso. Actuaron con particular dureza durante los primeros

---

[4] J. von Lang (ed.), *Das Eichmann-Protokoll: Tonbandaufzeichnungen der Israelischen Verhöre*, Berlín, 1982, p. 67.

[5] *IMT*, vol. IV, pp. 356-357. Declaración de Dieter Wisliceny.

meses de la campaña en el Este y asesinaron a cerca de un millón de personas, judíos en su inmensa mayoría. La Unión Soviética fue un inmenso laboratorio en el que los comandos nazis de las SS comenzaron a experimentar diversos métodos de aniquilar a los judíos; el asesinato en masa apenas había sido practicado en escasas ocasiones, por lo que Himmler jamás había sido testigo de dichas actividades, de modo que lo que vio en agosto de 1941 en el frente del Este —con ocasión de una visita para familiarizarse con el trabajo de sus comandos— le impresionó y determinó el modo de las ejecuciones en el futuro.

Himmler no era en absoluto un sádico. Apenas pudo resistir la visión de las ejecuciones, y estuvo a punto del colapso cuando se disparó sobre dos mujeres. Se dio cuenta de cuál era el estado de los hombres de los Einsatzgruppen, que terminaban por perder los nervios y darse al alcohol para soportar su labor. Himmler aseguraba que eso era síntoma de que seguían siendo personas civilizadas, y que el rechazo de su labor como ejecutores les permitía permanecer siendo decentes. El Reichsführer insistía en que los fusilamientos no eran el método más adecuado para eliminar a los judíos, y se llegó a probar la dinamita con perturbados mentales, pero el resultado fue tan penoso que no se volvió a intentar de nuevo.

Desde el punto de vista psicológico, los métodos de aniquilación resultaban terriblemente duros para los ejecutores. Y cuando las ejecuciones se ampliaron a las mujeres y los niños, las cosas se complicaron aún más. Posteriormente se comenzaría a enviar al Este también a los judíos de Europa Occidental, alejados del prototipo del *Ostjuden* que cumplía mejor la imagen de infrahombre tal y como lo expresaba la propaganda nazi, así que la labor de exterminio cada vez se volvía más penosa.

La consecuencia fue que se comenzase a experimentar con gas para matar a los judíos, por estimar que se trataba de un método más humano. Arthur Nebe, que dirigía el Einsatzgruppen B en Bielorrusia, había tenido experiencia en este tipo de ejecuciones, ya que había estado implicado en dicho procedimiento para matar dementes y discapacitados a fines de 1939 en Alemania. Se le ocurrió aplicarlo a partir de los tubos de escape de camiones incrustados en aberturas practicadas en la pared de una habitación de hospital.

Los resultados no fueron muy satisfactorios, pero en 1940 el comando Lange había llevado a cabo, con carácter experimental, gaseos en furgonetas, y a comienzos del otoño de 1941 empezó a utilizarse ese método por las SS; en este caso, se realizaba, simplemente, por el procedimiento de utilizar el gas que emitía el tubo de escape. El método no era nuevo, ya que los soviéticos habían experimentado con este tipo de ejecuciones por gas en 1937 (una furgoneta camuflada como de reparto del pan daba vueltas por Moscú mientras en su interior agonizaban las víctimas asesinadas por este procedimiento).[6] Aunque más tarde se instalaron cámaras de gas con carácter permanente, la mayor parte de los judíos no fueron asesinados de este modo, sino por medio de las armas de fuego.[7]

La ejecución del genocidio en el Este presentaba aún muchas incógnitas en 1945-1946. Una de ellas era la de sus responsables; aunque algunos de los acusados en Núremberg habían estado implicados en él, e incluso habían sido responsables en primer grado, resultaba muy difícil establecer el modo y la manera. Esa dificultad salvó probablemente a Speer aunque condenó a Sauckel —y, desde luego, a Kaltenbrunner—, pero dejó en las sombras las responsabilidades de muchos.

No fue el caso de Streicher. En su calidad de agitador antisemita, lo creyeron responsable directo del genocidio, cuando en realidad no tenía ninguna relación con él. Streicher fue relegado de toda influencia política en agosto de 1940, y ya no tuvo responsabilidad alguna. Siguió publicando *Der Stürmer*, el violento panfleto antijudío de Núremberg, hasta el final de la guerra, pero eso fue todo. Los Aliados le creían, en cambio, responsable directo del asesinato de judíos.

Streicher no hizo nada para ganarse a sus captores. Ya se han relatado las humillaciones que hubo de sufrir en prisión, pero lejos de

---

[6] C. Merridale, *La guerra de los ivanes*, Debate, Barcelona, 2007, p. 368.

[7] R. Rhodes, *Amos de la Muerte. Los SS Einsatzgruppen y el origen del Holocausto*, Seix Barral, Barcelona, 2003, p. 248.

negarse a condenar la propaganda antisemita mantuvo la radicalidad de su posicionamiento y de sus escritos antes y durante la guerra. Lo que sí negó fue tener ninguna responsabilidad en la gestación del ambiente que provocó los asesinatos.

En Núremberg se definió como un sionista, algo que sus captores se negaron a creer, pero que encajaba bien con el propósito originario de los nazis: el de que los judíos construyesen un hogar en lejanas tierras de Oriente Medio significaba que emigrarían de los lugares en donde estaban asentados y, en último término, que tenían un lugar al que ser expulsados. En resumen: tanto los nazis como los judíos tenían interés en que estos abandonasen Europa.

En cualquier caso, los soviéticos pidieron, a raíz de esta declaración, un reconocimiento psiquiátrico del acusado, lo que se produjo unos días después. El juez Lawrence, presidente del tribunal, determinó el 22 de noviembre de 1945 que Streicher no estaba enfermo psiquiátricamente hablando.[8]

La otra cuestión, la fundamental, era la del origen del genocidio que, sin duda, había de partir de Hitler. No era, por supuesto, pensable que algo como la aniquilación de un número tan grande judíos se hubiera perpetrado a espaldas del Führer, por lo que resultaba obvio que debía haber una orden que partiese de la Cancillería y que llevase la firma de Adolf Hitler. Nada parecido a eso se ha encontrado, pese a que se ha buscado denodadamente desde entonces; la historiografía se ha ocupado de esta cuestión de modo tan exhaustivo que resulta imposible siquiera resumirlo. Puede entenderse que a la fiscalía en Núremberg le trajese de cabeza todo el asunto.

Así pues, ¿había habido orden de Hitler?

Durante la visita de Himmler al frente ruso al poco del comienzo de la campaña en el verano de 1941, el jefe del Einsatzkommando 8, Otto Bradfisch —quien organizaba las ejecuciones para que las presenciara el Reichsführer—, se mostró inquieto por saber quién asumía las órdenes de los fusilamientos. Himmler le contestó que había sido el Führer quien lo había decidido y que, en consecuencia, aquella de-

---

[8] *IMT*, vol. II, p. 156.

cisión tenía fuerza de ley. Poco después, y en aquella misma visita, Bach-Zeleswki testimonia que Himmler le aseguró que las responsabilidades le correspondían a él mismo y a Hitler.[9]

Esta es, con toda probabilidad, la imputación de responsabilidades directas a Hitler que se remonta más atrás en el tiempo. Por las mismas fechas, de acuerdo a la versión de Adolf Eichmann, el propio Hitler había ordenado el exterminio físico de los judíos, según afirmaba que le había comunicado Heydrich.[10] También Erich Naumann (que había sustituido a Nebe al frente del Einsatzgruppen B en Bielorrusia) ofreció su testimonio, de acuerdo al cual Heydrich le confesó el origen de la orden ante sus persistentes dudas:

> Es una orden tajante del Führer, que ha sido emitida por la seguridad de la retaguardia de las fuerzas combatientes y de toda la zona en la que opera el Ejército. Solo puede entenderse de una manera y operar en consecuencia. Todos los judíos, hombres y mujeres, todos los gitanos, y todos los oficiales comunistas están incluidos en la orden del Führer. No hay nada que discutir. La orden debe obedecerse. El Führer ha emitido esa orden por razones de seguridad en las áreas donde opera el Ejército.[11]

El argumento de la seguridad militar era recurrente, y la verdad es que la lucha contra los judíos, en el marco del enfrentamiento en el frente del Este, resultaba asumida con naturalidad por la Wehrmacht. Ya en el mes de marzo de 1941, hablando a sus altos mandos, Hitler había anunciado la naturaleza de la guerra que se libraría en el Este, una «lucha racial de naturaleza completamente distinta de la del Oeste».[12] O como le especificó al muftí, una guerra «entre el nacionalsocialismo y los judíos».[13]

---

[9] R. Rhodes, *Amos de la Muerte…*, op. cit., pp. 241-243.
[10] J. von Lang y C. Sibill (ed.), *Eichmann Interrogated. Transcripts from the Archives of the Israeli Police*, Nueva York-Londres, 1983, p. 75.
[11] R. Rhodes, *Amos de la Muerte…*, op. cit., pp. 345-346.
[12] L. Dawidowicz, *The War Against the Jews*, Indiana University Press, 1975, p. 161.
[13] *DGFP*, series D, vol. XIII, p. 203.

Los militares aceptaron esa visión en buena medida. Hitler había tenido una desagradable experiencia en Polonia, cuando el general Blaskowitz —comandante en jefe del VIII Ejército— se había quejado por el comportamiento asesino de las SS. Blaskowitz había querido disociar a la Wehrmacht de las atrocidades, pero su actitud no se detuvo ahí: recopiló una gran cantidad de datos durante meses y envió en dos ocasiones duros informes al Alto Mando del Ejército. En sus quejas incluía el comportamiento altanero de las SS hacia las unidades del Ejército así como el efecto deprimente de las actividades criminales de estas sobre sus hombres. Por otro lado, la formación más tradicional de los oficiales y generales alemanes del Ejército les llevaba a rechazar los peores métodos nazis.

Por supuesto, algunos altos oficiales del Ejército compartían la visión hitleriana de la lucha en el Este como un combate entre dos concepciones del mundo excluyentes que necesariamente debería culminar con la victoria absoluta de la una sobre la otra. Uno de los generales que más habían contribuido a la aceptación de Hitler en el ámbito castrense había sido el mariscal Von Reichenau, quien en el frente del Este secundó la doctrina racial nazi.

En una orden del día explicó a sus tropas el 10 de octubre de 1941 el sentido del combate que libraban:

> El objetivo esencial de la campaña contra el sistema judeobolchevique es la destrucción completa de sus instrumentos de poder y la erradicación de la influencia asiática sobre la esfera cultural europea... en el Este el soldado no es solo un combatiente que sigue las reglas de la guerra, sino también el portador de un concepto racial inexorable y vengador de todas las bestialidades que se han cometido contra los alemanes y las razas afines.
>
> Por lo tanto, el soldado debe poseer una comprensión completa de la necesidad de la expiación, severa pero justa, que le corresponde a la subhumanidad judía. Ello tiene el objetivo complementario de cortar de raíz, en la retaguardia de la Wehrmacht, los conatos de rebelión que, como muestra la experiencia, siempre traman los judíos.[14]

---

[14] H. Heer, *Killing Fields. The Wehrmacht and the Holocaust in Belorussia 1941-1942*, Hamburgo, 1997, pp. 55-77.

Reichenau no fue el único. Erich von Manstein, probablemente el militar más destacado de entre todos los que tuvieron altas responsabilidades en la Segunda Guerra Mundial, emitió una orden similar. No deja de llamar la atención que Manstein publicara su orden en fecha como el 20 de noviembre de 1941, cuando las tropas alemanas en su frente habían adoptado una posición defensiva y resultaba claro que la campaña no se terminaría aquel año.[15] Si alguien percibía el giro que estaba dando la situación, ese era, sin duda, Von Manstein, y sin embargo no dudó al respecto:

> Desde el 22 de junio, el pueblo alemán se encuentra sometido a una batalla a vida o muerte contra el sistema bolchevique. Esta batalla contra el Ejército soviético no se libra únicamente de manera convencional y de acuerdo con las reglas de la guerra europea... los judíos son los intermediarios entre el enemigo situado en retaguardia y los restos de Ejército Rojo y la dirección roja que aún combate: ejercen un control mucho más fuerte que en Europa sobre todas las posiciones clave de la dirección política y la administración, ocupan el comercio y los negocios y además forman células para todo tipo de disturbios y posibles rebeliones...
>
> Hay que erradicar el sistema judeobolchevique de una vez por todas; no puede volver jamás a interferir en nuestro espacio vital europeo. Por lo tanto, al soldado alemán no solo le corresponde la tarea de destruir el instrumento de poder de ese sistema, sino que avanza como portador de una concepción racial y como vengador de todas las atrocidades que se han cometido contra él y contra el pueblo alemán.
>
> El soldado debe demostrar que comprende la severa expiación que corresponde al judaísmo, el portador espiritual del terror bolchevique.[16]

Pero ni todos los militares participaron en esas acciones ni tampoco las aprobaron. En las últimas décadas —en oposición a la interpre-

---

[15] E. von Manstein, *Victorias perdidas*, Inédita, Barcelona, 2006, p. 285.
[16] O. Bartov, *The Eastern Front, 1941-1945. German Troops and the Barbarization of the Warfare*, Londres, 1985, pp. 105-156.

tación imperante hasta los años ochenta—, se viene sosteniendo la complicidad esencial de la Wehrmacht en los asesinatos ocurridos en el frente del Este, pero la verdad es que apenas un 5 por ciento de las tropas regulares se implicaron en ellos.[17] Muchos soldados alemanes sabían del exterminio, pero no lo interpretaban como tal, porque creían lo que su Gobierno les decía sobre la identificación de los judíos con los partisanos; no pocos de ellos habían sido testigos de los crímenes cometidos por la NKVD soviética en su retirada durante las primeras fases de Barbarroja, y cómo las poblaciones locales asimilaban los judíos a los comunistas, vengándose de los crímenes de estos en los miembros de las comunidades hebreas, ya que los creían una misma cosa. Los soldados alemanes, en general, hablaban muy poco de ello, tanto en sus conversaciones particulares como en las cartas que enviaban a casa, por las que sabemos que no les ocupaba más del 0,2 por ciento de sus temas de conversación. La liquidación de partisanos —que era como se racionalizaba la matanza de judíos— era algo que había que hacer por seguridad y ellos, los soldados de la Wehrmacht, en ocasiones debían ocuparse de hacerlo. Pero, en comparación con las cosas del hogar, las condecoraciones, las armas, el servicio o los bombardeos, su presencia en el mundo mental de los soldados alemanes era exigua.[18]

La identificación entre judíos y partisanos comunistas estaba, pues, muy extendida y era creencia común en el frente del Este. No solo los soldados y oficiales lo creían así: también los generales participaban de esa idea con total sinceridad.[19] Aún más: estaban seguros de que los judíos querían acabar con Alemania y con los alemanes, según revelan las escuchas efectuadas por los británicos durante el cautiverio de estos.[20] En la mentalidad de la Wehrmacht, los judíos eran enemigos reales, pese a lo cual la mayor parte del Ejército se mantuvo al margen de su liquidación.[21]

---

[17] G. Knopp, *La Wehrmacht*, Crítica, Barcelona, 2009, p. 14.
[18] S. Neitzel, *Soldados del Tercer Reich*, op. cit., p. 133.
[19] M. Hastings, *Se desataron...*, op. cit., p. 575.
[20] S. Neitzel, *Los generales de Hitler*, op. cit., p. 110.
[21] G. Knopp, *La Wehrmacht*, op. cit., p. 172.

No debemos olvidar, para comprender con la mayor exactitud de qué estamos hablando, que el hecho terrible del genocidio ha adquirido el relieve que hoy tiene, precisamente, debido a los hechos acaecidos durante la Segunda Guerra Mundial, fundamentalmente en el Este; lo que esto quiere decir es que, mientras estos hechos sucedían, los perpetradores no tenían la conciencia que hoy tenemos del significado de los crímenes en cuestión. Las creencias de los soldados, oficiales y generales alemanes, tal y como se ha puesto de manifiesto, justificaban aquellas matanzas y racionalizaban las necesidad de las mismas.

No tiene, por tanto, nada de extraordinario que todo el mundo diese por hecho que era el propio Hitler el que había dado las órdenes para la aniquilación del enemigo, si bien el Führer se cuidaba de asociarse a las peores ferocidades de su política, por obvias razones. Así lo recuerda Von Schirach, que recibió órdenes acerca de lo que debía hacer con los judíos de Viena del propio Führer, una vez que este le había sacado afuera para hablarle al aire libre; cuando las cosas quedaron claras, volvieron dentro y se sentaron a la mesa. Con toda probabilidad, en este caso las órdenes fueron relativas a la expulsión de los judíos de Viena, que era lo que Hitler en aquel momento pretendía, pero eso es lo de menos; lo importante es el método que seguía de órdenes verbales sin dejar rastro escrito.[22]

Los testimonios lo confirman. Tras la vuelta de las vacaciones de la Navidad de 1945, comenzó en Núremberg, en el marco del juicio contra las SS, el desfile de testigos que relataron el origen y desarrollo del Holocausto.

El 3 de enero de 1946, la fiscalía hizo llamar a algunos de los principales testigos entre los ejecutores del asesinato masivo de judíos en el Este de Europa. En el estrado, testificaban los protagonistas. El primero en hacerlo fue Otto Ohlendorf, en el marco de la acusación contra Kaltenbrunner, al que el teniente Harris, fiscal de su caso, había definido como:

---
[22] R. Overy, *Interrogatorios...*, op. cit., p. 208.

Un nazi fanático durante muchos años. Era líder de las SS en Austria antes del Anschluss, y jugó un papel importante en la traición a su país natal en favor de los conspiradores nazis. Como líder superior de las SS y la Policía en Austria después del Anschluss, supervisó y tuvo conocimiento de las actividades de la Gestapo y el SD en Austria. Se creó el campo de concentración de Mauthausen en su jurisdicción, y lo visitó varias veces. Al menos en una ocasión vio la cámara de gas en acción. Conociendo estas cosas y con esta experiencia aceptó en enero de 1943 el nombramiento como jefe de la Policía de Seguridad y el SD, las mismas agencias que enviaban a esas víctimas a su muerte. Ocupó ese cargo hasta el final, alcanzando un rango muy elevado en las SS y la Policía Alemana, y recibiendo grandes honores de Hitler. Al igual que otros nazis destacados, Kaltenbrunner ansiaba el poder; para lograrlo, llegó a una alianza con el crimen.[23]

Antes del juicio, Ohlendorf había sido interrogado precisamente acerca del origen de la decisión de asesinar a los judíos. Contestó sin titubear que había sido el propio Hitler quien ordenara tal cosa «dos veces, la primera por conducto reglamentario, pero la segunda vez fue Himmler en persona quien la repitió (…) y dijo a los reunidos que solo él, junto con Hitler, era responsable».[24]

Ohlendorf era clave para determinar no solo el grado de responsabilidad de cada cual, sino para precisar algunos aspectos clave del genocidio que, hasta ese momento, estaban bastante oscuros. Se trataba de un nazi de treinta y ocho años, que pertenecía al NSDAP desde 1925. Formaba parte de la Oficina III de la RSHA, dentro del SD, el Servicio de Seguridad de las SS., departamento del que fue jefe entre 1939 y 1945.

Ohlendorf determinó que existía un acuerdo entre las SS, por un lado, y el OKW y OKH por otro (Alto Mando de las Fuerzas Armadas y Alto Mando del Ejército, respectivamente) para que todo grupo de ejércitos tuviera asignado un Einsatzgruppen. A su vez, los Einsatzkommandos debían ser asignados a cada ejército por el grupo de ejércitos.

---

[23] *IMT*, vol. IV, pp. 310-311.
[24] R. Overy, *Interrogatorios…, op. cit.*, p. 213.

A cada Einsatzgruppen se le ordenó liquidar a los judíos y a los comisarios políticos soviéticos. Las órdenes emanaron del «más alto nivel», pero si la responsabilidad del Führer quedaba patente, Ohlendorf matizaba el papel del Ejército.

>   P. Así que antes de que ustedes comenzaran a avanzar en territorio de la Rusia Soviética, recibieron órdenes en esta reunión de exterminar a los judíos y los funcionarios comunistas, además del trabajo profesional habitual de la Policía de Seguridad y el SD. ¿Es correcto?
>   R. Es correcto.

La orden de eliminar a los comisarios y judíos soviéticos se mantuvo incluso después de que estos hubiesen sido hechos prisioneros y enviados al Reich. Todavía a fines de 1944 seguía liquidándose a los comisarios que habían caído en sus manos. Esa era la costumbre, y así lo atestiguó ante el tribunal un interno de Mauthausen:

>   P. Testigo, ¿puede decirme por qué se ordenó la ejecución de los cincuenta oficiales soviéticos? ¿Por qué les ejecutaron?
>   R. En cuanto al caso específico de estos cincuenta oficiales, ignoro las razones por las que fueron condenados y ejecutados, pero por lo general, en Mauthausen todos los oficiales soviéticos, todos los comisarios soviéticos, o miembros del Partido Bolchevique eran ejecutados. Si unos pocos de ellos lograron evitarlo, es porque las SS no conocían su identidad.[25]

Ohlendorf continuó siendo interrogado sobre la conexión con el Ejército:

>   P. ¿Mantuvo usted personalmente alguna conversación con Himmler sobre cualquier comunicación por parte de Himmler a los jefes de los grupos de ejércitos y ejércitos de esta misión?
>   R. Sí. Himmler me informó de que antes del comienzo de la campaña rusa Hitler, en una conversación con el comandante del

---

[25] *IMT*, vol. VI, p. 190.

Ejército, había expuesto esta misión y había ordenado al comandante que proporcionara el apoyo necesario para llevarla a cabo.

P. ¿Puede usted entonces testificar que los jefes de los grupos de ejército y los ejércitos fueron informados a su vez de esas órdenes de liquidación de judíos y funcionarios soviéticos?

R. Creo que eso no es correcto expresado de esa forma. No tenían órdenes de liquidación. La orden de liquidación procedió de Himmler, pero dado que esta liquidación tenía lugar en el área de operaciones del alto mando del grupo de ejércitos o del ejército, se ordenó al Ejército que apoyara estas medidas. Sin estas órdenes dirigidas al Ejército, no habría sido posible el Einsatzgruppen en este sentido.

P. ¿Mantuvo usted alguna otra conversación con Himmler sobre esta orden?

R. Sí, a finales del verano de 1941 Himmler estuvo en Nikolaiev. Reunió a los líderes y hombres de los Einsatzgruppen y Kommandos y les repitió las órdenes de liquidación remarcando que los líderes y hombres que tomaran parte en la liquidación no asumirían ninguna responsabilidad personal por la ejecución de estas órdenes. La responsabilidad era totalmente suya, así como del Führer, por supuesto.[26]

A continuación describió el modo en que se llevaba a cabo una ejecución masiva:

R. Un Einsatzkommando local trataba de reunir a todos los judíos de un área. El registro de los judíos era realizado por los propios judíos.

P. ¿A qué pretextos se recurría para reunirlos, si es que se recurría a alguno?

R. Se les reunía con el pretexto de ser trasladados.

P. Continúe.

R. Después del registro, se reunía a los judíos en un lugar determinado. Desde allí se les conducía al lugar de ejecución. La ejecución se llevaba a cabo al estilo militar.

---

[26] *IMT*, vol. IV, pp. 317-318.

P. ¿De qué forma se les transportaba hasta el lugar de ejecución?

R. Se les transportaba en un carromato, siempre tantos como pudieran ser ejecutados inmediatamente. De esta forma se trataba de conseguir que el tiempo entre que las víctimas descubrían lo que iba a ocurrirles y el momento de su ejecución fuera lo menor posible.

P. ¿Fue eso idea suya?

R. Sí.

P. Y después de dispararles, ¿qué se hacía con los cuerpos?

R. Se enterraban los cuerpos en fosas.

P. ¿Cómo se determinaba si las personas estaban realmente muertas, en caso de que se hiciera?

R. Los líderes de unidad tenían orden de controlar esto y dar el tiro de gracia ellos mismos si era necesario.

P. ¿Y quién lo hacía?

R. El propio líder de unidad, o alguien designado por él.

P. ¿En qué postura estaban las víctimas cuando se les disparaba?

R. De pie o arrodillados.

P. ¿Qué se hacía con los objetos personales y con la ropa de las personas ejecutadas?

R. Todos los objetos personales de valor eran recopilados en el momento del fusilamiento, confiscados y enviados a la RSHA o al Ministerio de Hacienda. Al principio se repartía la ropa, pero en el invierno de 1942 se pasó a enviarla a la NSV, encargándose de ella esa organización.

P. ¿Se registraban todos sus objetos personales en ese momento?

R. Solo se registraban los objetos de valor. El resto, no.

P. ¿Qué ocurría con las prendas que las víctimas llevaban puestas cuando iban al lugar de ejecución?

R. Se les obligaba a quitarse las prendas exteriores inmediatamente antes de la ejecución.

P. ¿Todas?

R. Las prendas exteriores, sí.

P. ¿Y el resto de prendas que vestían?

R. Se les permitía conservar su ropa interior.

P. ¿Era esto aplicable solo a su grupo, o a todos los Einsatzgruppen?

R. Esa era la orden en mi Einsatzgruppe. Otros Einsatzgruppen se encargaban del asunto de otra forma.

P. ¿De qué forma se encargaban de esto?

R. Unos pocos líderes de los Einsatzgruppen no empleaban el método militar de liquidación y mataban a las víctimas simplemente disparándoles en la nuca.

P. ¿Y usted no estaba de acuerdo con ese procedimiento?

R. Yo estaba en contra de ese procedimiento.

P. ¿Por qué motivo?

R. Porque esto provocaba a las víctimas, así como a los que llevaban a cabo las ejecuciones, un sufrimiento espiritual innecesario.

P. ¿Qué se hacía con los objetos obtenidos de estas víctimas por los Einsatzkommandos?

R. Los objetos de valor eran enviados a la RSHA a Berlín o al Ministerio del Reich de Hacienda. Los artículos que podían usarse en el área de operaciones eran usados allí inmediatamente.[27]

Los asesinatos se perpetraban por medio de fusilamientos masivos, que, ya lo hemos visto, producían resultados indeseados en numerosas ocasiones. Tanto entre las víctimas como, y esto es lo que importaba a los ejecutores, entre los hombres de los Einsatzkommandos. Durante el verano y otoño de 1941, las cosas cambiaron poco. El invierno, pese a su inesperada dureza, mantuvo su rutina criminal, pero las cosas empezaron a ser distintas en la primavera de 1942. Entonces recibieron una orden de Himmler, que finalmente había decidido poner en práctica lo que se había venido ensayando desde el otoño.

P. ¿Se ejecutaba a todas las víctimas, hombres, mujeres y niños, de la misma forma?

R. Hasta la primavera de 1942, sí. Fue entonces cuando Himmler dio la orden de que a partir de ese momento se ejecutara a las mujeres y los niños solo en furgones de gaseamiento.

---

[27] *Ibid.*, pp. 320-321.

P. ¿Cómo se había matado hasta entonces a las mujeres y los niños?
R. De la misma forma que a los hombres, disparándoles.[28]

Las masacres por medio de las armas de fuego eran más complicadas, no solo de llevar a cabo sino también de ocultar. Pero el procedimiento de ejecutar por medio de camionetas en las que se intoxicaba con gas a los judíos tampoco era fácil, sobre todo porque luego había que enterrar los cadáveres. Cuando se trataba de despersonalizar las matanzas, el tener que enterrar a mujeres y niños era algo que no ayudaba. Ohlendorf había determinado que en su Einsatzgruppe D no se llevarían a cabo ejecuciones por el método del tiro en la nuca, sino mediante el fusilamiento de tipo militar, lo que ayudaba a despersonalizar el proceso.

> El objetivo era que los hombres pudieran llevar a cabo las ejecuciones según el estilo militar, actuando al oír una orden y no teniendo que tomar ninguna decisión propia. Es decir, llevándola a cabo solo por órdenes. Por otro lado, yo sabía que en el caso de las ejecuciones individuales no se podían evitar los trastornos emocionales, ya que las víctimas descubrirían demasiado pronto que iban a ser ejecutadas y por tanto se veían sometidas a una tensión nerviosa prolongada. Asimismo, me parecía intolerable que los jefes y hombres se vieran forzados de esta forma a tomar sus propias decisiones en la ejecución de un gran número de personas.[29]

La matanza continuó durante años, aunque lógicamente con intensidad decreciente. Por un lado, a partir de 1943 la extensión de territorio en manos de la Wehrmacht se fue reduciendo y, por otro lado, la cantidad de judíos disponible era cada vez menor.

P. ¿Puede decirnos si las prácticas de liquidación que usted ha descrito continuaron después de 1942, y si es así, durante cuánto tiempo?
R. No creo que se anulara nunca la orden básica. Pero no recuerdo

---

[28] *Ibid.*, p. 322.
[29] *Ibid.*, p. 324.

detalles suficientes como para poder hacer declaraciones concretas sobre este asunto, al menos no en relación a Rusia; porque poco después comenzó la retirada, así que el área de operaciones de los Einsatzgruppen se hizo más y más pequeña. No sé si otros Einsatzgruppen con órdenes similares fueron destinados a otras áreas.

P. La pregunta era hasta qué fecha, que usted sepa, continuaron estas actividades de liquidación.

R. En cuanto a la liquidación de judíos, sé que se aplicaron anulaciones apropiadas de la orden unos seis meses antes del final de la guerra. Más aún, vi un documento según el cual se debía suspender la liquidación de comisarios soviéticos. No puedo recordar una fecha específica.

P. ¿Sabe si realmente se suspendió?

R. Sí, eso creo.[30]

La cuestión del origen de la orden de asesinar a los judíos siguió flotando en el ambiente aun cuando no se pudo avanzar gran cosa, pues lo cierto es que no existía nada de ese estilo por escrito. También antes del juicio, Dieter Wisliceny se refirió a ello. Wisliceny, Hauptsurmführer de las SS, trabajaba en la Sección IVB4 de la RSHA, Gestapo, a las órdenes de Eichmann, y en consecuencia era responsable de la deportación y reasentamiento de judíos. Eichmann tenía poderes especiales concedidos por el Gruppenführer Müller, el jefe del Amt IV, y del jefe de la Policía de Seguridad, como responsable de la llamada solución de la cuestión judía en Alemania y en todos los países ocupados por Alemania.

Wisliceny aseguró que existía una orden por escrito de Himmler en la que se exigía la destrucción de los judíos, tal y como le aseguró Eichmann. Su jefe incluso le mostró el documento original, aseguraba Wisliceny, quien creía que estaba fechada en abril de 1942. En esas mismas fechas, Hitler había recabado del Reichstag la concesión de poderes absolutos para tomar las medidas que creyese más oportunas, incluso pasando por encima de los derechos adquiridos.

---

[30] *Ibid.*, p. 326.

Sin embargo, Eichmann manifestó muchos años más tarde que la orden referente al exterminio de los judíos no era de una fecha tan tardía, sino más bien del otoño de 1941, mientras que Ohlendorf había hablado de la primavera de ese año. Eichmann afirmó durante su proceso que la orden se la había dado Heydrich dos o tres meses después del comienzo de la Operación Barbarroja: «El Führer ha ordenado la destrucción física de los judíos».[31]

Lo que en todo caso está claro es que, mediado 1942, la orden ya se estaba cumpliendo. Wisliceny lo supo con motivo de la evacuación de los judíos eslovacos a Polonia. Como él mismo había señalado, hasta entonces el Gobierno General de Polonia era una especie de vertedero de judíos procedentes de toda Europa del Este. Allí habían enviado a los judíos de Eslovaquia cuando todavía eran recluidos en guetos. Pero algo había sucedido que alteraba los planes de Eichmann.

> En la primavera de 1942 se llevó a unos 17.000 judíos de Eslovaquia a Polonia como trabajadores. Era resultado de un acuerdo con el Gobierno eslovaco. El Gobierno eslovaco preguntó además si se podía llevar también a las familias de estos trabajadores a Polonia. En un principio, Eichmann declinó esta petición.
>
> En abril, o a principios de mayo de 1942, Eichmann me dijo que a partir de entonces se podía llevar también familias enteras a Polonia. El mismo Eichmann estuvo en Bratislava en mayo de 1942 y había hablado del asunto con miembros competentes del Gobierno eslovaco. Visitó al ministro Mach y después al entonces primer ministro, el profesor Tuka. Le aseguró entonces al Gobierno eslovaco que estos judíos serían tratados humana y decentemente en los guetos polacos. Era una preocupación particular del Gobierno eslovaco. Como resultado de esta garantía, se envió a 35.000 judíos de Eslovaquia a Polonia. El Gobierno eslovaco, sin embargo, actuó para asegurarse de que estos judíos eran realmente tratados con humanidad; en particular trató de ayudar a los judíos que se habían convertido al cristianismo. El primer ministro Tuka me pidió repetidas veces que le visitara, y expresó el

---

[31] R. Overy, *Interrogatorios...*, op. cit., p. 215.

deseo de que se permitiera a una delegación eslovaca entrar en las áreas a las que supuestamente se había enviado a los judíos eslovacos. Comuniqué este deseo a Eichmann, y el Gobierno eslovaco incluso envió una nota sobre este asunto al Gobierno alemán. Eichmann, mientras tanto, dio respuestas evasivas.

A finales de julio o primeros de agosto fui a verle a Berlín y le rogué una vez más que aceptara la petición del Gobierno eslovaco. Le señalé que había rumores en el extranjero que decían que se estaba exterminando a todos los judíos de Polonia. Le señalé que el papa había intercedido por ellos ante el Gobierno eslovaco. Le dije que un procedimiento como ese, si realmente era cierto, afectaría seriamente a nuestro prestigio, es decir, el prestigio de Alemania en el extranjero. Por todas estas razones le rogué que permitiera que tuviera lugar esa inspección. Tras una larga discusión, Eichmann me dijo que esta petición de visita de los guetos polacos no se podía aceptar bajo ninguna circunstancia. En respuesta a mi pregunta de por qué, dijo que la mayoría de estos judíos ya no vivían. Le pregunté quién había dado esas instrucciones, y me remitió a una orden de Himmler. Le rogué entonces que me mostrara esa orden, porque no podía creer que realmente existiera por escrito...

Fue entonces cuando Eichmann le enseñó la orden de exterminio:

Eichmann me dijo que podía mostrarme esta orden por escrito si eso iba a calmar mi conciencia. Cogió un pequeño volumen de documentos de su caja fuerte, pasó las páginas y me mostró una carta de Himmler dirigida al jefe de la Policía de Seguridad y el SD. Lo esencial de la carta era más o menos lo siguiente: el Führer había ordenado la «solución final» de la cuestión judía; se encomendaba al jefe de la Policía de Seguridad y el SD y al inspector de los Campos de Concentración la ejecución de esta denominada «solución final». Todos los hombres y mujeres judíos aptos para trabajar iban a quedar temporalmente exentos de la llamada «solución final» y se les utilizaría para trabajar en los campos de concentración. Esta carta iba firmada por Himmler en persona. No es posible que me confundiera ya que conocía bien la firma de Himmler.[32]

El testimonio de Wisliceny afectó particularmente a Kaltenbrunner, por cuanto, aunque la orden se había dado cuando Heydrich estaba al frente de las SS, su sustituto no modificó en absoluto la situación.

Se suscitó entonces la cuestión de las cantidades de judíos muertos a manos de los nazis durante todo el proceso. Wisliceny pretendía tener una visión pormenorizada al respecto, pero esto solo era verdad en parte. Aseguró haber transportado a unos 4.817.000 judíos, sin incluir a los de la URSS, pero lo cierto es que esa cantidad no significaba exactamente que se hubiera ejecutado a todos ellos. El propio Wisliceny calculaba que en torno a un 20 por ciento eran destinados a labores de trabajo. Recordó también que Eichmann le había asegurado que la cantidad liquidada era de unos cinco millones. Estimaba que solo con los judíos polacos, la cantidad de muertos había alcanzado los tres millones y medio, pero no cabe despreciar la tendencia a la exageración de muchos informes nazis. Con respecto al mismo Ohlendorf se ha señalado con frecuencia que los cálculos de unos 90.000 judíos muertos a manos de su Einsatzgruppe D en cuatro meses y medio del verano y el otoño de 1941 difícilmente pueden considerarse ajustados.[33]

También parece que Wisliceny pudo incurrir en lo mismo. Por ejemplo, dio la cifra de 220.000 judíos franceses deportados, pero la realidad es que fueron 83.000; por el contrario, su estimación de los judíos holandeses es más baja de lo que lo fue en la realidad.

El caso de Dinamarca es paradigmático al respecto. Wisliceny da una cantidad de 6.000 judíos a los que creía aniquilados, cuando sobrevivieron en su mayoría ¿Por qué estimaba que los judíos nórdicos habían sido aniquilados? Porque Werner Best, Reichsbevollmächtigter (plenipotenciario del Reich para Dinamarca), había notificado que este país estaba «libre de judíos», entre otras cosas a causa de que el

---

[32] *IMT*, vol. IV, pp. 357-358.
[33] G. MacDonogh, *Después del Reich, op. cit.*, pp. 688-689.

mismo Best estaba visto con suspicacia en Berlín dada su actitud ante los judíos, muy tibia. La verdad es que murieron en total unos 70 judíos daneses en Auschwitz, todos ellos de edad avanzada. Pero Best necesitaba ofrecer unas cifras que se adecuasen a lo que de él se esperaba.[34]

A la pregunta de cuántos judíos creía que habrían muerto a consecuencia del programa nazi de exterminio, Wisliceny se mostró dubitativo, pero dio una respuesta finalmente algo más concreta: «Eichmann hablaba siempre personalmente de al menos 4.000.000 judíos. A veces incluso mencionó la cifra de 5.000.000. Según mis estimaciones, diría que al menos 4.000.000 se vieron afectados por la denominada "Solución Final". Cuántos de estos sobrevivieron, es algo que no estoy en situación de decir».[35]

Tras el desfile de Ohlendorf y Wisliceny ante el tribunal, habían quedado razonablemente expuestas las líneas maestras del genocidio. Por parte de la defensa, los testigos comparecientes eran suficientes, y no cabe duda de que los defensores prefirieron, en términos generales, no incidir demasiado en sus declaraciones más allá de aquellos aspectos —en general, pocos— que pudieran beneficiar a sus defendidos considerados individualmente.

Una palabra resonaba una y otra vez en todas las declaraciones, una palabra que adquiriría celebridad en las siguientes décadas: Auschwitz. Aunque originariamente nadie sabía muy bien qué era aquello, había terminado por convertirse en el centro de todo el proceso de aniquilación, según parecía.

Sin embargo, no se tenían noticias del principal responsable directo de la matanza. Su nombre, Rudolf Höss, había salido a relucir en varias ocasiones, pero los Aliados no habían logrado dar con él. Hasta que el 11 de marzo de 1946 lo encontraron disfrazado de trabajador agrícola. Nada más terminar la guerra había sido detenido por los británicos, pero estos no se apercibieron de la importancia que el personaje verdaderamente tenía. En su calidad de obrero agrícola permane-

---

[34] R. Overy, *Interrogatorios...*, *op. cit.*, p. 216-217.
[35] *IMT*, vol. IV, p. 371.

ció durante ocho meses, trabajando cerca de la frontera danesa, en Flensburgo, sin que nadie le detectara.

Los británicos identificaron a su mujer, Hedwig, cerca de Belsen el día 8 de marzo. Inicialmente ella insistía en que su marido había muerto, pero los interrogadores la presionaron, amenazándola con entregar a sus tres hijos a los soviéticos, que, en el mejor de los casos, los enviarían a Siberia. Conocedora del paradero de su marido, terminó confesándolo, por lo que fue detenido tres días más tarde.

Desde el principio, los británicos golpearon a Höss hasta la extenuación, pues se resistía a revelar su identidad. Fue entonces trasladado al cuartel general de Heide, donde los interrogadores le torturaron de diversas formas y lo mantuvieron despierto durante tres días, hasta que el 14 de marzo firmó la confesión de ocho páginas que querían que firmara. En los meses sucesivos aseguraría a todo el que quisiera oírle que se retractaba de lo que había confesado, pero cuando fue convocado en Núremberg aún no había dado marcha atrás de esa su primera declaración.

Cuando estuvo en disposición de comparecer en Núremberg, su presencia ya no era útil. La fiscalía había terminado la exposición de su causa, y el testimonio de Höss no podía ser invocado, pero fue de todos modos enviado allí; su aspecto no ayudó nada por cuanto parecía una especie de vagabundo maltratado, sucio, con una barba de varios días y figura demacrada. La fiscalía solo pudo lamentar el no haber dado antes con el comandante de Auschwitz, pero ya no había nada que hacer.

Sin embargo, de forma imprevista, el abogado de Kaltenbrunner estimó oportuna para su cliente la comparecencia del testigo. Resultó providencial, pues de este modo su confesión quedó incorporada a las actas de Núremberg. Höss había estado al frente de Auschwitz hasta diciembre de 1943 de forma ininterrumpida desde que fuera nombrado en mayo de 1940, por lo que era quien estaba en mejor posición para revelar los pormenores del exterminio.

Lo primero que se le pidió es que proporcionara una cifra de judíos aniquilados en Auschwitz. En líneas generales, coincidía con Wisliceny, si bien habló de unos tres millones de exterminados. Dos millones y medio, de acuerdo a las cifras que le había confesado Eichmann, más medio millón que murió de hambre, enfermedades y a causa del trabajo esclavo. Hoy sabemos que esa cantidad era a todas luces excesiva.

La verdad es que, en el lado aliado, Auschwitz no había desempeñado ningún papel en el desarrollo de la guerra. La liberación del campo se había producido por casualidad, cuando el 23 de enero de 1945 el LX Ejército Soviético asaltó la ciudad de Chrzanów y, al fracasar, maniobró en una operación de flanco. «Tomar Auschwitz jamás formó parte de nuestra operación original. Nos topamos por casualidad con el campo de exterminio», aseguraban los oficiales soviéticos.[36]

Auschwitz-Birkenau —ese era su nombre completo— estaba compuesto por una serie de campos. El más antiguo era conocido como Auschwitz I, y había sido creado en 1940, cuando podía albergar unos 15.000 presos. El campo central fue erigido durante el otoño de 1941, a unos tres kilómetros de la localidad de Oświęcim; en su momento álgido era capaz de acoger a unos 90.000 prisioneros. En torno a Auschwitz había instalaciones dedicadas al trabajo y la producción, a cargo de IG Farben, para producir caucho sintético, sobre todo en el campo conocido como Auschwitz III, del que dependían otros cuarenta y siete campos más pequeños.

Los soviéticos no explotaron el descubrimiento en exceso. Ya lo habían hecho el otoño anterior con Majdanek, y Stalin consideraba que con eso era suficiente. No le interesaba que fuesen los judíos los beneficiarios de la política de denuncia de atrocidades. En el territorio de la URSS, los alemanes y los antisemitas locales habían asesinado probablemente a un mínimo de un millón de judíos; y lo hicieron, en general, sin ocultar las dimensiones de la matanza. Los soviéticos, sin embargo, habían ocultado la naturaleza antijudía del crimen, listando las muertes como la de «ciudadanos soviéticos», sin mayores especificaciones.

Por otro lado, a Stalin no le interesaba que se airease el alto grado de colaboración de las poblaciones locales con los invasores. En Ucra-

---

[36] M. Jones, *El trasfondo humano de la guerra*, Crítica, Barcelona, 2012, p. 197.

nia y los Países Bálticos —pero también en Bielorrusia y en el Cáucaso—, la extensión de la misma había rebasado todo lo esperable. Y además, la persecución a los judíos por parte de las poblaciones locales había adquirido tintes apocalípticos. Ya antes de la guerra, ocasionalmente aparecían en las paredes de los cuarteles del Ejército Rojo dibujos de la esvástica, probablemente destinados a molestar a los comisarios políticos, que, en buena medida, eran judíos. Los comentarios antisemitas e incluso la aparición de panfletos hitlerianos fueron lo suficientemente llamativos como para merecer la redacción de una serie de informes a principios de 1939.[37]

Höss también señaló junio de 1941 como la fecha para el comienzo del genocidio, adelantando de este modo el calendario del exterminio, cuando Himmler le ordenó construir las instalaciones adecuadas a tal fin. Sin embargo, aunque se realizaron algunos experimentos con prisioneros de guerra soviéticos, el exterminio no comenzó hasta la primavera de 1942.

«En el verano de 1941 —confesó Höss— me reuní con Himmler en Berlín para recibir órdenes personales. Me dijo, no recuerdo las palabras exactas, que el Führer había ordenado la "Solución Final" de la cuestión judía. Nosotros, las SS, debíamos llevar a cabo la orden; de no ser así, los judíos destruirían a nuestro pueblo. Para ello habían elegido Auschwitz, por la facilidad del acceso por ferrocarril y por su aislamiento». A continuación le pidió que mantuviese esa información en el más confidencial secreto.[38]

La idea de que los judíos querían destruir al pueblo alemán es, sin duda, una de las claves que explican por qué el prejuicio del antisemitismo pudo transformarse en genocidio. La conspiración era permanente y los nazis no eran nihilistas: verdaderamente creían en el antisemitismo como una respuesta justa a una agresión previa.[39] Gilbert, el psiquiatra principal de Núremberg, se acercó a Höss tras su declaración para indagar sobre las bases de su rechazo a los judíos: «Yo era un viejo

---

[37] C. Merridale, *La guerra de los ivanes*, op. cit., p. 98.
[38] *IMT*, vol. IV, p. 404.
[39] R. L. Koehl, *Las SS. El cuerpo de élite del nazismo 1919-1945*, Crítica, Barcelona, 2008, p. 286.

nacionalsocialista y lo aceptaba como una realidad, igual que un católico cree en los dogmas de su iglesia. Era una verdad incuestionable; yo no tenía la menor duda al respecto. Estaba totalmente convencido de que los judíos eran el polo opuesto de los alemanes y que antes o después tendrían que chocar de frente el nacionalsocialismo y el judaísmo internacional (...) todo el mundo estaba convencido de esto; no se oía ni se leía otra cosa».

Robert Ley iba incluso más allá: «Al final lo veíamos todo con ojos antisemitas. Se convirtió en un complejo... los nacionalsocialistas veíamos en las campañas que ya hemos pasado una sola y única guerra contra los judíos, no contra los franceses, los ingleses, los americanos o los rusos. Creíamos que todos eran únicamente instrumentos del judío...». Por lo tanto, como el propio Höss remachó, «se daba por sentado que los judíos tenían la culpa de todo».[40]

Tras recibir la orden del Reichsführer, Höss fue visitado en Auschwitz por Eichmann para disponerlo todo. Para la primavera de 1942 comenzó a funcionar. Los trenes llegaban al campo y los internos eran inmediatamente separados en función de su capacidad para trabajar. Los que carecían de ella por cualesquiera motivos, entregaban sus pertenencias y eran liquidados a continuación (el coronel Amen interrogó a Höss con respecto a las ejecuciones por gas: Höss confesó que la idea la obtuvo de lo que estaba sucediendo en Treblinka, aunque él decidió utilizar el gas Zyklon-B, ácido prúsico, que se arrojaba por una pequeña abertura y que tardaba entre 3 y 15 minutos en actuar).

El doctor Kaufmann, abogado de Kaltenbrunner, inquirió por las implicaciones personales del exterminio ¿Acaso Höss no pensaba en su familia cuando aniquilaba otras familias? Por supuesto que lo hacía; Höss rechazaba carecer de sentimientos o de empatía, pero había recibido órdenes del Reichsführer. El comandante plasmó un concepto algo peculiar del bien y el mal cuando fue interrogado acerca de si se había quedado con alguno de los bienes de los internos expoliados y muertos: «No solo no podía —contestó con acento de indignación—

---

[40] R. Overy, *Interrogatorios...*, op. cit., pp. 220-222.

sino que enriquecerme de aquel modo habría ido contra mis principios (...), no habría sido decente».[41]

Höss no rehusó entrar en ninguna otra cuestión. Junto a la admisión franca del exterminio, también quiso puntualizar que las torturas no eran habituales, y que los crímenes no se producían de modo arbitrario, aunque ocasionalmente pudieran darse casos de este tipo. Hacia el final de la guerra el caos se adueñó de Alemania, y las órdenes originales de Himmler de entregar los campos a los Aliados fueron modificadas; en lo sucesivo, habrían de ser evacuados. Auschwitz fue uno de ellos (aunque más tarde se modificarían de nuevo los órdenes en el sentido de que solo los internos más prominentes fuesen evacuados). Los últimos días fueron atroces para los internos que habían sobrevivido.

Höss también reconoció estar al tanto de los experimentos médicos acaecidos en distintos campos, como los del doctor Rascher o los de Mengele, aunque, señaló, se practicaron sobre internos condenados a muerte.[42]

Cuando Höss fue interrogado, el caso por crímenes de guerra ya había sido expuesto por la fiscalía, de modo que su declaración fue mejor comprendida que si hubiera sido efectuada tres meses atrás. El 11 de enero había comparecido un testigo checo, el doctor Franz Blaha, prisionero de los alemanes desde 1939 y en Dachau desde 1941. Estuvo trabajando en el hospital de Dachau, donde realizó unas 12.000 autopsias.

Blaha dio testimonio de los experimentos que se llevaban a cabo en el campo, supervisados por médicos de las SS, para probar distintos medicamentos o simplemente como práctica médica para estudiantes jóvenes de las SS:

> Entre mediados de 1941 y finales de 1942 se llevaron a cabo unas 500 operaciones a prisioneros sanos. Eran para formar a los estudiantes de medicina y doctores de las SS, e incluían operaciones de estó-

---
[41] *Ibid.*, pp. 219.
[42] *IMT*, vol. XI, p. 405.

mago, vejiga, bazo y garganta, realizadas por estudiantes y doctores con solo dos años de formación, aunque eran muy peligrosas y difíciles. Normalmente solo las habrían realizado cirujanos con un mínimo de cuatro años de experiencia en cirugía. Muchos prisioneros morían en la mesa de operaciones y muchos otros de complicaciones posteriores. Realicé autopsias de todos estos cuerpos. Los doctores que supervisaban las operaciones eran Lang, Murmelstadt, Wolter, Ramsauer y Kahr. El Standartenführer Dr. Lolling solía ser testigo de estas operaciones.[43]

Blaha se refirió al doctor Rascher, en su momento una celebridad entre las altas esferas de las SS. Este había llevado a cabo crueles experimentos con internos en los que probó los efectos de la altitud o de la resistencia del cuerpo humano al agua helada:

> Esto se hizo para encontrar una manera de revivir a aviadores que hubieran caído al océano. Se metía al sujeto en agua helada y se le mantenía ahí hasta que quedaba inconsciente. Se le sacaba sangre del cuello y se iban tomando muestras cada vez que la temperatura de su cuerpo bajaba un grado. Esta bajada se determinaba con un termómetro rectal. También se tomaban periódicamente muestras de orina. Algunos hombres sobrevivían hasta entre veinticuatro y treinta y seis horas. La temperatura corporal mínima que se alcanzó fue 19 grados centígrados, pero la mayoría de los hombres moría a 25 o 26 grados. Cuando se sacaba a los hombres del agua helada, se trataba de revivirles usando calor artificial del sol, con agua caliente, con electroterapia o con calor animal. Para este último experimento se usó a prostitutas, y se ponía el cuerpo del hombre inconsciente entre los cuerpos de dos mujeres. Himmler estuvo presente en ese experimento. Pude verle desde una de las ventanas de la calle que había entre los bloques. He asistido personalmente a algunos de estos experimentos con agua fría cuando Rascher no estaba, y he visto notas y diagramas sobre ellos en el laboratorio de Rascher. Se usó a unas trescientas personas para estos experimentos. La mayoría murieron. Entre los supervivientes, muchos

---

[43] *IMT*, vol. V, pp. 168-169.

tuvieron secuelas psicológicas. Los que no morían eran enviados a bloques de inválidos y se les mataba, igual que a las víctimas de los experimentos sobre presión del aire. Solo sé de dos casos en los que sobrevivieran, un yugoslavo y un polaco, y los dos son ahora enfermos mentales.[44]

Continuó relatando otros hechos del mismo tenor llevados a cabo por médicos de las SS, que disponían de una cantidad ilimitada de seres humanos para experimentar. Los alemanes liquidaban a quienes no podían aportar su trabajo por imposibilidad:

> En 1941 y 1942 recibimos en el campo lo que llamábamos transportes de inválidos. Eran transportes de personas enfermas o, por algún motivo, incapacitadas para trabajar. Los llamábamos Comandos Himmelfahrt («camino del cielo»). Cada semana iban a las duchas entre cien y ciento veinte. Allí, cuatro personas administraban inyecciones de fenol o bencina, que causaban la muerte rápidamente. Desde 1943 a estos inválidos se los enviaba a otros campos para su liquidación. Sé que los asesinó porque vi los registros, y se les marcaba con una cruz y la fecha en la que se marcharon, que era como se registraban habitualmente las muertes. Esto se podía ver en el índice de tarjetas del campo de Dachau y en los archivos de la ciudad de Dachau. Salían entre mil y dos mil cada tres meses, de modo que se envió a la muerte a unos cinco mil en 1943, y el mismo número en 1944. En abril de 1945 se cargó un transporte de judíos en Dachau, y se dejó en una vía muerta. La estación fue destruida por un bombardeo, y el transporte no pudo salir. Así que se les dejó morir de hambre allí. No se les permitió salir. Cuando se liberó el campo, estaban todos muertos.[45]

El testimonio de Blaha sería más tarde cuestionado porque aseguró que «hubo muchas ejecuciones con gas, disparos o inyecciones en el propio campo; se terminó la cámara de gas en 1944, y el doctor

---

[44] *Ibid.*, p. 170.
[45] *Ibid.*, p. 171.

Rascher me llamó para que examinara a las primeras víctimas». La existencia de la cámara de gas en Dachau ha sido puesta en cuestión en varias ocasiones, aunque sí parece que se llevaron a cabo algunas ejecuciones a modo de experimento.[46]

El doctor Rascher envió una comunicación a Himmler en la que aludía al empleo del gas. «Como usted sabe, se han construido las mismas instalaciones en el campo de concentración de Dachau, igual que en Linz. Dado que los "transportes no válidos" acaban de todas maneras en ciertas cámaras, me pregunto si no podríamos probar algunos de los tipos de gases de combate de los que disponemos en personas concretas implicadas en la acción. Hasta ahora solo se ha experimentado con animales o a través de muertes por accidente durante la fabricación de estos gases. Debido a este párrafo, he clasificado esta carta como "secreta"».[47]

Sigmund Rascher era un personaje enormemente ambicioso. Trataba de destacar por todos medios, y no paró hasta hacerse con un puesto en la Universidad de Estrasburgo, tras llamar la atención de Himmler. Durante años, la familia de Rascher fue propuesta como modelo de familia aria. Casado con una mujer quince años mayor que él, empezó sorprendentemente a tener hijos, hasta en tres ocasiones. La mujer de Rascher, una cantante llamada Karoline Diehl, consiguió todo tipo de trato de favor, presionando a Himmler sin pudor alguno.[48] En realidad, los niños no eran suyos, sino que se apropiaban de ellos —siempre bebés rubios y de ojos azules—, y terminaron por ser descubiertos. La pareja acabó fusilada en Dachau en los últimos días de la guerra.

Blaha dio fe de las personas que pasaron por Dachau de visita, si bien estas estaban obviamente arregladas: «Además de Himmler, estuvo Bormann, también el Gauleiter Wagner y el Gauleiter Giesler; los ministros Frick, Rosenberg, Funk y Sauckel; también el general de la Policía Daluege, y otros». Las visitan recorrían las instalaciones:

---

[46] *Ibid.*, p. 172.
[47] E. Kogon *et al.*, *Nazi Mass Murders*, New Haven, 1993, p. 202.
[48] P. Padfield, *Himmler, op. cit.*, p. 470.

> Primero a la cocina, después a la lavandería, después al hospital, es decir, al dispensario de cirugía, después al dispensario de malaria del profesor Schilling y a la estación experimental del doctor Rascher. Después iban a unos pocos «bloques», en particular a los de los prisioneros alemanes, y habitualmente también visitaban la capilla, aunque se había preparado solo para sacerdotes alemanes. También era frecuente que se presentara a distintas personalidades a los visitantes. Estaba todo organizado de tal forma que siempre, lo primero de todo, se seleccionaba a un «verde» (criminal profesional), que era presentado como un asesino; después se solía presentar en segundo lugar al alcalde de Viena, el doctor Schmitz, después a un oficial de alto rango checo, después a un homosexual, un gitano, un obispo católico o algún otro eclesiástico polaco de alto rango, y después a un profesor de universidad; se seguía este orden para que los visitantes pudieran divertirse.[49]

El fiscal francés, Charles Dubost, hizo subir al estrado al también francés Maurice Lampe, internado en Mauthausen, donde murieron miles de presos soviéticos y de diversos países aliados. El trato que los alemanes dieron a los presos del Ejército Rojo fue verdaderamente atroz.

La historia de los prisioneros de guerra es muchas veces terrible. Pero en la Segunda Guerra Mundial cayeron en manos de sus enemigos unos 30 millones de soldados, unas cuatro veces las cifras de la Gran Guerra, un conflicto en el que —por poner un ejemplo— murieron unos 470.000 prisioneros de las potencias centrales en manos de los rusos. Durante el segundo conflicto, la Wehrmacht había hecho alrededor de 5,5 millones de prisioneros en la Unión Soviética, y eso que los contingentes de prisioneros poco numerosos eran despachados con fusilamiento sobre el terreno.

Alfred Rosenberg, ministro de los Territorios Ocupados del Este, había protestado por los métodos que se estaban empleando, y que incluían, como vemos, al Ejército. Por eso escribió a Keitel en febrero

---

[49] *IMT,* vol. V, p. 176.

de 1942 quejándose de la alta tasa de mortalidad entre los prisioneros del Este:

> La inmensa mayoría de los que hemos capturado han perecido ya debido al hambre y la enfermedad. Las más de esas muertes podían haberse evitado, pues aún en las áreas en las que escaseaba el alimento, el paisanaje ruso solía traer víveres para los prisioneros. Sin embargo, los comandantes de nuestros campos los dejaron morir de hambre. Cuanto más mueran, mejor para nosotros; este era uno de sus argumentos favoritos. El Gobierno soviético está, por supuesto, bien al tanto de las condiciones que se dan en los recintos, y se aseguran de que reciban sobrada publicidad entre el Ejército Rojo.[50]

Rosenberg había sido nombrado poco antes de que se lanzara Barbarroja para administrar los territorios que habrían de constituir el Imperio alemán en el Este. El 9 de mayo de 1941 había presentado el Generalplan Ost (Plan General para el Este) en el que desarrollaba la idea de que había que dividir el territorio conquistado y tratar de ganarse a su población. Debía descomponerse la URSS en la multitud de pueblos que la componían, respetando la existencia de algunas realidades culturales preexistentes. Uno de sus objetivos era el de constituir una Ucrania independiente y aliada de Alemania. Su sorpresa fue mayúscula cuando se encontró con que el 17 de julio de 1941 le era impuesto como Reichskommissar Erich Koch, un viejo luchador del partido procedente del ala izquierda del NSDAP, al que no controlaba y que venía avalado por Göring y por Bormann. La política de Koch en Ucrania fue sencillamente criminal no solo desde la óptica humana, sino también desde la política.[51]

Las protestas de Rosenberg de nada valían y, además, llegaban tarde. Casi ochocientos cincuenta mil presos murieron en los campos dependientes del Ejército, que no había preparado nada al efecto; un millón doscientos mil, en los campos bajo administración civil. Medio

---

[50] M. Jones, *La retirada*, Crítica, Barcelona, 2010, p. 332.
[51] C. Caballero Jurado, *Rompiendo las cadenas*, Gª Hispán, Alicante, 1992, pp. 95-98.

millón en Polonia y algo más de trescientos cincuenta mil en el territorio del Reich.[52]

No pocos de ellos fueron enviados a Mauthausen. Lampe recordaba cómo eran acogidos los presos a su llegada al campo: «Alemania necesita vuestros brazos. Por tanto, vais a trabajar, pero quiero deciros que nunca más veréis a vuestras familias. El que entra en este campo solo sale de él por la chimenea del crematorio».

Lampe recordaba el viaje, que ya fue terrible:

> El viaje duró tres días con sus noches en condiciones especialmente inmundas, 104 deportados en un vagón de ganado sin aire. No creo que sea necesario dar todos los detalles de este viaje, pero es fácil imaginar el estado en el que llegamos a Mauthausen la mañana del 25 de marzo de 1944, con temperaturas de 12 grados bajo cero.
>
> Debo añadir que desde la frontera francesa viajamos en camiones, desnudos.[53]

Como tantos otros, y después de tres semanas de internamiento, Lampe fue destinado a trabajar en la cantera:

> La cantera de Mauthausen estaba en una hondonada a unos 800 metros del campo propiamente dicho. Había 186 escalones en la escalera que bajaba a ella.
>
> Fue un calvario especialmente duro, porque los escalones estaban tallados tan burdamente que subir incluso sin carga era extremadamente cansado.
>
> Ese día, 15 de abril de 1944, fui asignado a un equipo de doce hombres, todos franceses, a las órdenes de un capataz alemán, un delincuente común, y de un hombre de las SS.
>
> Comenzamos a trabajar a las siete de la mañana. A las ocho, una hora después, dos de mis camaradas ya habían sido asesinados. Eran un hombre anciano, el señor Gregoir, de Lyon, y un hombre muy joven, Lefevre, de Tours. Fueron asesinados porque no habían entendido la

---

[52] S. Neitzel y H. Welzer, *Soldados…*, *op. cit.*, p. 114.
[53] *IMT*, vol. VI, p. 184.

orden dada en alemán que les asignaba una tarea. Éramos golpeados frecuentemente debido a nuestra incapacidad de entender el alemán.

La tarde de ese primer día, 15 de abril de 1944, nos dijeron que lleváramos los dos cadáveres arriba, y el que llevé con tres de mis camaradas fue el del señor Gregoir, un hombre muy pesado, y tuvimos que subir 186 escalones con un cadáver, y nos golpearon a todos antes de que llegáramos arriba.

La vida en Mauthausen, y hablaré ante este Tribunal solo de mi experiencia, era un largo ciclo de tortura y sufrimiento. Sin embargo, querría recordar unas pocas situaciones que fueron particularmente horribles y que han permanecido más firmemente en mi memoria.[54]

Tras relatar una serie de terribles situaciones que tuvo que vivir, pasó a la visita que Himmler hizo al campo unos meses más tarde:

En septiembre de 1944 nos visitó Himmler. Nada cambió en la rutina del campo. Los pelotones de trabajo fueron a sus tareas como habitualmente, y tuve ocasión, y fue una triste ocasión, de ver a Himmler de cerca. Si menciono la visita de Himmler al campo, que después de todo no fue un gran evento, es porque ese día le ofrecieron a Himmler el espectáculo de la ejecución de cincuenta oficiales soviéticos.

Debo decirles que trabajaba en un pelotón Messerschmidt, y estaba entonces en un turno de noche. El barracón donde estaba alojado estaba justo delante del crematorio y la sala de ejecuciones. Vimos, vi, a estos oficiales soviéticos alineados en filas de cinco enfrente de mi bloque. Los llamaron uno por uno. El camino a la sala de ejecución era relativamente corto. Se llegaba a ella por una escalera. La sala de ejecución estaba debajo del crematorio.

La ejecución, de la que Himmler fue testigo, al menos del comienzo, ya que duró toda la tarde, fue otro espectáculo especialmente horrible. Repito: se llamó uno por uno a los oficiales del Ejército soviético, y había una especie de cadena humana entre los que esperaban su turno y el hombre que esperaba en la escalera y oía el dispa-

---
[54] *Ibid.*, p. 185.

ro que asesinaba al que le precedía. Se asesinó a todos con un tiro en el cuello.[55]

En las últimas semanas, el campo de llenó de presos, pues Mauthausen —en Austria— estaba relativamente lejos de los frentes. Así que enviaron un convoy de unos dos mil quinientos presos «procedentes de Sachsenhausen; solo quedaban unos mil setecientos cuando llegaron a Mauthausen la mañana del 17 de febrero: ochocientos habían muerto o habían sido asesinados durante el viaje.

> El campo de Mauthausen estaba en ese momento, si se me permite la expresión, hasta los topes. Por tanto, cuando llegaron mil setecientos supervivientes de este convoy, el Kommandant Dachmeier seleccionó a cuatrocientos. Animó a los prisioneros enfermos, ancianos o débiles a acercarse, con la idea de que podrían llevarlos a la enfermería. Estos cuatrocientos hombres, que habían dado un paso al frente por voluntad propia o habían sido seleccionados arbitrariamente, fueron desnudados. Los dejaron durante dieciocho horas con temperaturas de 18 grados bajo cero entre el edificio de la lavandería y el muro del campo.

Los judíos y los checos sufrieron particularmente, junto con los rusos, durante su encierro en Mauthausen. Los checos fueron masacrados sin piedad tras el asesinato de Heydrich, en junio de 1942, y los judíos eran los que menos duraban allí. Unos ocho mil españoles, según Lampe, estuvieron en el campo, de los que sobrevivieron mil quinientos.[56] En realidad, según sabemos hoy, el total de españoles fue de unos siete mil quinientos, de los que sobrevivieron alrededor de dos mil setecientos.

Los principales responsables siempre dieron la impresión de que en los campos prevaleció el orden y de que, pese a la terrible tarea que allí se desarrollaba, lo cierto es que la arbitrariedad no era la norma en absoluto. Tanto Ohlendorf como Wisliceny proyectaron esa imagen,

---
[55] *Ibid.*, p. 186.
[56] *Ibid.*, p. 190.

pero sobre todo fue Höss quien más contribuyó a ello, ya que era el comandante del más terrible de todos.

En su declaración aseguró que los campos antes de la guerra eran lugares que no tenían nada que ver con los de las últimas etapas de la contienda; el cambio comenzó al principio del conflicto, y se alteró con una cierta rapidez hacia una modificación de su naturaleza, particularmente después de 1941, tras estallar la guerra contra la URSS y Estados Unidos. Aseguraba que, antes de 1939, no había diferencias entre los campos y el régimen penitenciario de las instituciones carcelarias del Reich, lo que a grandes rasgos era cierto.

El Reichsführer SS había cursado instrucciones para que a los hombres de las SS que incumplieran los códigos de conducta se les sancionase con todo rigor, lo cual sucedió en varias ocasiones, añadía Höss. Es, además, verdad que se realizaban inspecciones en los campos con una cierta periodicidad para comprobar si todo se desarrollaba en orden. Höss, muy puntilloso en este aspecto, negó que se produjeran malos tratos generalizados.[57]

Ciertamente, algunos tipos de irregularidades eran duramente sancionadas. Se detenía a los guardas culpables y se los encerraba o enviaba a batallones de castigo, e incluso se les podían infligir castigos físicos, aunque siempre con autorización superior.

Las SS estaban formadas por una verdadera élite en sus grados más altos, y habían desarrollado una ética de trabajo propia (aunque no coincidiese con los conceptos morales habitualmente aceptados). Dos tercios de los altos cargos de la organización tenían algún título universitario, y una mitad de esa cantidad, además, un doctorado. Como curiosidad —significativa—, la mayor parte de ellos era de extracción social media-baja y resultaban ser los primeros de su familia en cursar estudios universitarios. Por supuesto, eso no significa que se tratase de una organización intelectual, ni mucho menos: las SS venían a ser la quintaesencia del antiintelectualismo característico del nacionalsocialismo, y algunos de sus principales miembros dejaron las SS por esa razón, precisamente.[58]

---

[57] *IMT*, vol. XI, p. 404.
[58] A. Weale, *SS. Una historia nueva*, Turner, Madrid, 2013, p. 157.

La comparecencia de un miembro de la Resistencia francesa, Marie Claude Vaillant-Couturier, en cambio, ofreció una perspectiva distinta del relato de Höss. Arrestada por la policía de Vichy y entregada a los alemanes en febrero de 1942, retrató la forma en la que los alemanes enviaban a la gente a Auschwitz, donde ella había estado interna durante años, tras pasar meses en las prisiones alemanas en Francia.

Sin duda, al menos una parte sustancial de la idea que de Auschwitz ha pasado a la historia se debe al relato de Vaillant-Couturier:

> Los transportes funcionaban de la siguiente manera:
>
> Cuando llegamos primero, cuando venía un convoy de judíos, se hacía una selección; primero los ancianos y ancianas, después las madres y los niños. Los ponían en camiones, junto con los enfermos o aquellos cuya constitución parecía ser frágil. Solo se quedaban con las mujeres jóvenes y las chicas, así como con los hombres jóvenes, que eran enviados al campo de los hombres.
>
> Por lo general, de un convoy de entre 1.000 y 1.500, rara vez más de 250, y esta cifra era realmente el máximo, llegaban al campo. El resto era enviado inmediatamente a la cámara de gas.
>
> En esta selección también escogían a mujeres con buena salud de entre veinte y treinta años, que eran enviadas al bloque experimental, y las chicas jóvenes y las mujeres un poco más mayores que ellas, o las que no habían sido escogidas para tal fin, eran enviadas al campo, donde al igual que nosotras, eran tatuadas y rapadas.[59]

De acuerdo a su relato, la estancia en el campo era bastante caótica, y los presos dependían del humor de los guardianes, que no parecían sometidos a ningún reglamento. Abundando en esa visión, recordaba:

> Las causas de muerte eran extremadamente numerosas. En primer lugar estaba la absoluta falta de instalaciones higiénicas. Cuando llegamos a Auschwitz, había un único grifo para 12.000 internas, con agua

---

[59] *IMT*, vol. VI, pp. 213-214.

no potable y que no siempre funcionaba. Como este grifo estaba en la lavandería alemana, solo podíamos llegar a él pasando por delante de las guardias, que eran prisioneras alemanas, y nos golpeaban horriblemente cuando pasábamos. Por tanto, era casi imposible lavarnos nosotras o nuestra ropa. Pasamos más de tres meses sin cambiarnos de ropa. Cuando nevaba, fundíamos algo de nieve para lavarnos. Más tarde, en primavera, cuando íbamos a trabajar bebíamos de charcos junto al camino y lavábamos nuestra ropa interior en ellos. Hacíamos turnos para lavarnos las manos en esta agua sucia. Compañeras nuestras morían de sed porque solo recibíamos media taza de alguna infusión dos veces al día.[60]

La narración de las condiciones de Auschwitz resultó espeluznante, y logró verdaderamente conmocionar al público. Asesinato de niños, de embarazadas, abortos forzados. Las mujeres eran golpeadas sin piedad ni pausa, y llevadas a las cámaras de gas por el menor motivo y, a veces, sin él.

El comportamiento de las SS con las mujeres era brutal, y sobre ello fue interrogada Marie Claude Vaillant-Couturier:

P. ¿Cómo se comportaban los SS con las mujeres? ¿Y las mujeres de las SS?

R. En Auschwitz había un burdel para las SS, y también uno para los internos masculinos que pertenecían al personal, que eran llamados «kapos». Además, cuando los SS necesitaban sirvientes, venían acompañados de la Oberaufseherin, es decir, la comandante femenina del campo, para escoger durante el proceso de desinfección. Señalaban a una chica joven, y la Oberaufseherin la sacaba de la fila. La miraban y hacían chistes sobre su físico, y si era guapa y les gustaba, se la llevaban para que trabajara de sirvienta, con el consentimiento de la Oberaufseherin, que le decía que debía obedecerles en absolutamente todo, sin importar lo que le pidieran.

P. ¿Por qué iban durante la desinfección?

---

[60] *Ibid.*, p. 207.

R. Porque durante la desinfección las mujeres estaban desnudas.

P. ¿Era excepcional el sistema de desmoralización y corrupción?

R. No. El sistema era idéntico en todos los campos en los que he estado, y he hablado con internos de otros campos en los que nunca he estado, y era lo mismo en todas partes. El sistema era idéntico, fuera cual fuese el campo. Había sin embargo ciertas variaciones. Creo que Auschwitz era uno de los más duros, pero después fui a Ravensbrück, donde también había una casa de mala fama, y donde también se reclutaba a internas.

P. Entonces, según usted, ¿se hacía todo para degradar a esas mujeres ante sus propios ojos?

R. Sí.

El procedimiento de gaseamiento de los internos fue descrito —si no por primera vez, una de las primeras— también de modo que terminaría por ser característico. Primero se desnudaba a las personas que iban a ser gaseadas, porque la sala donde tenía lugar el asesinato estaba camuflada como «sala de baño y desinfección», para no provocar una resistencia excesiva en las víctimas. La ropa era recogida por los encargados, presos que colaboraban con las SS por diversas razones en el mantenimiento del campo:

> Una vez las personas estaban desnudas, las llevaban a una sala que era más o menos como una sala de duchas, y se arrojaban cápsulas de gas a través de una abertura en el techo. Un hombre de las SS observaba el efecto producido a través de una escotilla. Pasados entre cinco y siete minutos, cuando la cámara de gas había completado su trabajo, daba la señal de abrir las puertas, y hombres con máscaras de gas, también eran internos, entraban en la sala y sacaban los cuerpos. Nos dijeron que los internos debían de haber sufrido antes de morir, porque estaban estrechamente abrazados los unos a los otros, y era muy difícil separarlos.
>
> Después venía un pelotón especial que sacaba los dientes de oro y las dentaduras postizas, y que cuando los cuerpos habían sido reducidos a cenizas, las removían en busca de más oro.

> En Auschwitz había ocho crematorios, pero a partir de 1944 se volvieron insuficientes. Las SS hicieron cavar grandes fosas a los internos, donde pusieron ramas, las rociaron con gasolina, y les prendieron fuego. Después arrojaron los cuerpos a las fosas. Desde nuestro bloque podíamos ver, pasados unos tres cuartos de hora o una hora desde la llegada del convoy, grandes llamas que salían del crematorio, y el cielo se enrojecía con las fosas ardiendo.[61]

La narración es, sin duda importante, porque contribuyó a hacerse una primera idea de lo que era Auschwitz, en una versión contradictoria con la de su comandante. Pero en ella había algunas cuestiones que no estaban claras. En primer lugar, Marie Claude Vaillant-Couturier era una militante comunista, aspecto que no cabía ignorar a la hora de valorar su testimonio; por otro lado, una parte sustancial de su relato procedía de testimonios de terceras personas. ¿Cómo podía, además, una simple interna tener idea de la cantidad de personas que habían pasado por el campo, del número de muertos diario o de cuáles eran las órdenes que emanaban de Berlín?

En medio de un tenso clima emocional, sin embargo, a muchos no les pasaron por alto estos detalles. El juez Biddle anotó en su diario el escepticismo que algunas de las afirmaciones de Vaillant-Couturier le suscitaban.[62] Los testimonios no pocas veces suscitaban la desconfianza de los jueces; ciertamente, en ocasiones por la extrema crudeza del relato o las crueldades que se narraban, pero también por las inconsistencias de algunos testigos. Se emplearon fragmentos del libro de Hermann Rauschning para apuntalar algunas tesis, que casi con toda seguridad sabemos que son falsas.

Parecidas objeciones pueden hacerse a algunos otros testimonios sobre diversos campos de concentración; en general, había una cierta coherencia en el relato, aunque los detalles diferían y, en ocasiones, resultaban sospechosos. Por otro lado, algunas cuestiones esenciales tampoco habían quedado claras, sobre todo las referentes al origen del genocidio y la responsabilidad personal.

---

[61] *Ibid.*, p. 216.
[62] D. Irving, *Nuremberg...*, *op. cit.*, p. 347.

De las autopsias practicadas en Dachau, además, se desprendía que una gran proporción había muerto a causa del tifus. En muchos campos sucedía lo mismo, tanto por tifus como por tuberculosis. El doctor Larson aseguró que los fallecidos por esta última enfermedad ascendían al 90 por ciento del total de víctimas, para acabar concluyendo que la mayoría de los millones de judíos muertos a manos de los nazis lo fueron no por crímenes directos, sino más bien debido a las condiciones en las que se encontraban.[63] Esto parecía exonerar a los nazis al menos de la intencionalidad de asesinarlos de forma explícita, por lo que el fiscal soviético Rudenko quiso remarcar que «entre los medios empleados por los hitlerianos para el exterminio de ciudadanos soviéticos estaban también la infección intencionada con tifus», teoría que fue perdiendo credibilidad con el tiempo.[64]

Hay que tener en cuenta que dicho tema resultaba entonces novedoso, y que es natural que fuese presentado de modo un tanto inconsecuente. Incluso hoy, hay muchos aspectos que distan de haberse aclarado, y que también afectan a cuestiones fundamentales.

Aun así, no deja de ser llamativo que el Holocausto ocupase muy poco espacio en el proceso, si se compara con el que se dedicó a cuestiones relativamente menores, como la del fusilamiento de cincuenta aviadores británicos huidos de un campo de internamiento militar. Pues si bien, desde un punto de vista moral, podía ser el crimen más atroz de todos los imputados a los alemanes, en ese momento —y pese al impacto que tuvo en la prensa y el público— parecía que había cuestiones más perentorias.

Crímenes de guerra

Esencial para la acusación de crímenes de guerra fue la aprobación del decreto conocido como Nacht und Nebel («Noche y Niebla») en diciembre de 1941, que otorgaba poderes discrecionales a las autori-

---

[63] J. D. McCallum, *Doctor Crime*, Washington, 1978, pp. 46 y ss.
[64] *IMT*, vol. VII, p. 171.

dades alemanas para tratar con las poblaciones resistentes en la Europa ocupada.

A finales de 1941, dos hechos habían activado la resistencia en Europa. Por un lado, la propia prolongación de la guerra, que hacía concebir esperanzas de que el conflicto no iba a ser un paseo para los alemanes, como hasta ese momento había parecido. Y en segundo lugar —y esto fue determinante— el que Alemania entrase en guerra con la URSS.

Desde el 22 de junio de 1941 —inicio de la invasión alemana de la URSS—, los partidos comunistas de todo el continente, que hasta entonces habían visto con benevolencia los triunfos de la Wehrmacht, comenzaron a construir redes de resistencia para llevar a cabo una guerra clandestina contra la ocupación alemana. Particularmente en Europa Oriental, la resistencia fue adquiriendo eficacia conforme trascurría el conflicto, al tiempo que desarrolló y tuvo que afrontar acciones de una enorme dureza.

En algunos lugares, esa resistencia obligaba a destinar un gran número de tropas a la retaguardia, algo que no había sido previsto por el mando y que suponía un coste enorme para el Reich. Esa prolongación de la guerra condujo a los alemanes a la convicción de que había que actuar con la mayor dureza.

El decreto Nacht und Nebel, firmado el 7 de diciembre de 1941, preveía la desaparición de quienes fueran detenidos y, por distintas razones, no fuese posible o conviniese su comparecencia ante una corte marcial. En ese caso, los detenidos debían ser llevados a Alemania sin que se supiese su paradero —pues el terror se producía, precisamente, debido al desconocimiento de su situación—. Su aplicación no se restringió a combatientes ilegales, sino que se hizo extensiva a militares soviéticos e incluso a prisioneros occidentales. Por este decreto, el Estado se convertía en un ejecutor de desapariciones masivas, más allá de todo derecho, en una decisión que no tenía precedentes.

En agosto de 1944 la orden fue complementada con una nueva disposición. Su prefacio era bien representativo del espíritu de este tipo de órdenes: «El constante incremento de los actos de terror y sabotaje en los territorios ocupados (...) nos obliga a tomar las más estrictas medidas en la medida que se corresponde con la ferocidad de la guerra que nos es impuesta. Aquellos que nos atacan desde la retaguardia en los peores momentos del combate no merecen ninguna consideración». Todos los terroristas y saboteadores serían fusilados sobre el terreno, y los que fuesen aprehendidos más tarde, entregados al SD y la Gestapo, y las mujeres que fuesen cómplices serían destinadas al trabajo obligatorio.[65]

La obvia conexión existente entre los crímenes de guerra y los crímenes contra la humanidad, que se reveló en numerosas ocasiones, pocas veces fue tan manifiesta como en el caso de Lídice. La pequeña localidad checa, desconocida para el mundo hasta aquel verano de 1942, sufrió unas atroces represalias alemanas a causa del asesinato de Reinhard Heydrich perpetrado por patriotas checos el 27 de mayo de 1942 en Praga.

Los británicos habían diseñado la Operación Antropoide —la muerte de Heydrich— para activar la resistencia en el Protectorado de Bohemia y Moravia, que es el nombre que los alemanes le habían dado a la parte de la Checoslovaquia ocupada en marzo de 1939. Hasta ese momento, la política alemana del palo y la zanahoria parecía imponerse. Desde 1939 había sido nombrado para dirigir el Protectorado el antiguo ministro de exteriores, Konstantin von Neurath, quien gobernaba con unos modos relativamente suaves, pues si bien precedidos de la habitual supresión de las libertades políticas democráticas, también complementados por la introducción de beneficios sociales que hasta el momento eran ignorados por los checos. Así que estos comenzaron a mostrar un cierto grado de adhesión al nazismo que sofocaba los brotes de resistencia que se hubieran podido producir.

Von Neurath era un hombre esencialmente conservador, y la situación (juzgada por los Servicios de Información de las SS) se le estaba escapando de las manos a fines del verano de 1941. La invasión de la Unión Soviética había activado una cierta resistencia fundamentalmente comunista, y Neurath no parecía el más capaz de enfrentarse a

---

[65] *IMT,* vol. X, p. 629.

ella. Los informes del SD —el Servicio de Seguridad de las SS— apuntaban en esa dirección: la producción estaba disminuyendo, la resistencia aumentaba y Neurath ya no parecía tener el control de la situación. El asunto preocupó tanto a Hitler que, a instancias de Bormann, convocó a Neurath, Heydrich y Karl-Hermann Frank a la Guarida del Lobo, en Rastenburg (desde donde dirigía la guerra en el Este) y comunicó a Neurath que comenzaría una baja por enfermedad, aunque sin dimitir formalmente, algo que no conseguiría hasta 1943, en que le sustituiría Frank.[66]

Su permanencia en el cargo le costaría a Neurath la condena en Núremberg, pero la realidad es que Hitler le sustituyó por no ser un hombre lo suficientemente duro como para pacificar el país. Durante los siguientes meses —entre septiembre de 1941 y mayo de 1942—, Heydrich ejerció el verdadero poder político.

A fin de demostrar que la situación estaba bajo control, Heydrich solía pasear en su Mercedes descapotable sin escolta, conducido por su chófer. Aprovechando su atrevimiento, el 27 de mayo sufrió un atentado que le hirió gravemente; producto de la septicemia que se le produjo, murió ocho días más tarde. A partir de ese momento se desató en el Protectorado una caza del hombre a fin de dar con los asesinos de Heydrich, lo que finalmente sucedió.

Los alemanes detuvieron a cientos de personas e interrogaron a miles, pero no localizaron en principio a los miembros del comando, hasta que estos fueron denunciados por uno de ellos. Refugiados en una iglesia de Praga, el 18 de junio de 1942 murieron suicidándose —excepto uno, que murió desangrado— tras ofrecer una feroz resistencia a las tropas de asalto alemanas.

El cuerpo de Heydrich fue enviado a Berlín, donde se celebró el funeral más magnífico del Tercer Reich. Se vio a Hitler realmente apesadumbrado por la pérdida de uno de sus hombres más valiosos. Ordenó entonces el Führer adoptar unas represalias duras para aleccionar a los checos, pero sin que ello repercutiera en la producción industrial del país.

---

[66] R. Gerwarth, *Heydrich...*, op. cit., p. 354.

De modo que Karl-Hermann Frank determinó que borraría de la faz de la tierra la población de Lídice, de la que al parecer había salido un cierto número de resistentes. Fusiló a toda la población masculina, unos ciento noventa y dos hombres; las mujeres y los niños fueron enviados a los campos del Este, en los cuales muchos de ellos perecieron —casi todos, con excepción de los niños a los que se determinó aptos para la germanización—; el total de los habitantes de Lídice que perdieron la vida en las represalias alemanas fue de trescientos cuarenta, pero las víctimas de aquellos días fueron muchas más, seguramente otras mil.

El caso de Lídice fue mundialmente conocido, pero desde luego no fue el único. Comoquiera que toda Europa fue ocupada por la Wehrmacht, por razones prácticas en Núremberg la acusación por los cargos tercero y cuarto estuvo en manos de los franceses y de los soviéticos; los primeros se encargaban de lo acaecido en Europa Occidental, y los segundos, del Este.

Sin duda alguna, donde se produjo una mayor cantidad de crímenes de guerra fue en el frente del Este. La guerra allí fue de una atrocidad sin precedentes, aunque por supuesto fueron ambos bandos igual de crueles en ese aspecto. Como es natural, los soviéticos acusaron a los alemanes de agresión por el desencadenamiento de la Operación Barbarroja, para, de este modo, subrayar el que cualesquiera que fuesen los crímenes cometidos, habrían tenido su origen en dicha operación.

En el alegato que abrió la intervención del fiscal Rudenko se hizo especial hincapié en este extremo:

> El hitlerismo impuso al mundo una guerra que causó a las naciones amantes de la libertad innumerables privaciones y sufrimientos sin fin. Millones de personas cayeron víctimas de la guerra iniciada por los forajidos hitlerianos, que se embarcaron en un sueño de conquista de los pueblos libres de los países democráticos, y de imposición del gobierno de la tiranía hitleriana en Europa y el mundo entero.
>
> Ha llegado el día en el que los pueblos del mundo demandan una retribución justa y un castigo severo a los verdugos hitlerianos, el día en el que demandan un castigo severo a los criminales. Todos los des-

manes cometidos individual o conjuntamente por los principales criminales de guerra hitlerianos, todos juntos y cada uno de ellos individualmente, deberán ser considerados por ustedes, Señorías, con todo el detalle y la atención que la ley, el Estatuto del Tribunal Militar Internacional, la justicia y nuestra conciencia exigen.

Acusamos a los imputados de la iniciación, instigación y ejecución directa, individualmente y a través de sus agentes, del plan criminal o conspiración. Toda la maquinaria del Estado hitleriano estaba dedicada a la ejecución de este plan, con todas sus agencias e instituciones gubernamentales, con su ejército, su policía, y sus así llamadas agencias públicas.[67]

Tras recorrer el itinerario de las agresiones alemanas entre 1938 y 1941, Rudenko pasó a centrarse en el ataque a la URSS:

Describiré ahora los crímenes cometidos por los agresores hitlerianos contra mi propio país, contra la Unión de Repúblicas Socialistas Soviéticas. El 22 de junio de 1941 la URSS fue pérfidamente atacada por la Alemania hitleriana. Sin embargo, esta fecha no debería ser considerada el comienzo real de la ejecución del plan de agresión de la Alemania hitleriana contra la Unión Soviética. Lo que tuvo lugar el 22 de junio de 1941 fue concebido, preparado y planeado mucho antes.

Los conspiradores hitlerianos llevaron a cabo estos preparativos continuamente. Todas las acciones agresivas de Alemania contra varios estados europeos entre 1938 y 1941 fueron en realidad solo medidas preliminares para el golpe principal en el Este.

Y es que la Alemania fascista había concebido el plan criminal de hacerse con el territorio de la Unión Soviética para saquear y explotar a los pueblos de la URSS.

No necesitamos buscar la confirmación de esto en el libro de Hitler *Mein Kampf*, ni en los escritos de los líderes hitlerianos que, como sabemos, contenían además de una amenaza directa a la URSS,

---

[67] *IMT*, vol. VII, pp. 146-147.

indicaciones de que la agresión del imperialismo alemán debía dirigirse hacia el Este para conquistar el así llamado «espacio vital». Esta tendencia del imperialismo depredador alemán se expresa en la bien conocida expresión: Drang nach Osten.

Algunas de las afirmaciones de Rudenko eran ciertas, aunque no necesariamente en el sentido que él le daba. Sin duda, la política del Tercer Reich estaba encaminada a preparar el enfrentamiento contra la URSS; y sin duda, su objetivo era la conquista de espacios en el Este y la destrucción de la Unión Soviética. Pero, sobre todo, Rudenko no quería recordar que, mientras Hitler añadía más y más países a su colección, Moscú jaleaba dichas conquistas y saludaba con entusiasmo —y daba lo mismo que este fuese fingido— sus triunfos.

No cabía duda, por otro lado, de que Alemania albergaba los designios expansivos reseñados. Tampoco los dirigentes nazis hicieron de ello un secreto, ni lo negaron en Núremberg. Lo que Rudenko, en cambio, silenciaba era que la Unión Soviética tenía planes de expansión mundiales e incluso que esos planes pasaban por caer sobre Alemania en cuanto tuviese ocasión. Los indicios que hoy existen al respecto son lo suficientemente contundentes como para acordar que Hitler se adelantó a la agresión que Stalin tenía prevista.

Resultaría insostenible, a estas alturas, que la Unión Soviética se presentase como un país amante de la paz. Por el contrario, Stalin había atizado la guerra durante 1939, haciendo todo lo que estaba en su mano para que esta estallase. Stalin sabía que Hitler nunca se atrevería a afrontar un conflicto en dos frentes; la razón del Pacto Germano-Soviético de 23 de agosto de 1939 no era otra sino empujar a Hitler a la guerra. Moscú había tenido la oportunidad de llegar a acuerdos con los británicos y los franceses, pero había desechado dicha posibilidad. En Londres se dieron cuenta ya en abril de 1939 de cuál era el propósito del Kremlin.[68]

Stalin estaba seguro de que Hitler no atacaría hasta que hubiera liquidado primero el conflicto con el Reino Unido. La confianza en

---

[68] *Cabinet Office Records (CAB)* 24/285, folio 168, p. 6.

su propio pronóstico era tal que la víspera de la invasión nazi se marchó a dormir inusualmente temprano, pese a los informes que advertían de los frenéticos movimientos de los alemanes en la frontera. Calculaba que la conflagración entre los occidentales y los alemanes no sería muy diferente de la Primera Guerra Mundial; largos años de sangrienta lucha que arruinarían Europa y dejarían el continente extenuado. Entonces habría sonado la hora de la revolución bolchevique, que se desbordaría incontenible hasta los confines de Europa.

Así pues, de acuerdo a las previsiones de Stalin, como muy pronto Hitler atacaría en la primavera de 1942, pues en el verano de 1941 la guerra contra los británicos parecía haber llegado a una especie de punto muerto: la Luftwaffe bombardeaba regularmente las islas, pero sin excesiva efectividad, mientras que los británicos apenas tenían capacidad de hacer lo propio contra el Reich.

Por lo tanto, podía seguir adelante con sus planes. ¿Y cuáles eran estos? Pese a lo que la historiografía ha proclamado durante largas décadas —y a lo que Rudenko pretendía— el ataque alemán no tomó a Stalin de improviso, sino por una sola razón: porque estaba planeando la invasión de Alemania. El ataque soviético debía proporcionar a la URSS la posesión de la Europa Oriental y Central, y dejarla en situación de conquistar Europa en su conjunto a no mucho tardar. Stalin había encomendado a sus principales mandos militares la elaboración de dicho planes ofensivos, y ahora tanto Timoshenko —comisario para la Defensa— como Georgui Zhúkov —el jefe de Estado Mayor— le advertían con acentos de alarma que los alemanes estaban a punto de caer sobre ellos con una gigantesca potencia. En el verano de 1941, el dispositivo militar soviético se encontraba en su momento más débil; habiendo sido desmantelada su estructura defensiva, aún no había adoptado un despliegue ofensivo que le permitiera tomar la iniciativa.

Aunque las memorias de los generales soviéticos son muy discretas al respecto, puesto que la doctrina oficial insistía de forma monolítica en que los alemanes atacaron a una URSS que solo aspiraba a la paz, lo cierto es que puede leerse entre líneas la disposición al ataque de las tropas del Ejército Rojo. Así, las concentraciones de tropas en la zona más occidental del país —que facilitaría las gigantescas victorias alemanas del verano y el otoño— no se justifican como parte de un dispositivo meramente defensivo, y tampoco la cantidad de fuerzas blindadas. El 12 de julio de 1940 Timoshenko informa a Stalin de la construcción de 262 kilómetros de nuevas vías férreas y 272 de vías dobles y unas 2.289 para el año siguiente en esa región.[69]

A finales de mayo se encontró un buen número de estados mayores en Riga, convocados por el general F. Kutneszov, jefe de la Región Militar Especial del Báltico; la tarea era elaborar los métodos del empleo de los cuerpos mecanizados en cooperación con los ejércitos interarmas en operaciones de guerra contemporánea. La orientación era puramente ofensiva, como sugiere veladamente la historiografía soviética.[70]

Durante los últimos meses, Stalin había recibido un sinfín de informaciones de los cuatro puntos cardinales que le advertían de que el ataque alemán se aproximaba, y que se iban volviendo más y más alarmantes conforme pasaban las semanas. Llegó un punto en que lo de menos eran dichas informaciones, porque los propios partes de sus ejércitos volvían una y otra vez sobre el mismo asunto. Con increíble asiduidad los aviones alemanes violaban el espacio aéreo soviético, y el colmo había sido la notificación de que un aparato de la Luftwaffe se había adentrado más de mil kilómetros en territorio soviético, sobre lo que resulta la ruta natural desde la frontera hasta Moscú, retornando a su base sin ser molestado. Pero Stalin no podía creer algo así, de modo que, aunque desde el 13 de junio sus jefes militares le presionaron para que adoptase las medidas adecuadas en la frontera, Stalin se negó tozudamente.

No podía aceptar la realidad, sencillamente porque sus cálculos habían sido completamente erróneos y lo eran porque Stalin disponía de la información secreta británica de Bletchley Park y Ultra aseguraba que no iban a atacar.[71] Hitler iba a atacarle antes de liquidar su conflicto con los británicos, cuando la base de todas sus conjeturas había sido, precisamente, la contraria. Además, fruto de su confianza, había eliminado *de facto* la Línea Stalin, erigida sobre la antigua fronte-

---

[69] M. Ferro, *Siete hombres en guerra*, Ariel, Barcelona, 2008, p. 105.
[70] A. Sharipov, *Cherniakovski. El general T-34*, Inédita, Barcelona, 2009, pp. 97-100.
[71] M. Hastings, *La guerra secreta*, Crítica, Barcelona, 2016, p. 180.

ra anterior a 1939, pero no había tenido tiempo de construir un nuevo dispositivo defensivo en los territorios conquistados tras el reparto de Polonia con Alemania, la anexión de los Países Bálticos en junio de 1940 y la adquisición de Besarabia y Bukovina en Rumanía en agosto. Con lo que la URSS había quedado flagrantemente desprotegida. Sin esa línea de defensa, ¿cómo situar una enorme cantidad de fuerzas con un propósito defensivo junto a la misma frontera? Tal cosa no tiene sentido desde el punto de vista militar si no es para emprender acciones ofensivas.[72]

Fruto de sus errores, Stalin no tenía otra alternativa sino la de seguir adelante con el plan de ataque a Alemania. La tarde anterior a que la Wehrmacht cayese sobre la URSS, el 21 de junio de 1941, en lugar de adoptar las medidas adecuadas a las alarmantes informaciones que de todas partes le llegaban, estuvo revisando la posibilidad de lanzar una ofensiva contra el Reich en el plazo de dos semanas.[73] Ya no estaba a tiempo de defenderse.

Para mayor gravedad, había sido el mismo Stalin quien propiciara la decisión de Hitler de atacar a la URSS. Si bien es cierto que el futuro Führer había anunciado ya en 1924 su propósito de invadir el Este, resulta innegable que el desarrollo de los acontecimientos le había llevado a una revisión de sus planteamientos. La alianza con Stalin había sido pergeñada como una maniobra para evitar que la cuestión del corredor de Danzig y Polonia arrastrase a los franco-británicos a la guerra, disuadiéndolos de declararle la guerra ante la perspectiva de enfrentarse al Tercer Reich sin el apoyo de Moscú.

Durante el verano y, sobre todo, el otoño de 1940, Hitler verdaderamente consideró la posibilidad de llegar a un acuerdo con los soviéticos para constituir un bloque euroasiático que abarcase desde el Atlántico hasta el Pacífico en Vladivostok. Pero fue la singular torpeza que desplegó Molotov en su vista a Berlín en noviembre de 1940, y algunas decisiones diplomáticas del Kremlin en los meses posteriores, lo que terminó por decidir a Hitler.[74]

---

[72] S. Bialer, *Los generales de Stalin*, Altaya, Barcelona, 2008, p. 268.
[73] C. Pleshakov, *La locura...*, op. cit. p. 20.
[74] J. Lukacs, *Junio de 1941. Hitler y Stalin*, Turner, Madrid, 2006, p. 34.

Ese proceder de los soviéticos fue lo que alarmó a Hitler. Es indudable que, en los meses del otoño e invierno de 1940, este consideró la posibilidad de revisar su política exterior y darle un giro inesperado, lo que muestra el carácter oportunista de esta, por encima de la planificación atribuida. Pero la actuación de Moscú mientras Alemania estaba empeñada en la campaña contra los Aliados en Francia, en mayo-junio de 1940, le llenó de temor. En su mente comenzó a anidar la idea de que británicos y soviéticos estaban entendiéndose a sus espaldas.

El 29 de julio de 1940 llamó al general Jodl y le preguntó por las posibilidades operativas de desplegar una gran fuerza armada en el Este capaz de hacer frente a una invasión soviética de Rumanía que privase al Reich del petróleo de ese país. Para Alemania, el crudo de Ploesti era esencial; sin él apenas podría continuarse la guerra unos pocos meses. En otoño, según Hitler, sería cuando las cosas se pusiesen peor.

De acuerdo a lo que sabemos por sus conversaciones con los altos mandos militares, las consideraciones del Führer eran de tipo únicamente estratégico. Comenzó a repetir una y otra vez que Inglaterra confiaba en Moscú: «Seguro que ya han alcanzado acuerdos, privados o secretos. El despliegue ruso es innegable. Llegará el día en que seremos víctimas de una extorsión política calculada, o en que nos atacarán».[75]

Hitler tenía buenas razones para pensar así. Los Servicios de Información le estaban suministrando cifras del despliegue soviético que no resultaban tranquilizadoras. Según la declaración del propio general Alfred Jodl, jefe de operaciones del OKW, «a partir de los mapas que nos llegaban cada pocos días y que se basaban en los informes de los servicios de inteligencia y en las informaciones que obteníamos de interceptar las comunicaciones por radio, pudimos dibujar la imagen siguiente: en verano de 1940 había unas cien divisiones rusas en la frontera. En enero de 1941 ya eran ciento cincuenta, y teníamos sus números, lo que da a entender que los informes eran buenos».[76]

La actitud de Moscú durante la primavera de 1941 solo contribuyó a alarmar a Hitler. El que Stalin alentase el golpe de Estado en

---

[75] *IMT,* vol. XV, p. 392.
[76] *Ibid.*, p. 393.

Belgrado (junto con los británicos) ratificaba las peores sospechas en su mente. Desde luego, la operación estaba destinada a crear complicaciones a una Alemania que dominaba el continente sin réplica posible, así que no era precisamente una muestra de buena voluntad; la imagen del Stalin atemorizado que trataba de aplacar a Hitler en la primavera de 1941 —sin dejar de corresponderse con una cierta realidad— debe ser complementada con la del Stalin conspirador que preparaba unos planes bien distintos para un futuro próximo.

Durante mucho tiempo, la versión más aceptada de lo que sucedió en junio de 1941 consistió en que Stalin quedó consternado por la perfidia de su socio nazi, que había traicionado la asociación que ambos habían firmado menos de dos años atrás. Esto explicaría la enormidad del fracaso soviético cuando el Ejército Rojo se enfrentó a la Wehrmacht. La realidad es que Hitler le había atacado exactamente en el momento en que su debilidad era mayor. La propaganda soviética había venido insistiendo en que las batallas contra el enemigo se librarían en suelo de este, y en las unidades blindadas, particularmente, se distribuyeron mapas de la Polonia alemana y de Silesia. En los últimos meses, los soldados practicaban el tiro sobre muñecos ataviados con uniformes alemanes, y en marzo Stalin había dado un extraño paso en falso al entablar un pacto de amistad con el Gobierno yugoslavo después de un golpe de Estado perpetrado en Belgrado contra el Gobierno proalemán.

De hecho, parece que Stalin había comenzado ya a insinuar que había llegado la hora de pasar a una fase distinta. El 5 de mayo de 1941 pronunció un discurso en un banquete celebrado en el Kremlin para los cadetes de dieciséis academias militares del Ejército Rojo. Según las versiones que nos han llegado —porque no se conserva ningún texto original—, Stalin habría hecho especial hincapié en el espíritu ofensivo y en la necesidad de abandonar las ideas puramente defensivas. Incluso habría reconvenido a la hora de los postres al general director de la Academia, Frunze, por brindar por la paz. Cuando Stalin levantó su copa, lo hizo para celebrar la próxima era de expansión soviética.[77]

---

[77] J. Förster y E. Madwsley, «Hitler and Stalin in Perspective. Secret Speeches on the Eve of Barbarossa», *War in History*, 11.1, 2004.

Con toda probabilidad, las versiones que sostienen que Stalin pretendía caer sobre Europa en julio de 1941 —por lo que Hitler no habría hecho otra cosa sino adelantarse en unos pocos días— no son ciertas. Pero sí parece muy probable que para 1942 o 1943 el enfrentamiento habría sido inevitable, e incluso el que Stalin hubiera tomado la iniciativa. Acerca de la sinceridad de las intenciones de Stalin al firmar el tratado con Alemania, basta con recordar lo que Kruschev recordaba años más tarde que el Vozhd, el líder, le había confesado: «En realidad, todo esto es un juego, el de quién sorprende y engaña a quién».[78]

Por supuesto, cuando en Núremberg Rudenko tomó la palabra, lo hizo para presentar una Unión Soviética víctima de la depredación nazi. Las más obvias cuestiones políticas así como el inmenso sufrimiento que hubo de padecer la URSS durante la guerra garantizaron que nadie cuestionase el discurso del fiscal ucraniano.

Los alemanes siempre tuvieron la idea de que el Tercer Reich se había adelantado al ataque soviético; si en otros casos se mostraban más reticentes, en lo que respectaba a la guerra contra la URSS eran poco diplomáticos: dicha guerra era inevitable, y más valía emprenderla en las mejores condiciones. Rudenko se hacía eco de ello:

> ¿De qué guerra «preventiva» se puede hablar cuando los documentos prueban que con mucha antelación Alemania elaboró y preparó un plan de ataque a la URSS, formuló los objetivos depredadores de este ataque, seleccionó los territorios de la Unión Soviética que quería quedarse, estableció los métodos de saqueo de estos territorios y de exterminio de su población, movilizó su Ejército en el momento adecuado y trasladó a las fronteras de la URSS 170 divisiones [en realidad eran poco más de 130, sin contar las reservas] plenamente equipadas que solo esperaron la señal de avanzar?
>
> El hecho de la agresión cometida por la Alemania fascista contra la URSS, así como los documentos originales del Gobierno hitleriano que ahora se han hecho públicos, demuestran sin lugar a dudas a

---

[78] H. Eberle y M. Uhl, *El informe Hitler*, Tusquets, Barcelona, 2008, p. 402.

todo el mundo y a la historia lo falsa y risible que era la afirmación de la propaganda hitleriana que decía que la guerra contra la URSS era «preventiva».

¡Por mucho que el lobo fascista se disfrace con una piel de cordero, no puede esconder sus dientes![79]

En definitiva:

> Mucho antes del 22 de junio de 1941, el Gobierno hitleriano y el Alto Mando alemán, cuyos representantes se sientan ahora en el banquillo, planearon y prepararon en detalle los crímenes de guerra que fueron cometidos posteriormente en el territorio de la URSS. Estos planes revelan inexorablemente que los acusados premeditaron los monstruosos crímenes organizados por ellos.
>
> El 22 de junio de 1941 los conspiradores hitlerianos, tras quebrantar pérfidamente el Pacto de No Agresión entre la URSS y Alemania sin declaración de guerra, comenzaron un ataque contra territorio soviético que inició así una guerra de agresión contra la URSS sin la más mínima provocación por parte de la Unión Soviética.
>
> Enormes masas de tropas alemanas concentradas de antemano y en secreto en las fronteras fueron lanzadas contra la URSS. Según lo planeado, tropas finlandesas participaron en el ataque a la URSS en el norte, y tropas húngaras y rumanas en el sur. Para crear el pánico y la confusión, la Fuerza Aérea Alemana comenzó de inmediato el bombardeo de ciudades pacíficas, sometiéndolas así a la destrucción.[80]

La guerra, continuó Rudenko, fue una campaña permanente de verdadera depredación. El objetivo era apoderarse de las riquezas del país abandonando a la población a su suerte o, sencillamente, liquidándola. La Wehrmacht habría de ocupar una línea desde Arkangel hasta el mar Caspio, en su versión más limitada, y hasta los Urales en la más osada. Detrás de dicha frontera, podría establecerse Stalin e incluso crear un Estado bolchevique; a Hitler eso no le importaba nada. Dis-

---

[79] *IMT*, vol. VII, p. 169.
[80] *Ibid.*, pp. 166-167.

pondría de numerosas tropas con la que contener sobradamente cualquier intento de expansión rusa o comunista, una vez poblado el territorio con millones de soldados campesinos germánicos.

Por lo tanto, seguía Rudenko, los crímenes de guerra alemanes, extraordinariamente numerosos, obedecían a una política deliberada adoptada por el Gobierno de Berlín con un propósito claro. Se produjo una «ejecución masiva de ciudadanos pacíficos» con carácter sistemático, evitando de este modo Rudenko referirse a los judíos, y achacándolos a los Sonderkommandos.

Muchos otros fueron asesinados mediante el hambre a causa del internamiento en campos y extenuados por el trabajo; además de los que perecieron por el gas estaban los que lo hicieron debido al tifus. A la muerte en los campos, seguía Rudenko, había que añadirle los fusilamientos, ya que este había sido el procedimiento primero para liquidar a sus enemigos étnicos. Y, sobre todo, a los prisioneros de guerra.

La cuestión de los prisioneros de guerra era un asunto muy delicado para los soviéticos. Para Stalin, quienes se habían dejado atrapar por los enemigos no eran otra cosa sino traidores, y, por tanto, no merecían ninguna consideración de las autoridades soviéticas. Por la orden número 270, los familiares de los soldados que se habían rendido resultaban privados de todo tipo de ayuda social por parte del Estado, lo que en no pocos casos equivalía a una lenta condena a muerte; la deserción implicaba el arresto de la familia entera. Cuando se produjo la derrota de Alemania en 1945, los millones de prisioneros que aún quedaban en manos alemanas fueron tratados con el máximo desprecio y evacuados a remotas regiones de la URSS; sospechosos no solo de cobardía, sino de haber sido testigos de la existencia de un mundo mucho más desarrollado que el comunista, aún tardarían meses en ser puestos en libertad. No faltaron incluso los que fueran asesinados, y particularmente duro fue el destino de aquellos que, inválidos para el trabajo, tenían que mendigar: en 1947 Stalin ordenó que se limpiasen las ciudades de todo elemento asocial que afease el paisaje, y esos mendigos inválidos fueron enviados a una lejana isla del helado norte, en donde apenas pudieron sobrevivir.[81]

---

[81] C. Merridale, *La guerra de los ivanes*, op. cit., p. 453.

Pero, por supuesto, la fiscalía soviética no podía obviar ese asunto, de modo que lo trajo a colación en la seguridad de que, por su parte, no tendría que rendir cuentas de su comportamiento parecido. Nadie ignoraba que los prisioneros alemanes habían muerto por cientos de miles en manos soviéticas, o que el trato que recibían era muy similar al que los acusados habían proporcionado a sus víctimas, delito por el que estaban siendo juzgados.[82]

> La Convención de La Haya de 1907 sobre prisioneros de guerra prescribía no solo el tratamiento humano de los prisioneros de guerra, sino además respeto a sus sentimientos patrióticos, prohibiendo usarlos para luchar contra su Madre Patria. El Artículo 3 de la Convención, que habla de las leyes y costumbres de la guerra, prohíbe a los combatientes forzar a los súbditos enemigos a participar en operaciones militares dirigidas contra su propio país, incluso en casos en los que estos súbditos hayan estado a su servicio antes del estallido de la guerra. Los hitlerianos pisotearon hasta este principio elemental de la Ley Internacional. A golpes y con amenazas de fusilarles, forzaron a prisioneros a trabajar como conductores de carros, vehículos a motor y transportes que llevaban suministros y otro equipamiento al frente, o acarreando munición hasta la línea de tiro, o como auxiliares en artillería antiaérea, etc.[83]

La acusación soviética continuó desgranando los delitos de los que acusaban a los alemanes, entre los que incluía los de deportación y esclavización. En ese aspecto, quien peor parado salía era Sauckel (aunque también Göring), por cuanto era el encargado de dichas tareas. En poder de los soviéticos obraba el documento en el que se especificaban las tareas que debían desempeñar los rusos en manos alemanas. Se trata de la Circular Secreta n.º 42006/41 del Departamento Económico del Mando Alemán en el Este, fechada el 4 de diciembre de 1941:

> Los rusos deben ser usados principalmente para la construcción de carreteras y ferrocarriles, operaciones de limpieza, desminado y cons-

---

[82] L. Rees, *A puerta cerrada*, Crítica, Barcelona, 2009, p. 446.
[83] *IMT*, vol. VII, p. 179.

trucción de aeródromos. Los batallones de construcción alemanes deben ser disueltos (los de la Fuerza Aérea). Los trabajadores cualificados alemanes deben trabajar en la producción de guerra; no tienen que cavar y partir piedras, para eso están los rusos.

Es esencial utilizar a los rusos principalmente para los siguientes tipos de trabajos: minería, construcción de carreteras, producción bélica (tanques, cañones, equipamiento de aviones), agricultura, construcción, en grandes talleres (fábricas de zapatos) y en destacamentos especiales para trabajos imprevistos urgentes.

En la toma de medidas para mantener el orden, las consideraciones decisivas son la velocidad y la severidad. Solo se impondrán los siguientes tipos de castigos, sin ninguna sanción punitiva intermedia: privación de comida o muerte por sentencia en consejo de guerra.[84]

Condensado en su Programa del Plenipotenciario General para la Utilización de Mano de Obra, Sauckel envió al Gobierno el día 20 de abril de 1942 —onomástica de Hitler— las instrucciones por las que se había de regir la recluta de la mano de obra del Este en lo sucesivo. Reflejaban la petición del Führer de que casi medio millón de ucranianas de entre quince y treinta y cinco años fuesen enviadas a Alemania para trabajar en tareas domésticas. Muchas de ellas habrían de ser absorbidas como población germanizada, lo cual formaba parte de un proyecto más general para que en un siglo hubiese en Europa 250 millones de germanos.

La deportación forzada de mano de obra al Reich fue uno de los factores que más contribuyó a mitigar las simpatías de la población por los alemanes. Recordemos que cuando comenzó la invasión, en junio de 1941, en amplias áreas de la URSS la Wehrmacht fue recibida como una fuerza libertadora. Sin embargo, la posterior ocupación enajenó el entusiasmo inicial y lo trocó por odio.

Las nuevas autoridades alemanas proclamaron la inferioridad racial de los pueblos que gobernaban, además de conservar el odiado sistema de explotación colectiva de la tierra y prohibir la expresión

---

[84] *Ibid.*, p. 181.

de los elementos propios de las culturas autóctonas. La Administración fue dura —aunque en grados diversos— en el Este, impidiendo una colaboración más estrecha de las poblaciones indígenas con los alemanes. Para las grandes ciudades, los conquistadores habían dispuesto un futuro poco alentador: Moscú y Leningrado, capital y cuna del bolchevismo, respectivamente, habrían de ser arrasadas hasta los cimientos.

El carácter destructivo de la dominación alemana y su nula disposición a satisfacer los anhelos de los pueblos que conquistaban, quedaba patente en los documentos alemanes de junio de 1941, que no dejan lugar a la duda en cuanto a la finalidad de la conquista para Berlín:

> En cumplimiento de las órdenes del Führer, se han de tomar todas las medidas necesarias para la explotación total e inmediata de los territorios ocupados en beneficio de Alemania. Obtener para Alemania las mayores cantidades posibles de alimentos y petróleo, ese es el objetivo principal económico de la campaña. Al mismo tiempo, se ha de suministrar a la industria alemana otras clases de materias primas de los territorios ocupados. La primera misión es proporcionar suministros a los ejércitos alemanes a la mayor brevedad posible, procedentes en su totalidad de los recursos de los territorios ocupados.
>
> La opinión según la cual se debería restaurar el orden en los territorios ocupados lo antes posible y restablecer su economía está completamente fuera de lugar. Se deberá restaurar el orden solo en aquellas áreas de las que podamos obtener considerables suministros de productos agrícolas y petróleo; en otras, la actividad económica se debe limitar a la explotación de las reservas que se descubran.
>
> Todas las materias primas y los bienes semimanufacturados y manufacturados deben retirarse de los mercados por medio de órdenes, requisas y confiscaciones. El platino, el magnesio y el caucho deberían ser recopilados de inmediato y enviados a Alemania. Los alimentos, así como los artículos de uso doméstico y personal y la ropa descubiertos en la zona de combate y las áreas de retaguardia deberán ponerse en primer lugar a disposición de los destacamentos económicos para

satisfacer las necesidades de los ejércitos. Lo que descarten será transferido a la siguiente agencia superior de economía de guerra.[85]

Al frente del entramado para obtener la mayor rentabilidad de estas operaciones estaba Hermann Göring, quien dirigía el llamado «Archivo Verde», que emitió las «Directrices para el Control de la Economía en los Territorios Orientales Recientemente Ocupados», de acuerdo a un decreto de 29 de junio de 1941. En una reunión que tuvo lugar el 6 de agosto de 1942 con comisarios del Reich y representantes del mando militar, Göring demandó que el saqueo de territorios ocupados se intensificara: «Les han enviado allí —señaló Göring—, no para trabajar en beneficio de los pueblos que se les han confiado, sino para sacarles todo lo que sea posible. Tengo intención de saquear, y de saquear con efectividad».[86]

El saqueo no se limitó a los bienes económicamente interesantes, sino que también se extendió a los bienes culturales. Por todo el territorio de la URSS, los monasterios, iglesias, museos, fueron saqueados y muchos de ellos destruidos.

Conforme a la acusación de Rudenko, los alemanes:

> Quemaron, saquearon, destruyeron y profanaron en territorio soviético 1.670 iglesias ortodoxas griegas, 237 iglesias católicas romanas, 69 capillas, 532 sinagogas y 258 edificios pertenecientes a instituciones religiosas.
>
> Destruyeron la iglesia Uspensky del famoso monasterio de Kievo-Petchersky, construida en 1073, junto con ocho edificios del monasterio.
>
> En Tchernigov los ejércitos fascistas alemanes destruyeron la antigua catedral Borisoglebsky, construida a principios del siglo XII, la catedral del Monasterio Efronisiev de Polotzk, construida en 1160, y la iglesia de Paraskeva-Piatniza-en-el-Mercado, un monumento extremadamente valioso de la arquitectura rusa del siglo XII.[87]

---

[85] *Ibid.*, pp. 184-185.
[86] *Ibid.*, p. 186.
[87] *Ibid.*, p. 187.

En términos generales, la conclusión de la fiscalía soviética en cuanto a los daños causados por los invasores teutónicos era devastadora:

> El daño infligido a la Unión Soviética como resultado de las actividades destructivas y depredadoras de las unidades del Ejército alemán es extremadamente grande.
>
> Los ejércitos y autoridades de ocupación alemanes, ejecutando la orden del criminal gobierno hitleriano y del Mando Supremo de las Fuerzas Armadas, destruyeron y saquearon ciudades y pueblos soviéticos, así como industrias y granjas colectivas confiscadas por ellos; destruyeron obras de arte, demolieron, robaron y se llevaron a Alemania maquinaria, materias primas y de otras clases, además de bienes manufacturados y tesoros artísticos e históricos, y llevaron a cabo un saqueo general de la población urbana y rural. En los territorios de la Unión Soviética que sufrieron la ocupación vivían 88.000.000 de personas antes de la guerra; la producción industrial bruta equivalía a 46.000 millones de rublos (según los precios fijados por el gobierno de 1926-1927). Había 109.000.000 de cabezas de ganado, incluidas 31.000.000 de cabezas de ganado vacuno y 12.000.000 de caballos; 71.000.000 de hectáreas de tierras cultivadas y 122.000 kilómetros de líneas férreas.
>
> Los invasores fascistas alemanes destruyeron o incendiaron total o parcialmente 1.710 ciudades y más de 70.000 pueblos y aldeas; quemaron o destruyeron unos 6.000.000 de edificios y dejaron a unos 25.000.000 de personas sin hogar. Entre las ciudades dañadas que sufrieron más se encuentran los grandes centros industriales y culturales de Stalingrado, Sebastopol, Leningrado, Kiev, Minsk, Odessa, Smolensk, Novgorod, Pskov, Orel, Jarkov, Voronezh, Rostov del Don y muchos otros.
>
> Los invasores fascistas alemanes destruyeron 31.850 instalaciones industriales que empleaban a 4.000.000 de trabajadores; destruyeron o se llevaron del país 239.000 motores eléctricos y 175.000 máquinas cortadoras de metal.
>
> Los alemanes destruyeron 65.000 kilómetros de líneas férreas, 4.100 estaciones de ferrocarril, 36.000 oficinas postales y telegráficas,

centrales de conmutación telefónica y otras instalaciones de comunicaciones.

Los alemanes destruyeron o devastaron 40.000 hospitales y otras instituciones médicas, 84.000 escuelas, institutos técnicos, universidades, institutos de investigación científica, y 43.000 bibliotecas públicas.

Los hitlerianos destruyeron y saquearon 98.000 granjas colectivas, 1.876 granjas estatales y 2.890 estaciones de maquinaria y tractores; sacrificaron, confiscaron o se llevaron a Alemania 7.000.000 de caballos, 17.000.000 de cabezas de ganado vacuno, 20.000.000 de cerdos, 27.000.000 de ovejas y cabras y 110.000.000 aves de corral.

El daño total causado a la Unión Soviética por los actos criminales de los ejércitos hitlerianos se ha estimado en 679.000 millones de rublos según los precios del gobierno de 1941.[88]

La enormidad de lo que para la Unión Soviética supuso la guerra contra Alemania superaba todo lo concebible; sin duda, era cierto que una buena parte de la destrucción tenía su origen en la política de tierra quemada de Stalin, pero no dejaba de ser cierto que dicha política era consecuencia de la invasión.

Sin embargo, era claro que los propios soviéticos habían cometido crímenes muy parecidos a los que achacaba a sus enemigos. Nunca fue esto más evidente que cuando los soviéticos se atrevieron a acusar a los alemanes de la matanza de Katyn.

Tras haber relatado una larga lista de crímenes perpetrados por los invasores a lo largo de la guerra, la fiscalía había traído a colación la matanza del bosque de Katyn. El tema era insoslayable, por cuanto los alemanes habían anunciado al mundo la matanza de varios miles de oficiales polacos el 13 de abril de 1943 en suelo soviético, en un lugar a las afueras de Smolensk. Aunque las investigaciones efectuadas en su momento determinaron que los oficiales polacos fueron asesinados por los soviéticos, estos habían protestado desde el principio su inocencia, tratando de salvar su relación con los polacos, de los que habían sido enemigos antes de buscar su alianza tras la invasión alemana.

---

[88] *Ibid.*, pp. 189-190.

También habían tratado de utilizar las fosas de Katyn como pretexto para romper relaciones con los polacos exiliados en Londres, ya que estos habían apelado a la Cruz Roja Internacional para llevar a cabo una investigación imparcial. La maniobra de Moscú estuvo encaminada, esencialmente, a sondear hasta dónde esteban dispuestos a llegar los occidentales, ya que a los soviéticos les constaba que tanto los británicos como los norteamericanos conocían perfectamente la autoría del crimen.[89] Así que, en Núremberg, incluyeron en la acusación, de acuerdo con los norteamericanos, la matanza de Katyn frente a la fuerte resistencia de la acusación norteamericana, que no comprendía la razón por la que Moscú quería ponerse la soga al cuello.

Todo había comenzado cuando el gobierno polaco había tratado de obtener, tras la invasión alemana de la URSS, información sobre los prisioneros polacos internados en ese país desde 1939. Con ellos, argüía el Gobierno polaco, se podía formar un cuerpo militar que luchase contra la Wehrmacht, algo que también habría de convenir a Moscú. Stalin concedió entonces una amnistía a todos los que habían sido hechos prisioneros tras la campaña de 1939 y permitió a los polacos de Londres que constituyeran la comisión Czapski para reclutar esos voluntarios.

De visita en la URSS, las cuentas que le salieron a los polacos en octubre de 1941 arrojaban un saldo de 12 generales, 130 coroneles y 9.227 oficiales de menos. La comisión llegó a establecer que sus compatriotas habían sido internados en los campos de Kozielsk, Starobielsk y Ostashkov hasta abril de 1940; entonces aparecían transferidos a un destino desconocido y ahí se perdía la pista.

El embajador polaco en Moscú, Jan Kot, tuvo una entrevista con Vishinsky —ministro de Exteriores soviético— ese mismo octubre de 1941. Este se escudó en que desde 1939 había habido enormes cambios en la URSS, que implicaban a muchas poblaciones con millones de habitantes. El destino de un puñado de miles, que seguramente no habían actuado de modo uniforme, era muy difícil de establecer. Kot re-

---
[89] N. Davis, *Varsovia, 1944*, Planeta, Barcelona, 2005, pp. 75-76.

batió dicha argumentación asegurando que ninguno de ellos se había puesto en contacto con sus familias, pero no les sirvió de nada. Un mes después, en noviembre, fue recibido por Stalin, quien le acogió solícito y le prometió que ordenaría una investigación inmediata. Delante de Kot, Stalin llamó a su jefe de policía para que le confirmase que todos los prisioneros de guerra polacos habían sido ya liberados. Por supuesto, había sido él quien firmó la orden de liquidación en abril de 1940.

A partir de entonces, los polacos enviaron cuarenta y nueve notas diplomáticas a Moscú inquiriendo acerca de esta cuestión. Jamás obtuvieron respuesta alguna, y cuando volvieron a reunirse con Stalin en diciembre de 1942, este les aseguró que en el territorio soviético no había un solo oficial polaco prisionero, en lo que no mentía. Les aseguró que andarían por alguna parte de la inmensa Unión Soviética, «probablemente en Manchuria».[90]

Hasta que el 13 de abril de 1943 la radiodifusión alemana emitió la noticia del descubrimiento —cerca de Smolensk, en el bosque de Katyn— de la ejecución en masa de 3.000 oficiales polacos en una fosa de 28 metros de largo y 16 de ancho, dispuestos en doce capas y vestidos con uniformes militares. Las manos estaban atadas, tenían disparos en la nuca; en muchos de ellos se hallaron los documentos de identidad. Evidentemente, los comunistas soviéticos jamás pensaron que la zona caería en manos de ningún enemigo. Al día siguiente, 14 de abril, los polacos hicieron público su deseo de que se abriese una investigación internacional, lo que sirvió de pretexto para que Moscú determinase que los polacos se estaban haciendo eco de la propaganda de Göbbels, y rompiese relaciones con ellos.

El 14 de febrero de 1946, el coronel Pokrovski —fiscal soviético— expuso el caso ante el Tribunal de Núremberg tal y como había sido elaborado por la comisión rusa que había investigado sobre el terreno y elaborado un informe al respecto. A los alemanes y a los soviéticos se les permitió presentar únicamente tres testigos. En el caso de los que comparecieron por parte de la fiscalía, resultaba muy evidente lo forza-

---

[90] VV. AA., *La Segunda Guerra Mundial*, Sarpe, Madrid, 1978, vol. III, p. 1022-1023.

do y automatizado de las declaraciones. El forense Viktor Prozorovski aseguró no tener dudas de que del análisis de la autopsia se desprendía que aquellos cuerpos humanos se habían vuelto cadáveres en el otoño de 1941; el búlgaro doctor Martov, que en 1943 había testificado no tener duda alguna acerca de la autoría del crimen por la NKVD, ahora declaraba exactamente lo contrario; hicieron comparecer también a Boris Bazilevski, que había sido colaboracionista de los alemanes y que tenía todo el interés del mundo en mostrarse lo más convincente posible. Para más inri, Bazilevski había culpado a su superior, el alcalde de Smolensko, Menshaguin, de complicidad con el ocupante. Haberlo citado en ese papel motivó que los soviéticos, pese a que aseguraban que Menshaguin había huido a occidente con los alemanes, mantuvieran en realidad a este encerrado veinticuatro años, diecinueve de ellos en completa soledad, pese a lo que se negó a firmar las confesiones falsas que una y otra vez le ofrecieron.

De acuerdo a la exposición del fiscal, el total de cadáveres encontrados ascendía a unos 11.000, y los testimonios de los habitantes de la zona permitieron establecer la época en la que los crímenes tuvieron lugar, el otoño de 1941. La comisión también detallaba las circunstancias en que estos sucedieron, apuntalando la tesis que sostenía.

En esencia, reiteraba lo que la nota pública soviética había anunciado en 1943; los prisioneros polacos habían sido utilizados en la construcción de carreteras —ahora decían ferrocarriles— y atrapados por los alemanes en septiembre de 1941, cuando estos habían tomado Smolensk, dadas las extremadamente graves circunstancias del momento, que habían impedido su evacuación.

Los soviéticos llegaban a dar los nombres y la filiación orgánica de los culpables. «Los asesinatos en masa de los prisioneros de guerra polacos fueron ejecutados por la organización Batallón de Ingenieros, Staff 537, dirigido por los tenientes primeros Arnes y Rex y el teniente Hott».[91]

Según las conclusiones de la comisión auspiciada por los soviéticos no existían dudas acerca de la época en que los crímenes habían tenido lugar, el otoño de 1941. Además, añadía, la forma de ejecución era

---

[91] *IMT*, vol. VII, p. 427.

la misma que la que los alemanes solían emplear en otras muchas zonas de la URSS.

La acusación estaba formulada, y los abogados defensores recogieron el guante y llamaron a sus testigos el 1 de julio. El interrogatorio lo llevó el doctor Stahmer, quien se centró en la fecha de otoño de 1941 como la de la comisión de la matanza y en el batallón supuestamente autor del crimen. Compareció el coronel Ahrens, destinado al frente del batallón en noviembre de 1941, quien descubriría las tumbas de Katyn en el invierno de 1943 siguiendo a un lobo.

Los forenses hicieron su trabajo en aquel bosque frío y húmedo, y establecieron algunas certezas más allá de toda duda. Seguros de que nadie tendría acceso a aquellas tumbas, el NKVD no se tomó la molestia de eliminar los restos que pudieran denunciar la época en la que el crimen había tenido lugar, de modo que los forenses encontraron que los diarios que se guardaban en los bolsillos de las guerreras concluían de manera abrupta en abril de 1940. El análisis puramente forense arrojaba el mismo resultado, continuó Ahrens.

Además, existía el testimonio de la población de la zona, que había oído disparos y gritos en la primavera de 1940 y hasta había visto polacos en uniforme pasar en camiones.

Los interrogatorios se acercaron a un punto peligroso. De las respuestas se desprendía con toda claridad que los alemanes no eran los responsables de la matanza; los alemanes no habían asesinado a los oficiales polacos. Era evidente que, en ese caso, solo podían haber sido los soviéticos. Llegados a ese punto, el presidente del tribunal se negó a seguir con el interrogatorio y retiró la palabra al doctor Laternsser, a menos que quisiera referirse «a las organizaciones a las que representa el doctor Laternsser».[92]

Cedió luego la palabra a la fiscalía soviética. El argumento básico estribaba en que Ahrens no estuvo en septiembre y octubre en la zona, no llegó hasta noviembre, por lo que no podía ser considerado testigo acerca de lo que allí sucedió en esas fechas, lógicamente. Pero no pudo llegar mucho más allá.

---

[92] *IMT*, vol. XVII, pp. 282-286.

Al efecto de invalidar el cuestionamiento del testigo por parte de los soviéticos, Stahmer llamó al estrado a Von Eichborn, teniente destinado en la zona por las fechas en las que los soviéticos aseguraban haber dejado atrás los tres campos con miles de presos polacos. Eichborn atestiguó que jamás oyó hablar de dichos prisioneros y que, de haber existido, es seguro que habría tenido conocimiento del asunto, tanto por las condiciones del frente en ese momento como por estar encargado de las comunicaciones del regimiento.[93]

Para todo el mundo quedó claro a quién era imputable el crimen de Katyn. Los primeros que lo sabían eran los Aliados, norteamericanos y británicos, pero guardaban silencio, pues de otro modo habrían revelado su complicidad. Los soviéticos, por su parte, detuvieron a los paisanos que habían informado a los alemanes de lo que habían visto y oído en la primavera de 1940, acusándolos de colaboracionistas de los nazis. Reconquistada la región por el Ejército Rojo en agosto de 1943, los mismos informantes ahora recordaban —todos ellos— que se habían equivocado de fecha y que, en realidad, los disparos se habían efectuado en septiembre de 1941. Aparecieron entonces algunos recibos fechados en el verano de 1941 e incluso una anotación tras la imagen de un icono con fecha de 4 de septiembre de 1941.

Por increíble que parezca, no todos los soviéticos se prestaron al fraude. El general N. D. Zoria tuvo serias dudas acerca de la veracidad del material que les hacían utilizar. Zoria ya había sido degradado en 1939, cuando se había negado a aceptar pruebas falsificadas en un juicio. En este caso, consciente de las contradicciones que existían en la acusación soviética, pidió ir a Moscú para discutir con el fiscal general de la Unión Soviética sobre las pruebas del caso. La respuesta oficial fue la de denegarle el permiso; al día siguiente, el 23 de mayo de 1946, apareció muerto en su habitación, jamás se sabrá si ejecutado o suicidado. De acuerdo a una de las traductoras que estuvieron presentes en el juicio de Núremberg, su muerte fue «una advertencia a sus abogados para que tomasen conciencia de que era inaceptable dar un traspié (…) quizá lo matase de un disparo, sin más, un especialista soviético en estas

---

[93] *Ibid.*, p. 297.

cosas, uno de los muchachos de Beria que estaban presentes en Núremberg».[94]

Lo cierto es que el 5 de marzo de 1940, Stalin había firmado de su puño, junto con Voroshílov, Molotov y Mokoián, una propuesta de Beria para deshacerse de unos veinte mil polacos. En el otoño de 1939 el sistema penal soviético se vio inundado por un cuarto de millón de nuevos presos procedentes de Polonia; de modo que se liberó a los hombres de menor graduación de entre los capturados. Sin embargo, los oficiales, así como los intelectuales, aristócratas y sacerdotes, fueron retenidos e internados en los tres campos anteriormente reseñados. Las condiciones en las que fueron encerrados no eran excesivamente malas, dejándoseles incluso enviar y recibir correspondencia, aunque no podían comentar las condiciones de su internamiento; sabían que la policía de Stalin leía todas las cartas.[95]

Pero los agentes de la NKVD no perdían el tiempo. Durante los meses de aquel invierno habían estado investigando y clasificando a los prisioneros y Beria había llegado a la conclusión de que aquellos hombres eran contrarrevolucionarios incorregibles y que nada se podía hacer. Tal información hizo su efecto en un Stalin que siempre odió Polonia y a los polacos.

Por otro lado, los soviéticos estaban coordinándose con los nazis en su política represiva, y dado que no pensaban devolver bajo ningún concepto la parte de Polonia de la que se habían apropiado tras el pacto con el Tercer Reich, soltar a aquellos prisioneros era una estupidez. La simultaneidad de la persecución nazi en su zona de Polonia y el ataque soviético a los centros universitarios de la suya deja bastante clara esa coordinación. En noviembre de 1940, Merkulov, el segundo de Beria, se reunió en Berlín con Himmler para concretar los acuerdos a que habían llegado la Gestapo y la NKVD tras la primera reunión que había tenido lugar en Lwów un año atrás.[96]

Por su parte, los Aliados habían tenido noticia de las deportaciones que estaban sucediendo en la zona soviética de Polonia, y poco tiem-

---

[94] L. Rees, *A puerta cerrada, op. cit.*, pp. 448-449.
[95] T. Snyder, *Tierras de sangre*, Galaxia Gutemberg, Barcelona, 2011, p. 170.
[96] L. Rees, *A puerta cerrada, op. cit.*, p. 73.

po después también de los crímenes comunistas. Pero no estaban dispuestos a tomar las mismas medidas que contra los alemanes. Así que cuando tuvieron que enfrentarse al asunto de Katyn estaban deseando secundar la versión soviética.

Estos, en enero de 1944, invitaron a Katyn a los periodistas extranjeros, sobre todo a norteamericanos y británicos, entre quienes se encontraba el tercer secretario de la embajada de los Estados Unidos en Moscú y a la joven hija del nuevo embajador estadounidense en la capital rusa, Kathleen Harriman. Los invitados fueron rodeados de todo tipo de lujos, y estuvieron en la zona no más de veinticuatro horas. Suficiente para sentir un profundo bochorno ante las declaraciones de los testigos, que recitaban como alumnos algo torpes la lección recién aprendida. Por lo demás, no se permitió que los periodistas preguntasen a los testigos.

Aunque las circunstancias no facilitaban el que los periodistas mostrasen una plena disconformidad con la versión que les ofrecían los soviéticos, no podían evitar mostrar su escepticismo. Hasta Winston Churchill llegaron las dudas. Envió una notificación a Eden para que le informase acerca de la realidad de los hechos, añadiendo que «se trata solo de determinar los hechos, ya que ninguno de nosotros debería decir jamás nada al respecto».

Las informaciones que le hicieron llegar al premier eran bastante clarificadoras; no había habido una sola noticia de los prisioneros polacos desde abril de 1940, lo que encajaba con la denuncia de los alemanes. Lo más probable es que hubieran sido los soviéticos los causantes.

La misma idea se había abierto paso hasta la Casa Blanca. George H. Earle, un antiguo gobernador de Pensilvania que había sido amigo personal de Roosevelt en la década de los treinta —y que era jugador de polo, aviador, aventurero y cazador—, había pedido una entrevista con el presidente, al que había asegurado que sin lugar a la menor duda habían sido los soviéticos los asesinos. Estuvo destinado como diplomático en Turquía y en Bulgaria, y no albergaba reservas al respecto, aunque dudaba que pudiera influir en Roosevelt, dado que este se hallaban bajo la influencia de Harry Hopkins, que trabajaba para la URSS. La respuesta de Roosevelt, quien se limitó a desviar el tema cuando Earle se lo expuso, fue la de destinarle a Samoa.[97]

La comisión de crímenes de guerra no sería, en modo alguno, privativa de los alemanes. A lo largo del conflicto, todos los contendientes llevarían a cabo y ampararían crímenes por parte de sus propias tropas. Los fusilamientos masivos de tropas enemigas serían perpetrados por todos los contendientes sin excepción, y no solo por iniciativa de los soldados en el campo de batalla, sino también por parte de los mandos, jefes y generales.

Aunque recorrieron todo el proceso, los crímenes de guerra serían básicamente expuestos en la acusación contra los mandos militares, a los que se responsabilizó de autorizarlos y darles fuerza de ley.

---

[97] *Ibid.*, p. 291.

Capítulo 12
LA CAUSA CONTRA LOS MILITARES

Después de que la fiscalía hubiera expuesto el caso durante largos meses, llegó el momento en que los acusados fueron llamados a testificar. El orden en el que debían hacerlo era el mismo en el que se sentaban en el banquillo. De acuerdo con eso, Rudolf Hess tenía que comparecer después de Göring. Sin embargo, Hess renunció, alegando el estado de su memoria.

El abogado de Rudolf Hess, el doctor Seidl, quiso hacer constar que su defendido no reconocía la jurisdicción del tribunal y, por tanto, se negaba a declarar en la mayor parte de cosas que se le imputaban:

> El acusado Hess no acepta la jurisdicción del Tribunal, dado que se han incluido en este juicio crímenes que no son crímenes de guerra propiamente dichos. Sin embargo, asume específicamente toda su responsabilidad por todas las órdenes y directrices que haya promulgado desde su cargo de adjunto al Führer y ministro del Reich. Es por ello por lo que no desea que se le defienda contra ninguno de los cargos relativos a los asuntos internos de Alemania como Estado soberano. Esto se aplica en concreto a las relaciones Iglesia–Estado y cuestiones similares. Por tanto, solo presentaré pruebas relativas a cuestiones cuya aclaración pueda interesar justificadamente a otros países. Eso es aplicable por ejemplo a las misiones y acciones de la organización extranjera del NSDAP. Aparte de eso, se presentarán al Tribunal pruebas solo en la medida en que sea necesario para determinar la verdad histórica. Esto se aplica entre otras cosas a los motivos que llevaron a Rudolf Hess a volar a Inglaterra y los fines por los que lo hizo.[1]

---

[1] *IMT*, vol. IX, pp. 693-694.

Más tarde, Seidl se limitaría a constatar que Hess no tenía responsabilidad alguna en el desencadenamiento de la guerra de agresión, ni había tenido parte en la conspiración para provocarla, puesto que había estado ausente de todas las conferencias principales en las que se trataron estas cuestiones. Considerarle responsable resultaba, sencillamente, absurdo; pero, en el fondo, tan absurdo como toda la acusación en su conjunto tal y como había sido formulada.

En lugar de Hess, quien subió al estrado fue el antiguo ministro de Exteriores, Joachim von Ribbentrop. Según trascurría el juicio —y aún más, según se acercaba la fecha de su comparecencia—, el antiguo ministro de Exteriores se ponía crecientemente nervioso. Hasta entonces se había mostrado taciturno y deprimido, y había adelgazado más de lo que era habitual en los presos. En los últimos días, el suelo de su celda estaba cubierto de papeles, que repasaba una y otra vez en busca de argumentos que aligerasen el peso de la acusación. En enero había cambiado de abogado, angustiado ante la perspectiva de la condena.

Estaba claro que para la acusación la culpabilidad del Ministerio de Exteriores era esencial. El aspecto más agresivo de la política nazi estaba bastante bien caracterizado por este organismo, dirigido por uno de los nazis más repudiados internacionalmente, como era el titular de la cartera de Exteriores alemana.

La defensa de Ribbentrop, el doctor Horn, había llamado al estrado primeramente a Margaret Blank, antigua secretaria del ministro desde noviembre de 1934, quien dio fe de la actitud de su jefe en favor de la paz. Le describió como un devoto de Hitler, dispuesto a cumplir con sus tareas al precio que fuese y subordinando sus convicciones a las opiniones del Führer. Reafirmó la pretensión del ministro de llegar a acuerdos de paz con Gran Bretaña mientras fue embajador —ella le acompañó en su periplo inglés—, y también que Ribbentrop aseguraba que Londres haría honor a sus compromisos con Polonia y que por tanto iría a la guerra, algo que, como hemos visto, le mortificaba enormemente, porque los británicos aseguraban que había informado al Führer en sentido contrario.

De acuerdo al retrato de su secretaria, se trataba de una persona tolerante en cuestiones religiosas, tanto en lo personal como en lo político; un hombre tímido, sin amigos íntimos, que sin embargo se preocupaba del bienestar de sus subordinados. Y, lo que era más importante, en el orden político, un mero ejecutor de las decisiones de Hitler: las orientaciones que recibía del Führer a través de Walter Hewel, su enlace con la Cancillería, a menudo venían acompañadas de instrucciones considerablemente estrictas. De modo que él sufría ser considerado responsable de la política exterior, cuando, en realidad, no la dirigía.[2]

El abogado de Ribbentrop llamó entonces a Paul Schmidt, el intérprete de Hitler que había servido también muchas veces al interrogado en su calidad de funcionario del Ministerio de Exteriores. Schmidt no tenía una gran opinión del ministro, pero lo esencial en este caso es que estaba dispuesto a testificar la sorpresa que causó al Führer y al ministro la declaración de guerra franco-británica el 3 de septiembre de 1939.

Del testimonio de Schmidt se desprendía algo esencial: Ribbentrop —como el mismo Hitler— no deseaba la guerra, al menos tal y como se había producido. El ultimátum aliado les había cogido por sorpresa, así que en modo alguno esperaban encontrarse en guerra con los occidentales. Hitler estaba seguro de que los polacos lucharían, de que esta vez no sería como con Austria y Checoslovaquia, pero que, una vez liquidada Polonia, los Aliados no tendrían razón alguna para considerar la guerra como una posibilidad.

Pero los cálculos de Hitler se basaban en una estimación errónea de sus adversarios. No solo él cometió ese error; aún hoy, las valoraciones acerca de Chamberlain y Daladier distan de comprender el verdadero valor político que desplegaron en su momento, e incluso, en muchos casos, parecen negarse con obstinación a considerar cuáles eran los verdaderos objetivos del «apaciguamiento».

Hitler creyó que la actuación de los franco-británicos en Múnich mostraba la extrema renuncia de estos a ir a la guerra: los Aliados aceptarían cualquier cosa con tal de evitar el conflicto. No se puede hacer un juicio apresurado de la actitud de Hitler por este motivo: tal

---

[2] *IMT*, vol. X, p. 189.

cosa pareció, en efecto, la actuación de Chamberlain y Daladier entonces. Sin embargo, el error de Hitler consistió en considerar que aquella postura occidental revelaba su verdadera naturaleza. Cuando Hitler invadió Chequia en marzo de 1939, Chamberlain se sintió agraviado en lo personal como nunca antes, ya que Hitler le había mentido sin el más mínimo pudor. De ese sentimiento de humillación nació su determinación posterior que le llevó a dar garantías a Polonia y estar dispuesto a hacer honor a su cumplimiento a cualquier coste.[3]

Pero para la fiscalía, al menos, sí parecía haber una cosa clara: Alemania había instigado el conflicto contra Polonia y había dispuesto el panorama a tal efecto; en ese sentido, la responsabilidad del ministro de Exteriores era innegable, pues este se había negado incluso a recibir al embajador polaco en vísperas del estallido del conflicto; tal negativa obedecía a que Alemania ya había decidido la agresión contra Polonia y había puesto en marcha la maquinaria militar y la creación del incidente que habría de justificar la guerra. Indudablemente, esto era así.

El 10 de agosto de 1939, Reinhard Heydrich —jefe del SD, el Servicio de Información de las SS— había ordenado simular un ataque a la estación de radio de Gleiwitz, situada junto a la frontera con Polonia, para crear un incidente que justificara formalmente la invasión. El ataque debía simular que había sido perpetrado por fuerzas polacas, por supuesto. Müller, el jefe de la Gestapo, dispuso que una docena de condenados a muerte fuesen vestidos con uniformes de la Wehrmacht, se les pinchase una inyección letal y luego se les fusilase. Después, un comando alemán vestido de polaco emitiría una proclama en ese idioma llamando al combate contra el Reich. Todo lo cual se ejecutó la noche del 31 de agosto.[4]

Sin embargo, Schmidt testificó que lo que en realidad había solicitado Ribbentrop era que el embajador polaco en Berlín estuviera dotado de poderes para negociar; cualquier otra cosa sería perder el tiempo. El polaco había notificado al ministro alemán que no tenía poderes para negociar, por lo que este determinó rechazar la reunión.

---

[3] R. Overy, *Al borde del abismo*, Tusquests, Barcelona, 2010, pp. 40-41.
[4] *IMT*, vol. IV, pp. 242-245.

Bajo esa luz, el asunto adquiría un aspecto completamente distinto, porque mostraba que, si bien los alemanes estaban preparados para el ataque y ninguna negociación les disuadiría de abandonarlo, los polacos tampoco parecían rechazar la guerra. De hecho, en Varsovia estaban seguros de que en pocos días estarían en Berlín. Las garantías proporcionadas por británicos y franceses dibujaban un panorama, según el Gobierno polaco, más que negro para los alemanes; eso, sin descartar que se produjera una revolución en Berlín que depusiese al Gobierno nazi. En los cafés de Varsovia se generalizaban las mofas hacia el vecino occidental, un país al que describían postrado tras la Gran Guerra, cuyo Ejército estaba compuesto por soldados pertenecientes a la malnutrida generación de posguerra, y cuyos tanques eran de cartón. El país sufría una ardorosa fiebre patriótica: «Yo creía, como casi todos, en los finales felices —recordaba un piloto de caza polaco de corta edad—. Queríamos combatir; la idea nos enardecía y queríamos que ocurriese cuanto antes».[5]

Hacia las dos de la madrugada del 2 al 3 de septiembre de 1939, el embajador británico Nevile Henderson había telefoneado al Ministerio de Exteriores para pedir ser recibido a las nueve de la mañana por el ministro; se le informó de que tal cosa no iba a ser posible, pero que otra persona le atendería en su nombre. La persona destinada a ello era Paul Schmidt, quien recibió el ultimátum de Londres amenazando con la guerra en caso de que la Wehrmacht no se retirase de Polonia antes de la 11 de la mañana. Con un notable desánimo no exento de indignación, Henderson rechazó tomar el asiento que Schmidt le ofrecía y le entregó el documento que anunciaba una nueva guerra veinticinco años después de la última.

Con ese documento en la mano, Schmidt atravesó el umbral de la imponente Cancillería del Reich. Hitler estaba reunido con Von Ribbentrop. El intérprete les resumió el contenido del papel que agitaba, y pasó luego a traducirlo al completo. Cuando terminó, se hizo un denso silencio en la sala durante aproximadamente un minuto. Hitler tenía la vista perdida en el vacío con expresión de profunda preocupa-

---

[5] M. Hastings, *Se desataron...*, op. cit., p. 17.

ción. Se volvió entonces hacia el ministro de Exteriores y le preguntó: «¿Qué vamos a hacer ahora?». Ambos comenzaron a debatir sobre los pasos diplomáticos a dar, y Schmidt abandonó la sala. En la habitación contigua había un cierto número de altos cargos y militares del régimen, que, conocedores de que el traductor había departido con el embajador británico y luego había sido recibido por el Führer, aguardaban con ansiedad.

Schmidt no tuvo que ser demasiado explícito. Se limitó a decirles que no habría un segundo Múnich. Por la expresión de sus caras, estuvo seguro de que habían comprendido correctamente. Göring se volvió hacia él: «Si perdemos esta guerra, que Dios nos ayude». Göbbels permaneció en una esquina, con expresión anonadada y casi depresiva. Como aseguró más tarde, no tuvo la impresión de que aquellos hombres esperasen una declaración de guerra.[6] Raeder ratificó también ese punto de vista: cuando Hitler le comunicó la inminencia del estallido de hostilidades con los occidentales (y en particular con Gran Bretaña) se mostró muy contrariado. El gran almirante nunca lo había visto así, pero sin duda Hitler se sentía violento por cuanto en numerosas ocasiones le había asegurado que no habría guerra contra los ingleses.[7]

El estado de ánimo de aquellos hombres era perfectamente explicable. La preparación de Alemania para afrontar la guerra que se le venía encima era nula en algunos aspectos. Lejos de constituir una poderosa máquina militar dirigida por unos conspiradores que pretendían envolver al mundo en una conflagración que les facultase su dominio, el Ejército distaba mucho de estar preparado para un conflicto generalizado, y menos aún para enfrentarse a una coalición de las poderosas democracias occidentales, eventualidad que no contaba en los planes de Hitler a corto plazo.

La Luftwaffe era probablemente la mejor fuerza aérea del mundo en operaciones de apoyo a tierra y al servicio de una nueva concepción bélica que pronto el mundo conocería como *Blitzkrieg,* pero era una

---

[6] *IMT*, vol. X, pp. 200-201.
[7] *IMT*, vol. XIV, p. 69.

evidencia clamorosa que resultaba completamente inoperante, como unos meses más tarde demostraría, si tenía que sostener una campaña de bombardeo estratégico. Por otro lado, resultaba ridículo pensar que la flota de superficie de la Kriegsmarine pudiera hacer frente con alguna probabilidad de éxito a la Royal Navy, y hasta era inferior a la flota francesa; ni que hablar de una combinación de ambas.

En cuanto al arma que sería necesario desarrollar para neutralizar el, con seguridad, determinante poderío marítimo aliado, los submarinos, su estado era deplorable. Dönitz había calculado que serían necesarias unas trescientas unidades, pero no llegaba a medio centenar la cantidad disponible, y los realmente operativos apenas eran quince, algunos de los cuales no estaban en condiciones —por su escaso tonelaje— de alcanzar las aguas más allá de Escandinavia. La situación era tal, que Raeder consideró a mitad de agosto de 1939 que si Alemania y Gran Bretaña entraban en guerra aquello sería el *Finis Germaniae*.[8]

El embajador francés, Robert Coulondre, entregó a Ribbentrop esa misma mañana un ultimátum semejante, que expiraba a las cinco de la tarde. Francia, como Gran Bretaña, se consideraba en guerra con el Reich desde el 3 de septiembre de 1939, en lo que sería el conflicto más devastador que conociera la humanidad.[9]

El testimonio de Schmidt resultó básicamente exculpatorio con respecto a Ribbentrop: estaba bastante claro que en los cálculos de la cúpula nazi no entraba una guerra contra los occidentales, al menos en ese momento. Las reacciones de Hitler y Ribbentrop resultaban esclarecedoras.

Los generales alemanes temían la posibilidad de una guerra así, y no pocos, llegados a este punto, maldijeron la política exterior excesivamente arriesgada del régimen; sin embargo, no pudieron dejar de reconocer que el propósito de dicha política en modo alguno era desencadenar una guerra contra los dos principales imperios del mundo.

En su declaración ante los Aliados, en 1945, el responsable del departamento armamentístico del OKW, Georg Thomas, aseguró que

---

[8] *IMT*, vol. XIII, p. 309.
[9] P. Schmidt, *Europa entre bastidores*, Destino, Barcelona, 1958, p. 432.

hasta 1937 incluso «Hitler nunca tuvo la intención de empezar una guerra, sino que creyó que, tirándose el farol de un rearme rápido, podría alcanzar su objetivo a través de medios pacíficos».[10] Crecido en sus éxitos sucesivos, fue incrementando la apuesta hasta arriesgar en exceso. Nunca pensó que aquello le llevaría a una guerra como la que estalló en septiembre de 1939.

El que fuera ministro (comisario, en la jerga bolchevique) soviético de Exteriores, Maksim Litvínov, refrendó esta idea, al considerar que hubo un momento a partir del cual la situación se desbocó: «Hitler tampoco quiso la guerra, pero los acontecimientos son demasiado fuertes para los que deberían controlarlos, cuando se les ha impreso un curso equivocado».[11]

En ese punto, el fiscal intentó volver la acusación de belicismo contra Ribbentrop trayendo a colación Pearl Harbor, aunque sin demasiada suerte:

> P. Testigo, ¿pudo usted observar la reacción de Ribbentrop al ataque japonés sobre Pearl Harbor?
> R. No pude observarlo de forma directa, pero en el Ministerio de Exteriores era conocido que las noticias acerca de Pearl Harbor cogieron tan por sorpresa el ministro como al propio ministerio...

La declaración de Schmidt sentó mal entre la acusación y el propio tribunal, pero, cuando el abogado enfocó la cuestión al respecto del tratado naval anglo-alemán de 1935, fue fulminantemente cercenado por el fiscal británico. Insistió, no obstante —como era su obligación profesional— en exponer los argumentos más favorables a su cliente, razón por la cual trajo a colación la entrevista entre Hitler y Horthy que tuvo lugar en 1944, en Klessheim, en la que se trató el tema de los judíos húngaros, y en la que Hitler aconsejó al regente magiar internar a los judíos.[12] Aprovechando la situación, retomó entonces la cuestión del estallido de la guerra entre el Reich y los Aliados,

---

[10] K. J. Macksey, *Guderian, general panzer*, Tempus, Barcelona, 2008, p. 97.
[11] J. Meyer, *Rusia y sus imperios*, Tusquets, Barcelona, 2007, p. 355.
[12] *IMT*, vol. X, p. 204.

pero el presidente no le dejó ir más allá, pues el doctor Horn comenzó a preguntar acerca de la impresión que Hitler causaba entre los hombres de Estado.[13] Algo que el tribunal no juzgó conveniente.

A partir de la sesión del día 2 de abril, el fiscal Faure comenzó a atacar con la cuestión judía, desde el plan Madagascar de emigración judía de Europa, en el que estaba implicado el Ministerio de Exteriores, hasta los intentos de Ribbentrop de que Horthy enviase a los judíos húngaros a un campo de concentración. Schmidt había declarado que Hitler solía imponer sus puntos de vista y estaba de acuerdo en que Ribbentrop no tenía posibilidad de oponerse a las decisiones de este; pero la fiscalía subrayaba el hecho de que no se había opuesto al Führer.

De modo que la reunión que tuvo lugar en abril de 1943 con Horthy y Hitler fue citada por el letrado francés como parte de su argumentario acusatorio. Este acusaba a Ribbentrop de acosar a Horthy para que se deshiciese de sus judíos, mientras Himmler presionaba para ocuparse él personalmente de todo el asunto; de acuerdo con la versión del ministro de Exteriores, el que las SS hubiesen metido sus narices en este asunto habría causado graves problemas de carácter internacional.

Como es natural, Ribbentrop trató de evitar todo lo que pudiera implicarle en la persecución de los judíos, pero una vez arrinconado por el fiscal —que le condujo a enfrentarse con las numerosas contradicciones de su declaración—, tuvo el coraje de admitir que había sido un leal seguidor de Hitler.[14]

«Vi en Adolf Hitler un símbolo de Alemania, y el único hombre que nos podía hacer ganar la guerra. Así que le permanecí fiel hasta el final, tal y como le había prometido».[15] En un momento determinado, en que Ribbentrop habló de presentar su dimisión al Führer, este le conminó a olvidar ese asunto, suscitándose una escena desagradable entre ambos. Ribbentrop se negó a hablar de ese asunto ante el tribunal, alegando que se trataba de algo entre ellos dos que no pensaba airear en público.

---

[13] *Ibid.*, p. 205.
[14] *Ibid.*, p. 412.
[15] *Ibid.*, p. 416.

Admitió que, desde 1941, su opinión apenas tuvo peso de cara a Hitler. Además, ignoraba muchas de las principales decisiones que se tomaron en aquellos tiempos, entre otras cosas porque Hitler mantenía separados los ámbitos militares y diplomáticos. El fiscal, Amen, creyó llegado entonces el momento de sorprender de nuevo a Ribbentrop en un paso en falso, al tratar de demostrarle que había agentes que trabajaban para diferentes organizaciones del Tercer Reich; tomó el caso de Albrecht Haushofer, que demostraría la perfecta sincronía existente entre los diversos departamentos del Estado, todo lo cual redundaba en el sentido conspirativo que la fiscalía había dado a acusación general.

Pero en la fecha a la que el fiscal se remitía, el otoño de 1937, Ribbentrop no era aún ministro de Exteriores, y además Haushofer no era un agente de ningún departamento, sino un colaborador de tipo muy distinto. Amen no comprendió la naturaleza de la relación establecida entre ambos, como aún no se entendía la verdadera naturaleza del Estado nacionalsocialista, mucho más parecido a un neofeudalismo caótico en el que cada cual vigilaba celosamente sus prerrogativas de acceso al poder, que a un imaginario Estado totalitario en el que todas las organizaciones estaban perfectamente coordinadas en la obtención de un fin ideológico prefijado.

Frente a lo que cada vez resultaba más evidente, los fiscales seguían sosteniendo la conspiración como motor explicativo de la guerra que acababa de terminar. El alegato inicial del fiscal francés, François de Menthon, en su introducción a la acusación de crímenes contra la humanidad, había insistido en ello:

> Los crímenes cometidos por los nazis a lo largo de la guerra, al igual que la guerra de agresión en sí misma, fueron, como les ha demostrado el fiscal Jackson, la manifestación de un plan perfectamente urdido y ejecutado metódicamente (...) inspirados por estos preceptos generales sobre cómo había que actuar en los países ocupados. Los acusados dictaron órdenes concretas, directrices generales o se identificaron voluntariamente con ellas. Son, por lo tanto, autores, coautores o cómplices de los crímenes de guerra cometidos sistemáticamente por Ale-

mania (...) de forma voluntaria desearon, planearon y ordenaron dichos crímenes, o se unieron conscientemente a dicha política criminal y organizada...[16]

De modo que cuando el relato de las querellas políticas y personales de Ribbentrop con Himmler amenazaba con arrojar luz sobre esta cuestión, el fiscal no quiso indagar en exceso en el asunto.[17]

En términos generales, el fiscal soviético no estuvo muy feliz en su actuación con Ribbentrop. Para empezar, Rudenko volvió a caer en un viejo vicio, lo que le fue recriminado por el presidente del tribunal: exigir al acusado que contestase con unos simples «sí» o «no» a las preguntas que le formulaba. El presidente requirió al fiscal para que permitiese al acusado, tras contestar de modo categórico a su pregunta, explicar el sentido de su respuesta o aportar una corta explicación. El momento fue incómodo para todos.[18]

Luego trató de acorralarle preguntándole si consideraba los sucesivos pasos que la política exterior alemana había dado durante los años treinta como parte de un designio agresivo. Ribbentrop lo negó en todos los casos —en algunos de ellos de modo muy plausible y creíble, como era el caso de Austria y de los Sudetes—, pero cuando se trató del caso de Checoslovaquia, su respuesta pareció sorprender a todos:

> No fue un acto de agresión. De acuerdo a las palabras del Führer, y yo creo que estaba en lo cierto, fue el resultado de una necesidad de nuestra situación geográfica. La posición de lo que quedaba de Checoslovaquia era como una especie de portaaviones para atacar Alemania. El Führer consideraba que había que ocupar Bohemia y Moravia para prevenir los ataques aéreos contra el Reich alemán [la distancia aérea entre Praga y Berlín es de apenas media hora].
>
> El Führer me dijo por entonces que, en vista del hecho de que los Estados Unidos habían declarado al hemisferio occidental de su competencia, que Rusia era un poderoso Estado con gigantescos te-

---

[16] *IMT*, vol. V, p. 390.
[17] *IMT*, vol. X, pp. 424-425.
[18] *Ibid.*, p. 426.

rritorios a su disposición y que Gran Bretaña abarcaba la totalidad del globo, que Alemania estaba legitimada para considerar ese pequeño territorio como su esfera de intereses...[19]

Rudenko no se inmutó ante la declaración de Ribbentrop, quien siguió justificando los subsecuentes pasos que Alemania dio contra Polonia, Dinamarca y Noruega. En el primero de los casos, subrayó que la intención originaria de Hitler no era la de caer sobre el vecino oriental, sino la de obtener una alianza; la inflexibilidad del fiscal soviético permitió que Ribbentrop desplegase una nada desdeñable argumentación que no encontraba réplica por parte de la acusación. Lo que decía el anterior ministro alemán era cierto, aunque no fuese, claro, toda la verdad; pero no parecía encontrar contradictor eficaz.

Cuando, con notable torpeza, incluyó a Dinamarca y Noruega en la lista de agresiones alemanas, Rudenko brindó a Ribbentrop, que conocía bien la argumentación al efecto, la oportunidad de recordar que la Wehrmacht se había limitado a adelantarse a una agresión británica al país escandinavo; además, añadía Ribbentrop, Hitler deseaba evitar que se abriese otro teatro de guerra como era el escandinavo. Todo lo cual también era cierto.

La prosecución del interrogatorio en forma de retahíla destinada a enunciar hasta el hastío la larga serie de agresiones alemanas entre 1939 y 1941 permitió, sin embargo, un lucimiento algo cínico del antiguo ministro. Cuando recordó que había sido Francia quien declarase la guerra a Alemania, y por tanto la campaña del Oeste era una consecuencia lógica del estado de guerra existente, sus compañeros de banquillo se removieron en sus sillas con visible satisfacción. Rudenko no aprovechó, sin embargo, para preguntarle por la invasión de Luxemburgo, Bélgica y Holanda, que eran naciones neutrales, sino que continuó impertérrito con la larga lista de naciones conquistadas por el Ejército alemán. La alusión a la intervención de la Wehrmacht en Grecia permitió un nuevo recordatorio del antiguo ministro de que los ingleses ya estaban allí, y de que se había producido un golpe de

---

[19] *Ibid.*, p. 427.

Estado contra el Gobierno legítimo de Belgrado, apoyado por Londres y Moscú, el 27 de marzo de 1941.

Al llegar a este punto, Rudenko inquirió acerca de la invasión alemana de la URSS. Como era previsible, Ribbentrop negó también en este caso que se tratara de una agresión, y prefirió calificarlo de ataque preventivo. De nuevo elaboró una justificación que no dejó de tener su efecto y que la historia ha corroborado al menos en parte:

> Yo siempre tuve la esperanza de que las cosas pudieran arreglarse de un modo diplomático. Pero la información recibida durante 1940 y 1941 desde la URSS, hasta el estallido de la guerra, convenció al Führer, como repetidamente él mismo me dijo, de que la convergencia Este-Oeste caería sobre Alemania (.....) era una gran preocupación para el Führer (...). Además, el Führer me informó de que existía una cercanía entre los círculos dirigentes de Moscú y Londres. Esto no me consta. Personalmente, no recibí informaciones de este tipo; pero los informes que recibía del Führer eran muy concretos. En cualquier caso, él temía que un día Alemania sería amenazada por una catástrofe.[20]

De nuevo, muchos de esos hechos eran verdad. Ribbentrop había defendido una política de amistad con la URSS. Lo defendió siempre, desde que el tratado de agosto de 1939 era la obra de su vida; el 21 de junio de 1941, cuando se produjo la invasión de la URSS, el comportamiento de Ribbentrop con la delegación soviética fue lo suficientemente significativo como para respaldar sus alegaciones en Núremberg. Al abandonar los diplomáticos soviéticos el Ministerio de Asuntos Exteriores, Ribbentrop salió tras ellos y, dirigiéndose al embajador Dekanózov, le dijo con voz perfectamente audible: «Por favor, informe a Moscú de que yo estaba en contra del ataque».[21]

Desengañado de los británicos, en el verano de 1939 depositó sus esperanzas personales en un tratado que, además de asegurar las espaldas de Alemania en la difícil coyuntura del momento, reviviese la vie-

---

[20] *Ibid.*, p. 429.
[21] C. Bellamy, *Guerra absoluta*, Ediciones B, Barcelona, 2011, p. 76.

ja *Ostpolitik* como una política de largo alcance. Verdaderamente intentó sumar a la Unión Soviética a una alianza permanente, erigida sobre el reparto de esferas de influencia que dañaban los intereses, fundamentalmente, de Gran Bretaña. No cabe duda de que impulsó la amistad con Moscú, ya que este propósito había constituido su mayor éxito profesional, y además había concebido un aborrecimiento real hacia los occidentales, particularmente hacia los británicos. De hecho, había sido el primero en impulsar una nueva orientación hacia el Este y, aunque al principio recibiera algunas recriminaciones del Führer, finalmente obtuvo el permiso de este para iniciar relaciones comerciales con Moscú, un primer paso en lo había de ser un acercamiento político que asombraría al mundo.

Para los Aliados resultaba muy incómodo recordar ahora los acontecimientos de 1939. Desde principios de año, Stalin estaba enviando inequívocas señales a Berlín: había advertido que la URSS no estaba para sacarles las castañas del fuego a nadie (en obvia alusión a los franco-británicos) y cesado al judío Litvínov como ministro de Exteriores, situando en su lugar al ruso Molotov. Durante los meses de primavera, Stalin anduvo jugando al ratón y al gato con unos y otros, pero conminado por Hitler para firmar un tratado de no agresión, no dudó en aceptarlo: aquello significaba la guerra y, previsiblemente, la ruina de Europa, ya que serviría para enfrentar a los enemigos entre sí.

Además, entre Stalin y Hitler se había desarrollado una cierta admiración mutua. La Noche de los Cuchillos Largos, en la que el Führer había eliminado a la cúpula de la oposición dentro del partido, suscitó encendidos comentarios del georgiano; es posible que le sirviera también de inspiración para sus propias purgas, mientras que Hitler comentaría también con admiración la eliminación de la oposición militar acometida por Stalin a partir de 1937.

Por supuesto, Stalin no se fiaba de Hitler, pero, como Molotov no se molestaría en ocultar, «sería erróneo decir que lo subestimaba. Sabía que Hitler se las había ingeniado para organizar al pueblo alemán en poco tiempo. Había habido un Partido Comunista importante y, sin embargo, había desaparecido —¡fue barrido!—. Hitler tenía el apoyo del pueblo y los alemanes pelearon de tal modo en la guerra que esto resulta palpable. Así que Stalin, con su desapasionado acercamiento a la consideración de la estrategia global, se tomó todo esto muy en serio».[22]

Además del arsenal argumentativo del que disponía Ribbentrop, Rudenko carecía de la flexibilidad suficiente como para contrainterrogar al acusado con eficacia. Su táctica interrogativa terminó por exasperar al propio tribunal. No tenía mucho sentido que el fiscal se empeñase en acusarle de protagonizar hechos que el imputado no solo no negaba, sino que reivindicaba. Ribbentrop parecía sentirse cómodo mientras el fiscal hacía desfilar ante él una interminable serie de documentos referidos a la política exterior alemana. El presidente le recriminó su planteamiento y el soviético terminó por excusarse.[23]

En todo caso quedó claro que, deseando preservar su propia obra, Ribbentrop advirtió a Hitler sobre los peligros de la nueva aventura en el Este. Por otro lado, resultaba creíble que el acusado no estuviera al tanto de los planes de explotación y saqueo del territorio y los habitantes de la Unión Soviética, planes que podían serle atribuidos a Himmler, pero que no parecían tener mucha relación con el Ministerio de Exteriores. Lo que, desde luego, sí era cierto es que Ribbentrop intentó que Japón cayese sobre la URSS desde Oriente mientras se desarrollaba la Operación Barbarroja, algo que extrañamente formaba parte de la acusación de Rudenko.[24] Por supuesto, Ribbentrop asumió con naturalidad la imputación de dicho propósito.

Más hábil estuvo Rudenko en la parte que hacía referencia al exterminio judío, cuestionando la ignorancia alegada por el ministro acerca de los campos de concentración. Si la información proveniente del interior del Reich en esta materia se desconocía, ¿no tenía el ministro noticias de lo que sucedía a través de la prensa extranjera? La respuesta negativa del exministro resultó, sin embargo, bastante convincente: no oyó nada acerca de ese asunto hasta que Majdanek cayó en manos del Ejército soviético, lo que sucedió a fines de julio de 1944.

---

[22] R. Service, *Stalin. Una biografía*, Siglo XXI, Madrid, 2006, p. 400.
[23] *IMT*, vol. X, p. 435.
[24] *DGFP*, vol. XIII, pp. 110-113, telegrama correspondiente al 10 de julio de 1941, del Ministerio de Exteriores en Berlín a la embajada alemana en Tokio.

El que Ribbentrop también negase tener noticia sobre el trabajo esclavo de los prisioneros en las industrias de guerra alemanas tampoco resultaba imposible, y de hecho el fiscal no aportó ninguna prueba en sentido contrario, pero en todo caso dificultaba aún más la pretensión de la conspiración como base de la acusación. Rudenko perdió la habitual impasibilidad y se mostró irritado ante la actitud de Ribbentrop, que rechazaba tener nada que ver con gran parte de los documentos que se le mostraban (muchas veces con razón); en otros casos, los acusados tenían más conocimiento de esos documentos que la acusación, como parece natural, y eso hacía que los fiscales a veces perdieran los papeles.[25]

El intento de relacionar al antiguo ministro con una especie de plan para desatar una guerra mundial tampoco corrió mejor suerte. El fiscal ucraniano imputó a este haber tejido una red internacional de pactos, acuerdos y relaciones que se concretaron en una serie de tratados, siendo el Pacto Tripartito uno de los más significativos. Ribbentrop explicó que, al contrario de lo que podría suponerse, este tenía una finalidad defensiva y de prevención de la guerra contra los Estados Unidos, y en ese sentido, contra la mundialización del conflicto. El que fuera firmado en septiembre de 1940 muestra a las claras la intencionalidad y oportunidad del mismo: el pacto estipulaba la ayuda mutua en caso de agresión por parte de una potencia no signataria del mismo, pero Japón pidió excluir específicamente del acuerdo a la Unión Soviética en caso de que la agresora fuera esta. Además, en los términos generales del acuerdo, se había explicitado que el pacto no tendría efecto sobre las potencias ya en guerra con los firmantes (por lo que no se estaba obligado a combatir ni a Gran Bretaña ni a Francia). Resultaba evidente que el objeto del pacto era los Estados Unidos.

Indudablemente, Ribbentrop prestó un testimonio válido en la medida en la que le ayudaba a su causa. Pero la defensa que hizo de esta, aunque con contradicciones claras, fue sin embargo lo suficientemente vigorosa como para desesperar a la acusación. Desde los primeros interrogatorios en junio de 1945, antes del juicio, hasta el final

---

[25] *IMT*, vol. X, p. 443.

mantuvo una línea de cierta consistencia de la que no fueron capaces de apearle.

En general, esa línea consistía en refugiarse en la ignorancia con respecto a los sucesivos temas por los que se le imputaba, y en muchos de ellos pudo alegar ignorancia con justicia. En otros, como en el caso del fusilamiento de los aviadores aliados fugados del campo de concentración, fue acorralado contra las pruebas documentales y tuvo que admitir que en absoluto era ignorante de aquello por lo que se le acusaba. Utilizó con frecuencia los «quizá», «es posible» y «probablemente», abusando de la indefinición para, sin oponerse de modo frontal a la acusación, no comprometer su declaración. El coronel John Amen le había interrogado antes de la apertura del juicio, y Ribbentrop logró sacarle de quicio. También en este caso llegó a exasperar a sus interrogadores, naturalmente con plena conciencia de lo que hacía.[26]

El caso de Ribbentrop había puesto sobre la mesa que los Aliados tenían un problema discursivo serio, por cuanto, antes de la guerra, los sucesivos pasos que había dado el Tercer Reich habían sido no pocas veces bendecidos por ellos. Los británicos, los franceses, los norteamericanos y los soviéticos había firmado distintos acuerdo con Alemania y, hasta cierto punto, respaldado su política expansiva en las primeras etapas; en algunos casos, hasta las vísperas mismas de la guerra y, en el de la Unión Soviética, incluso más allá. Además, una vez iniciada esta, era indudable que muchas de las cosas que imputaban a sus enemigos las habían perpetrado ellos mismos.

Por eso, el tribunal había delimitado la posibilidad de que la defensa acudiese a cierta documentación que podía perjudicar a jueces y fiscales. En diciembre, Jackson había recordado públicamente cuál era el compromiso al efecto adoptado para la celebración del juicio, alegando que no podía aceptarse una cantidad indefinida de documentos y testimonios. La fiscalía alegaba que esa delimitación se basaba en dos criterios; uno de ellos, que el testimonio fuese relevante o pertinente; la segunda es que tuviese algún valor probatorio. De otro modo, el juicio se alargaría *sine die*.

---

[26] R. Overy, *Interrogatorios…*, op. cit., p. 529.

> Este Tribunal se rige por un Estatuto que reconoce la imposibilidad de cubrir una década, un continente, un millón de actos, aplicando reglas ordinarias a las pruebas si se desea terminar el juicio en el tiempo de una vida humana. No queremos celebrar un juicio que (…) dure siete años. Por tanto, el Estatuto estableció solo dos normas por las que considero que se puede rechazar una prueba. La primera es que la prueba debe ser relevante. La segunda es que debe tener algún valor probatorio.
>
> Una de las razones por las que se constituyó este tribunal como un tribunal militar, en lugar de un tribunal de justicia ordinario, era evitar el efecto de sentar un precedente con lo que se haga aquí en nuestras propias leyes, y para evitar el control ejercido por los precedentes que se daría si fuera un organismo judicial ordinario.
>
> El Artículo 19 dice que el Tribunal no debería verse controlado por reglas técnicas sobre las pruebas. Deberá adoptar y aplicar lo máximo posible procedimientos expeditivos y no técnicos, y admitirá cualquier prueba que considere que tiene valor probatorio. Esto se convirtió en obligatorio, el admitir cualquier prueba que se considere que tiene valor probatorio. El fin de esta norma, Señorías, considero que es este: que toda la controversia en este caso —y no dudamos de que hay espacio para la controversia— se centre en el valor de las pruebas y no en si son o no admisibles.[27]

La discrecionalidad de la que se dotaba el tribunal en esta cuestión era grande, fundamentalmente destinada a evitar malos tragos a los estados que juzgaban a los alemanes.

Esto era esencial en cuanto a la imputación de una serie de delitos que resultaban centrales en la acusación: los que afectaban a la cúpula militar germana. Personalizados en Keitel, Jodl, Raeder y Dönitz, la fiscalía acusaba a los mandos militares de planear una guerra de agresión y de crímenes de guerra. En muchos aspectos, los Aliados no estaban en una situación mucho mejor que la de aquellos a quienes juzgaban, y esa era la razón por la que necesitaban delimitar la natura-

---

[27] *IMT*, vol. III, p. 543.

leza de las pruebas que se aportaban, de modo que algunas no se aceptarían: los alemanes no podrían alegar hechos cometidos por los Estados que les estaban juzgando para aligerar su culpa y, ni siquiera, a fin de explicar sus propios actos.

Esto convino dejarlo claro desde el principio. La comisión coordinadora del trabajo de los soviéticos en el Tribunal Militar Internacional de Núremberg —que presidía Andrei Vyshinki— acogió con alborozo la propuesta occidental de que una serie de temas quedasen excluidos del proceso; a todos, por distintas razones, les interesaba aquello. No sería aceptada la aportación de documentos, testimonios o argumentos relacionados con bombardeos aéreos —en ese momento se pensaba esencialmente en Dresde—, con el lanzamiento de las bombas atómicas o el Pacto de No Agresión firmado entre la URSS y Alemania en agosto de 1939.

La formulación de los delitos considerados como planeamiento de guerra de agresión era deliberadamente ambigua, pues dicha acusación era el desencadenante del resto de los principales crímenes de los que se acusaba a los alemanes; sin guerra, no habrían existido los demás.

Tanto el Alto Mando del Ejército (Heer) como de la Marina de Guerra (Kriegsmarine) habían trabajado, indudablemente, en la elaboración de planes defensivos y ofensivos, de acuerdo a los requerimientos de su Gobierno. A la luz de la doctrina de la conspiración, aquello era suficiente para condenarlos; la acusación, sin embargo, quizá consciente de la fragilidad de dicha argumentación, fijó su objetivo en la imputación de delitos tipificados como crímenes de guerra.

Wilhelm Keitel ocupó la dirección del Alto Mando de las Fuerzas Armadas (OKW) a causa de la dimisión del mariscal Werner Blomberg, en febrero de 1938. En julio de 1940, tras la victoria sobre Francia, ascendió a mariscal de campo, ya convertido en uno de los allegados más fieles a Hitler. Precisamente, su figura ha sido despreciada por su subordinación obsequiosa al Führer, pero eso ha conducido a infravalorarlo desde el punto de vista militar. Como ya se ha comentado, en un juego de palabras muy significativo, era apodado Lakeitel, que significa «lacayo» en alemán. El general Heinz Guderian, quien le conoció bien y que terminó como jefe del Estado Mayor del Ejército (OKH), le definió como «un hombre básicamente honrado. Estaba totalmente dominado por la personalidad de Hitler y creía que su deber era aprobar todo lo que él decía. Nunca vi que se opusiera a Hitler en nada».[28]

Keitel asumió sus funciones después de que Hitler quitase de en medio a la anterior cúpula del OKW, en febrero de 1938. La razón de que se emprendiese esta operación no está del todo clara, al menos en lo que hace a Hitler. Blomberg era un militar muy competente, y en absoluto contrario al Führer, quien, por otro lado, sentía por él un enorme respeto. Casi con toda seguridad, se debía a una conspiración de las SS, que quería elevar hasta la dirección de las Fuerzas Armadas a un hombre más próximo al partido; parece que el propio Göring tuvo, durante unas semanas, la genuina esperanza de que podía ser nombrado para el puesto.

Hitler, por su parte, confiaba en la probidad profesional de Keitel, que era el principal ayudante de Blomberg, y las relaciones entre ambos eran excelentes (un hijo suyo estaba comprometido con la hija del mariscal). Cuando depuso a Blomberg a causa de su desafortunada boda con una hermosa mujer de turbio pasado, le consultó acerca de quién debía ser el sustituto del dimitido mariscal. Keitel mencionó a Göring como el más adecuado de los candidatos posibles, pero Hitler se negó, considerando que este ya acumulaba demasiados cargos y que era excesivamente holgazán y dado a la buena vida como para considerarlo apropiado. De modo que solo quedaba Werner von Fritsch, en opinión de Keitel.

Pero Fritsch pronto iba a ser objeto del segundo asalto de las SS a los altos mandos militares. Soltero empedernido, hacía tiempo que existían algunos rumores malintencionados al respeto de las inclinaciones sexuales de Fritsch. Göring le había hecho seguir —el general había viajado con su ayudante a Egipto a curarse de una bronquitis—, pero no había obtenido prueba alguna. Las SS urdieron entonces una trama muy sucia para quitárselo de en medio, acusándolo

---

[28] R. Overy, *Interrogatorios...*, op. cit., 2003, p. 541.

falsamente de mantener relaciones homosexuales con un capitán de caballería, lo que le obligó a dejar su puesto solo un poco después; aunque más tarde dichas acusaciones serían oficialmente rechazadas, la absolución que le alcanzó cuando fue juzgado apenas sirvió para rehabilitarle.

Cuando Keitel supo de la acusación contra Fritsch aseguró que se trataba de una confusión o de una calumnia, pero Hitler dejó de lado sus objeciones y le solicitó de nuevo un nombre para sustituirle. Keitel dio el de Rundstedt, pero a Hitler le pareció demasiado viejo. Es cierto que era de avanzada edad (aunque siete años más tarde seguiría sirviendo), pero, sobre todo, estaba muy alejado de la línea del partido. El Führer pensaba que el más indicado era Reichenau, pero este no tenía predicamento alguno entre sus colegas. Keitel no mostró ningún entusiasmo ante la sugerencia de Hitler, al que costaba aún decidir en contra de la jefatura del Ejército.

La remoción de la cúpula militar dejó tocado a Hitler. Göbbels lo encontró triste al día siguiente, e incluso le pareció que había llorado; es muy posible que a causa del caso Fritsch. El ayudante de Keitel, Alfred Jodl, percibió lo mismo en su jefe, quien incluso le comentó: «Tengo la impresión de estar viviendo un momento aciago en la historia de la nación alemana».[29]

La acusación de Núremberg partía del principio innegociable de que el alto mando militar compartía plenamente los objetivos de la dirección nazi. Era no solo el ejecutor ciego de una política que otros decidían, sino actor principal de cuantas decisiones se tomaban. Keitel negó durante el proceso ser responsable de esas decisiones, en lo que decía la verdad; lo que no obstó para que en el estrado ratificase su lealtad esencial a Adolf Hitler. Esa lealtad le había llevado a convertirse en un obediente servidor del Führer, y en cierto modo a no considerarse responsable de los hechos que se le imputaban. Lo que había hecho durante todos esos años era desempeñar el cargo para el que había sido elegido por el jefe del Estado de la mejor manera que sabía, por lo que no entendía qué hacía en el banquillo.

---

[29] G. MacDonogh, *Hitler 1938*, *op. cit.*, p. 25.

Los alemanes se habían formado en la ética kantiana en la que el cumplimiento del deber lo era todo. Esto se hacía más visible en el Ejército y entre los funcionarios. El propio Keitel lo explicó en el interrogatorio de su abogado, el doctor Nelte:

> Como oficial alemán, considero que es mi deber responder por lo que hice, aun cuando fuera erróneo (...). No siempre resultará sencillo separar la culpa de los caminos que nos hizo tomar el destino (...) nuestros soldados actuaban de buena fe, movidos por la necesidad militar y por la obediencia a las órdenes que recibían...
>
> Creo que puedo afirmar que, en toda mi carrera militar, me educaron, por decirlo así, en el concepto tradicional de que estas eran cosas sobre las que no se discutía. Es evidente que cada cual tiene su propia opinión, y su propia vida, pero en el ejercicio de las funciones profesionales, como soldados y como oficial, hay que dejar de lado la vida, aparcarla. Por lo tanto, ni en aquel momento ni más tarde recelé de cuestiones de naturaleza puramente política, porque asumí la postura de que el soldado tiene derecho a confiar en la cúpula del Estado y, por lo tanto, está en la obligación de cumplir con su deber y obedecer.[30]

Era el preámbulo necesario para afrontar lo que se le venía encima. El abogado se adelantó a lo que con seguridad iba a ser la línea argumental de la fiscalía, y le preguntó por los decretos y órdenes que llevaban su firma. No eran pocos, desde luego, y algunos de ellos entraban directamente en la catalogación de crímenes contra la humanidad. Keitel no podía negar esto, y su estrategia fue la de admitir abiertamente estos hechos y explicarlos en la clave anterior: la educación que había recibido él y toda una larga serie de generaciones de alemanes.

> Desde luego que hay una larga serie de órdenes, instrucciones y directrices relacionadas con mi nombre, y también admito que con frecuencia esos documentos contienen desviaciones de la ley interna-

---

[30] *IMT*, vol. X, p. 470.

cional vigente… por otro lado, hay un cierto tipo de directrices y órdenes que no son de índole militar, sino ideológicas, como las que fueron emitidas antes de la campaña contra la Unión Soviética e inmediatamente después.[31]

Efectivamente, el fiscal soviético arremetió contra el mariscal echando mano de esa argumentación. El mariscal había firmado las órdenes de germanización de Polonia desde el otoño de 1939, pero, sobre todo, había firmado la orden de 16 de septiembre de 1941 en la que se facultaba a las fuerzas de ocupación a que adoptaran las medidas que creyesen necesarias para atajar «cualquier conspiración», lo que sin duda parecía razonable, pero añadía que «debemos recordar que, en los países ocupados, la vida humana carece totalmente de valor y que solamente se logrará un efecto disuasorio recurriendo a la aplicación de medidas extraordinariamente duras».

Keitel no tuvo más remedio que reconocer —secamente— que había firmado ese documento, pero que la frase originaria en alemán no era exactamente así, sino que en su textualidad decía que «en los países afectados a menudo la vida humana carece de valor». Por supuesto, eso cambiaba las cosas, por cuanto en su redacción parecía casi lamentar el estado de cosas que lo hacía posible.

El documento hacía alusión a la situación en Yugoslavia y en los territorios ocupados de la URSS, que era de una extrema tensión para las tropas alemanas, frecuentemente atacadas por los guerrilleros de ambas regiones. En represalia por cada soldado muerto, la orden estipulaba el fusilamiento de cincuenta o cien comunistas: la Wehrmacht no tenía dudas de que el enemigo a combatir eran los comunistas.

La verdad era que los Aliados practicaban unas represalias semejantes, y en ocasiones aún peores, por no hablar de los soviéticos. Los norteamericanos, cuando recibían disparos desde una población, en lugar de tomarla pedían a la aviación que arrasasen la localidad con toda su población civil incluida. Resultaba difícil establecer las diferencias que había entre una política y la otra (además, evitaba a los esta-

---

[31] *Ibid.*, p. 471.

dounidenses un gran número de bajas) y cabía conceptuarla como algo muy equivalente a lo que habitualmente se entiende por represalia.[32]

Pero había algo que comprometía a Keitel más allá que a sus colegas de cautiverio: el decreto Nacht und Nebel, del que ya se ha hablado. Dicho decreto fue firmado el 7 de diciembre de 1941 por Keitel en su condición de jefe del OKW, y facultaba todo tipo de detenciones arbitrarias y desapariciones. Dado que Jodl fue finalmente también condenado a la misma pena, no puede decirse que esa fuese la causa que le llevase a la horca, pero sin duda pesó en el ánimo de los jueces.

El decreto Nacht und Nebel fue esgrimido por el juez Maxwell-Fyfe en su interrogatorio al mariscal de campo y resultó muy efectivo a la hora de arrinconarlo. Keitel trató de explicarlo, aun plenamente consciente de que «es un grave cargo contra mí», en función de la situación que se vivía en el frente del Este, donde el movimiento de resistencia y partisano estaba activándose con gran rapidez. Hitler había expresado la opinión de que, en ocasiones, no se podía llevar a todo el mundo ante una corte marcial, o bien cabía esperar una sentencia distinta que la de muerte para los acusados; no interesaba que un resistente fuera condenado a una pena de cárcel. En tal caso, debían ponerse en práctica las previsiones del decreto.

En 1944 hubo otros decretos que agravaban este anterior, y que Keitel trató de justificar en función de la gravedad de la situación militar. No pudo hacerlo, sin embargo, cuando fue confrontado con el fusilamiento de unos ferroviarios en Holanda que habían llevado a cabo una huelga, lo que el mismo Keitel no dudó en calificar de medida cruel. Además, el mariscal había cursado órdenes por su propia iniciativa en las que animaba a los mandos a tomar decisiones implacables cuando no se pudiese actuar mediante una corte marcial, lo que solo podía significar el fusilamiento inmediato sin juicio.[33]

La Wehrmacht utilizó las represalias contra la población civil con prodigalidad, particularmente en el Este. A partir de 1942 y, sobre todo

---

[32] G. MacDonogh, *Después del Reich*, op. cit., p. 647.
[33] *IMT*, vol. X, pp. 628 y ss.

desde el año siguiente, se habían formado verdaderos ejércitos a las espaldas de la Wehrmacht, que le hacían la vida imposible. Para muchos soldados se convirtió en una aventura marchar de permiso a la patria. Se libró una guerra salvaje en la retaguardia del frente del Este y de los Balcanes. En el verano de 1943, cada día se realizaban noventa actos de sabotaje de relevancia solo en las vías férreas. Su incidencia había sido tal que, como Jodl recordaría, un periódico norteamericano, aun con evidente exageración, había hablado de medio millón de soldados alemanes muertos en la retaguardia del frente oriental.[34]

Aunque desde el punto de vista político aquello fue un error mayúsculo por parte de los alemanes, lo cierto es que las represalias contra la población civil no solo eran práctica común en todos los ejércitos del mundo, sino que los códigos militares recogían dicha figura con naturalidad, como sucedía en el artículo 453 del Código Británico de Justicia Militar.

No se podía olvidar que no pocas veces, quienes practicaban dicho tipo de guerra —los partisanos— lo hacían como «irregulares» y, por tanto, no estaban sujetos tampoco a las leyes de guerra. Los estadounidenses actuaron de la misma manera cuando atraparon a los comandos de Skorzeny camuflados con sus uniformes durante la ofensiva de Las Ardenas. Los Aliados llevaron a cabo campañas terroristas en Europa allá donde dispusieron de los medios adecuados.[35] Un diputado laborista —consejero real— escribió que «era realmente irracional esperar que los alemanes combatieran contra aquellos practicantes de lucha libre ateniéndose a las reglas del marqués de Queensberry».[36] El problema estaba en que la defensa no podía contraargumentar de ese modo. Su causa, entonces, estaba perdida.

Sin la menor discusión, los alemanes perpetraron las mayores matanzas en la lucha contra los partisanos. Con frecuencia, el tiroteo desde una aldea se sustanciaba con el asesinato de toda la población, incluyendo mujeres y niños. El derecho internacional no cubría todo el repertorio de posibilidades que se producía al respecto de la ocupa-

---

[34] *IMT*, vol. XV, pp. 336-337.
[35] M. Hastings, *La guerra secreta*, Crítica, Barcelona, 2016, p. 9.
[36] R. T. Paget, *Manstein. His Campaigns and his Trial*, Londres, 1951, p. 139.

ción de un territorio. El Ejército ocupante debía tratar como soldados a los que combatieran con uniformes reconocibles, a quienes portasen armas de forma manifiesta, tuvieran una estructura de mando visible y respetase a su vez las leyes de guerra, pero resultaba evidente que muchas veces esto no sucedía con los partisanos; y, por otro lado, tampoco estaba claro hasta cuándo una tropa podía prolongar sus actividades una vez que hubiese cesado la lucha de forma abierta, lo que podía producirse bien por una capitulación o bien por una ocupación efectiva del territorio.

Del mismo modo, la defensa de los militares emplazados en Núremberg debía levantarse sobre la obediencia debida. Jamás hasta entonces se había cuestionado este principio; nadie discutía que la primera tarea de un militar es la de obedecer, y hacerlo de un modo incuestionable. De hecho, los códigos militares británico y norteamericano contemplaban la obediencia como argumento para justificar la comisión de actos ilegales. Si en cualquiera de los dos países un oficial se negaba a cumplir ese tipo de órdenes, eso significaba la renuncia a su condición militar.

Pero en la Alemania de Hitler, y en tiempo de guerra, tal actitud habría conllevado el pelotón de fusilamiento con total seguridad. El desarrollo de la guerra mostró que los generales alemanes tenían una limitada capacidad de actuación, y que estaban muy lejos de obrar según su voluntad; el paso de la guerra fue limitando incluso más su libertad de acción. El tipo de guerra a la que Alemania se enfrentaba, y que en gran parte había desatado, contribuía, a su vez, a que los responsables adoptaran una serie de medidas que redundaban en una radicalización de los métodos.

Era evidente que la obediencia debida no podía servir como excusa para la comisión de todo tipo de atrocidades. Tampoco los alemanes lo admitían de modo incondicional; de hecho, como quedó claro sobre el estado de Núremberg, no fueron pocos los subordinados de las SS que pidieron aclaraciones a sus superiores con respecto a órdenes genocidas, o bien que cuestionaron la legitimidad de las mismas. El que, pese a eso, ejecutaran dichas órdenes solo significa que estaban dispuestos a hacerlo y que necesitaban una justificación legal, pero implica el conocimiento de que aquello era criminal y, por tanto, debieron haberse negado a llevarlo a cabo. Precisamente su petición es lo que les acusa con más fuerza.

El propio Hermann Göring no tuvo inconveniente en reconocerlo, en conversación con Gilbert, el psiquiatra de la prisión.

> Los alemanes consideramos que un juramento de fidelidad está por encima de cualquier otra cosa. El tribunal no se da cuenta de que acatar las órdenes es una excusa legítima para casi todo. El tribunal se equivoca. Pero recuerde que he dicho «casi todo». No considero que el extermino de mujeres y niños pueda llevarse a cabo, ni siquiera aunque se haya prestado un juramento. Por mi parte, me cuesta creer que se haya exterminado a mujeres y niños. Tuvo que ser ese delincuente de Göbbels o tal vez Himmler quien influyó sobre Hitler para que hiciera algo tan espantoso.[37]

Empero, la acusación contra los mandos militares alemanes siempre adoleció de una cierta falta de fundamento, e incluso después del tiempo transcurrido, las mayores críticas a las sentencias de Núremberg provienen de las condenas a los mandos militares. Todos ellos, los cuatro, fueron acusados de adoptar medidas que los propios Estados de los jueces y fiscales tomaban con frecuencia. La defensa, sin embargo, se vio privada de utilizar este tipo de argumentación, que solo fue admitida en un caso: la alegación de Kranzbühler, el abogado de Dönitz, del tipo *tu quoque*, la prueba de que el otro bando llevó a cabo el mismo tipo de política que condenaba y que, por tanto, había de servir para exonerar a su defendido.

La principal acusación contra Dönitz radicaba en la orden que había impartido el 19 de septiembre de 1942 por radio a sus submarinos, y que la fiscalía consideró que trataba de asesinar a los náufragos de los buques que los propios U-Boote habían hundido. Con anterioridad se había expuesto una orden que se suponía emitida por Hitler tras conversación mantenida con Matsuoka a comienzos de enero de 1942,

---

[37] J. Owen, *Núremberg. El mayor juicio...*, op. cit., p. 279.

en la que el Führer se comprometía a matar a los náufragos de los buques hundidos en alta mar, pero Dönitz negó que dicha conversación hubiera tenido lugar y que, en todo caso, a él le hubiera llegado orden alguna en ese sentido.[38]

La llamada «orden del Laconia», sin embargo, parecía mucho más acusatoria. El 17 de septiembre de 1942, Dönitz había cursado una orden a sus tripulaciones en el sentido de que no atendiesen a los náufragos de los buques que hundiesen o que encontrasen en el mar. Como Kranzbühler le recordó, se trataba del núcleo central de la acusación contra él.

Los hechos habían sucedido de un modo que explicaban razonablemente las medidas que el mando de submarinos alemán había adoptado. A primera hora de la noche del 12 de septiembre de 1942, frente a las costas de África Occidental, a unos 400 kilómetros al noreste de la isla de la Ascensión, el U-156 del capitán de corbeta Werner Hartenstein, amparado en la oscuridad, disparó dos torpedos contra un buque británico —el *Laconia*, de casi 20.000 toneladas— que transportaba carga y pasaje, incendiándolo al instante y escorándolo sin remedio. Presa del pánico, los pasajeros, entre los que se distinguían mujeres y niños, saltaron de la cubierta. Hartenstein entonces decidió rescatar a los náufragos.

Uno de ellos, una vez en el submarino, le informó de que a bordo del *Laconia* viajaban unos 1.800 prisioneros de guerra italianos, que habían sido encerrados en las bodegas por los polacos, quienes les impidieron salir tras las explosiones. Algunos, empero, pudieron escapar, y resultaron ametrallados incluso una vez en los botes de salvamento. Unos cien alcanzaron el submarino de sus aliados germanos.

Hartenstein emitió entonces un mensaje: «No atacaré a ninguno de los navíos que acudan en socorro de los náufragos del *Laconia*, a condición de que yo mismo no sea atacado por buques ni aviones. Submarino alemán».

El agua estaba plagada de hombres que se agitaban tratando de mantenerse a flote y de botes que trataban de alcanzar la embarcación.

---

[38] *IMT*, vol. XIII, p. 268.

Hartenstein no sabía cómo actuar, de modo que envió un cable al Cuartel General del Comandante Supremo de los Submarinos, en Francia, que remitió su caso al propio Dönitz. Este actuó de inmediato, y ordenó que los submarinos que operaban en la zona colaborasen en el salvamento de los náufragos del *Laconia*: «Schacht, Grupo Elsbär, Würdemann, Wilamowitz, reúnanse inmediatamente con Hartenstein en 7721 para ayudarle a salvar a los náufragos. ¡Rápido!».

Entre tanto, Hartenstein continuó trabajando sin descanso para rescatar al mayor número posible, durante el día y la noche. Al poco tiempo, ya no era capaz de albergar más náufragos. Y Dönitz comenzó a impacientarse porque había una tan alta concentración de submarinos en la zona. Como sospechando algo, emitió una sugerencia a los suyos: «En ningún caso comprometan la seguridad de sus buques. Los submarinos deben estar dispuestos para sumergirse en todo momento. Los submarinos, incluso el de Hartenstein, no embarcarán más que un número de náufragos que no pueda comprometer su capacidad de maniobra en inmersión».

Los alemanes se habían puesto en contacto con los franceses para que estos acudiesen con buques al rescate de los náufragos. Los tres submarinos alemanes, el U-156, U-506 y U-507 ya estaban repletos y no eran capaces de subir más gente a bordo. También había acudido un submarino italiano, el *Capellini*, a instancias de Dönitz, así como cuatro buques franceses. El trato a los que se hallaban en la cubierta y en los botes fue siempre amistoso.

A mediodía del 16 de septiembre, un B-24 Liberator sobrevoló la concentración de sumergibles germanos y recibió de estos una señal para que ayudase; el piloto comunicó la situación a la base británica de la isla de la Ascensión y recibió la orden de hundir los submarinos. Increíblemente, media hora después de su primera aparición, el *Liberator* sobrevolaba de nuevo la zona y dejaba caer sus bombas sobre el U-156, el sumergible que le había solicitado la ayuda, a pesar de que había enarbolado una visible bandera de la Cruz Roja. Las explosiones hundieron una barcaza con náufragos, y los prisioneros se ahogaron por racimos.

El U-156 se sumergió entonces, abandonando como es lógico a los náufragos que no podía transportar en el interior de la nave. Al día siguiente, el Liberator de nuevo atacó al U-506, que tuvo que realizar la misma maniobra que el submarino anterior. El piloto del *Liberator* —que cumplía órdenes— fue condecorado por el hundimiento de dos submarinos... a los que había obligado a sumergirse, pero que en modo alguno había hundido. Lo que sí había enviado al fondo de Atlántico eran algunas barcazas y botes que los alemanes había puesto a disposición de los náufragos y a no pocos de estos, compatriotas suyos en muchos casos.

A raíz de este incidente, Dönitz había cursado una orden de innegable dureza, pero que no resultaba en modo alguno descabellada a la luz de lo que había sucedido:

> A todos los oficiales al mando:
> 1. No deberá hacerse intento alguno por rescatar a miembros de los navíos hundidos. Esta orden incluye el salvamento de personas en alta mar para llevarlas a botes salvavidas, el rescate de botes salvavidas que hayan volcado y la entrega de comida y agua. El rescate es contrario a las demandas más elementales de la guerra de destrucción de barcos y tripulaciones enemigas.
> 2. Siguen vigentes las órdenes sobre el rescate de los capitanes y de los ingenieros jefe.
> 3. El rescate de los náufragos solo se efectuará si sus declaraciones pueden ser importantes para el navío.
> 4. Sean firmes. Recuerden que el enemigo no demuestra la menor consideración hacia las mujeres y los niños en sus bombardeos sobre las ciudades alemanas...[39]

La fiscalía argumentaba que todo el incidente no había servido más que de excusa para que Dönitz pusiera en marcha una campaña criminal, algo que llevaba tiempo deseando. El argumento llegaba a ser escandaloso. Dönitz, en el estrado de los testigos de Núremberg, se indignó: «Es indudable que nos entregamos al rescate de las tripulaciones y que nos bombardearon mientras lo hacíamos; también es cierto

---
[39] *Ibid.*, p. 278.

que el mando de la flota de submarinos y yo nos vimos en la tesitura de tomar una decisión compleja y actuamos de un modo humano, una solución errónea desde el punto de vista militar. Por lo tanto creo que no es necesario gastar más palabras refutando la acusación».[40]

Como el propio Dönitz escribiría más tarde, la aviación enemiga era una amenaza muy cierta, que no se podía subestimar: los tres submarinos, no mucho después, serían hundidos por este arma, precisamente.

Sin embargo, hubo un caso que Dönitz sí consideró como susceptible de ser juzgado, aunque quiso contrastarlo con la realidad de la guerra. Fue el del teniente Eck, del U-852 que, tras el hundimiento de un mercante, destruyó con fuego de artillería las ruinas que flotaban en medio del mar para evitar que se convirtieran en una antorcha que reclamase la atención del enemigo. En la operación, eliminó a numerosos náufragos, aunque no era ese su objetivo. En el curso de la misma operación, el U-852 fue hundido por aviones, aunque una parte de la tripulación pudo salvarse subiendo a los botes, donde fueron ametrallados.

Posteriormente, el capitán Eck y los oficiales del submarino fueron condenados por un tribunal inglés y fusilados el 30 de noviembre de 1945. Dönitz, que no aprobó la acción de Eck, quiso sin embargo añadir una reflexión a lo que había sucedido:

> El teniente Eck se hallaba ante una decisión muy difícil; era el responsable de su barco y de su tripulación y esa responsabilidad pesa gravemente en la guerra. Como no carecía de motivos para suponer que, en caso de ser descubierto, iba a ser destruido, puesto que en la misma zona marítima fueron bombardeados simultáneamente, según creo, cuatro submarinos, un consejo de guerra alemán le habría juzgado por no tomar todas las precauciones necesarias si su buque hubiera resultado hundido. No se ve lo mismo la guerra desde un bando que desde el otro, ni se está bien penetrado de la gran responsabilidad que tiene un simple comandante.[41]

---

[40] *Ibid.*, p. 287.
[41] K. Dönitz, *Diez años y veinte días*, *op. cit.*, p. 269.

La solidez de la defensa de Dönitz condujo a que el tribunal admitiera lo impensable: una argumentación basada en el principio del *tu quoque*, en este caso el que los norteamericanos habían obrado de igual manera que el arma de submarinos alemana. Se trataba de una auténtica bomba, por cuanto otros documentos no habían sido admitidos, como sucedió en el caso de los que hacían referencia al tratado de no agresión de agosto de 1939.

Los soviéticos sostenían que dicha maniobra diplomática, la de haber firmado el pacto con los alemanes en 1939, tenía por única razón defenderse de la agresividad nazi, por lo que resultaba plausible considerar que no estaban haciendo otra cosa que desplegar una estrategia de mera defensa nacional. Sin embargo, durante el interrogatorio de Ribbentrop el abogado de Hess mantuvo algo bien distinto: lo que había sucedido, en realidad, es que la URSS y el Tercer Reich se habían repartido Europa Oriental en esferas de influencia, con perfecto desprecio hacia los pueblos a los que sojuzgaban tanto uno como el otro. De ser así, la idea de que los soviéticos se habían limitado a defenderse, se convertía en obviamente insostenible. Seidl hizo referencia al protocolo secreto firmado por Berlín y Moscú en el que se procedía al reparto, momento en que la acusación soviética trató por todos los medios de silenciar a Seidl, sabedora de que el abogado no disponía de las pruebas documentales.

Rudenko insistió en que Seidl era el abogado de Hess y de Frank y que, por lo tanto, el Pacto Germano-Soviético no tenía relación alguna con ninguno de sus dos defendidos; punto de vista fácilmente rebatible por cuanto todas las acusaciones afectaban a todos los imputados. Había que evitar a toda costa que el asunto del pacto saliese a relucir. Las consecuencias podían ser imprevisibles o, peor aún, fácilmente previsibles. Sin duda ninguna, aquello no iba a agradar a Stalin. El 23 de mayo, el mayor general soviético N. D. Zorya, consejero de Estado para la Justicia, de la acusación soviética, apareció muerto en su hotel.

Como era lógico, el interrogatorio a Ribbentrop incluyó la aseveración del antiguo ministro de Exteriores germano de que si la ocupación de Polonia por Alemania constituía un delito contra el orden internacional y formaba parte de la conspiración contra la paz, la URSS estaba indudablemente implicada en ello exactamente igual que Alemania.[42]

Completando el testimonio de Ribbentrop, Seidl le preguntó por el intento alemán de sumar a la URSS al Pacto Tripartito. Ribbentrop lo confirmó, añadiendo que si dicha tentativa falló, se debió tan solo al alcance de las exigencias soviéticas. Stalin ambicionaba Finlandia, Bulgaria y los Balcanes, lo que resultaba imposible de asumir por parte alemana. No solo eso: en su vista a Berlín, Molotov había señalado el interés de la URSS por una salida al Atlántico desde el Báltico, por lo que los estrechos escandinavos eran para ellos esenciales. Y, por supuesto, los Dardanelos.

Ribbentrop siguió, pese a todo, intentando mantener a los soviéticos en la negociación. Consideraba que, si pudieran compaginarse los intereses soviéticos, los de los pueblos balcánicos y los de Berlín, se llegaría a una gran coalición capaz de mantener a Gran Bretaña fuera de la guerra de una vez y se aseguraría una Europa poderosa y básicamente unida.[43]

En definitiva, Seidl no disponía de la documentación pertinente, de modo que los soviéticos pudieron respirar tranquilos. Pero eso solo duró hasta un mes más tarde, cuando el infatigable Seidl se hizo con el protocolo secreto del Pacto Germano-Soviético y volvió a la carga con motivo del interrogatorio de Raeder. Había subido al estrado de los testigos el secretario de Estado de Exteriores, Ernst von Weizsöcker, declarando acerca de numerosos sucesos acecidos durante la guerra, por lo que estaba siendo inquirido por los abogados de la defensa de modo intenso. Seidl tomó la palabra y fue al grano. Como quiera que le había sido impedida la presentación del documento, ideó una estratagema para hablar de él.

SEIDL. Testigo: el 23 de agosto de 1939, Alemania y la Unión Soviética sellaron un Pacto de No Agresión. ¿Sellaron aquel día ambos gobiernos algún acuerdo más, además del Pacto de No Agresión?

---
[42] *IMT*, vol. X, p. 314.
[43] *Ibid.*, p. 315.

Entonces intervino en fiscal soviético Rudenko, para impedir que el interrogatorio siguiera ese derrotero, como había hecho en el anterior mes de abril.

> RUDENKO. Señor presidente, se le pide al testigo que responda sobre unas cuestiones concretas expuestas en el alegato del abogado del acusado, el doctor Siemers. Creo que la pregunta que le ha planteado en este momento el defensor Seidl no guarda relación alguna con el examen de presente caso y debería ser desestimada.

Mediado mayo de 1946 las cosas habían cambiado. La Guerra Fría era una realidad, y de las amables y respetuosas relaciones entre los antiguos aliados apenas quedaba el recuerdo. En Núremberg, eso se había traducido en un enfriamiento aún mayor de las relaciones entre unos y otros, que nunca habían sido particularmente cálidas, de modo que el presidente permitió a Seidl continuar:

> P. Herr von Weizsöcker, le repito la pregunta: ¿sellaron ambos Gobiernos otros acuerdos el 23 de agosto de 1939 que no figuran en el Pacto de No Agresión?
> R. Sí.
> P. ¿Dónde figuraban esos acuerdos?
> R. Dichos acuerdos figuraban en un protocolo secreto.
> P. ¿Leyó usted personalmente ese protocolo secreto en tanto que secretario de Estado del Ministerio de Asuntos Exteriores?
> R. Sí.

Entonces el doctor Seidl citó una declaración del embajador Friedrich Gauss, jefe del Departamento Legal del Ministerio de Exteriores alemán, en el que este ratificaba que el texto del acuerdo secreto que le había leído se correspondía sin ningún género de dudas con el que había leído él mismo en 1939. En ese momento, intervino el presidente para preguntar al doctor Seidl:

PRESIDENTE. ¿Qué es ese documento que presenta el testigo? Ya presentó un documento ante el tribunal y fue desestimado. ¿Es el mismo documento?

SEIDL. Se trata del documento que presenté ante el tribunal en la fase de presentación de pruebas documentales y que el tribunal se negó a admitir, posiblemente porque yo me negué a divulgar el origen y la fuente de ese documento. Sin embargo, el tribunal me autorizó presentar una nueva declaración jurada del embajador Gauss al respecto (…) me gustaría leerle este texto para alimentar la memoria del testigo y preguntarle si recuerda si este documento reproduce fielmente los acuerdos secretos.

Rudenko trató de que bajo ningún concepto se permitiera dicha argumentación. Estaba claro que era una argucia legal de Seidl para introducir el documento en el juicio por la puerta de atrás; el fiscal soviético creía que el juez Lawrence no lo iba a permitir.

RUDENKO. Señoría, quiero protestar contra estas preguntas por dos motivos. En primer lugar estamos investigando los delitos de los principales criminales de guerra alemanes. No estamos investigando las políticas exteriores de otros Estados. En segundo lugar, el documento que intenta presentar al testigo el abogado defensor Seidl ya ha sido rechazado por este tribunal, pues se trata, esencialmente, de un documento falsificado y que carece de valor alguno como prueba.

Aunque la alegación de Rudenko no carecía de sentido —puesto que había sido acordado que este tipo de pruebas no serían admitidas—, en este caso tropezaba con un problema de primer orden: el documento, como Seidl advirtió, constituía una parte esencial del Pacto de No Agresión, que había sido presentado por la fiscalía como prueba GB-145. Por tanto, resultaba muy difícil de rechazar, salvo que se pudiera recurrir al hecho de que el documento ya había sido rechazado en otro momento, como era el caso, aunque fuese por razones diferentes a las que ahora hacían pertinente su presentación. Por esa razón, el presidente inquirió a Seidl:

PRESIDENTE. ¿Es este el documento que ya había sido rechazado por el tribunal?

Seidl no negó que se tratase del mismo documento, sino que dijo que ahora el testigo podía ratificar el contenido original del mismo. Por supuesto, Seidl no tenía dudas, ya que le había sido proporcionado por un oficial norteamericano; a los estadounidenses les venía bien ahora que tales documentos fueran publicados. Cuando el presidente le preguntó sobre su procedencia, Seidl alegó que no podía revelar algo así (lo que el tribunal debía comprender) pero que los testigos podían dar fe de que dicho documento era verdadero.

El presidente decidió que el documento como tal no podía ser presentado, ciertamente (en este caso dada su procedencia anónima), pero el abogado sí podía preguntarle al testigo acerca de si sus recuerdos se correspondían con el contenido del mismo. Seidl tomó de nuevo la palabra:

SEIDL. Testigo, le ruego que me describa el contenido del acuerdo en la medida en que lo recuerde.

La contestación del antiguo secretario de Estado fue rotunda:

WEIZSAECKER. Se trata de un anexo secreto al Pacto de No Agresión concluido con un contenido muy claro y de gran alcance. El documento cubría un terreno muy importante, ya que se ocupaba del reparto de las esferas de influencia y trazaba las fronteras entre diferentes áreas que, bajo determinadas circunstancias, pertenecerían a la Rusia soviética y a la esfera alemana. Finlandia, Estonia, Letonia, el este de Polonia y, si mal no recuerdo, algunas regiones de Rumanía pasarían a estar bajo la influencia de la Unión Soviética. Todo lo que cayera al oeste de dichos territorios entraría en el área de intereses alemanes. Es cierto que ese acuerdo secreto no conservó su forma original. Más tarde, en septiembre o en octubre de ese mismo año, hubo un cambio, una enmienda. Creo recordar que la diferencia fundamental en ambos documentos era que Lituania pasaba a la zona de influencia soviética mientras que, en el territorio polaco, la línea de demarcación entre ambas esferas de intereses avanzaba considerablemente hacia el oeste...[44]

Rudenko ya no podía hacer nada: la naturaleza del Tratado Germano-Soviético había quedado al descubierto. Después del episodio de Katyn, los soviéticos estaban escocidos con razón y, aunque no se dispusiera del documento original, el juez había permitido el testimonio de quien sí lo conocía. En los comienzos de la Guerra Fría, los alemanes habían empezado a asumir una posición de adelantados del anticomunismo que no dudaron en reivindicar.

Por otro lado, nunca resultó tan evidente el absurdo de la teoría de la conspiración norteamericana como cuando los mandos militares subieron al estrado. Lo que no era sino obediencia, como había quedado expuesto en el caso de Keitel, quería explicarse en clave de activa complicidad. Pero el desconocimiento de las intenciones de Hitler que manifestaban los mandos militares era un hecho en el que incidían una y otra vez, y eso imposibilitaba dicha complicidad. Poco a poco, la idea de la conspiración activa fue transformándose en una acusación más parecida a colaboración.

> EXNER. ¿Hasta qué punto le transmitía el Führer sus intenciones políticas?
>
> JODL. Solo en la medida en que era necesario conocerlas para cumplir con nuestra labor militar (...) las discusiones sobre cuestiones políticas no se admitían, por lo general, si venían de un soldado. Le daré un ejemplo especialmente elocuente: cuando, en septiembre de 1943, comuniqué al Führer el fin del fascismo en Italia, pues los emblemas del partido estaban esparcidos por todas partes, esta fue su respuesta: «Solamente un oficial podía informar de tal estupidez. Es evidente que los generales no entienden de política».

Después de tal observación es fácil entender que el deseo por mantener una discusión política era más bien nimio.

---

[44] *IMT*, vol. XIV, pp. 283-286.

EXNER. Por lo tanto, ¿las cuestiones políticas y militares estaban totalmente separadas?

JODL. Sí... Al principio de la guerra el Führer nos informaba de los sucesos y los avances, es decir, del esfuerzo de otros países por impedir la guerra o acabar con ella después de que hubiera estallado... Tenía un discurso diferente cuando hablaba con los políticos y el partido y cuando hablaba con la Wehrmacht, y otro tanto sucedía con las SS (...). El cuartel general del Führer era una mezcla de claustro y campo de concentración. Estaba rodeado por un gran número de alambradas. En las carreteras que conducían a él había puestos de guardia para mantener la vigilancia. En el centro del complejo se alzaba lo que se conocía como el anillo de Seguridad número uno...

EXNER. A menudo se ha dicho aquí que era imposible contradecir al Führer. ¿Tuvieron algún éxito sus reproches?

En este punto, el general Jodl fue indudablemente sincero. En lugar de apuntalar la versión más divulgada de Hitler como la de un hombre irracional, presa del histerismo a la más mínima ocasión y que no permitía la menor crítica, el general sostuvo algo muy distinto. Lo cual tenía tanto más valor cuanto que la defensa de Jodl se basaba esencialmente en que el general se había limitado a cumplir con su deber.

JODL. No se puede afirmar rotundamente que fuera imposible contradecir al Führer. Yo lo hice en más de una ocasión, y con vehemencia, pero había momentos, sin embargo, en los que no podías siquiera responderle. Aun así, mis observaciones también hicieron que el Führer desistiese de muchas cosas.

EXNER. ¿Puede poner un ejemplo?

JODL. Recuerdo, por ejemplo, la intención de Hitler de renunciar a la Convención de Ginebra. Y yo lo impedí porque me mostré en desacuerdo (...). Si el enfrentamiento directo no permitía impedir algo que yo me veía obligado a impedir por mis más íntimas convicciones, quedaba otro método al que recurrí a menudo, una suerte de resistencia pasiva que consistía en adoptar tácticas dilatorias. Retrasaba la ejecución de las decisiones y así esperaba el mejor momento para volver a plantear la cuestión. También me salí con la mía en alguna que otra ocasión con este método, por ejemplo cuando el Führer quiso entregar a varios miembros de la aviación a la justicia para que fuesen linchados. Pero no tuve éxito en la orden de los comandos.[45]

Para la jefatura política era una necesidad mantener tranquila la conciencia de los altos mandos militares. Aunque estos no estaban en condiciones de conocer los pormenores de lo que sucedía en los campos de concentración, las SS le hacían llegar de cuando en cuando fotografías que mostraban internamientos ideales en los que el trato a los presos era obviamente humano.[46] Hitler consideraba al Heer (Ejército de Tierra) esencialmente reaccionario y escasamente impregnado de nacionalsocialismo, mientras que la Marina de Guerra era básicamente cristiana y anticuada; la única arma verdaderamente nazi era la Luftwaffe.[47]

La idea de que los militares deseaban la guerra y colaboraban en ello más de lo que cualquier otro militar lo hubiera hecho en su misma situación no resultaba plausible. Cuando, al poco de estallar la guerra, los militares mostraron su contento porque Hitler hubiera llegado a un acuerdo con los soviéticos, el Führer se disgustó.[48] Era evidente que había esperado otra reacción; pero sus generales celebraban que la guerra se circunscribiera, no que se extendiese.

Y no es que el propio Hitler no se diese cuenta de las implicaciones de su política. Pero sus generales no eran aquellos soldados que él quizá había imaginado, una especie de perros de presa dispuestos a saltar sobre cualquiera que les fuese indicado. Jodl recordaba las esperanzas que había depositado en que se obtendría un acuerdo diplomático con la Unión Soviética:

> La situación militar era la siguiente: con una Rusia definitivamente neutral a nuestra espalda, una Rusia que, además, nos abasteciera, era

---

[45] *IMT*, vol. XV, pp. 294-297.
[46] *Ibid.*, p. 295.
[47] *Ibid.*, p. 294.
[48] H. Guderian, *Recuerdos de un soldado*, Inédita, Barcelona, 2007, p. 91.

> del todo imposible que perdiéramos la guerra. Una invasión como la que se produjo el 6 de junio de 1944 habría sido inimaginable si hubiéramos contado con todas las fuerzas que destinamos y que perdimos en la extraordinaria campaña contra Rusia. Nunca me pasó por la cabeza, ni por un solo momento, que un estadista que era además un estratega, dejara pasar en vano aquella ocasión. Y nadie puede negar que peleó consigo mismo durante meses antes de tomar la decisión, pues se debatía entre dos ideas de signo contrario que le insuflaban el Reichsmarschall, el comandante jefe de la Marina, el ministro de Asuntos Exteriores.

Esto implicaba la idea de que Hitler no había querido atacar a la URSS obedeciendo a su viejo plan de conquistar espacio vital para el Reich, sino que se había visto obligado por una razón coyuntural; luego la guerra que desató la Operación Barbarroja fue una guerra preventiva, en opinión de los mandos militares alemanes.

> Era sin lugar a dudas una guerra puramente preventiva, Más tarde descubrimos los sensacionales preparativos militares que los rusos habían hecho al otro lado de la frontera. Les ahorraré los detalles, pero les diré que, aunque gozamos de la ventaja que da la sorpresa táctica en cuanto al día y la hora, no fue una sorpresa estratégica. Rusia estaba perfectamente preparada para la guerra.[49]

Los militares planteaban así su participación en una campaña defensiva, y no de depredación. En esto incidía el hecho de que una y otra vez los militares insistían en que la decisión de atacar se debió, esencialmente, a la necesidad de conjurar un peligro cada día más evidente.

«La decisión de Hitler de atacar Rusia fue consecuencia de su temor a que los rusos interrumpieran el suministro de petróleo a Rumanía», recordaría igualmente Keitel.[50]

Si hubiese habido una conspiración contra la paz por parte de los acusados tal y como había sido expuesta por la fiscalía, sin duda esta se

---

[49] *ITM*, vol. XV, p. 393.
[50] L. Goldensohn, *Las entrevistas…, op. cit.*, p. 216.

habría desarrollado de un modo más o menos previsto por los conspiradores. Pero lo cierto es que nada de eso sucedió. Al contrario, la política alemana parecía responder a criterios volátiles, en lugar de perseguir con perseverancia sus objetivos.

Incluso Albert Speer reconoció que no había unos objetivos determinados, sino que estos iban variando a partir de unos principios generales:

> En mi opinión, Hitler tenía una idea clara de sus objetivos a largo plazo, pero era distinta al desarrollo de los acontecimientos que se produjo después en la realidad. Recuerdo bien el periodo anterior al estallido de la guerra de Abisinia, hacia 1935. Yo estaba en el Obersalzberg y dijo que no había decidido aún si ponerse del lado de los italianos o de los ingleses. Tomar esta decisión era fundamental para él. Incluso entonces subrayó, como haría luego con frecuencia, que estaba dispuesto a poner al Reich y a la Wehrmacht al servicio del Imperio británico, en señal de garantía, si Inglaterra dejaba las manos libres en el Este. Estaba muy preocupado por este asunto, sobre todo porque se daba cuenta de la ineficacia de Italia como aliada.[51]

La idea de que la guerra —o numerosas campañas dentro de ella— era de carácter preventivo fue sostenida por la casi totalidad de los acusados, sobre todo los militares. Naturalmente, eso suponía que no existía una conspiración. A la luz de esa idea, el rearme alemán no podía ser visto como parte de un proyecto más amplio destinado a desatar una guerra generalizada, sino como una respuesta comprensible a las necesidades de la política exterior.

De ese modo, la creación de la Luftwaffe o de la Marina de Guerra adquirían un significado distinto. El gran almirante Erich Raeder (jefe de la marina hasta el 30 de enero de 1943) había impulsado el desarrollo de la Kriegsmarine durante los años treinta, particularmente los acorazados de bolsillo, que tantos sinsabores habían dado a Gran Bretaña en los primeros años de la guerra. Ese desarrollo podía ser

---

[51] R. Overy, *Interrogatorios…*, op. cit., 344.

considerado criminal en sí mismo, visto desde la perspectiva de una conspiración general.

Pero, sobre todo, lo que constituía el núcleo central de la imputación contra Raeder era la acusación de que había preparado la conquista de Noruega. Aún más: el de Noruega, sostenía el fiscal británico Elwyn Jones, constituía un caso único en la larga serie de agresiones perpetradas por los alemanes, por cuanto no había sido impulsado por Hitler, sino por el mismo Raeder, quien había tenido que convencer al Führer de que diera ese paso.

Su abogado, el doctor Siemers, le interrogó al respecto, tratando de que el gran almirante explicase la razón de la campaña noruega. Reader relató cómo la primera reunión al respecto la tuvo con Hitler el 10 de octubre de 1939, y fue a causa de haber recibido de los servicios de información militares varios informes en los que se aseguraba que los británicos pretendían ocupar varios puntos en la costa del país escandinavo. La alarma era tan cierta que el propio almirante Wilhelm Canaris —jefe del Abwehr, el Servicio de Información de las Fuerzas Armadas— se reunió con el jefe de la Marina, lo que era inusual. Raeder se entrevistó con Hitler para comunicarle estas informaciones.[52]

En Londres, Churchill había tratado de minar las aguas noruegas desde el 19 de septiembre, impidiendo así el transporte del mineral de hierro sueco que los alemanes recibían a través de Narvik, y que constituía casi el 70 por ciento de todo el hierro que el Reich importaba. La propuesta violaba la neutralidad noruega de forma flagrante, y el gobierno de Chamberlain rechazó la propuesta, pero el plan se guardó en un cajón a la espera de acontecimientos, porque podía dañar fuertemente a Alemania.[53]

Del mismo modo, Hitler rechazó la propuesta de Raeder de hacerse con los puertos del país; todo lo que Hitler deseaba era que la guerra no se extendiese a otras latitudes, algo que en absoluto le beneficiaba. Así que habría sido muy probable que el asunto no pasase de

---

[52] *IMT*, vol. XIV, p. 85.
[53] W. Churchill, *La Segunda Guerra Mundial...*, *op. cit.* (vol. I), p. 355.

ser un mero proyecto tanto por un lado como por otro, de no haber sido por el estallido de la guerra ruso-finlandesa el 30 de noviembre de 1939, que resituó el foco sobre la zona. En diciembre, el gobierno de Londres consideró ocupar la ciudad de Narvik, y Vidkun Quisling —el líder fascista noruego— se entrevistaba con Hitler y Raeder para pedirles ayuda a fin de dar un golpe de Estado que reorientaría en un claro sentido antibritánico la política noruega. Pese a que Raeder apoyaba la iniciativa, Hitler se negó de modo rotundo, tratando de evitar el traslado de la guerra a Escandinavia.

Entre tanto, los franceses habían elaborado en enero de 1940 planes para extender la guerra, precisamente lo que Hitler más temía. A regañadientes dispuso que se elaborasen los preparativos para emprender una campaña en Noruega a fin de salvaguardar los intereses alemanes. Los Aliados, por su parte, acordaban en París enmascarar como ayuda a Finlandia lo que era una gran operación de conquista de Narvik con dos divisiones francesas y un regimiento británico para comienzos del marzo. Si los Aliados se asentaban en Noruega, dada su superioridad naval, sería muy difícil desalojarlos de allí.

Pero el incidente del *Altmark* impidió que los planes aliados tomaran forma. El 16 de febrero, desde Londres, Churchill ordenó que el destructor *Cossack* atacara al *Altmark*, un mercante al que llevaba persiguiendo desde hacía semanas y que transportaba en sus bodegas unos trescientos prisioneros británicos; cuando este se internó en las neutrales aguas territoriales de Noruega, el *Cossack* le abordó después de intimidar a dos cañoneras noruegas, que hubieron de retirarse. Se trataba de una violación de la neutralidad de un país que acaecía después de que Churchill hubiese proclamado su disposición, unas semanas atrás, a violar la neutralidad que fuese contraria a sus intereses.

El que las protestas noruegas no fuesen muy insistentes convenció a Hitler de que existía una connivencia entre Londres y Oslo, y el 20 de febrero ordenó al general Von Falkenhorst que diseñara un plan de conquista del país. Avisados de las intenciones inglesas, en la ejecución del plan, los alemanes apenas se adelantaron con Weserübung a Wilfred, el operativo británico de invasión de Noruega.⁵⁴ Y lo hicieron de un modo extraordinariamente audaz.⁵⁵

Tras la conquista de Francia, la Wehrmacht se había apoderado de los documentos elaborados por los Aliados para extender la guerra por toda Europa, de modo que el gran almirante conocía perfectamente los planes aliados. Raeder admitió que estaba al tanto de que, de cualquier modo, la operación violaría la neutralidad noruega, pero disponía de un documento que podía interpretarse como una exoneración de las responsabilidades alemanas, firmado con Noruega al estallar la guerra.

SIEMERS. ¿Tiene el documento frente a usted?

RAEDER. Sí, lo tengo frente a mí, y me gustaría citar la última frase: «Si la actitud del gobierno real noruego variase hasta el punto de producirse una violación de la neutralidad por parte de terceros, el gobierno del Reich se verá en ese caso obligado a salvaguardar los intereses del Reich de la manera que decida el gabinete del Reich a partir de la situación resultante».⁵⁶

Siendo esta la acusación básica contra Reader, la verdad es que el caso no parecía muy sólido. Sin embargo, aún había otra acusación, considerada como un crimen de guerra que serían imputada por la fiscalía al gran almirante: el caso del hundimiento del *Athenia*.

El *Athenia* era un buque británico que llevaba dos días navegando en dirección a Canadá cuando estallaron las hostilidades entre su país y Alemania, el 3 de septiembre de 1939. Las medidas que adoptó para evitar ser detectado —navegar en zigzag, salirse de las rutas habituales y apagar todas sus luces— resultaron contraproducentes, porque le hicieron pasar por un buque de guerra. Cuando el *U-30* lo avistó lo tomó por un crucero auxiliar. El capitán Lemp ordenó atacarlo con torpedos y salir a la superficie para dispararle con el cañón de 88 milímetros. En ese momento, Lemp se dio cuenta de

---

⁵⁴ R. Bassett, *El enigma...*, op. cit., p. 208.
⁵⁵ B. Liddell Hart, *Historia de la Segunda Guerra Mundial*, Luis de Caralt, Barcelona, 1972, p. 67.
⁵⁶ *IMT*, vol. XIV, p. 87.

que se trataba de un trasatlántico que transportaba mujeres y niños. «Sintonicé la misma longitud de onda que el barco y entonces oí la llamada de socorro. Enseguida me percaté de que no podía ser un transporte de tropas y de que había pasajeros a bordo. Me enteré de su nombre por la señal de la llamada —recordaba el operador de radio Högel—: el *Athenia*. Entonces el capitán entró en la sala de radio y pidió el registro Lloyds, que mostraba las siluetas de los distintos tipos de buques. Su dedo se detuvo en el *Athenia*. Por supuesto, se quedó estupefacto».

Lemp se retiró sin rematar al buque y sin interferir las llamadas de auxilio, con lo que él mismo corría un riesgo. Pero las tripulaciones de los submarinos habían recibido la orden de Hitler de observar las más estrictas medidas de prudente seguridad. Solo cuando no hubiese dudas acerca de que el buque formaba parte de las fuerzas armadas enemigas podía actuarse sin notificarlo al mando; para Lemp, persuadido de que se trataba de un mercante artillado, este era el caso, de modo que no había avisado.

Mientras en Londres Churchill se frotaba las manos, consciente del regalo propagandístico, Hitler pasó un trago complicado: ignorante de que había sido un submarino suyo el causante del hundimiento, ordenó negar toda responsabilidad y achacársela a los ingleses, dado que había unos trescientos pasajeros estadounidenses en el buque, de los que veintiocho habían muerto. El objetivo de Churchill era implicar a los norteamericanos en la guerra.

Cuando Lemp y su tripulación llegaron a Wilhelmshaven, el 27 de septiembre, se supo la verdad, y hubo que arreglar el diario de a bordo al efecto. Göbbels ya no podía dar marcha atrás y los alemanes tuvieron que mantener su versión a todo trance.[57]

La imputación de crímenes de guerra contra los alemanes fue siempre endeble. No pocas veces, los acusadores estaban incursos en los mismos delitos que imputaban a los alemanes. Era evidente que a lo largo de la guerra se habían cometido innumerables crímenes, y que no había diferencia apreciables entre unos y otros; ni siquiera en el

---

[57] A. Williams, *La batalla del Atlántico*, Crítica, Barcelona, 2004, p. 21.

hecho de que en un caso había habido órdenes para la comisión de ese tipo de delitos y en el otro no.

Los mandos de los ejércitos aliados habían ordenado con frecuencia que sus hombres no hiciesen prisioneros, e innumerables veces se habían abstenido de impedir que sus oficiales diesen ese tipo de órdenes a sus soldados. Así, con motivo de los lanzamientos paracaidistas en junio de 1944 sobre Normandía, los oficiales estadounidenses habían explicitado a sus hombres que no hiciesen prisioneros; la respuesta alemana fue idéntica. Los combates que se libraron en la retaguardia alemana durante la noche del 6 de junio fueron probablemente los más duros que tuvieron lugar durante toda la guerra entre alemanes y estadounidenses.[58]

Durante la batalla de Normandía y en las semanas siguientes se produjeron algunos encuentros particularmente feroces, como los que protagonizaron los canadienses y los miembros de la división 12 SS Hitlerjugend, en los cuales unos y otros se asesinaron salvajemente. El fusilamiento de los prisioneros se generalizó en los dos bandos —si bien aumentaba o decaía de forma inopinada— a partir de la invasión de 1944, al principio como respuesta a la imposibilidad de cargar con ellos en situaciones de avance, y luego como simple rutina.[59]

Con frecuencia se argumenta que, si bien los crímenes se produjeron de modo más o menos homogéneo, existe una diferencia entre las órdenes dictadas por unos y por otros. Pero eso no es completamente cierto. Por ejemplo, hasta abril de 1942, la Luftwaffe tenía prohibido bombardear objetivos civiles sin significación militar, de modo que los alemanes tenían razones para quejarse por los bombardeos aliados sobre su país que se produjeron con posterioridad, mientras que los británicos visualizaban la población civil de modo prioritario.

En Núremberg se acusó a la cúpula militar de la Wehrmacht de impulsar la orden de asesinar a los partisanos y a los comandos, como sucedió en el caso de Jodl. El caso de los partisanos distaba de estar claro, como hemos visto. Cuando el fiscal Roberts contrainterrogó a

---

[58] A. Beevor, *El Día-D...*, op. cit., p. 85.
[59] S. Neitzel, *Soldados del Tercer Reich*, op. cit., p. 101.

Jodl en el estrado el 6 de junio de 1946, se pusieron de manifiesto las múltiples contradicciones que las situaciones reales ofrecían, pues la ley internacional no aclaraba gran cosa al respecto de las represalias de guerra.[60] En primer lugar, esta permite la toma de rehenes y su eventual ejecución, aunque no establece la proporción que puede establecerse en relación a las muertes producidas. En Núremberg se estimó que la toma de rehenes, sin embargo, no era legal, pero lo cierto es que en los juicios posteriores esto se rectificó y sí se entendió que estaba amparada por la legislación vigente. Cuando se aplicaron penas por la ejecución de rehenes no lo fueron por el hecho en sí, sino porque se determinó que la proporción aplicada era a todas luces excesiva y se había convertido en un delito al ascender a 1:100.

Las represalias alemanas eran en verdad terribles, pero ciertamente no constituían ninguna novedad, por cuanto reducir un poblado a cenizas o ejecutar a una población por haber colaborado con los partisanos era algo habitual ya durante las guerras napoleónicas y, desde luego, durante la Primera Guerra Mundial. Esos hechos jamás habían acaecido en la magnitud en la que ahora lo hacían, pero también era verdad que esa misma magnitud se correspondía con una actividad guerrillera mucho mayor durante la presente guerra de lo que lo había sido nunca.

El Convenio de La Haya sobre la Guerra Terrestre admitía represalias masivas contra la población civil en el caso de que se demostrasen vínculos de colaboración de esta con acciones terroristas y, con la excepción de los franceses, todos los países lo consideraron legítimo en la época de entreguerras; los alemanes pensaban que el fusilamiento de esos rehenes podía ser adecuado en determinadas circunstancias.[61] Jodl defendía que aquellos sobre quienes se efectuaban las represalias no eran inocentes en el sentido en que quería la fiscalía, sino que las represalias eran una medida «justificada conforme al derecho internacional y dirigida contra un amplio movimiento de resistencia que se servía de unos métodos inhumanos. Y tenemos prueba de ello».[62]

---
[60] *IMT*, vol. XV, p. 479.
[61] S. Neitzel, *Soldados del Tercer Reich, op. cit.*, p. 103.
[62] *IMT*, vol. XV, p. 479.

Era claro que las acciones que acaecían sobre el terreno tenían muy poco que ver con los manuales de derecho. Por lo general, las tropas se encargaban de tomar sus propias represalias, sin ni siquiera necesitar de la autorización de un oficial. Lo que se discutía en Núremberg en cierto modo estaba fuera de la realidad; ni siquiera los documentos que se le achacaban al Estado Mayor alemán eran evidencias criminales en apenas un sentido más o menos inconcreto. Con razón pudo discutir Jodl al fiscal Roberts la naturaleza del documento con que este le acusaba, y en el que se le imputaba la emisión de una orden que facultaba para las represalias indiscriminadas.[63]

Los soviéticos habían construido todo un género literario en torno al odio contra los alemanes, donde se sugerían las más crueles imágenes; todo valía para combatir al odiado invasor de la patria. En el poema «Mátalo» del celebrado Konstantín Símonov (y publicado en el oficial *Pravda* el 24 de julio de 1942) se animaba a «matar a todo alemán que veas». El lenguaje era inconfundible, y no podía disociarse de las matanzas que se producían en el frente en cuanto se hacían prisioneros; las más brutales formas de asesinar se extendían por todo el frente, desde el mar Báltico hasta el mar Negro. En Kremenchug, unas mujeres soviéticas enterraron vivos a unos soldados alemanes apresados, y el asalto de hospitales y la aniquilación de los enfermos era moneda común por ambos bandos.[64]

Las acusaciones que tuvieron lugar contra la cúpula militar en torno a los crímenes de guerra, más planeamiento de guerra de agresión y conspiración contra la paz, fueron considerablemente endebles. El propio Jackson reconocía que los casos contra Raeder y Dönitz eran muy débiles desde el punto de vista jurídico.[65] El juez Biddle incluso iría más allá cuando aseguró que «Alemania llevó a cabo una guerra naval mucho más limpia que la nuestra».[66] Tanto en un caso como en el otro, pero sobre todo en lo referente a Dönitz, hubo grandes discusiones durante la conformación de las sentencias.

---

[63] *Ibid.*
[64] M. Jones, *El trasfondo humano…, op. cit.*, p. 125.
[65] D. Irving, *Nuremberg…, op. cit.*, p. 330.
[66] *Ibid.*, p. 376.

Al psiquiatra de la cárcel, Dönitz le dijo que la acusación le había hecho un favor, por cuanto «mis mejores testigos son los testigos de la acusación. Todo se reduce a lo siguiente: si un submarino torpedea un barco y puede recoger a los supervivientes, espléndido, nada que objetar. Pero si ese submarino está en peligro y debe abandonar el lugar rápidamente, no tiene por qué rescatar a los supervivientes. Esto es tan válido para la Marina alemana como para la Marinas inglesa y estadounidense».[67]

Pese a toda la carga en su contra, tampoco fueron muy lucidas las acusaciones contra los altos mandos de la Wehrmacht. Aunque Keitel quizá fuera harina de otro costal, Jodl no ofrecía un perfil criminal como para recibir una condena tan severa y, mucho menos, teniendo en cuenta que ni siquiera se atendió su petición de ser fusilado en lugar de morir en la horca. Jodl y su abogado estuvieron, además, brillantes en muchos momentos de su interrogatorio y contrainterrogatorio, por otro lado considerablemente prolongados.

Los cargos contra ellos se mantuvieron a partir de la justificación en la acusación de conspiración contra la paz y planeamiento de guerra de agresión. Si Jodl, Keitel, Raeder y Dönitz —además, por supuesto, de Ribbentrop— no eran culpables, ¿quién habría de serlo? No tenía mucho sentido considerar, ni en un caso ni en el otro, que habían sido irrefrenables conspiradores deseosos de desatar una guerra. Con la excepción —parcial— de Keitel, cumplieron con su misión, de forma no muy distinta a como lo hacían los militares aliados, y no digamos los soviéticos. Las ocasionales disputas que Jodl mantuvo con Hitler eran sencillamente inimaginables en el caso de los generales soviéticos con Stalin.

Cuando se acusaba a los altos mandos militares alemanes de complicidad con Hitler se obviaba que tampoco constaban protestas generalizadas de los altos mandos aliados a la hora de bombardear objetivos civiles, o de actuar de forma irregular en el mar y en tierra. Pocas veces quedó más en evidencia cuál era el principio que informaba la acusación; no en vano, resultó inevitable que la fiscalía se sintiese incómoda

---

[67] L. Goldensohn, *Las entrevistas...*, op. cit., p. 47.

de manera visible, lo que tendría su traslación al debate que tuvo lugar tras la finalización del juicio entre los jueces antes de pronunciar la sentencia definitiva.

En su celda, Hermann Göring explicaba su versión al doctor Gilbert, encendido ante lo que entendía una distorsión deliberada por parte de la acusación:

> He renunciado a criticar a mis compañeros de banquillo porque lo cierto es que es un grupo heterogéneo y poco representativo. Algunos de ellos son tan irrelevantes que ni siquiera he oído hablar de ellos. Admito que tiene todo el derecho a incluirme a mí entre los grandes nazis que dirigimos Alemania, pero ¿a qué viene incluir a Fritzsche? Solo estaba al frente de una de las muchas secciones del Ministerio de Propaganda. Y además, juzgar a un hombre como Funk, que no tiene culpa de nada… Solo seguía órdenes, mis órdenes. También juzgan a alguien como Keitel, que, aunque recibiera el nombre de mariscal de campo, no es sino un pobre hombre que hacía lo que Hitler le mandaba. De todos los acusados lo únicos que somos lo bastante importantes como para merecer un juicio somos yo, Schacht, Von Ribbentrop, tal vez, si bien no es más que un eco distante de Hitler, Frick, que propuso las Leyes de Núremberg y quizá otros como Rosenberg y Seyss-Inquart. Los demás eran gregarios que demostraron poco iniciativa.
>
> También está la farsa del caso contra el Estado Mayor de la Wehrmacht. Los militares no formaban parte de conspiración alguna para iniciar la guerra, se limitaban a recibir órdenes y a cumplirlas, como habría hecho cualquier otro soldado u oficial alemán. Si hubo conspiración, la llevaron a cabo personas que han muerto o han desaparecido, como Himmler, Göbbels, Bormann y, naturalmente, Hitler. Siempre pensé que Bormann era un tipo criminal y primitivo, y jamás confié en Himmler. Por mí, los habría destituido [Göring sonríe con complicidad]. Hay muchas maneras sutiles de librarse de alguien, ¿sabe? Por ejemplo, puedes destituir a alguien pronto, pero eso es menos eficaz cuando esa persona tiene poder y apoyos que si vas reduciendo gradualmente su influencia dándole más y más cargos absurdos. En el

caso de Himmler, yo le habría ascendido sobre el papel y le habría hecho jefe de cualquier cosa (...). Así, habríamos evitado cosas como los asesinatos en masa. Porque, aunque Hitler era un genio y una persona de carácter fuerte, también era influenciable, y tuvieron que ser Himmler y Göbbels quienes ejercieron sobre él la influencia necesaria para seguir adelante con aquella estupidez de las cámaras de gas y los crematorios para eliminar a millones de personas.[68]

---

[68] J. Owen, *Núremberg. El mayor juicio...*, op. cit., pp. 278-280.

Capítulo 13
SECUNDARIOS

Desde el principio, el fiscal norteamericano Jackson tenía claro que Hjalmar Schacht —antiguo ministro de Economía alemán— era su mayor adversario después de Göring. Por muchas razones se trataba, sin duda, de un rival formidable. En los test de inteligencia de Gilbert, Schacht había obtenido la mayor puntuación de todas, y era algo admitido que se trataba de un peso pesado entre los acusados.

Jackson se encontraba aún bajo el efecto de la derrota ante Göring. En los interrogatorios de Schacht no dejó de mostrarse irritado, por lo que no logró resarcirse de sus problemas a la hora de repreguntar. Es posible que, al menos en parte, tuviera razón Norman Birkett cuando suponía en Jackson una carencia a la hora de prepararse los temas en profundidad, lo que le limitaba en los contrainterrogatorios.

Schacht empezó por confesar que había sido un admirador de Hitler hasta 1937. En realidad, Schacht pertenecía a una cierta casta conservadora que consideraba que Hitler les haría el trabajo sucio al terminar con los sindicatos y el marxismo, y al disciplinar el cuerpo de la nación. Por supuesto, no era el único, ni siquiera entre los acusados de Núremberg, que así había pensado. Pero sí era el más notable de ellos.

Si Hitler había sido nombrado canciller en enero de 1933, ello se debía a una improbable serie de acontecimientos que habían jugado a su favor. En primer lugar, al hecho, claro, de que el NSDAP había sido el partido más votado en las dos últimas elecciones, aunque dándose una curiosa circunstancia: si bien en los comicios de julio de 1932 los nazis habían obtenido un éxito sin precedentes —con 230 escaños—, los de noviembre habían representado un paso atrás, con la pérdida de 34 puestos en el Parlamento.

Y no solo eso; el KPD (Partido Comunista Alemán) había pasado de 89 escaños a 100. Los nazis habían cometido un error táctico al unirse al KPD en algunos lugares y marchar juntos en la huelga de tranvías de Berlín —alarmando de este modo a la clase media—; se habían quedado sin dinero en las arcas para afrontar más procesos electorales y además habían rehusado entrar en el gobierno, lo que les había valido el rechazo de una parte de los parados, que se habían pasado a los comunistas.

Pero, como ya se ha comentado, lo que podía parecer una desgracia se tornó bendición, porque el descenso de votos a los nazis produjo alarma en los sectores conservadores. Muchos de ellos, que hasta entonces habían tratado de evitar todo contacto con Hitler, de pronto se dieron cuenta de que la elección —en un Parlamento en el que dos terceras partes de los escaños pertenecían a partidos adversos al orden de Weimar, sumando a los nazis, a los comunistas y a los nacionalistas— había que realizarla entre el NSDAP y el KPD. Si no se apoyaba al partido de Hitler de modo inmediato, era posible que los parados y la clase media proletarizada se pasasen al KPD.

El general Schleicher, en ese momento canciller, ideó la jugada de ofrecer al NSDAP su integración en el gobierno, produciendo, de ese modo, una división entre los nacionalsocialistas; sabiendo que la táctica de Hitler era la de solicitar la Cancillería o negarse a participar en el gobierno, la oferta podía resquebrajar a un partido en que una parte sustancial consideraba que aquella sería la única manera de acceder al gobierno. Todo parecía apuntar a que la crecida nazi había alcanzado su pleamar y que, a partir de ahí, se produciría un reflujo.

Pero Hitler, sabedor de que los conservadores le necesitaban y se encontraban asustados, estaba seguro de que terminarían por llamarle para formar gobierno, de modo que mantuvo su postura de «todo o nada». Además, los sucesivos gobiernos que se habían venido formando a espaldas del Parlamento carecían de respaldo popular y eran masivamente rechazados, de modo que resultaba perentorio formar un gobierno de mayoría que pudiera sacar la situación del atolladero en el que se encontraba.

Uno de los hombres que respaldó aquella operación con más eficacia fue Hjalmar Schacht.[1] Aunque el Partido Nazi jamás había gozado del apoyo financiero con que otros habían contado, en 1932 comenzó a ser considerado por los sectores empresariales como una posibilidad real de futuro para el gobierno. Schacht había estado del lado de Hitler desde el año anterior, impulsando a este hacia la derecha y los nacionalistas, e incluso es posible que negociara para los nazis dinero británico.[2]

En las últimas etapas de Weimar, Schacht había presionado al presidente del Reich para que nombrase a Hitler canciller. Hindenburg se negó a considerar la posibilidad siquiera de que aquel cabo austriaco al que despreciaba pudiera dirigir un gobierno del Reich, pero cada vez eran más las voces de industriales y empresarios que así se lo pedían. Schacht había organizado una reunión de estos el 10 de enero, para pedir al presidente que nombrase a Hitler. Hindenburg soportaría poco tiempo más la presión.[3] La conocida consecuencia fue que el 30 de enero de 1933 el anciano presidente del Reich convocó a Hitler para nombrarle canciller.

Los conservadores que respaldaban la operación estaban seguros de que Hitler sería un títere en sus manos, que ejecutaría una política favorable a los industriales y que, una vez alcanzados sus objetivos —que incluían la represión del marxismo en Alemania y la superación de la crisis—, podrían deshacerse de él; de hecho, en el primer gobierno de Hitler los nazis estaban en minoría. Seguros de ese futuro, incluso Von Papen había abogado ante Hindenburg para que este nombrase canciller a Hitler en lugar de a él.

Von Papen había sido un personaje decisivo a la hora de abrirle la puerta del poder a Hitler. Aunque indudablemente eso suponía una cierta responsabilidad en todo cuanto había ocurrido, era evidente que no se podía acusar a nadie de una cosa así; el abogado de Papen podía argüir que su defendido ignoraba cuáles iban a ser las consecuencias del nombramiento de Hitler en enero de 1933. Además, era verdad

---
[1] *IMT,* vol. XII, p. 568.
[2] J. Pool y S. Pool, *Quién financió a Hitler...*, op. cit., p. 263.
[3] H. A. Turner, *A treinta días del poder,* Edhasa, Barcelona, 2002, p. 107.

que los conservadores no querían entregar el poder a los nazis en términos absolutos, sino solo utilizarlos como un mal menor frente a los comunistas. Las simpatías hacia los nazis eran escasas y el propio Papen correría numerosos riesgos personales en su relación con ellos: uno de sus principales colaboradores murió asesinado durante la Noche de los Cuchillos Largos, el 30 de junio de 1934, la jornada en la que la cúpula nazi eliminó la resistencia interna dentro de Alemania y del partido.

Aunque la acusación no podía ser por una cuestión de simpatías ni tampoco por haberle abierto la puerta a Hitler, la fiscalía, que desempeñó con su habitual brillantez sir David Maxwell-Fyfe, quiso subrayar su complicidad moral al estar al tanto de los crímenes y de seguir al servicio del Estado nazi.

Porque lo cierto es que lo estuvo. Pese a las amenazas que sufrió a lo largo de su carrera junto a los nazis —sobre todo en los primeros años—, Papen quiso permanecer en puestos de responsabilidad, como lo fueron las embajadas en Viena y en Ankara, ambos puntos delicados de la estrategia internacional alemana.

El conocimiento de la situación era la única arma que tenía la fiscalía contra él; pero, en el fondo, no podía tratarle como si estuviese ante un colaboracionista. Papen esgrimía su condición de patriota para justificar el seguir trabajando para su país en el puesto que el Gobierno determinase; y esa fue su línea en el juicio.

DAVID MAXWELL-FYYE. ¿Por qué, después de aquella serie de asesinatos que hacía cuatro años que duraba, no rompió sus relaciones con esa gente y se alzó (...) para defender sus propias opiniones y luchar contra aquellos asesinos? ¿Por qué no lo hizo?

VON PAPEN. Sir David, entiendo perfectamente que, después de todo lo que sabemos hoy, después de los millones de asesinatos que se han producido, crea que el pueblo alemán es una nación de criminales y que no pueda entender que hay también patriotas en este país. Hice lo que pude para servir a mi patria y quisiera añadir, sir David, que cuando se firmó el acuerdo de Múnich, e incluso durante la campaña de Polonia, las principales potencias intentaron trabajar con Alemania a pesar de que sabían todo lo que sucedía ahí. ¿Por qué le reprocha a un patriota alemán que actuara del mismo modo y que esperara lo mismo que esperaban todas las grandes potencias?

MAXWELL-FYYE. Las grandes potencias no habían visto cómo asesinaban a sus súbditos, uno tras otro, y no formaban parte del círculo de Hitler, como usted. Pero le echo en cara que la única razón por la que siguió formando parte del gobierno nazi cuando estaba al corriente de todos estos crímenes era que simpatizaba con la obra de los nazis y quería seguir adelante con ella. Eso es lo que le echo en cara: que usted lo sabía, que había visto cómo asesinaban a sus amigos, a sus criados. Que tenía todos los detalles, y que lo único que podía hacerle seguir y asumir un cargo tras otro era simplemente que simpatizara con la obra de los nazis. Es eso lo que le echo en cara, Herr Von Papen.

VON PAPEN. Eso cree usted, sir David; pero yo opino que soy responsable solamente ante mi conciencia y ante el pueblo alemán por haber tomado la decisión de trabajar por el bien de la patria; y aceptaré su veredicto.

La defensa de Von Papen era certera. Las grandes potencias también tenían pleno conocimiento de lo que había sucedido, desde la ilegalización de los partidos hasta la Noche de los Cristales Rotos. Las violaciones de Versalles, de las que algunos habían sido incluso partícipes y hasta cómplices —sobre todo Gran Bretaña—, fueron ignoradas primero, y bendecidas después, básicamente porque existía una conciencia generalizada acerca de que el orden de 1918-1919 se había edificado sobre la injusticia.

Del mismo modo, la defensa tocaba un punto débil de la acusación por cuanto las grandes potencias sí habían conocido, por ejemplo, la Noche de los Cuchillos Largos, y nadie había protestado, entre otras cosas porque había sido vista como la liquidación de los revolucionarios más peligrosos y como la imposición del principio de autoridad en Alemania. A nadie —y tampoco a las potencias extranjeras— se le escapaba que los nazis habían aprovechado la matanza para liquidar a otros miembros de la oposición, pero eso no pareció importar lo más mínimo. La Noche de los Cuchillos Largos había sido solo un episodio entre muchos, porque lo cierto es que las relaciones del conjunto de la comunidad internacional con Alemania fueron generalmente buenas hasta 1938, pese a toda la agresividad de la política nazi durante aquellos años.

La existencia de los campos de concentración no era desconocida por los países que luego formaron los Aliados, ni tampoco la legislación antisemita. La fiscalía podía formular su acusación en cuanto a los crímenes que habían constituido el Holocausto, pero resultaba poco lucido hacerlo por hechos que eran perfectamente conocidos mientras se mantenían relaciones políticas y comerciales de absoluta normalidad con aquellos hombres a los que ahora se juzgaba y condenaba.

Lo cierto es que la labor de Papen fue importante, quizá decisiva, para abrir las puertas de poder a Hitler, sobre todo a través de la influencia en la voluntad de un Hindenburg que cada vez se veía más aislado en su decisión de evitar entregarle la Cancillería al «cabo bohemio».

Haber llegado de la mano de conservadores como Schacht y Papen hizo que, una vez nombrado, Hitler se mostrase conciliador con sus compañeros de gabinete; eso sí, tras la repetición de las elecciones de marzo, que le dieron la mayoría junto con los nacionalistas, comenzó su indisimulado giro hacia la radicalización. Al año siguiente, en 1934, entraría Schacht en el Gobierno como ministro de Economía. Era un hombre con amplios contactos internacionales que le aseguraba que sería capaz de superar la crisis que asolaba la sociedad alemana y terminar con el paro obrero.

La defensa de Schacht en Núremberg sostuvo la tesis de que su defendido colaboró con el nazismo por patriotismo, mientras creyó que la finalidad de Hitler era la de revisar el Tratado de Versalles, y que, tan pronto como descubrió que la finalidad del Führer era la guerra, se desentendió de sus responsabilidades, dado que no quería colaborar en un sistema como aquel, para terminar en la oposición y la resistencia. Aunque Schacht naturalmente exageraba, buena parte de lo que sostenía era verdad.

Dibujó un conveniente retrato de Hitler, a fin de que encajara con su propia peripecia vital: un Hitler que actuó tratando de hacer las cosas bien en los primeros momentos y que poco a poco fue cayendo en una perversidad que hizo que Schacht se apartase.

La actitud esencial de Schacht desde ese momento fue la de sostener que Hitler le había engañado; que no había cumplido ninguna de las promesas esenciales que había hecho al pueblo alemán. Rechazó tener conocimiento alguno de los planes de agresión de Hitler con respecto a Austria o Checoslovaquia, y por supuesto de todo lo demás que se proponía. Se negó a sentirse culpable de ninguna de estas cosas, aunque asumió con gusto la responsabilidad «por todo aquello que hice con anterioridad para desarrollar el armamento defensivo a fin de obtener igualdad de derechos, y lo asumo con alegría ante la historia y ante este tribunal».[4]

El testigo de la fiscalía, Hans-Bernd Gisevius, aunque interrogado por Jackson con las intenciones propias de su posición en el tribunal, corroboró la versión de Schacht; su visión genéricamente favorable al régimen antes de 1937 la mantuvo, pese a su conocimiento de los asesinatos perpetrados, porque pensaba que Hitler y Göring estaban en la ignorancia de lo que sucedía, con excepción de los más importantes acontecimientos, claro está.

Pero unos meses después, Schacht no era el mismo: el testigo ratificó que, en el verano de 1938, el general Halder —uno de los más altos militares del Reich— le había sondeado acerca de la actitud que mantendría en caso de golpe contra el régimen. La respuesta de Schacht había sido inequívoca: secundaría el golpe.[5]

Que la oposición del acusado a Hitler era real lo justificaba, de acuerdo a la estrategia acordada con su abogado el doctor Dix, el que el Führer hubiera tenido que aprobar un decreto para reducir la independencia del Reichsbank a comienzos de 1939. Para entonces, Schacht había dimitido de sus cargos excepto de su condición de ministro sin cartera, rango que mantuvo hasta enero de 1943.

En cuanto a la resistencia que desde entonces opuso a Hitler, Schacht subrayó que «no sé de nadie que haya hecho en ese terreno más que yo en Alemania. Advertí contra los excesos del rearme. Los entorpecí, y hasta saboteé, a través de mi política económica. Dimití

---

[4] *IMT*, vol. XII, p. 534.
[5] *Ibid.*, p. 265.

del Ministerio de Economía contra la voluntad de Hitler...».⁶ No dejaba de ser verdad; desde su desengaño, Schacht incluso había venido presionando a los militares para que procediesen contra Hitler a la menor oportunidad que se presentase y antes de que fuese demasiado tarde.⁷

El doctor Dix le sometió a un interrogatorio que puso de manifiesto los aspectos más relevantes de esa oposición de su defendido al régimen, así como su ignorancia en cuestiones políticas claves y su participación, a título meramente nominal, en el gobierno del Reich. Cuando pasó a preguntarle por los campos de concentración, sabía que tenía ganada la partida: Schacht contestó, sin faltar a la verdad, que jamás supo de los campos más que por la poca información que se les suministraba al respecto —como las fotos e informes que Himmler dejaba caer de vez en cuando—, hasta que él mismo se convirtió en un interno, tras el atentado del 20 de julio.

La comparecencia de Otto Ohlendorf ante el tribunal también había sido beneficiosa para Schacht; el antiguo Gruppenführer SS señaló que conocían la oposición de Schacht desde 1937, y que si no fue arrestado antes, ello se debió a que nadie que fuese Hitler o Himmler podía ordenar una cosa así. Fue detenido tras el 20 de julio, no porque de entonces datase su oposición al régimen, sino porque era la primera ocasión en que tal cosa era posible.⁸

En cuanto pudo, Schacht aludió, de modo aparentemente incidental, a que los campos de concentración los había puesto en marcha Göring. Los dos hombres se odiaban sin rebozo alguno. Lo que cada uno representaba se oponía de modo frontal a lo que representaba el otro, aunque, en el fondo, ambos eran leales a sus más íntimas creencias. A Göring le parecía particularmente repugnante todo aquel que traicionase su causa, y Schacht era, sin duda y junto a Speer, quien más había hecho por denigrar el nacionalsocialismo ante el tribunal; el Reichsmarschall consideraba que, con independencia de lo que se

---

⁶ *Ibid.*, p. 560.
⁷ B. Koehn, *La resistencia alemana contra Hitler*, Alianza Editorial, Madrid, 2005, p. 223.
⁸ *IMT*, vol. IV, p. 348.

pensase del régimen, Núremberg no era el lugar en que airearlo. Parecía mentira que hubiese habido un día en el que Göring y Schacht se hubiesen apreciado mutuamente, y en el que el segundo hubiera llegado a considerar al primero como «un hombre agradable y educado».[9]

Göring no dejó de ocuparse de la suerte de Schacht en la medida en que sus posibilidades se lo permitían. En cierto modo, casi terminó convirtiéndose en una pequeña obsesión para él. Al poco de oír su, no por esperada menos impactante, sentencia de muerte, tuvo tiempo de lamentar que a Schacht se le hubiera absuelto. Solo un poco antes había ofrecido subir al estrado para «llenar de basura» a Schacht si le prometían cambiar la horca por un pelotón de fusilamiento.[10]

Es posible que, en cualquier caso, la actuación posterior a 1938 de Schacht le hubiese valido la absolución. Pero, en las condiciones de Núremberg, fue algo sin duda llamativo; sin la cooperación del antiguo banquero, el rearme alemán no se hubiera podido llevar a cabo. Ciertamente Schacht podía alegar que su intención no era la de armar a Alemania de cara a una guerra mundial, pero eso tampoco hubiera cambiado las cosas (como no las cambió para los acusados militares, para el Göring que podía alegar sus desesperados intentos de salvaguardar la paz a fines de agosto de 1939 o para el Ribbentrop que trató de localizar el conflicto).

Caben pocas dudas de que Hjalmar Schacht era un hombre con unos contactos internacionales como nadie más disponía de entre quienes se sentaban en el banquillo. Durante décadas se había codeado con lo más granado de las finanzas internacionales, y había mantenido estrechas relaciones con los principales banqueros del mundo, lo que sin duda le había granjeado unas amistades enormemente útiles.[11]

En su celda, se había oído a Schacht afirmar con plena seguridad que él no sería condenado, y que su absolución era segura. En el Palacio de Justicia se rumoreaba que la acusación contra él era una mascarada. Aunque a Jackson todo esto le irritaba sobremanera, no podía

---

[9] L. Ahamed, *Los señores de las finanzas*, Deusto, Barcelona, 2010, p. 459.
[10] D. Irving, *Nuremberg...*, op. cit., p. 323.
[11] L. Ahamed, *Los señores...*, op. cit., p. 321.

hacer nada por evitarlo, y estaba aprendiendo que los banqueros constituían una verdadera casta aparte. Desde Londres, Montagu Norman —antiguo gobernador del Banco de Inglaterra— presionaba a los norteamericanos para que considerasen el caso de Schacht desde otro prisma. Norman era padrino de uno de los nietos de Schacht, y ambos compartían responsabilidad en el Consejo de Administración del Banco de Pagos Internacionales. El BPI era una organización que promovía la cooperación internacional entre los distintos bancos centrales, y cuya primera intención fue la de facilitar las transacciones que habrían de producirse a raíz de los acuerdos fruto de los tratados tras la Gran Guerra. Los dos principales banqueros fundadores eran Norman y Schacht.

Por si esto fuera poco, Norman tenía otras poderosas razones: Schacht le había estado informando de las decisiones políticas y económicas que se habían estado tomando al más alto nivel en Berlín durante dieciséis años. La situación había alcanzado el punto, a comienzos de 1939, en que el banquero alemán indicara a Chamberlain su desagrado con Hitler y el delicado estado de la economía alemana.[12] Pero había algo más: tanto Hjalmar Schacht como Montagu Norman y sir Norman Birkett pertenecían a la masonería; Birkett sería el juez británico que conseguiría la absolución del primero durante las deliberaciones que tuvieron lugar antes de las sentencias. Un contrariado Göring siempre pensó que la actitud de Schacht se debía a que había llegado a algún tipo de acuerdo con la fiscalía para suavizar su caso con tal de abominar de Hitler y el Tercer Reich, basándose en la conocida filiación masónica del antiguo presidente del Reichsbank.[13]

Sin embargo, aunque también Jackson pertenecía a la masonería, se negó a interceder por el acusado en ningún sentido. Por el contrario, Jackson —con toda probabilidad condicionado por la necesidad de obtener un triunfo frente a un acusado de verdadero relieve— fue duro con Schacht. Le echó en cara que no se opusiera a Hitler tal

---

[12] *FRUS 1939,* vol. I, 17 de febrero, telegrama del embajador P. Kennedy al Departamento de Estado, p. 15.

[13] *IMT*, vol. XIII, p. 64.

y como sostenía, sino que se hubiera mostrado tan servil con el Führer como todos los demás. Jackson jugaba sucio, porque confundía interesadamente las palabras públicas con la realidad de las intenciones de Schacht. Pero, en cierto modo, no era el único que pensaba así: Fritzsche coincidía en que había algo de comedia en Schacht, y reflexionaba al respecto diciendo que «si yo hubiera tenido en mis manos el secreto de los terribles crímenes cometidos por los nazis, secretos que sí conocía Schacht, no habría participado en la conjura durante diez años. Y no habría participado en un atentado solamente en 1944, suceso que incidentalmente cometieron otros y no Schacht: un atentado muy cobarde, a propósito, que consistía en colocar una bomba debajo de la mesa de Hitler para a continuación salir corriendo. Si a Schacht le daban tanto asco los nazis como ahora dice, habría sacado una pistola y habría matado al responsable de aquellas acciones tan ruines, es decir, al propio Hitler. Con lo que Schacht sabía, otra cosa es inconcebible».[14]

Pero, en el fondo, la acusación era poco firme, y no desdecía la línea argumental de la defensa del acusado. Si Schacht aseguraba que había sido un convencido colaborador del régimen hasta 1937 y que había trabajado para que Alemania obtuviese la igualdad de derechos en el marco europeo, lo que la fiscalía le imputaba podía interpretarse en esa clave sin mayores problemas.

Cuando Schacht explicó que se mantuvo en el Gobierno con la intención de ralentizar el proceso de rearme o, al menos, de vigilar que este no se saliese de su cauce, Jackson increíblemente le echó en cara que no le dijese a Hitler cuáles eran sus intenciones con toda claridad.

La defensa de Schacht era hábil, aunque fuese cierto que el acusado disponía de buenas bazas y, en último análisis, el que hubiera sido internado en un campo de concentración en 1944 era uno de sus mejores argumentos. Pero, además, Schacht fue capaz de probar que se había enfrentado a Hitler en más de una ocasión; que tuvo una discusión con él en febrero de 1940 y que le envió una carta en términos polémicos en el verano de 1941, de la que Lammers dio testimonio.

---

[14] L. Goldensohn, *Las entrevistas…*, op. cit., p. 109.

Schacht llamaba a Hitler a buscar la paz al precio que fuese ahora que la guerra iba bien en el Este, porque la potencia norteamericana y la ineptitud o incapacidad de los Aliados de Alemania no presagiaban nada bueno.[15]

El Hitler de Núremberg

La versión que Hjalmar Schacht dio de sus relaciones con Hitler tenía que resultar, en primer lugar, adecuada a su línea de defensa, pero también, y sobre todo, creíble para la fiscalía y para sus compañeros de banquillo. Si bien estaba claro que Hitler era la ausencia más notable de todas las que habían dejado su hueco en el banquillo de Núremberg, y que, ante todo, Hitler era un misterio, los norteamericanos habían tratado de aclarar todo lo referente a su personalidad y a las relaciones que había mantenido con los acusados, así como su papel en la Alemania que acababa de ser derrotada mediante numerosos y largos interrogatorios a los que había sometido a los prisioneros.

Aunque fueron muchos los testimonios y razones que se pidieron a fin de arrojar luz sobre su figura, en cierto modo Hitler sigue siendo un enigma a fecha de hoy. Empezando porque en Núremberg ninguno de entre los acusados podía decir con sinceridad que conocía a Hitler más allá de ciertos aspectos superficiales, con la posible excepción de Speer y Göring, con lo que numerosos aspectos de su figura quedaron ignotos. Y siguiendo porque, lo que vino después de la guerra, en forma de copiosa producción cinematográfica y literaria que se dedicó a ridiculizar la figura de Hitler volviéndola irreconocible con respecto a la realidad histórica, ha impedido durante mucho tiempo un tratamiento objetivo.

Las visiones que del Führer dieron los acusados son de indudable interés, por cuanto nos dibujan un Hitler después de la mitificación efectuada por sus seguidores y antes de la execración universal que se produjo tras la guerra. Por lo tanto, dichas visiones presentan un carác-

---

[15] *IMT*, vol. XII, p. 554.

ter en general positivo, aunque con algunos matices, que ayudan al replanteamiento histórico de Hitler, tanto político como personal.

Se han aceptado versiones palmariamente contrarias a la historia con tal de mostrar a un individuo grotesco y ridículo, hasta un punto en que cuesta comprender cómo es que un pueblo como el alemán pudo aceptar la jefatura de un personaje así; la caricatura vuelve incomprensible no solo al personaje, sino a toda una época. Baldur von Schirach escribió, al salir de su confinamiento de veinte años en Spandau, que «la semblanza que actualmente se hace de Hitler es muy diferente a la real: un tipo vulgar, tanto en el aspecto como en el trato, con la fascinación afectada y barata de un violinista de café suburbial; un burgués enloquecido y una especie de monomaniaco furioso. Resulta comprensible que se haya difundido la imagen de este Hitler. Pero lo cierto es que se trata de una imagen falsa y siniestra. ¿Cómo fue posible que un pueblo tan poseído de una cultura propia, siguiera a semejante espantajo? Eso se pregunta la actual juventud y posiblemente se preguntarán las generaciones venideras».[16]

Pero de las declaraciones que hicieron los acusados durante el juicio se desprende algo muy diferente. Los norteamericanos, que lo desconocían casi todo de él, llevaron a cabo extensos interrogatorios en los que trataron de averiguar qué es lo que los acusados y testigos sabían de aquel hombre. Esas declaraciones hay, naturalmente, que tomarlas con el cuidado que merecen las palabras de quienes se están jugando la vida o la libertad en función de ellas; pero, no obstante ese importante matiz, todas ellas tienen un cierto aire de sinceridad y reverberan la impresión que siempre les causó Adolf Hitler.

Hjalmar Schacht no lo despreciaba. Durante los primeros años le había admirado abiertamente, y hasta pensó que era la única esperanza para la Alemania que se hallaba inmersa en la crisis económica tras el *crack* de 1929, algo que en 1946 no ocultaba. A pesar de su oposición a la política del Führer, que consideraba imprudente y peligrosa para Alemania, Schacht sostenía que Hitler no era, en absoluto, un personaje al que desdeñar. «Hitler era un hombre relativamente culto —ase-

---

[16] B. von Schirach, *Yo creí en Hitler...*, *op. cit.*, p. 13.

guraba Schacht, que presumía precisamente de serlo él mismo en grado sumo—. No se había escolarizado lo suficiente, pero había leído mucho después y tenía unos conocimientos vastos».

Schacht puntualizaba que el fuerte de Hitler era sacar partido a sus, por otro lado, nada escasos conocimientos, mientras Speer recalcaba que «sus conocimientos técnicos y su memoria para los números siempre causaban gran impresión, ya que estas cualidades rebasaban la comprensión de la gente».[17]

Schacht iba incluso más allá:

> No me cabe duda de que era un genio en según qué materias. Se le ocurrían de repente ideas que a nadie más se le ocurrían y que podían ser en ocasiones de utilidad para resolver grandes problemas, a veces de un modo sorprendentemente sencillo, a veces, sin embargo, con una brutalidad también sorprendente.
>
> Era un psicólogo de masas realmente diabólico. Aunque otras personas y yo —así me lo confesó el general Von Witzleben— no nos dejamos cautivar en las charlas privadas, tenía una manera muy particular de influir en la gente y era capaz, pese a su voz aguda y cortante, de provocar un entusiasmo absolutamente abrumador en el gran público que llenaba un auditorio abarrotado...
>
> Quienquiera que se lance a seducir a las masas queda seducido a su vez por ellas, y fue esta relación de reciprocidad entre el líder y sus súbditos lo que, a mi entender, lo condujo hasta aquella perversidad inherente a los instintos de las masas y que todo líder político debería evitar.
>
> Había algo más por lo que Hitler era digno de admiración. Era un hombre de una energía inagotable, de una determinación que vencía todos los obstáculos. Creo que estas dos características, su comprensión de las masas y aquella energía y determinación, explican que Hitler llegara a atraer a su órbita al pueblo alemán...[18]

La excepcional fuerza que emanaba de Hitler fue abundantemente reconocida por todos los demás acusados. Speer llegó a hablar de

---
[17] R. Overy, *Interrogatorios...*, op. cit., p. 247.
[18] *IMT*, vol XII, p. 450.

embrujo: «Le obedecían ciegamente y carecían de voluntad, llámese esto clínicamente como se llame». Cuando se encontraba en presencia de Hitler, al poco tiempo el propio Speer notaba cómo se iba quedando vacío, agotado; lo mismo que le pasaba a Dönitz. El poder de persuasión de Hitler era algo legendario, aunque bien real, y se complementaba con la idea que la gente tenía de que el Führer estaba llamado a una gran misión, y ese aspecto también jugaba su papel: «Hay que tener presente —seguía Speer— la veneración que sentían por su magnitud histórica cuantos se acercaban a él, y la inevitable trascendencia que atribuían a cada una de sus palabras».[19] También Keitel aseguraba que Hitler tenía una fuerza de voluntad fuera de lo común, «diabólica», y a través de ella desarrollaba un enorme poder de convicción mediante la palabra, «sus discursos siempre se adaptaban al sentir de las personas a quienes se dirigía».[20]

Streicher recordaba perfectamente la primera vez que vio a Hitler y la impresión que este le causó: «Solo había oído su nombre, pero nunca le había visto. Y ahí estaba yo sentado, un desconocido entre desconocidos. Era poco antes de medianoche, después de que hubiera hablado durante tres horas, empapado en sudor, radiante. Mi vecino dijo que creía haberle visto un halo en torno a su cabeza. Y yo experimenté algo verdaderamente trascendente».[21]

Walter Funk daba fe de la capacidad de Hitler en este sentido. Nada más conocer a Hitler, «recibí la impresión de una excepcional personalidad. Captaba el fondo de los problemas con enorme rapidez y sabía cómo presentarlos y explicarlos. Tenía la costumbre de quedar absorbido por los problemas y, mediante largos monólogos, elevarlos a una más alta atmósfera».[22]

Hitler tampoco era, como a veces se ha insinuado, un hombre que creyese saber más que nadie de todos los temas. Speer recuerda que «cuando se hablaba de temas técnicos, dejaba que hablasen primero los expertos y luego daba su opinión». No buscaba rodearse de colabora-

---

[19] R. Overy, *Interrogatorios...*, *op. cit.*, p. 247.
[20] L. Goldensohn, *Las entrevistas...*, *op. cit.*, p. 224.
[21] *IMT*, vol. XII, p. 309.
[22] *IMT*, vol. XIII, p. 82.

dores dóciles que se resistiesen a mostrar su desacuerdo bajo ninguna circunstancia, aunque en el caso de los militares esto pudiera suceder por la naturaleza de la vocación castrense; en situaciones extremas había depuesto a aquellos que tenían una visión distinta, pero muchas veces el tiempo le había dado la razón, como había sucedido ante Moscú en diciembre de 1941. Speer recordaba que «aceptaba de buena gana las opiniones de los peritos cualificados e incluso se mostraba dispuesto a revisar sus ideas preconcebidas».[23]

Sus hombres en el partido no eran personas fáciles. Todo lo contrario. Ni Göbbels, ni Göring, ni Himmler eran personas sin relieve, aunque junto a Hitler pudieran parecerlo. Su Führer los había escogido y promovido tanto por su valía como por su lealtad; en razón de esa misma fidelidad también había protegido a algunos de dudoso valor, como parecía ser el caso de Julius Streicher y de Robert Ley.

La lealtad, para Hitler, era esencial. Siempre había protegido a aquellos que le habían sido fieles, y si finalmente se decidió a aniquilar a Röhm y a la cúpula de las SA, había tenido que ser persuadido por Himmler de que en el seno de las milicias se incubaba la traición. Del mismo modo, Hitler se ligó a Mussolini en 1938, cuando este permitió el Anschluss y, en medio del elevado clima emocional del momento, juró al Duce que jamás olvidaría lo que este estaba haciendo. Y lo cumplió, aunque el cumplirlo fuera dudosamente beneficioso para Alemania, cuando entre 1940 y 1943 Italia se convirtió en una onerosa rémora para el Reich.

Si bien en los primeros años la flexibilidad política era mayor, tras la llegada a la Cancillería Hitler se convirtió en el Führer triunfante, y su figura se agrandó hasta alcanzar proporciones casi míticas. Nadie negó que Hitler había ido cambiando con el tiempo. En esos primeros años, él mismo dudó de que fuera el Führer que el Reich esperaba; más bien creía que era solo el adelantado de lo que habría de venir. Fritzsche le conoció en esos años —en torno a 1925— y no quedó particularmente impresionado por él, si bien reconocía que había en su persona algo profundamente turbador, hasta el pun-

---

[23] R. Overy, *Interrogatorios...*, *op. cit.*, p. 274.

to de calificarlo de «místico».[24] Jodl también consideraba que tenía algo de profeta.[25]

Von Schirach, en cambio, por los mismos años lo dejó todo para seguirle. Cuando peor estaban las cosas:

> De pronto, apareció en Múnich un hombre cuyos discursos fascinaban a las masas, un orador como no lo había habido en toda la historia alemana. Este hombre conciliaba, además, dos conceptos que hasta entonces habían aparecido tan antagónicos como el fuego y el agua: nacionalismo y socialismo.
>
> Aquello vino a resultar para muchos algo así como una fórmula mágica. El hombre había sido, además, cabo en las filas militares y estaba condecorado con la Cruz de Hierro de primera clase.
>
> A su alrededor, habían muerto muchos combatientes sin nombre y sin familia. Francia tenía enterrado a su Soldado Desconocido bajo el Arco del Triunfo. En Alemania aparecía viviente y como un mensajero de la revolución nacional. Todo aquello resultaba tan fascinante para las masas de las cervecerías como para la alta burguesía de los salones. Se agitaban alrededor de aquel Hitler. En las grandes familias eran sobre todo las mujeres quienes mayor curiosidad experimentaban hacia el nuevo y singular personaje. A ellas no se les ocultaba la impresión que sus espaciosas viviendas, sus tesoros de arte y sus formas de vida le causaban. Era aquel un mundo nuevo para el hijo del aduanero austríaco, que en Viena y en Múnich había vivido en pisos de soltero y habitaciones amuebladas baratas y luego, durante cuatro años, en cuarteles y trincheras.[26]

Sin embargo, cuando tenía enfrente una personalidad decidida, Hitler vacilaba. Sucedió en el caso de algunos militares, como Dietl y Model, que se permitieron contradecirle de modo abierto y hasta rozar la impertinencia personal. En todo caso, su capacidad cuasi hipnótica —en la que también insistía Hans Frank— le permitía no tener

---

[24] L. Goldensohn, *Las entrevistas…*, op. cit., p. 95.
[25] *IMT*, vol. XV, p. 470.
[26] B. von Schirach, *Yo creí en Hitler…*, op. cit., p. 14.

que recurrir a su condición de Führer para imponer su criterio: Speer subrayó ante los americanos que Hitler «siempre procuraba convencer». Y, frente a la tópica imagen, aseguraba que «no solía vociferar ni perder la compostura (...) tuvo hasta el final un completo dominio de sí. No le inmutaban ni las peores noticias (...) su círculo admiraba aquella capacidad suya para dominarse (...) esta actitud contribuía a que confiaran en todas sus decisiones (...) a pesar de su mala salud supo dominarse con firmeza hasta el final. Este autodominio era esencial en la influencia que ejercía y fue una conquista extraordinaria de su insuperable energía».[27] Sin duda, Speer le estaba juzgando desde el punto de vista formal: su visión en este aspecto no tenía nada de moral, ni lo pretendía.

La capacidad de atracción que emanaba de su personalidad es sin duda difícil de describir. Personas poco inclinadas a considerar este tipo de cualidades más o menos carismáticas, no podían sino acordar que algo diferente caracterizaba a aquel hombre. Von Papen dejó su testimonio al respecto:

> Es difícil describir el poder de su personalidad. Había pocas muestras de genio o dominio en sus maneras o apariencias, pero poseía inmensos poderes de persuasión y una extraordinaria e indefinible capacidad de doblegar personas y, sobre todo, las masas, a su voluntad. Se percataba de su poderío y estaba completamente convencido de su infalibilidad. Era capaz de dominar e imponer sus opiniones a todo el que estuviese en contacto con él. Todos aquellos que discrepaban de él, fundamentalmente, acababan por convencerse de su sinceridad. Yo era tan víctima como cualquier otro...[28]

Cuando la situación era más desesperada, lejos de ser una persona dominada por los nervios y propensa a los ataques de histeria, Hitler aparecía como un hombre extraordinariamente sereno. En general, como Dönitz señalaba, parecía «un hombre razonable».[29]

---

[27] R. Overy, *Interrogatorios...*, op. cit., p. 248.
[28] F. von Papen, *Memorias*, op. cit., p. 285.
[29] L. Goldensohn, *Las entrevistas...*, op. cit., p. 46.

Por el contrario, Frick sostenía que Hitler era sin duda un genio, pero que básicamente era inmoderado, y que esa fue la razón última del fracaso del Reich. Desde 1934 se volvió mucho más desconfiado y empezó a escuchar solamente a Himmler y a Bormann (lo cierto es que Bormann no tendría un peso importante hasta muchos años más tarde). Frick remataba su valoración de Hitler con que era «demasiado vehemente, le faltaba autocontrol».[30] Esta visión no era incompatible con la de Speer; Frick se refería sobre todo al fondo de su política, y no tanto a los modos de la persona.

Hitler había acertado en cuestiones básicas al tiempo que quienes le rodeaban habían errado. Antes de la guerra eso había sucedido en muchas ocasiones, por lo que para 1939 sus detractores estaban desmoralizados. Eso le permitió hacerse con el poder militar con mucha menor dificultad de la que seguro había previsto. Al frente de la Wehrmacht, Hitler encontró una verdadera vocación que cumplir.

Es indudable su pasión por los temas militares desde el principio, que combinó con una más que notable intuición; mantuvo un incuestionable apoyo al arma blindada en un momento en que las mentes más respetadas del estamento militar se oponían a ceder ante la mecanización. El conocimiento de Hitler acerca de las armas, sobre todo de los blindados y cañones, era legendario. Igualmente comprendía los problemas técnicos no solo de las armas, sino también de los automóviles. El que en muchas ocasiones fuesen quienes se le oponían precisamente los que mantenían los puntos de vista más anticuados en materia militar, le ratificaba en su postura. Su posicionamiento a favor de la modernización del Ejército y de las distintitas armas como la aviación y los paracaidistas sirvió para promover decisivamente la creación de una Wehrmacht modernizada, que llegaría a ser el eficaz instrumento en que se convirtió.

Una consecuencia tanto del régimen como de la propia voluntad del Führer fue la promoción de oficiales provenientes de la burguesía y las clases medias, algo que no gustaba en la casta militar y que fue causa también del odio que muchos manifestaron hacia el advenedizo

---

[30] *Ibid.*, p. 86.

Hitler. Resultó para ellos insoportable que el cabo austriaco pretendiera darles lecciones de estrategia o táctica, pero eso es lo que sucedió en muchas ocasiones. Aunque en la primera campaña polaca se mantuvo relativamente al margen, en aquel otoño de 1939 fue inmiscuyéndose cada vez más en la toma de decisiones.

De acuerdo con Jodl, uno de sus mayores aciertos fue la conquista de Noruega y, sobre todo, la decisión de atacar Francia por Sedán en lugar de aceptar la reedición del viejo Plan Schlieffen que le proponía su Estado Mayor. Si bien siempre se ha especulado con el origen de la idea de irrumpir por las Ardenas con la masa de blindados, para tomar por la espalda a los ejércitos aliados, achacándosela a Von Manstein, el general Jodl no dudó en atribuírsela en exclusiva a Hitler.[31] El propio Manstein estuvo de acuerdo en que es posible que Hitler desarrollara las mismas ideas que él de modo simultáneo, pues «a veces nos desconcertaba con su certero instinto de las posibilidades tácticas y tenía, además, la costumbre de engolfarse en el estudio de los mapas».[32] Y, sobre todo, seguía Jodl, la principal hazaña consistió en que fuese capaz de sostener el frente en diciembre de 1941 ante la avalancha soviética que caía sobre las diezmadas tropas alemanas; mientras los generales le recomendaban una retirada a posiciones en retaguardia, Hitler ordenó que se mantuviera el frente a toda costa, no importaba a qué coste. No solo la decisión fue acertada, sino que de haberse seguido el consejo de los generales, el frente se habría hundido de un solo golpe; Jodl opinaba que «muchas de las grandes decisiones suyas impidieron que perdiéramos la guerra antes», lo cual era básicamente cierto.[33]

Incluso algunas de las decisiones más controvertidas de Hitler desde el punto de vista militar tenían, sin embargo, su razón de ser en cuestiones que no comprendían los militares, como el propio Jodl. Por ejemplo, Hitler no tenía que tener en cuenta solo los aspectos puramente operativos o los objetivos exclusivamente militares, sino también los diplomáticos y económicos; así, podía ordenar una defensa en apariencia absurda de una posición en el sur de Ucrania, porque así se

---

[31] R. Overy, *Interrogatorios...*, op. cit., p. 300.
[32] E. von Manstein, *Victorias perdidas...*, op. cit., p. 151.
[33] R. Overy, *Interrogatorios...*, op. cit., p. 300.

alejaba a Turquía de la tentación de ceder a las presiones británicas a fin de que entrase en guerra; o podía ordenar una determinada operación, que desde el punto de vista militar no parecía tener mucho sentido, por salvaguardar unos yacimiento de petróleo, talón de Aquiles de Alemania durante toda la guerra.

Por supuesto, también cometió errores, en algunos casos propiciados por su falta de formación profesional. Característicamente, en la campaña de Francia, asustado por su propia audacia, ordenó una detención a las tropas acorazadas que podría haber sido fatal. El Estado Mayor, que había sido escéptico en un primer momento acerca de las posibilidades del plan de ataque, no comprendía ahora cómo Hitler ordenaba el alto, y le presionó para que mantuviese el ritmo del avance. Al final, el Führer hizo caso a sus militares y retomó el avance.

Igualmente, a consecuencia del mencionado éxito defensivo que salvó el frente en diciembre de 1941, desarrolló una cierta inflexibilidad, como si hubiera descubierto una fórmula mágica, que llegó a ser fatal. La resistencia a ultranza no podía convertirse en una receta infalible en cualquier situación, pero Hitler pareció querer aplicarla de forma indiscriminada. En Stalingrado —tras unos errores iniciales— funcionó a medias, salvando una cantidad de tropas equivalente a la que se perdía en el cerco; má tarde llegó a costarle algunas sangrientas derrotas, como la que tuvo como consecuencia la destrucción de unas 25 divisiones alemanas durante el verano de 1944 en el Grupo de Ejércitos Centro. Siempre sobreestimó la importancia de la voluntad, como si esta pudiera moldear la realidad con solo proponérselo.

Cuando creyó que el Ejército le estaba fallando y que se venía abajo precisamente por carecer de voluntad, introdujo el sistema de comisariado, copiado de los soviéticos, justo cuando estos se estaban dando cuenta de lo contraproducente que resultaba y trataban de minimizar el poder de los comisarios en las Fuerzas Armadas. Hacía tiempo que solía inmiscuirse en niveles operativos muy bajos, entorpeciendo la ejecución de movimientos sobre el terreno, pero hacia el final de la guerra esa tendencia se agudizó, empeorando las cosas. Sin embargo, los militares que rodeaban a Hitler terminaban concediendo que, aunque fuese criticable por mucho motivos la dirección de la guerra que llevaba a cabo Hitler, estratégicamente poco más se podía hacer.

Keitel abundaba en la personalidad de Hitler en la misma línea que tantos sostenían: «Desde mi punto de vista, Hitler era un genio. Para mí, un genio es un hombre con una habilidad extraordinaria para mirar al futuro, con una gran capacidad para advertir las cosas, con un conocimiento exhaustivo de la historia y de las cuestiones militares. Cuando digo que Hitler era un genio, lo digo en ese sentido. Además, yo soy un simple soldado, y nada convence más a un soldado que la victoria». El propio Hitler solía decir que exigía a sus soldados tres cosas: una, que fueran válidos para el puesto que desempeñaban; dos, que cuando le informaran de la situación le dijeran la verdad; y tres, que fueran obedientes.[34]

En lo personal, el Hitler que salió de Núremberg resultó algo contradictorio. En el trato personal era educado y considerado. Con las mujeres y los niños se mostraba deferente y hasta cariñoso. Mostraba sensibilidad hacia los demás, y hacia la vida humana en términos individuales.

Con algún matiz, Ribbentrop estaba de acuerdo en que «sabía cómo tratar a la gente, sobre todo a los hombres, de un modo encantador (...) tenía conocimientos muy amplios de todo; dominaba a todo el mundo (...) eran todos como escolares frente a él, incluso Bormann». Ribbentrop admitía que Hitler tenía un lado cruel o cuando menos duro, pero era lo menos que podía esperarse de un hombre como él, seguía razonando.[35]

Peleando en la Gran Guerra y luego, en la lucha por el poder, Hitler se mostró como un hombre físicamente valiente. Hasta 1940 pasaba por alto hasta las más elementales medidas de seguridad; entraba en restaurantes a los que no había notificado su asistencia o viajaba con su chófer, incluso distancias medias, sin apenas escolta. Con el avance de la guerra, a partir sobre todo de la invasión de la URSS, se volvió más desconfiado y tomó muchas más medidas de seguridad.

---

[34] L. Goldensohn, *Las entrevistas...*, op. cit., p. 223.
[35] *Ibid.*, p. 244.

Hacía tiempo que le preocupaba no vivir lo suficiente para culminar su obra, y sentía que la obligación de prolongar su vida no era cuestión personal, sino de Estado, algo que empezó como tarde en 1937.

Esa pasión, que transformó una audaz valentía en obsesión por la seguridad, llevó a Hitler a apartarse de las visitas al frente. Speer consideraba que aquello había constituido uno de los principales errores de Hitler en cuanto a la conducción de la guerra, y en parte es razonable que así sea; sin embargo, una menor implicación emocional seguramente le permitía realizar evaluaciones más frías y, por tanto, ajustadas. Lo mismo cabría decir de su negativa a visitar las áreas bombardeadas; es muy improbable que se resistiera a hacerlo por miedo a sentir un rechazo de la población, pues las visitas de Göring y de Göbbels eran acogidas con júbilo por el pueblo.

Pero no era la admiración el único vínculo que unía a la cúpula militar y política con el Führer. Este, también utilizaba abundantemente las retribuciones por los servicios prestados a quienes creía que se lo merecían; un arma de la que en el pasado habían usado mucho los reyes de Prusia y los emperadores de Alemania. Estas retribuciones se hacían en forma de fincas y en metálico, para lo cual se había establecido un fondo especial, aunque, en ocasiones, el dinero procedía de los fondos del NSDAP; muchos de los perceptores eran miembros del partido en sus más altos cargos, y otros eran generales o mariscales, secretarios de Estado y ministros. Las cantidades oscilaban entre cien mil y un millón de marcos.

En determinadas efemérides, también personas de círculos cercanos al Führer recibían entre 10.000 y 100.000 marcos, cantidades menores pero en absoluto desdeñables; también del mundo industrial, a instancias de Speer, eran retribuidas mediante este tipo de atenciones. El valor de estas recompensas era doble, puesto que no estaban sujetas a tributación ni a ninguna clase de fiscalidad salvo al impuesto de propiedad; los ingresos que generaban sí tributaban.

En principio, estas concesiones las podrían realizar también los ministros del Estado, pero Hans Lammers, jefe de la Cancillería, consiguió que solo el Führer tuviera dicha atribución, aunque Göbbels retuvo la discrecionalidad de recompensar a cargo de los mismos fondos a intelectuales y artistas. Entre quienes más se beneficiaron de esta política cabe señalar a algunos de los principales mandos militares de Alemania: Keitel, Guderian, Von Kleist, Von Leeb, Von Mackensen, Von Rundstedt y el almirante Raeder. Algunos señalados miembros del partido como el doctor Ley, Ribbentrop, Kurt Daluege, Viktor Lutze, Sepp Dietrich y Walter Funk; y las familias de los fallecidos Reinhard Heydrich y Von Reichenau.[36]

Durante el proceso, Schacht rechazó haber recibido jamás un regalo de este tipo del Führer, aunque precisó que, con motivo de su sesenta cumpleaños, fue obsequiado con un cuadro cuyo precio estimó en unos 20.000 marcos; se trataba de una imitación de una obra del pintor romántico alemán Carl Spitzweg.[37] Igualmente rechazó haber recibido ningún tipo de compensación el gran almirante Dönitz, de modo taxativo.[38] Aunque no cabe duda de que este tipo de pagos concedía un amplio margen de discrecionalidad al poder político encarnado por Hitler, era cierto que no resultaban extraños para quienes los recibían; había sido costumbre en la Alemania imperial. Pero es indudable que apuntalaba lealtades y que se convertía, de este modo, en una especie de instrumento de corrupción legal.

La vida personal de Hitler estuvo siempre velada incluso para sus más cercanos colaboradores. Ninguno de ellos, pese a que vivieron largas jornadas a su lado, así como momentos de triunfo exultante y de negra derrota, pudo decir que verdaderamente lo conociera. Keitel admitió que nunca tuvo la confianza del Führer, pese a su cercanía física; según él, se trataba de una diferencia generacional, pero muchos otros casos demuestran que esa no era la razón.

A menudo mostraba una increíble lejanía personal con quienes le rodeaban. Hans Frank lo achacaba a su indiferencia sexual, que terminó —según sostenía— por volverle insensible y cruel. Creía que había en él un cierto sadismo a causa de su aislamiento afectivo; con frecuencia hablaba de su madre y lo hacía con cariño, pero jamás mencionaba a su padre. Aunque estaba rodeado de mujeres, para él no eran más que

---

[36] R. Overy, *Interrogatorios...*, op. cit., p. 295.
[37] *IMT*, vol. XII, p. 541.
[38] *IMT*, vol. XIII, p. 313

objetos bellos y, todo lo más, dignos de veneración. Se trataba de una admiración estética, nada más.[39]

La pasión por su madre se mantuvo viva a lo largo de los años. En cierto modo, refrenó alguno de sus instintos más radicales, como cuando recriminó a Bormann la adopción de medidas excesivamente duras contra la Iglesia católica pensando justamente en la devoción de su madre. Concibió el proyecto de erigir un mausoleo para sus padres en Linz, junto al Danubio, y cuando se suicidó, lo hizo frente a un retrato de Federico el Grande y a una fotografía de su madre.

Sin embargo, apenas mantuvo contacto con su propia familia. Durante la época en que llegó al poder, en 1933, su medio hermana —por parte de padre— Angelika se encargó de cuidar el Berghof hasta que, un año más tarde, cierto conflicto relacionado con Eva Braun terminó con aquella relación. Pero fue Angelika la que decidió marcharse, para casarse con alguien que no aprobaba su hermano Adolf. Sin embargo, con su hermana Paula las cosas fueron algo mejor; cuando perdió el empleo en su Austria natal por ser hermana de quien era, Hitler le asignó una pensión mensual de 250 marcos que elevó en 1938 al doble; por Navidad le regalaba 3.000 marcos y le proporcionó otras cantidades a fin de que pudiera comprarse una casa modesta.

Peor fueron las cosas con otros parientes, sobre todo con uno por vía materna, Fritz Pauli, que se casó con una judía y que sostenía en público que «esta sería la rama judía de la familia Hitler». Leo Raubal, hermano de Geli, la sobrina del Führer que había sido un día el amor de Hitler, fue herido en Stalingrado y capturado allí por los soviéticos, aunque sobrevivió al cautiverio y regresó a Alemania en 1955. Y otro primo del Führer también fue capturado, aunque en su caso murió en los campos soviéticos.[40]

Con ninguno de ellos tuvo una relación muy cercana y, aunque no los rehuyó, tampoco buscó mantener el contacto.

Eva Braun fue el único amor que se le conoció tras el suicidio de su sobrina Geli Raubal en 1931, suceso que le volvió taciturno duran-

---

[39] L. Goldensohn, *Las entrevistas…, op. cit.*, pp. 80-81.
[40] J. Toland, *Adolf Hitler, una biografía narrativa, op. cit.*, p. 1089.

te una época y que jamás olvidó. Por esa época conoció a Eva Braun, que trabajaba para su fotógrafo particular Heinrich Hoffman, y poco a poco la integró sin hacer mucho ruido en su entorno personal.[41]

La presencia de Eva en el Berghof era casi fantasmal, y no puede decirse que jugase un gran papel en la vida de Hitler o que influyese en sus decisiones; indudablemente, obtuvo algún trato de favor para amistades suyas en asuntos de menor importancia, pero eso fue todo. Parece que, en los últimos días de Berlín, trató de conseguir que Hitler perdonase la vida al general de las SS Fegelein (que estaba casado con su hermana Gretel y había desertado), pero Hitler se negó.

De cualquier modo, Hitler trató de hacerle a Eva la vida lo más amable posible, y la cuidó y colmó de atenciones, aunque jamás consideró casarse con ella. Desde el principio, y en esto no evolucionó lo más mínimo, consideró que debía permanecer soltero, algo que para él cumplía también una función política. «Yo estoy casado con Alemania», solía decir. Sostenía, además, que de este modo mantenía su atracción ante el sexo femenino, lo cual parece ser cierto.

Las mujeres ocupaban un papel secundario en el entorno del Führer. Acompañaban a sus maridos, como la esposa de Bormann, de Morell o de los visitantes ocasionales; algunas de ellas trataban de desarrollar su propia red de relaciones, pero Hitler casi siempre lo impedía. No soportaba a las mujeres que buscaban un excesivo protagonismo, razón por la que no se privaba de criticar, hubiera ocasión o no para ello, a Ilse Hess, la mujer de su lugarteniente para el NSDAP, Rudolf Hess.[42]

Hitler tuvo también que oficiar de árbitro entre sus secretarias. La decana de estas, Johanna Wolff, una mujer muy humilde, alcanzó una cierta influencia entre todas ellas, en el Berghof o en las sucesivas residencias que Hitler dispuso a lo largo del tiempo y según el devenir de la guerra. Fue la más leal de todas al Führer, pese a que era la que peor estado de salud sufría, y ello creó un vínculo entre Hitler y ella que podía ser apreciado por los visitantes más avezados. Algo más tarde,

---

[41] H. Hoffmann, *Yo fui amigo de Hitler...*, op. cit., p. 151.
[42] R. Overy, *Interrogatorios...*, op. cit., p. 290.

añadió una nueva secretaria, Christa Schroeder, ocasionalmente sustituida por la señorita Gerda Daranowski (casada con el general Christian, de la Luftwaffe).

Christa Schroeder era una persona muy talentosa y con un gran don de gentes, pero también con un notable sentido crítico; era capaz de realizar grandes jornadas de trabajo sin emitir la más mínima queja, pero no dudaba en llevar la contraria a Hitler cuando lo creía oportuno. Daranowski, aunque tan trabajadora como Schroeder, era todo lo contrario que esta: estaba siempre de acuerdo con Hitler, y era también mucho más moderna que su colega. Por último, se sumó al círculo de las secretarias del Führer Traudl Junge. Tuvo siempre mucha más influencia en Hitler que las otras secretarias, quizá porque su cercanía era mucho más personal que ideológica.[43]

Tuvo también Hitler otras relaciones de amistad o cercanía con mujeres, sobre todo en el ámbito de Bayreuth, el venerado templo wagneriano en Baviera al que acudía todos los años para pasar ocho días en el mes de julio (lo que duró hasta 1940). El complejo en el que vivía la familia Wagner —llamado Wahnfried— estaba dominado por Winifred Wagner, nacida inglesa y que se había casado con Sigfried Wagner, el hijo del compositor. Todos sus hijos fueron nazis convencidos, con excepción de la hija Mouse, que se consideraba británica y huyó a Suiza por este motivo. Las relaciones fueron muy cordiales y la estancia anual de Hitler en Bayreuth era un verdadero remanso de tranquilidad para la frenética y, durante esos años, caótica actividad del Führer.

Un caso particular del que no se habló en Núremberg fue el de Unity Mitford, joven británica, hija de lord Redesdale, y ardiente admiradora de Hitler que durante los años treinta intentó acercar a su país natal y al Reich. Hitler siempre le tributó una especial consideración, en parte por razones políticas, pero, finalmente, también por motivos personales. El 3 de septiembre de 1939 trató de suicidarse y, aunque falló en su intento, su cerebro quedó dañado para siempre. Hitler prohibió que la noticia se difundiese y dedicó a la muchacha

---

[43] T. Junge, *Hasta el último momento*, Península, Barcelona, 2003, p. 20.

todos los esfuerzos médicos que estaban a su alcance, mientras los medios en Gran Bretaña aseguraban que había sido ejecutada por la Gestapo. Hitler la visitó dos veces, la segunda en el mes de noviembre de 1939, y decidió evacuarla al Reino Unido vía Suiza. Hitler lamentó profundamente la pérdida de una muchacha que en su día llegó a despertar los celos de Eva Braun.[44]

Visto con perspectiva, resulta posible discriminar con claridad entre la versión que se dio de Hitler en Núremberg cuando se abordaron cuestiones concretas, relacionadas con las vivencias personales de los acusados, y la que se le atribuyó como jefe de Estado y caudillo militar. En la medida en que Hitler era la piedra angular de todo el sistema, a mayor culpa de Hitler menor de los acusados, por lo que acudir al *Führerprinzip* fue una tentación que exoneraba a muchos de sus responsabilidades históricas y penales.

De las descripciones y análisis de los acusados se sigue que quienes se sentaban en el banquillo lograban disociar los recuerdos, sensaciones y convicciones que habían profesado durante largos años con las necesidades del momento, fundamentalmente con la de afrontar la acusación de que eran objeto. El Hitler que alababan de manera abierta era el mismo que les merecía la condena del Holocausto y de algunos errores y crímenes de política interna en Alemania; las reacciones eran, sin embargo, bien distintas en unos casos y en otros. Para algunos, las revelaciones de Núremberg no modificaron en lo sustancial la idea que se habían hecho del Führer, y trataron de acomodar aquellos datos a la idea previa; mientras que para otros, supuso un descubrimiento que les hizo abjurar de lo que habían sido, si bien, desde luego, cabe dudar en muchos casos de la sinceridad de dicha «conversión».

Ambas posturas las representaron mejor que nadie Göring y Von Schirach. El Reichsmarschall terminó por aceptar la realidad del Holocausto, y lo consideró «un acto de barbarie que será (…) condenado como el mayor acto criminal de la historia», aunque lo racionalizó explicándolo como producto de la mala influencia de Himmler y Göbbels sobre Hitler para que lo pusiera en marcha o al menos lo

---

[44] A. Le Floc Hmoan, *Las hermanas Mitford*, Circe, Barcelona, 2008, p. 216.

aceptara. Göring tampoco buscaba distanciarse en exceso de sus antiguos compinches:

> Conste que no soy un moralista; si realmente creyera que matar a los judíos podía servir de algo, como hubiera servido para ganar la guerra, no me habría importado. Pero ha sido totalmente absurdo y no ha tenido otra consecuencia que mancillar el nombre de Alemania. Tengo conciencia, y sé que matar a mujeres y niños simplemente porque da la casualidad de que son las víctimas de la propaganda histérica de Göbbels no es una actuación honorable. No creo que vaya al cielo ni al infierno cuando muera; no creo en la Biblia ni en muchas de las cosas en las que sí tienen fe los creyentes, pero siento veneración por las mujeres y me parece muy poco deportivo matar a niños. Eso es lo que más me molesta del exterminio de los judíos. En segundo lugar condeno también la reacción política poco favorable que conlleva necesariamente un programa de exterminio tan insensato.

Como acusación más importante desde el punto de vista moral, la de crímenes contra la humanidad fue asumida tardíamente, pero al final admitida por la mayoría de ellos. La reacción era previsible, puesto que no estaban dispuestos a aceptar su parte de culpa en los crímenes:

> Yo no me siento en absoluto responsable de los asesinatos en masa. Es cierto que, como segundo de Hitler, oí rumores sobre los asesinatos en masa de los judíos, pero no podía hacer nada, y sabía que de poco serviría investigar esos rumores y comprobar su veracidad, cosa que no me habría resultado demasiado difícil, pero estaba demasiado ocupado con otras cosas y, de haber sabido lo que pasaba, solo me habría servido para sentirme incómodo cuando, en el fondo, apenas podía hacer nada por evitarlo.[45]

Von Schirach vaciló entre una postura y otra desde el principio, pero el reconocimiento de los crímenes le llevó a conclusiones dife-

---

[45] J. Owen, *Núremberg. El mayor juicio...*, op. cit., pp. 280-281.

rentes. Animado por Speer, que se había convertido en la bestia negra de Göring, el antiguo Gauleiter de Viena culpó a Hitler directamente y, al contrario que Göring, no buscó una coartada para mantener su lealtad al Führer, sino que hizo a este responsable máximo de la persecución a los judíos. Para Schirach, el genocidio era:

> El asesinato masivo más importante y más diabólico que haya conocido jamás la historia. Pero no fue Höss el autor de ese crimen; Höss no fue sino el ejecutor. Fue Adolf Hitler quien dio la orden, y así se desprende de la lectura de su última voluntad y testamento… la juventud alemana es inocente. Nuestra juventud tenía una cierta inclinación hacia el antisemitismo, pero no se mostró partidaria del exterminio de la raza judía. Y no se imaginaba ni supo ver que Hitler había llevado a cabo el exterminio, asesinando cada día a millares de inocentes. La juventud alemana que, hoy, se alza perpleja entre las ruinas de su patria, no estaba informada de aquellos crímenes ni tampoco los deseaba. Es inocente de todo lo que Hitler ha hecho contra los judíos y contra el pueblo alemán.

Es innegable que aquella confesión hay que contextualizarla en el intento de construir una línea de defensa contra las acusaciones de las que Schirach era objeto. La táctica era muy parecida a la de Speer, y consistía en admitir las acusaciones con carácter general y proclamar una culpabilidad propia de tipo muy general para pasar a negar los delitos concretos de los que era objeto; hay que decir que la sentencia que recayó sobre Schirach fue la misma que la que recibió Speer, lo que quizá sea algo más que una coincidencia. Por otra parte, Speer y Schirach eran los más jóvenes de entre los acusados, lo que tampoco resulta un dato baladí a la hora de explicar su comportamiento.

> Yo eduqué a esa generación en la fe y la lealtad a Hitler. La organización juvenil que creé llevaba su nombre. Yo creí estar sirviendo a un líder que haría de nuestra gente y de los jóvenes de nuestro país individuos importantes, felices y libres. Millones de jóvenes lo creían conmigo y hallaron en el nacionalsocialismo su ideal último. Muchos murieron por

ese ideal. Ante Dios, ante la nación alemana y ante el pueblo alemán, nadie sino yo ha de cargar con el peso de haber formado a nuestra juventud para servir a un hombre al que, durante muchos años, consideré intachable, como líder y como jefe del Estado, de haber creado una generación que lo veía como yo lo veía. Soy culpable de haber educado a la juventud para servir a un hombre que asesinó a millones de personas. Yo creía en este hombre, es todo cuanto puedo decir en mi defensa y para calificar mi actitud. Es culpa mía, de nadie más. Yo era el responsable de la juventud del país. Yo estaba por encima de los jóvenes, y no hay más culpable que yo. Los jóvenes son inocentes.[46]

El Hitler que salió del proceso de Núremberg fue esencialmente el que proyectaron aquellos que buscaron refugio en su figura para justificarse, antes que el de quienes lo reivindicaron contra viento y marea. El posterior desarrollo de la historia, de la situación internacional y de la propia Alemania, se conjuró para culpar a Hitler de todos los males. A lo cual contribuyeron las memorias de los políticos y generales protagonistas de la Segunda Guerra Mundial, todos ellos interesados en que Hitler cargase con todas las culpas y errores cometidos en el conflicto, al tiempo que omitían los propios.

Muchas de las imputaciones que hoy constituyen el cuerpo principal de la acusación contra el nazismo, en su momento pasaron desapercibidas. Los estudios de la sociedad alemana que han tenido lugar desde los años ochenta del pasado siglo hasta el día de hoy, arrojan luz sobre un panorama mucho más complejo que la simplificación que se ha venido administrando como doctrina oficial durante décadas.

Sin embargo, en muchas ocasiones, no se especifica que los mecanismos de poder y el funcionamiento sociológico de la mentalidad alemana en los años que nos ocupan, no son privativos de esa sociedad y de ese tiempo, sino que su estudio es el de la naturaleza humana y de los mecanismos del poder en sí mismos.

En ese sentido, la figura de Hitler ha sido analizada bajo múltiples aspectos, desde los que niegan absurdamente su protagonismo, empe-

---

[46] *IMT,* vol. XIV, pp. 432-433.

cinados en interpretar la historia bajo paradigmas superados, hasta los que le otorgan una singularidad capaz de esculpir la historia con su sola voluntad. Era previsible que quedase sin defensa alguna, si bien es cierto que una parte de los acusados se negaron a culpabilizar a Hitler de todos los males, pese a todo.

Una de esas cuestiones que hoy recibe una atención especial pero que, en su momento, no formó parte del núcleo duro de la acusación, fue la de la mano de obra extranjera obligada a emigrar a Alemania. No pocos de entre quienes se sentaron en el banquillo tuvieron relación con la explotación de esa mano de obra. De hecho, Alemania había pasado a ser demandante de trabajo justamente el año en que comenzó la guerra, y ello tuvo repercusiones en muchas facetas de la vida pública alemana. Así que Hitler dispuso que la mano de obra extranjera debía ser explotada en beneficio del Reich sin mucha consideración.

El hombre, en principio, encargado de ello fue Fritz Sauckel.

Lucha de poder, trabajos forzados y odio racial

Una de las razones principales, probablemente la de mayor peso, para condenar a veinte años a Albert Speer, fue su implicación en los trabajos forzados durante 1942-1945, la época en que desempeñó su ministerio.

Al frente de él, Speer, como era lógico, se había propuesto alcanzar las cifras de producción más altas que fueran posibles, para lo que no había dudado en emplear los métodos que resultasen más útiles, dejando de lado cualquier otra consideración. Él mismo hablaba de «furor por la eficiencia», algo —decía— que «nos poseyó a todos».[47] Sin embargo, años más tarde no admitió que las condiciones en los campos de trabajo fueran tan degradadas como se dijo en Núremberg, aunque tampoco quiso empeñar mucho esfuerzo en esto, puesto que, en definitiva, decía arrepentirse de todo aquello. En Núremberg, la estrategia

---

[47] J. Fest, *Conversaciones...*, op. cit., p. 97.

de Speer tuvo éxito porque los acusadores ignoraban en muchos casos —dado el escaso tiempo que había trascurrido desde el final de la guerra y, en consecuencia, las carencias documentales— las motivaciones e incluso las consecuencias de los actos que juzgaban.

Eso fue lo que ocurrió respecto del trabajo forzado: los Aliados, por un lado, estaban ellos mismos sometiendo por entonces a ese mismo trabajo —muchas veces en condiciones no muy diferentes— a los prisioneros alemanes y, además, Speer pudo argüir una práctica inocencia al respecto. En su defensa, la recluta de trabajo forzado tenía, por supuesto, un responsable o, al menos, un ejecutor: Fritz Sauckel.

Desde los primeros interrogatorios, Speer insistió en que el asunto de la mano de obra dependía por completo de Sauckel. Speer tenía buenas bazas para sostener esto, aunque ello no le eximía de su propia responsabilidad, que él enterraba bajo unas ciertas dosis de verdad.

Sauckel había quedado fuera de la influencia directa de Speer cuando este comenzó su ofensiva para hacerse con el poder, tras su rocambolesco nombramiento como ministro de Armamento en febrero de 1942 a causa de la muerte de Todt, hasta entonces titular del cargo. Era probable que Hitler estuviera para entonces pensando en deshacerse de Todt, pero en todo caso las circunstancias le facilitaron la tarea.[48]

En un principio, Göring creyó que heredaría el ministerio, con lo que podría crear un núcleo de poder virtualmente invencible, pero se encontró con que Hitler optaba por Speer como ministro; no era extraño. A esas alturas de la guerra, el Reichsmarschall estaba considerablemente desacreditado, sobre todo debido al papel de la Luftwaffe, cada vez menos lucido, así como a su indolencia y forma de vida, que desagradaban profundamente al Führer. Creyendo que todavía gozaba de su indisputado favor, Göring había intentado relegar a Speer a una esfera de influencia más reducida, tratando de que el nombramiento tuviera un efecto de menor alcance. Pero Speer reaccionó con rapidez, y se dirigió a Hitler, quien le dio su pleno respaldo en un discurso de

---

[48] J. Thornwald, *Las muertes misteriosas del Tercer Reich*, Luis de Caralt, Barcelona, 1956, p. 135.

dos horas que pronunció ante los industriales del ramo del armamento, del que fue explícitamente excluido Göring.

Speer, que había ocupado una importante posición como «plenipotenciario general para la Producción de Armamento dentro del Plan Cuadrienal», también se había ganado la confianza del general Georg Thomas, jefe de Armamento de Keitel. Desde su nueva posición, Speer consiguió vaciar de contenido el Plan Cuadrienal de Göring, con excepción de la asignación de la mano de obra, que siguió dependiendo del Reichsmarschall y para la que se había designado a Fritz Sauckel. Este se mantuvo bajo el manto que le ofrecía Göring, y tras el atentado contra Hitler del 20 de julio, se revolvería contra Speer; en Núremberg, también formaría en el bando de Göring, su antiguo jefe, aunque no solo por fidelidad hacia este, sino también por convicción ideológica.

Pero ese hecho, finalmente afortunado, le permitió mantener de modo mínimamente convincente su inocencia durante el proceso. Porque la acusación sobre los trabajadores extranjeros fue una de las más duras de las que se formularon en Núremberg. Por eso, parece innegable que contó con la benevolencia de la fiscalía; durante los seis interrogatorios a que había sido sometido Sauckel antes del comienzo del juicio, este había explicado que la responsabilidad final a la hora de distribuir la mano de obra le pertenecía a Speer, lo cual era cierto.

Speer mantenía que él sí era favorable a la importación de mano de obra si la situación lo requería, pero que la responsabilidad de aquella era de Sauckel; él no había pedido jamás que se le enviasen trabajadores extranjeros o alemanes, eso no era cuestión suya. Lo que Speer trataba de transmitir era que él llevaba a cabo su cometido sin reparar en cómo se hacía; formaba parte de su línea argumental. Su delito era haber formado parte de un gobierno criminal y no haber querido saber. En el reconocimiento de esa culpa estaba implícita su inocencia, pues, en definitiva, ignoraba lo que sucedía. Su crimen era haber sido eficiente, no asesino.

Quien sí sabía era Sauckel, y por tanto él era el culpable; en la defensa de Speer se lanzaron buen número de acusaciones contra muchos otros de entre quienes se sentaban a su lado en el banquillo de Núremberg.

Pero ¿por qué era tan crucial quedar al margen de la acusación de ser el responsable de la situación de la mano de obra extranjera en Alemania?

En primer lugar, porque la importación de trabajadores en buena parte de Europa se efectuó desde el supuesto de que eran racialmente inferiores. En función de la ideología nacionalsocialista esto era previsible, pero las formas que adoptó en cada lugar variaron enormemente. Había, eso sí, una discriminación generalizada, que afectaba a todos los aspectos de las relaciones entre la población autóctona y los foráneos.

Pero hablar de extranjeros como si se tratase de un grupo homogéneo tampoco se adecúa a la realidad. En el universo racista de los nazis, cada grupo étnico ocupaba su propia posición en la escala étnica. Podríamos considerar la existencia de tres grupos: uno primero, el inferior, constituido por los judíos, a los que se consideraba favorecidos por el hecho de trabajar para el Reich, pero que a su vez tampoco puede ser considerado de modo uniforme, pues los nazis distinguían entre los *Ostjuden* —o sea, los judíos procedentes de Europa Oriental— y los judíos occidentales, como los alemanes, los holandeses o los franceses; en el segundo grupo, estaban los trabajadores orientales, aquellos que procedían de los territorios de la URSS o, más genéricamente, del mundo eslavo, pero que tampoco estaban considerados como una sola clase, pues no era lo mismo un trabajador ruso que uno estonio; los nazis habían demostrado su predilección por los procedentes de las regiones bálticas. El tercer grupo estaba constituido por todos aquellos que eran originarios de Europa Occidental así como de los estados neutrales y aliados.

La situación de los trabajadores extranjeros en Alemania fue muchas veces trágica, sobre todo la de los que procedían del Este, que en no pocos casos fueron arrancados de sus hogares y de sus familias para enviarlos al Reich a trabajar, donde se acentuaba su condición racialmente inferior. Las autoridades insistían en que la estancia de los extranjeros tenía un carácter temporal, lo que lejos de darles esperanzas acentuaba la condición prescindible de aquellas personas.

El estallido de la guerra provocó una demanda de mano de obra prácticamente insaciable. En los primeros años, la cantidad de trabajadores extranjeros estaba limitada, y la mayoría de ellos eran contratados de países europeos occidentales. Tras la invasión de la URSS la situación general se radicalizó, y así sucedió también con quienes fueron enviados al Reich a trabajar en condiciones forzosas. Además de esto, las SS suministraban presos de los campos para alquilarlos a las empresas a precios convenientes; las SS se encargaban de mantenerlos y proporcionar la seguridad.

Por tanto, se distinguía entre los trabajadores que se encontraban allí en función de su condición de prisioneros de guerra, los que habían sido enviados desde los campos de concentración —que a veces eran alemanes— y los trabajadores civiles extranjeros, con mucho, los más importantes.

La acusación a Sauckel, aunque confusa, debía basarse en este tercer grupo. El reclutamiento de estos trabajadores variaba en función de distintas circunstancias, entre las que contaba la relación diplomática que el Reich mantuviera con ese estado, la conceptualización racial de esa sociedad y la urgencia de la mano de obra. Los alemanes utilizaron desde el alistamiento voluntario hasta la deportación, lo cual a veces sucedía en la misma región, zona o país.

Como norma general, en los países orientales se introdujo el reclutamiento obligatorio desde el principio, pero en el Oeste las autoridades esperaron hasta 1942 para poner en marcha la misma política. Los trabajadores que marcharon a Alemania antes de 1942 lo hicieron atraídos por las condiciones laborales y también seducidos por el poderío alemán, que les prometía un futuro mejor.

Normalmente, quien proveía los obreros no era el Reich, sino las autoridades del país ocupado, y, por tanto, el grado de disposición a la colaboración era un factor esencial. En muchos de esos países, la emigración a Alemania era algo tradicional, y la situación de guerra o el régimen político jugaban un papel muy secundario y en modo alguno determinante. En estos casos, la Administración alemana quedaba relevada de responsabilidad alguna, con gran regocijo de sus responsables.

Pero estos casos eran los menos. Por un lado, en las zonas incorporadas al Reich, la situación de sus trabajadores era idéntica a la de los alemanes del Reich; pero, por otro, tuvieron que ser los organismos alemanes los que se ocuparan de la recluta en las zonas en las que la cooperación no era la que habían esperado o bien allá donde la administración local estaba sometida al poder militar o político alemán, como sucedía en el Este. Los métodos se homogeneizaron en los dos últimos años de guerra, ya que los alemanes tuvieron que recurrir a la recluta forzosa y con pocos miramientos, aunque tardaron mucho más en introducir tales métodos en el Oeste, si bien finalmente lo harían.

La norma no era esa, de todos modos, en un principio. En general, se prefirió la persuasión y la atracción, utilizando todos los medios de la propaganda a fin de promover la emigración. Los voluntarios se presentaban en buen número, seducidos por las promesas de buenos salarios y de las excelentes condiciones de vida —en comparación con lo que se vivía en otros países de Europa— que se disfrutaban en Alemania, además de vacaciones pagadas y de los beneficios de la Seguridad Social (por entonces la más avanzada del mundo) de los que gozaban los trabajadores germanos.

En los primeros tiempos, tanto la realidad laboral alemana como las destrucciones producto de la guerra que se vivían en los países conquistados (con su consiguiente ascenso del paro) contribuyeron al éxito de esa política de atracción. Pero el incremento de las necesidades de la producción bélica pronto dejó atrás las reducidas exigencias de los meses iniciales. El flujo de trabajadores voluntarios era absolutamente insuficiente para cubrir la demanda de mano de obra, con lo que se adoptaron otro tipo de medidas, de carácter coercitivo, para lograr el objetivo: en principio, cerraron fábricas y se alargaron las jornadas de trabajo con el propósito de crear desempleo; algo más tarde, se abolió el seguro de paro para aquellos que, siendo aptos para el trabajo, se encontraban desempleados y se negaran a alistarse para trabajar en el Reich, o se les retiraron las tarjetas de racionamiento; cuando esto tampoco dio el fruto esperado, se pasó a despedir masivamente, sin más preámbulos, a grupos de obreros que eran inmediatamente registrados como voluntarios para su envío a Alemania.

Para los trabajadores del Este las condiciones fueron mucho peores, y eso desde el principio. Tanto los polacos como los judíos estaban sometidos a un duro régimen de trabajo, obligatorio para los primeros, y forzado para los segundos, desde febrero de 1940; y, en diciembre de 1941, se amplió a los Estados bálticos y los habitantes de los territorios de la URSS recién adquiridos. Conforme pasaba el tiempo, los métodos fueron haciéndose tan desesperados como la situación militar, y se llegó a producir una auténtica caza del hombre por una parte del territorio oriental en busca de hombres y mujeres en edad de trabajar.

Esas condiciones se extendieron a Europa Occidental a lo largo de 1942, cuando tras el fracaso de Barbarroja quedó claro que la guerra no iba a ser breve, primero en Holanda y luego en Bélgica. Los varones entre los dieciocho y los cincuenta años podían ser obligados a trabajar, bien en Alemania o bien en sus países, al servicio de la producción alemana, pero las órdenes no provinieron de Sauckel, sino de Bormann (en forma de orden del Führer).[49] En general, solían ser empleados en trabajos en su lugar de origen, construyendo obras de carácter militar, en el transporte y la agricultura. Los envíos al Reich fueron excepcionales en el occidente europeo, pues las autoridades alemanas nunca renunciaron a ganar para su causa a estas sociedades, buena parte de las cuales estaba, efectivamente, de su lado. Las cosas cambiaron a partir del verano de 1943, cuando la situación empeoró tanto en el Este (batalla de Kursk) como, por causa del desembarco, primero en Sicilia y luego en Salerno, de los Aliados. Entonces, los alemanes comenzaron a reclutar a cualquier precio en Francia y en Italia —una vez que esta, tras la deposición de Mussolini, se retiró de su alianza con el Reich y quedó dividida en dos— y también impusieron un régimen económico más exigente a Dinamarca, hasta entonces una especie de oasis en la Europa ocupada por la Wehrmacht.

El régimen de vida era muy duro. Trabajaban once horas diarias, con un día libre a la semana. El sistema pronto adquirió vida propia hasta de encauzar: las SS se habían hecho con el control. Las condiciones en las que se desarrolló el trabajo no dependían del Ministerio de

---

[49] *IMT*, vol. XV, p. 663.

Trabajo. Además, el que las cada vez más poderosas SS estuvieran al frente de las explotaciones de los campos de concentración, hizo que nadie más pudiera entrometerse en este asunto: cuando Hitler ordenó que no fueran destinados extranjeros a la producción de armas secretas, la orden se ignoró por completo, y fue destinada a Peenemünde una significativa cantidad de ellos.

Las condiciones generales de estos trabajadores variaban con frecuencia, pero en términos generales puede establecerse una deficiente alimentación, una alarmante escasez de precauciones higiénicas, una dureza de las condiciones de vida producto del notable hacinamiento y, a menudo, un trato brutal por parte de unos guardianes que deseaban estar allí casi tan poco como los propios trabajadores.[50] La producción, particularmente la de los trabajadores del Este, fue descendiendo con el paso del tiempo, según las condiciones empeoraban, y pese a las amenazas alemanas.

Los trabajadores agrícolas vivían mejor que los industriales; los primeros solían compartir las condiciones de la familia con la que eran alojados, mientras que los industriales vivían en barracas que muchas veces carecían de los más elementales servicios, sobre todo en los últimos meses de guerra. Además, pese a que Sauckel había ordenado que los trabajadores extranjeros —excepto los procedentes del Este— recibieran la misma asignación que los trabajadores nacionales que desempeñaban idénticas funciones, la realidad era que, dado que tenían que consumir sus cartillas en la cantina comunal de la fábrica, recibían menos. La situación con respecto a los trabajadores del Este llegó a deteriorarse tanto, que los encargados de estas tareas denunciaron la situación. El ministerio de Sauckel reconoció que la denuncia estaba justificada, pero las condiciones apenas mejoraron.

De todos modos, el Código de Trabajo alemán estipulaba que las regulaciones y la protección no eran de aplicación para los trabajadores orientales, así como tampoco para los judíos. Los salarios eran más bajos, y los impuestos que se les detraían más altos. De nuevo Sauckel trató de mejorar su suerte al poco de ser nombrado, y para marzo de

---

[50] J. Cornwell, *Los científicos de Hitler...*, *op. cit.*, pp. 334-335.

1944 se eliminó el sistema especial de salarios para los trabajadores orientales.[51]

Aunque muchos alemanes se beneficiasen de la mano de obra barata que estos suponían, para los nazis, el que en el corazón del Reich se hacinasen millones de extranjeros en su mayoría considerados como racialmente inferiores se convertía en una amenaza. Hay que tener en cuenta que, para cuando la guerra permitió la entrada de esta fuerza laboral, ya habían emigrado de Alemania la mitad de los judíos del Reich y funcionaba a todo tren el programa de esterilización y eutanasia. Por lo tanto, la preocupación por la «limpieza racial», que estaba en su momento álgido, se veía obstaculizada por esa entrada masiva de *fremdvölkischen*.

Pero si por un lado la llegada de trabajadores extranjeros representaba un inconveniente de orden ideológico, por el otro cubría otro objetivo del mismo tipo, ya que permitía no tener que recurrir a la movilización forzosa de las mujeres alemanas, objetivo precioso para Hitler, sobre todo en lo que hacía a las casadas (lo que provocó malestar en las solteras).[52]

La cantidad de trabajadores extranjeros que fueron enviados al territorio del Reich resulta muy difícil de calcular, pero en el verano de 1944 había casi seis millones en Alemania. Cerca del 30 por ciento eran polacos, la mayor parte de los cuales trabajaba en la agricultura (la población rural era menos refractaria a integrarlos, sobre todo en las áreas donde la población autóctona era católica, algo que no era precisamente el objetivo de las autoridades). La preocupación primera de estas fue la de que no se establecieran relaciones sexuales entre estos trabajadores y las mujeres alemanas, lo que se castigaba con la pena de muerte.[53]

El doctor Servatius, abogado de Sauckel (y lo sería también de Eichmann en Jerusalén quince años más tarde), basó su defensa en el *Führerprinzip*: Sauckel se hallaba bajo las órdenes del Führer y no hacía más que proveer a la economía alemana de aquello que se le exigía a

---

[51] A. J. Toynbee, *La Europa de Hitler*, Sarpe, Madrid, 1985, p. 182.
[52] R. Overy, *War and Economy in the Third Reich*, Oxford, 1994, p. 305.
[53] R. Gellately, *No solo Hitler*, Crítica, Barcelona, 2002, p. 247.

partir del Plan Cuadrienal. El Ejército solicitaba soldados que solo podían salir de las industrias, por lo que estas demandaban que los huecos generados fuesen ocupados.[54]

En la continua y encarnizada lucha de poder, característica de la política del Tercer Reich, Sauckel fue una víctima de personalidades mucho más poderosas que él. Si no hubiera sido por su presencia en el estrado de Núremberg, habría pasado desapercibido para la historia; evidentemente, en el escenario del proceso, desempeñó un papel muy secundario.

La defensa de Sauckel fue notable y, aunque logró establecer que el acusado no había desarrollado sus funciones con especial crueldad, sino que se había limitado a cumplir con aquello que se le exigía, no por ello dejaba de ser responsable de los métodos con que se reclutaba a los trabajadores extranjeros en los países ocupados. Pero la verdad era que Sauckel no fue el despiadado ejecutor de una política de rapiña humana: muchas de las peores medidas fueron ordenadas por Bormann en el nombre del Führer, e incluso Sauckel se negó a secundar algunas de las decisiones más despiadadas; en 1944, ni los más jóvenes ni las mujeres holandesas estaban siendo movilizadas para la producción, y Lammers había transmitido a Seyss-Inquart la necesidad de que 250.000 holandeses fuesen enviados al Reich en calidad de trabajadores. El Reichskommisar se había negado, y cuando Sauckel se entrevistó con él, terminó secundándole: en lugar de 250.000 fueron enviados 12.000.[55]

Sauckel admitió que la tarea que desempeñó reclutando trabajadores extranjeros iba en contra del derecho internacional, y que fue el propio Hitler quien le encomendó dicha labor. El Führer no había querido aprovechar el trabajo de las tropas enemigas que se habían rendido en el Oeste, cuando pudo haberlo hecho, seguía Sauckel, y lo había rechazado en aras a la unión de Europa: ello había obligado a la recluta de trabajadores extranjeros.

En parte era cierto lo que Sauckel argumentaba; a los Gobiernos de Europa Occidental, las peticiones alemanas de obtener trabajado-

---

[54] *IMT*, vol. XIV, p. 618.
[55] *IMT*, vol. XV, p. 664.

res les parecieron muy lógicas. Una tercera parte de los trabajadores forzosos procedían del Este, y Sauckel lo justificaba de distintos modos, desde el hecho de que la URSS no había firmado la Convención de Ginebra hasta que, simplemente, aquellos deportados servían a Alemania, y él estaba allí para obtener el mayor beneficio para el Reich.[56]

La presencia de trabajadores extranjeros en la sociedad alemana había despertado enormes recelos e inquietud en no pocos sectores. Es muy probable que aquello agravase el trato que recibieron durante su permanencia en Alemania. De hecho, las directrices oficiales fueron muchas veces más indulgentes que las que tomaban los responsables locales. En una alocución particularmente agresiva, un responsable de la Unión de Agricultores Nazis aseguró: «Los trabajadores extranjeros son cerdos, perros, caricaturas de seres humanos. Hemos de tratarles con la máxima severidad, aplastarles la cara y matarles si se atreven a abrir la boca una sola vez para protestar. Ningún juez condenará a un campesino alemán que haya actuado así».

Este ejemplo de reacción ante la presencia de trabajadores extranjeros distaba de ser habitual. De hecho, produjo una protesta, y es significativo que fuese un funcionario quien reprobara estas palabras, y que lo hiciera porque eran contrarias a las órdenes emanadas desde la Delegación de Reich para la Organización del Trabajo, el organismo que dirigía Fritz Sauckel.

La política de Sauckel intentaba imponer una disciplina no solo a los trabajadores extranjeros, sino a los empresarios que se lucraban de ellos. La mayoría de las grandes empresas industriales utilizaban esta mano de obra, lo que parece lógico, dado el estado de la economía alemana durante la guerra y las necesidades bélicas; pero es significativo que Sauckel tuviera que advertir a los empresarios contra la adopción de «las más elementales medidas de mantenimiento del espíritu de trabajo»; la presencia de trabajadores procedentes del Este parecía «despertar los más despiadados instintos capitalistas».[57]

---

[56] *IMT*, vol. XIV, p. 625.
[57] R. Grunberger, *Historia social...*, *op. cit.*, pp. 198-199.

De hecho, Sauckel había tratado de movilizar a las mujeres, en enero de 1943, mientras la batalla de Stalingrado agonizaba, pero el esfuerzo había sido saboteado; de los potenciales tres millones de mujeres, solo se incorporó algo menos de un millón. Durante el Tercer Reich el salario femenino se incrementó algo por encima del masculino, aunque había grandes diferencias según sectores; el empleo de la mano de obra extranjera resultaba productivo, entonces, por obvias razones.

La verdad es que Sauckel había hecho lo que estaba en su mano para que los trabajadores extranjeros recibieran un trato adecuado. Sauckel tenía que estar en contacto con otros ministerios, de los que dependían muchos aspectos de la explotación de la mano de obra: el Ministerio de Alimentación, la Cancillería del Partido, la Cancillería del Reich, la Deutsche Reichsbahn —los ferrocarriles— y el Ministerio de Defensa, además de Himmler. Así que les envió una nota en la que solicitaba que se dispensase a los trabajadores un trato digno y humano:

> Todas esas personas deben ser alimentadas y alojadas de modo que con el menor esfuerzo posible se consigan los mejores resultados. Siempre ha sido algo que hemos dado por supuesto el que los alemanes tratemos a un enemigo conquistado correcta y humanamente, incluso si se tratase del más irreconciliable y cruel enemigo y abstenernos de toda mezquindad y crueldad en el servicio que nos pueda prestar.[58]

Como en muchas otras instancias del Tercer Reich, los límites de las atribuciones de unos y otros no estaban claros. A Sauckel, Heydrich le dijo que la cuestión de la seguridad dependía de él, de las SS; en las cuestiones militares —que eran la mayoría—, las decisiones que se tomaban dependían del mando militar y no de su departamento. En los territorios ocupados, en principio, Sauckel era la máxima autoridad en esta materia, pero en Ucrania todo pasaba por Koch, quien no permitía la más mínima intromisión.[59]

---

[58] *IMT*, vol. XIV, p. 626.
[59] *Ibid.*, p. 629.

En general, las directrices que emanaron de su oficina tendieron a promover un trato más justo y humano, en lo posible y en el marco del Tercer Reich, para los trabajadores extranjeros. Sauckel, aunque no lo hiciese de modo deliberado, había utilizado la aportación de los trabajadores extranjeros para ralentizar la puesta en marcha de la «guerra total» de Göbbels en varias ocasiones.[60] En ese sentido, terminó por ser lesivo para la economía de guerra alemana. Göbbels lo detestaba y trató de sumar a Speer al intento de acabar con él, después de que este le informase acerca de un manifiesto que Sauckel había dirigido a su organización en el Reich y en los países ocupados.[61]

En la parte central de la guerra, el funcionamiento de la economía alemana fue bastante caótico, incluso en los momentos en que se necesitaba una mayor coordinación. La razón primordial que explica este hecho fue la herencia de una situación enormemente enrevesada de la Alemania anterior a 1933, que los nazis encararon de un modo peculiar, al sustituir los mecanismos habituales de representación por el *Führerprinzip*. La teoría decía que el Ministerio de Economía no tenía más que dar las órdenes pertinentes, y las distintas instancias económicas las pondrían práctica. En la realidad, la cuestión fue más compleja.

Había cuatro grandes organismos que se ocupaban de la dirección de la economía en su conjunto: el Ministerio de Economía, la Oficina de Organización del Plan Cuadrienal, la Oficina de Economía de Guerra y Armamento del OKW y el Ministerio de Armamento y Municiones del Reich.

El Ministerio de Economía había sido heredado de la República de Weimar, y entre sus funciones se contaban las de emitir moneda, supervisar las transacciones comerciales, la banca y el control de los cambios exteriores; además, asesoraba al Gobierno del Reich y dirigía la estructura de las cámaras económicas del sistema corporativo.

En una decisión típicamente nazi, a fines de 1935, con motivo de la crisis alimenticia, pero, en realidad, utilizando esta como excusa, Hitler decidió la creación del Plan Cuadrienal, al frente del cual nom-

---

[60] R. G. Reuth, *Göbbels*, La Esfera de los Libros, Madrid, 2009, p. 589.
[61] J. Göbbels, *Diarios*, Janés, Barcelona, 1949, p. 356.

bró a Göring. El objetivo no era exactamente el de preparar al país para la guerra, sino para cualquier situación de crisis, entre las que desde luego estaba la guerra.

El nombramiento del Reichsmarschall supuso un enfrentamiento con Schacht, el ministro de Economía, que terminó con la dimisión de este en noviembre de 1937. El siguiente en ocupar el cargo sería nombrado tres meses más tarde, y durante ese tiempo el propio Göring ofició de ministro. Luego, Walter Funk aceptó encargarse de la economía alemana, pero a condición de que las decisiones políticas las tomara Göring; el ministerio de Funk las ejecutaría.

Con el trascurrir de la guerra y el incremento de las necesidades, Göring fue perdiendo el poder que había ido acumulando desde la segunda mitad de los años treinta; el Plan Cuadrienal había servido no solo como marco planificador de objetivos, sino como organismo centralizador. La responsabilidad sobre las cuestiones de armamentos recaía en la Oficina de la Economía de Guerra y Armamentos, desde que se constituyó el OKW (Alto Mando de la Wehrmacht), que terminó ocupándose de todo lo referente a la economía bélica entre 1939 y 1942, antes de la reorganización, y que dirigía el general Georg Thomas. Cuando Speer fue nombrado por Hitler ministro de Armamento, se dividió la oficina en dos ramas: Guerra y Armamento, pasando la segunda —pese a seguir dirigida por Thomas— a estar bajo el dominio de Speer. Este se quedó con el control efectivo, al retener la producción de material de combate, los plazos de entrega y los términos de los contratos.

Hasta comienzos de 1942, la confianza en la Blitzkrieg determinó la articulación de la producción y del sector económico en su conjunto. Pero, tras el fracaso de la ofensiva en Rusia en 1941, y la campaña del desierto en el Norte de África, así como la de bombardeo y la guerra naval en el Atlántico, parecía evidente que había que prepararse para una guerra mucho más prolongada de lo que se podía prever. Se nombró entonces, a comienzo de la primavera de 1942, a Fritz Sauckel plenipotenciario general para la Distribución del Trabajo, dentro del marco del Plan Cuadrienal, que prácticamente coincidió con el nombramiento de Speer al frente del Ministerio de Armamento. La sustitución de Todt por

Speer no solo supuso el reemplazo de una persona por otra, sino toda una redefinición de los ámbitos de competencia.

Para mediados de 1943, y con la conversión de la economía alemana a una economía de guerra, los límites entre lo civil y lo militar —es decir, entre Funk y Speer— se difuminaron, y hubo que optar por uno u otro. A partir de septiembre de ese año, se le concedieron a Speer plenos poderes sobre toda la producción; todo lo referente a materias primas, producción, industria y comercio pasó a depender de su ministerio. Speer se convirtió en la figura dominante de la economía alemana y Funk nunca pudo salir de su papel de eterna subordinación a Göring o a Speer.

Resultaba obvia la importancia de Walter Funk en la jerarquía política alemana, pero mucho menos obvia era su responsabilidad. Como ha quedado expuesto, en realidad estuvo siempre subordinado a otras instancias superiores, a otros organismos que decidían las líneas económicas.

La acusación de que había participado en los planes nazis de agresión era difícil de sostener, por cuanto no tuvo parte alguna en la elaboración del programa del partido, ya que Walter Funk por entonces ni siquiera había oído hablar de Hitler. Lo que él había elaborado era en realidad un programa de recuperación. Otra vez la idea de la conspiración deformaba los hechos, al reinterpretarlos a la luz de la acusación y asignarle un significado distinto.

Funk relató las diferencias entre unos sectores y otros del NSDAP. Él había defendido siempre el valor de la iniciativa privada frente a las tendencias colectivistas y socializantes de los más izquierdistas, en especial del Deutsche Arbeitsfront, el Frente Alemán del Trabajo. Recalcó que, en ese terreno, estuvo apoyado por Hermann Göring. La razón de su oposición era que estaba convencido de que la nacionalización solo producía resultados mediocres, por lo que el estímulo privado resultaba esencial para mejorar la producción. En los primeros años Hitler también lo veía así, pero en los últimos, señalaba Funk, se desdijo de estos puntos de vista «burgueses».[62]

---

[62] *IMT,* vol. XIII, p. 86.

La lucha contra el paro fue utilizada por la fiscalía para acusarlo de favorecer los planes de rearme, ya que los desempleados fueron absorbidos por las industrias de armamento, pero Funk rechazó la acusación: se terminó con el paro mediante planes de obras públicas, la construcción de carreteras, la industria automovilística, la construcción... hasta la guerra, dos terceras partes de todo lo que se producía se dedicaba al consumo privado. Implícitamente, Funk rechazaba que Alemania estuviera entregada a un rearme febril y que las medidas que se adoptaban lo fueran con vistas a la guerra. No le faltaba razón a exministro: el plan de carreteras tenía poco que ver con las necesidades bélicas, ya que el Ejército se desplazaba a mucha mayor velocidad en ferrocarril y, además, no estaba enfocado a las fronteras alemanas, sino a cubrir el territorio alemán, mientras que, efectivamente, la economía distaba mucho de estar movilizada para la guerra.

La situación que había heredado Funk era, en términos generales, buena. En unos años, la deuda externa se había estabilizado, los tipos de interés estaban a la mitad que en 1932, la Bolsa se había recuperado de sus pérdidas, el Producto Nacional Bruto había crecido en un 81 por ciento (para 1939); la inversión y la producción industrial habían alcanzado el nivel de 1928. Además, el desempleo y la inflación habían sido eliminados.[63]

Tampoco Funk había pertenecido a ninguna otra rama del partido, ni siquiera de modo honorífico, y apenas fue diputado del partido durante unos pocos meses. Pero había una cuestión que la fiscalía iba a explotar: la acusación de que, en su condición de presidente del Reichsbank, Funk había aceptado el oro procedente de los judíos exterminados en los campos.

Ciertamente, Funk había trabajado durante largos años con una notable cantidad de judíos, como su trabajo en la Bolsa muestra; incluso había intercedido por algunos una vez que los nazis llegaron al poder. Funk nunca se había tomado demasiado en serio el antisemitismo del partido, como explicó en Núremberg (lo que, a grandes rasgos, era verdad). El hecho de que llevase alguno de estos casos (como el de

---

[63] R. J. Evans, *El Tercer Reich en el poder, op. cit.*, p. 409.

Richard Strauss) hasta el Führer, añadido a su pasado laboral, hacían de él mal candidato para pasar por un prototípico nazi.

La idea de Funk no tenía apenas nada que ver con las fantasías raciales de Himmler, sino con una idea anterior al propio nazismo, como era la unificación económica de Europa, que compartía con Göring. Cierto que había estado relacionado con el proceso de arianización, y que como ministro de Economía se había mostrado muy competente en esa tarea pero, en definitiva, la decisión política no la había tomado él. La idea subyacente era que Europa se conformase como un solo mercado (naturalmente, bajo la dirección de Alemania y en beneficio suyo) y pudiera competir con los Estados Unidos.

El propósito de Funk, en cierto modo, chocaba con el de otros prominentes nazis. Anunció que el oro no desempeñaría en el futuro ningún papel como base del sistema monetario europeo (para lo que estaba dispuesto a recurrir al trueque),[64] y que había que construir una comunidad continental a la que Alemania debería mostrar el camino del mismo modo que lo había mostrado en la salida de la crisis.

Aunque la primera preocupación de Funk era la de revertir la economía a su situación anterior a la guerra, este miraba más allá. En el Ministerio de Economía trabajaban profesionales holandeses, belgas, suecos y alemanes en la planificación del futuro. Entre todos diseñaron un sistema que se basaba en el libre comercio, un sistema unificado de transportes y acuerdos entre grandes grupos empresariales y comerciales, por encima de gobiernos. Con razón podía reclamar Funk en Núremberg que su planteamiento económico era liberal: muchos de los hombres que tomaron parte en estos planes, apenas una década más tarde desempeñaron importantes papeles en la creación del Mercado Común.[65]

Parecía claro que la visión de Funk no tenía una base racista. El presidente del tribunal intervino entonces para quebrar la línea de defensa del abogado doctor Sauter:

---

[64] M. Mazower, *El Imperio de Hitler*, Crítica, Barcelona, 2008, p. 365.
[65] R. E. Herzstein, *When Nazi Dreams Come True*, Abacus, 1982, p. 105.

Presidente. El acusado puede mantener que él ayudó a cientos de judíos, pero eso no elimina el hecho de que puede haber actuado con hostilidad hacia los judíos firmando decretos contra la raza judía, pese a que haya ayudado a unos pocos amigos. De todos modos, no creo que haya que entrar en cada pequeño detalle.[66]

Fue la señal para que el fiscal arremetiese con dureza contra Funk a cuenta de los depósitos de oro existentes en el Reichsbank:

Dodd. ¿De dónde provenía el oro cuando usted asumió el cargo? ¿De dónde provenían las nuevas reservas de oro?

Funk. Únicamente del cambio de moneda extranjera en oro. Más tarde, cuando asumí el cargo, ingresamos la reserva de oro de Banco Nacional checo. Pero fue principalmente el oro belga lo que nos ayudó a incrementar nuestras reservas (...). Era muy difícil pagar en oro, porque los países con los que manteníamos relaciones comerciales habían decretado embargos sobre el oro. Suecia se negó en redondo a aceptar oro. El único país con el que podíamos hacer negocios convirtiendo el oro en moneda extranjera era Suiza.

Dodd. Creo que ya ha dejado claro que, durante los años 1942 y 1943, usaron el oro en operaciones internacionales, y eso era lo que me interesaba saber. ¿Cuándo empezó a trabajar con las SS, señor Funk?

Funk. ¿Trabajar con las SS? Nunca lo he hecho.

Dodd. Sí, señor, trabajar con las SS. ¿Está seguro de que no? Le ruego se tome la situación muy en serio. Estamos llegando al final del interrogatorio y este punto es de suma importancia. Se lo volveré a preguntar. ¿Cuándo empezó a hacer negocios con las SS?

Funk. Nunca empecé a hacer negocios con las SS. Solo puedo repetir lo que ya dije en el interrogatorio preliminar. Puhl me comunicó un día que se había recibido un depósito de las SS. Al principio, pensé que era un depósito normal, es decir, un depósito que permanecía bloqueado y del que no teníamos que ocuparnos, pero Puhl me

---

[66] *IMT,* vol. XIII, p. 98.

dijo más tarde que el Reichsbank debía emplear los depósitos de las SS. Supuse que eran monedas de oro y moneda extranjera, pero sobre todo monedas de oro, las mismas que todo ciudadano alemán debía entregar y que se requisaba a los internos de los campos de concentración e iban a parar al Reichsbank…

Dodd. Un momento ¿tenía costumbre el Reichsbank de aceptar depósitos de dientes de oro?

Funk. No.

Dodd. Pero los recibieron por el canal de las SS.

Funk. No lo sé.

Dodd. ¿No lo sabe? Bien, les ruego a sus señorías que permitan la exhibición de una película. Es breve y creo que podemos verla antes de levantar la sesión, y me gustaría también que la viera el testigo antes de continuar con el interrogatorio del oro del Reichsbank. Fue tomada por las fuerzas aliadas cuando entraron en el Reichsbank, y veremos que en las cámaras del banco se amontonaban los dientes de oro, los puentes, etc.

Funk. No sé de qué me habla.

Dodd. Veamos. Por norma general, el Reichsbank no aceptaba joyas, monóculos, gafas, relojes, pitilleras, perlas, diamantes o fundas de dientes doradas, ¿no? ¿Tenía por costumbre su banco aceptar esos objetos?

Funk. No, en mi opinión, no tiene sentido que el banco procediera de ese modo, ya que ese tipo de objetos debían ser depositados en un lugar totalmente distinto. Si mi información sobre las disposiciones legales es correcta, aquellos objetos tenían que ser depositados en la Oficina del Reich para Metales Preciosos, no en el Reichsbank. El Reichsbank no trabajaba con diamantes, joyas y piedras preciosas, ya que no era un mercado para este tipo de objetos. Además, se me antoja que, si el Reichsbank los aceptó, actuó contra la ley.

(…)

Dodd. Entonces, intuyo que insiste en negar rotundamente que tuviera a la sazón conocimiento alguno sobre aquellos negocios con las SS, o sobre su relación con las víctimas de los campos de concentración… ¿Niega rotundamente estar al corriente de todo aquello?

FUNK. Solo en la medida que he declarado aquí… la verdad es que no le puedo decir al tribunal más de lo que le he dicho. Herr Puhl será responsable ante Dios de que ha dicho en la declaración jurada; yo lo soy de los que declaro en este estrado. Y es del todo evidente que herr Puhl está intentando culparme y exculparse. Si mantuvo aquellas relaciones durante años con las SS, la culpa y la responsabilidad son suyas. Yo solo hablé con él dos o tres veces de aquellas cuestiones, es decir, de lo que he declarado aquí.

DODD. ¿Está culpando a Puhl?

FUNK. No. Él me está culpando a mí.

DODD. El problema es que aquel oro estaba manchado de sangre, ¿no? Y que usted lo sabía desde 1942.[67]

Aquello de lo que fiscalía acusaba a Funk era una conjetura que no pudo probar. Ciertamente, le había dicho a Puhl que aceptara los depósitos provenientes de las SS y que los guardase en secreto, pero eso no era prueba concluyente de nada, ni implicaba un conocimiento de su naturaleza; por otro lado, el que procediese de las SS era suficiente como para adoptar esa medida. No tenía prueba alguna de que aquellos objetos procediesen de los campos de concentración, y mucho menos que se tratase de oro provenientes de víctimas que hubiesen sido asesinadas.[68]

El recurso de la acusación a los crímenes cometidos contra los judíos no era suficiente en este caso. Funk se escudaba una y otra vez en que las cosas no eran como la fiscalía las exponía, y lo cierto es que Dodd no supo arrinconar a Funk mediante evidencias.

No cabe duda de que el descubrimiento de los campos de concentración, tras la entrada de los Aliados en Alemania, había resultado impactante. Para muchos de los miembros de la fiscalía, la peor acusación que podía formularse era, justamente, la relacionada con la matanza de judíos. Sin duda, en la comisión de esta habían participado numerosos ministerios, departamentos y oficinas del Reich, pero eso no implicaba la aquiescencia de todos ellos; así, porque los ferrocarriles

---

[67] *Ibid.*, pp. 161 y ss.
[68] *Ibid.*, p. 176.

alemanes transportaban contingentes de judíos al Este, eso no significaba que tuvieran la voluntad de colaborar en el programa de exterminio.

En 1945-1946 todavía se ignoraban muchos extremos relativos al programa de genocidio. Las acusaciones fueron inconcretas y poco elaboradas; la documentación era muy fragmentaria, y hasta las evidencias eran poco fiables, más allá de los hechos en bruto. La confrontación entre la realidad y las posibilidades legales generaba no pocas veces una enorme tensión, que distorsionaba el proceso.

Sucedió con Julius Streicher, acusado de propagar el odio racial, y al que se relacionó con el Holocausto. Los Aliados creyeron durante mucho tiempo que las palabras de Streicher tenían relación con su papel en la persecución de los judíos, aunque no era así en absoluto. Streicher era un típico agitador antisemita, alguien que echaba la culpa a los judíos de todo lo malo que sucedía; estaba convencido de que existía una conspiración judía internacional y que esta se dirigía contra Alemania por ser la reserva racial del mundo ario. Los judíos aspiraban a dominar el mundo, para lo cual provocaban la mezcla racial de los demás pueblos, ya que en el mantenimiento de la pureza radicaba el secreto de la supervivencia y el poder. En consecuencia, se convirtió en un feroz antisemita, aunque jamás tuvo ninguna relación con el exterminio; sus maneras, no obstante, resultaban tan repulsivas que el resto de los acusados de Núremberg, casi sin excepción, no dudaban en mostrar su desagrado ante él.

El teniente coronel Mervyn Griffith-Jones, que se ocupó de la acusación, le acusó de ser el principal inspirador del odio a los judíos, y, por tanto, de tener una enorme responsabilidad en el Holocausto. A tal efecto, comenzó por recordarle las palabras que pronunciara con motivo del boicot contra las tiendas judías el 1 de abril de 1933.

> Llevamos catorce años gritándole a la nación alemana: «Pueblo alemán, aprended a reconocer a vuestro verdadero enemigo», y hace catorce años los hipócritas de nuestro país nos escucharon y dictaminaron que estábamos propagando el odio religioso. Hoy el pueblo alemán se ha despertado: en todo el mundo se habla del judío eterno. Nunca desde

el principio de la guerra y desde la creación del hombre ha habido una sola nación que se atreviera a luchar contra un pueblo de sanguijuelas y chantajistas que, durante mil años, se han propagado por el planeta.

A nuestro movimiento le correspondió la tarea de demostrar que el judío eterno era un asesino de masas.[69]

El fiscal interrogó a Streicher acerca de la prédica del odio religioso, algo que ese negó por la vía de asegurar que para él los judíos no eran una religión.

STREICHER. En mi semanario *Der Stürmer* declaré en más de una ocasión que, para mí, los judíos no eran un grupo religioso, sino una raza, un pueblo.

GRIFFITH-JONES. ¿Y opina que llamarlos «sanguijuelas», «una nación de sanguijuelas y chantajistas» es predicar el odio?

STREICHER. Es una afirmación, es la expresión de una convicción que se puede demostrar a partir de hecho históricos.

GRIFFITH-JONES. Entiéndame bien. No le he preguntado si era un hecho o no. Le preguntaba si describirlos así era predicar el odio racial. ¿Qué responde, sí o no?

STREICHER. No, no es predicar el odio; es simplemente una declaración.

(…).

GRIFFITH-JONES. ¿Por qué dijo que, mientras estuviera al frente de la lucha, los judíos no encontrarían la alegría?

STREICHER. Porque me consideraba un hombre cuyo destino no es otro sino el de mostrar al pueblo el camino sobre la cuestión judía.

(…).

GRIFFITH-JONES. ¿Por mostrar el camino quiere decir persecución? ¿Por eso no encontrarían la alegría los judíos? ¿Porque usted mostraría el camino?

(…).

---

[69] *IMT*, vol. XII, p. 347.

GRIFFITH-JONES. Como bien sabrá, a partir del boicot de 1933 los judíos se vieron privados, durante años, del derecho a voto, privados de la posibilidad de ejercer cargos públicos y fueron excluidos de determinadas profesiones. En 1938 hubo manifestaciones en su contra. Posteriormente se les multó con un millón de marcos, se les obligó a lucir una estrella amarilla, tenían sus propios asientos y se les despojó de sus casas y de sus negocios. ¿Es esto mostrar el camino?

STREICHER. Esto no tiene nada que ver con lo que yo escribí, nada que ver... Yo no di las órdenes. Yo no dicté las leyes. Nadie me consultó cuando las estaban redactando. Yo no tuve nada que ver con esas órdenes ni con los decretos.

GRIFFITH-JONES. Pero cuando se aprobaron esas leyes y esos decretos, usted las aplaudió, y siguió insultando a los judíos y pidiendo que se aprobaran más y más leyes, ¿no es así?

STREICHER. Pido que se me diga qué ley aplaudí.

GRIFFITH-JONES. Ayer dijo al tribunal que se consideraba responsable de las leyes de Núremberg, por las que había abogado durante años antes de que entraran en vigor, ¿no es así?

STREICHER. ¿Les leyes de Núremberg? No fui yo quien las hizo. No se me pidió mi opinión ni las rubriqué. Pero quiero decir aquí que esas leyes son las mismas que el pueblo judío tiene para sí. Es el acto legislativo mayor y más importante que jamás haya hecho una nación moderna para protegerse...

(...).

GRIFFITH-JONES. ¿Cree que habría sido posible llevar a cabo el exterminio de seis millones de judíos en 1921? ¿Cree que el pueblo alemán le habría respaldado? ¿Cree que, bajo cualquier régimen, habría sido posible, en 1921, asesinar a seis millones de hombres, mujeres y niños de raza judía?

STREICHER. Si me pregunta si habría sido posible con el conocimiento del pueblo, le digo que no, que no habría sido posible. El fiscal ha llegado a decir aquí que, desde 1937, el partido ejercía un control total sobre el pueblo. Sin embargo, incluso si el pueblo lo hubiera sabido, según el parecer de la acusación, no habría podido hacer nada para oponerse a la dictadura por el control que esta ejercía. Pero el pueblo no lo sabía. Así lo creo, estoy convencido y lo sé.

GRIFFITH-JONES. ¿Fueron los veinte años de propaganda e incitación, tanto en lo que hace a usted como a otros nazis, lo que hizo posible el exterminio de aquella gente de la manera en la que sucedió? ¿Fue eso lo que hizo posible el exterminio?

STREICHER. Niego que se incitara a la población. Le mostramos el camino, y es posible que se respondiera con alguna expresión fuera de tono dirigida al otro bando. No la incitamos, le mostramos el camino. Y si queremos conservar nuestro lugar en la historia no me cansaré de repetir que el pueblo alemán no deseaba los asesinatos, individuales o en masa.[70]

Streicher sacó de quicio a los interrogadores tanto por sus respuestas dilatorias como porque se hacía repetir las preguntas varias veces, en ocasiones de modo continuado, lo que hacía muy difícil y pesada su presencia el estrado. Un muy enfadado Griffith-Jones le llegó a increpar a grandes voces: «Se lo enseñaré y le repetiremos la pregunta a gritos si así lo desea… ¿Puede oírme ahora?».

Streicher se lanzaba a grandes peroratas y discursos, que resultaban difícil de detener, porque mezclaba la respuesta a lo que se le preguntaba con disquisiciones personales escasamente oportunas («Pare un momento, no me coloque un discurso, la respuesta puede darse como sí o no»).

Griffith-Jones le puso en aprietos cuando trató el tema de la arianización. No en vano, el propio Streicher había sido apartado de la dirección política acusado de corrupción debido, precisamente, a propiedades arianizadas. Streicher flaqueó, pero la cosa fue a peor cuando Griffith-Jones leyó un texto que decía: «El problema judío no será resuelto cuando el último judío haya abandonado Alemania, sino solo cuando el mundo judío haya sido aniquilado».

Streicher pasó apuros para explicar que «aniquilar el mundo judío» hacía referencia al poder internacional judío. Y que las palabras significaban una cosa vistas desde el punto en que se encontraban, pero que

---

[70] *Ibid.*, pp. 347 y ss.

en los años treinta el significado era distinto. Cuando a continuación Griffith-Jones atacó otro texto que decía «sus tumbas proclamarán que este pueblo asesino y criminal, después de todo, ha merecido su destino», preguntó burlonamente: «¿Y aquí que se tiende por tumbas? ¿Excluirles de los negocios internacionales?».[71]

La defensa de Streicher en lo que se trataba de los artículos publicados en su semanario, pero no firmados por él, era algo más fácil, ya que aceptaba las responsabilidades derivadas de su condición de editor, pero resultaba obvio que la acusación penal en este caso estaba muy disminuida. El doctor Marx, abogado defensor de Streicher, protestó por el hecho de que la fiscalía acusaba a su cliente de artículos que este no había firmado y que, además, la acusación no había puesto en conocimiento de la defensa.

Pero la fiscalía insistió en acorralar al acusado en cuanto a su ignorancia de lo que sucedía en Alemania. Obviamente, Streicher tenía acceso a la prensa internacional y era poco creíble que no hubiese leído en ella lo correspondiente, precisamente, a los judíos. Sin embargo la fiscalía cometió el desliz de citar la revista en la que se publicaba este tipo de información, la *Israelitisches Wochenblatt*, que Streicher había dejado de recibir —según aseguraba— al empezar la guerra. En cualquier caso, parecía poco sólido basar una imputación criminal en el hecho de que el acusado recibiera información de lo que sucedía a través de la prensa extranjera y, eventualmente, hubiera seguido publicando artículos antisemitas.

Aunque el fiscal siguió leyendo textos en los que Streicher, bien como autor o como editor, se pronunciaba de forma inequívoca como un campeón del antisemitismo, la cuestión clave era si haber predicado contra los judíos y pedir medidas legales contra ellos, o aplaudir la aprobación por parte del gobierno de leyes y decretos lesivos para la comunidad judía era algo constitutivo de delito, de reprobación legal. Con una cierta justicia Streicher podía alegar que nunca se habían contemplado tales cosas como delito; la sentencia jurídica decía que el pensamiento no delinque, y, por tanto, su expresión tampoco puede ser objeto de castigo.

---

[71] *Ibid.*, p. 357.

Estaba claro que la implicación directa de Streicher en la comisión de crímenes contra los judíos, objeto esencial de su odio ideológico, era nula. Al acusado no se le probó la participación en crimen alguno —lo que jamás pretendió la acusación—, y mucho menos la responsabilidad directa en el Holocausto. Cuando las principales acciones contra los judíos se llevaron a cabo, Streicher hacía tiempo que había sido apartado de la escena pública.

Por eso, lo que se juzgó en su caso fue lo que se denominaría «autoría intelectual» en un sentido muy vago. Porque dicha autoría necesita para ser probada de una implicación mucho mayor; lo que empujó al tribunal a considerar a Streicher reo de la pena de muerte fue más una pulsión moral que una valoración jurídica.

No era el caso de Wilhelm Frick, que se contraponía con el de Streicher de forma muy vívida. Frick no había efectuado grandes declaraciones, ni era un ideólogo en modo alguno, sino un ejecutor. Como ministro de Interior, formó parte del primer Gobierno de Hitler, y tuvo un papel destacado en la represión de los enemigos del régimen: en el Gobierno que se formó el 30 de enero de 1933 solo entraron tres nazis, y es significativo que uno de ellos, en un puesto clave como es el de Interior, fuera Frick.

Frick fue el responsable de la erradicación de la oposición al Gobierno, fundamentalmente de los comunistas, y, sobre todo, de las Leyes de Núremberg de 1935, que discriminaban a los judíos en el seno de la sociedad alemana. Además, había sido elemento esencial en la ejecución del programa de eutanasia y de eliminación de los deficientes. Con toda seguridad, ese fue el argumento esencial a la hora de enviarle a la horca; la acusación de que había colaborado con los preparativos de la guerra de agresión resultaba considerablemente ridícula, aunque había desempeñado un papel importante en la penetración de las SS en los distintos países ocupados y la represión de la oposición en esos territorios. Lo cual tenía que ver con el cargo de crímenes contra la humanidad, pero no con el cargo primero de guerra de agresión.

La acusación contra las organizaciones nazis, y la exposición de los crímenes contra la humanidad y los crímenes de guerra, afectaba a Frick en uno de los primerísimos lugares. Pese a ello, Frick ni siquiera subió al estrado de los testigos durante el juicio, en una irregularidad no exactamente ilegal, pero sí llamativa. Algo después, el juez norteamericano Francis Biddle meditaba acerca de cómo estaba discurriendo el proceso y llegó a decir que «es chocante condenar a hombres sin juicio, que es lo que estamos haciendo».[72]

Sin embargo, Hans-Bernd Gisevius fue largamente interrogado en el estrado como testigo. Aunque Gisevius, que conocía bien todo lo relacionado con las cuestiones policiales del Reich, justamente el ámbito de Frick, describió al ministro como alguien sin poder ejecutivo, esa circunstancia no le servía de mucho para relativizar su responsabilidad.[73]

Si bien en algunos aspectos la declaración de Gisevius —que fue siempre muy precisa y formalmente aséptica— incurrió en errores de grueso calibre, en otras muchas ocasiones fue de una enorme rigurosidad. Mostró un conocimiento muy profundo de los entresijos del Tercer Reich y de las razones y motivos de las políticas adoptadas en cada momento. La información que aportó en los casos de la Noche de los Cuchillos Largos, y los restantes a partir de ese episodio, dejó claro que Frick trató de atemperar los peores abusos.[74] Gisevius, que odiaba a Himmler y a Göring, estaba dispuesto a dar una imagen favorable de Frick en contraposición a los anteriores, como garante de las leyes en Alemania; todo lo cual tiene un cierto apoyo documental.

La confusión respecto del papel jugado por muchos de quienes se sentaban en el banquillo, persistió durante todo el juicio. En el caso de Seyss-Inquart, la acusación de haber sido actor principal en el Anschluss, si bien justificada, puesto que lo fue, no tenía mucho sentido en cuanto a que el hecho en sí resultaba difícilmente condenable; la aspiración a la unión entre Alemania y Austria era casi universal en los dos países, aunque el Tratado de Versalles se hubiera empeñado en negar para esos pueblos una autodeterminación que reconocía con carácter universal. La unión entre ambos, cuando se produjo en 1938, suscitó una incontenible alegría de la que fue testigo toda Europa. Solo el que

---

[72] D. Irving, *Nuremberg. The Last Battle...*, *op. cit.*, p. 396.
[73] *IMT,* vol. XII, p. 173.
[74] *Ibid.*, p. 176.

la acusación se hubiera empeñado en acuñar la idea de que existía una conspiración desde el principio de la llegada de Hitler al poder, daba sentido a una acusación como esta.

Lo cierto es que la llegada al poder de los nazis en el Reich había despertado las esperanzas de no pocos austriacos, que observaban cómo Berlín saltaba por encima de las imposiciones de Versalles y cómo terminaba con el desempleo; los granjeros y agricultores austriacos envidiaban el apoyo que obtenían del Gobierno sus colegas alemanes.[75]

Seyss-Inquart mantenía conversaciones políticas con el canciller Dollfuss, en vísperas de que los nacionalsocialistas austriacos dieran su golpe de Estado finalmente fracasado, en julio de 1934. Seyss nada tuvo que ver con el intento de imponer en Austria, por medio del asesinato de Dollfuss, un régimen nazi, ya que consideraba que una intentona como esa estaba destinada a fracasar y alejaría el Anschluss.[76]

Pese a lo que la fiscalía pretendía, Seyss-Inquart no era una marioneta del Gobierno del Reich. De hecho, la intentona golpista dirigida desde Alemania tuvo no poca resistencia en Austria entre los grupos nazis o afines. Cuando la Wehrmacht entrase en Austria, en marzo de 1938, no estaba claro cómo sería el modelo de unión entre los dos países y, en principio, ni siquiera estaba previsto que se produjese una anexión como la que finalmente tuvo lugar.

Seyss-Inquart fue también quien representó a los gobernadores de los territorios ocupados en la Europa Occidental.

La administración de los territorios ocupados por los alemanes fue muy variable. Algunos países se beneficiaron de un régimen relativamente benigno, al menos durante buena parte de la guerra; otros, por el contrario, fueron azotados por una política inmisericorde que los veía como poco más que esclavos destinados a trabajar para el pueblo de señores; y algunos, como el insólito caso de Dinamarca, mantuvieron una independencia que incluyó las instituciones democráticas y la propia monarquía.

---

[75] *IMT*, vol. XV, p. 615.
[76] *Ibid.*, p. 616.

En los países ocupados de Europa Occidental, el fenómeno de la resistencia apenas se produjo o fue marginal; solo a última hora, cuando los Aliados habían desembarcado o estaban a punto de acercarse a sus fronteras, dieron verdaderas muestras de que existían. En todo caso, ninguno de estos movimientos se puso en marcha antes de que la Wehrmacht invadiese la Unión Soviética, pues la mayoría se activó desde el partido comunista.

En los territorios del Este, la resistencia fue algo complemente distinto. Grandes masas de partisanos se refugiaron a retaguardia de la Wehrmacht, en los bosques de Bielorrusia, Ucrania y Yugoslavia, e hicieron la vida imposible a los ocupantes. Su resistencia fue muy dura, al igual que los métodos de lucha que empleaban y las terribles represalias alemanas.

Pero no podemos olvidar que también se produjo otro fenómeno no menos llamativo: la colaboración con los alemanes. Esta colaboración no implicaba necesariamente una identificación con el ocupante, sino la necesidad de aceptar una realidad inevitable. Los territorios de la antigua Unión Soviética presentaban una diversidad étnica, cultural, nacional y religiosa que hacía muy prometedora la posibilidad de atraerlos a la órbita de la colaboración; además, el terror soviético había propiciado que gran parte de la población en Ucrania y los Países Bálticos recibiese a los invasores alemanes con enorme entusiasmo, aunque esa buena voluntad sería pronto disipada gracias al trato que los ocupantes dieron a las poblaciones nativas (algo más tarde —durante el verano de 1942— los pueblos caucásicos reaccionarían de un modo muy parecido, si bien los alemanes se comportarían mejor con ellos, lo cual fue básicamente debido a que se mantuvieron bajo administración militar).[77]

Además, al Este fueron enviados muchos de quienes habían tratado de hacer carrera tras la llegada de los nazis al poder y no lo habían conseguido o habían quedado en un segundo plano. Fueron instruidos en que solo debían considerar como propios a los otros alemanes que

---

[77] C. Caballero, *Comandos en el Cáucaso*, García Hispán, Granada, 1995, pp. 141 y ss.

residiesen en las regiones a las que iban destinados, mientras que la población a administrar era «afeminada y sentimental». Los alemanes acuñaron un término muy significativo para denominar a los que eran allí enviados: *Ostnieten*, los don nadie del Este.[78]

En el Oeste, donde los alemanes estaban mejor dispuestos hacia la población, la magnitud de la victoria alemana en 1940 había dejado sin razones de peso a aquellos que se oponían a encontrar un modus vivendi con Berlín: no parecía que el dominio alemán fuese a desvanecerse en un lapso corto, por lo que resultaba razonable considerar una colaboración con el Reich.

Tras la invasión de la URSS, en todos los países europeos se reclutaron legiones de jóvenes para luchar contra el comunismo. Los alemanes proclamaron que el combate contra Moscú era una cruzada, y lo vieron como la oportunidad de edificar una Europa liderada por Alemania sobre la base de una ideología común. Uno de los países en los que la llamada a las armas contra el comunismo tuvo más éxito fue Holanda.

El de Holanda ha resultado un modelo medio de lo que fue la ocupación alemana. Sin duda, este episodio ha marcado el devenir de la relación entre ambos países; hasta 1940, los holandeses habían sido francamente progermanos, manteniéndose neutrales en los conflictos europeos desde hacía un siglo, pero con simpatías hacia el Reich. Al terminar la Primera Guerra Mundial, el káiser decidió refugiarse en los Países Bajos y estos negaron la extradición que les fue solicitada por los Aliados cuando acabó el conflicto.

El mismo día del ataque en el frente occidental, el 10 de mayo de 1940, los alemanes proclamaron que respetarían la idiosincrasia neerlandesa, y que la ocupación obedecía a una necesidad militar, pero que, sin embargo, el país se vería beneficiado por una administración civil dado el parentesco racial entre ambos pueblos.

Seyss-Inquart fue nombrado comisario del Reich el 18 de mayo, y manifestó que respetaría el ordenamiento jurídico holandés siempre, claro estaba, que fuese compatible con los intereses bélicos alemanes; ahora, él mismo era el único autorizado para promulgar leyes.

---

[78] M. Burleigh, *El Tercer Reich. Una nueva historia*, Taurus, Madrid, 2002, p. 356.

La primera medida que adoptó fue la suprimir los Estados Generales (el Parlamento) y sustituirlo por los Secretarios Generales, quienes se encargaban de gobernar el país y se hallaban sometidos a la autoridad directa de Seyss-Inquart. De entonces en adelante, los alemanes fueron estrechando su control de la sociedad. Un año después, todos los partidos habían sido disueltos, con excepción de los nazis holandeses, pero estos, impopulares, apenas podían ser aprovechados políticamente.

Aunque el NSB —que no era el único partido nazi holandés, pero sí el más importante— se extendió por toda la Administración holandesa, solo logró un número relativamente bajo de afiliados, poco más de cien mil en un país de nueve millones. Los nazis holandeses sostenían una actitud tan progermana que resultaba contraproducente: antes de la guerra trabajaban en el país unos 50.000 alemanes, y su influencia era muy visible. El trato que después de la guerra se impuso a este partido por haber sido colaboracionista no puede ocultar el que se trataba de un partido muy bien organizado, que incluso había empezado a desarrollar su propia rama de las SS, la cual finalmente se emancipó del NSB y pasó a integrarse en las Waffen SS y a jurar obediencia a Adolf Hitler.[79] Se constituyó como la 23.ª SS Freiwilligen Panzergrenadier Division Nederland, y por ella pasaron a lo largo de la guerra unos cincuenta mil voluntarios.

Sin embargo, una formación que existió hasta finales de 1941, el Unie —de claro corte fascista, pero mucho menos mimético, más independiente y patriótico—, llegó a contar con un millón de militantes.

Desde comienzos de 1943, proliferaron los actos de resistencia cívica en el país. La forma en que Seyss-Inquart los afrontó fueron las cortes marciales que les juzgaban con dureza, pero al menos daban una apariencia de legalidad a las ejecuciones. Sin embargo, lo peor vino más tarde: el 30 de julio de 1944, Hitler ordenó que, en lo sucesivo, los civiles no alemanes de los territorios ocupados acusados de sabotaje fuesen entregados a las SS. Tanto Seyss-Inquart como el jefe de las SS

---

[79] R. Lumsden, *Historia secreta de las SS*, La Esfera de los Libros, Madrid, 2003, pp. 221-223.

en Holanda —Hanns Albin Rauter— se negaron a ejecutar la orden, pero el segundo recibió una severa reprimenda por parte de Himmler y tuvo que poner en marcha el procedimiento. Seyss-Inquart calculaba que había sido ejecutado un número aproximado de unos 4.000 holandeses, como máximo.[80]

Seyss-Inquart fue acusado de mantener campos de concentración —alegó las condiciones en las que los internos se encontraban, que no fueron malas hasta casi el final de la guerra—, y también de enviar a los sacerdotes a dichos campos (no fueron más de unos cincuenta, de los que murieron tres o cuatro, según el acusado). Una de las peores acusaciones para su causa fue la del fusilamiento de rehenes en agosto de 1942, en la que según parece Seyss tuvo parte, aunque fuese para disminuir la lista de los que iban a ser fusilados; los rehenes eran inocentes, es decir, no se trataba de presos tomados de las cárceles y acusados de sabotaje o asesinato, sino de personas tomadas al azar que no habían cometido ningún delito o acto de resistencia. Dicha práctica está contemplada por la ley, pero los alemanes fueron acusados, además de por el hecho en sí, por la desmesurada proporción que aplicaban en las represalias. Cuando en marzo de 1945 los resistentes holandeses hirieron de gravedad al jefe de las SS en el país, Rauter, los alemanes fusilaron a cientos de rehenes.

Seyss no negó que en los campos holandeses se habían producido excesos y crímenes. En Holanda existían varios campos, entre ellos el de Hertogenbosch, originariamente un campo de tránsito para los judíos que Himmler convirtió en un campo de concentración, y que sirvieron para castigar los actos de sabotaje. En total, la población holandesa en los campos no pasó de unos 12.000 cifra que, astutamente, Seyss-Inquart comparó con la que en ese momento había en Alemania: «Es como si en Alemania hoy hubiera en campos de concentración unas 120.000 personas». En ese momento, en el antiguo territorio del Reich había internada una cifra muy superior.[81]

---

[80] *IMT*, vol. XV, p. 651.
[81] *Ibid.*, p. 662.

Fue la cuestión de los judíos holandeses la que puso contra las cuerdas a Seyss-Inquart. En Ámsterdam existía una de las comunidades judías más antiguas y prósperas de Europa Occidental, entre ellos muchos judíos alemanes. Seyss reconoció que era antisemita desde después de la Primera Guerra Mundial, y que en su ocupación del cargo para el que fue nombrado, actuó como tal.

Entre mayo de 1940 y marzo de 1941, las medidas contra los judíos fueron relativamente suaves. Las SS habían llegado tarde a la campaña occidental: Heydrich había sido herido en un accidente de aviación poco antes del comienzo del ataque en el Oeste, y no reaccionó a tiempo para que sus hombres sacasen el mejor provecho posible de la situación.[82] Así que no hubo persecución física generalizada, aunque sí se expulsó de los negocios a los directivos judíos, así como de la Administración y los medios de comunicación. A los oficiales judíos se les privó de su condición, pero conservaron sus pensiones.

Sin embargo, todo cambió a comienzos de la primavera de 1941. Reinhard Heydrich visitó Holanda y persuadió a Seyss-Inquart de adoptar medidas mucho más expeditivas contra los judíos: si a los ingleses se los internaba en campos de concentración y se les privaba de sus propiedades, no se veía la razón de que no sucediera lo mismo con los judíos. Seyss-Inquart admitió abiertamente en Núremberg que estuvo de acuerdo con ese modo de razonar.

Eso no significaba, aseguró, que el plan estuviera concebido desde el principio: ordenó registrar a los judíos, pero sin ningún propósito genocida, sino porque Alemania estaba inmersa en una guerra a vida o muerte y los judíos eran enemigos. De hecho, continuaba, el primer envío de judíos holandeses a Mauthausen tuvo lugar en febrero de 1941, tras el asesinato de un nacionalsocialista en Ámsterdam, que motivó dicha petición de Himmler a modo de represalia. Seyss-Inquart no estaba en los Países Bajos en ese momento. Posteriormente, se introducirían medidas para asimilar la situación de los judíos holandeses a la del Reich. Pero, según Seyss, su objetivo era mantener a los judíos en Holanda, bien fuese en guetos o bien en campos de concentración.

---

[82] R. Gerwarth, *Heydrich...*, *op. cit.*, p. 301.

El antiguo Reichskommisar trató en muchos casos de la cuestión judía con las autoridades alemanas, desde Hitler hasta Himmler y Heydrich. Nunca tuvo la sensación, afirmaba, de que se estuviera perpetrando un genocidio con los judíos; promover la emigración era una buena cosa, que conduciría al establecimiento de un estado judío con el que Alemania se mantendría en buenas relaciones, según le había dicho Hitler en 1943. En cuanto a Himmler, a comienzos de 1944, le dijo que los judíos eran «sus mejores trabajadores», de modo que no se le pasó por la cabeza que pudieran estar siendo asesinados.[83] Algo más tarde, Seyss-Inquart negó de forma explícita que alguna vez se hablase del exterminio de los judíos.[84]

Pero la responsabilidad de quien detentaba el más alto puesto de la Administración civil en un país ocupado, era evidente. Además, había dos acusaciones en particular que le implicaban poderosamente: por una parte, la de haber inundado el país para retrasar el avance aliado más allá de todo punto razonable; por otro lado, la hambruna que asoló Holanda durante los meses del invierno de 1944-1945 y hasta la derrota alemana en mayo de 1945.

La cuestión de las inundaciones fue salvada con una cierta habilidad por el acusado; el mando aliado le había hecho saber el 30 de abril de 1945 que lo que hasta entonces se había hecho era permisible, pero que no siguiera provocando más; desde entonces, no se produjo, en efecto, ninguna otra inundación. El interrogatorio lo llevó a cabo el fiscal francés M. Debenest, y no estuvo muy brillante; no se terminaba de ver a dónde conducían las preguntas. Terminó acusándole de favorecer la enseñanza del idioma alemán sobre el inglés y el francés en las escuelas públicas del país.[85]

El fiscal aportó luego la documentación acerca del cargo de esterilización de los judíos de que se acusaba a Seyss-Inquart, y, aunque en principio quiso desentenderse de dicha imputación, no tuvo más remedio que aceptar que había autorizado la esterilización «al menos durante un tiempo, de judíos varones».[86]

---

[83] *IMT*, vol. XVI, p. 3.
[84] *Ibid.*, p. 20.
[85] *Ibid.*, p. 38.
[86] *Ibid.*, p. 46.

Aunque negó que hubiera llevado a un solo holandés a un campo de concentración, ya que era asunto de la dirección de la Policía, admitió sin embargo que se habían producido fusilamiento de rehenes; en dichas ocasiones, Seyss matizaba, las listas las elaboraba el jefe de la Policía, si bien él las supervisaba. Recordaba haber sacado de las mismas a padres de familia con varios hijos que figuraban en ellas. La acusación del fiscal Debenest no logró obtener una confesión de que el propio Seyss era quien había decidido la ejecución de los rehenes. El acusado se defendió bien y pareció muy seguro en toda su declaración.

Pero la acusación contra Seyss-Inquart, basada en la toma de rehenes, la persecución de los judíos y la hambruna desatada en Holanda en el invierno de 1944-1945, era lo suficientemente sólida, al menos a los ojos del tribunal, como para considerar que su caso era uno de los más difíciles.

En el transcurso de la causa contra Seyss-Inquart se procedió finalmente por el caso de la hambruna que había matado de inanición a miles de holandeses, a fin de establecer la responsabilidad de la Administración alemana y, por tanto, del acusado. Sin embargo, dicha imputación había venido precedida por el interrogatorio acerca de la liquidación de la masonería en Holanda, ordenada por el acusado a instancias de Heydrich. Comoquiera que el fiscal francés le dedicó poco tiempo al asunto, el presidente le llamó la atención al respecto, para que no cambiara de tercio hasta aclarar el tema en cuestión.[87]

En Núremberg hubo siempre una especial sensibilidad hacia todo lo que tuviera que ver con la asociación discreta.

---

[87] *IMT*, vol. XVI, p. 64.

Tercera parte
LA SENTENCIA

Capítulo 14
LOS ALEGATOS

Para cuando la causa contra los acusados había sido expuesta en su totalidad, a comienzos de julio, el juicio se alargaba mucho más allá de lo que la mayoría había supuesto. A finales del invierno estaba claro que las cosas iban despacio, pero incluso los más pesimistas pensaban que pasarían el verano en casa. Sin embargo, a esas alturas nadie albergaba la menor duda de que eso no iba a suceder.

La causa fundamental había sido la imprevisión con la que la fiscalía afrontó el juicio. A la falta de sistematización en las imputaciones a los acusados, el constante cambio en los interrogatorios, pocas veces justificado; a la frecuente endeblez de la acusación en sí, e incluso al cambio de línea argumentativa, se sumaba un factor esencial, como era el del desconocimiento documental, que muchas veces ponía al acusado en mejores condiciones que al fiscal.

Por lo tanto, en no pocas ocasiones los acusados estaban en posición favorable con respecto a los fiscales, en la medida en que tenían un mucho mayor conocimiento de las cuestiones que se debatían. Esto obligaba a reformulaciones que no ayudaban a la agilidad del proceso, ya de por sí lastrado a causa de la traducción simultánea que, todo sea dicho, funcionó razonablemente bien durante la práctica totalidad de las sesiones.

Por tanto, la ralentización a que se vio sometido el juicio fue notable. El tribunal, quizá para paliar algunas deficiencias de origen, permitió a veces largas disertaciones de los acusados, que se salían de los límites de lo juzgado y que poco tenían que ver con la acusación en sí. Los fiscales protestaron por este hecho en numerosas ocasiones, pero los jueces solían inclinarse por dejar que el acusado se explicase tan largamente como creyese oportuno.

Todas estas circunstancias hicieron que los cálculos originarios acerca de la duración del proceso resultaran ingenuamente optimistas. Y aún fue peor cuando el 3 de julio, como era previsible, una vez terminada la acusación, los imputados se dirigieron al tribunal en su última alocución.

Las intervenciones fueron largas, y en todas ellas se reiteraron los argumentos que desde el principio había sostenido la defensa. En términos generales, las exposiciones fueron respetadas por el tribunal, aunque en alguna ocasión el abogado defensor fue reconvenido por el presidente, como le sucedió a Stahmer al atacar los fundamentos de la teoría de la conspiración que sostenía todo el proceso.[1]

La línea argumentativa de la defensa se basó en que la naturaleza del proceso era completamente injusta, pues se trataba, en definitiva, de que los vencedores sentaban a los vencidos en el banquillo. Había delitos cometidos por los Aliados que, por supuesto, no se juzgaban —seguían los abogados defensores—, y los mismos estados miembros del tribunal hacían de fiscales.

Los acusados lo eran de actos que cuando se cometieron no constituían delito, o bien este se había cometido bajo otra jurisdicción, por lo que no podían estar sometidos a un tribunal internacional, algo que no estaba previsto en ningún ordenamiento jurídico. Además, dichos delitos se debían en muchos casos a las órdenes de terceras personas que ni siquiera se sentaban en el banquillo.

Había dos aspectos que resaltaron particularmente las defensas: por un lado, el hecho de que hasta entonces nadie había cuestionado el cumplimiento de las órdenes superiores, y menos en el ámbito militar; y, por otro, el que resultaba muy discutible considerar delito las acciones de una persona en el desarrollo de sus funciones al servicio de un Estado.

Stahmer, particularmente, estuvo brillante en la consideración de que la conflagración no había estallado a consecuencia de la conspiración de un grupo de delincuentes que tratan de conducir a su país a una guerra de exterminio, sino que las cosas sucedieron de un modo

---

[1] *IMT*, vol. XVII, p. 516.

más complejo. Refiriéndose al hecho de que, en la guerra contra los occidentales los soldados eran enseñados en el sentido de respetar a sus adversarios, Stahmer argumentó: «Una banda de conspiradores a la cabeza del Estado, que planea encender una guerra sin el más mínimo respeto a la moral o al derecho, no enviaría a sus soldados con instrucciones de hacer exactamente lo contrario», sugiriendo que la brutalidad de la guerra era una consecuencia de esta y no la consecuencia de una conspiración para provocar precisamente esa brutalidad.[2]

La defensa de Stahmer fue seguramente la más contundente en su arremetida contra los pilares de tribunal. Stahmer insistía en desacreditar la teoría de la conspiración, una y otra vez. Detectaba con facilidad las debilidades en la acusación, y por eso sostenía que si la fiscalía tenía razón, entonces «todos los alemanes que siguieron a Hitler en cualquier momento y de cualquier modo están acusados» puesto que «tenían que haber previsto que todo terminaría como terminó».[3]

A Stahmer se le permitieron afirmaciones que a otros les fueron vedadas. Cuando el doctor Seidl, abogado de Hess, se refirió al Tratado de Versalles como origen de la situación a la que se había llegado y, por tanto, de ser la causa de que todos se encontrasen allí juzgando tantas cosas terribles, fue duramente reconvenido por el presidente del tribunal.[4] El doctor Horn fue también censurado por la misma razón, aunque en términos menos perentorios; el tribunal transmitía la sensación de que tenía perfecto conocimiento de que los argumentos de la defensa eran bien reales.[5]

La posición de la defensa fue contestada por el siempre brillante sir David Maxwell-Fyfe, que se dedicó sobre todo a rebatir la idea de que era injusta la ley que regía el proceso porque, por un lado, Alemania había firmado las leyes por las que ahora se juzgaba a los acusados, aunque no se hubiese establecido un tribunal con anterioridad para justificar las infracciones a la misma ley; y, por otro, porque la justicia natural exigía la sanción de unas violaciones como las que en el tribu-

---

[2] *Ibid.*, p. 517.
[3] *Ibid.*, p. 548.
[4] *Ibid.*, p. 554.
[5] *Ibid.*, p. 570.

nal se habían visto y que permitiera la transformación de la culpabilidad moral en culpabilidad legal.

Una vez que las defensas hubieron expuesto sus argumentos finales, era el turno de la fiscalía. Habían trascurrido tres largas semanas, entre el 3 y el 25 de julio, y ahora Jackson tomaba la palabra. Su intervención fue larga, y para la defensa bastante desalentadora.

FISCAL ROBERT H. JACKSON (jefe del Consejo de los Estados Unidos): Señor Presidente y señores miembros del tribunal: pocas tareas hay más formidables para un abogado que escoger los argumentos finales cuando media un abismo entre el tiempo del que dispone y los materiales a su alcance. En ocho meses, un plazo breve para juicios de Estado, hemos presentado, como nunca se había hecho en el marco de un litigio, pruebas que abrazan un enorme y variado abanico de hechos. A modo de recapitulación, no es posible sino trazar los elementos fundamentales de una historia tan triste y macabra como la de este juicio, que será recordado como el relato histórico de la vergüenza y la depravación del siglo XX.

Es habitual creer que vivimos en una época que es el mejor ejemplo de la civilización, y desde la que podemos ver los defectos de tiempos pasados con una cierta condescendencia a la luz de lo que tomamos por «progreso». Lo cierto es que, desde la perspectiva que nos brinda la historia, este siglo no ocupará un lugar destacado, a menos que la segunda mitad redima lo ocurrido en la primera. Estos dos períodos del siglo XX quedarán grabados en los anales de la historia como dos de los más sangrientos. Las dos guerras mundiales han dejado un legado de muertos que supera la cifra total de soldados que participaron en cualquier guerra del período antiguo o medieval. No ha habido en ningún otro plazo de cincuenta años una carnicería, una crueldad y un trato inhumano, una deportación masiva de personas convertidas en esclavos y una aniquilación de minorías como las que se han vivido en esta época. El terror desplegado por Torquemada palidece ante la inquisición nazi. Estos hechos son la abrumadora realidad histórica que las generaciones futuras recordarán al rememorar esta década. Si no podemos eliminar sus causas y evitar que se repitan estos episodios de barbarie, no es descabellado presagiar que el siglo XX podría traer consigo el ocaso de la civilización...

La fuerza del caso contra los acusados por el cargo de conspiración, del que se han ocupado los Estados Unidos, radica en su sencillez, e implica en última instancia dar respuesta a tres preguntas: en primer lugar, si se han cometido los hechos que la Carta define como crímenes; en segundo lugar, si fueron cometidos a partir de un plan común o conspiración; en tercer lugar, si los acusados se encuentran entre las personas criminalmente responsables.

Este cargo exige examinar la política criminal, y no ver los crímenes como hechos aislados, espontáneos o controvertidos...

Si echamos un vistazo al banquillo veremos que, a pesar de las disputas entre los acusados, cada uno de ellos tuvo un papel que se complementaba con el de los demás, y que todos avanzaron movidos por un plan común. La experiencia nos demuestra que no es fruto de la casualidad que hombres de procedencias y habilidades tan distintas promuevan las metas que otro persigue.

El considerable y versátil papel de Göring era militar a la par que gansteril. Metió la nariz en todas partes. Se sirvió de sus matones de las SA para lograr que su banda alcanzara el poder. Para consolidar ese poder, no dudó en ordenar la quema del Reichstag, la creación de la Gestapo y la construcción de los campos de concentración. También fue partidario de eliminar a sus opositores y de pergeñar escándalos para deshacerse de cualquier general rebelde. Fue el artífice de la Luftwaffe y la exhibió ante las narices de sus vecinos indefensos. Fue de los primeros en apremiar la expulsión de los judíos. Movilizó todos los recursos económicos de Alemania para poder llevar a cabo una guerra en cuya planificación había tenido buena parte de culpa. Después de Hitler, fue el hombre en el que confluían, en pos de un esfuerzo común, todas las actividades de los acusados.

El papel del resto de acusados, aunque menos exhaustivo y menos espectacular que el del Reichsmarschall, fue sin embargo esencial y necesario en el plan conjunto, y la empresa común habría estado en peligro si uno solo de ellos se hubiera echado atrás. De nada serviría, pues tampoco disponemos del tiempo, repasar todos los crímenes que las pruebas han vinculado a sus nombres. Con todo, si consideramos la conspiración como un engranaje global y operativo, conviene recordar brevemente los extraordinarios servicios que cada uno de los hombres que se sientan en el banquillo prestó a la causa común...

El fanático Hess, antes de sucumbir a su ansia por viajar, fue el ingeniero que engrasó la maquinaria del partido, trasladó las órdenes y la propaganda de la cúpula al Cuerpo de Líderes, supervisó las actividades del partido hasta el último detalle y se preocupó de que la organización fuera un instrumento de poder leal y listo para actuar. Cuando el miedo en el extranjero amenazó con echar por la borda el éxito de la empresa de conquista del régimen nazi, fue el artero Von Ribbentrop, el vendedor de humo, quien recibió la orden de verter vino en las aguas revueltas de la sospecha, proclamando a los cuatro vientos las intenciones pacíficas y comedidas de su país. Keitel, un juguete débil y maleable, entregó las Fuerzas Armadas, el instrumento de la agresión, al partido y estuvo al frente de ellas cuando estas ejecutaban sus deseos criminales.

Kaltenbrunner, el gran inquisidor, recogió el manto manchado de sangre de Heydrich a la hora de sofocar la oposición y de aterrorizar a los dóciles y sentó las bases del nacionalsocialismo sobre unos cimientos atestados de cadáveres inocentes. Rosenberg, el sumo sacerdote intelectual de la «raza superior», fue el artífice de la doctrina del odio que dio un espaldarazo a la aniquilación de la raza judía, y puso en práctica sus teorías sobre el infiel en los Territorios Ocupados del Este. Toda aquella vaga filosofía añade el aburrimiento a la larga lista de atrocidades nazis. El fanático Frank, que reforzó el control nazi con la creación de un nuevo orden autoritario que prescindía de la ley, de modo que la única vara de medir de la legalidad era la voluntad del partido, se encargó de exportar aquella ilegalidad a Polonia, una tierra que gobernó con el látigo de un césar y cuya población redujo a un puñado de ciudadanos dolientes. Frick, el implacable organizador, ayudó al partido a llegar al poder, manejó los cuerpos policiales para cerciorarse de que nadie los derrocaba y encadenó la economía de Bohemia y de Moravia a la maquinaria de guerra alemana.

Streicher, el búlgaro viperino, fabricó y distribuyó obscenos libelos raciales que incitaron al pueblo a aceptar y a participar en las operaciones de «purificación racial», cuya crueldad fue en aumento con el tiempo. En tanto que ministro de Economía, Funk aceleró el proceso de rearme; como presidente del Reichsbank, aceptó las fundas dentales de oro de las víctimas de los campos de concentración que le habían enviado las SS, en lo que posiblemente haya sido el hecho colateral más macabro de la historia de la banca. Fue Schacht, bajo aquella pose de falsa respetabilidad, quien se ocupó de lavarle la cara al régimen en sus primeros compases, quien convenció a los dudosos y quien, aprovechando su inteligencia, se las ingenió para que Hitler pudiera financiar el colosal programa de rearme y pudiera llevarlo a cabo en secreto.

Dönitz, el heredero de la derrota de Hitler, promovió el éxito de las agresiones nazis al instruir a su flota de submarinos a luchar en el mar con la ilegal ferocidad de quien lucha en la jungla. Raeder, el almirante político, se dedicó a reconstruir a hurtadillas la Marina alemana desafiando el Tratado de Versalles y la empleó a continuación en una serie de agresiones en cuya preparación él mismo había participado. Von Schirach, que envenenó a toda una generación, inició a la juventud alemana en la doctrina nazi, entrenó a multitudes para que sirvieran en las SS y en la Wehrmacht y los entregó al partido una vez convertidos en ejecutores fanáticos y sin voluntad.

Sauckel, el mayor y más cruel negrero desde los faraones de Egipto, reclutó a un contingente de mano de obra más y más necesario llevando a la esclavitud a pueblos extranjeros, en una escala desconocida incluso en los días de tiranía del reino del Nilo. Jodl, el traidor a las tradiciones de su profesión, hizo que la Wehrmacht violara su propio código de honor militar para poder satisfacer así las bárbaras metas de la política nazi. Von Papen, el pío agente de un régimen infiel, sostenía los estribos mientras Hitler intentaba subirse a la montura, preparó el camino para la anexión austriaca y puso su experiencia en el terreno de la diplomacia al servicio de los objetivos nazis en el exterior.

Seyss-Inquart, punta de lanza de la quinta columna austriaca, se aupó al gobierno de su país para entregárselo a Hitler antes de seguir su camino hacia el norte, llevar el terror y la opresión a Holanda y saquear la economía del país en beneficio del gigante alemán. Von Neurath, un diplomático de la vieja escuela que disfrutaba de sus éxitos antes de la llegada de los nazis, dirigió la diplomacia nazi durante sus primeros años, apaciguó los temores de las futuras víctimas y, como protector del Reich en Bohemia y Moravia, reforzó la posición alemana con vistas a la invasión de Polonia. Speer, ministro de Armamento y de Producción, se sumó a la planificación y a la ejecución del programa para trasladar a prisioneros de guerra y a trabajadores extranjeros a la industria militar alemana, cuya producción aumentaba al tiempo que la mano de obra se moría de hambre. Fritzsche, el jefe de la propaganda radiofónica, tergiversó la verdad para incitar a la opinión pública alemana a prestar un apoyo incondicional al régimen y anestesió la independencia de juicio de la población de modo que no pusieran en entredicho las palabras de sus señores. Y Bormann, que no ha aceptado nuestra invitación para unirse a esta reunión, pisó el acelerador del poderoso y sensacional motor del partido y se encargó de ejecutar sin miramientos las políticas nazis, desde los ataques contra la Iglesia católica hasta las palizas contra los aviadores aliados apresados...

Los acusados se enfrentan a estas implacables acusaciones admitiendo algunos una responsabilidad parcial, otros descargando la culpa en sus compañeros, un tercer grupo adoptando la postura que asegura que sí, que hubo grandes crímenes, pero que no hay criminales...

Sin embargo, estos hombres han pasado por alto que los actos de Adolf Hitler son también sus actos. Estos hombres, entre varios millones más, y al frente de varios millones más, llevaron al poder a Adolf Hitler, y dejaron que fuera su personalidad psicopática la que decidiera no solo sobre multitud de cuestiones menores, sino sobre algo tan importante como la guerra o la paz. Por el poder y la adulación, lo intoxicaron. Alimentaron sus odios y despertaron sus temores. Pusieron un arma cargada en las manos de un hombre dispuesto a usarla. Hitler no tenía más que apretar el gatillo y, cuando lo hizo, todos asintieron al unísono. Su culpabilidad es un hecho, aunque algunos acusados lo admitan no sin reticencias y otros lo hagan movidos por el afán de venganza. Pero su culpabilidad es la culpabilidad de todo el banquillo, de todos los que en él se sientan...

A la vista de todo esto, los hombres que ocupan el banquillo no eran ajenos a este programa criminal, ni tampoco era remota u oscura su conexión con él. Los encontramos en el corazón mismo del programa. Sus cargos demuestran que hemos escogido a unos acusados cuya responsabilidad se desprende de sus propios actos. Son la cúpula superviviente, en sus ámbitos respectivos y en el Estado nazi. No queda nadie con vida que, al menos hasta el último segundo de la guerra, tuviera más rango, cargo e influencia que Göring. Ningún soldado estaba por encima de Keitel y de Jodl, como no había ningún marinero por encima de Raeder y de Dönitz. ¿Quién, sino los ministros de Asuntos Exteriores Von Neurath y Von Ribbentrop y un comodín de la diplomacia como Von Papen, es responsable de aquella diplomacia de dos caras? ¿Quién, sino Gauleiter, protectores, gobernadores y comisarios como Frank, Seyss-Inquart, Frick, Von Schirach, Von Neurath y Rosenberg, debe responder por la mano de hierro con la que gobernaron los territorios ocupados? ¿Dónde hemos de buscar a quienes movilizaron la economía para la guerra total si obviamos a Schacht, Speer y Funk? ¿Quién, sino Sauckel, fue el artífice de la gran empresa esclavista? ¿Dónde hemos de buscar la mano que dirigió los campos de concentración si no es en Kaltenbrunner? ¿Y quién, sino Hess, Von Schirach, Fritzsche, Bormann y el innombrable Julius Streicher, alimentó el miedo y el temor del público y manipuló a las organizaciones del partido para incitar a cometer aquellos crímenes? Los nombres que figuran en la relación de acusados tuvieron un papel fundamental y responsabilidades recíprocas en esta tragedia. Las fotografías y las películas nos los muestran juntos una y otra vez, con motivo de ocasiones señaladas. De los documentos se desprende que acordaron las políticas y los métodos, y que todos trabajaron sin descanso para hacer realidad la expansión de Alemania por la fuerza de las armas.

Para rehuir las implicaciones de sus cargos y la culpa que se desprende de sus actividades, la defensa que los acusados esgrimen coincide casi unánimemente en un argumento. Hemos oído las mismas palabras mil veces: estos hombres carecían de autoridad, no conocían la situación, no tenían influencia ni importancia. Funk resumió el yugo que pesaba sobre todos los ocupantes del banquillo con su queja: «Por decirlo de algún modo, siempre llegaba hasta la puerta, pero nunca me permitieron cruzarla».

En el testimonio de cada acusado, tarde o temprano llegamos al muro que ha acabado por resultarnos familiar: nadie sabía nada de lo que sucedía. Una y otra vez hemos escuchado el siguiente coro desde el banquillo: «Ha sido aquí donde he oído hablar por primera vez de todo esto»...

Al ser apremiados, los acusados han culpado unánimemente a una tercera persona, una tercera persona que no siempre era el mismo individuo. Sin embargo, los nombres usados en cada ocasión son Hitler, Himmler, Heydrich, Göbbels y Bormann. Todos han muerto o están en paradero desconocido. Por mucho que los hayamos presionado en el estrado, los acusados nunca han descargado la culpa en alguien con vida. Es imposible no decirse lo maravilloso que ha sido el destino, pues solamente murieron los culpables y siguen con vida los inocentes. Se diría que es un prodigio. El supremo hacedor de todo este mal sobre el que recae la culpa, y algunos acusados compiten entre sí por describirlo con el epíteto más adecuado, es Hitler. Él es el hombre al que casi todos los acusados han señalado con un dedo acusador.

No romperé este consenso, ni negaré que todos los muertos y desaparecidos tuvieran parte de culpa. En unos crímenes tan reprobables que carece de sentido hablar de diferentes grados de culpabilidad, tal vez fueron ellos quienes desempeñaron las funciones más perversas, pero su culpa no puede servir para exculpar a los acusados. Hitler no se llevó a la tumba toda la responsabilidad por estos hechos. No está toda la culpa en la mortaja de Himmler. Los vivos que se sientan en el banquillo fueron escogidos por esos muertos para que se les sumaran en esta gran hermandad de conspiradores, y uno por uno deben pagar por los crímenes que conjuntamente llevaron a cabo...

Déjenme, sin embargo, que me convierta por un momento en el abogado del diablo. Reconozco que Hitler es el principal culpable, pero no es una actitud ni honorable ni sincera por parte de los acusados descargar en sus hombros toda la culpa. Sabemos que incluso la cordura del jefe del Estado tiene sus límites y que sus días tienen las mismas horas que las de cualquier otro hombre, por insignificante que sea. Que debe confiar en otros para que sean sus ojos y sus oídos, para estar informado de lo que sucede en su gran imperio. Que otras piernas han de trazar sus pasos; que otras manos han de ejecutar sus planes. ¿En quién confió Hitler para cumplir con esas tareas, sino en los hombres que se sientan en el banquillo? ¿Quién le hizo creer que tenía una fuerza aérea invencible si no fue Göring? ¿Quién le ocultó todos los episodios desagradables? ¿No prohibió acaso Göring al mariscal de campo Milch decirle a Hitler que, en su opinión, Alemania no estaba en pie de igualdad con Rusia en términos bélicos? ¿No fue acaso Göring, según cuenta Speer, quien relevó al general Galland al frente de la fuerza aérea por aludir a la debilidad y a la torpeza de ese cuerpo? ¿Quién hizo que Hitler, una persona que no había visto mundo, creyera en la indecisión y en la timidez de las naciones democráticas, sino Von Ribbentrop, Von Neurath y Von Papen? ¿Quién alimentó sus ilusiones de una Alemania invencible, sino Keitel, Jodl, Raeder y Dönitz? ¿Quién atizó su odio hacia los judíos más que lo hicieron Streicher y Rosenberg? ¿Quién afirmó que Hitler le había engañado al explicarle las condiciones en los campos de concentración, sino Kaltenbrunner, la misma persona que no ha mentido en esta sala? Todos estos hombres tenían acceso a Hitler, y a menudo podían controlar la información que le llegaba y a partir de la que este elaboraba sus políticas y dictaba sus órdenes. Eran su guardia pretoriana y, durante todo el tiempo que estuvieron bajo las órdenes del césar, tuvieron al césar en sus manos...

Lo cierto es que la costumbre nazi de ser avaros con la verdad socava los cimientos de su defensa... Pero no solo es la mentira directa el único camino que emplearon para falsear la realidad. Todos usaron el doble discurso nazi para engañar a los incautos. En el diccionario nazi de eufemismos sardónicos, «Solución Final» al problema judío era una expresión que significaba exterminar; «tratamiento especial» de los prisioneros de guerra significaba asesinar; «custodia preventiva», campo de concentración; la «obligación de trabajar» equivalía a la esclavización de la mano de obra, y, si en una orden había que «adoptar una actitud firme» o «adoptar medidas positivas», significaba que había que actuar con una crueldad desmesurada. Antes de aceptar el significado aparente de esas palabras, hay que buscar siempre un sentido oculto...

Esa era la filosofía de los nacionalsocialistas. Después de años en los que han engañado al mundo y se han servido de argumentos creíbles para ocultar sus mentiras, ¿puede alguien sorprenderse al advertir que, en este banquillo, siguen recurriendo a las costumbres de toda una vida? Uno de los principales aspectos que están sobre la mesa en este juicio es el de la credibilidad. Solo quienes no han aprendido las amargas lecciones que nos ha enseñado la última década pueden dudar que unos hombres que siempre se han aprovechado de la buena fe de sus rivales no recurrirán ahora a las mismas tretas.

Y con este trasfondo, los acusados le piden ahora al tribunal que diga que son inocentes de planear, ejecutar o conspirar para cometer una larga lista de crímenes y delitos. Y aquí están, frente a los documentos que han servido para justificar este juicio, como Gloucester, ensangrentado, junto al cadáver del rey asesinado. Y, como ellos, le suplica a la viuda: «Decid que no los maté». A lo que la reina responde: «Decid entonces que no los asesinaron. Pero muertos están». Dictaminar que estos hombres son inocentes sería tan acertado como decir que no ha habido una guerra, que no ha habido asesinatos, que no ha habido crímenes...[6]

El alegato de Jackson cayó como un jarro de agua fría sobre los acusados. La fiscalía, pese al tiempo trascurrido y a todas las declaraciones de los acusados, de los testigos, y al trabajo de sus abogados, no se había movido un milímetro y no había tenido en la más mínima consideración lo que desde el estrado se había dicho por parte de la defensa. Eso abatió considerablemente a los acusados, que no pudieron sino conceder que, finalmente, las sentencias estaban acordadas desde el principio y que todo había sido una mera escenificación.[7]

---

[6] *IMT,* vol. XVIII, pp. 397 y ss.
[7] F. von Papen, *Memorias, op. cit.*, p. 622.

La indignación era la nota común. Los acusados creían haber demostrado —en algunos casos, al menos— que, en la apertura del juicio, la fiscalía había formulado algunas imputaciones insostenibles, probable fruto del desconocimiento. Nueves meses más tarde, increíblemente seguía en la misma posición. Tanto Schacht, como Dönitz y Papen se mostraron furiosos, sobre todo este último, que expresó con enorme irritación lo que le parecía el discurso de Jackson: «¡Era el alegato de un demagogo más que el de un alto representante de la jurisprudencia norteamericana! ¿Por qué nos han tenido aquí esperando durante ocho meses? La fiscalía no ha prestado la menor atención a nuestros argumentos… ¡insisten en llamarnos mentirosos y asesinos!».

Schacht, por su parte, era el más despreciativo de todos; no le faltaba razón cuando, comentando las palabras que le había dedicado Jackson, se quejaba en estos términos: «¡Supongo que esperan de mí que le diga a un hombre a la cara que estoy planeando su asesinato!». Y añadía sin poder contenerse: «Qué discurso más miserable y de qué nivel más bajo».

Göring lo tomó con mucha mayor calma, pero no por eso dejó de calificar con dureza el alegato del fiscal: «Aun así, el juicio es, por supuesto, una farsa, porque la acusación no presta la menor atención a los argumentos de la defensa».

Pero no estaba sorprendido, y además, sentía una cierta satisfacción porque Jackson había atacado a todos por igual, y eso incluía a quienes tenían un comportamiento lejano al suyo en el enfrentamiento con el tribunal:

> Ya me lo esperaba. Que me insulte cuanto quiera. No esperaba menos de él… de todos modos, quienes se han doblegado a la fiscalía y han denunciado al régimen nazi tampoco se han librado de su castigo. Les está bien empleado. Tal vez crean que saldrían mejor parados si actuaban así… prefiero que me llamen asesino antes que ser un hipócrita y un oportunista, como Schacht. Sin duda alguna, a mí me fue mejor que a él. Y ahora, la gente dirá de él: «No solo fuiste un traidor, sino que también demostraste ser un hipócrita». Prefiero hacer las cosas a mi manera.

Para Göring no cabía duda de que los acusados no podían hacer nada al respecto: las condenas ya estaban determinadas.

> Los jueces tendrán la última palabra; los vencedores, como siempre he dicho, tienen la razón. Siempre la tienen.[8]

En una concesión al derecho continental, el tribunal permitió que los acusados dirigiesen a jueces y fiscales las palabras que creyesen oportunas; en un sentido formal, los acusados iban a tener la última palabra. El 31 de agosto comenzaron los alegatos de los acusados.

El primero en hablar fue Göring:

> La acusación, en sus alegatos finales, ha restado todo el valor a los acusados y sus palabras. Las declaraciones que los acusados han hecho bajo juramento solamente fueron aceptadas como ciertas cuando podían servir al propósito de la acusación: cuando estas declaraciones refutaban los cargos, eran tomadas por perjurio.
>
> La fiscalía usa mi rango como segundo hombre en importancia del Estado para asegurar que yo debía estar al corriente de todo lo que sucedía. Pero no presenta pruebas documentales, ni de ninguna otra índole, irrefutables, sobre los casos en los que he negado, bajo juramento, estar al corriente de determinadas cosas y, menos aún, haberlas deseado. Por lo tanto, cuando la fiscalía dice: ¿quién iba a saberlo sino el sucesor del Führer?, se basa únicamente en acusaciones y conjeturas.
>
> La fiscalía presenta declaraciones individuales que se extienden durante un periodo de veinticinco años, realizadas en circunstancias totalmente diferentes entre sí y sin que, en el momento en que se produjeron, se derivaran de ellas consecuencias de ningún tipo, y las aporta como pruebas paras demostrar mis intenciones o mi culpabilidad, declaraciones que, fácilmente, podrían ser fruto de la emoción del momento y del clima predominante en aquellos tiempos. No creo que haya un solo líder en el otro bando que no dijera o pronunciara cosas similares durante un cuarto de siglo.

---

[8] J. Owen, *Núremberg. El mayor juicio...*, op. cit., pp. 324-326.

Sirviéndose de todo lo sucedido durante estos veinticinco años en conferencias, discursos, leyes, actos y decisiones, la fiscalía demuestra que todo fue deseado y premeditado desde el principio, que respondía a una secuencia deliberada y que había una conexión entre unos hechos y otros. Y es una concepción errónea que carece de toda lógica y que algún día corregirá la historia, una vez las actas de este proceso hayan demostrado la falsedad de esos cargos...

El señor Jackson ha dicho, además, que no puede acusar y castigar a un Estado, sino que hay que responsabilizar a sus líderes. Parece olvidar que Alemania era un Estado soberano, y que su legislación no estaba sujeta a la jurisdicción de países extranjeros. Ningún Estado se dirigió al Reich en el momento oportuno para decirle que de las actuaciones del nacionalsocialismo podían derivarse castigos o persecuciones. Se nos podrá pedir que rindamos cuentas y se nos podrá condenar a nosotros, a los líderes en tanto que individuos, sí, pero no se puede castigar al mismo tiempo al pueblo alemán. El pueblo alemán depositó su confianza en el Führer, y su influencia en lo sucedido fue nula bajo el gobierno autoritario de Hitler. El pueblo, ajeno a los graves crímenes que se han conocido hoy, leal, sacrificado y valiente, luchó y sufrió durante aquel combate a vida o muerte que había estallado en contra de su voluntad. El pueblo alemán está libre de culpa.

Yo no quería una guerra, y tampoco la provoqué. Hice todo lo que estaba en mi mano durante las negociaciones. En cuanto estalló, puse todo mi empeño en ganar la contienda. Enfrentados a las tres mayores potencias de la Tierra, y a muchas otras naciones, acabamos sucumbiendo ante su abrumadora superioridad.

Defiendo todas mis actuaciones, pero niego con rotundidad que mis actos obedecieran al deseo de subyugar a pueblos extranjeros por medio de guerras, de asesinarlos, de robarles o esclavizarlos, o al deseo de cometer crímenes o atrocidades.

Solamente el amor apasionado por mi pueblo, por su felicidad, su libertad y su vida guio mis pasos. Y por esto pido al Todopoderoso y al pueblo alemán que den fe de ello.[9]

---

[9] *IMT*, vol. XXII, pp. 366-368.

Las intervenciones se sucedieron en el orden previsto, de modo que el segundo en intervenir fue Rudolf Hess. Su parlamento fue largo —hasta el punto de que el presidente le llamó la atención— y confuso en muchos extremos.

La parte final de su discurso resultó sustancial y coherente con la postura que había venido manteniendo durante el juicio, reclamando el protagonismo que un día tuvo y mostrando una notable firmeza:

> No me defiendo de los acusadores, a quienes niego su derecho a imputarme, a mí y a mis compatriotas. No pienso rebatir ninguna acusación que tenga que ver con hechos relacionados únicamente con asuntos alemanes y que no son, por lo tanto, de interés para los extranjeros. No alzo mi voz contra los discursos cuya finalidad es la de atacar mi honor, el honor del pueblo alemán. Esas calumnias del enemigo no son sino una demostración de honor.
>
> Durante muchos años de mi vida, pude trabajar junto al hijo más grande que ha engendrado mi pueblo en mil años de historia. Aunque pudiera, no borraría ese periodo de mi vida. Me enorgullece saber que he cumplido con mi deber para con mi pueblo, con mi deber de alemán, de nacionalsocialista y de seguidor leal del Führer. No me arrepiento de nada.
>
> Si tuviera que volver a empezar, actuaría de mismo modo que lo he hecho, aun sabiendo que al final me esperaría una muerte terrible. Por más que hagan los seres humanos, llegará el día en que haya de comparecer ante el trono del Eterno. Responderé ante Él, y sé que me declarará inocente.[10]

Ribbentrop negó que Alemania hubiera provocado la guerra mundial, y aseguró que la historia demostraría la falsedad de esta aseveración. El Tratado de Versalles, impuesto tras la Primera Guerra Mundial, había sido el causante de que la política alemana, que en lo esencial se asemejaba en demasía a la de otros grandes países, fuese considerada como particularmente agresiva.

---

[10] *Ibid.*, pp. 372-373.

Enfatizó que fue su deseo el que la URSS y Alemania mantuviesen su amistad y que ahora los poderes occidentales enfrentaban el mismo problema, para concluir:

> Cuando miro atrás y evalúo mis acciones y deseos, llego a la conclusión de la que la única culpa que encuentro ante mi pueblo —no ante este tribunal— es que fracasé en mis aspiraciones de política exterior.[11]

Keitel admitió su culpa en muchos de los crímenes que se habían perpetrado por cuanto algunos de los decretos que habían permitido su comisión llevaban su firma, explicitando que no quería «minimizar mi responsabilidad en cuanto aconteció», pero se defendió de la acusación de que para él la vida humana careciese de todo valor en los territorios ocupados, algo que se le había imputado durante las sesiones y que el juez Donnedieu había recordado en su alegato final. En su alegato se observa un verdadero esfuerzo de sinceridad:

> En el curso de este proceso, mi abogado me hizo dos preguntas fundamentales, la primera hace ya algunos meses:
> En caso de victoria, ¿habría rechazado participar de los frutos de esa victoria?
> Desde luego que no, habría estado orgulloso de ella.
> La segunda fue, ¿cómo actuaría si se viera en la misma situación de nuevo?
> En ese caso habría preferido la muerte antes que dejarme arrastrar a esos pervertidos métodos.
> (...)
> Es trágico llegar a darse cuenta de que lo mejor que uno ha dado como soldado, la obediencia y la lealtad, fue explotado para fines que no fueron reconocidos en su tiempo y que hay límites incluso en el cumplimiento del deber de un soldado. Ese es mi destino.
> Desde un claro reconocimiento de las causas, de los pervertidos métodos, y de las terribles consecuencias de esta guerra, se levanta la

---
[11] *Ibid.*, p. 375.

esperanza de un nuevo futuro para el pueblo alemán en el seno de la comunidad de naciones.[12]

Kaltenbrunner comenzó su alegato negando toda relación con los campos de concentración y con la persecución a los judíos. Rechazó haber aprobado nunca el exterminio físico de los judíos, y calificó de bárbaro el antisemitismo de Hitler, diferenciándolo del suyo, y lamentó también la relación que, sobre todo en los últimos años, se mantuvo con las iglesias. Lo justificó en su creencia en Hitler:

> Sé que a través de mi creencia en Adolf Hitler puse mi energía al servicio de mi pueblo. Como soldado alemán me puse al servicio de la defensa contra aquellos que querían llevar a Alemania al abismo y que hoy, tras el colapso del Reich, siguen amenazado al mundo.
> Si he cometido errores a partir de una concepción errónea de la obediencia, incluso si he ejecutado órdenes, todas ellas, en la medida en que son órdenes esenciales, fueron emitidas antes de que yo me hiciera cargo, entonces eso muestra que el destino es más fuerte que yo y que me arrastra con él.[13]

Rosenberg insistió en que servir una determinada visión del mundo no podía ser considerado en sí mismo una conspiración, algo en lo que estaban de acuerdo todos los acusados.

> Mis actos no fueron nunca delictivos, y considero que mi lucha, como la lucha de muchos miles de mis camaradas, estuvo conducida por la más noble de las ideas, una idea por la que se ha combatido durante cientos de años.
> Esto es lo que se debe reconocer como verdad. Lo que puede salir de este tribunal es que no puede justificarse la persecución por razón de las ideas, y un primer paso puede ser el reconocimiento mutuo de las naciones, sin prejuicios y sin odio.[14]

---

[12] *Ibid.*, pp. 377-378.
[13] *Ibid.*, p. 381.
[14] *Ibid.*, p. 383.

Hans Frank fue uno de los que durante el juicio había mostrado un arrepentimiento profundo, como sucedió en el caso de Baldur von Schirach, por su actuación a lo largo de los años en que había servido a Hitler, atacó al Führer por haber dejado sin defensa alguna al pueblo alemán; pero, sobre todo, porque el nazismo y el propio Hitler habían abandonado a Dios. Todo su alegato giró en torno a esta idea, «el camino de Hitler era el camino sin Dios, el camino que aleja de Cristo», y el pueblo alemán no debía seguir más ese camino:

> Agradezco que se me haya dado la oportunidad de preparar la defensa contra las acusaciones que se me han hecho. En ese sentido, estoy pensando en todas las víctimas de la violencia y el horror de los terribles sucesos acaecidos en la guerra. Millones han muerto sin ser oídos.
> (…).
> Asumo las responsabilidades de todo aquello por lo que debo responder. Admito el grado de culpa que me corresponde por haber sido un paladín de Adolf Hitler, su movimiento y su Reich.
> Espero de la justicia de Dios que nuestro pueblo sobrevivirá y en Él confío.[15]

Frick no se contó entre los que manifestaron ningún tipo de contrición. No estaba dispuesto a pedir perdón por sus actos, al menos no a los vencedores de la guerra. El antiguo ministro de Interior aseguró tener «la conciencia tranquila»:

> He dedicado toda la vida a servir a mi pueblo y a la patria. A ellos les he dedicado todo mi esfuerzo en el fiel cumplimiento de mi deber.
> Estoy convencido de que ningún patriota norteamericano o ningún ciudadanos de ningún otro país habría actuado de otro modo de haber estado en mi lugar si su país se hubiera encontrado en la misma tesitura, porque haber actuado de otro modo habría supuesto romper mi juramento de obediencia, y habría cometido alta traición.

---

[15] *Ibid.*, pp. 384-385.

Al cumplir con mi deber legal y moral, creo que me he hecho acreedor del mismo castigo que las decenas de millares de fieles funcionarios y oficiales alemanes que llevan más de un año detenidos en campos por el mero hecho de haber cumplido con su deber. En tanto que antiguo ministro, es mi deber, y todo un honor, recordarlos aquí para expresarles mi gratitud.[16]

Streicher exoneró al pueblo alemán de toda culpa en los crímenes masivos perpetrados contra los judíos. El antisemitismo de la publicación que dirigía no era criminal en ningún sentido —seguía explicando— y de su propia actuación no se desprendía en absoluto acción criminal alguna.

Como en el caso de Kaltenbrunner, aseguró que él jamás propuso la adopción de medida violenta alguna contra los judíos, sino su emigración; insistió en su coincidencia con los objetivos sionistas de propiciar la emigración a Palestina. Por eso, manifestaba su repulsa de los crímenes masivos contra los judíos, en último extremo achacables a Hitler, y que ni él ni la generalidad del pueblo alemán compartían.

Rechazo los crímenes masivos que se realizaron, de la misma manera en que son repudiados por todo alemán decente.

Señorías, ni en mi condición de Gauleiter ni en la de líder político he cometido crimen alguno (…) no tengo petición alguna que hacer para mí mismo. Tengo una para el pueblo alemán del que provengo. Señorías, el destino les ha conferido el poder de determinar lo que crean oportuno. No pronuncien una sentencia que imprima el sello del deshonor en la frente de toda la nación.[17]

Funk justificó su adhesión al nazismo por la situación en Alemania tras la Gran Guerra, lo que lamentaba a la vista de los crímenes que se habían desvelado en el trascurso del juicio, algo que aseguraba le producía una profunda vergüenza. Pero él nunca había puesto un pie en campo de concentración alguno ni conocía lo que en ellos pudiera

---

[16] *Ibid.*, p. 385.
[17] *Ibid.*, pp. 386-387.

estar sucediendo, «ningún ser humano ha muerto a causa de ninguna medida adoptada por mí (...). Yo también cometí muchos errores. Yo también me dejé engañar por muchas cosas, lo que admito abiertamente (...) me juzgo libre de ninguna culpa criminal».[18]

Además de reivindicar su labor económica, Jackson fue el objeto del alegato de Schacht, que reverberaba una indignación real: no soportaba que le considerase un cobarde por no haberse enfrentado personalmente a Hitler. En ese sentido, Schacht tenía razones para sentirse molesto, como Papen, pero no más que Dönitz, indignado ante la sugerencia de que pudiera formar parte de una conspiración que jamás existió. Dönitz reclamó toda la responsabilidad por aquello que había hecho y lo que había dejado de hacer, y rechazó que el principio en el que se basó la política en Alemania durante la época de Hitler pudiera sobrevivir (al contrario de quien le sucedió, Reader no quiso entrar en cuestiones políticas; se limitó a hacer un alegato acerca de su condición militar).

Sauckel se mostró horrorizado por muchas de las cosas que en el proceso se habían puesto de manifiesto, pero mantuvo su línea esencial y basó todo su discurso en la defensa de los trabajadores:

> Dios proteja a mi pueblo, a quien amo por encima de todo, y quiera el Señor bendecir a nuestros trabajadores, a quienes he dedicado toda mi vida y esfuerzos, y quiera Dios traer la paz al mundo.[19]

Jodl estaba resignado a su suerte, pero no quiso evitar hacer una alusión a su papel como profesional de la milicia, y se reivindicó con determinación:

> En una guerra como esta, en la que cientos de miles de mujeres y niños han sido exterminados por los lanzamiento de bombas o asesinados por aviones en vuelo rasante, y en el cual los partisanos utilizaron todos, sí, todos los medios a su alcance, la adopción de medidas

---
[18] *Ibid.*, p. 388.
[19] *Ibid.*, p. 399.

duras, aunque puedan parecer cuestionables desde el punto de vista del derecho internacional, no son un delito a la moral.[20]

Seyss-Inquart causó cierto impacto en su alocución, defendiendo su actitud en el Anschluss como algo lícito y deseado por muchos millones de personas, y en absoluto como un paso previo para el desencadenamiento de una guerra. En su enunciación estuvo firme y contundente, insistiendo en el absurdo de la doctrina de la conspiración: «Desde el punto de vista de sus intereses, Alemania no deseaba guerra alguna. Ni siquiera disponía de las armas para enfrentarla».

Pero, sobre todo, Seyss-Inquart se sintió llamado también a dar testimonio de su lealtad a Hitler. Muchos eran los que, en su estrategia para salvar la vida, habían abjurado del Führer, declarando que Hitler era el culpable de todo y además, el único culpable. De forma notablemente vergonzosa en no pocos casos, se habían desdicho de tantas y tantas palabras que en su día pronunciaron, así como de sus convicciones de décadas. Habían estado en primera fila en los días de gloria, pero ahora trataban de mirar hacia otra parte. En la mayor parte de los casos, tal estrategia no les sirvió para nada, pero en todo caso, Seyss-Inquart quiso que sus últimas palabras fueran bien distintas:

> Debo una explicación acerca de mi actitud hacia Adolf Hitler… Para mí, quedará como el hombre que hizo la Alemania más grande la de la historia alemana. Este es el hombre al que serví. ¿Y entonces? No puedo hoy gritar «crucificadle» cuando ayer gritaba «Hosanna». Hoy, como ayer y como siempre, repetiré: creo en Alemania.[21]

Contrapunto de esta postura, la de Speer. Habiendo hecho de su arrepentimiento el camino para salvar la vida, en su alegato final incidió en el mismo sentido. Leyó una consideración acerca del carácter peculiar de la dictadura nazi en cuanto a que se trataba de un régimen construido sobre la técnica como nunca antes, y se lanzó a una pero-

---

[20] *Ibid.*, p. 400
[21] *Ibid.*, p. 405.

rata relativa a los peligros a que conducía el desarrollo de las armas mediado el siglo XX:

> Como antiguo ministro de Armamentos considero mi deber advertir que una nueva guerra terminaría con la destrucción de la civilización y de la cultura humana. Por esta razón, el objeto de este proceso debe ser evitar en el futuro todas las guerras y redactar los reglamentos de la futura convivencia humana ¿Qué importancia tiene mi propia existencia después de todo lo sucedido y en vista de los elevados objetivos que acabo de exponer?
> Una nación que cree en su futuro nunca perecerá. Dios proteja a Alemania y la cultura occidental.[22]

En una línea parecida se manifestó Von Neurath, quien aseguraba haber consagrado su vida a la verdad, al honor y al mantenimiento de la paz y la reconciliación entre los países, a la humanidad y a la justicia: «Si, a pesar de esto, el tribunal me encuentra culpable, cargaré con esto como el último sacrificio por mi pueblo, para servir a aquellos que han sido el propósito de mi vida».[23]

El último en intervenir fue Hans Fritzsche. Su alocución fue inteligente y estuvo bien presentada. Fritzsche defendió su papel durante la guerra de un modo muy certero:

> Si hubiera defendido la doctrina de la raza superior, si hubiera proclamado el odio contra otras naciones, si hubiera incitado al pueblo a una guerra de agresión, a actos de violencia, al asesinato y a actos inhumanos; si hubiera hecho todo eso, entonces, miembros del tribunal, el pueblo alemán me habría dado la espalda y habría repudiado el sistema en cuyo nombre hablaba.
> (…).
> Lo desgraciado del caso estriba precisamente en que no defendí todas aquellas doctrinas que guiaban secretamente las acciones de Hitler y de un círculo reducido que (…) empieza a salir lentamente de la niebla que lo rodeaba hasta la fecha.

---

[22] *Ibid.*, p. 407.
[23] *Ibid.*, p. 408.

Yo creía en las palabras de Hitler cuando este decía que su deseo de alcanzar la paz era sincero. Por eso reforcé la confianza del pueblo alemán en aquellos discursos.

Yo creía en las negativas oficiales de las autoridades alemanas cuando rebatían todos los informes extranjeros que hablaban de las atrocidades alemanas. Y mi fe sirvió para reforzar la fe del pueblo alemán en la decencia de la cúpula del Estado alemán.

Solamente de eso soy culpable.

El resto del discurso —aceptada su entrada, sin duda brillante— lo dedicó Fritzsche a considerarse él también víctima del régimen.

Intenten entender por un momento la indignación de aquellos que confiaban en Hitler y que vieron su confianza, su buena voluntad y su idealismo pervertidos. Yo me encuentro en la posición de quien ha sido engañado y, como yo, tantos y tantos alemanes sobre los que la fiscalía afirma que podían haber sabido lo que sucedía a partir del humo que salía de las chimeneas de los campos de concentración o con solo echar un vistazo a los prisioneros…

Siento que es vergonzoso que la fiscalía haya presentado estas cuestiones de tal modo que parezca que toda Alemania era un gran centro de injusticia. Es lamentable que la fiscalía generalice la magnitud de unos crímenes que ya son de por sí los suficientemente espantosos. Y debo decir en contra de todo esto que, si hubo alguien que creyó en Hitler durante los años de la pacífica reconstrucción, le bastaba con ser leal, valiente y abnegado para mantener la fe en él hasta que, con el descubrimiento de unos secretos cuidadosamente ocultos, pudiera reconocer el mal que vivía en esa persona. No se me ocurre otra explicación para la lucha que libró Alemania durante sesenta y ocho meses. Tal disposición al sacrificio no nace del crimen sino únicamente del idealismo, de la buena fe y de una organización inteligente y aparentemente honesta.

Lamento que la fiscalía haya optado por generalizar los crímenes, porque esa decisión no hará sino añadir más leña al fuego del odio que arde en el mundo. Ha llegado, no obstante, el momento de interrumpir el ciclo perpetuo de odio que ha dominado el planeta hasta la fecha. Ha llegado el momento de dejar de sembrarlo, y de recoger el odio que hemos sembrado. El asesinato de cinco millones de personas es un aviso espantoso, y la humanidad cuenta hoy con los medios técnicos para destruirse a sí misma. Creo que la fiscalía no debería sustituir un odio por otro…

Puede resultar difícil distinguir, en el caso alemán, crimen e idealismo, pero no es imposible. Si se logra trazar la línea, evitaremos mucho sufrimiento, para Alemania y para el mundo.[24]

---

[24] *Ibid.*, pp. 408-410.

Capítulo 15
EL VEREDICTO Y LAS SENTENCIAS

La lectura de la sentencia tuvo lugar el 30 de septiembre de 1946, un mes después de los alegatos de los acusados, y se prolongó durante dos días. La lectura de los *considerando* duró hasta el 1 de octubre a mediodía. El tribunal resumió los años de poder de los nazis y el conjunto de la acusación, para pasar el segundo día a determinar si los cargos habían sido probados o no en cada uno de los casos.

Los acusados fueron llegando en grupos de dos o tres, cada medio minuto, que era lo que tardaba el ascensor en trasladarlos desde la planta de las celdas hasta la del tribunal. Algunos prisioneros estaban animados y conversaban entre ellos, pero en otros se reflejaba la preocupación, como ocurría con Schacht y Funk. Göring llegó solo y estrechó las manos de Von Schirach y de Keitel antes de ocupar su lugar en el banquillo.

La sala estaba llena a rebosar. Si el juicio había decaído notablemente a lo largo de sus muchas y no pocas veces tediosas sesiones, la lectura de las sentencias reavivó el interés del público por el proceso. Aquella mañana el silencio era completo, hasta el punto de que se podía oír el rasgar de las plumas sobre el papel y el rebobinado de las películas en las cámaras.

En general, los ánimos de los acusados eran muy bajos. La exposición del tribunal había dejado claro que asumía por entero el punto de vista de la fiscalía y que no admitía ni siquiera las más graves de las objeciones de la defensa. Entre el alegato de Jackson y las consideraciones del tribunal no había apenas diferencias, sino de tono.

Sin embargo, los acusados repararon en que, cuando se pronunció el veredicto, las luces habían sido considerablemente atenuadas. El tribunal no quería que la prensa fotografiase a los acusados en el momento de oír la sentencia. Ese hecho, que los acusados interpretaron correctamente como una muestra de piedad del tribunal, junto a que se pronunciasen primero las condenas acerca de las organizaciones y que el veredicto fuera considerablemente benévolo, llevó algo de esperanza a los imputados.

Por supuesto, estos ignoraban que el debate sobre su suerte había sido apasionado y prolongado. Los soviéticos habrían querido ahorcar o condenar a cadena perpetua a la práctica totalidad de ellos, empezando por aquellos que mayores responsabilidades políticas tenían, al margen de su culpabilidad personal. Por ejemplo, querían condenar a muerte a Rudolf Hess por su responsabilidad política a la hora de aprobar las Leyes de Núremberg, aunque él no hubiese sido autor de ningún hecho concreto y nada tuviera que ver con el exterminio ni con el desencadenamiento de la guerra.

Entre bastidores, las cuestiones más problemáticas volvían a suscitarse una y otra vez. Donnedieu de Vabres, el juez titular francés, anunció su desacuerdo con la pretensión de que había existido una conspiración generalizada por parte de los alemanes, y aseguró que votaría sistemáticamente en contra del primer cargo, el de conspiración, innecesario y difícil de definir. Parker, el sustituto de Biddle, suscitó la cuestión de que se debería enfatizar la agresividad de Hitler en la guerra que Alemania había mantenido contra Francia y Gran Bretaña, pero el propio Biddle estimó que era mejor no tocar ese asunto por cuanto habían sido Londres y París quienes rompieron hostilidades con Berlín.

Donnedieu, acertadamente, recordó que la Carta de Londres hablaba de crímenes contra la paz, contra la humanidad y crímenes de guerra, pero que en momento alguno se habló de conspiración, de modo que los alemanes no supieron nunca, hasta llegar a Núremberg, que iban a ser acusados de tal cargo.

Para Donnedieu este aspecto era esencial en cuanto a que la ley penal francesa descansa en dos principio: la no retroactividad y la precisa definición de los delitos. Los soviéticos se alzaron entonces como máximos defensores del delito de conspiración porque era el único recurso legal para condenar a quienes, como Fritzsche, no podían ser acusados de un delito concreto, ya que «hablar por la radio no lo es», como recordó Nikitchenko. El juez sustituto británico, sir Norman Birkett, apoyó el punto de vista de los soviéticos, ya que toda la acusación se sostenía en el principio de la conspiración.

No fue posible el acuerdo, el cargo de conspiración no dejó de tenerse en cuenta y Donnedieu declaró no culpables a algunos de los acusados de este delito.

En casi todos los casos, al menos sobre la consideración de inocencia o culpabilidad, hubo un cierto acuerdo. Göring, además de Ribbentrop y Keitel, fue unánimemente condenado por los cuatro cargos; un canalla de primera clase, dijeron, pero no exento de una cierta dignidad, subrayó Donnedieu; a Hess se le consideró culpable de los cargos uno y dos, aunque no de los tres y cuatro —crímenes de guerra y crímenes contra la humanidad—, pese a la oposición soviética.

Acerca de Frank, Frick y Kaltenbrunner no hubo excesivo debate, pues aunque algunos pretendiesen excluirles de algún cargo —generalmente el uno o el dos— no les iba a servir para nada; no había duda acerca de las sentencias que les correspondían. Más sorprendente fue la condena casi unánime del general Jodl, aunque Donnedieu le quiso absolver del cargo uno y cuatro y Lawrence del cuatro. Seyss-Inquart resultó un tanto incongruentemente condenado por los cuatro cargos, propiciando que Biddle manifestara sus reservas acerca del uno y el dos.

El tribunal tuvo siempre clara la culpabilidad de Streicher, y buscó los argumentos para condenarle. Pero les costó ponerse de acuerdo: la razón de que era amigo personal de Hitler y de que era seguramente el más convencido y militantemente antisemita de todos, no parecía lo bastante plausible como para conducirle a la horca, pero, pese a las disputas entre los distintos jueces, lo cierto es que se llegó al acuerdo de condenarle por el cargo cuarto.

La cantidad de cargos por los que uno era condenado no tenía un significado excesivo. Funk fue condenado por los cuatro, pero su sentencia fue cadena perpetua; Sauckel solo lo fue por los tres y cuatro, pero fue suficiente para subir al patíbulo.

Hubo también dificultades a la hora de determinar cuál habría de ser la proporción para resultar absuelto y cuál para ser condenado. Los soviéticos querían que se necesitasen tres votos a favor contra uno, como mínimo, para absolver a un acusado; Biddle quería esa misma proporción pero para conseguir una condena. El juez Lawrence admitió delante de todos sus colegas que quería la absolución de Schacht, amigo y compañero del gobernador del Banco de Inglaterra, pero a Donnedieu no se le había pasado la impresión que le causara la visión de la efusiva felicitación del banquero a Hitler tras la victoria sobre Francia; su conciencia le impedía enviar la horca a Keitel y absolver a Schacht en un mismo juicio.

Birkett terció señalando que Schacht debería ser absuelto o condenado a las más graves penas, un modo de llevar a los demás a la conclusión de que había que soltarlo. Pero los soviéticos estaban escandalizados, porque pensaban que Schacht había de ser duramente condenado por el tribunal. Y algo semejante sucedió con Von Papen, quien fue defendido por los americanos y por Lawrence, que le exoneraron de toda culpa incluso en su labor en Austria antes de la guerra, así como en su labor en la embajada en Turquía, país al que, de acuerdo con las deliberaciones, no forzó para que entrase en guerra; los soviéticos, de modo nada sorprendente, pidieron para él la condena por los cuatro cargos.

El caso de Dönitz también dividió poderosamente a los jueces; Falco, el sustituto francés, quería condenar a Dönitz, para empezar, por la invasión de Noruega, así como por la orden de no recoger a los supervivientes de los torpedeamientos en septiembre de 1942; además, había empleado trabajadores forzados y transmitido órdenes criminales del Führer. Su compañero Donnedieu consideraba que era culpable de crímenes de guerra, pero negó que tuviera culpa alguna en el episodio de Noruega, donde era un mero subordinado; Donnedieu preguntó si, en lo referente a la guerra naval, Gran Bretaña no había violado acaso las leyes internacionales cuando decretó un bloqueo unilateral que afectaba todo el tráfico marítimo. Donnedieu solicitó una pena suave y Biddle llegó a pedir directamente la absolución. Si bien el sustituto americano, Parker, matizó estas palabras al pedir que se le condenara por el cargo dos, los soviéticos se indignaron asegurando que absolverle era tanto como decir que la guerra submarina había sido legal. Pero a Lawrence le parecía que los métodos de Dönitz y sus puntos de vista eran típicamente nacionalsocialistas, así que decidió condenarle por los cargos dos y tres.

En el caso de Raeder, todos sin excepción lo encontraron culpable de los cargos dos y tres, y muchos de ellos también del uno. Y poca discrepancia hubo asimismo en el caso de Von Schirach, unánimemente considerado reo del cargo cuatro, al que los rusos añadieron el uno.

Fritzsche fue considerado inocente por la mayoría, aunque ya hemos visto que los rusos se oponían; Falco sostuvo que era cómplice, aunque no fuera autor, pero Donnedieu afirmó que era el menos culpable de todos los que allí estaban encausados, y Parker aseguró que el año que había pasado encerrado ya era un castigo excesivo. Había coincidencia en que estaba allí sentado solo porque Göbbels se había suicidado, y alguien tenía que ocupar su lugar. Los soviéticos insistieron en que su propaganda había conducido a la comisión de atrocidades, pero nadie les hizo mucho caso.

Donnedieu, quien había manifestado una cierta admiración hacia Göring, propuso que se le ejecutase mediante un pelotón de fusilamiento, algo que deseaba hacer extensivo a todas las ejecuciones. Su planteamiento no fue bien acogido, aunque Biddle planteó la posibilidad de ejecutar mediante el pelotón o la horca según los condenados.

El tribunal, en última instancia, rechazó incautarse de las propiedades de los acusados que no hubieran sido adquiridas de forma irregular y, en cualquier caso, el origen de la propiedad no debía determinarse en Núremberg. Los soviéticos, por supuesto, mostraron su más completo desacuerdo.

Los acusados, naturalmente, ignoraban todo esto. Podían imaginar que los jueces rusos serían los más duros, pero, en todo caso, sabían que no tenían ninguna oportunidad de influir en ellos.

El ceremonial se estableció de modo que los acusados debían permanecer juntos en el banquillo mientras escuchaban el veredicto en torno a la inocencia o culpabilidad con respecto a cada uno de los cargos por los que se les juzgaban. A la tarde siguiente serían conducidos otra vez a la sala, de uno en uno, de modo que nadie conocería la sentencia de los demás. Los ocho jueces se turnarían en la lectura de las sentencias.

A las diez y tres minutos, el tribunal entró en la sala. El silencio se espesaba cada vez que terminaba la lectura de las consideraciones del tribunal y antes de pronunciar la palabra «inocente» o «culpable». Se les ponían obligatoriamente los cascos, que los acusados se quitaban con premura en cuanto oían la sentencia.

Los veredictos resultaron sorprendentes para casi todos. Entre el público se pensaba que las condenas serían a muerte, y que acaso alguno la sortearía mediante la cadena perpetua, todo lo más. El que hubiera hasta tres absoluciones resultó inesperado, así como que muchos de los acusados fueran exonerados de muchos de los cargos de los que se les acusaba. Pero no puede obviarse el hecho de que la causa de la absolución probablemente fue que sus responsabilidades se remitían casi al completo a la época anterior a la guerra.

Las absoluciones resultaron problemáticas en muchos sentidos. En cierto modo, absolver a Schacht, a Papen y a Fritzsche venía a sellar el fracaso de un tribunal acusado de parcial y de haber sido formado de modo precipitado. Algunos de los jueces occidentales tampoco estaban de acuerdo en que salieran absoluciones de las deliberaciones del tribunal. Pensaban que era mejor una condena por leve que fuese que el reconocimiento de la improcedencia de la imputación.

Además, la propia formulación de la acusación se veía cuestionada en la medida en que cargos como el de conspiración debían afectar a todos los prisioneros; la absolución no implicaba el desmentido de la acusación, pero, sin duda, arrojaba sombras sobre ella. Los soviéticos fueron particularmente celosos en este asunto; el compromiso con Moscú era que no hubiese absoluciones. Cuando vieron que esto no era posible, emitieron un voto particular de disentimiento. Corría la especie de que los jueces soviéticos carecían de la menor noción acerca de cómo redactar un voto de ese tipo, y que Nikitchenko tuvo que pedir ayuda a sus colegas occidentales.[1]

---

[1] J. Owen, *Núremberg. El mayor juicio...*, op. cit., p. 350.

Los acusados que habían resultado absueltos mostraron su sorpresa, sobre todo Fritzsche, seguramente quien con menos motivo habría debido mostrarse sorprendido. El resto se aprestó a escuchar su condena el 1 de octubre de 1946.

La lectura de las sentencias fue relativamente rápida. Como era previsible, comenzaron con Göring y continuaron en el orden en que los acusados sentaban en el banquillo:

Hermann Göring (1893-1946)

Tras Hitler, el nazi más destacado y considerado como su posible sucesor desde 1939 hasta 1945. Comandante de la Luftwaffe, fue el responsable de la economía alemana a finales de los años treinta.

Cargos primero y segundo: Hitler le encargó la ampliación de la capacidad militar alemana. Asistió a la reunión de Hossbach, fue uno de los cabecillas de la Anschluss, amenazó con bombardear Praga para lograr la anexión de los Sudetes y dirigió la Luftwaffe en el ataque a Polonia y en las subsiguientes guerras de agresión. Su rechazo a la invasión de la URSS se debió más a razones estratégicas que morales. Solo lo superó Hitler en tanto que partidario de la guerra.

Cargos tercero y cuarto: como plenipotenciario del Plan Cuatrienal, las órdenes de Göring obligaban a los prisioneros de guerra a trabajar para la industria armamentística y dirigió el expolio del territorio conquistado. Persiguió a los judíos básicamente para confiscarles sus propiedades y para cercenar sus actividades económicas. Su propia confesión basta para condenarle.

Veredicto: culpable de todos los cargos.
Sentencia: pena de muerte.

Rudolf Hess (1894-1987)

Hasta su vuelo a Escocia en 1941, Hess fue el lugarteniente del Partido Nazi.

Cargos primero y segundo: como lugarteniente de Hitler y ministro del Reich sin cartera encargado de supervisar toda la legislación, Hess se dedicó a la preparación de la guerra. Instó al pueblo alemán a que se sacrificara económicamente para el rearme acuñando la frase «cañones por mantequilla». Durante el periodo previo a la Anschluss, estuvo en contacto con el Partido Nazi austriaco, que sería prohibido posteriormente, y firmó un decreto que anexionaba al Reich los Sudetes checos así como diversas regiones de Polonia. Defendió públicamente la agresión alemana y acusó a Inglaterra de haber causado la invasión de Polonia.

Cargos tercero y cuarto: hay indicios de que Hess estaba al tanto de los crímenes en el Este y de que propuso las leyes discriminatorias contra judíos y polacos, pero las pruebas son insuficientes para declararlo culpable. A pesar de presentar signos de trastorno mental, Hess es capaz de defenderse y estaba en su sano juicio en el momento en que se produjeron los hechos de los que se le acusa.

Veredicto: culpable de los cargos primero y segundo.
Sentencia: cadena perpetua.

Joachim von Ribbentrop (1893-1946)

Ministro de Asuntos Exteriores alemán de 1938 a 1945.

Cargos primero y segundo: Von Ribbentrop estaba al corriente de las amenazas de Hitler a Austria, pero negó al Gobierno británico que Alemania hubiera lanzado un ultimátum a Austria. Tomó parte en los planes de agresión a Checoslovaquia y buscó el apoyo de Italia para una futura guerra europea si esta llegaba a estallar por causa de la invasión de Polonia. Justo antes del ataque, confundió a Gran Bretaña acerca de las intenciones alemanas sobre Polonia. Von Ribbentrop también conocía los planes para invadir Noruega, Dinamarca, los Países Bajos, Grecia, Yugoslavia y Rusia.

Cargos tercero y cuarto: los oficiales alemanes que controlaban Dinamarca y la Francia de Vichy respondían en última instancia ante Von Ribbentrop, quien asimismo exhortó a los italianos a que actuaran con mano de hierro en Yugoslavia e Italia. Ordenó a los representantes alemanes en los países satélites del Eje, como Hungría, que aceleraran la deportación de los judíos. Participó en reuniones en las que se decidió el linchamiento de los soldados de las fuerzas aéreas aliadas y el asesinato de un general francés capturado. Dado su conocimiento de los planes de guerra, la defensa de Von Ribbentrop basada en la creencia de que Hitler ansiaba la paz no resulta verosímil; al contrario, compartía los objetivos y la ideología de Hitler.

Veredicto: culpable de todos los cargos.
Sentencia: pena de muerte.

WILHELM KEITEL (1882-1946)

Comandante en jefe de las Fuerzas Armadas en el Oberkommando de la Wehrmacht (OKW).

Cargos primero y segundo: Keitel presionó militarmente a Austria antes de la Anschluss y diseñó los planes de Hitler para la invasión de Checoslovaquia. También participó en la preparación de las invasiones posteriores y firmó las órdenes de ataque. Se opuso a la de la Unión Soviética por motivos militares y por cuanto violaba el pacto con los soviéticos. Aun así, refrendó los planes de la Operación Barbarroja.

Cargos tercero y cuarto: Keitel ratificó la orden de los comandos dictada por Hitler a pesar de considerarla ilegal. Acató la aplicación de un trato implacable a los prisioneros de guerra rusos y la matanza de la *intelligentsia* polaca. Ordenó represalias contra la población civil y permitió que se les arrestara y ejecutara sin juicio previo. Declaró haber protestado ante Hitler por muchas de estas cuestiones, pero, en última instancia, obedeció, acatando las órdenes de su superior. Ello no puede ser considerado un atenuante de tales crímenes.

Veredicto: culpable de todos los cargos.
Sentencia: pena de muerte.

Ernst Kaltenbrunner (1903-1946)

A partir de 1943 fue director de la Oficina Central de Seguridad del Reich (RSHA), que controlaba la Gestapo, el SD (Servicio de Seguridad de las SS), la policía civil y, posteriormente, la Abwehr (Servicio Militar de Inteligencia), así como la dirección de los campos de concentración.

Cargo primero: como jefe de las SS de Austria, Kaltenbrunner se confabuló contra el Gobierno y sus hombres irrumpieron en la Cancillería para presionar al presidente de Austria mientras Seyss-Inquart ultimaba los preparativos para la anexión. Sin embargo, la Carta no considera la anexión como una guerra, y no hay pruebas de que Kaltenbrunner participara en los planes de prosecución de dichas guerras.

Cargos tercero y cuarto: Kaltenbrunner dirigió la Oficina Central de Seguridad del Reich al tiempo que llevaba a cabo un vasto programa de crímenes de guerra y de crímenes contra la humanidad. Estaba al tanto de las condiciones en los campos de concentración, y desde su oficina se transmitieron órdenes de ejecución procedentes de Himmler para esos campos. Las organizaciones que dirigió asesinaron a prisioneros de guerra, a comandos capturados, a judíos, a comisarios soviéticos y a civiles en los territorios ocupados; cometieron torturas e impusieron trabajos forzados. Una sección de la Oficina Central de Seguridad del Reich supervisó la Solución Final. Kaltenbrunner conocía los crímenes que estaba cometiendo la Oficina Central de Seguridad del Reich y participó en muchos de ellos.

Veredicto: culpable de los cargos tercero y cuarto.
Sentencia: pena de muerte.

Alfred Rosenberg (1893-1946)

Ideólogo del Partido Nazi —afirmaba que el destino de la nación alemana era dominar Europa y que los judíos eran una raza inferior— y ministro de los Territorios Ocupados del Este a partir de 1941.

Cargos primero y segundo: como responsable de las relaciones de los nazis con otras organizaciones afines de fuera de Alemania, Rosenberg fue uno de los artífices del plan para invadir Noruega, idea nacida de sus contactos con Quisling. Ayudó a formular las políticas mediante las cuales se gobernaron los Territorios Ocupados del Este.

Cargos tercero y cuarto: Rosenberg fue el encargado del sistema de saqueo organizado de los tesoros culturales de otros países. A partir de 1941, fue la máxima autoridad en los Territorios del Este y conocía las brutalidades que ahí se producían. Sus subordinados participaron en el asesinato en masa de judíos, y fue el propio Rosenberg quien propuso la utilización de judíos para ejecutar a los rehenes. También aprobó el envío al Reich de mano de obra forzosa, incluidos niños.

Veredicto: culpable de todos los cargos.
Sentencia: pena de muerte.

HANS FRANK (1900-946)

Ministro de Justicia a partir de 1933 y gobernador general de Polonia entre 1939 y 1944.

Cargo primero: las pruebas presentadas no indican que Frank estuviera involucrado en los planes de prosecución de guerra.

Cargos tercero y cuarto: como gobernador de los territorios polacos ocupados, Frank aplicó una política destinada a acabar con el país como nación. Para ello, procedió a asesinar en masa a todo aquel susceptible de resistirse a la dominación alemana, impuso unas exigencias económicas desproporcionadas a la vista de los recursos del país y procedió al exterminio de millones de judíos de ese país. Puede que sea cierto que Frank no fuera el artífice de los crímenes que llevó a cabo su gobierno, pero sí intervino de manera consciente en la aplicación del terror.

Veredicto: culpable de los cargos tercero y cuarto.
Sentencia: pena de muerte.

Wilhelm Frick (1877-1946)

Ministro del Interior entre 1933 y 1943 y, posteriormente, protector de Bohemia y Moravia.

Cargos primero y segundo: la responsabilidad de Frick en la eliminación de la oposición a los nazis dentro de Alemania, así como en la represión ejercida sobre la Iglesia, los sindicatos y los judíos, fue considerable. Antes de la Anschluss, se encargaba únicamente de la administración interna, por lo que no participó en la conjura. Sí que firmó, sin embargo, las leyes que anexionaban Austria y partes de Polonia al Reich y, a través de sus oficiales, se vio involucrado en el gobierno de Bohemia y Moravia (los checos), Holanda, Noruega y otros territorios.

Cargos tercero y cuarto: el trabajo de Frick constituyó la base de las Leyes de Núremberg para eliminar a los judíos de numerosos sectores de la vida alemana y que allanaron el camino hacia la Solución Final. Forzó la germanización de diversas zonas de Austria y de Polonia y supervisó un programa de eutanasia contra enfermos y ancianos. Como protector del Reich de Bohemia y Moravia a partir de 1943, vio restringida su autoridad, pero sigue siendo responsable de los actos de terrorismo ahí perpetrados y basados en unas políticas de las que tenía pleno conocimiento.

Veredicto: culpable de los cargos segundo, tercero y cuarto.
Sentencia: pena de muerte.

Julius Streicher (1885-1946)

Editor del semanario antisemita *Der Stürmer* y pilar del movimiento antisemita durante los años treinta.

Cargo primero: Streicher nunca perteneció al círculo personal de Hitler y no hay pruebas de que participara en el plan de prosecución de la guerra.

Cargo cuarto: a Streicher se le conocía como el «flagelo de los judíos», y predicó el odio hacia ellos durante veinticinco años. Semana a semana fue infectando el espíritu germánico de antisemitismo e incitó a los alemanes a perseguirlos. A partir de 1938, empezó a abogar por la aniquilación de la raza judía y, durante la guerra, intensificó sus discursos aun cuando conocía las matanzas en masa de judíos que se estaban perpetrando. Su incitación al exterminio constituye un crimen contra la humanidad.

Veredicto: culpable del cargo cuarto.
Sentencia: pena de muerte.

WALTHER FUNK (1890-1960)

Ministro de Economía de 1937 a 1945.

Cargos primero y segundo: Funk no fue una figura prominente en la planificación de la guerra antes de 1939, y su actividad en el ámbito económico estaba bajo la supervisión de Göring. Sin embargo, participó desde el plano económico en la preparación de varias guerras, especialmente las invasiones de Polonia y de la Unión Soviética.

Cargos tercero y cuarto: Funk había discriminado a los judíos en su paso por el Ministerio de Propaganda y defendió, en su discurso, el pogromo de la Noche de los Cristales Rotos. En 1942 accedió a depositar en el Reichsbank el oro y las joyas enviadas por las SS, consciente, aunque tal vez no quisiera saberlo, de que procedían de las personas asesinadas en los campos de concentración. Confiscó las reservas de los bancos centrales checo y yugoslavo y estaba al corriente de los programas de trabajos forzados. A pesar de todo ello, nunca fue una figura destacada en sus ámbitos de actividad, lo que es una atenuante.

Veredicto: culpable de los cargos segundo, tercero y cuarto.
Sentencia: cadena perpetua.

HJALMAR SCHACHT (1877-1970)

Ministro de Economía entre 1934 y 1937.

Cargos primero y segundo: Schacht fue un prosélito de los nazis y

desempeñó un importante papel, a través del Reichsbank, en el programa de rearme a partir de 1933. Como ministro de Economía, organizó la economía de guerra alemana con medidas como la acumulación de existencias y el control de divisas. Sin embargo, en 1937 fue sustituido por Göring, que propugnaba la ampliación del programa de municiones que Schacht consideraba inviable en términos económicos. Según la Carta, rearmarse no constituye delito alguno y, además, Schacht no formó parte del núcleo que planificó las invasiones. La acusación supone que, por su conocimiento de las finanzas alemanas, Schacht debería haber entendido el significado del frenético rearme de Hitler, pero esa deducción lógica no puede afirmarse sin un margen de duda razonable.
Veredicto: absolución.

Karl Dönitz (1891-1980)

Jefe de la flota de submarinos alemana entre 1935 y 1943 y, posteriormente, comandante en jefe de la Marina. Sucedió a Hitler como presidente del Reich en mayo de 1945.

Cargos primero y segundo: a pesar de que Dönitz creó y formó la flota de submarinos, en ese momento él solo era primer oficial y, por tanto, no participó en la conspiración de guerra. Sin embargo, posteriormente dirigió una guerra de agresión al mando del arma principal de la flota alemana, siendo, además, su único estratega. Aunque en abril de 1945 sabía que la guerra estaba perdida, instó a la Marina a seguir luchando y ordenó a la Wehrmacht proseguir con la guerra en el Este durante una semana después de convertirse, en mayo, en presidente del Reich. Según afirmó, lo hizo para poder evacuar a la población civil.

Cargo tercero: a Dönitz se le acusó de ordenar a los submarinos que atacaran a discreción a barcos mercantes, incluidos los de países neutrales, contrariamente a lo que se recoge en las Actas de Londres de 1936 sobre conflictos armados en el mar. Alegó que, contrariamente al tratado, el Almirantazgo británico había armado los navíos mercantes, les había suministrado información por radio y ordenado que atacaran a los submarinos. Ante tales circunstancias, la conducta de Dönitz frente a las embarcaciones británicas no representaba una violación del tratado, aunque sí lo era hundir navíos de países neutrales.

El tribunal también cree que no se ha demostrado que Dönitz ordenara la matanza deliberada de los náufragos, pero sí violó las Actas al ordenar que no se les rescatara, a pesar de los peligros que ello podía comportar para los submarinos. Debido a ello y por cómo lucharon los navíos británicos y estadounidenses durante la guerra marítima, la sentencia de Dönitz no contempla la violación de las reglas de la guerra submarina. Dönitz conocía la orden de los comandos y no la revocó cuando pasó a ser comandante en jefe de la Marina. También aconsejó a Hitler que, si iban a renunciar a la Convención de Ginebra, lo mejor era hacerlo sin previo aviso.

Veredicto: culpable de los cargos tercero y cuarto.
Sentencia: diez años de prisión.

ERICH RAEDER (1876-1960)

Comandante en jefe de la Marina de 1935 a 1943.

Cargos primero y segundo: Raeder reconstruyó la Marina alemana y admite haberlo hecho violando el Tratado de Versalles. Estuvo presente en la conferencia de Hossbach, aunque alega que el discurso fue una estratagema de Hitler para alentar al Ejército a rearmarse más rápido. Originariamente fue suya la idea de invadir Noruega, pero mantiene que el objetivo era anticiparse a los británicos. Recibió directrices sobre otras invasiones; no obstante, se opuso a la invasión de Rusia y priorizaba la derrota de Gran Bretaña y una política mediterránea.

Cargo tercero: al igual que a Dönitz, a Raeder se le acusa de llevar a cabo una guerra submarina sin límites en contra de lo establecido en las Actas de Londres de 1936. El tribunal llega a la misma conclusión que en el caso de Dönitz: Raeder conocía y transmitió la orden de los comandos por la cual la Marina fusiló a dos comandos británicos en 1942.

Veredicto: culpable de todos los cargos.
Sentencia: cadena perpetua.

Baldur von Schirach (1907-1974)

Jefe de las Juventudes Hitlerianas de 1933 a 1940.

Cargo primero: por medio de la violencia física, Von Schirach llegó a controlar todos los grupos que competían con las Juventudes Hitlerianas. Se valió de la organización para llevar a cabo un entrenamiento militarista y someter a sus miembros a un programa intensivo de propaganda nazi. A partir de 1938, las Juventudes Hitlerianas fueron la principal cantera de reclutas de las SS. No obstante, a pesar de las actividades militaristas del movimiento, Von Schirach no participó en la planificación de ninguna guerra de agresión.

Cargo cuarto: como Gauleiter del Reich en Viena, Von Schirach participó en la deportación de los judíos a los campos de concentración.

Veredicto: culpable del cargo cuarto.
Sentencia: veinte años de prisión.

Fritz Sauckel (1894-1946)

Plenipotenciario para la Movilización de la Mano de Obra entre 1942 y 1945.

Cargos primero y segundo: las pruebas no demuestran una conexión suficiente de Sauckel con la conjura ni con la prosecución de una guerra de agresión.

Cargos tercero y cuarto: a partir de 1942, Sauckel fue el encargado de explotar la mano de obra de los territorios ocupados. Los comisarios a su cargo enviaron al Reich a unos cinco millones de trabajadores, pocos de ellos voluntarios, y los transportaron y trataron con brutalidad. Sauckel tenía conocimiento de los métodos implacables que se utilizaban para conseguir dicha mano de obra esclava, aunque no abogaba por el uso gratuito de la crueldad; su procedimiento consistía en obtener la mayor cantidad posible de mano de obra al menor coste.

Veredicto: culpable de los cargos tercero y cuarto.
Sentencia: pena de muerte.

Alfred Jodl (1890-1946)

Jefe del Estado Mayor de Operaciones del OKW de las Fuerzas Armadas entre 1939 y 1945.

Cargos primero y segundo: Jodl informaba directamente a Hitler de las cuestiones operativas y fue el organizador real del curso de la guerra. Sus planes en el Estado Mayor se utilizaron para presionar militarmente a Austria y fueron el pretexto para la intervención en Checoslovaquia. Participó en la sincronización de los ataques en la Europa Occidental y los Balcanes. Los planes para la invasión de Rusia estaban listos un año antes de su aplicación, y fue Jodl quien inició la Operación Barbarroja.

Cargos tercero y cuarto: Jodl firmó el memorando adjunto a la orden de los comandos, a pesar de que testificó haberse opuesto a ella. En 1944, ordenó la evacuación del norte de Noruega, la quema de 30.000 hogares y rehusó ayudar a los rusos. En su defensa, alegó que obedecía órdenes de su superior, Hitler; sin embargo, a un soldado nunca se le ha exigido participar en esa clase de crímenes.

Veredicto: culpable de todos los cargos.
Sentencia: pena de muerte.

Franz von Papen (1879-1969)

Canciller de Alemania en 1932 y vicecanciller de 1933 a 1934.

Cargos primero y segundo: en junio de 1934, Von Papen fue arrestado tras las purgas de las SA y dos de sus colegas fueron asesinados. A pesar de ello, en julio, el día después del asesinato del canciller austriaco Dollfuss, Von Papen aceptó el cargo de ministro de Austria. Allí trabajó para derrocar al gobierno y reforzar la posición del partido local y logar así la Anschluss, la unión de los dos países. No obstante, intrigar y acosar no constituyen delitos según la Carta, y nada indica que participara en los planes de ocupación de Austria por la fuerza ni que estuviera de acuerdo con ellos cuando se llevaron a cabo.

Veredicto: absolución.

Arthur Seyss-Inquart (1892-1946)

Canciller de Austria de 1938 a 1939, vicegobernador de Polonia entre 1939 y 1940 y comisario del Reich en la Holanda ocupada de 1940 a 1945.

Cargos primero y segundo: Seyss-Inquart participó en el último estadio de la intriga que culminó con la ocupación de Austria y se convirtió en su canciller a raíz de las amenazas de invasión alemanas. Cuando el presidente Miklas prefirió dimitir a ratificar la ley que convertiría a Austria en una provincia de Alemania, Seyss-Inquart asumió sus funciones como gobernador del Reich. Hizo deportar a los judíos al este y envió a los opositores políticos a campos de concentración.

Cargos tercero y cuarto: a partir de septiembre de 1939 y de mayo de 1940, Seyss-Inquart gobernó respectivamente los territorios de Polonia y Holanda, que habían sido ocupados tras una guerra de agresión. Tenía conocimiento del inicio de la acción AB, *Ausserordentliche Befriedigungsaktion* o acción especial de pacificación, por la que fueron asesinados varios intelectuales polacos. En los Países Bajos aplicó una política de terror —ejecutar a los rehenes, por ejemplo— y envió mano de obra forzosa a Alemania. Supervisó la deportación de 120.000 judíos holandeses a Auschwitz. No obstante, es cierto que algunos de los abusos los cometieron las unidades bajo la supervisión de Himmler y que Seyss-Inquart se negó a seguir las órdenes de tierra quemada al final de la guerra. Por otro lado, participó conscientemente en los crímenes de guerra y en los crímenes contra la humanidad.

Veredicto: culpable de los cargos segundo, tercero y cuarto.
Sentencia: pena de muerte.

Albert Speer (1905-1981)

Ministro de Armamento y Producción Bélica a partir de 1942 y arquitecto predilecto de Hitler.

Cargos primero y segundo: el tribunal opina que las actividades de Speer no equivalen a la planificación de la prosecución de las guerras de agresión. Speer pasó a dirigir la industria armamentística mucho después de que las guerras hubieran comenzado, y sus actividades tenían como objeto el apoyo a la guerra, como sucedía con tantas otras empresas de producción.

Cargos tercero y cuarto: las pruebas se refieren enteramente a su participación en el programa de mano de obra esclava. Aunque era Sauckel quien lo dirigía, fue Speer quien le informó sobre la previsión de trabajadores necesarios, y sabía que estos se conseguirían por la fuerza. Speer también utilizó a trabajadores forzados en calidad de jefe de la organización Todt, responsable de construcciones tales como el Muro del Atlántico y las autopistas militares. No participó directamente en actos de crueldad contra los trabajadores, pero promovió que se tomaran medidas drásticas contra los que se sospechaba que se fingían enfermos. Su sistema de trabajo en enclave hizo que muchos trabajadores manufacturaran desde sus países natales bienes para la industria alemana. Él fue uno de los pocos que comunicó abiertamente a Hitler que la guerra estaba perdida. Corriendo un riesgo, actuó para evitar la puesta en práctica de la política de la tierra quemada.

Veredicto: culpable de los cargos tercero y cuarto.
Sentencia: veinte años de prisión.

Konstantin von Neurath (1873-1956)

Ministro de Asuntos Exteriores de 1932 a 1938 y protector de Bohemia y Moravia de 1939 a 1941.

Cargos primero y segundo: Von Neurath desempeñó un importante papel como ministro de Asuntos Exteriores en la reocupación de Renania en 1936. Estuvo presente en la conferencia de Hossbach; no obstante, testificó que las afirmaciones que Hitler realizó aquel día le provocaron un ataque al corazón. Dimitió poco después, pero, aun conociendo los planes del régimen, siguió vinculado a él como ministro sin cartera. Se encargó del Ministerio de Asuntos Exteriores en tiempos del Anschluss y participó en las negociaciones de Múnich.

Cargos tercero y cuarto: como protector del Reich de Bohemia y Moravia a partir de marzo de 1939, Von Neurath instauró un gobierno similar al que practicaba Alemania en los territorios ocupados mediante la guerra de agresión: se ilegalizó a la oposición y se promulgaron leyes antisemitas. Se encarceló a muchas personalidades checas que acabaron muriendo en los campos de concentración. Von Neurath alegó que la represión la realizaron las fuerzas que estaban bajo las órdenes de Himmler y que, como atenuante, intervino en la liberación de prisioneros checos. Su dimisión se hizo efectiva en septiembre de 1941, cuando se retiró por tiempo indefinido después de que lo acusaran de no actuar con la dureza pertinente.

Veredicto: culpable de los cuatro cargos.
Sentencia: quince años de prisión.

HANS FRITZSCHE (1900-1953)

Jefe del Departamento de Prensa Nacional del Ministerio de Propaganda entre 1938 y 1942 y jefe del Departamento de Radiodifusión entre 1942 y 1945.

Cargo primero: como jefe del Departamento de Prensa Nacional, Fritzsche concedía una rueda de prensa diaria para proporcionar las directrices del Ministerio de Propaganda a 2.300 periódicos e instruía a la prensa en el tratamiento de asuntos como la cuestión judía o la invasión de Polonia. Sin embargo, no controlaba la elaboración de la propaganda y era únicamente un altavoz de las órdenes de sus superiores. De hecho, a partir de 1942 estuvo, como jefe del Departamento de Radio, bajo la supervisión de Göbbels. Nunca alcanzó la talla suficiente para asistir a las reuniones de planificación que conducirían a la guerra.

Cargos tercero y cuarto: la acusación afirmó que Fritzsche alentó la comisión de crímenes de guerra al falsear deliberadamente las noticias; sin embargo, nunca fue un personaje lo suficientemente importante como para elaborar campañas de propaganda. Sus discursos eran antisemitas, pero nunca instó al exterminio de los judíos. Si divulgó noti-

cias falsas fue porque las creía verdaderas, y su intención no fue nunca incitar a cometer atrocidades, sino solo fomentar el sentimiento popular a favor de Hitler y del esfuerzo de guerra alemán. No participó en los delitos de los que se le acusaba.
Veredicto: absolución.

MARTIN BORMANN (1900-1945)

Jefe de la Cancillería del Partido a partir de 1941 en sustitución de Hess. Juzgado *in absentia*.

Cargo primero: Bormann tuvo acceso a las reuniones del Führer solo a partir de 1941, como jefe de la Cancillería del Partido y, por lo tanto, no participó en la conspiración inicial de prosecución de la guerra.

Cargos tercero y cuarto: a partir de enero de 1942, Bormann tenía el control de todas las leyes y directivas dictadas por Hitler. Puso todos los departamentos del partido a disposición del programa de repoblación de Himmler y estaba al corriente de los planes de asesinato en masa en Rusia. Fue un miembro activo en la persecución de los judíos; en 1943 ratificó una ley que les negaba el amparo de los tribunales y los situaba bajo la jurisdicción de la Gestapo. Desempeñó un papel importante en el programa de trabajos forzados y autorizó la utilización de armas de fuego contra los prisioneros de guerra contumaces. En 1944 transfirió la competencia de los prisioneros de guerra del OKW a las SS. Fue responsable de la campaña para linchar a los soldados de las fuerzas aéreas aliadas. Las pruebas de que hubiera muerto no fueron concluyentes y el tribunal lo juzgó *in absentia*.

Veredicto: culpable de los cargos tercero y cuarto.
Sentencia: pena de muerte.

Robert Ley (1890-1945)

Desde 1933, líder del Frente de Trabajo Alemán (DAF), el único sindicato permitido por los nazis. Ley se suicidó después de ser encausado y antes de que comenzara el juicio.

Gustav Krupp von Bohlen und Halbach (1870-1950)

Presidente de la gigantesca empresa familiar de fabricación de munición. Los jueces desestimaron los cargos contra Krupp en las primeras fases del juicio ante las pruebas de senilidad. Durante la mayor parte de la guerra fue su hijo Alfred quien dirigió la empresa.

También se emitió sentencia contra las organizaciones acusadas:

Gabinete del Reich

Haciendo comparecer al Gabinete del Reich, las cuatro potencias pretendían procesar como grupo a los cuarenta y ocho hombres que habían tenido cartera ministerial con Hitler, incluidos aquellos a los que ya se procesaba individualmente, y a todos los demás miembros del Consejo Secreto de Defensa y del Consejo de Ministros.

La acusación ha identificado como organización criminal el Gabinete del Reich, que engloba a los miembros del gabinete ordinario después de 1933, el Consejo de Ministros para la Defensa del Reich y el Consejo del Gabinete Secreto. El tribunal cree que no ha lugar declararles como grupo criminal porque no ha quedado probado que actuaran como tal después de 1937 (y el Consejo del Gabinete Secreto nunca se reunió) y porque el grupo de personas acusadas es tan reducido que los miembros pueden ser juzgados según los casos específicos. Los diferentes miembros participaron individualmente en la conspiración de prosecución de guerra. Cuando Hitler reveló sus objetivos en la reunión de Hossbach no lo hizo al gabinete, ni tampoco

hubo ninguna orden del gabinete que autorizara la invasión de Polonia. Puede que queden por llevar a juicio veintitrés miembros del grupo, y aquellos que son culpables deberían enjuiciarse.
Veredicto: no criminal.

Cuerpo de Líderes Políticos del Partido Nacionalsocialista de los Trabajadores

La organización jerárquica mediante la cual los nazis proclamaban sus órdenes e ideología, desde los ministros a través de los Gauleiter —gobernadores provinciales— hasta el Blockleiter (líder de bloque), que había prácticamente en todas las calles. El número de acusados era potencialmente alto, ya que el cuerpo contaba con más de 600.000 miembros, pero en los ámbitos locales no exhibieron demasiada autoridad ni cometieron delitos graves por lo que, en este caso, la acusación se limitó a llevar a juicio a la cúpula.

El Cuerpo de Líderes era la organización oficial del Partido Nazi, dirigido por Hess, y posteriormente por Bormann. El engranaje del Cuerpo estaba al servicio de la difusión de propaganda y del control exhaustivo de las ideas políticas del pueblo alemán. No era una organización criminal, pero se utilizó para aplicar medidas ilegales de germanización en las zonas de los territorios ocupados, como en Polonia, Lituania, Francia y Yugoslavia, que se anexionaron directamente al Reich. Participó también en la persecución de los judíos —por ejemplo, para calmar a la opinión pública por cómo se les trataba— y en la organización de los trabajos forzados y el maltrato a los prisioneros de guerra.
Veredicto: criminal de los Kreisleiter (líderes de sector) en adelante.

Gestapo

La Gestapo (Geheime Staatspolizei o Policía Secreta del Estado) fue creada por Göring en 1933 mientras era ministro de Prusia, como una ampliación de la policía política provincial. Pronto Himmler asumió su control, la convirtió en una fuerza nacional y la puso a las órdenes de las SS. Autorizada para obrar al margen de toda limitación legal, la Gestapo se convirtió en un instrumento de represión y terror —si bien es cierto que su trabajo se alimentaba más de las denuncias que de sus propias investigaciones— e intervino en la ejecución de los partisanos y en el asesinato de judíos.

Veredicto: criminal.

SD (SICHERHEITSDIENST o Servicio de Seguridad)

El SD era el Servicio de Seguridad e Inteligencia del Partido creado por Himmler y dirigido por Heydrich hasta el asesinato de este en 1942. Al igual que la mayoría del aparato nazi, sus funciones se solapaban en muchos casos con las de los cuerpos oficiales de seguridad estatal, como la Abwehr o la Inteligencia Militar, a la que absorbió en 1944. Sus agentes participaron en actividades de sabotaje y de espionaje y ayudaron a organizar la purga contra las SA de 1934.

La fiscalía presentó conjuntamente los casos de la Gestapo y del SD dada su estrecha colaboración. A partir de 1939, con Heydrich, se fusionaron en una sola unidad, la RSHA (Reichssicherheitshauptamt u Oficina Central de Seguridad del Reich), que contaba con siete secciones, entre ellas los departamentos IV y III, la Gestapo y las actividades del SD en Alemania, respectivamente. Ambas entidades estaban muy coordinadas, como también sucedía a veces con la policía criminal, las SS o la Wehrmacht, por ejemplo en el caso de los Einsatzgruppen. La Gestapo detenía a los prisioneros políticos y los enviaba a los campos de concentración, y ambas organizaciones intervinieron en la deportación de los judíos. Sus miembros participaron en las torturas y ejecuciones de la población civil de los territorios ocupados y en las deportaciones secretas a Alemania bajo el decreto Noche y Niebla. También fueron los responsables de la ejecución de los prisioneros de guerra en virtud del decreto *Aktion Kugel*.

Veredicto: criminal con la excepción del personal administrativo y los taquígrafos.

SA (División de Asalto)

Los camisas pardas del Partido Nazi en los años veinte y treinta, que, al principio, eran antiguos soldados que ejercían de guardaespaldas en las reuniones públicas. Con Ernst Röhm, la Sturmabteilung (División de Asalto) creció ampliamente en fuerza y ambición política. En 1934, Hitler la desmembró en la Noche de los Cuchillos Largos, valiéndose de las SS para ejecutar a su jefe. Aunque en la mente de los profanos siguió vinculada al partido, a partir de entonces dejó de desempeñar papel alguno salvo en demostraciones puntuales de fuerza y en la defensa de los deberes de la población.

En los inicios del movimiento nazi, la SA era el «brazo fuerte» del partido. A finales de 1933 contaba con cuatro millones y medio de personas organizadas según los paradigmas militares y que combatían en las calles a los opositores. Con la llegada del partido al poder, se dedicaron a amedrentar a los judíos. No obstante, las atrocidades que cometieron sus miembros a principios de los años treinta no formaban parte de un plan de prosecución de una guerra de agresión y, por lo tanto, no puede afirmarse que sus miembros participaran de manera general en actos criminales.

Veredicto: no criminal.

SS (Schutzstaffel)

El Schutzstaffel (Cuerpo de Protección) nació como el servicio de guardaespaldas personales de Hitler, pero creció enormemente y se convirtió en la élite militar y racial del partido.

Las SS eran, en sus inicios, una unidad de élite de la SA, pero obtuvieron carta de naturaleza después de participar en la ejecución de Röhm, el jefe de la SA, en 1934. En 1939 contaban con casi un cuarto de millón de hombres. Durante la guerra, las Waffen SS, las unidades armadas surgidas en su seno, sumaban 580.000 hombres bajo el mando táctico del Ejército; después de 1940, alrededor de un tercio de sus miembros eran reclutas. Las unidades de las SS participaron en las acciones que desembocaron en la guerra, por ejemplo en la ocupación de los Sudetes. Hay pruebas de que algunas divisiones de las Waffen SS tenían la costumbre de disparar a prisioneros desarmados. Las unidades de las Waffen SS se utilizaron en los exterminios del Este con la excusa de combatir a los partisanos. Las SS fueron las encargadas de la vigilancia y de la administración de los campos de concentración, donde se llevaron a cabo experimentos terribles. Sus unidades participaron en las matanzas de judíos de los Einsatzgruppen y en las del gueto de Varsovia. Se intentó ocultar algunas de sus actividades, pero las matanzas eran tan generalizadas que era imposible que pasaran inadvertidas.

Veredicto: criminal, a excepción de los reclutas que no participaron en los crímenes.

Estado Mayor y Alto Mando de las Fuerzas Armadas Alemanas

La acusación creía inicialmente que fueron los cuerpos de oficiales alemanes y su militarismo los que dirigieron la guerra, opinión reforzada por el hecho de que habían participado en la planificación de los crímenes de guerra que cometieron los soldados, especialmente en el Este. A muchos alemanes les preocupaba que el enjuiciamiento del OKW fuera, en el fondo, una suerte de juicio contra todo el estamento militar.

Según la acusación, este grupo lo constituían unos ciento treinta oficiales con un cargo diferenciado en el seno de la jerarquía militar entre 1938 y 1945: comandantes en jefe de uno de los tres ejércitos, o jefes del Estado Mayor o con cargo en el OKW, lo que, en cierto sentido, equivalía a la plantilla personal de Hitler. El tribunal no llegó a la conclusión de que fueran una organización; de hecho, no dedicaron demasiadas energías a probarlo. No eran sino el conjunto de quienes tuvieron un alto cargo en un determinado periodo. No por el hecho de formar parte de ese grupo tenían que estar necesariamente al corriente de su implicación en una organización criminal, máxime cuando dicha organización no existía antes de que se formalizara la acusación. Sin embargo, estas personas fueron una vergüenza para la profesión militar y se mofaron de la obediencia debida. Constituyeron una casta militar despiadada y fueron culpables de crímenes que deberían llevarles a ser juzgados uno a uno.

Veredicto: no criminal.

EPÍLOGO
ONCE HOMBRES QUE COLGAR

Las reacciones a las sentencias fueron, naturalmente, muy variadas. Los absueltos Schacht, Fritzsche y Von Papen estuvieron bromeando con la prensa, desentendidos de la última sesión que habría de celebrarse esa misma tarde para oír las sentencias. Ellos, naturalmente, ya no tenían nada que ver con eso.

A las 14 horas y 50 minutos comenzó la 407.ª y última sesión del juicio de Núremberg. Había terminado a las 15 horas y 40 minutos. La lectura de cada sentencia se extendió por unos cuatro minutos, pasados los cuales cada uno de los condenados fue bajado de nuevo a su celda en el ascensor, mientras Fritzsche, Papen y Schacht eran inmediatamente trasladados a la tercera planta.

El psiquiatra, Gilbert, se reunió con los condenados tras oír la sentencia. Apareció Göring con el rostro pálido y los ojos hundidos y húmedos, murmurando «¡Muerte!» y luego expresó su deseo de estar solo durante un rato.

Hess no sabía que había sido condenado a cadena perpetua, solo estaba interesado en que alguien le dijera por qué Göring no llevaba esposas y él sí. Tuvo que ser el guarda el que informase a Gilbert de que su sentencia era de por vida. Hess no paraba de reír nerviosamente, pero no decía nada.

Más suerte de la que había tenido con los dos primeros tuvo el psiquiatra con los siguientes. A Ribbentrop se le veía impactado de veras, solo repetía una y otra vez «muerte, muerte… ahora no podré escribir mis memorias… cuánto odio». Se sentó sobre el camastro, con la mirada perdida y no fue capaz de articular muchas más palabras.

Keitel le recibió con una postura hierática, los puños apretados y los brazos rígidos. En sus ojos podía leerse el horror.

—Muerte ¡en la horca! Pensaba que al menos me libraría de eso... —La voz le salía ronca por la indignación—. No le culpo por mantener la distancia con un hombre sentenciado a morir en la horca. Lo comprendo perfectamente. Pero sigo siendo el mismo de antes. Le suplico que al menos me visite alguna vez durante mis últimos días —dijo a Gilbert.

Kaltenbrunner mantenía una calma casi completa, solo traicionada por la crispación de sus manos, agarrotadas. Como Göring, solo murmuraba «muerte».

La actitud de Frank era distinta; aunque no pudo sostenerle la mirada al psiquiatra, se mostró calmado y hasta sonriente:

—Muerte en la horca. —La voz era apenas audible, pero asentía con la cabeza—. Lo merecía y lo esperaba, como siempre le he dicho. Me alegro de haber tenido la oportunidad de defenderme y de reflexionar durante los últimos meses.

Rosenberg no se había hecho nunca muchas ilusiones, porque sabía que era detestado casi del mismo modo que Streicher, aunque de forma menos vehemente y física; pero su antisemitismo radical le dejaba poco margen de maniobra. Cuando Gilbert entró en la celda, rio con cinismo, mientras se ponía el uniforme de la prisión:

—La soga... ¡la soga!... Es lo que deseaba ¿verdad?

La reacción de Streicher fue muy semejante:

—Seguro que lo sabían desde el principio, ¿verdad?

Funk había recibido con desconcierto la sentencia que le permitía seguir con vida, por cuanto esperaba la condena a muerte, y en una primera reacción se había mostrado deferente con el tribunal. Sin embargo, al llegar a la celda, su actitud resultaba extraña:

—Cadena perpetua, ¿qué significa eso? No irán a tenerme en la cárcel el resto de mi vida, ¿no?

No parecía que le hubiera sentado particularmente bien la absolución de Von Papen y, sobre todo, de Schacht, aunque se alegraba de la de Fritzsche. Resultaba comprensible su amargura por lo de Schacht, por cuanto en definitiva Funk había sido su sucesor en el Ministerio de Economía y el comportamiento en el juicio de su predecesor no había sido particularmente agradable.

Raeder estaba desesperado por su condena, aunque trataba de disimularlo; le preguntó al guarda de la celda con fingida indiferencia si esa tarde habría paseo, pero luego consideró recurrir la cadena perpetua y hacer una petición de condena a muerte. No quiso hablar con el psiquiatra, al que dijo que había olvidado su sentencia mientras le hacía ademanes para que se alejase.

Von Schirach estaba apesadumbrado por su condena a veinte años, pero se comportó con entereza en todo momento y le dijo a Gilbert que, aunque prefería una muerte rápida a una lenta, al menos su mujer se alegraría. Fue de los pocos que preguntó por las sentencias de los demás, que no le sorprendieron en exceso.

Sauckel sí estaba sorprendido por la suya. No terminaba de creerlo.

—¡Me han condenado a muerte! No creo que sea una sentencia justa. Yo nunca he sido cruel. Siempre he querido lo mejor para los trabajadores. Pero soy un hombre y puedo asumirlo.

Sin embargo, rompió a llorar en ese punto.

En los días siguientes seguía convencido de que su sentencia, sin duda, se debía a un error, tal y como les dijo, además de al psiquiatra, al peluquero y al médico de la cárcel; probablemente se debía a la traducción. La insistencia de Sauckel llegó a los oídos de todos los internos y motivó que Seyss-Inquart le enviara una carta por medio del doctor Pflücker:

> Querido camarada Sauckel: Hace usted una crítica excesiva a la sentencia. Cree usted que han fallado esta sentencia contra usted porque una de sus palabras fue mal traducida e interpretada. Yo no tengo esta impresión. Que existiera una orden del Führer no es motivo para que nosotros, que tuvimos el valor y la fuerza suficiente para estar en primera línea de esta lucha a vida o muerte de nuestro pueblo, no aceptemos la responsabilidad. Si en los días del triunfo estuvimos en primera línea, tenemos el derecho de solicitar también este mismo puesto en la desgracia. Con nuestra actitud

ayudamos a reconstruir el futuro de nuestro pueblo. Suyo, Seyss-Inquart.[1]

Contrastando con el derrumbe de Sauckel, Frick acogió su sentencia con una aparente frialdad casi total, en consonancia con su actitud durante todo el juicio. Se encogió de hombros y dijo:

—Pena de muerte... no esperaba otra cosa.

También dijo que prefería haber sido condenado a muerte que a cadena perpetua.

—Los que son sentenciados a morir en la cárcel no se convierten en mártires.

Frick también preguntó por los otros, y Gilbert le dijo que había once penas de muerte contando la suya.

—Esperaba catorce; bueno, a ver si lo hacen rápido.

Jodl trató de evitar el contacto con Gilbert. Recorrió el camino hasta la celda erguido y mirando al frente. Al entrar en la celda le quitaron las esposas; su rostro asomaba, enrojecido. Reaccionó como Keitel a la condena a la horca:

—Muerte, ¡en la horca! Eso, al menos, no lo merecía. Lo de la muerte, bien; alguien tiene que asumir la responsabilidad. Pero eso... —su voz se estranguló en la garganta—, eso no lo merecía.

Resignado, Seyss-Inquart se limitó a mostrar una cierta conformidad:

—Bueno, a la vista de la situación no esperaba otra cosa. Está bien.

Speer reía con nerviosismo:

—Veinte años. Es lo justo. No podían darme una sentencia más leve teniendo en cuenta los hechos, y no puedo quejarme, dije que las sentencias debían ser severas y admití mi parte de culpa, así que sería ridículo que ahora me quejara de la pena. Pero me alegro de que Fritzsche se haya librado.

En el otro extremo estaba Von Neurath, que apenas daba crédito a que le hubieran caído quince años y al que costaba incluso articular palabra.[2]

---

[1] J. J. Heydecker y J. Leeb, *El proceso de Nuremberg...*, op. cit., pp. 486-487.
[2] J. Owen, *Núremberg. El mayor juicio...*, op. cit., pp. 351-355.

Desde la sentencia hasta la ejecución habían de pasar dos semanas, aunque la fecha era ignorada por los reos. Estos habían apelado al Consejo de Control Aliado de Berlín como máxima autoridad, y además habían realizado gestiones dirigiéndose a Montgomery, Attlee o Truman, e incluso al Vaticano. Pero estaba decidido que ninguna apelación sería escuchada, pese a que los militares condenados a muerte solo pedían ser ejecutados mediante fusilamiento en lugar de ahorcados. Raeder, pese a que había sido condenado a cadena perpetua, también pidió ser fusilado.

La noche del 13 al 14 de octubre, por la parte trasera del patio entraron unos camiones pesados. Era el material para la horca. Durante los siguiente dos días, a todas horas se oyeron los ruidos estridentes de los martillos y las sierras, que alcanzaban las celdas a través de las galerías; aunque las medidas de seguridad de la cárcel —que el coronel Andrus había extremado— impedían toda información acerca del día y el lugar de la ejecución, los presos no tenían que hacer muchas cábalas acerca de su origen. Sauckel comenzó a gritar a grandes voces, aterrado ante la cercanía de su ejecución. Andrus estaba decidido a que todo saliese como se había previsto, pero había cosas que resultaban imposibles.

Los ruidos procedían del gimnasio del Palacio de Justicia de Núremberg, en donde los electricistas estaban colocando bombillas de gran potencia y reemplazando los cristales rotos. Pronto comenzaron a oírse los sonidos sordos de los clavos enterrándose en la madera.

Se estaban erigiendo tres horcas. Había once hombres que colgar.

Bibliografía

AHAMED, L., *Los señores de las finanzas*, Deusto, Barcelona 2010.
AILSBY, C., *Waffen-SS: La Guardia Negra de Hitler en la Guerra*, Libsa, Madrid, 2000.
ALLEN, M.T., *The Business of Genocide*, Chapel Hill, 2002.
ALY, G., *¿Por qué los alemanes? ¿Por qué los judíos?*, Crítica, Barcelona, 2012.
ANDRUS, B., *Prisioneros de Núremberg*, Luis de Caralt, Barcelona, 1974.
ATKINSON, R., *An Army at Dawn. The War in North Africa*, Londres, 2004.
—, *El día de la batalla. La guerra en Sicilia y en Italia, 1943-1944*, Crítica, Barcelona, 2008.
BACQUE, J., *Other Losses*. Nueva York, 1991.
—, *Crimen y perdón*, Machado Libros, Madrid, 2013.
BARNES, J. y NICHOLSON, D. (eds.), *The Empire at Bay; The Leo Amery Diaries. 1929-45*, Hutchinson, 1988.
BARTOV, O., *The Eastern Front, 1941-1945. German Troops and the Barbarization of the Warfare*, Londres, 1985.
BASSETT, R., *El enigma del almirante Canaris*, Crítica, Barcelona, 2006.
BAUDOUIN, P., *Neuf mois au gouvernement*, París, 1948.
BEEVOR, A., *Berlín. La caída, 1945*, Crítica, Barcelona, 2002.
—, *La batalla de Creta*, Crítica, Barcelona, 2003.
—, *El Día-D. La batalla de Normandía*, Crítica, Barcelona, 2009.
—, *Ardenas 1944. La última apuesta de Hitler*, Crítica, Barcelona, 2015.
BELLAMY, C., *Guerra absoluta*, Ediciones B, Barcelona, 2011.
BERTHON, S. y POTTS, J., *Amos de la guerra*, Destino, Barcelona, 2007.

BESSEL, R., *Alemania 1945. De la guerra a la paz*, Ediciones B, Barcelona, 2009.
BIALER, S., *Los generales de Stalin*, Altaya, Barcelona, 2008.
BIDDISCOMBE, P., *Los últimos nazis*, Inédita editores, Barcelona, 2005.
BIDDLE, F., *In Brief Authority*, Nueva York, 1962.
BIRD, E., *El prisionero de Spandau*, Dopesa, Barcelona, 1974.
BOESELAGER, P. von, *Queríamos matar a Hitler*, Ariel, Barcelona, 2008.
BOURKE, J., *La Segunda Guerra Mundial. Una historia de las víctimas*, Paidós, Barcelona, 2002.
BROWNING, C. R., *Nazi Policy, Jewish Workers, German Killers*, Cambridge, 2000
BUHITE, R. D. y LEVY, D. W. (eds.), *FDR's Fireside Chats*, Norman, 1992.
BURLEIGH, M., *El Tercer Reich. Una nueva historia*, Taurus, Madrid, 2002.
—, *Combate moral*, Taurus, Madrid, 2010.
BUTLER, R., *Legions of Death*, Londres, 1983.
BUTLER, S. (ed.), *Querido Mr. Stalin. La correspondencia entre Franklin D. Roosevelt y Josef V. Stalin*, Paidós, Barcelona, 2007.
CABALLERO JURADO, C., *Rompiendo las cadenas*, García Hispán, Alicante, 1992.
—, *Comandos en el Cáucaso*, García Hispán, Granada 1995.
CALVOCORESSI, P., *Threading my Way*, Londres, 1994.
CARELL, P., *Tierra calcinada*, Inédita, Barcelona, 2007.
CHRISTOPHER, A. y GORDIEVSKY, O., *KGB: The Inside Story of its Foreign Relations From Lenin to Gorbachev*, Londres, 1991
CHURCHILL, W., *La Segunda Guerra Mundial*, La Esfera de los Libros, Madrid, 2004.
COLBY, B., *It Was a Famous Victory*, New Rochelle, Nueva York, 1974.
CONOR, R., *Justice at Nuremberg*, Nueva York, 1983.
CORNWELL, J., *Los científicos de Hitler*, Paidós, Barcelona, 2005.
COWLING, M., *The Impact of Hitler. British Policy and British Politics 1933-1940*, Cambridge, 1977.
CULL, N. J., *Selling War: The British Propaganda Campaign Against American Neutrality in World War II*, Oxford, 1995.
D'ALMEIDA, F., *El pecado de los dioses*, Taurus, Madrid, 2008.
DAVIDSON, E, *Núremberg, juicio histórico*, Luis de Caralt, Barcelona, 1972.

Davis, N., *Varsovia, 1944*, Planeta, Barcelona, 2005.
Dawidowicz, L., *The War Against the Jews*, Indiana University Press, 1975.
Dimitrov, G., *The Diary of Georgi Dimitrov, 1933-1949*, New Haven, 2003.
Dönitz, K., *Diez años y veinte días*, La Esfera de los Libros, Madrid, 2005.
Douglas-Hamilton, J., *Rudolf Hess. Misión sin retorno*, Grijalbo, Barcelona, 1973.
Eberle, H. y Uhl, M., *El informe Hitler*, Tusquets, Barcelona, 2008.
Ellul, J., *Autopsy of Revolution*, Nueva York, 1971.
Evans, R., *El Tercer Reich en el poder*, Península, Barcelona, 2007.
—, *El Tercer Reich en guerra*, Península, Barcelona, 2011.
Fernández, A. y Rodríguez, J. L., *El juicio de Núremberg, cincuenta años después*, Arco Libros, S. L., Madrid, 1996.
Ferro, M., *Siete hombres en guerra*, Ariel, Barcelona, 2008.
Fest, J., *Speer. The final Verdict*, San Diego, CA, 1999.
—, *Conversaciones con Albert Speer. Preguntas sin respuesta*, Destino, Barcelona, 2005.
—, *Hitler. Una biografía*, Planeta, Barcelona, 2005.
Friedrich, J., *El Incendio. Alemania bajo los bombardeos 1940-1945*, Taurus, Madrid, 2003.
Fritzsche, H., *La espada en la balanza*, Espasa, Madrid, 1955.
Fritzsche, P., *Vida y muerte en el Tercer Reich*, Crítica, Barcelona, 2009.
Fussell, P., *Tiempo de guerra*, Turner, Madrid, 2003.
Gaskin, H., *Eyewitnesses at Nuremberg*, Londres, 1990.
Gellately, R, *No solo Hitler*, Crítica, Barcelona, 2002.
Gerwarth, R., *Heydrich. El verdugo de Hitler*, La Esfera de los Libros, Madrid, 2013.
Gilbert, G. M., *Nuremberg Diary*, Londres, 1948.
Gilbert, M., *Winston Churchill. The Road to Victory 1941-1945*, Hillsdale College Press, Boston, 2013.
Göbbels, J., *Diarios*, Janés, Barcelona, 1949.
Goda, N. J.V., *El oscuro mundo de Spandau. Los criminales nazis, los aliados y la Unión Soviética*, Crítica, Barcelona, 2008.

GOLDENSOHN, L., *Las entrevistas de Núremberg*, Taurus, Madrid, 2004.
GOLDHAGEN, D., *Los verdugos voluntarios de Hitler. Los alemanes corrientes y el Holocausto*, Taurus, Madrid, 1998.
GRIFFITHS, R., *Fellow Travelers of the Right. British Enthusiasts for Nazi Germany 1933-1939*, Oxford, 1983.
GRUNBERGER, R., *Historia social del Tercer Reich*, Ediciones Destino, Barcelona, 1976.
GUDERIAN, H., *Recuerdos de un soldado*, Inédita, Barcelona, 2007.
HAMILTON, N., *Monty*, Londres, 1986.
HANKEY, M., *Politics, Trials and Errors*, Chicago 1950.
HARRIS, W. R., *Tyranny on Trial: The Evidence at Nuremberg*, Dallas, 1954.
HASSELL, A. y MACRAE, S., *Alianza contra Hitler*, Ariel, Barcelona, 2008.
HASTINGS, M., *Armagedón. La derrota de Alemania (1944-1945)*, Crítica, Barcelona, 2005.
—, *Se desataron todos los infiernos*, Crítica, Barcelona, 2011.
—, *La guerra secreta*, Crítica, Barcelona, 2016.
HEER, H., *Killing Fields. The Wehrmacht and the Holocaust in Belorussia 1941-1942*, Hamburgo, 1997.
HEIBER, H. (ed.), *Hitler y sus generales*, Crítica, Barcelona, 2005.
HENDERSON, N., *Dos años junto a Hitler*, Janés, Barcelona, 1945.
HERZSTEIN, R. E., *When Nazi Dreams Come True*, Abacus, 1982.
HEYDECKER, J. J. y LEEB, J., *El proceso de Núremberg*, Editorial Bruguera, Barcelona, 1978.
HILDEBRAND, K., *El Tercer Reich*, Cátedra, Madrid, 1988.
HOFFMANN, H., *Yo fui amigo de Hitler*, Luis de Caralt, Barcelona, 1955
HORNE, A., *La batalla de Francia*, Bruguera, Barcelona, 1974.
HUBER, H. y MÜLLER, A., *El Tercer Reich en fotografías y documentos*, Plaza & Janés, Barcelona, 1976
HULL, C., *The Memoirs of Cordell Hull*, Nueva York, 1948.
IRVING, D., *La guerra de Hitler*, Planeta, Barcelona, 1988.
—, *Göring*. Planeta, Barcelona 1989.
—, *Nuremberg, The Last Battle*, Focal Point Publications, Londres, 1996.
JARRELL, M., *Randall Jarrell's Letters*, Nueva York, 1985.

JONES, M., *La retirada*, Crítica, Barcelona, 2010.
—, *El trasfondo humano de la guerra*. Crítica, Barcelona, 2012.
JUNGE, T., *Hasta el último momento*, Península, Barcelona, 2003.
KEELING, R. F., *Gruesome Harvest*, Chicago, 1947.
KELLEY, D. M., *22 cells in Nuremberg: A Psychiatrist Examines the Nazi Criminals*, Nueva York, 1947.
KERSHAW, I., *Hitler (II) 1936-1945*, Península, Barcelona, 2002.
—, *Un amigo de Hitler*, Península, Barcelona, 2007.
—, *El final. Alemania 1944-1945*, Península, Barcelona, 2013.
KNOPP, G., *La Wehrmacht: un balance*, Tempus, Madrid, 2009.
KOCH, H. W (ed.), *Aspects of the Third Reich*, Nueva York, 1985.
KOCHAVI, A. J., *Prelude to Nuremberg: Allied War Crimes Policy and the Question of the Punishment*, Chapel Hill, 1998.
KOEHL, R. L., *Las SS. El cuerpo de élite del nazismo 1919-1945*, Crítica, Barcelona, 2008.
KOEHN, B., *La resistencia alemana contra Hitler*, Alianza Editorial, Madrid, 2005.
KOGON. E. et al., *Nazi Mass Murders*, New Haven, 1993.
LANG, V. J. (ed.), *Das Eichmann-Protokoll: Tonbandaufzeichmungen der Isrealischen Verhöre*, Berlín, 1982.
LANG, V. J. y SIBILL, C. (ed.), *Eichmann Interrogated. Transcripts from the Archives of the Israeli Police*, Nueva York-Londres, 1983.
LE FLOC HMOAN, A., *Las hermanas Mitford*, Circe, Barcelona, 2008.
LIDDEL HART, B., *Historia de la Segunda Guerra Mundial*, Luis de Caralt, Barcelona, 1972.
LLORENS BORRÁS, J. A., *Crímenes de guerra*, Acervo, Barcelona, 1973.
LOWE, K., *Continente salvaje*, Galaxia Gutenberg, Barcelona, 2012.
LÜBBECK, W., *A las puertas de Leningrado*, Tempus, Barcelona, 2010.
LUKACS, J., *Junio de 1941. Hitler y Stalin*, Turner, Madrid, 2006.
LUMSDEN, R., *Historia secreta de las SS*, La Esfera de los Libros, Madrid, 2003.
MACDONOGH, G., *Después del Reich*, Galaxia Gutenberg, Barcelona, 2010.
—, *Hitler. 1938*, Crítica, Barcelona, 2010.
MACKSEY. K. J., *Guderian, general Panzer*, Tempus, Barcelona, 2008.

MACMILLAN, M., *París, 1919. Seis meses que cambiaron el mundo*, Tusquets, Barcelona, 2005.
MANSTEIN, E. von, *Victorias perdidas*, Inédita, Barcelona, 2006.
MANVELL, R. y FRAENKEL, H., *Göring*, Grijalbo, Barcelona, 1969.
MARRUS, M., *The Nuremberg War Crimes Trial 1945-46*, Nueva York, 1997.
MATTHÄUS, J. y BAJOHR, F., *Alfred Rosenberg. Diarios 1934-1944*, Crítica, Barcelona, 2015.
MAZOWER, M., *El imperio de Hitler*, Crítica, Barcelona, 2008.
MCCALLUM, J. D., *Doctor Crime*, Washington, 1978.
MCMILLAN, J., *Five Men at Nuremberg*, Londres, 1985.
MERRIDALE, C, *La guerra de los ivanes*, Debate, Barcelona, 2007.
MERRITT, A. J. y MERRITT R. L., *Public Opinion in Occupied Germany: The OMGUS Surveys, 1945-1949*, Illinois, 1970.
METTRAUX, G. (ed.), *Perspectives on the Nuremberg Trial*, Nueva York, 2008.
MEYER, J., *Rusia y sus imperios*, Tusquets, Barcelona, 2007.
MIALE, F. R. y SELTZER, M., *The Nuremberg Mind. The Psychology of the Nazi Leaders*, Nueva York, 1975.
MISCH, R., *Yo fui guardaespaldas de Hitler*, Taurus, Barcelona, 2007.
MODIN, Y., *Mis camaradas de Cambridge*, Planeta, Barcelona, 1993.
MONTGOMERY, B., *Memoirs*, Londres, 1958.
MOSS, N., *19 Semanas*, Península, Barcelona, 2005.
MUCHNIK, D., *Negocios son negocios*, Belacqua, Barcelona, 2004.
MÜLLER, R. D., *La muerte caía del cielo*, Destino, Barcelona, 2008.
MURPHY, R., *Diplomat Among Warriors*, Nueva York, 1964.
MUSGROVE, F., *Dresde y los bombardeos británicos sobre Alemania*, AF editores, Valladolid, 2005.
NEAVE, A., *Nuremberg*, Londres, 1978.
NEITZEL, S., *Los generales de Hitler*, Tempus, Madrid, 2008.
NEITZEL, S. y WELZER, H., *Soldados del Tercer Reich*, Crítica, Barcelona, 2012.
NOLTE, E., *La guerra civil europea, 1917-1945*, FCE, México, 2001.
OVERY, R., *War and Economy in the Third Reich*, Oxford, 1994.
—, *Interrogatorios. El Tercer Reich en el banquillo*, Tusquets, Barcelona, 2003.

—, *¿Por qué ganaron los aliados?*, Tusquets, Barcelona, 2005.
—, *Al borde del abismo*, Tusquets, Barcelona, 2010.
OWEN, J., *Núremberg. El mayor juicio de la historia*, Crítica, Barcelona, 2007.
PADFIELD, P., *Himmler*, La Esfera de los Libros, Madrid, 2003
PAGET, R. T., *Manstein, His Campaigns and His Trial*, Londres, 1951.
PAPEN, F. von, *Memorias*, Espasa-Calpe, Madrid, 1953.
PARKER, M., *La batalla de Monte Cassino*, Inédita, Barcelona, 2006.
PAULUS, F. v., *Stalingrado y yo*, Mateu Editor, Barcelona, 1960.
PAZ, F., *Europa bajo los escombros*, Áltera, Barcelona, 2008.
PERSICO, J., *Nuremberg. Infamy on Trial*, Nueva York, 1994.
PETERS, A. R., *Anthony Eden at the Foreign Office, 1931-1938*, Nueva York, 1986.
PLESHAKOV, C., *La locura de Stalin*, Paidós, Barcelona, 2007.
POOL, J. y POOL, S., *Quién financió a Hitler*, Plaza & Janés, Barcelona, 1981.
REES, L., *A puerta cerrada*, Crítica, Barcelona 2009.
—, *El oscuro carisma de Hitler*, Crítica, Barcelona, 2013.
REUTH, R. G., *Göbbels*, La Esfera de los Libros, Madrid, 2009.
—, *Hitler. Una biografía política*, La Esfera de los Libros, Madrid, 2012.
REYMANN, V., *Göbbels*, Moguer, Mollet, 2006
REYNOLDS, D., *Cumbres*, Ariel, Barcelona, 2008.
RHODES, R., *Amos de la Muerte. Los SS Einsatzgruppen y el origen del Holocausto*, Seix Barral, Barcelona, 2003.
RIBBENTROP, J., *Entre Londres y Moscú*, Destino, Barcelona, 1955.
RIESS, C., *Göbbels*, Grijalbo, Barcelona, 1975
RITCHIE, A., *Faust's Metropolis*, Londres, 1998.
ROOSEVELT, E., *Así lo quería mi padre*, M. Aguilar editor, Madrid, 1946.
SCHACHT, H., *Memorias*, AHR, Barcelona, 1954.
SCHIRACH, B. von, *Yo creí en Hitler*, Luis de Caralt, Barcelona, 1968.
SCHMIDT, P., *Europa entre bastidores*, Destino, Barcelona, 1958.
SEABURY, P., *The Wilhelmstrasse: A Study of German Diplomats Under the Nazi Regime*, Los Ángeles, 1954.
SEMPRÚN, J., *Cuerpos Francos, el camino al Tercer Reich*, Actas, Madrid, 2010.

SERVICE, R., *Stalin. Una biografía.* Siglo XXI, Madrid 2006.
SHARIPOV, A., *Cherniakovski. El general T-34*, Inédita, Barcelona, 2009.
SHAWCROSS, H., *Life Sentence*, Londres, 1995.
SMITH, B. F., *Reaching Judgement at Nuremberg*, Nueva York, 1977.
SNYDER, L. L., *The Encyclopedia of the Third Reich*, Londres, 1976.
SNYDER, T., *Tierras de sangre*, Galaxia Gutenberg, Barcelona, 2011.
SPEER, A., *Memorias*, Plaza & Janés, Barcelona, 1969.
—, *Diario de Spandau*, Plaza & Janés, Barcelona, 1977.
STIMSON, H. y BUNDY, M., *On Active Service on Peace and War*, Nueva York, 1948.
TAYLOR, A. J. P., *English History 1914-1945*, Harmondsworth, 1970.
TAYLOR, T., *The Anatomy of the Nuremberg Trials*, Londres, 1993.
THORNWALD, J., *Las muertes misteriosas del Tercer Reich*, Luis de Caralt, Barcelona, 1956.
THOMAS, G., *Enola Gay*, Ediciones B, Barcelona, 2005.
TOLAND, J., *Adolf Hitler. Una biografía narrativa*, Ediciones B, Barcelona, 2009.
TOYNBEE, A., *La Europa de Hitler*, Sarpe, Madrid, 1985.
TURNER, H. A., *A treinta días del poder*, Edhasa, Barcelona, 2002.
VOLLMER, B., *Volksopposition in Polizeistaat*, Stuttgart, 1957.
VV. AA., *La Segunda Guerra Mundial*, Sarpe, Madrid, 1978
WALKER, J., *Operación «Impensable»*, Crítica, Barcelona, 2015.
WEALE, A., *SS. Una historia nueva*, Turner, Madrid, 2013.
WILLIAMS, A., *La batalla del Atlántico*, Crítica, Barcelona, 2004.
WILLIAMSON, G., *Las SS: instrumento de terror de Hitler*, Ágata, Madrid, 1999.
WISTRICH, R. S., *Hitler y el Holocausto*, Mondadori, Barcelona, 2002
ZAYAS, A., *Los anglo-americanos y la expulsión de los alemanes, 1944-1947*, Historia XXI, Barcelona, 1999.
ZUBOK, V. M., *Un imperio fallido*, Crítica, Barcelona, 2008.
ZUMBRO, D. S., *La batalla del Ruhr. La derrota alemana en los frentes del Oeste*, Crítica, Barcelona, 2007.

Archivos, artículos y documentos

American Heritage, agosto-septiembre de 1985, «Why We didn't use gas in World War II».

CAB (The Cabinet Papers) del Gobierno del Reino Unido.

DGFP, Archivos del Ministerio de Exteriores alemán.

DONNEDIEU DE VABRES, «Le procès de Nuremberg devant les principes modernes du droit pénal international».

FO, Foreign Office.

FÖRSTER, J. y MADWSLEY, E., «Hitler and Stalin in perspective. Secret Speeches on the Eve of Barbarossa», *War in History*, 11.1, 2004.

FRUS, Archivos de Exteriores del Gobierno de Estados Unidos.

Handling of Prisoners of War in the Communications Zone, «Memorándum del Tte. coronel Henry W. Allard», junio de 1946, Archivos de Fort Leavenworth.

History of the United Nations War Crimes Commission and the Development of the Laws of War, Londres, 1948.

IMT, Actas del Tribunal Internacional Militar de Núremberg.

Manual de Convenios de Ginebra y La Haya, Ministerio del Ejército, Estado Mayor Central, Madrid, 1973.

New York Times.

New York Times Book Review.

United States Rules of Land Warfare, War Department, 1 October 1940, Washington, 1947.